Nadolig Llawen.

John
25, Rhagfyr 1989.

Y FLODEUGERDD
O DDYFYNIADAU CYMRAEG

Y Flodeugerdd o Ddyfyniadau Cymraeg

Golygydd:
Alan Llwyd

Gwasg Gomer/Cyhoeddiadau Barddas
1988

Argraffiad cyntaf - 1988

ISBN 0 86383 494 9

Dymuna'r cyhoeddwyr gydnabod cymorth Adran Ddylunio'r Cyngor Llyfrau Cymraeg a noddir gan Gyngor Celfyddydau Cymru.

Cyhoeddwyd gyda chymorth ariannol Cyngor Celfyddydau Cymru.

Argraffwyd gan J. D. Lewis a'i Feibion Cyf.
Gwasg Gomer, Llandysul, Dyfed

CYFLWYNEDIG I DDAU GYFAILL

sef

YR ATHRO R. M. JONES
Ysgolhaig, beirniad llenyddol, cenedlaetholwr,
ac un o'r gwŷr angerddol prin,

a

BOBI JONES
Bardd, ac un arall o'r gwŷr angerddol prin.

‘A man will turn over half a library to make one book.’

(Samuel Johnson, 1709–1784)

‘Every quotation contributes something to the stability or enlargement of the language.’

(Samuel Johnson)

‘Nid oes odid unrhyw lyfr o gwbl sy’n hollol ddiwerth, na dim y gellir yn ddiogel ei ddiystyru.’

(Saunders Lewis, 1893–1985)

‘Llyfrgell yw gwaith y sawl a’i casglodd, ymestyniad ydyw o’i fywyd a’i bersonoliaeth ef, gwaith rhywun yn dewis lleisiau y myn wrando arnynt fwy nag unwaith, cwmnïaeth a chymdogion agosaf ato ei pherchennog. Gall llyfrgell pawb ohonom ddangos ein cynnydd neu’n dirywiad; mae’n allwedd i’n teithi a’n meddyliau a’n dibenion; yn gofnod o ffansïau moment yn ogystal â diddordebau mwy dygn a hirhoedlog.’

(D. Tecwyn Lloyd, 1914–)

RHAGAIR

Ar gyfer cystadleuaeth yn yr Eisteddfod Genedlaethol y lluniwyd y llyfr hwn yn wreiddiol, sef cystadleuaeth llunio blodeugerdd o ddyfyniadau Cymraeg ar batrwm *The Oxford Dictionary of Quotations.* Penderfynais gystadlu am ddau reswm: yn gyntaf, gwyddwn na byddai neb arall yn cystadlu, ac, yn ail ac yn bwysicach, y mae angen mawr am gyfrol o'r fath arnom. Ni chawsom erioed gasgliad helaeth a safonol (a bwrw fod y gyfrol hon yn safonol) o ddyfyniadau. Y mae gan y Saeson nifer go sylweddol o eiriaduron neu flodeugerddi o'r fath, yn naturiol, gan eu bod yn parchu eu gorffennol a'u hetifeddiaeth lenyddol yn llawer mwy brwd na'r Cymry, ond nid oes gan y Cymry yr un gyfrol o'r fath. Y mae gan wledydd eraill gyfrolau tebyg, ond nid felly'r Cymry. Rhaid i'r cenedlaetholwr mwyaf brwd gyfaddef mai gwlad daeog a diog yw Cymru. Afraid i mi ddweud, gan imi hysbysebu'r llyfr hwn yn y wasg am fisoedd cyn Eisteddfod Genedlaethol Casnewydd, i mi fethu ei gwblhau ar gyfer y gystadleuaeth yn yr Eisteddfod.

Er na chafwyd casgliad helaeth a chynhwysfawr o ddyfyniadau cyn hyn, fe gafwyd casgliadau bychain. Casgliad o'r fath oedd *Flores Poetarum Britannicorum, sef Blodeuog Waith y Prydyddion Bryttanaidd,* a gasglwyd gan John Davies, Mallwyd, a'i gyhoeddi ym 1710. Casgliad bychan ydyw, o gwpledi epigramatig y Cywyddwyr yn bennaf. Cyfrol debyg, ar un ystyr, oedd *Blodau'r Gynghanedd: Gemau'r Awen Gymreig,* casgliad a luniwyd gan Richard Griffith (Carneddog), a'i gyhoeddi ym 1920, ond casgliad a oedd wedi'i gyfyngu'n gyfan gwbl i ganu caeth ydoedd. Bu'r Eisteddfod Genedlaethol yn uniongyrchol gyfrifol am ddau gasgliad (yn *anuniongyrchol* y mae'n gyfrifol am fodolaeth y casgliad hwn). Gwobrwywyd *Dyfyniadau Llên Cymru,* D. D. Williams, Manceinion, a gyhoeddwyd ym 1907, gan yr Eisteddfod Genedlaethol, ond hanner y wobr yn unig a gafodd. Nid oes i'r gyfrol lawer o werth. Y mae'n amlwg na wyddai'r awdur beth yn union oedd ystyr 'dyfyniad'. Ceir darnau go faith a hirwyntog ganddo. Casgliad llawer mwy boddhaol yw *Mil o Ddyfyniadau Cymraeg,* G. Lloyd Edwards (1968). Ef a enillodd y gamp yn y gystadleuaeth 'Casgliad o fil o ddyfyniadau Cymraeg heb gynnwys rhai ysgrythurol' yn Eisteddfod Genedlaethol Aberafan ym 1966. At ei gilydd, y mae hwn yn gasgliad safonol a rhagorol, ond y mae ynddo un gwendid amlwg, sef y diffyg dyfyniadau rhyddiaith, dim byd, er enghraifft, gan Emrys ap Iwan na Saunders Lewis, heb sôn am lenorion tra dyfynadwy eraill, megis Kate Roberts, E. Tegla Davies a D. J. Williams. Ei ragoriaeth oedd y dyfyniadau o waith y Cywyddwyr, ond ei wendid oedd llwyr absenoldeb rhai o'n rhyddieithwyr mwyaf, ond rhaid cofio fod yr awdur wedi gorfod cyfyngu ei gasgliad i fil o ddyfyniadau, yn ôl amodau'r gystadleuaeth.

Fe ddarllenwyd gennyf lawer mwy o lyfrau nag a nodir yma fel ffynonellau. Yn wir, gwaith ofer oedd 50% o'r gwaith ymchwil a wnaethpwyd ar gyfer llunio'r gyfrol hon, ond angenrheidiol o ofer er hynny. Ni chafwyd dyfyniad ym mhob llyfr na chan bob awdur.

Y mae gair ynglŷn â'r modd y trefnwyd y gyfrol a sut y dylid ei defnyddio yn gwbl angenrheidiol. I ddechrau, y mae'r awduron a gynhwyswyd ynddi yn dilyn trefn yr wyddor. Ynglŷn â ffynonellau, wedyn, penderfynwyd, gan ddilyn dull *The Oxford Dictionary of Quotations*, hepgor rhif y dudalen, a nodi teitl y gwaith a blwyddyn ei gyhoeddi. Os cerdd, teitl y gerdd, teitl y gyfrol neu'r cylchgrawn yr ymddangosodd y gerdd ynddi, ac wedyn blwyddyn cyhoeddi'r gyfrol, a blwyddyn a mis cyhoeddi'r cylchgrawn, yn ogystal â nodi pa gyfrol a pha rif o'r gyfrol. Os ysgrif, teitl yr ysgrif, ac wedyn dilyn yr un patrwm. Os nofel, nodi'r union bennod sy'n cynnwys y dyfyniad. Os drama, nodi'r union act. Trefnwyd y dyfyniadau wedyn dan enw pob awdur yn ôl trefn gronolegol, gan ddechrau â'r gwaith cynharaf a gorffen â'r gwaith olaf neu ddiweddaraf. Os daw dyfyniad gan awdur o gyfrol o ysgrifau, dyweder, fe nodir teitl yr ysgrif, teitl y gyfrol, ac wedyn y dyddiad cyhoeddi. Os daw'r dyfyniad nesaf o ysgrif wahanol yn yr un gyfrol, nodir teitl yr ysgrif yn unig. Os daw'r dyfyniad nesaf wedyn o'r un ysgrif ac o'r un gyfrol, ni nodir ffynhonnell o gwbl. Y mae absenoldeb ffynhonnell yn golygu yr un ysgrif a'r un gyfrol, neu'r un gerdd a'r un gyfrol, etc. Ynglŷn â'r diarhebion, penderfynwyd defnyddio casgliad cynhwysfawr a safonol William Hay, *Diarhebion Cymru* (1955); er gwaethaf y ffaith ei fod yn anghywir mewn mannau (yn enwedig pan fo'n dyfynnu cwpledi cynganeddol ac yn cambriodoli cwpledi), yn ail-adroddus ac yn aflêr, hwn yw'r casgliad mwyaf cynhwysfawr a feddwn.

Ni bu'r un awdur na golygydd mor drwm ei ddyled erioed. Hoffwn ddiolch yn gyntaf, ac yn bennaf oll, i Mr. Meic Stephens, Cyfarwyddwr Llenyddiaeth Cyngor Celfyddydau Cymru. Bu'n frwd ei gefnogaeth i'r gyfrol hon o'r dechrau, a sicrhaodd fy mod yn cael grant hael ar gyfer ei chyhoeddi. Fe ddisgwylir ac fe ragwelir gwerthiant uchel iawn i'r gyfrol hon, ond yr oedd angen llawer iawn o arian i'w chynhyrchu, gan ei bod yn gyfrol mor fawr. Bu Meic Stephens yn gefnogol iawn i'r gyfrol heb iddo hyd yn oed weld y deipysgrif. Digon ganddo oedd gwybod am drylwyredd fy ymchwil. Mawr ddiolch iddo, ac i Bwyllgor Llenyddiaeth Cyngor y Celfyddydau. Ni byddai'r gyfrol wedi gweld golau dydd ychwaith heb gydweithrediad a chymorth a pharodrwydd cydgyhoeddwyr y gyfrol, John a Huw Lewis, Gwasg Gomer, y wasg orau yng Nghymru heb unrhyw amheuaeth. Diolch i Wasg Gomer am ei gwaith graenus a nodweddiadol broffesiynol.

'Rwy'n ddyledus iawn i amryw byd o gyfeillion eraill hefyd. Diolch i'r Athro Bobi Jones, yn bennaf, am bob cymorth ymarferol. Bob hyn a hyn byddwn yn ffonio rhestr o lyfrau drwodd iddo, a byddai'n dod â bocseidiau o lyfrau i'm cartref. Os nad oedd llyfr arbennig ar gael yn Llyfrgell wych Dinas Abertawe, byddwn yn sicr o'i gael o Lyfrgell bersonol Bobi Jones. Bu'n gymorth mawr imi, a bu ei ddiddordeb yn y gyfrol yn hwb ysbrydol ac yn gymorth ymarferol. Iddo ef, am ei holl gymorth a diddordeb, y cyflwynir y gyfrol. Cefais fenthyg sacheidiau o lyfrau a chylchgronau, yn enwedig yr hen *Geninen,* gan gyfaill arall imi, Elwyn Edwards, Y Bala. Y mae arnaf ddyled enfawr arall iddo ef. Elwyn a luniodd y mynegai i'r gyfrol hon, gwaith torcalonnus o ddi-ben-draw, ac ni allaf byth ddiolch digon iddo. Bu llawer o bobl yn rhoi cymorth i Elwyn. Diolchwn, yn bennaf, i Mr Derec Williams, athro yn Ysgol y Berwyn, Y Bala, a rhai o'i ddisgyblion, am osod cyfran helaeth o'r mynegai ar gyfrifiaduron yn Ysgol y Berwyn. Rhoes Mr Derec Williams nid yn unig lawer iawn o'i amser i symud y gwaith o fynegeio yn ei flaen, ond hefyd lawer iawn o'i brofiad a'i wybodaeth ym myd cyfrifiaduron. Diolch hefyd i Brifathro Ysgol y Berwyn, Mr Iwan Bryn Williams, am bob rhwyddineb a chaniatâd a gafwyd. Y tu allan i Ysgol y Berwyn bu eraill yn cynorthwyo Elwyn, sef Elliw Owen, Glesni Davies, Rhodri Llywelyn ac Elinor Edwards. Bûm innau a Mrs Alwena Williams a Mrs Nansi Pritchard wrthi'n cywiro'r mynegai, a llawer iawn o ddiolch iddynt hwythau hefyd am bob cymorth gwerthfawr a gafwyd.

Y mae eraill hefyd. Bu Mr Huw Walters, un o'n prif ysgolheigion ni, yn hael ei gefnogaeth a'i gymorth. Sicrhaodd fy mod yn derbyn llungopïau o rai pethau prin o'r Llyfrgell Genedlaethol, rhoddodd fenthyg rhai llyfrau i mi, ond, yn bennaf oll, rhoes ddyddiadau rhai beirdd diarffordd a lled-anadnabyddus o'r ganrif ddiwethaf imi. Mawr yw fy niolch iddo. Diolch hefyd i Mr Robert Rhys, Golygydd *Barn*, am sawl cymwynas, i Mr Gwilym Herber Williams, am *Cymru* O. M. Edwards a sawl copi o'r hen *Geninen,* ac i Dr Roy Stephens, am roi benthyg ei draethawd campus a safonol ar Wiliam Llŷn i mi, ynghyd â holl weithiau'r bardd mawr hwnnw wedi eu golygu'n drwyadl. Gwnaeth Roy waith mawr gyda'r mynegai hefyd.

Hoffwn ddiolch yn bennaf, fodd bynnag, i'm gwraig, Janice. Rhoddodd lawer o gymorth ymarferol imi, cymorth angenrheidiol, a dweud y gwir, a chredai o'r dechrau y byddai cyfrol fel hon yn werth ei chael. Rhoddodd lawer o gefnogaeth imi a sawl hwb ymlaen. Gwaith digon llafurus a thorcalonnus oedd cywain y deunydd ynghyd ar gyfer llunio'r gyfrol hon, gwaith creulon o ddifyr a gwefreiddiol o ddiflas, ac ni allaf ddiolch digon iddi am ei hamynedd yn ystod y cyfnod hwnnw.

Un gair byr, cyn terfynu, ynglŷn â'r modd y dylid ac y gellid defnyddio'r mynegai. Y mae iddo swyddogaeth ddeublyg. Yn gyntaf, ac yn bennaf efallai, ei nod yw cynorthwyo'r darllenydd i ddod o hyd i ddyfyniad yn rhwydd, yn enwedig dyfyniad a led-gofir. Dyna pam y ceir cyfeiriad fwy nag unwaith at sawl dyfyniad unigol, dan wahanol eiriau allweddol. Er enghraifft, ceir 'Amser dyn yw ei gynhysgaeth, a gwae a'i gwario'n ofer', i ddyfynnu enghraifft amlwg, dan *Amser, Dyn,* a *Cynhysgaeth.* Ail swyddogaeth y mynegai yw galluogi'r darllenydd i ddod o hyd i bynciau yn rhwydd. Os bydd rhywun yn chwilio am ddyfyniad ynglŷn ag *iaith,* dyweder, neu *genedl* neu *Gymru,* ar gyfer araith ddydd Gŵyl Ddewi, neu draethawd, etc, fe'i caiff yn rhwydd drwy gyfrwng y mynegai.

Chwefror 17, 1988 ALAN LLWYD

WILLIAM AMBROSE (EMRYS)
1813–1873

1 Y wreichionen i'r nen â,
I fôr y dwfr gyfeiria;
Nodwydd y cwmpawd neidia
Wrth reddf at barthau yr iâ;
Felly'r galon ddilon, ddwys,
A red i'w hen baradwys.

'Gwladgarwch', *Ceinion Emrys* (Gol. William Rees (Gwilym Hiraethog)) (1876).

2 Segurdod yw clod y cledd
A'i rwd yw ei anrhydedd.

'I'r Gwefrhysbysai'; cf. rhif 1542.

3 Ni cha'r nefoedd un Elias
Heb i'r byd gael Eliseus.

'Marwnad y Parch. John Jones, Talysarn'.

ANEIRIN
6ed ganrif

4 Greddf gŵr, oed gwas.

Awdl I, *Canu Aneirin* (Gol. Ifor Williams) (1938).

5 Diffun ym mlaen bun; medd a dalai.

Awdl II.

6 Gwŷr a aeth Gatraeth oedd ffraeth eu llu;
Glasfedd eu hancwyn, a gwenwyn fu.
Trichant trwy beiriant yn catäu;
A gwedi elwch tawelwch fu.
Cyd elwynt lannau i benydu,
Dadl diau angau i eu treiddu.

Awdl VIII.

7 Medd yfynt, melyn, melys, maglawr.

Awdl XI.

8 Cyd yfem fedd gloyw wrth leu babir,
Cyd fai da ei flas, ei gas bu hir.

Awdl XV.

9 Beirdd byd barnant wŷr o galon.

Awdl XXIV.

10 Seiniesid ei gleddyf ym mhen mamau.

Awdl XXVII.

11 Llawer mam â'i deigr ar ei hamrant.

Awdl LVIII.

JOHN ANWYL (IOAN ANWYL)
1841?–1921

12 A! pa werth sydd yn perthyn—i gŵyn hir
Ei gân wag eurfelyn?
Wylo am dâl mae y dyn—
Wylai ar ôl ei elyn!

'Y Bardd Marwnadol', *Pigion Englynion fy Ngwlad* (Gol. John Thomas (Eifionydd)) (1881).

AWDURIAETH ANHYSBYS
NEU AMHEUS

13 Ysgeler oedd i Sgolan
Fwrw'r twr llyfrau i'r tân.

Dyfynnir yn 'Epistol at y Cembru', Richard Davies, *Y Testament Newydd* (1567).

14 Er bod y daioni a'r sy yn y nef yn gan gwell na'r budur bleser yma, a'r poene yn y byd arall yn gan gwaeth na'r holl boene a'r dolurie yma, er hyn i gyd nid ydym yn rhoi pris yn y byd ar y pethe mawr hyn a bery byth, ond rhoi meddwl yn gwbl ar y pethe bychain ni pharhânt ond ennyd fechan.

Y Drych Cristianogawl, y Rhann Gyntaf (1585); tadogir ar Ruffydd Robert (c. 1522–1600).

15 Mae calon dyn mor naturiol i bethau bydol ag ydyw oerfel i'r dŵr, ac mor annaturiol i bethau nefol ag yw y gwres i'r dŵr.

16 Nid yw ffydd heb feddwl a myfyrio amdani ond megis llythyr wedi'i gau a'i selio, lle mae'n ysgrifenedig newyddion mawr o lawenydd neu dristwch; ac eto nid yw'r llythyr yn llawenu nac yn tristáu ddim arnom, am nad ydym yn agoryd y llythyr ac yn ei ddarllen.

17 Hir yw'r dydd i herwr dig,
Hwy yw'r nos i'r hen ysig.

Llawysgrif Mostyn, 204: Casgliad Thomas Wiliems o Drefriw (1620).

18 Er bod rhwng y dwfn a'r bas
Bydder fel y bo addas.

Antiqvae Lingvae Britannicae . . . Rvdimenta, John Davies, Mallwyd (1621).

19 Cenfigen flin o'i thrinio
A lysg ei pherchen yn lo.

Flores Poetarum Britannicorum, sef Blodeuog Waith y Prydyddion Bryttanaidd (o Gasgliad John Davies, Mallwyd) (1710).

20 A laddo gŵr â chledd gwyn
Ef a leddir ryw flwyddyn.

Cf. rhif 1090 a rhif 1935.

21 O'r holl ddrygau, diau, da,
Gŵyr llawer, garu'r lleia'.

Eiddo Aristoteles (384—322 C.C.) yw'r dywediad gwreiddiol, yn ei *Moesegau Nicomacheaidd*, cf. hefyd Marcus Tullius Cicero (106—43 C.C.) yn *De Officiis* III. xxix: 'minima de malis' ('o'r drygau dewis y lleiaf') a Geoffrey Chaucer (c. 1343—1400) yn *Troilus and Criseyde* (c. 1385): 'Of harmes two, the lesse is for to chese'.

22 Celwydd â'n gelwydd golau,
A gwir a fydd gwir, nid gau.

23 Y mae'n haws adnabod dynion
Wrth eu chwantau a'u hamcanion
Na'u hadnabod yn ddiamau
Wrth weithredoedd ac wrth eiriau.

'Ychydig Ddirifeu ar amryw Destunieu . . .', *Flores Poetarum Britannicorum, sef Blodeuog Waith y Prydyddion Bryttanaidd* (o Gasgliad John Davies, Mallwyd) (1710); ceir yr enw Iaco ab Dewi dan y 63 o benillion a geir ar ddiwedd y gyfrol, ond tybir mai casglydd y penillion hyn, yn hytrach na'u hawdur, oedd Iaco ab Dewi.

24 Gorau doethder yw difrifwch,
Gorau ffisig yw sobreiddiwch,
Ac o'r golud a'r meddiannau
Cydwybod dda yw'r trysor gorau.

25 Nid oes un yn berffaith hollol
Yn yr amser sydd bresennol:
Nid oes am hyn ond byw mewn gobaith
Hyd oni ddêl yr amser perffaith.

26 Mae gennyf achos fil o ddyddiau
I alaru am fy meiau,
Ond ni feddaf galon barod
I alaru un diwrnod.

27 Mwy cristnogaidd a rhinweddol
Ar ôl sarhad neu gam aruthrol
(Duw a ŵyr) ei lwyr anghofio
Na cheisio talu'r pwyth amdano.

28 Mae rhai'n mynd i golledigeth
Am nad ŷnt yn credu unpeth;
Eraill ŷnt yn golledigion
O waith credu mwy na digon.

29 Mae rhai mor gelyd a chybyddol
Mal petaent i fyw'n dragwyddol,
A rhai eraill mor afradlon
Â phe baent i farw'r awron.

30 O'r ysgoldai a'r athrawon
Sy'n y byd i ddysgu dynion,
Gorau ysgol yn yr hollfyd
I ddysgu dyn yw ysgol adfyd.

31 Gofid rhai a'u dirfawr drallod
Yw eu bod yn meddu gormod;
Gofid eraill a'u trallodion
Yw bod ganthynt lai na digon.

32 Bûm edifar fil o weithiau
Am lefaru gormod geiriau;
Ond ni bu gymaint o beryglon
O lefaru llai na digon.

33 Nid yw deall, dysg a doniau
Heb gydwybod dda'n ddiamau
Ond fal llysiau pêr sy'n trwsio
Corff drewedig yn ei amdo.

34 Lle bo cariad fe ganmolir
Mwy, ond odid, nag a ddylir;
A chenfigen a wŷl feion
Lle na byddo dim achosion.

35 Os bydd i un fy nhwyllo unwaith,
Duw faddeuo i hwn ei ddrygwaith;
Ac o'm twylla ddwy o weithiau,
Maddeued Duw am hyn i minnau.

Ei fai ef ei hun yn bennaf
Oedd fy nhwyllo i'r tro cyntaf;
A'm bai innau oedd yr eildro
Fod mor ffôl â 'mddiried iddo.

36 Dyn yn cael ei anrhydeddu
Heb ddoethineb yn ei feddu
Sydd fal pren a fai'n blodeuo
Heb ddim ffrwyth un amser arno.

37 Perchen tafod a arfero
Ddweud am bawb y peth a fynno,
Bydd rhaid iddo wrando'n fynych
Lawer peth na bo'n ei chwennych.

38 Y chwanocaf i gael breiniau
Yw'r ysgafnaf ei feddyliau;
Ni fyn hwnnw lai na blysio
Gradd nad yw hi'n addas iddo.

39 Drwg rhy hael a drwg rhy gybydd,
Drwg rhy drist a rhy lawenydd;
Ffordd ganolig rhwng dau ormod
Yw ffordd rhinwedd glodfawr hynod.

40 Drwg rhy lwfr a drwg rhy ofnog,
Drwg rhy ddewr a rhy galonnog;
Nid da yw rhy o ddim mewn unmodd,
Meddai doethion yr hen oeso'dd.

41 Odid mawr i undyn weled
Â'i ddau lygad, er eu lleted,
Trwy'r holl fyd beth mor hyderus
Ag yw balchder anwybodus.

42 Dyn â'i dafod a weddïo,
A heb wneuthur dim â'i ddwylo,
Ni wna'r fath dduwioldeb diog
Reidus byth yn ddianghenog.

43 Da am dda sy'n dra rhesymol,
Drwg am ddrwg sy'n anghrist'nogol,
Drwg am dda sydd yn gythreulig,
Da am ddrwg sy'n fendigedig.

44 Gochel fostio'n fynych fynych
Y gweithredoedd gorau feddych
Rhag cael dannod it yn rhydost
Y gweithredoedd gwaetha' wnaethost.

45 Pob gwatwarwr, gwnaed a allo,
O hir watwar a hir wawdio,
A gyferfydd yn ddiamau
Â rhyw un a'i gwatwar yntau.

46 Na chais byth os wyt ddeallus
Gyfiawnhau un tro drygionus:
E wna hyn o weithred ddifraint
Hyd y camwedd y dau cymaint.

47 Anhyfryd yw trin efrach
Wedi'r hyfryd bur-ŷd bach.

Dyfynnir yn *Drych y Prif Oesoedd,* Theophilus Evans (1716).

48 Mae mil o leisiau melysion,
Mae mêl o hyd ym mola hon.

[Am y delyn] *Musical and Poetical Relicks of the Welsh Bards: Preserved by Tradition, and Authentic Manuscripts, From Remote Antiquity . . .,* Edward Jones (1784).

49 O'i wiw ŵy i weu e â—a'i weau
O'i wyau a wea:
E wywa ei we aea',
A'i weau yw ieuau iâ.

'Englyn i'r Pryf Coppyn'.

50 Mi ellir mynd i lawer ffair,
A cherdded tair o orie,
A charu merch o lawer plwy',
Heb wybod pwy sydd ore:
Mae'n anodd dewis derwen deg
Heb ynddi freg yn rhywle.

51 Llun y delyn, llun y tannau,
Llun cyweirgorn aur yn droeau:
Dan ei fysedd, O na fuasai
Llun fy nghalon union innau!

52 Dy liw, dy lun, dy law, dy lygad,
Dy wên deg a'th ysgafn droediad,
Dy olwg hardd, a'th barabl tawel,
A'm peryglodd am fy hoedel.

53 Ow! fy nghalon, tor os torri,
Pam yr wyd yn dyfal boeni,
Ac yn darfod bob ychydig
Fal iâ glas ar lechwedd llithrig?

54 Gwyn eu byd yr adar gwylltion,
Hwy gânt fynd i'r fan a fynnon',
Weithiau i'r môr, ac weithiau i'r mynydd,
A dyfod adref yn ddigerydd.

55 Blin yw caru yma ac acw,
Blin bod heb y blinder hwnnw;
O'r blinderau, blinaf blinder,
Cur annifyr, caru'n ofer.

Cyfaddasiad o'r pennill canlynol gan Abraham Cowley (1618–1667), a'r pennill hwn yn ei dro yn gyfaddasiad o Anacreon:

A mighty pain to love it is,
And 'tis a pain that pain to miss;
But of all pain, the greatest pain
Is to love and love in vain.

56 Rhaid i gybydd gadw ei gaban,
Rhaid i i'enctid dorri allan;
Hyd 'y medd mae'n rhaid i minnau
Ganlyn mwynion dynion dannau.

57 Hawdd yw dwedyd 'Dacw'r Wyddfa'—
Nid eir drosti ond yn ara';
Hawdd i'r iach a fo'n ddiddolur
Beri i'r claf gymeryd cysur.

58 Yn Hafod Elwy'r gog ni chân,
Ond llais y frân sydd amla';
Pan fo hi deca' ym mhob tir,
Mae hi yno'n wir yn eira.

59 Mi ddymunais fil o weithiau
Fod fy mron o wydyr golau,
Fel y gallai'r fun gael gweled
Fod y galon mewn caethiwed.

60 Gwynt ar fôr a haul ar fynydd,
Cerrig llwydion yn lle coedydd,
A gwylanod yn lle dynion:
Och Dduw! pa fodd na thorrai 'nghalon?

61 Mae gyn amled yn y farchnad
Groen yr oen â chroen y ddafad,
A chyn amled yn y llan
Gladdu'r ferch â chladdu'r fam.

62 Mynd i'r ardd i dorri pwysi,
Gwrthod lafant, gwrthod lili,
Gwrthod mintys a rhos cochion,
Dewis pwysi o ddanadl poethion.

63 Os collais i fy ngharïad lân,
Mae brân i frân yn rhywle;
Wrth ei bodd y bo hi byw,
Ac 'wyllys Duw i minne.

64 Clywais siarad, clywais ddwndro,
Clywais ran o'r byd yn beio;
Erioed ni chlywais neb yn datgan
Fawr o'i hynod feiau'i hunan.

65 Mi af oddi yma i'r Hafod Lom,
Er bod yn drom fy siwrne;
Mi gaf yno ganu cainc
Ac eiste' ar fainc y simne,
Ac ond odid dyna'r fan
Y byddaf tan y bore.

66 Rhaid i bawb newidio byd—
Fe ŵyr pob ehud anghall;
Pa waeth marw o gariad pur
Na marw o ddolur arall?

67 Dacw lwyn o fedw gleision,
Dacw'r llwyn sy'n torri 'nghalon;
Nid am y llwyn yr wy'n ochneidio,
Ond am y ferch a welais ynddo.

68 On'd ydyw hyn ryfeddod,
Fod dannedd gwraig yn darfod,
A thra bo'n ei genau chwyth
Ni dderfydd byth mo'i thafod.

69 Diofal yw'r aderyn,
Ni hau, ni fed un gronyn;
Heb ddim gofal yn y byd,
Ond canu hyd y flwyddyn.

Fe fwyty'i swper heno,
Ni ŵyr ym mh'le mae'i ginio.
Dyna'r modd y mae yn byw,
A gado i Dduw arlwyo.

Fe eistedd ar y gangen
Gan edrych ar ei aden;
Heb un geiniog yn ei god
Yn llywio a bod yn llawen.

70 F'anwylyd oedd dy ddau lygedyn,
Gwn mai arian byw sydd ynddyn';
Yn dy ben y maent yn chwarae,
Fel y sêr ar noswaith olau.

71 Nid oes ymorol fawr am serch
Na chwaith am ferch naturiol;
Ym mhob man mae cryf a gwan
Am arian yn ymorol.

72 Pan basio gŵr ei ddeugain oed,
Er bod fel coed yn deilio,
Fe fydd sŵn 'goriadau'r bedd
Yn peri i'w wedd newidio.

73 Tebyg ydyw'r delyn dyner
I ferch wen a'i chnawd melysber:
Wrth ei theimlo mewn cyfrinach
Fe ddaw honno'n fwynach, fwynach.

74 Nid oes imi ond dau elyn,
Gwyn fy myd pe byddwn rhyngddyn';
Pan fo meinir yn fy mreichiau,
Y gelynion fydd y gliniau!

75 Os ei i'r coed i dorri gwialen,
Meddwl fod yn gall, fy machgen;
Gwedi'i chael a mynd i'w nyddu,
Gwêl fod llawer un yn methu.

76 F'Arglwydd Dduw, pa beth yw hyn?
Ni fedra' i ond syn feddylio;
Lle bo mab yn fwya' 'i serch,
Ni fyn un ferch mohono.

77 Tebyg ydyw morwyn serchog
I fachgen drwg mewn tŷ cymydog;
"A fynni fwyd?" "Na fynnaf mono"—
Eto er hynny'n marw amdano.

78 Mwyn, a mwyn, a mwyn yw merch,
A mwyn iawn lle rhoddo'i serch;
Lle rho merch ei serch yn gynta',
Dyna gariad byth nid oera.

79 Tra bûm i'n ŵr cynnes a'm lloches yn llawn,
Fy marnu'n synhwyrol ragorol a gawn.
Troi'n ynfyd a wneuthum pan euthum yn ôl,
Di-ras a direswm a phendrwm a ffôl:
Fy annwyl gymdeithion a droeson' y drych,
Yrŵan nis gwelan' Ysgoewan, was gwych:
Heb un gair o gellwair, pe'i gallent yn rhwydd,
Yng nghysgod rhedynen hwy 'mguddien' o'm gŵydd!

80 Robin goch ddaeth at y rhiniog
A'i ddwy aden yn anwydog;
Ac fe ddwedai mor ysmala:
"Mae hi'n oer, fe ddaw yn eira".

81 A mi'n rhodio mynwent eglwys,
Lle'r oedd amryw gyrff yn gorffwys,
Trawn fy nhroed wrth fedd f'anwylyd,
Clywn fy nghalon yn dymchwelyd.

82 Blin yw dawnsio ar bigau dur,
A blin yw cur y galon;
Blinach ydyw colli'r fun,
A hithau'i hun yn fodlon.

83 Mae llawer afal ar frig pren
Â melyn donnen iddo;
Ni thâl y mwydion dan ei groen
Mo'r cymryd poen i ddringo;
Hwnnw fydd, cyn diwedd ha',
Debyca' a siwra' o suro.

84 Yn hen ac yn ieuanc, yn gall ac yn ffôl,
Y merched sy'n gwra, a minnau ar ôl;
Paham y mae'r meibion i'm gweled mor wael,
A minnau cyn laned â'r merched sy'n cael?

85 Minnau glywais fod yn rhywfodd
I'r byd hwn wyth ran ymadrodd,
Ac i'r gwragedd (anghlod iddynt!)
Fynd â saith o'r wythran rhyngddynt.

86 Gwell oes fer na gwallus fyd.

87 Moes gusan bychan, dibechod,—digri,
Fal deigryn ar wirod;
Medrusaidd—medri osod—
Er mwyn Duw, ar fy min dod.

88 Drwgdybus drwg a dybia;
Diboen i ddyn dybio'n dda.

Ymddengys fel cwpled anhysbys yn *Y Greal* (1806); priodolir i John Wynne yn *Blodeuglwm o Englynion,* W. J. Gruffydd (1920), dan y teitl 'Y Drwgdybus'.

89 Ni chân cog ddim amser gaea',
Ni chân telyn heb ddim tanna';
Ni chân calon, hawdd iwch wybod,
Pan fo galar ar ei gwaelod.

'Awen Cymru', *The Cambro-Briton,* Medi 1819.

90 Cleddwch fi pan fyddwyf farw
Yn y coed tan ddail y derw;
Chwi gewch weled llanc penfelyn
Ar fy medd yn canu'r delyn.

91 Dyn a garo grwth a thelyn,
Sain cynghanedd, cân ac englyn,
A gâr y pethau mwya' tirion
Sy'n y nef ymhlith angylion.

92 Yr un ni charo dôn a chaniad,
Ni cheir ynddo naws o gariad;
Fe welir hwn, tra byddo byw,
Yn gas gan ddyn, a chas gan Dduw.

93 Pan fo seren yn rhagori
Fe fydd pawb â'i olwg arni;
Pan ddaw unwaith gwmwl drosti,
Ni bydd mwy o sôn amdani.

94 Gwell na'r gwin yw'r medd pêr hidlaid,
Diod beirdd yr hen Frutaniaid;
Gwin a bair ynfydrwydd cynnen,
Ond yn y medd mae dawn yr Awen.

95 Mwyn yw llun, a main yw llais
  Y delyn farnais newydd;
Haeddai glod am fod yn fwyn,
  Hi ydyw llwyn llawenydd;
Fe ddaw'r adar yn y man
  I diwnio dan ei 'denydd.

Hydref 1819

96 Croeso'r gwanwyn tawel cynnar,
Croeso'r gog a'i llawen lafar;
Croeso'r tes i rodio'r gweunydd,
A gair llon, ac awr llawenydd.

97 Dod dy law, on'd wyd yn coelio,
Dan fy mron, a gwylia 'mrifo;
Ti gei glywed, os gwrandewi,
Sŵn y galon fach yn torri.

98 Trwm y plwm, a thrwm y cerrig,
Trom yw calon pob dyn unig;
Trymaf peth tan haul a lleuad
Canu'n iach lle byddo cariad.

Tachwedd 1819

99 Blodau'r flwyddyn yw f'anwylyd,
Ebrill, Mai, Mehefin hefyd;
Llewyrch haul yn t'wynnu ar gysgod,
A gwenithen y genethod.

100 Tebyg yw dy lais yn canu
I gog mewn craig yn dechrau crygu,
Dechrau cân heb ddiwedd arni:
Harddach fyddai iti dewi.

Rhagfyr 1819

101 Nid oes rhyngof ac ef heno
Onid pridd ac arch ac amdo;
Mi fûm lawer gwaith ymhellach,
Ond nid erioed â chalon drymach.

102 Brith yw sêr ar noswaith olau,
Brith yw meillion Mai a blodau;
Brith yw dillad y merchedau,
A brith gywir ydynt hwythau.

103 Darfu'r gaeaf, darfu'r oerfel,
Darfu'r glaw a'r gwyntoedd uchel;
Daeth y gwanwyn glas eginog,
Dail i'r llwyn, a dôl feillionog.

104 Nid af ddim i'r gwely heno:
Nid yw'r un 'rwy'n garu ynddo;
Mi orweddaf ar y garreg:
Tor, os torri, 'nghalon fwyndeg.

105 Sôn y maent ar hyd y dyffryn
Mai fi yw Neb, a chwi yw Rhywun;
Os caiff Neb chwi, Gwen lliw blodau,
Bydd gwir i Rywun fy nghael innau.

Ionawr 1820.

106 Geiriau mwyn gan fab a gerais,
Geiriau mwyn gan fab a glywais;

Geiriau mwyn ŷnt dda dros amser,
Ond y fath a siomodd lawer.

107 Serchog iawn yw blodau'r meysydd,
Serchog hefyd cân a chywydd,
Ond y serch sy'n dwyn rhagoriaeth
Yw serchogrwydd mewn cymdogaeth.

108 Y sawl a feio arnaf, beied,
Heb fai arno, nac arbeded;
Y sawl sy dan eu beiau beunydd,
Fe eill y rheini fod yn llonydd.

Chwefror 1820.

109 Tro dy wyneb ata' i'n union,
Gyda'r wyneb tro dy galon;
Gyda'r galon tro d'ewyllys,
Ystyria beth wrth garwr clwyfus.

110 Er melyned gwallt ei phen,
Gwybydded Gwen lliw'r ewyn
Fod llawer gwreiddyn chwerw'n yr ardd
Ac arno hardd flodeuyn.

Gorffennaf 1820.

111 Pan fo haul yn t'wynnu'n wresog
Mae cyweirio gwair meillionog;
Yn eich blodau, Gwen lliw'r eira,
Y mae orau i chwithau wra.

112 Main a chymwys fel y fedwen;
Berth ei llun fel hardd feillionen;
Teg ei gwawr fel bore hafddydd;
Hon yw nod holl glod y gwledydd.

113 Gwych ydyw'r dyffryn, y gwenith, a'r ŷd,
A mwyndir, a maenol, ac aml le clyd,
Y llinos a'r eos ac adar a gân;
Ni cheir yn y mynydd ond mawnen
  a thân.

Medi 1820.

114 Gwych gan gerlyn yn ei wely
Glywed sŵn y dröell yn nyddu;
Gwych gen innau (dyn a'm helpo)
Glywed sŵn y tannau'n tiwnio.

Tachwedd 1820.

115 Y mae hiraeth wedi 'nghael
Rhwng fy nwyfron a'm dwy ael;
Ar fy mron y mae yn pwyso,
Fal pe mi yn famaeth iddo.

Ionawr 1821.

116 I ba beth y byddaf brudd
  A throi llawenydd heibio?
Tra bwyf ieuanc ac yn llon
  Rhof hwb i'r galon eto:
Hwb i'r galon, doed a ddêl;
  Mae rhai na welant ddigon.
Ni waeth punt na chant mewn cod
  Os gellir bod yn fodlon.

117 Yn y môr y byddo'r mynydd
Sydd yn cuddio bro Meirionnydd,
Na chawn unwaith olwg arni
Cyn i'm calon dirion dorri.

118 Llawen wyf, a llawen fydda'
Tra bwyf ar y ddaear yma;
A llawenydd sydd i'm cadw:
Tra bwyf byw, ni byddaf farw.

Mawrth 1821.

119 Bûm yn claddu hen gydymaith,
A gododd yn fy mhen i ganwaith;
Ac 'rwy'n amau, er ei briddo,
Y cyfyd yn fy mhen i eto.

Ebrill 1821.

120 Mi wyf yma, fal y gweli,
Heb na chyfoeth na thylodi;
Os meiddi gyda mi gyd-fydio
Di gei ran o'r fuchedd honno.

121 Yr afanc hyll, ar ôl wylofain,
A ladd y dyn a ddalio'n gelain;
A llawer dyn, â'i wylo oerllyd,
A huda'r llall i dranc anhyfryd.

Mai 1821.

122 Edau wan ydyw einioes,—a diddim
  Yw dyddiau dy feroes:
 Na haera y cei hiroes,
 Cans dyma, ddyn, derfyn d'oes.

Collectanea; neu Gasgliad o Flodeuog-waith yr Awduron Brytanaidd, y llyfr cyntaf (Gol. Morgan Williams) (1820).

123 Williams piau y canu.

[Am William Williams, Pantycelyn] *Drych yr Amseroedd*, Robert Jones (1820); priodolir gan Robert Jones i Howell Harris (1714–1773).

124 Cofiwn a gwelwn i gyd,—ein heinioes
Ni'n hunain sydd freulyd;
Buan y llyncir bywyd
Meidrol i anfeidrol fyd.

Dyrnaid o Loffion: a Gasglwyd mewn Amser Cymmeradwy, Mary Jones (1821).

125 Bachgen wyf o bridd a lludw,
Yfodd lawer iawn o gwrw;
Rhyfedd yw, wrth yfed llawer,
Nad âi'r pridd a'r cwrw'n forter.

Lloches Mwyneidd-dra yn cynnwys Carolau, Cerddi, ac Englynion, yn nghyd a dau gant o Hen Bennillion Cymreig (Gol. Absalom Roberts) (1832).

126 Mae miloedd yn rhoi mwy moliant—am aur,
Ym mhob modd, pan allant;
Am eraill nad ymyrrant,
Nid oes un â nodau sant.

127 Miliwn o bennau moelydd—a welais
O waelod Trawsfynydd;
Arennig ym Meirionnydd,
Beunes hen, yn benna' sydd.

128 Yfed dau loned dilynol—o'r peint
A wna'r pen yn lledffol;
Heno'n ymffustio yn ffôl,
Yfory'n edifeiriol.

129 Ar ôl yfed syched sydd.

Dyferion y Beirdd (1842).

130 Y 'deryn pur â'r adain las,
Bydd imi'n was dibryder;
Brysia, brysia, dos at y ferch,
Lle rhoes im serch yn gynnar;
Dos di ati, a dywed wrthi
Fy mod i'n wylo'r dŵr yn heli,
Fy mod i'n irad am gael ei gweled,
Ac o'i chariad yn ffaelu â cherdded;
O! Duw faddeuo i hardd ei llun
Am boeni dyn mor galed.

Ancient National Airs of Gwent and Morganwg (Gol. Maria Jane Williams) (1844); priodolir gan draddodiad i Dafydd Nicolas (m. 1774).

131 Yn wyneb haul a llygad goleuni.

Iolo MSS: Iolo Manuscripts. A Selection of Ancient Welsh Manuscripts by Iolo Morganwg (1848).

132 Tros y môr y mae fy nghalon;
Tros y môr y mae f'ochneidion;
Tros y môr y mae f'anwylyd
Sy'n fy meddwl i bob munud.

'Cant o Hen Bennillion Cymreig', *Cymru Fu* (1862).

133 Awel iachus sy 'mhen Berwyn,
Lle i weled llawer dyffryn,
Ac oni bai'r Arenig ddiffeth
Gwelwn wlad fy ngenedigeth.

134 Rhois fy mryd ar garu glanddyn;
Fe roes hwn ei serch ar rywun;
Honno roes ei serch ar arall:
Dyna dri yn caru'n angall.

135 Dacw'r llong â'r hwyliau gwynion
Ar y môr yn mynd i'r Werddon:
Duw o'r nef, rho lwyddiant iddi
Er mwyn y Cymro glân sydd ynddi.

136 Gwae a gario faich o gwrw
Yn ei fol i fod yn feddw:
Trymaf baich yw hyn o'r beichiau,
A baich ydyw o bechodau.

Hwn yw mam y cam a'r celwydd,
Lladd, a lladrad, ac anlladrwydd:
Gwna gryf yn wan, a gwan yn wannach,
Y ffel yn ffôl, a ffôl yn ffolach.

137 Canu wnaf a bod yn llawen
Fel y gog ar frig y gangen,
A pheth bynnag ddaw i'm blino,
Canu wnaf a gadael iddo.

138 Yng nglan y môr mae cerrig gleision;
Yng nglan y môr mae blodau'r meibion;
Yng nglan y môr mae pob rhinweddau;
Yng nglan y môr mae 'nghariad innau.

139 Llawn yw'r môr o heli a chregyn;
Llawn yw'r ŵy o wyn a melyn;
Llawn yw'r coed o ddail a blodau,
Llawn o gariad merch wyf innau.

140 Ni thorraf fi mo 'nghalon lawen
O drymder gwaith a wnaeth un bachgen:
Trech yw natur na dysgeidieth;
Rhodiaf beth—nid wyf ond geneth.

141 Mi feddyliais ond priodi
Na chawn ddim ond dawnsio a chanu;
Ond beth a ges ar ôl priodi
Ond siglo'r crud a suo'r babi?

142 Siglo'r crud â'm troed wrth bobi,
Siglo'r crud â'm troed wrth olchi,
Siglo'r crud ym mhob hyswïaeth,
Siglo'r crud sy raid i famaeth.

143 Paham mae'n rhaid i chwi mo'r digio
Am fod arall yn fy leicio?
Er bod gwynt yn ysgwyd brigyn
Mae'n rhaid cael caib i godi'r gwreiddyn.

144 Pe bai gwallt fy mhen yn felyn
Fe wnâi dannau i'w rhoi'n eich telyn;
Ond am nad yw fy ngwallt ond gwinau
Rhaid i'ch telyn fod heb dannau.

145 Mae yn Y Bala flawd ar werth,
Ym Mawddwy berth i lechu;
Mae yn Llyn Tegid ddŵr a gro,
A gefail go' i bedoli;
Ac yng Nghastell Dinas Brân
Ddwy ffynnon lân i 'molchi.

146 Mi fûm gynt yn caru glanddyn,
Ac yn gwrthod pob dyn gwrthun:
Ond gweld 'rydwyf ar bob adeg
Mai sadia'r mur po garwa'r garreg.

147 Blewyn glas ar afon Dyfi
A hudodd lawer buwch i foddi;
Lodes wen a'm hudodd innau
O'r uniawn ffordd i'w cheimion lwybrau.

148 Nid cymwys dan un iau y tynn
Ych glân ac asyn atgas;
Dwy natur groes mewn tŷ wrth dân
Ni harddant lân briodas.

149 Cais i ti ddyn o natur dda
Mewn gweithred a chymdeithas,
Fo'n dilyn ffyrdd gwir deulu'r ffydd:
Cei ddedwydd ddydd priodas.

150 Codais, ymolchais ym Môn,—ciniawais
Cyn nawawr yng Nghaerlleon;
Bryd gosber yn Iwerddon,
Brynhawn wrth dân mawn ym Môn.

Priodolir i Robin Ddu Hiraddug neu Robin Ddu Ddewin yn *Cymru Fu* (1862), ond fersiwn gwallus iawn o'r englyn a geir ynddo. Priodolir i'r un bardd yn *Y Geninen*, cyf. XI, rhif 4, Hydref 1893, lle dywedir: 'Yr englyn hwn a ganodd Robin Hiraddug, a hyny am iddo gychwyn ar ben bore ar gefn y Diawl yn Sir Fon, ac oddi yno i Gaer ac i'r Werddon, ac yn ol i Sir Fon yn yr un diwrnod'. Fersiwn *Y Geninen* o'r englyn a ddyfynnir yma. Ceir fersiwn anghywir o'r englyn gan George Borrow (1803–1881) yn *Wild Wales* (1862).

151 Ellis Wynne o Las Ynys
A'i groen yn wynnach na'i grys.

Dyfynnir yn *Yr Hen Feirdd*, O. Prydderch Williams (Eryr Môn) (1865).

152 Mi welais i beth na welodd pawb,
Y cwd a'r blawd yn cerdded;
Y frân yn toi ar ben y tŷ,
A'r gŵr mor hy â hedeg.

'Hen Hwiangerddi', *Oriau'r Haf*, J. Ceiriog Hughes (1870).

153 Siôn a Siân oddeutu'r tân
Yn bwyta blawd ac eisin mân.

154 Caseg winau, coesau gwynion,
Groenwen denau, garnau duon;
Garnau duon, groenwen denau,
Coesau gwynion, caseg winau.

Priodolir gan rai i Lewis Morris.

155 Ci bach yn mynd i'r coed,
Tan droi'i ferau, tan droi'i droed;
Dŵad adre' hyd y pyllau,
Blawd ac eisin hyd ei goesau.

156 Mae genni ddafad gorniog
  Ac arni bwys o wlân,
Yn pori min yr afon
  Ymysg y cerrig mân;
Ond daeth rhyw hwsmon heibio
  A hysiodd arni gi;
Ni welais i byth mo 'nafad,
  Ys gwn i a welsoch chwi?

157 Mae genni ebol melyn
  Yn mynd yn bedair oed,
A phedair pedol arian
  O dan ei bedwar troed;
Fe bicith ac fe brancith
  O dan y feinir wen,
Gan drafael ugain milltir
  Heb dynnu'r ffrwyn o'i ben.

158 Ysgafn boced, dillad llwyd;
Mawr drugaredd yw cael bwyd;
  Mynd o gwmpas, troi o gwmpas
    Ar hyd y fro;
  'Mofyn gwaith, dim gwaith,
    Trwm yw'r tro.

159 Ci modryb Ann Ty'n Coed
  Yn gweiddi'n anghyffredin
Am iddo losgi'i droed
  Mewn padell fawr o bwdin;
'Roedd yno bwdin pys
  A hwnnw ar hanner berwi,
A'r goges 'dorrodd ei bys
  A cholli'r cadach llestri.

160 Croen rhyw hen ddafadan
Tu gwrthwyneb allan,
Troed yn ôl a throed ymlaen,
Pa un yw'r olaf rŵan?

161 Ifan bach a minne
Yn mynd i Lundain G'lanme
I godi gwarant ar y gath
Am yfed lla'th y bore;
Mae gwynt y môr yn oer y nos,
Gwell inni aros gartre.

162 Cobler coch o Ruddlan
  A aeth i foddi cath
Â chwd o liain newydd
  Nad oedd o damaid gwa'th;
Y cwd aeth efo'r afon,
  A'r gath a ddaeth i'r lan;
Ow'r cobler coch o Ruddlan,
  On'd oedd o'n foddwr gwan?

163 Morynion bach y pentre'
Yn gwisgo capiau lasie,
  Yfed te a siwgwr gwyn
A chadw dim i'r llancie;
  Modrwy aur ar ben pob bys
A gown a chrys yn garpie.

164 Robin y Rip â chwip yn ei law
A daflodd fy nghap i ganol y baw.

165 Gŵydd o flaen gŵydd,
Gŵydd ar ôl gŵydd,
A rhwng pob dwy ŵydd, gŵydd:
Sawl gŵydd oedd yno?

166 Mi brynais iâr a cheiliog
  A hynny ar ddydd Iau;
Mae'r iâr yn dodwy ŵy bob dydd,
  A'r ceiliog yn dodwy dau.

167 Teiliwr oedd fy nhaid, teiliwr oedd fy nhad,
Teiliwr ydw innau, a'r gorau'n y wlad;
Teiliwr yw'r baban sy'n awr yn y crud,
Mae'n rhyfedd ein bod ni'n deilwriaid i gyd.

168 Gw-cw! medd y gog
Ar y gangen gonglog;
Gw-cw! medd y llall
Ar y gangen arall.

169 Si-so Jac y Go',
Gwerthu'r fuwch a lladd y llo.

[*Jac y Do* mewn fersiynau eraill].

170 Gyrru, gyrru i Gaer
I briodi merch y Maer;
Gyrru, gyrru adre'
Wedi priodi ers dyddie.

171 Dau droed bach yn mynd i'r coed,
Esgid newydd am bob troed;
Dau droed bach yn dŵad adre
Wedi colli un o'u 'sgidie.

[*Dau gi bach* mewn fersiynau eraill].

172 Y lleuad yn ole,
A'r plant bach yn chware,
A'r lladron yn dŵad
Dan wau 'sane.

173 Dymuniad calon 'r Adeiladydd,
Yr hwn a'th wnaeth o ben bwy gilydd,
Fod yma groeso i Dduw a'i grefydd
Tra bo carreg ar ei gilydd.

Dyfynnir yn *Hynafiaethau, Cofiannau, a Hanes Presennol Nant Nantlle* . . . W. R. Ambrose (1872).

174 A heuo dyn hyd einioes
A feda ef wedi oes.

'"A Hauo Dyn, Hyny Hefyd a Fed Efe"', *Pigion Englynion fy Ngwlad* (Gol. John Thomas (Eifionydd)) (1881); priodolir i Thomas Llwyd o Benmaen (18fed ganrif) yn Llawysgrif yng nghasgliad y Cwrt-mawr.

175 Gall gŵr fod neithiwr yn iach,—y bore
Heb arwydd amgenach;
Yfory'n annifyrrach,
Drennydd ar obennydd bach.

'Ansicrwydd'.

176 I'w gorff gwan wele'r annedd,—ac obry
Mae Gabriel yn gorwedd:
Trueni troi o Wynedd
I chwilio byd, a chael bedd.

'Beddargraff Gwyneddwr o'r enw Gabriel, yn Cincinnati, Ohio, Unol Daleithiau America'.

177 Marw wna carw'n y coed,—a marw
Wna morwyn ysgafndroed:
Marw pawb, marw poboed;
Marw'r hyna' a'r ienga' 'rioed.

'"Gosodwyd i Ddynion Farw Unwaith"'; priodolir i Owain Gwynedd yn *Gwaith Owain Gwynedd*, Traethawd M.A. gan D. Roy Saer (1961), dan y teitl 'Sicrwydd Marwolaeth', ond y mae beth yn wahanol i'r fersiwn uchod:

Marw wna'r carw o'r coed,—a marw
Wna morwyn ysgafndroed;
Marw wna pob un o'm hunoed,
A marw wna'r ianga' erioed.

178 Er arian ac er eiriol,—er wylo,
Er alaeth beunyddiol,
Er gweddi yn dragwyddol,
Ni ddaw i neb ddoe yn ôl.

'"Ni Ddaw i Neb Ddoe yn Ol"'.

179 Am Ddafydd gelfydd goelfin,—praff awdur,
Proffwydodd Taliesin
Y genid ym mro Gynin
Brydydd â'i gywydd fel gwin.

'Prophwydoliaeth Taliesin am Ddafydd ab Gwilym', *Pigion Englynion fy Ngwlad* (Gol. John Thomas (Eifionydd)) (1881); priodolir yr englyn i Hopcyn ap Tomas ab Einion (c. 1330—wedi 1403) gan Eifionydd, ac fe'i priodolir i'r un bardd gan W. J. Gruffydd yn *Blodeuglwm o Englynion*, dan y teitl 'Dafydd ab Gwilym'. Ymddengys fel englyn anhysbys yn *Peniarth 53* (Copïwyd gan E. Stanton Roberts, Gol. Henry Lewis) (1927); fersiwn pur garbwl ac anghywir o'r englyn, fodd bynnag, a geir yn y gyfrol honno.

180 Pob glân, pob oedran, bydrant;—
pob einioes,
Pawb anwyd ddiflannant;
Pob lliw, llun, pob un, pawb ânt,
Pob graddau, pawb gorweddant.

Priodolir i Peter Jones (Pedr Fardd) yn *Pigion Englynion fy Ngwlad* (1881) gan Eifionydd; fe'i priodolir hefyd i David Thomas (Dewi Wnion; 1800—1894), er enghraifft, fe'i ceir yn *Gwaith Dewi Wnion* (diddyddiad), ond â phaladr gwahanol: 'Cryf a gwan, pob oedran, pydrant,—pob enaid/Pawb yna ddisgynnant'. Fe'i ceir ar garreg fedd David Howells, a fu farw ym 1853, ym mynwent Llanerfyl ym Maldwyn, yn ôl *Mynwenta* (Gol. Gomer M. Roberts) (1980).

181 Cu hyfrydwch cyfrodedd:
Dwy ochr y wlad, dowch i'r wledd!

'Nod Derbynniad i'r Eisteddfod a gynhalir yn Llanrwst, yn Swydd Ddinbych, Mehefin 14 ar 15 1791', Llawysgrif yng nghasgliad y Cwrt-mawr, yn y Llyfrgell Genedlaethol; priodolir y cwpled i Jonathan Hughes gan John Thomas (Eifionydd) yn *Pigion Englynion fy Ngwlad*, ail gyfres (1882).

182 Didwyll ar dafod ydyw;
Uthr o dwyll ar weithred yw.

Casgliad o Ddiarhebion Cymreig (Gol. J. Gwenogvryn Evans) (1884); priodolir ganddo i Oronwy Owen.

183 Gwell oedd nacáu ar ddeuair
Na chael eddewid ni chair.

184 Ni bu, ac ni ddichon bod,
Neb iach ac arno bechod.

Priodolir i Hywel Dafi.

185 O gwerir aur ac arian,
Ni wrandewir gwir y gwan.

Casgliad o Ddiarhebion Cymreig, copi gyda nodiadau'r awdur, yn Llyfrgell Genedlaethol Cymru.

186 Trawsfynydd, hen le hyll;
Dynion cam yn torri cyll.

'Trawsfynydd', 'Cymru'r Beirdd' (casglwyd gan Garneddog), *Cymru*, cyf. II, rhif 8, Mawrth 15, 1892.

187 Tri pheth o Fawddwy a ddaw:
Dyn atgas, nod glas, a glaw.

'Mawddwy'.

188 Llwchwr lwyd,
Lle llawn am dân,
Lle llwm am fwyd.

'Llwchwr (yn y Deheubarth)'.

189 Llangyfelach hynod,
Wyt ddigon hawdd dy 'nabod:
Yr eglwys obry a'r clochdy fry:
Pa fodd y bu'r anghydfod?

'Llangyfelach'.

190 Lle penwaig a saig i segur.

'Nefyn'.

191 Dôl a gollir yw Dolgelle:
Daear a'i llwnc: dŵr yn ei lle!

'Dolgellau'.

192 Llangybi lân,
Os heb arian.

'Llangybi'.

193 Mwyn yw peraidd leisiau'r adar
Ar y clyw ar fore claear;
Gwell gen i yw clywed englyn
Mewn aceniad ar y delyn.

Penillion Telyn (Gol. W. Jenkyn Thomas) (1894).

194 Da gan adar mân y coedydd,
Da gan ŵyn feillionog ddolydd;
Da gen i brydyddu'r hafddydd
Yn y llwyn, a bod yn llonydd.

195 Er maint sydd yn dy gwmwl tew
O law a rhew a rhyndod,
Fe ddaw eto haul ar fryn,
Nid ydyw hyn ond cafod.

196 Ni buasai raid i'r eira gwyn
Ar dir y Glyn mo'r glynu;
Gallasai fynd i fwrw'i luwch
I fannau uwch i fyny;
Fe'i gwelir weithiau yn yr ha'
Ar yr Wyddfa ucha' 'Nghymru.

197 Caëed pawb ei ddrws yn chwipyn,
Mae'r ôd yn barod ar ben Berwyn;
Daw i lawr â'r niwl i'w ganlyn,
Hulyn gwyn i hulio'n gwanwyn.

198 Un noswaith ddrycinog mi euthum i rodio
Ar lannau y Fenai, gan ddistaw fyfyrio;
Y gwynt oedd yn uchel, a gwyllt oedd y wendon,
A'r môr oedd yn lluchio dros waliau Caernarfon.

Ond trannoeth y bore mi euthum i rodio
Hyd lannau y Fenai, tawelwch oedd yno;
Y gwynt oedd yn ddistaw, a'r môr oedd yn dirion,
A'r haul oedd yn t'wynnu ar waliau Caernarfon.

199 Ni chân y gog lwydlas ond Ebrill a Mai,
A hanner Mehefin, chwi wyddoch bob rhai;
Ac wedyn dros donnau y môr,
I wledydd pellennig i 'mofyn ei stôr.

200 Y sawl a dynno nyth y frân,
Fe gaiff fynd i uffern dân;
Y sawl a dynno nyth y dryw,
Ni chaiff weled wyneb Duw.

201 Y sawl a dynno nyth y robin,
Fe gaiff ei hongian wrth y cordyn;

Y sawl a dynno nyth y wennol,
Ni wêl fywyd yn dragwyddol.

202 Gwyn fyd y pêr aderyn
Foregwaith ar wyrdd frigyn,
A chwery dôn heb alar blwng
Yn deilwng ar ei delyn.

Os daw gormesydd heibio
Yn sydyn i'w arswydo,
Fe ddyry naid i'r awyr fry,
A chanu'n llonnach yno.

O na bai egwan brydydd
Yn dwyn ei chwim adenydd,
Fel gallai yntau ymryddhau
O rwymau pob gorthrymydd.

203 Mi fûm yn gweini tymor
Yn ymyl Ty'n y coed,
A dyna'r lle difyrraf
Y bûm i ynddo erioed;
Yr adar bach yn tiwnio
A'r coed yn suo 'nghyd:
Fy nghalon fach a dorrodd
Er gwaetha'r rhain i gyd.

204 Dau ych yw Silc a Sowin,
Un coch, a'r llall yn felyn;
Pan yn aredig wrth eu pwys
Hwy dorran' gŵys i'r blewyn.

205 Rhowch galennig yn galonnog
I ddyn gwan sydd heb un geiniog;
Cymaint roddwch, rhowch yn ddiddig,
Peidiwch grwgnach am ryw 'chydig.

206 Calennig wyf yn 'mofyn
Ddydd Calan, ddechrau'r flwyddyn,
A bendith fyth fo yn eich tŷ
Os tycia i mi gael tocyn.

207 Mi feddyliais osod mesen
Ar y mynydd rhof a meinwen:
Mi gawn honno'n goeden frigog
I'm cysgodi noson lawog.

208 Mae'r gwynt yn oer oddi ar y llyn,
Lliw blodau'r dyffryn, deffro,
A chwyth y tân i gynnau toc,
Mae'n hin ddrycinog heno.

209 Dwedwch, fawrion o wybodaeth,
O ba beth y gwnaethpwyd hiraeth;
A pha ddefnydd a roed ynddo
Na ddarfyddai wrth ei wisgo.

210 Hiraeth mawr, a hiraeth creulon,
Hiraeth sydd yn torri 'nghalon;
Pan fwyf dryma'r nos yn cysgu,
Fe ddaw hiraeth ac a'm deffry.

211 Hiraeth, hiraeth, cilia, cilia,
Paid â phwyso'n rhy drwm arna';
Nesa dipyn at yr erchwyn,
Gad i mi gael cysgu gronyn.

212 Mae arnaf hiraeth am fy ngwlad,
Mae arnaf hiraeth am fy nhad;
Mae arnaf hiraeth mwy na hynny
Am y ferch 'rwyf yn ei charu.

213 Derfydd aur, a derfydd arian,
Derfydd melfed, derfydd sidan;
Derfydd pob dilledyn helaeth,
Ond er hyn, ni dderfydd hiraeth.

214 Fe gwn yr haul, fe gwn y lleuad,
Fe gwn y môr yn donnau irad;
Fe gwn y gwynt yn uchel ddigon;
Ni chwn yr hiraeth byth o 'nghalon.

215 P'le mae'r ferch a gâr fy nghalon?
P'le mae'r cysur mewn gofidion?
P'le mae help i'w gael mewn gwendid?
Pwy sydd gyfaill pan fo gofid?

216 Mae 'nghalon i cyn drymed
Â'r march sy'n dringo'r rhiw;
Wrth geisio bod yn llawen
Ni fedraf yn fy myw.
Mae f'esgid fach yn gwasgu
Mewn man nas gwyddoch chwi,
A llawer gofid meddwl
Sy'n torri 'nghalon i.

217 Lle bo cariad wiw mo ceisio
Cloi mo'r drws, a'i ddyfal folltio;
Lle bo'r 'wyllys fe dyr allan
Drwy'r clo dur a'r dderwen lydan.

218 Tân gwresog yw cariad pan wreiddia yn llawn,
Ac anodd ei ddiffodd pan 'nynno yn iawn;
Er tywallt holl foroedd, aberoedd y byd,
Ni orffwys ond ennyn dros donnau bob pryd.

219 Mae 'nghariad i'n Fenws, mae 'nghariad i'n fain,
Mae 'nghariad i'n dlysach na blodau y drain;
Fy nghariad yw'r lana' a'r wynna'n y sir,
Nid wyf yn ei chanmol, ond dwedyd y gwir.

220 Weithiau'n Llundain, weithiau 'Nghaer,
Ac weithiau'n daer amdani,
Weithiau'n gwasgu'r fun mewn cell,
Ac weithiau 'mhell oddi wrthi,
Mi gusanwn flodau'r rhos
Pe bawn yn agos ati.

221 Dacw 'nghariad ar y bryn,
Rhosyn coch a rhosyn gwyn,
Rhosyn coch sy'n bwrw'i flodau,
Rhosyn gwyn fydd 'nghariad innau.

222 Dacw hi, a mi a'i gwelaf,
Ati'n union y cyfeiriaf;
Os nad wyf fi yn camgymryd,
Y fain olau yw f'anwylyd.

223 Dacw f'annwyl siriol seren,
Hon yw blodau plwyf Llangeinwen;
Dan ei throed ni phlyg y blewyn,
Mwy na'r graig dan droed aderyn.

224 Mae gan Marged fwyn ach Ifan
Glocsen fawr a chlocsen fechan,
Un i gicio'r cŵn o'r gornel,
A'r llall i gicio'r gŵr i gythrel.

225 Os wyt ti wedi dewis Duw, gelli fod yn sicr fod Duw wedi dy ddewis di.

Gemau Doethineb: sef Casgliad o Ymadroddion Amrywiol (Gol. John Jones (Ioan Eifion)) (1897).

226 Gwneud da am ddrwg sydd debyg i Dduw; gwneud da am dda sydd debyg i ddyn; gwneud drwg am ddrwg sydd debyg i anifail; gwneud drwg am dda sydd debyg i ddiafol.

227 Y mae arian yn was da, ond yn feistr drwg.

228 Yr unig ddyn i'w ofni ydyw y dyn nad yw yn ofni Duw.

229 Mae un diferyn o gysur oddi wrth Dduw yn fil gwell nag afonydd o hyfrydwch y creadur.

230 Y mae hen ddynion yn myned at farwolaeth, ond marwolaeth yn dyfod at ddynion ieuainc.

231 Rhaid i chwi faddau llawer o gamweddau mewn eraill; ond na faddeuwch un camwedd ynoch eich hun.

232 Y mae diogi yn teithio ar ful, ac angen yn ei ddilyn ar farch.

233 Gwell ydyw dilyn y doeth na bod yn arweinydd i ffyliaid.

234 Ni all dim roddi heddwch i'r hwn sydd yn mynnu bod mewn rhyfel â'i gydwybod.

235 Enw o bell, bydd i hwnnw barch;
Enw yma gaiff amarch.

Y Diarhebion (Gol. O. M. Edwards) (1897).

236 Nid oes yn einioes un anian,—nwyd ingawl,
Ond angau ei hunan
A yr yn wir ŵr yn wan,
Siwrach, nag eisiau arian.

'Eisieu Arian', *Y Geninen*, cyf. XXII, rhif 3, Gorffennaf 1904.

237 Cledd â min yw claddu merch,
Cledd deufin claddu dwyferch.

[Er cof am ddwy ferch y Parchedig O. R. Owen] *Ceninen* Gŵyl Ddewi, Mawrth 1, 1909.

238 Eiry mynydd, gwyn pob tu;
Cynefin brân â chanu;
Ni ddaw da o drachysgu.

[Englynion 'Eiry Mynydd'] *The Poetry in the Red Book of Hergest* (Gol. J. Gwenogvryn Evans) (1911).

239 Llawer dau a ymgarant,
A phyth ni chyfarfyddant.

240 Hwyr hen, hawdd ei orddiwes.

241 Nid ymgêl drwg yn lle y bo.

242 Drycdrem a wna ddyn yn gaeth.

243 Iach rydd, rhyfeddod pa gŵyn.

244 Cydfydd lleidr â hir nos.

245 Nid ef a gaiff pawb a fyn.

246 Lle ni bo dysg ni bydd dawn.

247 Hiraeth am farw ni weryd.

248 Trydydd troed i hen ei ffon.

249 Bei traethai dafawd a wypai geudawd
Ni byddai gymydawg neb rhai.

250 Llawenydd dyn, Duw a'i mawl.

['Englynion y Bidiau'].

251 Cyfaillt blaidd, bugail diawg.

252 Gwaith celfydd yw celu rhin.

[Englynion 'Kalan Gaeaf'].

253 Namyn Duw nid oes dewin.

254 Trech anian nog addysg.

['Englynion y Gorwynion'].

255 Ni chêl grudd gystudd calon.

256 Gwaethaf anaf yw anfoes.

257 Namyn Duw nid oes dial.

258 A wŷl a gâr, gwyn ei fyd.

259 Meddwl serchawg, syberw fydd.

260 Aelwyd ddi-loes oes cyn hyn,—aelwyd cerdd,
Aelwyd cân ac englyn;
Lle bu dwylaw'r crythawr crŷn,
Aelwyd alaw y delyn.

Dyfynnir yn *Cofnodion a Chyfansoddiadau Eisteddfod Genedlaethol 1913 (Y Fenni)* (Gol. E. Vincent Evans).

261 Os byd anhyfryd yw hwn,
Am yr ail ymwrolwn.

Y Geninen, cyf. XXXII, rhif 2, Ebrill 1915.

262 Nid yw byd ond abwydyn
Yn llaw Duw: pa faint llai dyn!

Y Geninen, cyf. XXXV, rhif 1, Ionawr 1917.

263 Mae gan Dduw hawl i fawl fyth.

'Moliannu Duw', *Blodau'r Gynghanedd* (Gol. Richard Griffith (Carneddog)) (1920).

264 Gair Duw yw y gorau dysg.

'Gair Duw'.

265 Nid oes nerth a'r a berthyn
Onid Duw i enaid dyn.

'"Heb Dduw, heb Ddim"'.

266 Trugaredd tra rhagorol,
Trwy fawr nerth try fâr yn ôl.

'Trugaredd'.

267 Ystyriwch lesâd arall.

'Haelioni'.

268 Baich yw y byd heb iechyd
Er ei gael yn aur i gyd.

'Iechyd ac Afiechyd'.

269 Llwyddiant tŷ yw gwely gwag.

'Annedd Iach'.

270 Pwy a'i deil i'w gael eilwaith
Na'i alw'n ôl yn ei waith?

'Amser'.

271 Gwerthfawr amser, fe dderfydd:
Wedi cael bod, cilio y bydd.

272 Amser a goller, y gwaith
Ni ddaw'n ôl i ddyn eilwaith.

273 Os am nefol, freiniol fro
Trwy Edom y rhaid troedio.

'Byw'n Bur'.

274 Ni ŵyr merch, er anerchir,
Beth yw ffortun dyn heb dir.

'Heb Dir'.

275 Netia' ar ddyn, natur dda.

'Natur Dda'.

276 Bydd eu grym, er bedd a gro,
Ryw sut yn aros eto.

'Hen Arwyr Cymru'.

277 Trechaf treisied, gwaedded gwan.

'Treisio'; cf. rhif 2398.

278 Achos bach â chas i'w ben
Ganwaith fu mam y gynnen.

'Cynnen'; cf. rhif 1972.

279 Clywch hyn, 'rwy'n gofyn ar gais—
pawb soniant,
Pob synnwyr a dyfais,
A ŵyr mil, er eu malais,
Dan ei swydd ai dyn yw Sais?

'Sais', *Blodeuglwm o Englynion* (Gol. W. J. Gruffydd) (1920); priodolir i Richard Hughes, Cefn-llanfair (m. 1618) yn *Cynfeirdd Lleyn 1500–1800.*

280 Lle bo cariad brad mewn bron—
yn llechu,
Mewn lloches dirgelion,
Fe dry llygad, llusgiad llon,
Llwybr y goel, lle bo'r galon.

'Cariad'.

281 Canlyn pladur ddur a ddant—y rhostir,
Rhai ystwyth a'i gallant;
Esmwythach i was methiant
Englyn a thelyn a thant.

'Englyn a Thelyn a Thant'; awgrymir gan W. J. Gruffydd mai Edward Morris yw'r awdur.

282 O! mae'r galon hon heb hedd—oherwydd
Fy hiraeth diddiwedd:
Iôr fy Nuw, ar fy niwedd,
Rho ein bod yn yr un bedd.

'Hiraeth'.

283 Yn iach i Dwm Bach! Aeth i'r bedd,—
bellach
E ballodd cynghanedd;
Ni wn o'i ôl, yr un wedd,
A ŵyr fiwsig ar fysedd.

'Twm Bach y Telynor'; awgrymir gan W. J. Gruffydd mai Rhys Cain yw'r awdur, ond englyn anhysbys ei awduriaeth ydyw yn ôl amryw ffynonellau.

284 Yn y bedd gorwedd a gaf—yn isel,
Hir nos a ddaeth arnaf,
Ond ni dderfydd hirddydd haf
Dinoswyl y byd nesaf.

'Beddargraff'; priodolir i Thomas Hughes (Glan Pherath) yn *Blodau'r Gynghanedd*, lle ceir yr esgyll yn unig.

285 Daw blodau o'r creithiau crin,
Gwedi rhwyg y daw'r egin.

Cofnodion a Chyfansoddiadau Eisteddfod Genedlaethol 1922 (Rhydaman) (Gol. E. Vincent Evans); dan y ffugenw 'Gwas yr Hafod' yng nghystadleuaeth yr awdl.

286 Yr hyn na chlywo'r glust ni ferwina'r galon.

Doethineb Llafar yn Bennaf fel y'i Clybuwyd yng Nghantref Buallt (Gol. Evan Jones (Ieuan Buallt)) (1925).

287 Bwrw â'th unllaw, cynnull â'th ddwylaw.

288 Calon yw mam pob cilwg.

289 I galon wan da yw traed buain.

290 Os tynnir blewyn gwyn o'r gwallt, daw pedwar i'w angladd.

291 Tafod a draetha, buchedd a ddengys.

292 Hir ei dafod,
Byr ei wybod.

293 Tafod diog, synnwyr bywiog.

294 Nid hir y celir cilwg.

295 Gwell pryd o eisin na phryd o eisiau.

296 Gwell sucan meddiant na gwin cardod.

297 'Does dim magu'n llwyr
Nes magu'r ŵyr.

298 Nid teulu ond plant,
Nid epil ond ŵyr,
Nid hiliogaeth ond gorwyr.

299 Nawmlwydd yw canmlwydd ci.

300 Mae llygaid gan berthi
A chlustiau gan go'd;
Yng nghanol tir golau
Mae orau i ni fod.

301 Gwag aelwyd heb fwg, gwaeth heb dân.

302 Aur sy annwyl dros ennyd.

303 Mae y tad yn tra rhagori
Ar ddau gant o ysgolfeistri.

Eiddo yn wreiddiol i George Herbert (1593–1633), 'One father is more than a hundred schoolmasters', rhif 686 yn *Jacula Prudentum* (1651).

304 Nid yw rhodd ond hyd fodd.

305 Mae moroedd a mynyddau
A mil o hen gymylau
Yn dangos y tywydd yn llawer gwell
Na llonaid cell o lyfrau.

306 Newidio aur a wna dall
Dros arian ar draws arall.

Peniarth 76 (Copïwyd gan E. Stanton Roberts, Gol. W. J. Gruffydd) (1927).

307 Afal Awst o felyster.

308 F'enaid dlos, ni ddaw nosi
I adail haf y dêl hi;
Lliw dydd a ddaw lle doddyw,
Llewych haul ar y lluwch yw.

309 Ni roddir bardd i âr bedd;
Awen wir ni hir orwedd.

Cofnodion a Chyfansoddiadau Eisteddfod Genedlaethol 1929 (Lerpwl) (Gol. E. Vincent Evans); dan y ffugenw 'Eurfrawd' yng nghystadleuaeth yr awdl.

310 Pan fo'r haf decaf o'r dydd–i garu,
Gorau bod yn llonydd;
Na ddod dy law mewn awydd
Yn rhwym, rhag nas cei hi'n rhydd.

'Cyngor', *Y Gelfyddyd Gwta* (Gol. T. Gwynn Jones) (1929); ceir y llythrennau 'D.W.G.' dano yn *Y Gelfyddyd Gwta*.

311 Beunydd o newydd, a nos,–i'm meddwl,
Fy maddau 'rwyt agos;
Minnau sydd wâr yn d'aros–
Od ei yn elyn im, dos!

'Disgwyl'.

312 Od ydwyd, fal y dywedan',–yn ffôl
Ac yn ffals dy amcan,
Hynod i Dduw ei hunan
Fentro dy lunio mor lân!

'Glendid'.

313 Cenais, ban ellais, benillion,–y bore,
Bwriais fawr beryglon;
Ac nid hawdd im ganu tôn
Ac wylo yn y galon.

'Hen Gariad'.

314 Pob mwynder, ofer afiaith,–pob meddwl,
Pob moddus gydymaith,
Popeth, yn wir, ond hiraeth,
Yn gynnar iawn oddi genni'r aeth!

'Hiraeth'.

315 Os gwych Gwen feinwych, gwyn fanod,–nodedig
Nad ydyw heb wybod;
Od yw hon o dw hynod,
Da'i llun, fo ŵyr bun ei bod!

'Merch Lân'.

316 Byd dicllon i'm bron, heb wres,—dy belled,
Dibwyllodd fy mynwes;
Byd rhyflin bod rhyw afles,
Byd da'n wir be bait yn nes!

'Pellter'.

317 Cei fynwes gynnes genni,—cu fwynwalch,
Cei f'einioes, os mynni;
Cei fy llaw yn dy law di,
Cei fy nerth cyfan wrthi.

'Rhwng Dau'.

318 Eira gwyn ar fryn oer fry—a'm dallodd
A'm dillad yn gwlychu;
Myn Duw gwyn, nid oedd genny
Obaith y down byth i dŷ.

'Eira'; priodolir i Werfyl Mechain yn *Y Gelfyddyd Gwta,* ond englyn anhysbys ei awduriaeth ydyw gan eraill.

319 Onid pêr clywed pori—yr ychen?
Hir iechyd i'r rheini;
Gwledd ni cheid i arglwyddi
Na baich ŷd oni bai chwi.

'Ychen yn Pori'.

320 Er na fyn Duw gwyn, deg weniaith,—bechod,
Am bob achos diffaith,
Ni fyn Duw gwyn gwedi'r gwaith
Mynnu neb mewn anobaith.

'Anobaith'.

321 A fo difai na feied
Ar y lleill a'u bai ar lled.

'Bai Arall'.

322 Pob drwg o'r golwg a gela—dynion
A dân y Gorucha';
Yn ei lys Ef, ni lesâ
Euro llaw am air lleia'.

'Barn'.

323 Doeder a fynner am fonedd—i ddyn,
Oni ddwg beth rhinwedd
Fo â'r gŵr afrywiog wedd
Yn daeog yn y diwedd.

'Bonedd'.

324 Tra bo iraidd gwraidd 'ny gro,—pêr ydyw,
Prioded a'i caro;
Rhaid i'r ferch a orddercho
Gymryd y byd fal y bo.

'Byd Fel y Bo'.

325 Englyn a thelyn a thân,—ac afal,
Ac yfwyr mwyn diddan,
A gwin melys a chusan
Dyn fain, lwys—dyna fyw'n lân.

'Byw'n Lân'; priodolir i Siôn Phylip yn *Blodeuglwm o Englynion* (Gol. W. J. Gruffydd) (1920).

326 Edrydd y gwledydd dy glod—oherwydd
Dihirwch dy dafod;
Derfydd y gwledydd â'th glod
Wedi dofi dy dafod.

'Cegwm'.

327 Gad feddwon dewrion i daeru,—dadwrdd,
A dwedyd heb allu;
Dos ymaith, ŵr llaith, o'r llu,
Gad y diawl gyda'i deulu.

'Cyfeddach'; priodolir i Huw Morys yn *Y Gelfyddyd Gwta.*

328 Cymer ddysg, dod ddysg, dywed dda,—ŵr prudd,
Ym mhob rhaid, gobeithia;
Llafur di a gweddïa,
Medd Duw, llyna'r moddau da.

'Cyngor Da'.

329 O'r dwst y doeth pob noethyn,
I'r dwst y bwrir pob dyn.

'Dwst'.

330 O gyweth difeth mewn deufyd,—Duw gwyn,
Digonedd sy gennyd;
Gyda rhoi im nef hefyd,
Trefna beth tra fwy'n y byd.

'Y Ddeufyd'.

331 Fy Arglwydd hylwydd a haela',—trwy ffydd
Mae tri pheth a geisia':
Dy ras im drwy oes yma,
Trugaredd a diwedd da.

'Erfyniad'.

332 Dur, haearn cadarn, coedydd,—a thyrau,
A thiroedd a gwledydd;
A fynno Duw o fewn dydd
Ei ddarfod, ef a dderfydd.

'A Fynno Duw a Fydd'.

333 Noeth, bychan a gwan y genir—dyn byw,
Dyna beth sydd eirwir;
A gwan a noeth, gwn yn wir,
A diddim y diweddir.

'Geni a Marw'; priodolir i Raff ap Robert.

334 Meddwi, mawr goegni, mae'r gŵr,—a meddwi,
Nid moddau cwmnïwr;
Meddwi 'mhob man fal anwr:
E feddwai ped yfai'r dŵr!

'Meddwyn'.

335 Er goludoedd, er glewdwr,
Nid oes i'w gael ond oes gŵr.

'Oes Gŵr'.

336 Holed dyn ei hun heno,—a gwylied
I'w galon ei dwyllo;
Mae natur, mi wn, eto
A dull ei chwant yn dwyll o'i cho'.

'Pawb'; priodolir i Thomas Edwards (Twm o'r Nant).

337 Oni bydd byd rhydd yn rhwyddo—i ŵr,
Ni wiw iddo'i geisio;
Ynddo rhaid iddo rodio
A chymryd byd fal y bo.

'Rhaid'.

338 Er poeni'r ychen a'r penna'—i redeg,
A'r hadyd o'r teca',
Yr ysmoneth a fetha
Oni chedwir ar dir da.

'Tir Da'; priodolir i Elis ap Rhys ab Edwart.

339 Fy Nuw, gwêl finnau, Owen;—trugarhâ
At ryw grydd aflawen,
Fel y gwnawn pe bawn i'n ben
Nef, a thi o fath Owen!

'Trugaredd'; cf. y pennill diweddarach:

Here lie I, Martin Elginbrodde:
Hae mercy o' my soul, Lord God;
As I wad do, were I Lord God,
And ye were Martin Elginbrodde.

Ceir y pennill yn *David Elginbrod*, llyfr 1 (1863) gan George MacDonald (1824–1905).

340 Daethost drwy fawrfost i fyrfyd—yn noeth
I wneuthur dy benyd,
Ac yna, er sy gennyd,
Ar awr bach yr ei o'r byd.

'Y Byrfyd'.

341 Arglwydd gwyn, hylwydd gynheiliad—nefoedd,
Yn ufudd yn wastad,
Gras a dawn gwir Iesu, Dad,
Yn y man yw 'nymuniad.

'Dymuniad'.

342 Oni fyn estyn f'einioes,
Byrhaed yn rhwydd, f'Arglwydd, f'oes.

'Dymuniad Claf'; priodolir i Hywel ap Syr Matheu.

343 Y mae yno ryw ystyr hud.

[Pwyll am Orsedd Arberth] 'Pwyll Pendeuic Dyuet', *Pedeir Keinc y Mabinogi: allan o Lyfr Gwyn Rhydderch* (Gol. Ifor Williams) (1930).

344 "Mae dy gyngor am bont?" eb hwy. "Nid oes," eb yntau, "namyn a fo ben bid bont."

[Ateb Bendigeidfran i'w wŷr] 'Branwen Uerch Lyr'.

345 "Oi a fab Duw," eb hi, "gwae fi o'm ganedigaeth. Da a dwy ynys a ddiffeithiwyd o'm hachaws i."

[Geiriau olaf Branwen].

346 Yntau, Wydion, gorau cyfarwydd yn y byd oedd.

'Math Uab Mathonwy'.

347 Penffrwyn wrth gadwyn a gydia—y mul,
Neu y march, mewn dalfa,
Ac i ynfyd rhaid genfa;
I ŵr doeth rhoed synnwyr da.

'Genfa', *Bywgraffiad Llew Tegid gyda Detholiad o'i Weithiau* (Gol. W. E. Penllyn Jones) (1931).

348 'Mogelwch, gwyliwch goelio—y chwedel,
Na chodi mawr gyffro;
Mae'r ofer yn camrifo
A llunio bai lle ni bo.

'Rhybydd rhag Coelio Chwedlau'.

349 Ni ŵyr y dyn mwy na'r dall—ei wir fai,
Er ei fod yn ddwysgall;
Er na ŵyr gŵr wyrni'r gwall,
Ef a ŵyr feiau arall.

350 Pan na byddo clwyfo clod
Daw'r newyn ar dwrneiod.

351 Hoffir yr addfwyn, er ei holl ffaeleddau, o flaen yr anynad, er ei holl ragoriaethau.

'Afalau Aur mewn Gwaith Arian, neu Hobaid o Rynion. (Casgliad o Ddoeth-eiriau ar Amryw Destunau.)', *Bywgraffiad Llew Tegid gyda Detholiad o'i Weithiau* (Gol. W. E. Penllyn Jones) (1931); yn ôl y Golygydd, 'Ffrwyth darllen eang a chyflym Llew Tegid ydyw y rhan fwyaf o'r doeth-ddywediadau synhwyrol a ganlyn. Yr oedd ganddo fwrdd ysgrifennu bychan ar fraich ei gadair yn sedd fawr Ebenezer, Bangor, a phan ddisgynnai sylw gwerth ei gadw o'r areithfa, byddai yn ei groniclo ar unwaith. A diau fod llawer o'r rhai hynny yn y gronfa hon'. Gan na wyddys pwy oedd awduron y sylwadau hyn yn wreiddiol, fe'u cynhwysir yn yr adran hon. Diau mai cyfieithiadau yw rhai ohonynt, ond hyd yn oed os felly, y mae gwisg Gymreig iddynt.

352 Ni all amcan da gyfiawnhau gweithred ddrwg, na gweithred dda gyfiawnhau amcan drwg.

353 Y mae anfodlonrwydd fel cenllif: rhodder ffordd iddo, a rhed ymaith yn fuan; ceisier ei atal, ac ychwanega ei rym.

354 Ni ddibrisir anrhydedd ond gan rai nad oes obaith iddynt ei gyrraedd.

355 Cyfaddef ein hanwybodaeth yw'r ffordd i wybod rhagor. Anwybodaeth yw mam diffygion a thad digywilydd-dra.

356 Ni wna arian, mwy na gwrtaith, les heb ei chwalu.

Eiddo yn wreiddiol i Francis Bacon (1561–1626), 'Money is like muck, not good except it be spread', yn 'Of Seditions and Troubles', *Essays or Counsels, Civil and Moral* (1597).

357 Y mae athrod, fel y gwybed, yn myned heibio i'r cnawd iach ac yn disgyn ar y briwiau.

358 Ar y bobl orau y syrth athrod, fel y syrth yr adar ar y ffrwythau aeddfetaf.

359 Gellir mesur athrylith wrth nifer yr ynfydion sydd yn ceisio'i dirmygu.

Eiddo yn wreiddiol i Jonathan Swift (1667–1745), 'When a true genius appears in the world, you may know him by this sign, that the dunces are all in confederacy against him', yn *Thoughts on Various Subjects* (1706).

360 Rhagorach yw cynnyrch athrylith, er yn afreolaidd, na'r gwaith o radd isel, er yn unol â'r rheolau manylaf. Ni ellir cau athrylith o fewn gefynnau rheolau; rhyddid yw ei hanfod.

361 Barddoniaeth yw yr hyn a all fod yn wir; Hanes ydyw yr hyn sydd wir, ac ynfydrwydd yw yr hyn na all fod yn wir.

362 Gallwn farnu dynion yn ôl eu hymddygiad hwy at Dduw, ac nid yn ôl ymddygiad Duw atynt hwy.

363 Nid wrth nifer blynyddoedd, ond wrth werth gweithredoedd, y mae mesur bywyd. Y mae un yn marw yn ddeugain

oed wedi byw llawer, un arall yn marw yn bedwar ugain oed heb fyw ond ychydig.

364 Gweithredoedd da yw sylwedd bywyd a geiriau doeth ei addurn.

365 Y mae pawb bron am fyw yn hir, ond neb am fyned yn hen.

366 Truan yw y dyn na all edrych yn ôl heb gywilydd, nac edrych ymlaen heb arswyd.

367 Wrth ddweud yn dda am bawb gwneir cam deublyg: caiff y gwael fwy o glod nag a haedda, a'r gwych lai.

368 Awydd am ganmoliaeth a ddengys ddiffyg teilyngdod.

369 Na chamgymerer creulondeb am ddewrder, cyndynrwydd am benderfyniad, cyfrwystra am ddoethineb, na llwfrdra am amynedd.

370 Serch i un, cyfeillgarwch i ychydig, ewyllys da i bawb.

371 Crefydd yw yr arfogaeth orau, ond y fantell waelaf.

372 Cuddir llawer ffaeledd gan gyfoeth, a llawer rhinwedd gan dlodi.

373 Y mae dyn heb gyfrinach yn eiddo iddo ei hun fel llythyr agored i bawb i'w ddarllen.

374 Nid yw mor anodd i farw dros gyfaill ag ydyw i gael cyfaill gwerth marw drosto.

375 Dybla gwir gyfeillgarwch ein llawenydd, a hanera ein gofidiau.

376 Y mae beiau pobl eraill yn wastad gerbron ein hwyneb, ond taflwn yr eiddom ein hunain dros ein hysgwydd.

377 Y mae'r neb a gredo chwedl ddrwg cynddrwg â'r neb a'i traetha, ac yn casglu tanwydd i losgi ei dŷ ei hun.

378 Y mae'r neb a chwennych yr hyn nad yw ganddo yn colli y gallu i fwynhau yr hyn sydd ganddo.

379 Dedwydd yw y dyn nas condemnir ganddo ef ei hun yn y dirgel, gan eraill yn y cyhoedd, na chan Dduw yn y naill na'r llall.

380 Y mae gwneud cam yn troseddu'r gyfraith, ond y mae dial cam yn diorseddu'r gyfraith.

381 Eiddil yw'r meddwl a letya mewn corff diog.

382 Cais y doeth ragori arno ei hun; cais yr annoeth ragori ar eraill.

383 Y mae'r hwn a gefnogo weithred ddrwg yn gyfrannog ynddi.

384 Fel yr ennyn y corwynt y fflamdorch yn lle ei diffodd, felly yr ychwanega enllib at ddisgleirdeb rhinwedd.

385 Gall ffawd ddwyn dyn i enwogrwydd, ond rhinwedd yn unig a'i ceidw yno.

386 Os achubir yr enaid drwy ffrewyllu'r corff, gall anifail gyrraedd y nefoedd yn gystal â dyn.

387 Nid yw geiriau doeth ond cysgod gweithredoedd da; nid yw y da a glywir yn werth yr enw oni ellir ei weled hefyd.

388 Mwy clodfawr i ddyn orchfygu ei nwydau na'i elynion.

389 Na dderbyn weniaith, ac na wrthod ganmoliaeth a haeddi.

390 Gwybodaeth sydd addurn mewn llwyddiant, lloches mewn adfyd, mwynhad ymhob sefyllfa.

391 Dysgir y doeth gan reswm, y diddysg gan brofiad, yr anghall gan angen, a'r anifail gan reddf.

392 Yr hwn a garo wybod yr hyn a fydd, dwys ystyried yr hyn a fu.

393 Bydd foesgar i bawb, yn wasanaethgar i'r lliaws, yn gydymaith i ychydig, yn gyfaill i un, yn elyn i neb.

394 Yr ieuanc sydd i gasglu gwybodaeth, a'r hen i'w defnyddio.

395 Gwobr ieuenctid bucheddol ydyw henaint di-boen. Y mae'r cam cyntaf a gymer dyn yn y byd, fel rheol, yn penderfynu cyfeiriad gweddill ei oes.

396 Nac ymlid y llwfr yn rhy bell, rhag iti ei wneud yn ddewr er dy niwed dy hun.

397 Nid yw'r cread ond un llyfr mawr, a dyn yn argraffiad talfyredig ohono.

398 Bydded dy lyfrau, fel dy gyfeillion, yn ychydig a detholedig.

399 Pan fydd dyn drwg yn troi'n garedig, bydd wyliadwrus.

400 Gwell yw anelu at rywbeth a'i fethu nag anelu at ddim a'i daro.

401 Y moethus a bortha ei elyn ei hun, ac a addurna ei garchar ei hun.

402 Y mae cysylltiad pechod â chosb mor agos â chysylltiad tân â mwg; rhaid diffodd y naill i gael gwared o'r llall.

403 Pan fo waethaf arnoch, gobeithiwch; pan fo orau arnoch, ofnwch. Ym mhob cyflwr, gwyliwch.

404 Rhoddir mwy o barch i fedd y rhinweddol nag i lys y drygionus.

405 Po leiaf y demtasiwn mwyaf y pechod.

406 Eu Nêr a folant,
Eu hiaith a gadwant,
Eu tir a gollant,
  Ond gwyllt Walia.

'Llyma Hen Odl o Waith Taliesin . . .', *Gwyneddon 3* (Gol. Ifor Williams) (1931).

407 Dyffryn clodfawr Clwyd.

'Englynyon Dadolwch a Gant Gwilym Reuel e Dauyt vab Ywein', *Llawysgrif Hendregadredd* (Goln John Morris-Jones a T. H. Parry-Williams) (1933).

408 Y ddeilen hon, neus cynired gwynt,
  Gwae hi o'i thynged!
Hi hen; eleni ganed.

Canu Llywarch Hen: 'Cân yr Henwr', *Canu Llywarch Hen* (Gol. Ifor Williams) (1935).

409 Wyf hen, wyf unig, wyf annelwig oer,
  Gwedy gwely ceinmyg,
Wyf truan, wyf tri dyblyg.

410 Yr aelwyd hon, neus cudd drain.

'Diffaith Aelwyd Rheged'.

411 Yn Abercuawg yd ganant gogau
  Ar gangau blodeuawg;
Cog lafar, caned yrhawg.

'Claf Abercuawg'.

412 Stafell Gynddylan ys tywyll heno,
  Heb dân, heb wely;
Wylaf wers; tawaf wedy.

Canu Heledd: 'Stafell Gynddylan'.

413 Stafell Gynddylan ys tywyll heno,
  Heb dân, heb gannwyll;
Namyn Duw pwy a'm dyry pwyll?

414 Stafell Gynddylan, a'm gwân ei gweled
  Heb döed, heb dân;
Marw fy nglyw, byw fy hunan.

415 Eryr Eli a glywaf heno.

'Eryr Eli'.

416 Eryr Pengwern pengarn llwyd, heno
Aruchel ei adlais,
Eiddig am gig a gerais.

'Eryr Pengwern'.

417 Y dref wen ym mron y coed,
Ysef ei hefras erioed,
Ar wyneb ei gwellt y gwoed.

'Y Dref Wen'.

418 Hir hwyl haul; hwy fy nghofion.

'Gorsedd Orwynion'.

419 Paid, er Mair, â'r pader main,
A chrefydd menych Rhufain.
Na fydd leian y gwanwyn:
Gwaeth yw lleianaeth na llwyn.
Dy grefydd, deg oreuferch,
Y sydd wrthwyneb i serch.

'I'r Lleian', *Cywyddau Dafydd ap Gwilym a'i Gyfoeswyr* (Goln. Ifor Williams a Thomas Roberts) (1935).

420 Dyred i'r fedw gadeiriog,
I grefydd y gwŷdd a'r gog.

421 Duw a fyn, difai annerch,
A saint roi pardwn i serch.

422 Nid cymin ar y min mau
Blys gwin â blas ei genau.

423 Minnau mewn bedd a gleddir,
Ymysg dail a maswgoed ir.
Fy arwyl o fedw irion
Yfory a gaf dan frig onn.
Amdo wenwisg amdanaf,
Lliain hoyw o feillion haf.

'Claddu y Bardd o Gariad'.

424 Dy fwnwgl yn dwf uniawn,
Dy fronnau'n bellennau llawn.

'I Forfudd'.

425 Dy wên yw'r pum llawenydd,
Dy gorff hardd a'm dwg o'r ffydd.

426 Y ferch dawel wallt felen,
Eurwyd y baich ar dy ben.
Gwyn yw dy gorff ac uniawn,
A lluniaidd wyd; llyna ddawn!

'Creulondeb Merch'.

427 Gwneuthur brad yn anad neb,
Em y dynion, mae d'wyneb.

428 Duw a liwiodd, dâl ewyn,
Dy wallt aur i dwyllo dyn.

429 Gweniaith brydferth a chwerthin
Erioed a fu ar dy fin.

430 Gwell bedd a gorwedd gwirion
Na byw'n hir yn y boen hon.

431 Amrant du ar femrwn teg
Fal gwennol ar fol gwaneg.

'I Fynaches na Welsai ond ei Hwyneb'.

432 Dwy sêl o liw grawn celyn,
Dagrau gwaed ar deg eiry gwyn.

433 Yr alarch ar ei wiwlyn,
Abid galch fal abad gwyn.

'I'r Alarch'.

434 Cael bod yn ben-pysgodwr—
Llyna ddawn uwch llyn o ddŵr.

435 Drychau dimeiau Duw mawr.

'Y Sêr'.

436 Ni'm twyllir o'm tŷ allan
Ar air merch i'r eira mân.

'Yr Eira'.

437 Ai celwydd wedi'r Calan
Wisgo o bawb wisg o bân?

438 Mis Ionawr, blaenawr y blaid,
Mae Duw'n gwneuthur meudwyaid.

439 Llwyth o'r calch yn llethu'r coed.

440 Gweren dew ar groen daear.

441 Oes un a ŵyr fis Ionawr
Pa ryw lu sy'n poeri i lawr?

442 Arianwisg o'r iâ ennyd,
Arian byw oera'n y byd.

443 Pan ddêl Mai â'i lifrai las
Ar irddail i roi'r urddas,
Aur a dyf ar edafedd
Ar y llwyn er mwyn a'i medd.

'I'r Llwyn Banadl'.

444 Teg yw'r pren, a gwyrennig,
Y tyf yr aur tew o'i frig.

445 Barrug haf ydyw brig hwn.

446 Gorau cannwyll, pwyll i ddyn.

['Englynion y Misoedd'] *Early Welsh Gnomic Poems* (Gol. Kenneth Jackson) (1935).

447 Pob edn a edwyn ei gymar.

448 Pob peth a ddaw drwy'r ddaear
Ond y marw, mawr ei garchar.

449 Aml bai pawb lle nis cerir.

450 Hawdd cymod lle bo cariad.

451 Duw a gâr bob tangnefedd;
Diawl a bair bob cynddrygedd.

452 Pob cadarn, gwan ei ddiwedd.

453 Ni lwydd hil corff anniwair.

454 Duw a farn, dyn a lefair.

455 Ni lafur, ni weddïa,
Nid teilwng iddo'i fara.

456 Traha a threisio gwirion
A ddifa'r etifeddion.

457 Angau i bawb sy ddiogel,
Amau fydd y dydd y dêl.

458 Dyn a da'r byd a dderfydd,
Da nefol, tragwyddol fydd.

459 Yr hoedl, er hyd ei haros,
A dderfydd yn nydd a nos.

460 Yr un bai ar ein bywyd
Ar bawb, a hudol yw'r byd.

'Y Saith Bechod Marwol, a Dioddefaint Crist', *Cywyddau Iolo Goch ac Eraill* (Goln. Henry Lewis, Thomas Roberts ac Ifor Williams) (1937).

461 Nid baich, onid o bechod.

Cf. rhif 1616.

462 Lle bu Brython Saeson sydd
A'r boen ar Gymry beunydd.

'Moliant i Rys Gethin o Nanconwy'.

463 Gorau nef yw tangnefedd,
Gorau gwlad yw gwlad heb gledd.

Barddoniaeth a Beirniadaethau Eisteddfod Genedlaethol Caerdydd 1938 (Goln. W. J. Gruffydd a G. J. Williams); dan y ffugenw 'Endaf' yng nghystadleuaeth yr awdl.

464 Ni bu un wawr heb y nos
Nac awr ddu heb gerdd eos.

465 Ni ddaw haf heb aeaf hir
Nac awr Duw heb gur dyhir.

466 Hir hedd ni phryn pereiddwaed;
Duw gwyn nid yw'n gofyn gwaed.

467 Llonydd yw pob cynllunio,—dim miwsig,
Dim mesur ac asio,
Dim gwên, na dim megino,
Dim sŵn gwaith, dim Siôn y Go'.

Barddoniaeth a Beirniadaethau Eisteddfod Genedlaethol Caerdydd 1938 (Goln. W. J. Gruffydd a G. J. Williams); dan y ffugenw 'Tusw Grug' yng nghystadleuaeth y 'Chwech o Englynion Beddargraff'.

468 Pais Dinogad, fraith, fraith,
O grwyn balaod ban wraith:
Chwid, chwid, chwidogaith,
Gochanwn, gochenyn' wythgaith.
Pan elai dy dad di i heliaw,
Llath ar ei ysgwydd, llory yn ei law,
Ef gelwi gŵn gogyhwg—
'Giff, gaff; daly, daly, dwg, dwg'.
Ef lleddi bysg yng nghorwg
Mal ban lladd llew llywiwg.

Pan elai dy dad di i fynydd,
Dyddygai ef pen iwrch, pen gwythwch, pen hydd,
Pen grugiar fraith o fynydd,
Pen pysg o Raeadr Derwennydd.
O'r sawl yd gyrhaeddai dy dad di â'i gigwain
O wythwch a llewyn a llwynain
Nid angai oll ni fai oradain.

Awdl LXXXVIII, *Canu Aneirin* (Gol. Ifor Williams) (1938).

469 Mae gaeaf mewn haf o hyd,
A haf mewn gaeaf hefyd.

Cyfansoddiadau a Beirniadaethau Eisteddfod Genedlaethol 1946 (Aberpennar) (Gol. T. J. Morgan); dan y ffugenw 'Gwas y Llwyn' yng nghystadleuaeth yr awdl.

470 Oni ŵyr dyn nad yw'r da
Yn darfod gyda'i yrfa.

Cyfansoddiadau a Beirniadaethau Eisteddfod Genedlaethol 1950 (Caerffili) (Gol. T. J. Morgan); dan y ffugenw 'Swyn y Pellter' yng nghystadleuaeth yr awdl.

471 Loes gŵr a felysa'i gerdd,
Dawn ing a dania angerdd.

472 Y gŵr mawr â grym arian
Drwy'r byd a gyfyd y gân.

Beirniadaethau a Barddoniaeth Eisteddfod Genedlaethol Cymru Aberystwyth 1952 (Gol. E. D. Jones); dan y ffugenw 'Cipdrem' yng nghystadleuaeth y 'Pymtheg o Gypledau Cywydd Epigramatig'.

473 Hir yw awr gŵr segur iach,
Hir hefyd awr yr afiach.

Cyfansoddiadau a Beirniadaethau Eisteddfod Genedlaethol Pwllheli 1955 (Gol. J. T. Jones); dan y ffugenw 'Mihangel' yng nghystadleuaeth y 'Pymtheg Cwpled Epigramatig yn y Mesur Cywydd'.

474 I noeth dir rhydd hiraeth dwys
Ryw hud a'i try'n baradwys.

475 Creulonach, chwerwach na chad
A'i hing hir yw anghariad.

Dan y ffugenw 'Mai'.

476 A gâr anian gwirionedd,
Nis ofna boen safn y bedd.

Diarhebion Cymru (Gol. William Hay) (1955).

477 Diau mai gwael flodeuyn
Byr ei dwf a brau yw dyn.

478 Y mae mil mwy o ddilyn
Ar ôl gwneud na dweud y dyn.

479 Fel finnau, diau y deuwch,—er moddion,
Er meddu pob harddwch;
Er trwsiad dillad, deallwch,
Cewch bydru a llechu mewn llwch.

Dyfynnir yn 'Dyffryn Banw', *Yn y Wlad ac Ysgrifau Eraill*, O. M. Edwards (Gol. Thomas Jones) (1958).

480 Y bedd yw diwedd y da;—call a ffôl
Ac oll a ffy yma;
Tyddyn pawb o blant Adda,
Un ni red nad yno'r â.

Dyfynnir yn 'Llanwrtyd', *Cartrefi Cymru ac Ysgrifau Eraill*, O. M. Edwards (Gol. Thomas Jones) (1962).

481 Ugain mil a ganmola
Eich llafur doeth a'ch llyfr da.

Dyfynnir yn 'Edward Lhuyd'.

482 Lle macer yr aderyn,
Llyna fyth y llwyn a fyn.

'Tynfa', *The Oxford Book of Welsh Verse*.

483 Rhyfedd i Dduw, o rhôi dda,
Na rôi olud i'r haela',
A rhoi i'r cybydd yrhawg
Dwyn ei fyd yn ofidiawg.

Mil o Ddyfyniadau Cymraeg (Gol. G. Lloyd Edwards) (1968).

484 Y gwraidd a fo goreudda,
Gnawd dwyn ohono gnwd da.

485 Ystyriwn, gwelwn ein gwaeledd;—ein gwisg
A esgor ar lesgedd,
A deuwn yn y diwedd
O rwysg byd i oerwisg bedd.

'Marwolaeth', *Y Flodeugerdd Englynion* (Gol. Alan Llwyd) (1978); ar fedd Mary Jones, a fu farw ym 1893, yn 27 oed, ym mynwent Capel Yr Allt-wen, Pontardawe.

486 Rhoed yma'r corff i orffwys—wedi ing
Hyd angau, dan oergwys,
Ond mwynder y dewrder dwys
A roed i dir Paradwys.

'Er Cof am y Parch. T. R. Lloyd'.

487 Edrych yn fynych f'annedd—a'r adail
Lle'r ydwyf yn gorwedd;
Cofia'r fan, i'r cyfryw fedd
Y deui yn y diwedd.

'Diwedd Dyn'; ar garreg fedd William Elias, a fu farw ym 1787, ym mynwent Llanfwrog ym Môn.

488 Telyn rawn, o chawn, a chanu—diboen,
Deubeth gyda hynny:
Angyles ar fy ngwely,
A chwart o win, a chau'r tŷ.

'Y Bywyd Dedwydd'.

489 Gan fod rhai isod wrth wtresa'n—sur
Yn siarad y cyfa',
Gwnaed Duw im, o gant yma,
Gael unwaith gydymaith da.

'Cydymaith Da'.

490 Ni châr Duw ddyn chwerw, dig
Na'i chwedl ond ychydig.

'Bywyd o Lendid'.

491 Os bydd llanc ifanc yn yfwr—dan ermain,
Daw'n ormod cwmnïwr;
Os hen y bydd, hyn sydd siŵr:
Garw ei deitl yn gardotwr.

'Tynged Oferddyn'.

492 A ddifalch ddioddefo
A orfydd beunydd lle bo.

'A Ddioddefo a Orfydd'; cf. rhif 1886.

493 Pe bawn aer ar Gaer i gyd,—a Rhufain,
A rhifo mwy hefyd,
Anodd yw byw yn y byd,
O bai achos, heb iechyd.

'Heb Iechyd, Tlawd Yw'n Buchedd'.

494 Nid hardd ar ŵr natur ddrwg.

'Natur Ddrwg'.

495 Edrych, ddyn dewrwych, cyn d'orwedd—am fodd
I faddau d'anwiredd;
Tro i guro am drugaredd
Yn dy fyw cyn cau dy fedd.

'Curo am Drugaredd', *Mynwenta* (Gol. Gomer M. Roberts) (1980); fe'i ceir ar garreg fedd Ifan Griffith (Ifan yr Hwper), a fu farw ym 1843, ym mynwent Yr Allt-wen, Pontardawe, Morgannwg, ac fe dybir gan rai mai ef yw ei awdur. Fe'i ceir hefyd ar garreg fedd Griffith Owen, a fu farw ym 1796, ym mynwent hen eglwys Llanidan ym Môn.

496 Y dyn! Gwêl derfyn d'yrfa;—y bedd tynn
Yw terfyn pob tyrfa;
Yn dy derfyn didorfa
Ymofyn am derfyn da.

'Terfyn Da'; fe'i ceir ar garreg fedd William Roberts, Llandybïe, a fu farw ym 1858, ym mynwent capel Soar, Llandyfân, Dyfed. Cf. rhif 1808.

497 O Dduw nef, a ddaw i neb
Ddaioni o ddau wyneb?

Cywyddau Serch y Tri Bedo (Gol. P. J. Donovan) (1982).

498 Ni phery pryd ennyd awr.

499 Cyntefin ceinaf amser,
Dyar adar, glas calledd,
Ereidr yn rhych, ych yng ngwedd,
Gwyrdd môr, brithotor tiredd.

'Cyntefin Ceinaf Amser', *Llyfr Du Caerfyrddin* (Gol. A.O.H. Jarman ac Adran ar y Llawysgrif gan E. D. Jones) (1982).

500 Ban ganont gogau ar flaen gwŷdd gwiw,
Handid mwy fy llawfrydedd,
Tost mwg, amlwg anhunedd,
Can ethynt fy ngheraint yn adwedd.

501 Ym mryn, yn nhyno, yn ynysedd môr,
Ym mhob ffordd ydd eler
Rhag Crist gwyn nid oes ynialedd.

502 Gogonedawg Arglwydd, hanpych gwell;
A'th fendico di eglwys a changell.

'Gogonedog Arglwydd'.

503 Gwyn ei byd hi y fedwen yn Nyffryn Gwy.

'Y Bedwenni'.

504 Afallen beren a dyf yn llannerch.

'Afallennau Myrddin'.

505 Oian a borchellan, ni hawdd gysgaf.

'Oianau Myrddin'.

506 Y beddau a'u gwlych y glaw.

'Englynion y Beddau'.

507 Llym awel, llwm bryn, anhawdd caffael clyd,
Llygrid rhyd, rhewid llyn,
Rhy saif gŵr ar un conyn.

'Mechydd ap Llywarch'.

508 Mecid llwfr llawer cyngor.

509 Seithenyn, saf di allan.

'Boddi Maes Gwyddneu'.

510 Er cymen' a ddarllenwyf,
Deallu'r Llyfr Du nid wyf.

Glos ar ymyl dalen.

511 E fyn y bedd hufen byd,
A'r hufen gorau hefyd.

Y Flodeugerdd o Epigramau Cynganeddol (Gol. Alan Llwyd) (1985).

512 Angau a biau bywyd,
Ac angau a biau'r byd.

513 Diflas i'r blaenor dwyflwydd
Yw cyngor y blaenor blwydd.

514 Y Bala aeth a'r Bala aiff,
A Llanfor aiff yn llyn.

Traddodiad llafar.

515 Hed amser, meddi. Na!
Erys amser; dyn â.

Ar ddeial haul ar y lawnt o flaen porth mawr prif neuadd Coleg Prifysgol Gogledd Cymru, Bangor.

W. AMBROSE BEBB 1894–1955

516 Yr un yw colli traddodiad i genedl â cholli pridd a daear i flodeuyn.

'Trydedd Anffawd Fawr Cymru', *Y Llenor,* cyf. 3, rhif 2, Haf 1924.

517 Y mae'r neb a etifedda rinweddau ei bobl, ac a'i gosododd ei hun tan ddisgyblaeth genedlaethol, eisoes ar y ffordd i fod yn ddyn, yna yn arwr, ac, yn olaf, yn Sant.

'Rhagymadrodd', *Llydaw* (1929).

518 Dyma beth yw Hanes: dweud yn dda am ddynion da.

Ein Hen, Hen Hanes (1935)

519 Cynefindra—onid efô ydyw gelyn mwyaf y ddynoliaeth, diffrwythwr pob rhamant a rhyddid, lleiddiad pob Tir na N-Og a'r haul hafanau, y gelyn olaf i'w drechu a'i ddarostwng?

Crwydro'r Cyfandir (1936)

520 Gall unrhyw wareiddiad praff fynnu dynwaredwyr. Y gamp ydyw ennill calon a serch.

521 Eisiau cael ei charu a'i hoffi y mae Ffrainc, eisiau ei hofni y mae'r Almaen.

522 Fe'i caraf am mai ar ei daear hi y gellir gweled orau rwysg y canrifoedd; am ei bod yn wynebu'r dyfodol gan gadw'r gorffennol beunydd mewn cof; am sicrwydd a diogelwch ei greddf, a'i ceidw rhag rhedeg fel plentyn ar ôl teganau newyddion; am ei gerddi a'i gwinllannoedd sy'n fynegiant mor drwyadl o waith ei dwylo hi, ei chwaeth, ei chydbwysedd a'i chymesuredd; am iddi ddyrchafu dyn uwchlaw safonau materol a pheiriannol am fywyd; am na

phaid dyn â bod yn ddyn yno pan fyddo'i gerpyn yn rhydyllog, ac na ddosberthir dynion yn ôl eu cyfoeth a'u meddiannau daearol.

[Am Ffrainc].

523 Y gŵr a ddioddefodd gyda'i genedl, a gymerth ei gwendidau arno, ac a ddrylliwyd gyda hi, ydyw'r gŵr a ennill galon ei genedl bob tro.

524 Ni all deddfau'n unig fyth newid arferion a thraddodiad. Ond dyna'n union yr hyn a all chwedl a breuddwyd.

'Ystyr Maes Bosworth', *Y Llenor*, cyf. XIX, rhif 2, Haf 1940.

525 Nid oes arnaf gywilydd o Lydaw, ond y mae arnaf gywilydd o'r llun ohoni a dynnodd Syr O. M. Edwards.

'Rhagair', *Pererindodau* (1941).

526 Peth i'w feithrin yn hir, yn araf ac yn foethus yw cyfeillgarwch, canys nid oes gormod ohono ar y ddaear hon. Ei brinder ef, efallai, ydyw'r tlodi mwyaf.

527 Nid dinesydd ydyw'r Cymro, ond gwladwr.

528 Y Wladwriaeth a wnaethpwyd er mwyn Dyn ac nid Dyn er mwyn y Wladwriaeth. Dyn yn gyntaf, a'i Deulu a'i Dylwyth a'i Genedl o'i gwmpas, yn ffurfio un Gymdeithas mewn cymundeb â'i gilydd yn y bywyd da a'r bywyd gorau—a'r Gymdeithas honno drachefn yn cyfrannu i Fywyd yr Holl Hil Ddynol ac yn cyfranogi ohono.

Calendr Coch (1946).

529 Rhaid i chi wrth wleidyddiaeth sy'n tarddu o'ch Beibl Cymraeg, gwleidyddiaeth sydd yn Efengyl yr un pryd.

530 Llygaid yr ynfyd sydd ar bellafoedd y ddaear.

531 Ein teilyngdod yn unig a rynga fodd Duw ac a ddyry i'n gweledigaeth ac i'n gweithgarwch Ei fendith Ef. Onid oes ganddo Ef, Yntau, ryw gyfran yn y gwaith o ddwyn ymwared i un o'r lleiaf o'i bobloedd ar y ddaear?

532 Rhaid i bob llenor ysgrifennu yn llewych ei dân ei hun, a'r lle bo'r tân yn isel, ni all fod llawer o lewych ar y cynnyrch.

Cyfansoddiadau a Beirniadaethau Eisteddfod Genedlaethol 1947 (Bae Colwyn) (Gol. William Morris); beirniadaeth ar gystadleuaeth y Dyddlyfr.

533 Nerth plentyn yw ei ddychymyg; a'i wendid ydyw ceisio byw arno.

'Hela Cerrig', *Y Llenor*, cyf. XXVII, rhif 2, Haf 1948.

534 Y gwir yw na cheir gweled ehangder bywyd plwyf, na sir na chenedl ond trwy galon un dyn a'i deulu; ac wrth ddilyn bywyd un enaid sydd wedi byw yng ngwir ystyr y gair, cewch eich arwain at gyfrinachau pwysicaf ac ehangder ysblennydd bywyd cenedl.

'Y Dyddiadur', *Y Genhinen*, cyf. IV, rhif 2, Gwanwyn 1954.

535 Cymru ydyw ein cyfran ni o'r argyfwng dynol.

'Hwyl ac An-hwyl', *Yr Argyfwng* (1955).

536 I grefydd ddigynnwys, ac anysbrydol, pa le a all fod i werthoedd ysbrydol—i iaith y mae ei gogoniant nid ym maes y gad nac ym moes y god, nid yn aur y banc nac yn erw'r byd, ond mewn englyn a chywydd a chân, mewn emyn ac adnod a thôn?

'Esgeulustod y Gwyliwr'.

537 Nid wrth ddannod i ddoe ei ddinodedd y mae i heddiw ddirnad ei gyfle a'i gyfrifoldeb.

'Diweddglo'.

538 Y mae'r gŵr sy'n fyr ei wreiddiau yn berygl bywyd i bawb o'i gwmpas.

BEDO AEDDREN
fl. 1500

539 Beth a dâl gobeithio dyn?

Rhif I, *Cywyddau Serch y Tri Bedo* (Gol. P. J. Donovan) (1982).

540 Y winwydden a nyddir
Yn egwan iawn ac yn ir;
Pan êl yn hen gangen gu
Ni oddef mwy o'i nyddu.

Rhif X.

541 Y llong i'r môr a ollyngir,
Dan obeithiaw y daw i dir.

Rhif XXXI.

542 Er cyd fo'r noswaith weithiau
Ei diwedd hi fydd dyddhau.

543 Diwedd cyfnod o aeaf
Wedi'r rhew ydyw yr haf.

544 Diwedd pob anhunedd hir
Ar ffyniant y gorffennir.

BEDO BRWYNLLYS
fl. 1460

545 Y da sy, aed i oes hir;
A fu dda a faddeuir.

Rhif XIV, *Cywyddau Serch y Tri Bedo* (Gol. P. J. Donovan) (1982).

546 Ni ellir tynnu hiraeth
Oni allai Dduw y lle'dd aeth.

Rhif XVII.

547 Ni phery gloywder seren
Na'i phryd ond ennyd i wen.

Rhif XXV.

Y BEIBL: YR HEN DESTAMENT

548 Yn y dechreuad y creodd Duw y nefoedd a'r ddaear.

Genesis I:I.

549 A Duw a ddywedodd, Bydded goleuni, a goleuni a fu.

3.

550 A'r hwyr a fu, a'r bore a fu, y dydd cyntaf.

5.

551 A Duw a welodd mai da oedd.

10.

552 Felly Duw a greodd y dyn ar ei ddelw ei hun, ar ddelw Duw y creodd efe ef; yn wryw ac yn fenyw y creodd efe hwynt.

27.

553 Ffrwythwch, ac amlhewch, a llenwch y ddaear, a darostyngwch hi.

28.

554 Ond o bren gwybodaeth da a drwg, na fwyta ohono: oblegid yn y dydd y bwytei di ohono, gan farw y byddi farw.

2:17.

555 Nid da bod y dyn ei hunan; gwnaf iddo ymgeledd cymwys iddo.

18.

556 Ac Adda a ddywedodd, Hon weithian sydd asgwrn o'm hesgyrn i, a chnawd o'm cnawd i: hon a elwir gwraig, oblegid o ŵr y cymerwyd hi.

23.

557 Ac yr oeddynt ill dau yn noethion, Adda a'i wraig, ac nid oedd arnynt gywilydd.

25.

558 Byddwch megis duwiau, yn gwybod da a drwg.

3:4.

559 Mewn poen y dygi blant, a'th ddymuniad fydd at dy ŵr, ac efe a lywodraetha arnat ti.

16.

560 Trwy chwys dy wyneb y bwytei fara.

19.

561 Canys pridd wyt ti, ac i'r pridd y dychweli.

562 Hi oedd fam pob dyn byw.
20.

563 Ai ceidwad fy mrawd ydwyf fi?
4:9.

564 Mwy yw fy anwiredd nag y gellir ei faddau.
13.

565 A'r Arglwydd a osododd nod ar Cain.
15.

566 A Chain a aeth allan o ŵydd yr Arglwydd, ac a drigodd yn nhir Nod, o'r tu dwyrain i Eden.
16.

567 Cewri oedd ar y ddaear y dyddiau hynny.
6:4.

568 O anifeiliaid glân, ac o anifeiliaid nid oeddynt lân, o ehediaid hefyd, ac o'r hyn oll a ymlusgai ar y ddaear, Yr aeth i mewn at Noa i'r arch bob yn ddau, yn wryw ac yn fenyw.
7:8,9.

569 A dywallto waed dyn, trwy ddyn y tywelltir ei waed yntau.
9:6.

570 Fy mwa a roddais yn y cwmwl, ac efe a fydd yn arwydd cyfamod rhyngof fi a'r ddaear.
13.

571 Fel Nimrod, heliwr cadarn ger bron yr Arglwydd.
10:9.

572 Am hynny y gelwir ei henw hi Babel; oblegid yno y cymysgodd yr Arglwydd iaith yr holl ddaear.
11:9.

573 Ac efe a fydd ddyn gwyllt, a'i law yn erbyn pawb, a llaw pawb yn ei erbyn yntau.
16:12.

574 Oni wna Barnydd yr holl ddaear farn?
18:25.

575 Os caf di yn Sodom ddeg a deugain yn gyfiawn o fewn y ddinas, mi a arbedaf yr holl fangre er eu mwyn hwynt.
26.

576 Eithr ei wraig ef a edrychodd drach ei chefn o'i du ôl ef, a hi a aeth yn golofn halen.
19:26.

577 Ac yn dy had di y bendithir holl genhedloedd y ddaear.
22:18.

578 Ac efe a werthodd ei enedigaeth-fraint i Jacob.
25:33.

579 Wele Esau fy mrawd yn ŵr blewog, a minnau yn ŵr llyfn.
27:11.

580 Y llais yw llais Jacob; a'r dwylaw, dwylaw Esau ydynt.
22.

581 Ac efe a freuddwydiodd; ac wele ysgol yn sefyll ar y ddaear, a'i phen yn cyrhaeddyd i'r nefoedd: ac wele angylion Duw yn dringo ac yn disgyn ar hyd-ddi.
28:12.

582 Nid oes yma onid tŷ i Dduw, a dyma borth y nefoedd.
17.

583 A Mispa; oblegid efe a ddywedodd, Gwylied yr Arglwydd rhyngof fi a thithau, pan fôm ni bob un o olwg ein gilydd.
31:49.

584 Ni'th ollyngaf, oni'm bendithi.
32:26.

585 Ac Israel oedd hoffach ganddo Joseff na'i holl feibion: oblegid efe oedd fab ei henaint ef: ac efe a wnaeth siaced fraith iddo ef.
37:3.

586 Wele y breuddwydiwr yn dyfod.
19.

587 Chwi a barech i'm penwynni ddisgyn i'r bedd mewn tristwch.
42:38.

588 Rhoddaf i chwi ddaioni gwlad yr Aifft, a chewch fwyta braster y wlad.
45:18.

589 Ychydig a drwg fu dyddiau blynyddoedd fy einioes.
47:9.

590 Ansafadwy oeddit fel dwfr: ni ragori di.
49:4.

591 Pwy a'th osododd di yn bennaeth ac yn fradwr arnom ni?
Exodus 2:14.

592 Dieithr a fûm i mewn gwlad ddieithr.
22.

593 Wele y berth yn llosgi yn dân, a'r berth heb ei difa.
3:2.

594 Diosg dy esgidiau oddi am dy draed, oherwydd y lle yr wyt ti yn sefyll arno sydd ddaear sanctaidd.
5.

595 A mi a ddisgynnais i'w gwaredu hwy o law yr Eifftiaid, ac i'w dwyn o'r wlad honno i wlad dda a helaeth, i wlad yn llifeirio o laeth a mêl.
8.

596 YDWYF YR HWN YDWYF.
14.

597 Gollwng ymaith fy mhobl, fel y'm gwasanaethont.
7:16.

598 Bys Duw yw hyn.
8:19.

599 Tywyllwch a aller ei deimlo.
10:21.

600 A'r Arglwydd oedd yn myned o'u blaen hwynt y dydd mewn colofn o niwl, i'w harwain ar y ffordd; a'r nos mewn colofn o dân, i oleuo iddynt.
13:21.

601 Na fydded i ti dduwiau eraill ger fy mron i.
20:3.

602 Na wna i ti ddelw gerfiedig.
4.

603 Oblegid myfi yr Arglwydd dy Dduw wyf Dduw eiddigus, yn ymweled ag anwiredd y tadau ar y plant, hyd y drydedd a'r bedwaredd genhedlaeth o'r rhai a'm casânt i.
5.

604 Na chymer enw yr Arglwydd dy Dduw yn ofer.
7.

605 Chwe diwrnod y gweithi, ac y gwnei dy holl waith.
9.

606 Anrhydedda dy dad a'th fam, fel yr estynner dy ddyddiau ar y ddaear.
12.

607 Na ladd.
13.

608 Na wna odineb.
14.

609 Na ladrata.
15.

610 Na ddwg gam dystiolaeth yn erbyn dy gymydog.
16.

611 Na chwennych dŷ dy gymydog, na chwennych wraig dy gymydog, na'i wasanaethwr, na'i wasanaethferch, na'i ych, na'i asyn, na dim a'r sydd eiddo dy gymydog.
17.

612 Rhodder einioes am einioes, Llygad am lygad, dant am ddant, llaw am law, troed am droed.
21:23,4.

613 Na chaffed hudoles fyw.
22:18.

614 Na ferwa fyn yn llaeth ei fam.
23:19.

615 A'r bwch y syrthiodd arno y coelbren i fod yn fwch dihangol, a roddir i sefyll yn fyw ger bron yr Arglwydd, i wneuthur cymod ag ef, ac i'w ollwng i'r anialwch yn fwch dihangol.
Lefiticus 16:10.

616 Byddwch sanctaidd, canys sanctaidd ydwyf fi, yr Arglwydd eich Duw chwi.
19:2.

617 Câr dy gymydog megis ti dy hun.
18.

618 Bendithied yr Arglwydd di, a chadwed di: A llewyrched yr Arglwydd ei wyneb arnat, a thrugarhaed wrthyt: Dyrchafed yr Arglwydd ei wyneb arnat, a rhodded i ti dangnefedd.
Numeri 6:24, 25, 26.

619 Marw a wnelwyf o farwolaeth yr uniawn, a bydded fy niwedd fel yr eiddo yntau.
23:10.

620 Gwybyddwch y goddiwedda eich pechod chwi.
32:23.

621 Galw yr ydwyf yn dystion yn eich erbyn chwi heddiw y nefoedd a'r ddaear.
Deuteronomium 4:26.

622 Clyw, O Israel: yr Arglwydd ein Duw ni sydd un Arglwydd.
6:4.

623 Câr di gan hynny yr Arglwydd dy Dduw â'th holl galon, ac â'th holl enaid, ac â'th holl nerth.
5.

624 Fel y gwnâi efe i ti wybod nad trwy fara yn unig y bydd byw dyn, ond trwy bob gair a'r sydd yn dyfod allan o enau yr Arglwydd y bydd byw dyn.
8:3.

625 Cydnebydd dithau yn dy galon fod yr Arglwydd dy Dduw yn dy ddysgu di, fel y dysg gŵr ei fab ei hun.
5.

626 Hoffwch chwithau y dieithr, canys dieithriaid fuoch yn nhir yr Aifft.
10:19.

627 Ni dderfydd y tlawd o ganol y tir.
15:11.

628 Na chau safn ych tra fyddo yn dyrnu.
25:4.

629 Melltigedig yw yr hwn a symudo derfyn ei gymydog.
27:17.

630 Y bore y dywedi, O na ddeuai yr hwyr! ac yn yr hwyr y dywedi, O na ddeuai y bore!
28:67.

631 A chadwodd ef fel cannwyll ei lygad.
32:10.

632 Ac efe a ddywedodd, Cuddiaf fy wyneb oddi wrthynt, edrychaf beth fydd eu diwedd hwynt: canys cenhedlaeth drofaus ydynt hwy, meibion heb ffyddlondeb ynddynt.
20.

633 Megis dy ddyddiau y bydd dy nerth.
33:25.

634 Dy noddfa yw Duw tragywyddol, ac oddi tanodd y mae y breichiau tragywyddol.
27.

635 Ymgryfhâ ac ymwrola; nac arswyda, ac nac ofna: canys yr Arglwydd dy Dduw fydd gyda thi, i ba le bynnag yr elych.
Josua 1:9.

636 O haul, aros yn Gibeon; a thithau, leuad, yn nyffryn Ajalon.
10:12.

637 Ac wele fi yn myned heddiw i ffordd yr holl ddaear.
23:14.

638 Y sêr yn eu graddau a ymladdodd yn erbyn Sisera.
Barnwyr 5:20.

639 Yr Arglwydd sydd gyda thi, ŵr cadarn nerthol.
6:12.

640 Yna y dywedent wrtho, Dywed yn awr, Shibboleth. Dywedai yntau, Sibboleth: canys ni fedrai efe lefaru felly.
12:6.

641 Allan o'r bwytawr y daeth bwyd, ac o'r cryf y daeth allan felystra.
14:14.

642 Y mae y Philistiaid arnat ti, Samson.
16:9.

643 A'r holl bobl a gyfododd megis un gŵr.
20:8.

644 Yn y dyddiau hynny nid oedd brenin yn Israel: pob un a wnâi yr hyn oedd uniawn yn ei olwg ei hun.
21:25.

645 A Ruth a ddywedodd, Nac erfyn arnaf fi ymadaw â thi, i gilio oddi ar dy ôl di: canys pa le bynnag yr elych di, yr af finnau; ac ym mha le bynnag y lletyech di, y lletyaf innau: dy bobl di fydd fy mhobl i, a'th Dduw di fy Nuw innau.
Ruth 1:16.

646 Llefara, Arglwydd; canys y mae dy was yn clywed.
1 Samuel 3:9.

647 Byddwch wŷr, ac ymleddwch.
4:9.

648 A ydyw Saul hefyd ymysg y proffwydi?
10:11.

649 Yr Arglwydd a geisiodd iddo ŵr wrth fodd ei galon ei hun.
13:14.

650 Dyn a edrych ar y golygiad, ond yr Arglwydd a edrych ar y galon.
16:7.

651 Lladdodd Saul ei filoedd, a Dafydd ei fyrddiwn.
18:7.

652 Wele, ynfyd y gwneuthum, a mi a gyfeiliornais yn ddirfawr.
26:21.

653 Pa fodd y cwympodd y cedyrn!
2 Samuel 1:19.

654 Nac adroddwch hyn yn Gath; na fynegwch yn heolydd Ascalon.
20.

655 Saul a Jonathan oedd gariadus ac annwyl yn eu bywyd, ac yn eu marwolaeth ni wahanwyd hwynt.
23.

656 Gofid sydd arnaf amdanat ti, fy mrawd, Jonathan: cu iawn fuost gennyf fi: rhyfeddol oedd dy gariad tuag ataf fi, tu hwnt i gariad gwragedd.

26.

657 O fy mab Absalom, fy mab, fy mab Absalom! O na buaswn farw drosot ti, Absalom, fy mab, fy mab!

18:33.

658 Fy nhad a'ch cosbodd chwi â ffrewyllau, a mi a'ch cosbaf chwi ag ysgorpionau.

1 Brenhinoedd 12:11.

659 Wele gwmwl bychan fel cledr llaw gŵr yn dyrchafu o'r môr.

18:44.

660 Llef ddistaw fain.

19:12.

661 Ac Ahab a lefarodd wrth Naboth, gan ddywedyd, Dyro i mi dy winllan, fel y byddo hi i mi yn ardd lysiau, canys y mae hi yn agos i'm tŷ i.

21:2.

662 Ni roddaf i ti dreftadaeth fy hynafiaid.

4.

663 Rhoddwch hwn yn y carchardy a bwydwch ef â bara cystudd ac â dwfr blinder, nes i mi ddyfod mewn heddwch.

22:27.

664 Y mae angau yn y crochan.

2 Brenhinoedd 4:40.

665 A'r gyriad sydd fel gyriad Jehu mab Nimsi; canys y mae efe yn gyrru yn ynfyd.

9:20.

666 A chelain Jesebel a fydd fel tomen ar wyneb y maes, yn rhandir Jesreel; fel na ellir dywedyd, Dyma Jesebel.

37.

667 Ac efe a fu farw mewn oedran teg, yn gyflawn o ddyddiau, cyfoeth ac anrhydedd.

1 Cronicl 29:28.

668 Noeth y deuthum o groth fy mam, a noeth y dychwelaf yno. Yr Arglwydd a roddodd, a'r Arglwydd a ddygodd ymaith; bendigedig fyddo enw yr Arglwydd.

Job 1:21.

669 Melltithia Dduw, a bydd farw.

2:9.

670 A fydd dyn marwol yn gyfiawnach na Duw? A fydd gŵr yn burach na'i wneuthurwr?

4:17.

671 Dicllondeb a ladd yr ynfyd, a chenfigen a ladd yr annoeth.

5:2.

672 Dyn a aned i flinder, fel yr eheda gwreichionen i fyny.

7.

673 Ti a ddeui mewn henaint i'r bedd, fel y cyfyd ysgafn o ŷd yn ei amser.

27.

674 Onid oes amser terfynedig i ddyn ar y ddaear? Onid yw ei ddyddiau ef megis dyddiau gwas cyflog?

7:1.

675 Fy nyddiau sydd gynt na gwennol gwehydd, ac a ddarfuant heb obaith.

6.

676 Er doe yr ydym ni, ac ni wyddom ddim, oherwydd cysgod yw ein dyddiau ni ar y ddaear.

8:9.

677 A elli di wrth chwilio gael gafael ar Dduw?

11:7.

678 Doethineb sydd mewn henuriaid, a deall mewn hir ddyddiau.
12:12.

679 Pe lladdai efe fi, eto mi a obeithiaf ynddo ef.
13:15.

680 Dyn a aned o wraig sydd fyr o ddyddiau, a llawn o helbul. Fel blodeuyn y daw allan, ac y torrir ef ymaith, ac efe a gilia fel cysgod, ac ni saif.
14:1, 2.

681 Cysurwyr gofidus ydych chwi oll.
16:2.

682 Â chroen fy nannedd y dihengais.
19:20.

683 Myfi a wn fod fy Mhrynwr yn fyw.
25.

684 Gwreiddyn y mater a gaed ynof.
28.

685 Paham y mae yr annuwiolion yn byw, yn heneiddio, ac yn cryfhau mewn cyfoeth?
21:7.

686 Y mae llwybr nid adnabu aderyn, ac ni chanfu llygad barcud.
28:7.

687 Gwell yw caffaeliad doethineb na gemau.
18.

688 Llygaid oeddwn i'r dall, a thraed oeddwn i'r cloff.
29:15.

689 Nid yw gwŷr mawrion ddoeth bob amser.
32:9.

690 Pwy yw hwn sydd yn tywyllu cyngor ag ymadroddion heb wybodaeth?
38:2.

691 Pan gyd-ganodd sêr y bore, ac y gorfoleddodd holl feibion Duw.
7.

692 Ef a ddywed ymhlith yr utgyrn, Ha, ha; ac a arogla o bell ryfel, twrf tywysogion, a'r bloeddio.
39:25.

693 A dynni di y lefiathan allan â bach?
41:1.

694 Gwyn ei fyd y gŵr ni rodia yng nghyngor yr annuwiolion, ac ni saif yn ffordd pechaduriaid, ac nid eistedd yn eisteddfa gwatwarwyr.
Salm 1:1.

695 Paham y terfysga y cenhedloedd ac y myfyria y bobloedd beth ofer?
2:1.

696 Arglwydd ein Iôr ni, mor ardderchog yw dy enw ar yr holl ddaear!
8:1.

697 O enau plant bychain a rhai yn sugno y peraist nerth.
2.

698 Pa beth yw dyn, i ti i'w gofio?
4.

699 Gwnaethost ef ychydig is na'r angylion.
5.

700 Yr ynfyd a ddywedodd yn ei galon, Nid oes un Duw.
14:1.

701 Y mae i mi etifeddiaeth deg.
16:6.

702 Cadw fi fel cannwyll llygad: cudd fi dan gysgod dy adenydd.
17:8.

703 Y nefoedd sydd yn datgan gogoniant Duw; a'r ffurfafen sydd yn mynegi gwaith ei ddwylaw ef.
19:1.

704 Dydd i ddydd a draetha ymadrodd, a nos i nos a ddengys wybodaeth.
2.

705 Mwy dymunol ŷnt nag aur, ie, nag aur coeth lawer: melysach hefyd na'r mêl, ac na diferiad diliau mêl.
10.

706 Bydded ymadroddion fy ngenau, a myfyrdod fy nghalon, yn gymeradwy ger dy fron, O Arglwydd, fy nghraig a'm prynwr.
14.

707 Yr Arglwydd yw fy mugail; ni bydd eisiau arnaf.
23:1.

708 Efe a wna i mi orwedd mewn porfeydd gwelltog: efe a'm tywys gerllaw y dyfroedd tawel.
2.

709 Ie, pe rhodiwn ar hyd glyn cysgod angau, nid ofnaf niwed, canys yr wyt ti gyda mi; dy wialen a'th ffon a'm cysurant.
4.

710 Ti a arlwyi ford ger fy mron yng ngŵydd fy ngwrthwynebwyr: iraist fy mhen ag olew; fy ffiol sydd lawn.
5.

711 Eiddo yr Arglwydd y ddaear, a'i chyflawnder; y byd, ac a breswylia ynddo.
24:1.

712 Dros brynhawn yr erys wylofain, ac erbyn y bore y bydd gorfoledd.
30:5.

713 Yn dy law di y mae fy amserau.
31:15.

714 Profwch a gwelwch mor dda yw yr Arglwydd: gwyn ei fyd y gŵr a ymddiriedo ynddo.
34:8.

715 Cilia oddi wrth ddrwg, a gwna dda; ymgais â thangnefedd, a dilyn hi.
14.

716 Agos yw yr Arglwydd at y rhai drylliedig o galon; ac efe a geidw y rhai briwedig o ysbryd.
18.

717 Y rhai gostyngedig a etifeddant y ddaear.
37:11.

718 Gwell yw yr ychydig sydd gan y cyfiawn na mawr olud annuwiolion lawer.
16.

719 Mi a fûm ieuanc, ac yr ydwyf yn hen; eto ni welais y cyfiawn wedi ei adu, na'i had yn cardota bara.
25.

720 Arglwydd, pâr i mi wybod fy niwedd, a pheth yw mesur fy nyddiau.
39:4.

721 Dyn yn ddiau sydd yn rhodio mewn cysgod, ac yn ymdrafferthu yn ofer: ef a dyrra olud, ac nis gŵyr pwy a'i casgl.
6.

722 Gwyn ei fyd a ystyria wrth y tlawd.
41:1.

723 Fel y brefa yr hydd am yr afonydd dyfroedd, felly yr hiraetha fy enaid amdanat ti, O Dduw.
42:1.

724 Dyfnder a eilw ar ddyfnder.
7.

725 Duw sydd noddfa a nerth i ni, cymorth hawdd ei gael mewn cyfyngder.
46:1.

726 O na bai i mi adenydd fel colomen.
55:6.

727 Ofer yw ymwared dyn.
60:11.

728 Duw sydd yn barnu: efe a ostwng y naill, ac a gyfyd y llall.

75:7.

729 Ânt o nerth i nerth.

84:7.

730 Gwell yw diwrnod yn dy gynteddau di na mil: dewiswn gadw drws yn nhŷ fy Nuw, o flaen trigo ym mhebyll annuwioldeb.

10.

731 Trugaredd a gwirionedd a ymgyfarfuant; cyfiawnder a heddwch a ymgusanasant.

85:10.

732 Gwirionedd a dardda o'r ddaear, a chyfiawnder a edrych i lawr o'r nefoedd.

11.

733 Mil o flynyddoedd ydynt yn dy olwg di fel doe, wedi yr êl heibio, ac fel gwyliadwriaeth nos.

90:4.

734 Yn nyddiau ein blynyddoedd y mae deng mlynedd a thri ugain: ac os o gryfder y cyrhaeddir pedwar ugain mlynedd, eto eu nerth sydd boen a blinder; canys ebrwydd y derfydd, a ni a ehedwn ymaith.

10.

735 Dysg i ni felly gyfrif ein dyddiau, fel y dygom ein calon i ddoethineb.

12.

736 Dywedaf am yr Arglwydd, fy noddfa a'm hamddiffynfa ydyw: fy Nuw; ynddo yr ymddiriedaf.

91:2.

737 Fel y tosturia tad wrth ei blant, felly y tosturia yr Arglwydd wrth y rhai a'i hofnant ef.

103:13.

738 Dyddiau dyn sydd fel glaswelltyn: megis blodeuyn y maes, felly y blodeua efe.

15.

739 Canys y gwynt a â drosto, ac ni bydd mwy ohono; a'i le nid edwyn ddim ohono ef mwy.

16.

740 A gwin, yr hwn a lawenycha galon dyn.

104:15.

741 Dechreuad doethineb yw ofn yr Arglwydd.

111:10.

742 Genau sydd iddynt, ond ni lefarant; llygaid sydd ganddynt, ond ni welant.

115:5.

743 Mi a ddywedais yn fy ffrwst, Pob dyn sydd gelwyddog.

116:11.

744 Gwerthfawr yng ngolwg yr Arglwydd yw marwolaeth ei saint ef.

15.

745 Gwell yw gobeithio yn yr Arglwydd nag ymddiried mewn dyn.

118:8.

746 Dyma y dydd a wnaeth yr Arglwydd; gorfoleddwn a llawenychwn ynddo.

24.

747 Dyrchafaf fy llygaid i'r mynyddoedd, o'r lle y daw fy nghymorth.

121:1.

748 Y rhai sydd yn hau mewn dagrau a fedant mewn gorfoledd.

126:5.

749 Os yr Arglwydd nid adeilada y tŷ, ofer y llafuria ei adeiladwyr wrtho.

127:1.

750 Wele, mor ddaionus ac mor hyfryd yw trigo o frodyr ynghyd!
133:1.

751 Wrth afonydd Babilon, yno yr eisteddasom, ac wylasom, pan feddyliasom am Seion.
137:1.

752 Ar yr helyg o'u mewn y crogasom ein telynau.
2.

753 Pa fodd y canwn gerdd yr Arglwydd mewn gwlad ddieithr?
4.

754 Os anghofiaf di, Jerusalem, anghofied fy neheulaw ganu.
5.

755 Glyned fy nhafod wrth daflod fy ngenau, oni chofiaf di.
6.

756 Ofnadwy a rhyfedd y'm gwnaed.
139:14.

757 Na hyderwch ar dywysogion, nac ar fab dyn.
146:3.

758 Ofn yr Arglwydd yw dechreuad gwybodaeth.
Diarhebion 1:7.

759 Fy mab, gwrando addysg dy dad, ac nac ymadaw â chyfraith dy fam.
8.

760 Diau gwaith ofer yw taenu rhwyd yng ngolwg pob perchen aden.
17.

761 Esmwythdra y rhai angall a'u lladd, a llwyddiant y rhai ffôl a'u difetha.
32.

762 Gobeithia yn yr Arglwydd â'th holl galon; ac nac ymddiried i'th ddeall dy hun.
3:5.

763 Y neb a fyddo Duw yn ei garu, efe a'i cerydda, megis tad ei fab annwyl ganddo.
12.

764 Gwyn ei fyd y dyn a gaffo ddoethineb, a'r dyn a ddygo ddeall allan. Canys gwell yw ei marsiandïaeth hi na marsiandïaeth o arian, a'i chynnyrch hi sydd well nag aur coeth. Gwerthfawrocach yw hi na gemau: a'r holl bethau dymunol nid ydynt gyffelyb iddi. Hir hoedl sydd yn ei llaw ddehau hi; ac yn ei llaw aswy y mae cyfoeth a gogoniant. Ei ffyrdd hi sydd ffyrdd hyfrydwch, a'i holl lwybrau hi ydynt heddwch.
13, 14, 15, 16, 17.

765 Y doethion a etifeddant anrhydedd, a gwarth fydd dyrchafiad ffyliaid.
35.

766 Pennaf peth yw doethineb: cais ddoethineb; ac â'th holl gyfoeth cais ddeall.
4:7.

767 Cerdda at y morgrugyn, tydi ddiogyn; edrych ar ei ffyrdd ef, a bydd ddoeth.
6:6.

768 Eto ychydig gysgu, ychydig hepian, ychydig blethu dwylaw i gysgu.
6:10.

769 Dyfroedd lladrad sydd felys, a bara cudd sydd beraidd.
9:17.

770 Mab doeth a wna dad llawen, a mab ffôl a dristâ ei fam.
10:1.

771 Coffadwriaeth y cyfiawn sydd fendigedig: ond enw y drygionus a bydra.
7.

772 Casineb a gyfyd gynhennau: ond cariad a guddia bob camwedd.
12.

773 Y doethion a ystoriant wybodaeth: ond dinistr sydd gyfagos i enau y ffôl.
14.

774 Yn amlder geiriau ni bydd pall ar bechod: ond y neb a atalio ei wefusau sydd synhwyrol.
19.

775 Gobaith y cyfiawn fydd llawenydd: ond gobaith y drygionus a dderfydd amdano.
28.

776 Pan ddêl balchder fe ddaw gwarth: ond gyda'r gostyngedig y mae doethineb.
11:2.

777 Gŵr trugarog sydd dda wrth ei enaid ei hun: ond y creulawn a flina ei gnawd ei hun.
17.

778 Fel modrwy aur yn nhrwyn hwch yw benyw lân heb synnwyr.
22.

779 Rhyw un a wasgar ei dda, ac efe a chwanegir iddo; a rhyw un arall a arbed mwy nag a weddai, ac a syrth i dlodi.
24.

780 Gwraig rymus sydd goron i'w gŵr.
12:4.

781 Gwefus gwirionedd a saif byth: ond tafod celwyddog ni saif funud awr.
19.

782 Gŵr pwyllog a gela wybodaeth: ond calon ffyliaid a gyhoedda ffolineb.
23.

783 Gofid yng nghalon gŵr a bair iddi grymu: ond gair da a'i llawenhâ hi.
25.

784 Y neb a geidw ei enau a geidw ei einioes: ond y neb a ledo ei wefusau a ddinistrir.
13:3.

785 Gobaith a oeder a wanhâ y galon.
12.

786 Deall da a ddyry ras: ond ffordd troseddwr sydd galed.
15.

787 Yr hwn a arbedo y wialen sydd yn casáu ei fab: ond yr hwn a'i câr ef a'i cerydda mewn amser.
24.

788 Y galon sydd yn gwybod chwerwder ei henaid ei hun.
14:10.

789 Yr ehud a goelia bob gair: a'r call a ddeil ar ei gamrau.
15.

790 Y tlawd a gaseir, ie, gan ei gymydog ei hun, ond llawer fydd yn caru y cyfoethog.
20.

791 Ym mhob llafur y mae elw.
23.

792 Mewn amlder y bobl y mae anrhydedd y brenin, ac o ddiffyg pobl y dinistrir y tywysog.
28.

793 Calon iach yw bywyd y cnawd: ond cenfigen a bydra yr esgyrn.
30.

794 Y neb a orthryma y tlawd a gywilyddia ei Greawdydd: ond y neb a drugarhao wrth yr anghenus a'i hanrhydedda ef.
31.

795 Cyfiawnder a ddyrchafa genedl.
34.

796 Ateb arafaidd a ddetry lid, ond gair garw a gyffry ddigofaint.
15:1.

797 Calon lawen a wna wyneb siriol.
13.

798 Gwell yw pryd o ddail lle byddo cariad nag ych pasgedig a chas gydag ef.
17.

799 Gŵr dicllawn a gyffry gynnen: ond gŵr hwyrfrydig i lid a dyf ymryson.
18.

800 Ffordd y diog sydd fel cae drain: ond ffordd yr uniawn sydd wastad.
19.

801 Ofer fydd bwriadau lle ni byddo cyngor: ac mewn amlder cynghorwyr y sicrheir hwynt.
22.

802 Llawenydd fydd i ŵr oherwydd ymadrodd ei enau; ac O mor dda yw gair yn ei amser!
23.

803 Gwell yw ychydig trwy gyfiawnder na chnwd mawr trwy gam.
16:8.

804 Balchder sydd yn myned o flaen dinistr, ac uchder ysbryd o flaen cwymp.
18.

805 Gwell yw bod yn ostyngedig gyda'r gostyngedig na rhannu yr ysbail gyda'r beilchion.
19.

806 Geiriau teg ydynt megis dil mêl, yn felys i'r enaid, ac yn iachus i'r esgyrn.
24.

807 Coron yr hynafgwyr yw eu hwyrion: ac anrhydedd y plant yw eu tadau.
17:6.

808 Anweddaidd yw i ffôl ymadrodd rhagorol; mwy o lawer i bendefig wefusau celwyddog.
7.

809 Y neb a guddia bechod sydd yn ceisio cariad: ond y neb a adnewydda fai sydd yn neilltuo tywysogion.
9.

810 Y neb a dalo ddrwg dros dda, nid ymedy drwg â'i dŷ ef.
13.

811 Y ffôl, tra tawo, a gyfrifir yn ddoeth; a'r neb a gaeo ei wefusau yn ddeallus.
28.

812 Cyn dinistr y balchïa calon gŵr; a chyn anrhydedd y bydd gostyngeiddrwydd.
18:12.

813 Calon y pwyllog a berchenoga wybodaeth; a chlust y doethion a gais wybodaeth.
15.

814 Y mae cyfaill a lŷn wrthyt yn well na brawd.
24.

815 Cyfoeth a chwanega lawer o gyfeillion; ond y tlawd a ddidolir oddi wrth ei gymydog.
19:4.

816 Synnwyr dyn a oeda ei ddigofaint ef: a harddwch yw iddo fyned dros gamwedd.
11.

817 Gwatwarus yw gwin, a therfysgaidd yw diod gadarn.
20:1.

818 Gogoniant gwŷr ieuainc yw eu nerth; a harddwch hynafgwyr yw gwallt gwyn.
29.

819 Bwriadau y diesgeulus sydd at helaethrwydd yn unig: ond yr eiddo pob prysur at eisiau yn unig.
21:5.

820 Y neb a gaeo ei glust rhag llef y tlawd a lefain ei hunan, ac nis gwrandewir ef.
13.

821 Mwy dymunol yw enw da na chyfoeth lawer.
22:1; cf. rhif 3405.

822 Y neb a heuo anwiredd a fed flinder.
8.

823 Ateb yr ynfyd yn ôl ei ynfydrwydd.
26:5.

824 Megis y mae y ci yn dychwelyd at ei chwydfa, felly y mae y ffôl yn dychwelyd at ei ffolineb.
11.

825 Nac ymffrostia o'r dydd yfory, canys ni wyddost beth a ddigwydd mewn diwrnod.
27:1.

826 Canmoled eraill dydi, ac nid dy enau dy hun.
2.

827 Gwell yw cerydd cyhoedd na chariad cuddiedig.
5.

828 Haearn a hoga haearn.
17.

829 Y ffôl a dywallt ei holl feddwl, ond gŵr doeth a'i hatal hyd yn ôl.
29:11.

830 Lle ni byddo gweledigaeth, methu a wna y bobl.
18.

831 Gwagedd o wagedd, medd y Pregethwr, gwagedd o wagedd; gwagedd yw y cwbl.
Ecclesiastes 1:1.

832 Un genhedlaeth a â ymaith, a chenhedlaeth arall a ddaw, ond y ddaear a saif byth.
4.

833 Y peth a fu a fydd, a'r peth a wnaed a wneir: ac nid oes dim newydd dan yr haul.
9.

834 Nid oes goffa am y pethau gynt, ac ni bydd coffa am y pethau a ddaw, gan y rhai a ddaw ar ôl.
11.

835 Mi a welais yr holl weithredoedd a wnaed dan haul; ac wele, gwagedd a gorthrymder ysbryd yw y cwbl.
14.

836 Mewn llawer o ddoethineb y mae llawer o ddig: a'r neb a chwanego wybodaeth a chwanega ofid.
18.

837 Y mae amser i bob peth, ac amser i bob amcan dan y nefoedd;
Amser i eni, ac amser i farw; amser i blannu, ac amser i dynnu y peth a blannwyd;
Amser i ladd, ac amser i iacháu; amser i fwrw i lawr, ac amser i adeiladu;
Amser i wylo, ac amser i chwerthin; amser i alaru, ac amser i ddawnsio;
Amser i daflu cerrig ymaith, ac amser i gasglu cerrig ynghyd; amser i ymgofleidio, ac amser i ochel ymgofleidio;
Amser i geisio, ac amser i golli; amser i gadw, ac amser i fwrw ymaith;

Amser i rwygo, ac amser i wnïo; amser i dewi, ac amser i ddywedyd;
Amser i garu, ac amser i gasáu; amser i ryfel, ac amser i heddwch.

3:1, 2, 3, 4, 5, 6, 7, 8.

838 Y mae y cwbl yn myned i'r un lle: pob un sydd o'r pridd, a phob un a dry i'r pridd eilwaith.

20.

839 Gwell yw llonaid llaw trwy lonyddwch na llonaid dwy law trwy flinder a gorthrymder ysbryd.

4:6.

840 Gwell yw bachgen tlawd a doeth na brenin hen ac ynfyd.

13.

841 Gwell i ti fod heb addunedu nag i ti addunedu a bod heb dalu.

5:5.

842 Y neb a garo arian, ni ddigonir ag arian; na'r neb a hoffo amldra a chynnyrch.

10.

843 Lle y byddo llawer o dda y bydd llawer i'w ddifa.

11.

844 Melys yw hun y gweithiwr, pa un bynnag ai ychydig ai llawer a fwytao; ond llawnder y cyfoethog ni ad iddo gysgu.

12.

845 Gwell yw enw da nag ennaint gwerthfawr.

7:1.

846 Gwell yw gwrandaw sen y doeth na gwrandaw cân ffyliaid.

5.

847 Chwerthiniad dyn ynfyd sydd fel clindarddach drain dan grochan.

6.

848 Gwell yw diweddiad peth na'i ddechreuad: gwell yw y dioddefgar o ysbryd na'r balch o ysbryd.

8.

849 Yna mi a ganmolais lawenydd, am nad oes dim well i ddyn dan haul na bwyta ac yfed, a bod yn llawen.

8:15.

850 Gwell yw ci byw na llew marw.

9:4.

851 Beth bynnag a ymafael dy law ynddo i'w wneuthur, gwna â'th holl egni: canys nid oes na gwaith, na dychymyg, na gwybodaeth, na doethineb yn y bedd, lle yr wyt ti yn myned.

10.

852 Mi a droais, ac a welais dan haul, nad yw y rhedfa yn eiddo y cyflym, na'r rhyfel yn eiddo y cedyrn, na'r bwyd yn eiddo y doethion, na chyfoeth yn eiddo y pwyllog, na ffafr yn eiddo y cyfarwydd: ond amser a damwain a ddigwydd iddynt oll.

11.

853 Un pechadur a ddinistria lawer o ddaioni.

18.

854 Gwybed meirw a wnânt i ennaint yr apothecari ddrewi; felly y gwna ychydig ffolineb i ŵr ardderchog oherwydd doethineb ac anrhydedd.

10:1.

855 Gwin a lawenycha y rhai byw, ond arian sydd yn ateb i bob peth.

19.

856 Bwrw dy fara ar wyneb y dyfroedd: canys ti a'i cei ar ôl llawer o ddyddiau.

11:1.

857 Gwna yn llawen, ŵr ieuanc, yn dy ieuenctid, a llawenyched dy galon yn nyddiau dy ieuenctid.

9.

858 Cofia yn awr dy Greawdwr yn nyddiau dy ieuenctid, cyn dyfod y dyddiau blin, a nesáu o'r blynyddoedd yn y rhai y dywedi, Nid oes i mi ddim diddanwch ynddynt.

12:1.

859 Yr amser y cryna ceidwaid y tŷ, ac y cryma y gwŷr cryfion, ac y metha y rhai sydd yn malu, am eu bod yn ychydig, ac y tywylla y rhai sydd yn edrych trwy ffenestri.

3.

860 Ie, yr amser yr ofnant yr hyn sydd uchel, ac yr arswydant yn y ffordd, ac y blodeua y pren almon, ac y bydd y ceiliog rhedyn yn faich, ac y palla chwant: pan elo dyn i dŷ ei hir gartref, a'r galarwyr yn myned o bob tu yn yr heol.

5.

861 Cyn torri y llinyn arian, a chyn torri y cawg aur, a chyn torri y piser gerllaw y ffynnon, neu dorri yr olwyn wrth y pydew.

6.

862 Yna y dychwel y pridd i'r ddaear fel y bu, ac y dychwel yr ysbryd at Dduw, yr hwn a'i rhoes ef.

7.

863 Nid oes diben ar wneuthur llyfrau lawer, a darllen llawer sydd flinder i'r cnawd.

12.

864 Swm y cwbl a glybuwyd yw: ofna Dduw, a chadw ei orchmynion: canys hyn yw holl ddyled dyn.

13.

865 Cusaned fi â chusanau ei fin: canys gwell yw dy gariad na gwin.

Caniad Solomon 1:2.

866 Fy anwylyd sydd i mi yn bwysi myr; rhwng fy mronnau yr erys dros nos.

13.

867 Rhosyn Saron, a lili y dyffrynnoedd, ydwyf fi.

2:1.

868 Megis lili ymysg y drain, felly y mae fy anwylyd ymysg y merched.

2.

869 Efe a'm dug i'r gwindy, a'i faner drosof ydoedd cariad.

4.

870 Cynheliwch fi â photelau, cysurwch fi ag afalau; canys claf ydwyf fi o gariad.

5.

871 Wele, y gaeaf a aeth heibio, y glaw a basiodd, ac a aeth ymaith; gwelwyd y blodau ar y ddaear, daeth amser i'r adar i ganu, clywyd llais y durtur yn ein gwlad.

11, 12.

872 Fy anwylyd sydd eiddof fi, a minnau yn eiddo yntau; y mae efe yn bugeilio ymysg y lili.

16.

873 Pwy yw hon sydd yn dyfod i fyny o'r anialwch megis colofnau mwg, wedi ei pherarogli â myr, ac â thus, ac â phob powdr yr apothecari?

3:6.

874 Wele di yn deg, fy anwylyd, wele di yn deg; dy lygaid ydynt golomennaidd rhwng dy lywethau; dy wallt sydd fel diadell o eifr, y rhai a ymddangosant o fynydd Gilead.

4:1.

875 Dy ddannedd sydd fel diadell o ddefaid gwastad-gnaif, y rhai a ddaethant i fyny o'r olchfa; y rhai oeddynt bob un yn dwyn dau oen, ac nid oedd un ynddynt yn ddiepil.

2.

876 Dy wefusau sydd fel edau ysgarlad, a'th barabl yn weddus: dy arleisiau rhwng dy lywethau sydd fel darn o bomgranad.

3.

877 Dy ddwy fron sydd fel dau lwdn iwrch o efeilliaid yn pori ymysg lili.

5.

878 Dy wefusau, fy nyweddi, sydd yn diferu fel dil mêl: y mae mêl a llaeth dan dy dafod, ac arogl dy wisgoedd fel arogl Libanus.

11.

879 Gardd gaeëdig yw fy chwaer, a'm dyweddi: ffynnon glöedig, ffynnon seiliedig yw.

12.

880 Fy anwylyd sydd wyn a gwridog, yn rhagori ar ddengmil.

6:10.

881 Cariad sydd gryf fel angau; eiddigedd sydd greulawn fel y bedd.

8:6.

882 Dyfroedd lawer ni allant ddiffoddi cariad, ac afonydd nis boddant: pe rhoddai ŵr holl gyfoeth ei dŷ am gariad, gan ddirmygu y dirmygid hynny.

7.

883 Yr ych a edwyn ei feddiannydd, a'r asyn breseb ei berchennog.

Eseia 1:3.

884 Pe byddai eich pechodau fel ysgarlad, ânt cyn wynned â'r eira.

18.

885 Ac efe a farna rhwng y cenhedloedd, ac a gerydda bobloedd lawer: a hwy a gurant eu cleddyfau yn sychau, a'u gwaywffyn yn bladuriau: ni chyfyd cenedl gleddyf yn erbyn cenedl, ac ni ddysgant ryfel mwyach.

2:4.

886 Beth sydd i chwi a guroch ar fy mhobl, ac a faloch ar wynebau y tlodion?

3:15.

887 Gwae y rhai sydd yn cysylltu tŷ at dŷ, ac yn cydio maes wrth faes, hyd oni byddo eisiau lle.

5:8.

888 Gwae y rhai a gyfodant yn fore i ddilyn diod gadarn, a arhosant hyd yr hwyr, hyd oni enynno y gwin hwynt.

11.

889 Gwae y rhai a ddywedant am y drwg, Da yw; ac am y da, Drwg yw; gan osod tywyllwch am oleuni, a goleuni am dywyllwch; y rhai a osodant chwerw am felys, a melys am chwerw.

20.

890 A llefodd y naill wrth y llall, ac a ddywedodd, Sanct, Sanct, Sanct, yw Arglwydd y lluoedd, yr holl ddaear sydd lawn o'i ogoniant ef.

6:3.

891 Yna y dywedais, Gwae fi! Canys darfu amdanaf oherwydd gŵr halogedig ei wefusau ydwyf fi, ac ymysg pobl halogedig o wefusau yr ydwyf yn trigo.

5.

892 Yna y dywedais, Pa hyd, Arglwydd?

11.

893 Wele, morwyn a fydd feichiog, ac a esgor ar fab, ac a eilw ei enw ef, Imanuel.

7:14; cf. 967.

894 Y bobl a rodiasant mewn tywyllwch a welsant oleuni mawr.
9:2.

895 Canys bachgen a aned i ni, mab a roddwyd i ni, a bydd y llywodraeth ar ei ysgwydd ef: a gelwir ei enw ef, Rhyfeddol, Cynghorwr, y Duw cadarn, Tad tragwyddoldeb, Tywysog tangnefedd.
6.

896 A'r blaidd a drig gyda'r oen, a'r llewpard a orwedd gyda'r myn; y llo hefyd a chenau y llew, a'r anifail bras, fyddant ynghyd, a bachgen bychan a'u harwain.
11:6.

897 Pa fodd y syrthiaist o'r nefoedd, Lusiffer, mab y wawrddydd!
14:12.

898 Y gwyliedydd, beth am y nos?
21:11.

899 Bwytáwn ac yfwn; canys yfory, meddant, y byddwn feirw.
22:13.

900 Canys rhoddir gorchymyn ar orchymyn, gorchymyn ar orchymyn; llin ar lin, llin ar lin; ychydig yma, ac ychydig acw.
28:10.

901 Gwnaethom amod ag angau, ac ag uffern y gwnaethom gynghrair.
15.

902 A'r Arglwydd a rydd i chwi fara ing a dwfr gorthrymder.
30:20.

903 Dyma y ffordd, rhodiwch ynddi.
21.

904 Trefna dy dŷ, canys marw fyddi, ac ni byddi byw.
38:1.

905 Cysurwch, cysurwch fy mhobl, medd eich Duw.
40:1.

906 Llef un yn llefain yn yr anialwch, Paratowch ffordd yr Arglwydd, unionwch lwybr i'n Duw ni yn y diffeithwch.
3.

907 Pob pant a gyfodir, a phob mynydd a bryn a ostyngir: y gwŷr a wneir yn uniawn, a'r anwastad yn wastadedd.
4.

908 Pob cnawd sydd wellt, a'i holl odidowgrwydd fel blodeuyn y maes.
6.

909 Fel bugail y portha efe ei braidd; â'i fraich y casgl ei ŵyn, ac a'u dwg yn ei fynwes, ac a goledda y mamogiaid.
11.

910 Wele, y cenhedloedd a gyfrifwyd fel defnyn o gelwrn, ac fel mân lwch y cloriannau.
15.

911 Nid oes heddwch, medd yr Arglwydd, i'r rhai annuwiol.
48:22.

912 Mor weddaidd ar y mynyddoedd yw traed yr hwn sydd yn efengylu, yn cyhoeddi heddwch; a'r hwn sydd yn mynegi daioni, yn cyhoeddi iachawdwriaeth; yn dywedyd wrth Seion, dy Dduw di sydd yn teyrnasu!
52:7.

913 Dirmygedig yw, a diystyraf o'r gwŷr; gŵr gofidus, a chynefin â dolur.
53:3.

914 Nyni oll a grwydrasom fel defaid.
6.

915 Fel oen yr arweinid ef i'r lladdfa.
7.

916 Ceisiwch yr Arglwydd tra y galler ei gael ef; gelwch arno, tra fyddo yn agos.
55:6.

917 Canys nid fy meddyliau i yw eich meddyliau chwi, ac nid eich ffyrdd chwi yw fy ffyrdd i, medd yr Arglwydd.
8.

918 Yr ydym ni oll megis peth aflan, ac megis bratiau budron yw ein holl gyfiawnderau; a megis deilen y syrthiasom ni oll; a'n hanwireddau, megis gwynt, a'n dug ni ymaith.
64:6.

919 Y rhai a ddywedent, Saf ar dy ben dy hun; na nesâ ataf fi: canys sancteiddiach ydwyf na thydi.
65:5.

920 Canys wele fi yn creu nefoedd newydd, a daear newydd.
17.

921 A hwy a iachasant friw merch fy mhobl i yn esmwyth, gan ddywedyd, Heddwch, heddwch; er nad oedd heddwch.
Jeremeia 6:14.

922 Onid oes driagl yn Gilead?
8:22.

923 A newidia yr Ethiopiad ei groen, neu y llewpard ei frychni?
13:23.

924 Y galon sydd fwy ei thwyll na dim, a drwg ddiobaith ydyw.
17:9.

925 Wele, megis ag y mae y clai yn llaw y crochenydd, felly yr ydych chwithau yn fy llaw i, tŷ Israel.
18:6.

926 Y tadau a fwytasant rawnwin surion, ac ar ddannedd y plant y mae dincod.
31:29.

927 Onid gwaeth gennych chwi, y fforddolion oll? Gwelwch ac edrychwch, a oes y fath ofid â'm gofid i?
Galarnad Jeremeia 1:12.

928 Cofia fy mlinder a'm gofid, y wermod a'r bustl.
3:19.

929 Ni phalla ei dosturiaethau ef. Bob bore y deuant o newydd.
22, 23.

930 Da yw i ŵr ddwyn yr iau yn ei ieuenctid.
27.

931 A'u gwelediad, un wedd oedd iddynt ill pedair, fel pe byddai olwyn yng nghanol olwyn.
Eseciel 10:10.

932 Fel y fam y mae y ferch.
16:44.

933 Yng nghanol dyffryn, a hwnnw oedd yn llawn esgyrn.
37:1.

934 Ha, fab dyn, a fydd byw yr esgyrn hyn?
3.

935 O esgyrn sychion, clywch air yr Arglwydd.
4.

936 Ac efe a ddywedodd wrth wŷr cryfion nerthol, y rhai oedd yn ei lu ef, am rwymo Sadrach, Mesach ac Abednego, i'w bwrw i'r ffwrn o dân poeth.
Daniel 3:20.

937 A dyma yr ysgrifen a ysgrifennwyd: MENE, MENE, TECEL, UPHARSIN.
5:25.

938 MENE; Duw a rifodd dy frenhiniaeth, ac a'i gorffennodd.
26.

939 TECEL; Ti a bwyswyd yn y cloriannau, ac a'th gaed yn brin.
27.

940 PERES; Rhannwyd dy frenhiniaeth, a rhoddwyd hi i'r Mediaid a'r Persiaid.
28.

941 Yn ôl cyfraith y Mediaid a'r Persiaid, yr hon ni newidir.
6:8.

942 Yna yr archodd y brenin, a hwy a ddygasant Daniel, ac a'i bwriasant i ffau y llewod.
16.

943 Edrychais hyd oni fwriwyd i lawr y gorseddfeydd, a'r Hen ddihenydd a eisteddodd: ei wisg oedd cyn wynned â'r eira, a gwallt ei ben fel gwlân pur; ei orseddfa yn fflam dân, a'i olwynion yn dân poeth.
7:9.

944 Canys ewyllysiais drugaredd, ac nid aberth; a gwybodaeth o Dduw, yn fwy na phoethoffrymau.
Hosea 6:6.

945 Canys gwynt a heuasant, a chorwynt a fedant.
8:7.

946 Mi a amlheais weledigaethau, ac a arferais gyffelybiaethau.
12:10.

947 Rhwygwch eich calon, ac nid eich dillad.
Joel 2:13.

948 A mi a dalaf i chwi y blynyddoedd a ddifaodd y ceiliog rhedyn, pryf y rhwd, a'r locust, a'r lindys, fy llu mawr i, yr hwn a anfonais yn eich plith.
25.

949 Eich henuriaid a welant freuddwydion, eich gwŷr ieuainc a welant weledigaethau.
28.

950 Gyrrwch eich sychau yn gleddyfau, a'ch pladuriau yn waywffyn.
3:10.

951 Torfeydd, torfeydd a fydd yng nglyn terfyniad.
14.

952 A rodia dau ynghyd, heb fod yn gytûn?
Amos 3:3.

953 Bydd barod, Israel, i gyfarfod â'th Dduw.
4:12.

954 Gwae y rhai esmwyth arnynt yn Seion.
6:1.

955 A Jona a fu ym mol y pysgodyn dri diwrnod a thair nos.
Jona 1:17.

956 Ond eisteddant bob un dan ei winwydden a than ei ffigysbren.
Micha 4:4.

957 A thithau, Bethlehem Effrata, er dy fod yn fechan ymhlith miloedd Juda, eto ohonot ti y daw allan i mi un i fod yn llywydd yn Israel.
5:2.

958 Fy mhobl, beth a wneuthum i ti? Ac ym mha beth y'th flinais? Tystiolaetha i'm herbyn.
6:3.

959 Dangosodd efe i ti, ddyn, beth sydd dda: a pha beth a gais yr Arglwydd gennyt, ond gwneuthur barn, a hoffi trugaredd, ac ymostwng i rodio gyda'th Dduw.
8.

960 Ydwyt lanach dy lygaid nag y gelli edrych ar ddrwg.
Habacuc 1:13.

961 Ysgrifenna y weledigaeth, a gwna hi yn eglur ar lechau, fel y rhedo yr hwn a'i darlleno.
2:2.

962 Onid pentewyn yw hwn wedi ei achub o'r tân?
Sechareia 3:2.

963 Pwy a ddiystyrodd ddydd y pethau bychain?
4:10.

964 A dywed un wrtho, Beth a wna y gwelïau hyn yn dy ddwylaw? Yna efe a ddywed, Dyma y rhai y'm clwyfwyd â hwynt yn nhŷ fy ngharedigion.
13:6.

965 Onid un Tad sydd i ni oll? Onid un Duw a'n creodd ni?
Malachi 2:10.

966 Ond Haul cyfiawnder a gyfyd i chwi, y rhai ydych yn ofni fy enw, â meddyginiaeth yn ei esgyll.
4:2.

Y TESTAMENT NEWYDD

967 Wele, morwyn a fydd feichiog, ac a esgor ar fab; a hwy a alwant ei enw ef Emmanuel; yr hyn o'i gyfieithu yw, Duw gyda ni.
Mathew 1:23; cf. 893.

968 Ac wedi geni yr Iesu yn Bethlehem Judea, yn nyddiau Herod frenin, wele, doethion a ddaethant o'r dwyrain i Jerusalem, Gan ddywedyd, Pa le y mae yr hwn a anwyd yn Frenin yr Iddewon? Canys gwelsom ei seren ef yn y dwyrain, a daethom i'w addoli ef.
2:1, 2.

969 A thithau, Bethlehem, tir Juda, nid lleiaf wyt ymhlith tywysogion Juda: canys ohonot ti y daw Tywysog, yr hwn a fugeilia fy mhobl Israel.
6.

970 Yna Herod, pan weles ei siomi gan y doethion, a ffromodd yn aruthr, ac a ddanfonodd, ac a laddodd yr holl fechgyn oedd yn Bethlehem, ac yn ei holl gyffiniau, o ddwyflwydd oed a than hynny, wrth yr amser yr ymofynasai efe yn fanwl â'r doethion.
16.

971 A phan welodd efe lawer o'r Phariseaid ac o'r Saduceaid yn dyfod i'w fedydd ef, efe a ddywedodd wrthynt hwy, O genhedlaeth gwiberod, pwy a'ch rhagrybuddiodd i ffoi rhag y llid a fydd?
3:7.

972 Ac yr awr hon hefyd y mae y fwyell wedi ei gosod ar wreiddyn y prennau: pob pren gan hynny yr hwn nid yw yn dwyn ffrwyth da, a dorrir i lawr, ac a deflir yn tân.
10.

973 Ac wele lef o'r nefoedd, yn dywedyd, Hwn yw fy annwyl Fab, yn yr hwn y'm boddlonwyd.
17.

974 A'r temtiwr pan ddaeth ato a ddywedodd, Os mab Duw wyt ti, arch i'r cerrig hyn fod yn fara.
4:3.

975 Ac yntau a atebodd ac a ddywedodd, Ysgrifennwyd, Nid trwy fara yn unig y bydd byw dyn, ond trwy bob gair a ddaw allan o enau Duw.
4.

976 Yr Iesu a ddywedodd wrtho, Ysgrifennwyd drachefn, Na themtia yr Arglwydd dy Dduw.
7.

977 Edifarhewch: canys nesaodd teyrnas nefoedd.
17.

978 Ac efe a ddywedodd wrthynt, Deuwch ar fy ôl i, a mi a'ch gwnaf yn bysgotwyr dynion.
19.

979 Gwyn eu byd y tlodion yn yr ysbryd: canys eiddynt yw teyrnas nefoedd.
5:3.

980 Gwyn eu byd y rhai sydd yn galaru: canys hwy a ddiddenir.
4.

981 Gwyn eu byd y rhai addfwyn: canys hwy a etifeddant y ddaear.
5.

982 Gwyn eu byd y rhai sydd arnynt newyn a syched am gyfiawnder: canys hwy a ddiwellir.
6.

983 Gwyn eu byd y rhai trugarogion: canys hwy a gânt drugaredd.
7.

984 Gwyn eu byd y rhai pur o galon: canys hwy a welant Dduw.
8.

985 Gwyn eu byd y tangnefeddwyr: canys hwy a elwir yn blant i Dduw.
9.

986 Gwyn eu byd y rhai a erlidir o achos cyfiawnder: canys eiddynt yw teyrnas nefoedd.
10.

987 Gwyn eich byd pan y'ch gwaradwyddant, ac y'ch erlidiant, ac y dywedant bob drygair yn eich erbyn er fy mwyn i, a hwy yn gelwyddog.
11.

988 Byddwch lawen a hyfryd: canys mawr yw eich gwobr yn y nefoedd: oblegid felly yr erlidiasant hwy y proffwydi a fu o'ch blaen chwi.
12.

989 Chwi yw halen y ddaear: eithr o diflasodd yr halen, â pha beth yr helltir ef? Ni thâl efe mwy ddim ond i'w fwrw allan, a'i sathru gan ddynion.
13.

990 Chwi yw goleuni y byd. Dinas a osodir ar fryn, ni ellir ei chuddio. Ac ni oleuant gannwyll, a'i dodi dan lestr, ond mewn canhwyllbren; a hi a oleua i bawb sydd yn y tŷ.
Llewyrched felly eich goleuni ger bron dynion, fel y gwelont eich gweithredoedd da chwi, ac y gogoneddont eich Tad yr hwn sydd yn y nefoedd.
14, 15, 16.

991 Na thybiwch fy nyfod i dorri y gyfraith, neu y proffwydi: ni ddeuthum i dorri, ond i gyflawni.
17.

992 Cytuna â'th wrthwynebwr ar frys, tra fyddech ar y ffordd gydag ef; rhag un amser i'th wrthwynebwr dy roddi di yn llaw y barnwr, ac i'r barnwr dy roddi at y swyddog, a'th daflu yng ngharchar.
25.

993 Yn wir, meddaf i ti, Ni ddeui di allan oddi yno, hyd oni thalech y ffyrling eithaf.
26.

994 Yr ydwyf fi yn dywedyd i chwi fod pob un a'r sydd yn edrych ar wraig i'w chwenychu hi wedi gwneuthur eisoes odineb â hi yn ei galon.
28.

995 Os dy lygad dehau a'th rwystra, tynn ef allan, a thafl oddi wrthyt: canys da i ti golli un o'th aelodau, ac na thafler dy holl gorff i uffern.

29.

996 I'r neb a fynno ymgyfreithio â thi, a dwyn dy bais, gad iddo dy gochl hefyd. A phwy bynnag a'th gymhello un filltir, dos gydag ef ddwy.

40, 41.

997 Yr ydwyf fi yn dywedyd wrthych chwi, Cerwch eich gelynion, bendithiwch y rhai a'ch melltithiant, gwnewch dda i'r sawl a'ch casânt, a gweddïwch dros y rhai a wnêl niwed i chwi, ac a'ch erlidiant;
Fel y byddoch blant i'ch Tad yr hwn sydd yn y nefoedd: canys y mae efe yn peri i'w haul godi ar y drwg a'r da, ac yn glawio ar y cyfiawn a'r anghyfiawn.

44, 45.

998 Gochelwch rhag gwneuthur eich elusen yng ngŵydd dynion, er mwyn cael eich gweled ganddynt: os amgen, ni chewch dâl gan eich Tad yr hwn sydd yn y nefoedd.

6:1.

999 Fel y byddo dy elusen yn y dirgel: a'th Dad yr hwn a wêl yn y dirgel, efe a dâl i ti yn yr amlwg.

4.

1000 Gweddïwch chwi fel hyn: Ein Tad, yr hwn wyt yn y nefoedd, Sancteiddier dy enw. Deled dy deyrnas. Gwneler dy ewyllys, megis yn y nef, felly ar y ddaear hefyd. Dyro i ni heddiw ein bara beunyddiol; A maddau i ni ein dyledion, fel y maddeuwn ninnau i'n dyledwyr. Ac nac arwain ni i brofedigaeth; eithr gwared ni rhag drwg. Canys eiddot ti yw y deyrnas, a'r nerth, a'r gogoniant, yn oes oesoedd. Amen.

9, 10, 11, 12, 13.

1001 Na thrysorwch i chwi drysorau ar y ddaear, lle y mae gwyfyn a rhwd yn llygru, a lle y mae lladron yn cloddio trwodd ac yn lladrata.

19.

1002 Lle y mae eich trysor, yno y bydd eich calon hefyd.

21.

1003 Cannwyll y corff yw y llygad: am hynny o bydd dy lygad yn syml, dy holl gorff fydd yn olau.

22.

1004 Ni ddichon neb wasanaethu dau arglwydd; canys naill ai efe a gasâ y naill, ac a gâr y llall; ai efe a ymlŷn wrth y naill, ac a esgeulusa y llall. Ni ellwch wasanaethu Duw a mamon.

24.

1005 Edrychwch ar adar y nefoedd: oblegid nid ydynt yn hau, nac yn medi, nac yn cywain i ysguboriau, ac y mae eich Tad nefol yn eu porthi hwy. Onid ydych chwi yn rhagori llawer arnynt hwy?

26.

1006 Ystyriwch lili y maes, pa fodd y maent yn tyfu; nid ydynt nac yn llafurio nac yn nyddu: Eithr yr wyf yn dywedyd i chwi na wisgwyd Solomon yn ei holl ogoniant fel un o'r rhai hyn.

28, 29.

1007 Na ofelwch gan hynny dros drannoeth: canys trannoeth a ofala am ei bethau ei hun. Digon i'r diwrnod ei ddrwg ei hun.

34.

1008 Na roddwch y peth sydd sanctaidd i'r cŵn, ac na theflwch eich gemau o flaen y moch; rhag iddynt eu sathru dan eu traed, a throi a'ch rhwygo chwi.

7:6.

1009 Gofynnwch, a rhoddir i chwi; ceisiwch, a chwi a gewch; curwch, ac fe agorir i chwi: Canys pob un sydd yn gofyn sydd yn derbyn; a'r neb sydd yn ceisio sydd yn cael; ac i'r hwn sydd yn curo yr agorir.
7, 8.

1010 A oes un dyn ohonoch, yr hwn os gofyn ei fab iddo fara, a rydd iddo garreg? Ac os gofyn efe bysgodyn, a ddyry efe sarff iddo?
9, 10.

1012 Wrth eu ffrwythau yr adnabyddwch hwynt. A gasgl rhai rawnwin oddi ar ddrain, neu ffigys oddi ar ysgall?
16.

1013 Ni ddichon pren da ddwyn ffrwythau drwg, na phren drwg ddwyn ffrwythau da.
18.

1014 Pwy bynnag sydd yn gwrandaw fy ngeiriau hyn, ac yn eu gwneuthur, mi a'i cyffelybaf ef i ŵr doeth, yr hwn a adeiladodd ei dŷ ar y graig.
24.

1015 A phob un a'r sydd yn gwrandaw fy ngeiriau hyn, a heb eu gwneuthur, a gyffelybir i ŵr ffôl, yr hwn a adeiladodd ei dŷ ar y tywod.
26.

1016 A'r Iesu a ddywedodd wrtho, Y mae ffeuau gan y llwynogod, a chan ehediaid y nefoedd nythod; ond gan Fab y dyn nid oes le i roddi ei ben i lawr.
8:20.

1017 A'r Iesu a ddywedodd wrtho, Canlyn fi; a gad i'r meirw gladdu eu meirw.
22.

1018 Paham yr ydych yn ofnus, O chwi o ychydig ffydd?
26.

1019 Ni ddeuthum i alw rhai cyfiawn, ond pechaduriaid, i edifeirwch.
9:13.

1020 A all plant yr ystafell briodas alaru tra fo y priodfab gyda hwynt? Ond y dyddiau a ddaw pan ddyger y priodfab oddi arnynt, ac yna yr ymprydiant.
15.

1021 Ni ddodant win newydd mewn costrelau hen: os amgen, y costrelau a dyr, a'r gwin a red allan, a'r costrelau a gollir: eithr gwin newydd a ddodant mewn costrelau newyddion, ac felly y cedwir y ddau.
17.

1022 Ni bu farw y llances, ond cysgu y mae hi.
24.

1023 Y cynhaeaf yn ddiau sydd fawr, ond y gweithwyr yn anaml.
37.

1024 Derbyniasoch yn rhad, rhoddwch yn rhad.
10:8.

1025 Wele, yr ydwyf fi yn eich danfon fel defaid yng nghanol bleiddiaid; byddwch chwithau gall fel y seirff, a diniwed fel y colomennod.
16.

1026 A chas fyddwch gan bawb er mwyn fy enw i: ond yr hwn a barhao hyd y diwedd, efe fydd gadwedig.
22.

1027 Nid yw y disgybl yn uwch na'i athraw, na'r gwas yn uwch na'i arglwydd.
24.

1028 Ni ddeuthum i ddanfon tangnefedd, ond cleddyf.
34.

1029 Y neb sydd yn cael ei einioes a'i cyll; a'r neb a gollo ei einioes o'm plegid i a'i caiff hi.

39.

1030 Y neb sydd yn derbyn proffwyd yn enw proffwyd, a dderbyn wobr proffwyd; a'r neb sydd yn derbyn un cyfiawn yn enw un cyfiawn a dderbyn wobr un cyfiawn.

41.

1031 Y neb sydd ganddo glustiau i wrandaw, gwrandawed.

11:15.

1032 Doethineb a gyfiawnhawyd gan ei phlant ei hun.

19; cf. rhif 2457.

1033 Deuwch ataf fi bawb a'r y sydd yn flinderog ac yn llwythog, a mi a esmwythâf arnoch.

28.

1034 Corsen unig nis tyr, a llin yn mygu nis diffydd, hyd oni ddygo efe allan farn i fuddugoliaeth.

12:20.

1035 Pob teyrnas wedi ymrannu yn ei herbyn ei hun a anghyfaneddir; a phob dinas neu dŷ wedi ymrannu yn ei erbyn ei hun, ni saif.

25.

1036 Y neb nid yw gyda mi sydd yn fy erbyn; a'r neb nid yw yn casglu gyda mi sydd yn gwasgaru.

30.

1037 Pob pechod a chabledd a faddeuir i ddynion: ond cabledd yn erbyn yr Ysbryd Glân, nis maddeuir iddo, nac yn y byd hwn, nac yn y byd a ddaw.

31.

1038 Y pren a adwaenir wrth ei ffrwyth.

33.

1039 O helaethrwydd y galon y llefara y genau.

34.

1040 Wrth dy eiriau y'th gyfiawnheir, ac wrth dy eiriau y'th gondemnir.

37.

1041 Ac fel yr oedd efe yn hau, peth a syrthiodd ar fin y ffordd; a'r adar a ddaethant, ac a'i difasant.

13:4.

1042 Teyrnas nefoedd sydd gyffelyb i ddyn a heuodd had da yn ei faes.

24.

1043 Cyffelyb yw teyrnas nefoedd i ronyn o had mwstard, yr hwn a gymerodd dyn, ac a'i heuodd yn ei faes.

31.

1044 Cyffelyb yw teyrnas nefoedd i drysor wedi ei guddio mewn maes; yr hwn wedi i ddyn ei gaffael, a'i cuddiodd, ac o lawenydd amdano, sydd yn myned ymaith, ac yn gwerthu yr hyn oll a fedd, ac yn prynu y maes hwnnw.

44.

1045 Cyffelyb yw teyrnas nefoedd i rwyd a fwriwyd yn y môr, ac a gasglodd o bob rhyw beth.

47.

1046 Nid yw proffwyd heb anrhydedd, ond yn ei wlad ei hun, ac yn ei dŷ ei hun.

57.

1047 A hwy a ddywedasant wrtho, Nid oes gennym ni yma ond pum torth, a dau bysgodyn.

14:17.

1048 Ac yn y man y llefarodd yr Iesu wrthynt, gan ddywedyd, Cymerwch gysur: myfi ydyw; nac ofnwch.

27.

1049 Tydi o ychydig ffydd, paham y petrusaist?

31.

1050 A daeth y rhai oedd yn y llong, ac a'i haddolasant ef, gan ddywedyd, Yn wir Mab Duw ydwyt ti.

33.

1051 Nid yr hyn sydd yn myned i mewn i'r genau sydd yn halogi dyn; ond yr hyn sydd yn dyfod allan o'r genau, hynny sydd yn halogi dyn.

15:11.

1052 Gadewch iddynt: tywysogion deillion i'r deillion ydynt. Ac os y dall a dywys y dall, y ddau a syrthiant yn y ffos.

14.

1053 Y mae y cŵn yn bwyta o'r briwsion sydd yn syrthio oddi ar fwrdd eu harglwyddi.

27.

1054 Pan fyddo yr hwyr y dywedwch, Tywydd teg; canys y mae yr wybr yn goch; A'r bore, Heddiw drycin; canys y mae yr wybr yn goch ac yn bruddaidd. O ragrithwyr, chwi a fedrwch ddeall wyneb yr wybren; ac oni fedrwch arwyddion yr amserau?

16:2, 3.

1055 Ti yw y Crist, Mab y Duw byw.

16.

1056 Ac yr ydwyf finnau yn dywedyd i ti, mai ti yw Pedr, ac ar y graig hon yr adeiladaf fy eglwys; a phyrth uffern nis gorchfygant hi.

18.

1057 Rhoddaf i ti agoriadau teyrnas nefoedd: a pha beth bynnag a rwymech ar y ddaear a fydd rhwymedig yn y nefoedd; a pha beth bynnag a ryddhaech ar y ddaear a fydd wedi ei ryddhau yn y nefoedd.

19.

1058 Dos yn fy ôl i, Satan.

23.

1059 Pwy bynnag a ewyllysio gadw ei fywyd a'i cyll: a phwy bynnag a gollo ei fywyd o'm plegid i a'i caiff.

25.

1060 Pa lesâd i ddyn os ennill efe yr holl fyd, a cholli ei enaid ei hun? Neu pa beth a rydd dyn yn gyfnewid am ei enaid?

26.

1061 Yn wir y dywedaf i chwi, Oddieithr eich troi chwi, a'ch gwneuthur fel plant bychain, nid ewch chwi ddim i mewn i deyrnas nefoedd.

18:3.

1062 Lle mae dau neu dri wedi ymgynnull yn fy enw i, yno yr ydwyf yn eu canol hwynt.

20.

1063 Nid ydynt mwy yn ddau, ond yn un cnawd. Y peth gan hynny a gysylltodd Duw, na ysgared dyn.

19:6.

1064 A'r Iesu a ddywedodd, Gadewch i blant bychain, ac na waherddwch iddynt ddyfod ataf fi: canys eiddo y cyfryw rai yw teyrnas nefoedd.

14.

1065 Yr Iesu a ddywedodd wrtho, Os ewyllysi fod yn berffaith, dos, gwerth yr hyn sydd gennyt, a dyro i'r tlodion; a thi a gei drysor yn y nef: a thyred, canlyn fi.

21.

1066 Haws yw i gamel fyned trwy grai y nodwydd ddur nag i oludog fyned i mewn i deyrnas Dduw.

24.

1067 Ai nid cyfreithlawn i mi wneuthur a fynnwyf â'r eiddof fy hun? Neu a ydyw dy lygad di yn ddrwg, am fy mod i yn dda?

20:15.

1068 Y rhai olaf fyddant yn flaenaf, a'r rhai blaenaf yn olaf: canys llawer sydd wedi eu galw, ac ychydig wedi eu dewis.

16.

1069 Ysgrifennwyd, Tŷ gweddi y gelwir fy nhŷ: eithr chwi a'i gwnaethoch yn ogof lladron.

21:13.

1070 Telwch chwithau yr eiddo Cesar i Cesar, a'r eiddo Duw i Dduw.

22:21.

1071 A phwy bynnag a'i dyrchafo ei hun a ostyngir; a phwy bynnag a'i gostyngo ei hun a ddyrchefir.

23:12.

1072 Gwae chwi, ysgrifenyddion a Phariseaid, ragrithwyr! Canys yr ydych yn degymu y mintys, a'r anis, a'r cwmin, ac a adawsoch heibio y pethau trymach o'r gyfraith, barn, a thrugaredd, a ffydd.

23.

1073 Tywysogion deillion, y rhai ydych yn hidlo gwybedyn ac yn llyncu camel.

24.

1074 Jerusalem, Jerusalem, yr hon wyt yn lladd y proffwydi, ac yn llabyddio y rhai a ddanfonir atat, pa sawl gwaith y mynaswn gasglu dy blant ynghyd, megis y casgl iâr ei chywion dan ei hadenydd, ac nis mynnech!

37.

1075 Chwi a gewch glywed am ryfeloedd, a sôn am ryfeloedd: gwelwch na chyffröer chwi: canys rhaid yw bod hyn oll; eithr nid yw y diwedd eto.

24:6.

1076 Cyfyd cenedl yn erbyn cenedl, a theyrnas yn erbyn teyrnas: ac fe fydd newyn, a nodau, a daeargrynfâu mewn mannau.

7.

1077 Pa le bynnag y byddo y gelain, yno yr ymgasgl yr eryrod.

28.

1078 Nef a daear a ânt heibio, eithr fy ngeiriau i nid ânt heibio ddim.

35.

1079 Tebyg fydd teyrnas nefoedd i ddeg o forwynion, y rhai a gymerasant eu lampau, ac a aethant allan i gyfarfod â'r priodfab. A phump ohonynt oedd gall, a phump yn ffôl.

25:1,2.

1080 Da, was da a ffyddlawn: buost ffyddlawn ar ychydig.

23.

1081 I bob un y mae ganddo y rhoddir, ac efe a gaiff helaethrwydd; ac oddi ar yr hwn nid oes ganddo y dygir oddi arno.

29.

1082 Bwriwch allan y gwas anfuddiol i'r tywyllwch eithaf: yno y bydd wylofain a rhincian dannedd.

30.

1083 Bûm newynog, a chwi a roesoch i mi fwyd: bu arnaf syched, a rhoesoch i mi ddiod: bûm ddieithr, a dygasoch fi gyda chwi.

35.

1084 I ba beth y bu y golled hon?

26:8.

1085 Y mae gennych y tlodion bob amser gyda chwi; a mi nid ydych yn ei gael bob amser.

11.

1086 Fy amser sydd agos.
18.

1087 Ac fel yr oeddynt yn bwyta, yr Iesu a gymerth y bara, ac wedi iddo fendithio, efe a'i torrodd, ac a'i rhoddodd i'r disgyblion, ac a ddywedodd, Cymerwch, bwytewch: hwn yw fy nghorff. Ac wedi iddo gymryd y cwpan, a diolch, efe a'i rhoddes iddynt, gan ddywedyd, Yfwch bawb o hwn: Canys hwn yw fy ngwaed o'r testament newydd, yr hwn a dywelltir dros lawer, er maddeuant pechodau.
26, 27, 28; cf. rhif 1154.

1088 Trist iawn yw fy enaid hyd angau.
38.

1089 Ac wedi iddo fyned ychydig ymlaen, efe a syrthiodd ar ei wyneb, gan weddïo, a dywedyd, Fy Nhad, os yw bosibl, aed y cwpan hwn heibio oddi wrthyf: eto nid fel yr ydwyf fi yn ewyllysio ond fel yr ydwyt ti.
39; cf. rhif 1155.

1090 Pawb a'r a gymerant gleddyf, a ddifethir â chleddyf.
52.

1091 Pilat a ddywedodd wrthynt, Pa beth gan hynny a wnaf i'r Iesu, yr hwn a elwir Crist? Hwythau oll a ddywedasant wrtho, Croeshoelier ef.
27:22.

1092 Dieuog ydwyf fi oddi wrth waed y cyfiawn hwn: edrychwch chwi.
24.

1093 Bydded ei waed ef arnom ni, ac ar ein plant.
25.

1094 Hwn yw Iesu, Brenin yr Iddewon.
37.

1095 Ac wele, llen y deml a rwygwyd yn ddau oddi fyny hyd i waered: a'r ddaear a grynodd, a'r meini a holltwyd.
51.

1096 A'i wynepryd oedd fel mellten, a'i wisg yn wen fel eira.
28:3.

1097 Ewch gan hynny a dysgwch yr holl genhedloedd, gan eu bedyddio hwy yn enw y Tad, a'r Mab, a'r Ysbryd Glân; Gan ddysgu iddynt gadw pob peth a'r a orchmynnais i chwi. Ac wele, yr ydwyf fi gyda chwi bob amser hyd ddiwedd y byd. Amen.
19, 20.

1098 Y mae yn dyfod ar fy ôl i un cryfach na myfi, carrai esgidiau yr hwn nid wyf fi deilwng i ymostwng ac i'w datod.
Marc 1:7.

1099 Pa un sydd hawsaf, ai dywedyd wrth y claf o'r parlys, Maddeuwyd i ti dy bechodau; ai dywedyd, Cyfod, a chymer i fyny dy wely, a rhodia?
2:9.

1100 Ni wnïa neb ddernyn o frethyn newydd ar ddilledyn hen: os amgen, ei gyflawniad newydd ef a dynn oddi wrth yr hen, a gwaeth fydd y rhwyg.
21.

1101 Y Sabath a wnaethpwyd er mwyn dyn, ac nid dyn er mwyn y Sabath.
27.

1102 O bydd tŷ wedi ymrannu yn ei erbyn ei hun, ni ddichon y tŷ hwnnw sefyll.
3:25.

1103 Â pha fesur y mesuroch y mesurir i chwithau; a chwanegir i chwi y rhai a wrandewch.
4:24.

1104 Y ddaear a ddwg ffrwyth ohoni ei hun; yn gyntaf yr eginyn, ar ôl hynny y dywysen, yna yr ŷd yn llawn yn y dywysen.
28.

1105 Hwy a ofnasant yn ddirfawr, ac a ddywedasant wrth ei gilydd, Pwy yw hwn, gan fod y gwynt a'r môr yn ufuddhau iddo?
41.

1106 Hwy a ddaethant i'r tu hwnt i'r môr, i wlad y Gadareniaid.
5:1.

1107 Lleng yw fy enw; am fod llawer ohonom.
9.

1108 A'r ysbrydion aflan, wedi myned allan, a aethant i mewn i'r moch: a rhuthrodd y genfaint dros y dibyn i'r môr (ac ynghylch dwy fil oeddynt) ac a'u boddwyd yn y môr.
13.

1109 Y mae fy merch fechan ar dranc: atolwg i ti ddyfod, a dodi dy ddwylaw arni, fel yr iachaer hi; a byw fydd.
23.

1110 Ac wedi edrych i fyny, efe a ddywedodd, Yr ydwyf yn gweled dynion megis prennau yn rhodio.
8:24.

1111 O Arglwydd, cymorth fy anghrediniaeth i.
9:24.

1112 Gadewch i blant bychain ddyfod ataf fi, ac na waherddwch iddynt: canys eiddo y cyfryw rai yw teyrnas Dduw.
10:14.

1113 Y rhai sydd yn llwyr-fwyta tai gwragedd gweddwon, ac mewn rhith yn hir-weddïo: y rhai hyn a dderbyniant farnedigaeth fwy.
12:40.

1114 Rhyw wraig weddw dlawd a ddaeth, ac a fwriodd i mewn ddwy hatling, yr hyn yw ffyrling.
42.

1115 Ewch i'r holl fyd, a phregethwch yr efengyl i bob creadur.
16:15.

1116 A'r angel a ddaeth i mewn ati, ac a ddywedodd, Henffych well, yr hon a gefaist ras; yr Arglwydd sydd gyda thi: bendigaid wyt ymhlith gwragedd.
Luc 1:28.

1117 Gyda Duw ni bydd dim yn amhosibl.
37.

1118 Bendigedig wyt ti ymhlith gwragedd, a bendigedig yw ffrwyth dy groth di.
42.

1119 A dywedodd Mair, Y mae fy enaid yn mawrhau yr Arglwydd, A'm hysbryd a lawenychodd yn Nuw fy Iachawdwr.
46, 47.

1120 Efe a wnaeth gadernid â'i fraich: efe a wasgarodd y rhai beilchion ym mwriad eu calon. Efe a dynnodd i lawr y cedyrn o'u heisteddfâu, ac a ddyrchafodd y rhai iselradd. Y rhai newynog a lanwodd efe â phethau da; ac efe a anfonodd ymaith y rhai goludog yn weigion.
51, 52, 53.

1121 Bendigedig fyddo Arglwydd Dduw Israel: canys efe a ymwelodd, ac a wnaeth ymwared i'w bobl.
68.

1122 Oherwydd tiriondeb trugaredd ein Duw; trwy yr hon yr ymwelodd â ni godiad haul o'r uchelder, I lewyrchu i'r rhai sydd yn eistedd mewn tywyllwch a chysgod angau, i gyfeirio ein traed i ffordd tangnefedd.

78, 79.

1123 A hi a esgorodd ar ei mab cyntafanedig, ac a'i rhwymodd ef mewn cadachau, ac a'i dododd ef yn y preseb; am nad oedd iddynt le yn y llety.

2:7.

1124 Ac yr oedd yn y wlad honno fugeiliaid yn aros yn y maes, ac yn gwylied eu praidd liw nos. Ac wele, angel yr Arglwydd a safodd gerllaw iddynt, a gogoniant yr Arglwydd a ddisgleiriodd o'u hamgylch: ac ofni yn ddirfawr a wnaethant.
A'r angel a ddywedodd wrthynt, Nac ofnwch: canys wele, yr wyf fi yn mynegi i chwi newyddion da o lawenydd mawr, yr hwn a fydd i'r holl bobl: Canys ganwyd i chwi heddiw Geidwad yn ninas Dafydd, yr hwn yw Crist yr Arglwydd.

2:8, 9, 10, 11.

1125 Gogoniant yn y goruchaf i Dduw, ac ar y ddaear tangnefedd, i ddynion ewyllys da.

14.

1126 Yr awr hon, Arglwydd, y gollyngi dy was mewn tangnefedd, yn ôl dy air.

29.

1127 Goleuni i oleuo y Cenhedloedd, a gogoniant dy bobl Israel.

32.

1128 A'r Iesu a gynyddodd mewn doethineb a chorffolaeth, a ffafr gyda Duw a dynion.

52.

1129 Maddeuwyd ei haml bechodau hi; oblegid hi a garodd yn fawr: ond y neb y maddeuer ychydig iddo, a gâr ychydig.

7:47.

1130 Ac efe a ddywedodd wrth y wraig, Dy ffydd a'th gadwodd; dos mewn tangnefedd.

50.

1131 I ba dŷ bynnag yr eloch i mewn, yn gyntaf dywedwch, Tangnefedd i'r tŷ hwn.

10:5.

1132 Teilwng yw i'r gweithiwr ei gyflog.

7.

1133 Mair a ddewisodd y rhan dda, yr hon ni ddygir oddi arni.

42.

1134 A dywedaf wrth fy enaid, Fy enaid, y mae gennyt dda lawer wedi eu rhoi i gadw dros lawer o flynyddoedd: gorffwys, bwyta, yf, bydd lawen.

12:19.

1135 I bwy bynnag y rhoddwyd llawer, llawer a ofynnir ganddo.

48.

1136 Ar ôl ychydig ddyddiau y mab ieuangaf a gasglodd y cwbl ynghyd, ac a gymerth ei daith i wlad bell; ac yno efe a wasgarodd ei dda, gan fyw yn afradlon.

15:13.

1137 Dygwch y llo pasgedig, a lleddwch ef; a bwytawn, a byddwn lawen.

23.

1138 Fy mab hwn oedd farw, ac a aeth yn fyw drachefn; ac efe a gollesid, ac a gaed.

24.

1139 Fy mab, yr wyt ti yn wastadol gyda mi, a'r eiddof fi oll ydynt eiddot ti.

31.

1140 Pa beth a wnaf? Canys y mae fy arglwydd yn dwyn yr oruchwyliaeth oddi arnaf: cloddio nis gallaf, a chardota sydd gywilyddus gennyf.

16:3.

1141 Y mae plant y byd hwn yn gallach yn eu cenhedlaeth na phlant y goleuni.
8.

1142 Y neb sydd ffyddlawn yn y lleiaf sydd ffyddlawn hefyd mewn llawer; a'r neb sydd anghyfiawn yn y lleiaf sydd anghyfiawn hefyd mewn llawer.
10.

1143 Rhyngom ni a chwithau y sicrhawyd gagendor mawr: fel na allo y rhai a fynnent dramwy oddi yma atoch chwi; na'r rhai oddi yna dramwy atom ni.
26.

1144 Gwell fyddai iddo pe rhoddid maen melin o amgylch ei wddf ef, a'i daflu i'r môr, nag iddo rwystro un o'r rhai bychain hyn.
17:2.

1145 Wele, teyrnas Dduw, o'ch mewn chwi y mae.
21.

1146 Cofiwch wraig Lot.
32.

1147 Y Pharisead o'i sefyll a weddïodd rhyngddo ac ef ei hun fel hyn: O Dduw, yr wyf yn diolch i ti nad wyf fi fel y mae dynion eraill, yn drawsion, yn anghyfiawn, yn odinebwyr; neu, fel y publican hwn chwaith.
18:11.

1148 A'r publican, gan sefyll o hirbell, ni fynnai gymaint â chodi ei olygon tua'r nef; eithr efe a gurodd ei ddwyfron, gan ddywedyd, O Dduw, bydd drugarog wrthyf, bechadur.
13.

1149 O'th enau dy hun y'th farnaf, tydi was drwg. Ti a wyddit fy mod i yn ŵr tost, yn cymryd i fyny y peth ni roddais i lawr, ac yn medi y peth ni heuais.
19:22.

1150 Yr ydwyf yn dywedyd i chwi, Pe tawai y rhai hyn y llefai y cerrig yn y fan.
40.

1151 Nid yw efe Dduw y meirw, ond y byw: canys pawb sydd fyw iddo ef.
20:38.

1152 Yn eich amynedd meddiennwch eich eneidiau.
21:19.

1153 Ac yna y gwelant Fab y dyn yn dyfod mewn cwmwl, gyda gallu a gogoniant mawr.
27.

1154 Wedi iddo gymryd bara, a rhoi diolch, efe a'i torrodd, ac a'i rhoddes iddynt, gan ddywedyd, Hwn yw fy nghorff, yr hwn yr ydys yn ei roddi drosoch: gwnewch hyn er coffa amdanaf.
22:19; cf. rhif 1087.

1155 O Dad, os ewyllysi droi heibio y cwpan hwn oddi wrthyf: er hynny nid fy ewyllys i, ond yr eiddot ti, a wneler.
42; cf. rhif 1089.

1156 Os gwnânt hyn yn y pren ir, pa beth a wneir yn y crin?
23:31.

1157 A phan ddaethant i'r lle a elwir Calfaria, yno y croeshoeliasant ef, a'r drwg-weithredwyr; un ar y llaw ddehau, a'r llall ar yr aswy.
33.

1158 A'r Iesu a ddywedodd, O Dad, maddau iddynt: canys ni wyddant pa beth y maent yn ei wneuthur.
34.

1159 Efe a ddywedodd wrth yr Iesu, Arglwydd, cofia fi pan ddelych i'th deyrnas.
42.

1160 O Dad, i'th ddwylaw di y gorchmynnaf fy ysbryd.
46.

1161 Onid oedd ein calon ni yn llosgi ynom tra yr ydoedd efe yn ymddiddan â ni ar y ffordd, a thra yr ydoedd efe yn agoryd i ni yr ysgrythurau?
24:32.

1162 Yr Arglwydd a gyfododd yn wir, ac a ymddangosodd i Simon.
34.

1163 Yn y dechreuad yr oedd y Gair, a'r Gair oedd gyda Duw, a Duw oedd y Gair.
Ioan 1:1.

1164 A'r goleuni sydd yn llewyrchu yn y tywyllwch; a'r tywyllwch nid oedd yn ei amgyffred.
5.

1165 Hwn ydoedd y gwir Oleuni, yr hwn sydd yn goleuo pob dyn a'r y sydd yn dyfod i'r byd.
9.

1166 A'r Gair a wnaethpwyd yn gnawd, ac a drigodd yn ein plith ni.
14.

1167 Ni welodd neb Dduw erioed: yr unig-anedig Fab, yr hwn sydd ym mynwes y Tad, hwnnw a'i hysbysodd ef.
18.

1168 Wele Oen Duw, yr hwn sydd yn tynnu ymaith bechodau y byd.
29.

1169 A Nathanäel a ddywedodd wrtho, A ddichon dim da ddyfod o Nasareth?
46.

1170 Yn wir, yn wir, meddaf i chwi, Ar ôl hyn y gwelwch y nef yn agored, ac angylion Duw yn esgyn ac yn disgyn ar Fab y Dyn.
51.

1171 Iesu a ddywedodd wrthi, Beth sydd i mi a wnelwyf â thi, wraig? Ni ddaeth fy awr i eto.
2:4.

1172 Y dwfr a wnaethid yn win.
9.

1173 Hyn o ddechrau gwyrthiau a wnaeth yr Iesu yn Cana Galilea, ac a eglurodd ei ogoniant; a'i ddisgyblion a gredasant ynddo.
11.

1174 Wedi gwneuthur fflangell o fân reffynnau, efe a'u gyrrodd hwynt oll allan o'r deml, y defaid hefyd a'r ychain; ac a dywalltodd allan arian y newidwyr, ac a ddymchwelodd y byrddau: Ac a ddywedodd wrth y rhai oedd yn gwerthu colomennod, Dygwch y rhai hyn oddi yma; na wnewch dŷ fy Nhad i yn dŷ marchnad.
15, 16.

1175 Oddieithr geni dyn drachefn, ni ddichon efe weled teyrnas Dduw.
3:3.

1176 Y mae y gwynt yn chwythu lle y mynno: a thi a glywi ei sŵn ef, ond ni wyddost o ba le y mae yn dyfod, nac i ba le y mae yn myned: felly mae pob un a'r a aned o'r Ysbryd.
8.

1177 Pa fodd y dichon y pethau hyn fod.
9.

1178 Felly y carodd Duw y byd, fel y rhoddodd efe ei unig-anedig Fab, fel na choller pwy bynnag a gredo ynddo ef, ond caffael ohono fywyd tragwyddol.
16.

1179 Daeth gwraig o Samaria i dynnu dwfr: a'r Iesu a ddywedodd wrthi, Dyro i mi i yfed.

4:7.

1180 Dyfod y mae yr awr, ac yn awr y mae hi, pan addolo y gwir addolwyr y Tad mewn ysbryd a gwirionedd.

23.

1181 Efe oedd gannwyll yn llosgi, ac yn goleuo; a chwithau oeddych ewyllysgar i orfoleddu dros amser yn ei oleuni ef.

5:35.

1182 Chwiliwch yr ysgrythurau; canys ynddynt hwy yr ydych chwi yn meddwl cael bywyd tragwyddol: a hwynt-hwy yw y rhai sydd yn tystiolaethu amdanaf fi.

39.

1183 Y mae yma ryw fachgennyn, a chanddo bum torth haidd, a dau bysgodyn: ond beth yw hynny rhwng cynifer?

6:9.

1184 Wedi eu digoni hwynt, efe a ddywedodd wrth ei ddisgyblion, Cesglwch y briwfwyd gweddill, fel na choller dim.

6:12.

1185 Myfi yw bara y bywyd. Yr hwn sydd yn dyfod ataf fi, ni newyna; a'r hwn sydd yn credu ynof fi, ni sycheda un amser.

35.

1186 Yr ysbryd yw yr hyn sydd yn bywhau; y cnawd nid yw yn llesáu dim.

63.

1187 Ni lefarodd dyn erioed fel y dyn hwn.

7:46.

1188 Yr hwn sydd ddibechod ohonoch, tafled yn gyntaf garreg ati hi.

8:7.

1189 Nid wyf finnau yn dy gondemnio di: dos, ac na phecha mwyach.

11.

1190 Goleuni y byd ydwyf fi: yr hwn a'm dilyno i, ni rodia mewn tywyllwch, eithr efe a gaiff oleuni y bywyd.

12.

1191 Chwi a gewch wybod y gwirionedd, a'r gwirionedd a'ch rhyddhâ chwi.

32.

1192 O'ch tad diafol yr ydych chwi, a thrachwantau eich tad a fynnwch chwi eu gwneuthur. Lleiddiad dyn oedd efe o'r dechreuad; ac ni safodd yn y gwirionedd, oblegid nid oes gwirionedd ynddo ef. Pan yw yn dywedyd celwydd, o'r eiddo ei hun y mae yn dywedyd: canys y mae yn gelwyddog, ac yn dad iddo.

44.

1193 Rhaid i mi weithio gwaith yr hwn a'm hanfonodd, tra yr ydyw hi yn ddydd: y mae y nos yn dyfod, pan na ddichon neb weithio.

9:4.

1194 Un peth a wn i: lle yr oeddwn i yn ddall, yr wyf fi yn awr yn gweled.

25.

1195 Myfi yw y drws: os â neb i mewn trwof fi, efe a fydd gadwedig; ac efe a â i mewn ac allan, ac a gaiff borfa.

10:9.

1196 Nid yw lleidr yn dyfod ond i ladrata, ac i ladd, ac i ddistrywio: myfi a ddeuthum fel y caent fywyd, ac y caent ef yn helaethach.

10.

1197 Myfi yw y bugail da. Y bugail da sydd yn rhoddi ei einioes dros y defaid.

11.

1198 Defaid eraill sydd gennyf, y rhai nid ŷnt o'r gorlan hon: y rhai hynny hefyd sydd raid i mi eu cyrchu, a'm llais i a wrandawant; a bydd un gorlan, ac un bugail.

16.

1199 Myfi yw yr atgyfodiad, a'r bywyd: yr hwn sydd yn credu ynof fi, er iddo farw, a fydd byw: A phwy bynnag sydd yn fyw, ac yn credu ynof fi, ni bydd marw yn dragywydd.

11:25, 26.

1200 Yr Iesu a wylodd.

35.

1201 Gorchymyn newydd yr wyf yn ei roddi i chwi, Ar garu ohonoch eich gilydd; fel y cerais i chwi, ar garu ohonoch chwithau bawb eich gilydd.

13:34.

1202 Na thralloder eich calon: yr ydych yn credu yn Nuw, credwch ynof finnau hefyd.

14:1.

1203 Yn nhŷ fy Nhad y mae llawer o drigfannau.

2.

1204 Os myfi a af, ac a baratoaf le i chwi, mi a ddeuaf drachefn, ac a'ch cymeraf chwi ataf fy hun; fel lle yr wyf fi, y byddoch chwithau hefyd.

3.

1205 Myfi yw y ffordd, a'r gwirionedd, a'r bywyd: nid yw neb yn dyfod at y Tad, ond trwof fi.

6.

1206 Nis gadawaf chwi yn amddifaid: mi a ddeuaf atoch chwi.

18.

1207 Yr wyf yn gadael i chwi dangnefedd; fy nhangnefedd yr ydwyf yn ei roddi i chwi: nid fel y mae y byd yn rhoddi yr wyf fi yn rhoddi i chwi.

27.

1208 Cariad mwy na hwn nid oes gan neb; sef, bod i un roi ei einioes dros ei gyfeillion.

15:13.

1209 Nid chwi a'm dewisasoch i, ond myfi a'ch dewisais chwi, ac a'ch ordeiniais chwi, fel yr elech ac y dygech ffrwyth, ac yr arhosai eich ffrwyth; megis pa beth bynnag a ofynnoch gan y Tad yn fy enw i y rhoddo efe i chwi.

16.

1210 Yn awr yr wyf yn myned at yr hwn a'm hanfonodd; ac nid yw neb ohonoch yn gofyn i mi, I ba le yr wyt ti yn myned?

16:5.

1211 Hyd yn hyn ni ofynasoch ddim yn fy enw i: gofynnwch, a chwi a gewch; fel y byddo eich llawenydd yn gyflawn.

24.

1212 Yn y byd gorthrymder a gewch: eithr cymerwch gysur, myfi a orchfygais y byd.

33.

1213 Beth yw gwirionedd?

18:38.

1214 Yna y llefasant oll drachefn, gan ddywedyd, Nid hwnnw, ond Barabas. A'r Barabas hwnnw oedd leidr.

40.

1215 A Philat a ddywedodd wrthynt, Wele y dyn.

19:5.

1216 Pan gymerodd yr Iesu y finegr, efe a ddywedodd, Gorffennwyd: a chan ogwyddo ei ben, efe a roddes i fyny yr ysbryd.

30.

1217 Yr Iesu a ddywedodd wrthi, Na chyffwrdd â mi.
20:17.

1218 Moes yma dy fys, a gwêl fy nwylaw; ac estyn dy law, a dod yn fy ystlys: ac na fydd anghredadun, ond credadun.
27.

1219 Bendigedig yw y rhai ni welsant, ac a gredasant.
29.

1220 Yn ddisymwth y daeth sŵn o'r nef, megis gwynt nerthol yn rhuthro, ac a lanwodd yr holl dŷ lle yr oeddynt yn eistedd.
Actau 2:2.

1221 Ymddangosodd iddynt dafodau gwahanedig megis o dân, ac efe a eisteddodd ar bob un ohonynt.
A hwy oll a lanwyd â'r Ysbryd Glân, ac a ddechreuasant lefaru â thafodau eraill, megis y rhoddes yr Ysbryd iddynt ymadrodd.
3, 4.

1222 Arian ac aur nid oes gennyf; eithr yr hyn sydd gennyf, hynny yr wyf yn ei roddi i ti.
3:6.

1223 Bydded dy arian gyda thi i ddistryw, am i ti dybied y meddiennir dawn Duw trwy arian.
8:20.

1224 Mi a'th welaf mewn bustl chwerwder, ac mewn rhwymedigaeth anwiredd.
23.

1225 Saul, Saul, paham yr wyt yn fy erlid i?
9:4.

1226 Caled yw i ti wingo yn erbyn y symbylau.
5.

1227 Y pethau a lanhaodd Duw, na alw di yn gyffredin.
10:15.

1228 Y duwiau yn rhith dynion a ddisgynasant atom.
14:11.

1229 Tyred drosodd i Macedonia, a chymorth ni.
16:9.

1230 Yna y safodd Paul yng nghanol Areopagus, ac a ddywedodd, Ha wŷr Atheniaid, mi a'ch gwelaf chwi ym mhob peth yn dra choel-grefyddol: Canys wrth ddyfod heibio, ac edrych ar eich defosiynau, mi a gefais allor yn yr hon yr ysgrifenasid, I'R DUW NID ADWAENIR. Yr hwn gan hynny yr ydych chwi heb ei adnabod yn ei addoli, hwnnw yr wyf fi yn ei fynegi i chwi.
17:22, 23.

1231 Y Duw a wnaeth y byd, a phob peth sydd ynddo, gan ei fod yn arglwydd nef a daear, nid yw yn trigo mewn temlau o waith dwylaw: Ac nid â dwylaw dynion y gwasanaethir ef, fel pe bai arno eisiau dim; gan ei fod ef yn rhoddi i bawb fywyd, ac anadl, a phob peth oll. Ac efe a wnaeth o un gwaed bob cenedl o ddynion, i breswylio ar holl wyneb y ddaear, ac a bennodd yr amseroedd rhag-osodedig, a therfynau eu preswylfod hwynt.
24, 25, 26.

1232 Ynddo ef yr ydym ni yn byw, yn symud, ac yn bod.
28.

1233 Bydded eich gwaed chwi ar eich pennau eich hunain; glân ydwyf fi: o hyn allan mi a af at y Cenhedloedd.
18:6.

1234 Ni chawsom ni gymaint â chlywed a oes Ysbryd Glân.
19:2.

1235 Dedwydd yw rhoddi yn hytrach na derbyn.
20:35.

1236 Gŵr ydwyf fi yn wir o Iddew, un o Tarsus, dinesydd o ddinas nid anenwog, o Cilicia.
21:39.

1237 Paul a ddywedodd, A minnau a anwyd yn freiniol.
22:28.

1238 Na ddywed yn ddrwg am bennaeth dy bobl.
23:5.

1239 Yr ydwyf fi fy hun yn ymarfer, i gael cydwybod ddi-rwystr tuag at Dduw a dynion, yn wastadol.
24:16.

1240 Apelio yr wyf at Cesar.
25:11.

1241 Paul, yr wyt ti yn ynfydu; llawer o ddysg sydd yn dy yrru di yn ynfyd.
26:24.

1242 Yr wyt ti o fewn ychydig i'm hennill i fod yn Gristion.
28.

1243 Diesgus wyt ti, O ddyn, pwy bynnag wyt yn barnu: canys yn yr hyn yr wyt yn barnu arall, yr wyt yn dy gondemnio dy hun: canys ti yr hwn wyt yn barnu, wyt yn gwneuthur yr un pethau.
Rhufeiniaid 2:1.

1244 Pan yw y Cenhedloedd, y rhai nid yw y ddeddf ganddynt, wrth naturiaeth yn gwneuthur y pethau sydd yn y ddeddf, y rhai hyn heb fod y ddeddf ganddynt, ydynt ddeddf iddynt eu hunain.
14.

1245 Y mae y ddeddf yn peri digofaint; canys lle nid oes deddf, nid oes gamwedd.
4:15.

1246 Yr hwn yn erbyn gobaith a gredodd dan obaith, fel y byddai efe yn dad cenhedloedd lawer.
18.

1247 Lle yr amlhaodd y pechod y rhagor-amlhaodd gras.
5:20.

1248 Gan wybod nad yw Crist, yr hwn a gyfodwyd oddi wrth y meirw, yn marw mwyach; nad arglwyddiaetha marwolaeth arno mwyach.
6:9.

1249 Cyflog pechod yw marwolaeth; eithr dawn Duw yw bywyd tragwyddol, trwy Iesu Grist ein Harglwydd.
23.

1250 Nid wyf yn gwneuthur y peth da yr wyf yn ei ewyllysio; ond y drwg yr hwn nid wyf yn ei ewyllysio, hynny yr wyf yn ei wneuthur.
7:19.

1251 Ys truan o ddyn wyf fi! Pwy a'm gwared i oddi wrth gorff y farwolaeth hon?
24.

1252 Ni a wyddom fod pob peth yn cydweithio er daioni i'r rhai sydd yn caru Duw.
8:28.

1253 Y rhai a rag-wybu, a ragluniodd efe hefyd i fod yn un ffurf â delw ei Fab ef; fel y byddai efe yn gyntaf-anedig ymhlith brodyr lawer. A'r rhai a ragluniodd efe, y rhai hynny hefyd a alwodd efe; a'r rhai a alwodd efe, y rhai hynny hefyd a gyfiawnhaodd efe; a'r rhai a gyfiawnhaodd efe, y rhai hynny hefyd a ogoneddodd efe.
29, 30.

1254 Os yw Duw trosom, pwy a all fod i'n herbyn?

31.

1255 Pwy a rydd ddim yn erbyn etholedigion Duw? Duw yw yr hwn sydd yn cyfiawnhau.

33.

1256 Pwy a'n gwahana ni oddi wrth gariad Crist? Ai gorthrymder, neu ing, neu ymlid, neu newyn, neu noethni, neu enbydrwydd, neu gleddyf?

35.

1257 Y mae yn ddiogel gennyf na all nac angau, nac einioes, nac angylion, na thywysogaethau, na meddiannau, na phethau presennol, na phethau i ddyfod, Nac uchder, na dyfnder, nac un creadur arall, ein gwahanu ni oddi wrth gariad Duw, yr hwn sydd yng Nghrist ein Harglwydd.

38, 39.

1258 Onid oes awdurdod i'r crochenydd ar y priddgist, i wneuthur o'r un telpyn pridd un llestr i barch, ac arall i amarch?

9:21.

1259 Pwy a wybu feddwl yr Arglwydd? Neu pwy a fu gynghorwr iddo ef?

11:34.

1260 Yr wyf yn atolwg i chwi, frodyr, er trugareddau Duw, roddi ohonoch eich cyrff yn aberth byw, sanctaidd, cymeradwy gan Dduw; yr hyn yw eich rhesymol wasanaeth chwi.

12:1.

1261 Bydded cariad yn ddiragrith. Casewch y drwg, a glynwch wrth y da.

9.

1262 Mewn cariad brawdol byddwch garedig i'ch gilydd; yn rhoddi parch, yn blaenori eich gilydd.

10.

1263 Byddwch yn unfryd â'ch gilydd: heb roi eich meddwl ar uchel-bethau; eithr yn gydostyngedig â'r rhai iselradd. Na fyddwch ddoethion yn eich tyb eich hunain.

16.

1264 Na thelwch i neb ddrwg am ddrwg. Darperwch bethau onest yng ngolwg pob dyn.

17.

1265 Os yw bosibl, hyd y mae ynoch chwi, byddwch heddychlawn â phob dyn.

18.

1266 I mi y mae dial; myfi a dalaf, medd yr Arglwydd.

19.

1267 Na orchfyger di gan ddrygioni, eithr gorchfyga di ddrygioni trwy ddaioni.

21.

1268 Nid oes awdurdod ond oddi wrth Dduw.

13:1.

1269 Telwch gan hynny i bawb eu dyledion: teyrnged i'r hwn y mae teyrnged yn ddyledus; toll i'r hwn y mae toll; ofn i'r hwn y mae ofn; parch i'r hwn y mae parch yn ddyledus.

7.

1270 Na fyddwch yn nyled neb o ddim, ond o garu bawb eich gilydd: canys yr hwn sydd yn caru arall a gyflawnodd y gyfraith.

8.

1271 Cyflawnder y gyfraith yw cariad.

10.

1272 Y nos a gerddodd ymhell.

12.

1273 Y mae un yn barnu diwrnod uwchlaw diwrnod; ac arall yn barnu pob diwrnod yn ogyfuwch. Bydded pob un yn sicr yn ei feddwl ei hun.

14:5.

1274 Nid oes yr un ohonom yn byw iddo ei hun, ac nid yw yr un yn marw iddo ei hun.

7.

1275 Pa un bynnag yr ydym ai byw, i'r Arglwydd yr ydym yn byw; ai marw; i'r Arglwydd yr ydym yn marw: am hynny, pa un bynnag yr ydym ai byw ai marw, eiddo yr Arglwydd ydym.

8.

1276 Dilynwn y pethau a berthynant i heddwch, a'r pethau a berthynant i adeiladaeth ein gilydd.

19.

1277 Nyni, y rhai ydym gryfion, a ddylem gynnal gwendid y rhai gweiniaid, ac nid rhyngu ein bodd ein hunain.

15:1.

1278 Duw a etholodd ffôl-bethau y byd, fel y gwaradwyddai y doethion; a gwan-bethau y byd a etholodd Duw, fel y gwaradwyddai y pethau cedyrn.

1 Corinthiaid 1:27.

1279 Fel y mae yn ysgrifenedig, Ni welodd llygad, ac ni chlywodd clust, ac ni ddaeth i galon dyn, y pethau a ddarparodd Duw i'r rhai a'i carant ef.

2:9.

1280 Cydweithwyr Duw ydym ni; llafurwaith Duw, adeiladaeth Duw, ydych chwi.

3:9.

1281 Gwaith pob dyn a wneir yn amlwg: canys y dydd a'i dengys, oblegid trwy dân y datguddir ef; a'r tân a brawf waith pawb, pa fath ydyw.

13.

1282 Os llygra neb deml Duw, Duw a lygra hwnnw: canys sanctaidd yw teml Duw, yr hon ydych chwi.

17.

1283 Tybied yr wyf ddarfod i Dduw ein dangos ni, yr apostolion diweddaf, fel rhai wedi eu bwrw i angau: oblegid nyni a wnaethpwyd yn ddrych i'r byd, ac i'r angylion, ac i ddynion.

4:9.

1284 Myfi yn ddiau, fel absennol yn y corff, eto yn bresennol yn yr ysbryd, a fernais eisoes, fel pe bawn bresennol, am yr hwn a wnaeth y peth hwn felly.

5:3.

1285 Nid da eich gorfoledd chwi. Oni wyddoch chwi fod ychydig lefain yn lefeinio yr holl does?

6.

1286 Gwell yw priodi nag ymlosgi.

7:9.

1287 Y mae dull y byd hwn yn myned heibio.

31.

1288 Gwybodaeth sydd yn chwyddo, eithr cariad sydd yn adeiladu.

8:1.

1289 Oni wyddoch chwi fod y rhai sydd yn rhedeg mewn gyrfa i gyd yn rhedeg, ond bod un yn derbyn y gamp?

9:24.

1290 Pob peth sydd gyfreithlawn i mi, eithr nid yw pob peth yn llesáu: pob peth sydd gyfreithlawn i mi, eithr nid yw pob peth yn adeiladu.

10:23.

1291 Eiddo yr Arglwydd y ddaear, a'i chyflawnder.

26.

1292 Cymerwch, bwytewch; hwn yw fy nghorff, yr hwn a dorrir trosoch: gwnewch hyn er coffa amdanaf.

11:24.

1293 Y cwpan hwn yw y testament newydd yn fy ngwaed: gwnewch hyn, cynifer gwaith bynnag yr yfoch, er coffa amdanaf.

25.

1294 Pe llefarwn â thafodau dynion ac angylion, a heb fod gennyf gariad, yr wyf fel efydd yn seinio, neu symbal yn tincian.

13:1.

1295 A phe byddai gennyf broffwydoliaeth, a gwybod ohonof y dirgelion oll, a phob gwybodaeth; a phe bai gennyf yr holl ffydd, fel y gallwn symudo mynyddoedd, a heb gennyf gariad, nid wyf fi ddim. A phe porthwn y tlodion â'm holl dda, a phe rhoddwn fy nghorff i'm llosgi, a heb gariad gennyf, nid yw ddim llesâd i mi.

2, 3.

1296 Y mae cariad yn hir-ymaros, yn gymwynasgar; cariad nid yw yn cenfigennu; nid yw cariad yn ymffrostio, nid yw yn ymchwyddo.
Nid yw yn gwneuthur yn anweddaidd, nid yw yn ceisio yr eiddo ei hun, ni chythruddir, ni feddwl ddrwg;
Nid yw lawen am anghyfiawnder, ond cyd-lawenhau y mae â'r gwirionedd;
Y mae yn dioddef pob dim, yn credu pob dim, yn ymaros â phob dim.
Cariad byth ni chwymp ymaith: eithr pa un bynnag ai proffwydoliaethau, hwy a ballant; ai tafodau, hwy a beidiant; ai gwybodaeth, hi a ddiflanna.

4, 5, 6, 7, 8.

1297 Pan oeddwn fachgen, fel bachgen y llefarwn, fel bachgen y deallwn, fel bachgen y meddyliwn: ond pan euthum yn ŵr, mi a rois heibio bethau bachgennaidd.

11.

1298 Gweled yr ydym yr awr hon trwy ddrych, mewn dameg; ond yna, wyneb yn wyneb: yn awr yr adwaen o ran; ond yna yr adnabyddaf megis y'm hadwaenant.

12.

1299 Yr awr hon y mae yn aros ffydd, gobaith, cariad, y tri hyn; a'r mwyaf o'r rhai hyn yw cariad.

13.

1300 Os yr utgorn a rydd sain anhynod, pwy a ymbaratoa i ryfel?

14:8.

1301 Gwneler pob peth yn weddaidd, ac mewn trefn.

40.

1302 Myfi yw y lleiaf o'r apostolion, yr hwn nid wyf addas i'm galw yn apostol, am i mi erlid eglwys Dduw.

15:9.

1303 Trwy ras Duw yr ydwyf yr hyn ydwyf: a'i ras ef, yr hwn a roddwyd i mi, ni bu yn ofer; ond mi a lafuriais yn helaethach na hwynt oll: ac nid myfi chwaith, ond gras Duw, yr hwn oedd gyda mi.

10.

1304 Gan fod marwolaeth trwy ddyn, trwy ddyn hefyd y mae atgyfodiad y meirw.

21.

1305 Megis yn Adda y mae pawb yn meirw, felly hefyd yng Nghrist y bywheir pawb.

22.

1306 Y gelyn diweddaf a ddinistrir yw yr angau.

26.

1307 Y mae ymddiddanion drwg yn llygru moesau da.
33.

1308 O ynfyd, y peth yr wyt ti yn ei hau ni fywheir oni bydd efe marw.
36.

1309 Y mae rhagor rhwng seren a seren mewn gogoniant.
41.

1310 Efe a heuir mewn llygredigaeth, ac a gyfodir mewn anllygredigaeth.
42.

1311 Y dyn cyntaf o'r ddaear, yn ddaearol; yr ail ddyn, yr Arglwydd o'r nef.
47.

1312 Wele, yr wyf yn dywedyd i chwi ddirgelwch: ni hunwn ni oll, eithr ni a newidir oll mewn moment, ar darawiad llygad, wrth yr utgorn diweddaf: Canys yr utgorn a gân a'r meirw a gyfodir yn anllygredig, a ninnau a newidir. Oherwydd rhaid i'r llygradwy hwn wisgo anllygredigaeth, ac i'r marwol hwn wisgo anfarwoldeb.
51, 52, 53.

1313 O angau, pa le mae dy golyn? O uffern, pa le mae dy fuddugoliaeth?
55.

1314 Colyn angau yw pechod, a grym pechod yw y gyfraith.
56.

1315 Gwyliwch, sefwch yn y ffydd, ymwrolwch, ymgryfhewch.
16:13.

1316 Od oes neb nid yw yn caru yr Arglwydd Iesu Grist, bydded anathema, Maranatha.
22.

1317 Yr hwn hefyd a'n gwnaeth ni yn weinidogion cymwys y testament newydd; nid i'r llythyren, ond i'r ysbryd: canys y mae y llythyren yn lladd, ond yr ysbryd sydd yn bywhau.
2 Corinthiaid 3:6.

1318 Y pethau a welir sydd dros amser, ond y pethau ni welir sydd dragywyddol.
4:18.

1319 Wrth ffydd yr ydym yn rhodio, ac nid wrth olwg.
5:7.

1320 Wele yn awr yr amser cymeradwy; wele yn awr ddydd yr iachawdwriaeth.
6:2.

1321 Megis wedi ein tristáu, ond yn wastad yn llawen; megis yn dlodion, ond yn cyfoethogi llawer; megis heb ddim gennym, ond eto yn meddiannu pob peth.
10.

1322 Rhoddwr llawen y mae Duw yn ei garu.
9:7.

1323 Yr hwn sydd yn ymffrostio, ymffrostied yn yr Arglwydd.
10:17.

1324 Nid yr hwn sydd yn ei ganmol ei hun sydd gymeradwy.
18.

1325 Os ydwyf hefyd yn anghyfarwydd ar ymadrodd, eto nid wyf felly mewn gwybodaeth.
11:6.

1326 Yr ydych yn goddef ffyliaid yn llawen.
19.

1327 Rhoddwyd i mi swmbwl yn y cnawd, cennad Satan, i'm cernodio, fel na'm tra-dyrchefid.
12:7.

1328 Fy nerth i a berffeithir mewn gwendid.
9.

1329 Gras ein Harglwydd Iesu Grist, a chariad Duw, a chymdeithas yr Ysbryd Glân, a fyddo gyda chwi oll. Amen.
13:13.

1330 Hwy a roddasant i mi ac i Barnabas ddeheu-ddwylaw cymdeithas.
Galatiaid 2:9.

1331 Da yw dwyn mawr-serch mewn peth da yn wastadol.
4:18.

1332 Chwi a syrthiasoch ymaith oddi wrth ras.
5:4.

1333 Y mae cnawd yn chwenychu yn erbyn yr Ysbryd, a'r Ysbryd yn erbyn y cnawd: a'r rhai hyn a wrthwynebant ei gilydd, fel na alloch wneuthur beth bynnag a ewyllysioch.
17.

1334 Ffrwyth yr Ysbryd yw cariad, llawenydd, tangnefedd, hir-ymaros, cymwynasgarwch, daioni, ffydd, addfwynder, dirwest.
22.

1335 Pob un a ddwg ei faich ei hun.
6:5.

1336 Beth bynnag a heuo dyn, hynny hefyd a fed efe.
7.

1337 Yn ei iawn bryd y medwn, oni ddiffygiwn.
9.

1338 Aelodau ydym i'n gilydd.
Effesiaid 4:25.

1339 Digiwch, ac na phechwch: na fachluded yr haul ar eich digofaint chwi.
26.

1340 Gwisgwch holl arfogaeth Duw, fel y galloch sefyll yn erbyn cynllwynion diafol.
6:11.

1341 Nid yw ein hymdrech ni yn erbyn gwaed a chnawd, ond yn erbyn tywysogaethau, yn erbyn awdurdodau, yn erbyn bydol-lywiawdwyr tywyllwch y byd hwn, yn erbyn drygau ysbrydol yn y nefolion leoedd.
12.

1342 Byw i mi yw Crist, a marw sydd elw.
Philipiaid 1:21.

1343 Duw yw yr hwn sydd yn gweithio ynoch ewyllysio a gweithredu o'i ewyllys da ef.
2:13.

1344 Y brodyr, nid wyf fi yn bwrw ddarfod i mi gael gafael: ond un peth, gan anghofio y pethau sydd o'r tu cefn, ac ymestyn at y pethau o'r tu blaen.
3:13.

1345 Yr ydwyf yn cyrchu at y nod, am gamp uchel alwedigaeth Duw yng Nghrist Iesu.
14.

1346 Duw y rhai yw eu bol.
19.

1347 Trwyddo ef y crewyd pob dim a'r sydd yn y nefoedd, ac sydd ar y ddaear, yn weledig ac yn anweledig, pa un bynnag ai thronau, ai arglwyddiaethau, ai tywysogaethau, ai meddiannau; pob dim a grewyd trwyddo ef, ac erddo ef.
Golosiaid 1:16.

1348 Y mae efe cyn pob peth, ac ynddo ef y mae pob peth yn cyd-sefyll.
17.

1349 Na chyffwrdd; ac na archwaetha; ac na theimla.
2:21.

1350 Rhoddwch eich serch ar bethau sydd uchod, nid ar bethau sydd ar y ddaear.

3:2.

1351 Lle nid oes na Groegwr nac Iddew, enwaediad na dienwaediad, Barbariad na Scythiad, caeth na rhydd: ond Crist sydd bob peth, ac ym mhob peth.

11.

1352 Y tadau, na chyffrowch eich plant, fel na ddigalonnont.

21.

1353 Bydded eich ymadrodd bob amser yn rasol, wedi ei dymheru â halen, fel y gwypoch pa fodd y mae yn rhaid i chwi ateb i bob dyn.

4:6.

1354 Luc y ffysygwr annwyl.

4:14.

1355 Llafur eich cariad.

1 Thesaloniaid 1:3.

1356 Chwi a wyddoch eich hunain yn hysbys, mai felly y daw dydd yr Arglwydd fel lleidr yn y nos.

5:2.

1357 Chwychwi oll, plant y goleuni ydych, a phlant y dydd: nid ydym ni o'r nos, nac o'r tywyllwch.

5.

1358 Nyni, gan ein bod o'r dydd, byddwn sobr, wedi ymwisgo â dwyfronneg ffydd a chariad, ac â gobaith iachawdwriaeth yn lle helm.

8.

1359 Gweddïwch yn ddibaid.

17.

1360 Profwch bob peth: deliwch yr hyn sydd dda.

21.

1361 Nyni a wyddom mai da yw y gyfraith, os arfer dyn hi yn gyfreithlawn.

1 Timotheus 1:8.

1362 Gwir yw y gair, ac yn haeddu pob derbyniad, ddyfod Crist Iesu i'r byd i gadw pechaduriaid; o ba rai, pennaf ydwyf fi.

15.

1363 Oni fedr un lywodraethu ei dŷ ei hun, pa fodd y cymer efe ofal dros eglwys Dduw?

3:5.

1364 Rhaid i'r diaconiaid yr un ffunud fod yn onest; nid yn ddau-eiriog, nid yn ymroi i win lawer, nid yn budrelwa.

8.

1365 Gad heibio halogedig a gwrachïaidd chwedlau, ac ymarfer dy hun i dduwioldeb.

4:7.

1366 Od oes neb heb ddarbod dros yr eiddo, ac yn enwedig ei deulu, efe a wadodd y ffydd, a gwaeth yw na'r di-ffydd.

5:8.

1367 Arfer ychydig win, er mwyn dy gylla a'th fynych wendid.

23.

1368 Ni ddygasom ni ddim i'r byd, ac eglur yw na allwn ddwyn dim allan chwaith.

6:7.

1369 Gwreiddyn pob drwg yw ariangarwch.

10.

1370 Ni roddes Duw i ni ysbryd ofn; ond ysbryd nerth, a chariad, a phwyll.

2 Timotheus 1:7.

1371 Bydd ddyfal i'th osod dy hun yn brofedig gan Dduw, yn weithiwr di-fefl, yn iawn-gyfrannu gair y gwirionedd.

2:15.

1372 Pregetha y gair; bydd daer mewn amser, allan o amser; argyhoedda, cerydda, annog gyda phob hir-ymaros ac athrawiaeth.

4:2.

1373 Mi a ymdrechais ymdrech deg, mi a orffennais fy ngyrfa, mi a gedwais y ffydd.

7.

1374 Taled yr Arglwydd iddo yn ôl ei weithredoedd.

14.

1375 Pur yn ddiau yw pob peth i'r rhai pur: eithr i'r rhai halogedig a'r di-ffydd, nid pur dim.

Titus 1:15.

1376 Yr hwn sydd yn gwneuthur ei angylion yn ysbrydion a'i weinidogion yn fflam dân.

Hebreaid 1:7.

1377 Bywiol yw gair Duw, a nerthol, a llymach nag un cleddyf dau-finiog, ac yn cyrhaeddyd trwodd hyd wahaniad yr enaid a'r ysbryd, a'r cymalau a'r mêr; ac yn barnu meddyliau a bwriadau y galon.

4:12.

1378 Ffydd yn wir yw sail y pethau yr ydys yn eu gobeithio, a sicrwydd y pethau nid ydys yn eu gweled.

11:1.

1379 Ninnau hefyd, gan fod cymaint cwmwl o dystion wedi ei osod o'n hamgylch, gan roi heibio bob pwys, a'r pechod sydd barod i'n hamgylchu, trwy amynedd rhedwn yr yrfa a osodwyd o'n blaen ni.

12:1.

1380 Iesu, Pen-tywysog a Pherffeithydd ein ffydd ni.

2.

1381 Parhaed brawdgarwch.

13.1.

1382 Nac anghofiwch letygarwch: canys wrth hynny y lletyodd rhai angylion yn ddiarwybod.

2.

1383 Yr Arglwydd sydd gymorth i mi, ac nid ofnaf beth a wnêl dyn i mi.

6.

1384 Iesu Grist, ddoe a heddiw yr un, ac yn dragywydd.

8.

1385 Nid oes i ni yma ddinas barhaus, eithr un i ddyfod yr ŷm ni yn ei disgwyl.

14.

1386 Caffed amynedd ei pherffaith waith.

Iago yr Apostol 1:4.

1387 Gwyn ei fyd y gŵr sydd yn goddef profedigaeth: canys pan fyddo profedig, efe a dderbyn goron y bywyd, yr hon a addawodd yr Arglwydd i'r rhai a'i carant ef.

12.

1388 Pob rhoddiad daionus, a phob rhodd berffaith, oddi uchod y mae, yn disgyn oddi wrth Dad y goleuni, gyda'r hwn nid oes gyfnewidiad, na chysgod tröedigaeth.

17.

1389 Bydded pob dyn esgud i wrandaw, diog i lefaru, diog i ddigofaint.

19.

1390 Digofaint gŵr nid yw yn cyflawni cyfiawnder Duw.

20.

1391 Crefydd bur a dihalogedig ger bron Duw a'r Tad yw hyn: ymweled â'r amddifaid a'r gwragedd gweddwon yn eu hadfyd, a'i gadw ei hun yn ddifrycheulyd oddi wrth y byd.

27.

1392 Megis y mae y corff heb yr ysbryd yn farw, felly hefyd ffydd heb weithredoedd, marw yw.

2:26.

1393 Felly hefyd y tafod, aelod bychan yw, ac yn ffrostio pethau mawrion. Wele, faint o ddefnydd y mae ychydig dân yn ei ennyn!

3:5.

1394 Y tafod ni ddichon un dyn ei ddofi; drwg anllywodraethus ydyw, yn llawn gwenwyn marwol.

8.

1395 Nid yw y doethineb hwn yn disgyn oddi uchod; ond daearol, anianol, cythreulig yw.

15.

1396 Gwrthwynebwch ddiafol, ac efe a ffy oddi wrthych.

4:7.

1397 Beth ydyw eich einioes chwi? Canys tarth ydyw, yr hwn sydd dros ychydig yn ymddangos, ac wedi hynny yn diflannu.

14.

1398 Byddwch gan hynny yn ymarhous, frodyr, hyd ddyfodiad yr Arglwydd. Wele, y mae y llafurwr yn disgwyl am werthfawr ffrwyth y ddaear, yn dda ei amynedd amdano, nes iddo dderbyn y glaw cynnar a diweddar.

5:7.

1399 Chwi a glywsoch am amynedd Job.

11.

1400 Llawer a ddichon taer weddi y cyfiawn.

16.

1401 Pob cnawd fel glaswelltyn yw, a holl ogoniant dyn fel blodeuyn y glaswelltyn. Gwywodd y glaswelltyn, a'i flodeuyn a syrthiodd.

1 Pedr yr Apostol 1:24.

1402 Gair yr Arglwydd sydd yn aros yn dragywydd.

25.

1403 Perchwch bawb. Cerwch y brawdoliaeth. Ofnwch Dduw. Anrhydeddwch y brenin.

2:17.

1404 Bydded cuddiedig ddyn y galon, mewn anllygredigaeth ysbryd addfwyn a llonydd.

3:4.

1405 Cariad a guddia liaws o bechodau.

4:8.

1406 Byddwch sobr, gwyliwch: oblegid y mae eich gwrthwynebwr diafol megis llew rhuadwy, yn rhodio oddi amgylch, gan geisio y neb a allo ei lyncu.

5:8.

1407 Y ci a ymchwelodd at ei chwydiad ei hun; a'r hwch wedi ei golchi, i'w hymdreiglfa yn y dom.

2 Pedr yr Apostol 2:22.

1408 Os dywedwn nad oes ynom bechod, yr ydym yn ein twyllo ein hunain, a'r gwirionedd nid yw ynom.

1 Ioan yr Apostol 1:8.

1409 Pwy yw y celwyddog, ond yr hwn sydd yn gwadu nad Iesu yw y Crist? Efe yw yr anghrist, yr hwn sydd yn gwadu y Tad a'r Mab.

2:22.

1410 Yr hwn nid yw yn caru, nid adnabu Dduw: oblegid Duw, cariad yw.

4:8.

1411 Nid oes ofn mewn cariad; eithr y mae perffaith gariad yn bwrw allan ofn: oblegid y mae i ofn boenedigaeth. A'r hwn sydd yn ofni, ni pherffeithiwyd mewn cariad.

18.

1412 Tonnau cynddeiriog y môr, yn ewynnu allan eu cywilydd eu hunain; sêr gwibiog, i'r rhai y cadwyd niwl y tywyllwch yn dragywydd.

Judas yr Apostol 1:13.

1413 Wedi i mi droi, mi a welais saith ganhwyllbren aur.

Datguddiad 1:12.

1414 A'r hwn wyf fyw, ac a fûm farw; ac wele, byw ydwyf yn oes oesoedd, Amen; ac y mae gennyf agoriadau uffern a marwolaeth.

18.

1415 Y mae gennyf beth yn dy erbyn, am i ti ymadael â'th gariad cyntaf.

2:4.

1416 I'r hwn sydd yn gorchfygu y rhoddaf iddo fwyta o bren y bywyd, yr hwn sydd yng nghanol paradwys Duw.

7.

1417 Bydd ffyddlawn hyd angau ac mi a roddaf i ti goron y bywyd.

10.

1418 Fel llestri pridd y dryllir hwynt.

27.

1419 Mi a roddaf iddo y seren fore.

28.

1420 Yr hwn sydd yn gorchfygu, hwnnw a wisgir mewn dillad gwynion; ac ni ddileaf ei enw ef allan o lyfr y bywyd, ond mi a gyffesaf ei enw ef ger bron fy Nhad, a cher bron ei angylion ef.

3:5.

1421 Mi a adwaen dy weithredoedd di, nad ydwyt nac oer na brwd: mi a fynnwn pe bait oer neu frwd. Felly, am dy fod yn glaear, ac nid yn oer nac yn frwd, mi a'th chwydaf di allan o'm genau.

15, 16.

1422 Wele, yr wyf yn sefyll wrth y drws, ac yn curo: os clyw neb fy llais i, ac agoryd y drws, mi a ddeuaf i mewn ato ef, ac a swperaf gydag ef, ac yntau gyda minnau.

20.

1423 A'r anifail cyntaf oedd debyg i lew, a'r ail anifail yn debyg i lo, a'r trydydd anifail oedd ganddo wyneb fel dyn, a'r pedwerydd anifail oedd debyg i eryr yn ehedeg.

4:7.

1424 Teilwng wyt, O Arglwydd, i dderbyn gogoniant, ac anrhydedd, a gallu: canys ti a greaist bob peth, ac oherwydd dy ewyllys di y maent, ac y crewyd hwynt.

11.

1425 Mi a welais yn neheulaw yr hwn oedd yn eistedd ar yr orseddfainc lyfr wedi ei ysgrifennu oddi fewn ac oddi allan, wedi ei selio â saith sêl.

5:1.

1426 Wele farch gwyn: a'r hwn oedd yn eistedd arno, a bwa ganddo; a rhoddwyd iddo goron: ac efe a aeth allan yn gorchfygu, ac i orchfygu.

6:2.

1427 Wele farch gwelw-las: ac enw yr hwn oedd yn eistedd arno oedd Marwolaeth; ac yr oedd Uffern yn canlyn gydag ef. A rhoddwyd iddynt awdurdod ar y bedwaredd ran o'r ddaear, i ladd â chleddyf, ac â newyn, ac â marwolaeth, ac â bwystfilod y ddaear.

8.

1428 Wele dyrfa fawr, yr hon ni allai neb ei rhifo, o bob cenedl, a llwythau, a phobloedd, ac ieithoedd, yn sefyll ger bron yr orseddfainc, a cher bron yr Oen, wedi eu gwisgo mewn gynau gwynion, a phalmwydd yn eu dwylaw.

7:9.

1429 Y rhai hyn yw y rhai a ddaethant allan o'r cystudd mawr, ac a olchasant eu gynau, ac a'u canasant hwy yng ngwaed yr Oen.

14.

1430 A bu rhyfel yn y nef: Michael a'i angylion a ryfelasant yn erbyn y ddraig, a'r ddraig a ryfelodd â'i hangylion hithau, Ac ni orfuant; a'u lle hwynt nis cafwyd mwyach yn y nef.

12:7, 8.

1431 Bwriwyd allan y ddraig fawr, yr hen sarff, yr hon a elwir Diafol a Satan, yr hwn sydd yn twyllo yr holl fyd: efe a fwriwyd allan i'r ddaear, a'i angylion a fwriwyd allan gydag ef.

9.

1432 Mi a glywais lef o'r nef, fel llef dyfroedd lawer, ac fel llef taran fawr: ac mi a glywais lef telynorion yn canu ar eu telynau.

14:2.

1433 Syrthiodd, syrthiodd Babilon, y ddinas fawr honno; oblegid hi a ddiododd yr holl genhedloedd â gwin llid ei godineb.

8.

1434 Gwyn eu byd y meirw, y rhai sydd yn marw yn yr Arglwydd, o hyn allan, medd yr Ysbryd, fel y gorffwysont oddi wrth eu llafur; a'u gweithredoedd sydd yn eu canlyn hwynt.

13.

1435 Efe a'u casglodd hwynt ynghyd i le a elwir yn Hebraeg, Armagedon.

16:16.

1436 Arglwydd arglwyddi ydyw, a Brenin brenhinoedd; a'r rhai sydd gydag ef sydd alwedig, ac etholedig, a ffyddlawn.

17:14.

1437 Mi a welais y meirw, fychain a mawrion, yn sefyll ger bron Duw; a'r llyfrau a agorwyd: a llyfr arall a agorwyd, yr hwn yw llyfr y bywyd: a barnwyd y meirw wrth y pethau oedd wedi eu hysgrifennu yn y llyfrau, yn ôl eu gweithredoedd.

20:12.

1438 Mi a welais nef newydd a daear newydd: canys y nef gyntaf a'r ddaear gyntaf a aeth heibio; a'r môr nid oedd mwyach.

21:1.

1439 Myfi Ioan a welais y ddinas sanctaidd, Jerusalem newydd, yn dyfod oddi wrth Dduw i waered o'r nef, wedi ei pharatoi fel priodasferch wedi ei thrwsio i'w gŵr.

2.

1440 Fe sych Duw ymaith bob deigr oddi wrth eu llygaid hwynt; a marwolaeth ni bydd mwyach, na thristwch, na llefain, na phoen ni bydd mwyach: oblegid y pethau cyntaf a aeth heibio.

4.

1441 Yng nghanol ei heol hi, ac o ddau tu yr afon, yr oedd pren y bywyd, yn dwyn deuddeg rhyw ffrwyth, bob mis yn rhoddi ei ffrwyth: a dail y pren oedd i iacháu y cenhedloedd.

22:2.

1442 Ni bydd nos yno: ac nid rhaid iddynt wrth gannwyll, na goleuni haul; oblegid y mae yr Arglwydd Dduw yn goleuo iddynt: a hwy a deyrnasant yn oes oesoedd.

5.

1443 Myfi yw Alffa ac Omega, y dechrau a'r diwedd, y cyntaf a'r diweddaf.

13.

BEN BOWEN
1878—1903

1444 Mae gostyngeiddrwydd yn gryfach na her.

Cofiant a Barddoniaeth Ben Bowen (Gol. David Bowen (Myfyr Hefin)) (1904).

1445 Mae yn ddigon hawdd dilyn Crist: yr anhawster yw dilyn ei ganlynwyr.

O'i ddyddlyfr, Rhagfyr 2, 1901.

1446 Llaw Duw a'm llywiai i dir.

O'i ddyddlyfr, Gorffennaf 17, 1901.

1447 Llef un yn llefain 'Rhyddid':
Protestaniaeth;
Cydwybod effro'n gwrando:
Piwritaniaeth;
Trem ar y weledigaeth: Methodistiaeth.

'Williams Pantycelyn'.

1448 Y gwir sy'n fwy na'r gredo a'i heglura.

1449 Hir yw gwawr pob gwir yn torri.

1450 Priodas calon dyn â Duw yw emyn.

1451 Beth yw'r nef i gyd ond mawlgan?
Beth yw'r byd ond nodyn ynddi?

1452 Rhaid yw cael Cymru Fydd yn Gymru Rydd.

1453 Nid ar orffennol y bydd fyw'r dyfodol.

1454 Nid methiant bywyd yw y bedd
Ond ôl ei ymdaith fawr.

'Cymru Fydd'.

1455 Daw ysbrydoliaeth Cymru Fydd
O feddau Cymru Fu.

1456 Onid yw pob gwawr yn dod
Ar foddi gan ryfeddod?

'Y Diwygiwr'.

1457 Caf wynfa y cyfanfyd
Yn nhrist wae y Crist o hyd.

1458 I enaid fo'n aflonydd
Y dyry Duw doriad dydd.

1459 Awr Duw yw cyfyngder dyn.

1460 Ymdawelaf, mae dwylo—Duw ei Hun
Danaf ym mhob cyffro;
Yn nwfn swyn ei fynwes O
Caf lonydd, caf le i huno.

1461 Onid gwir mai gwladgarwch—yw hedyn
Pob brawdol ddyngarwch?
Perl a wêl ym mhob rhyw lwch.

'Offrwm Cymru'.

1462 Daw i'r gŵr sy'n dŵr y gwan
Oludoedd daear lydan.

'Ymadawiad Arthur'.

1463 Gwybod pob peth, nid hawl dynoliaeth yw:
Mae Pren gwybodaeth ar diriogaeth Duw.
Mae rhyw ddirgelwch fyth â'i ddieithr ffin
Yn cadw Duw yn Dduw, a dyn yn ddyn.

'Gardd Eden'.

1464 Er cyn cof, rhyw hir ofyn
Dinas Duw yw hanes dyn.

'Dinas Duw'.

1465 Os yw cur yn fy llesgáu,—os yw'r nos
Oer yn hir, mae'r golau
Yn ymyl Iôr yn amlhau:
Iesu ŵyr be' sy orau.

'Cystudd'.

1466 Mae mwy o ddynion sydd â'u crefydd yn eu tafodau mewn dweud nag sydd â'u crefydd yn eu dwylo mewn gwneud.

'Dyn yn Holi', *Rhyddiaith Ben Bowen* (Gol. David Bowen (Myfyr Hefin)) (1909).

1467 Mae yr hyn sydd yn hedyn mewn cariad yn bren cryf mewn addoliad.

1468 Gweled harddwch rhywbeth a wna Cymro wrth ei gael; wrth ei golli y gwêl ei werth.

'Duw yn Ateb'.

1469 Sugnodd Cymru fwy o ysbrydoliaeth i'w chân o orchfygiad nag o fuddugoliaeth.

1470 Y ffordd orau i gofleidio y newydd yw gafael yn dynnach am yr hen.

1471 Nid yw cred neu egwyddor heb berson i'w byw ond corff heb fywyd.

'Iesu a Simeon'.

1472 Ffydd yn ffydd i ddim ond iddi ei hunan yw rhagfarn.

1473 Mae dyn yn fwy na'i waith, a Duw yn fwy na'r byd.

'Mwy na Solomon'.

1474 Mae i bob bywyd mawr ei Galfaria, ond y mae i bob Calfaria ei fedd gwag.

'Milwr Iesu Grist'.

1475 Mae yn y byd gymaint o farw am fod ynddo gymaint o fywyd.

1476 Fel y bo dyn fyw y bydd farw.

1477 Mae rhinwedd yn hanfod pob llwyddiant.

1478 Gall y gŵr a fo wedi rhoi benthyg ei glust i gerddoriaeth calon Duw fforddio bod yn fyddar i grawciadau brain ei ensynwyr.

1479 Mae pechod yn gwanhau ym mhob temtasiwn a gynhyrcho, a rhinwedd yn ymgryfhau ym mhob temtasiwn a orchfygo.

1480 Enillodd dyn ar Galfaria fwy nag a gollasai yn Eden; collodd pechod ar Galfaria fwy nag a enillasai yn Eden.

1481 Nid yw annuwioldeb yn ddigon gwydn i gynhyrchu defnydd gwroldeb.

1482 Rhedwr cyflym yw celwydd, ond y mae yn sicr o'i redeg ei hun allan o wynt cyn y diwedd. Camwr araf a thywysogaidd yw Gwirionedd.

1483 Mae amau weithiau yn arwydd o fawredd meddwl. Ni all meddwl bach byth amau.

1484 Nid oes ystyr i'r ffrwyth ar wahân i'r pren.

'Glan y Mor'.

1485 Mae briwsionyn o fara yn adeg newyn yn well na mynydd o aur.

1486 Nid teg ceisio adnabod gwirionedd wrth ei ddillad: mae yn eu newid filwaith.

1487 Trech doeth triphlyg na ffôl unplyg.

1488 Anwybodaeth yw'r wybodaeth ddyfnaf yn fynych.

1489 Y mae mwy o ddinistr ym mhengamrwydd dyn call nag sydd yn anwybodaeth dyn ffôl.

'Dafydd yn Ceisio Cleddyf yn Nhy Dduw'.

1490 Segurdod yw tad pechod.

1491 Pe dilëid pechod, byddai y diafol farw o newyn.

1492 Dafydd oedd Pantycelyn Israel, ond Solomon oedd ei Cheiriog.

'Cyfod a Gweithia'.

1493 Nid yw dyn da ond Duw ar radd fechan.

'Aderyn y To'.

1494 Y mae camesbonio gwirionedd yn waeth na'i wadu.

'Y Lili'.

DAVID BOWEN (MYFYR HEFIN)
1874–1955

1495 Gwead bywyd y dyn ei hun ydyw ei gymeriad, ac erys yn eiddo iddo byth.

Cofiant a Barddoniaeth Ben Bowen (1904).

EUROS BOWEN
1904–1988

1496 Y doeth a gâr fendith gwaith.

'O'r Dwyrain', *Cerddi* (1957).

1497 Pendefig efô a gerddo ag urddas.

1498 Mae marc gwaed ar y mwyar a'r cyll.
Daw ar yr ysgaw bryder o'u hoedl,
A hen yw'r griafolen eleni.

'Difodiant'.

1499 Y mae amser i'r bore ac amser i'r hwyr
Rhwng curiadau'r bryniau hyn.

'Y Bryniau Hyn'.

1500 A laddwyd yr eos yn y gelli?

'Yr Eos'.

1501 Amddifad o gariad yw geiriau.

'Puteiniaid'.

GERAINT BOWEN
1915–

1502 Po wychaf yr artist amlaf y lwc.

Cyfansoddiadau a Beirniadaethau Eisteddfod Genedlaethol Cymru, Glynebwy 1958 (Gol. E. I. Rowlands); beirniadaeth ar gystadleuaeth y Gadair.

1503 Nid y gynghanedd ynddi ei hun sydd yn ein gwefreiddio: grymuso'r gwefreiddio yw ei swyddogaeth hi.

Cyfansoddiadau a Beirniadaethau Eisteddfod Genedlaethol Cymru, Maldwyn 1965 (Gol. D. Llewelyn Jones); beirniadaeth ar gystadleuaeth y Gadair.

1504 Ac ef yw'r neb o'i febyd—fu'n gymar
I'r ddaear werdd, ddiwyd;
Y gŵr a arddo'r gweryd,
A heuo faes; gwyn ei fyd.

'Awdl Foliant i Amaethwr', *Cerddi Geraint Bowen* (1984).

1505 Tonnau dŵr tan y deri,
Grawn llawn fel graean y lli.

1506 Pan dry'r haf yn aeafol,
A'r gaeaf yn haf yn ôl.

1507 Rhwng dŵr a'r eangderau,—lle nad oes
Llain o dir na beddau,
Dringo wnei di, yr Angau,—
Y Diawl, a gwahanu dau.

'Wrth Glywed am Farw Enid Wyn Jones mewn Awyren, a Hithau'n Eistedd yn Ymyl ei Gŵr'.

1508 Naddwyd ar ein mynyddoedd—enw'r gŵr
A garai'r gweundiroedd;
Uchelwr, gwerinwr oedd,
A phereiddiwr ein ffriddoedd.

'Er Cof am Moses Griffith'.

1509 O groth y ddaear greithiog—y'i bwriwyd
Ar y Berwyn 'sgithrog;
Caled oedd fel clwydi og,
A mwyn fel gofer mawnog.

'Er Cof am Werinwr: John Jones, Blaen-cwm, Cynllwyd'.

1510 Y garegog wrogaeth—i gofio
Dy gyfiawn filwriaeth,
Dy anfarwol farwolaeth
Yn gwaedu dros Gymru gaeth.

'Beddfaen Llywelyn ein Llyw Olaf yn Abaty Cwm-hir'.

1511 Brau yw einioes fel brwynen.

'Yr Aran'.

CASNODYN
fl. 1320–1340

1512 Main firain riain gain Gymräeg.
The Poetry in the Red Book of Hergest (Gol. J. Gwenogvryn Evans) (1911).

D. CHARLES
1762—1834

1513 Rhagluniaeth fawr y nef,
Mor rhyfedd yw
Esboniad helaeth hon
O arfaeth Duw.

'Ffyrdd Rhagluniaeth', *Llyfr Emynau y Methodistiaid Calfinaidd a Wesleaidd* (1927); ymddangosodd gyntaf yn *Cof-nodau o Rai Pethau ag a Fu dan Ystyriaeth gan y Methodistiaid . . .* (1817), wedyn yn *Hymnau ar Amrywiol Destunau* (1823).

1514 Ei thwllwch dudew sydd
Yn olau gwir;
Ei dryswch mwyaf, mae
Yn drefen glir.

ROGER CYFFIN (ROSIER CYFFIN)
fl. 1587—1609

1515 Mi wn uchder sêr nos hirwen—
i'm gwers,
Mi wn gwrs yr wybren;
Gwn rif gwellt a phob mellten:
Ni wn hanner gwychder Gwen.

'Gwychter Gwen', *Y Gelfyddyd Gwta* (Gol. T. Gwynn Jones) (1929).

CYNDDELW BRYDYDD MAWR
fl. 1155—1200

1516 Gwelais wedi cad coludd ar ddrain.

'Arwyrain i Owain Gwyned', *The Myvyrian Archaiology of Wales* (Goln. Owen Jones (Owain Myfyr), Edward Williams (Iolo Morganwg) a William Owen Pughe) (argraffiad 1870).

1517 O thyr calon rhag galar
Y fau a fydd ddau hanner.

'Llyma Englynion a Gant Cyndelw Fawr i Fadawg fab Maredud'.

1518 Dygn yw hebod bod byd,
Dygynnelw, a Duw gennyd.

'Llyma Eglynyon a Gant Kyndelw. Y Dygynnelw y Uab'.

WILIAM CYNWAL
m. 1587/8

1519 Anaml cronni mawl crinion,
Am y sy hael y mae sôn.

Casgliad o Ddiarhebion Cymreig (Gol. J. Gwenogvryn Evans) (1884).

1520 Angall yw yng ngwall haeach,
A dall i gyd yw'r byd bach.

'Y Byd', *Cywyddau Cymru* (Gol. Arthur Hughes) (1908).

1521 Ar siomiant mae'r oes yma
A'u duw oll ydyw eu da.

1522 Ni ŵyr dyn euraid ei wedd
Hyn a ddaw yn ei ddiwedd.

'Y Diwedd'.

1523 A fo drwg mewn gwg a gwall,
Anfad air, myn fod arall.

'Y Drwg'.

1524 Am air teg cymeriad da,
Gair arall a'i goreura.

'Gair Da'.

1525 Rhag pob drwg a gwg a gwŷn—
y cythraul,
Rhag gweithred pob gelyn,
Gorau Ceidwad credadun
A gaid yw Duw i gadw dyn.

'Duw Yw'r Ceidwad Goreu', *Y Geninen*, cyf. XXXII, rhif 3, Gorffennaf 1914.

1526 Na choelia di, achlod oedd,
Athrodwr na'i weithredoedd.

'Yr Athrodwr', *Blodau'r Gynghanedd* (Gol. Richard Griffith (Carneddog)) (1920).

1527 Heb ddim ânt bawb odd yma,
Ni ŵyr mawr yr awr yr â.

'Cywydd Marwnad Wiliam Cynwal i Wraig William Salesbury', *Llên Cymru*, cyf. IX, rhifau 3 a 4, Ionawr—Gorffennaf 1967.

1528 A wnêl gam, ymchwel ei gŵys,
A fo da, ef a dywys.

Mil o Ddyfyniadau Cymraeg (Gol. G. Lloyd Edwards) (1968).

1529 Da yw ceraint od â cweryl.

1530 Ennill gair, llu a'i gwiria,
Yw arwydd dyn o wraidd da.

1531 Gras Duw a wna gŵr o stad.

1532 Llawn bai pawb lle ni bo pen.

1533 Nid oes i feilch ond oes fer.

1534 Nid yw debig, uwch brig bron,
Derwen bur a drain byrion.

1535 O caiff dâr mewn lle arail
Wraidd da, bydd iraidd ei dail.

1536 Rhai a gasgl, ni hir gysgant,
Da'r byd megis dŵr i bant,
A'i adu i'w hôl wedi i'w hau
I un diriaid yn dyrrau.

1537 Uwch y ffrith gwych y ffrwytha
Ydau teg o hadyd da;
Felly fel had ar adeg
O wrda y tyf irdw teg.

1538 Wrth weled gwaeled yw gwŷr
E gâr pawb y gŵr pybyr.

1539 Yn eithaf pridd ni thyf pren
Heb wraidd ir yn bur dderwen.

1540 Ni aned yn ei einioes
Heb ei fai neb o fewn oes.

Cywydd 10, *Ymryson Edmwnd Prys a Wiliam Cynwal* (Gol. Gruffydd Aled Williams) (1986); cf. rhif 2284.

1541 Wrth eu gwaith i'r daith y dôn'
Yr adwaenir y dynion.

Cywydd 12.

RHYS DAFIS
1954—

1542 Nid er clod y cedwir cledd
A gwanu ag ewinedd.

'Ai Ffrae Undydd rhwng Ffrindiau!' *Y Faner*, Medi 12, 1980; cf. rhif 2.

1543 Colli'r Iaith fu colli rhan,
Colli'r cof, colli'r cyfan.

'Y Cymro nad yw'n Gymro, Y Sais nad ydyw'n Sais', *Barddas*, rhif 97, Mai 1985.

DAFYDD AB EDMWND
fl. 1450—1497

1544 Dy wyneb fal ôd unnos,
Dy wrid fal bagad o ros.

'Cowydd i Ferch ac Ef yn Gwilied dan y Pared', *Gwaith Dafydd ab Edmwnd* (Gol. Thomas Roberts) (1914).

1545 Am a ddaeth im ddoe a wn;
Am a ddêl y meddyliwn.

'Cywydd i Gari Mwyn'.

1546 A bryno hen fargen faith
Obry'n ôl a bryn eilwaith.

'Cywydd i Gynghori Merch na Phriodai Neb o Nis Cai Ef Hi'.

1547 Nid oes dyn nad ystaeniai
A bery fyth heb ryw fai.

1548 Byd diboen betai obaith.

'Cywydd Merch'.

1549 Doe gwelais ddyn lednais, lân,
Deg o liw, dygwyl Ieuan,
Yn ddyn glaerwen ysblennydd,
Yn lloer deg un lliw â'r dydd,
A'i min claerwin chwerthinog,
A'i grudd fel rhosyn y grog.

'Kowydd Merch'.

1550 Melys ydoedd y cusan
Os melys y mefus mân.

'Kowydd i'r Kussan'.

1551 I leuad haf ail wyt ti
A nos gudd yn wisg iddi.

'Kowydd i Wraig Weddw ag yw Galarwisc'.

1552 Drwg i neb a drigo'n ôl
Dau am un cas damweiniol.

'Llyma Farnad Sion Eos'.

1553 Nid oes nac angel na dyn
Nad ŵyl pan gano delyn.

1554 A farno, ef a fernir
O'r byd hwn i'r bywyd hir,
A'r un drugaredd a ro
A rydd Dduw Farnwr iddo.

DAFYDD AP GWILYM
fl. 1320–1370

1555 Hyd y mae iaith Gymräeg,
A hyd y tyf hadau teg.

'Cywydd i Ifor Hael', *Gwaith Dafydd ap Gwilym* (Gol. Thomas Parry) (1952).

1556 Nid diboen na'm hatebud,
Nid hawdd ymadrawdd â mud.

'Marwnad Llywelyn ap Gwilym'.

1557 Hudol yw hoedl i lawer.

'Marwnad Angharad'.

1558 Gorwyn alarch yng ngwarchae,
Gorwedd mewn maenfedd y mae.

'Marwnad Rhydderch'.

1559 Llym ei ruthr, llamwr eithin,
Llewpart â dart yn ei din.

'Y Llwynog'.

1560 Duw gwyddiad mai da y gweddai
Dechreuad mwyn dyfiad Mai.

'Mis Mai'.

1561 Da fyd ym yw dyfod Mai.

1562 Gweled mor hardd, mi chwarddaf,
Gwallt ar ben hoyw fedwen haf.

'Yr Haf'.

1563 Pwy ni chwardd pan fo hardd haf?

1564 Gwae finnau, Grist, gofynnaf,
Os gyr mor rhyfyr, "Mae'r haf?"

1565 Pell y clywir uwch tiroedd
Ei lef o lwyn a'i loyw floedd.

'Y Ceiliog Bronfraith'.

1566 Ni chyll pren teg ei ddegwm
Er llef gwanwynwynt oer llwm.

'Y Llwyn Celyn'.

1567 Ni bu Sul yn Llanbadarn
Na bewn, ac eraill a'i barn,
Â'm wyneb at y ferch goeth
A'm gwegil at Dduw gwiwgoeth.

'Merched Llanbadarn'.

1568 'Y mab llwyd wyneb mursen
A gwallt ei chwaer ar ei ben,
Godinabus fydd golwg
Gŵyr ei ddrem; da y gŵyr ddrwg.

1569 Ni thebygir, gwir gofiad,
Mewn peth teg fod breg na brad.

'Merch yn Ymbincio'.

1570 Gwell wyd mewn pais wenllwyd wiw
Nog iarlles mewn gwisg eurlliw.

1571 Pennau bysedd pan bwysynt
Trwy fenig y goedwig gynt.

[Am gnau] 'Chwarae Cnau i'm Llaw'.

1572 Anodd ym gysgu unun
Pe canai Dduw huw ei hun.

'Campau Bun'.

1573 Minnau, fardd rhiain feinir,
Yn llawen iawn mewn llwyn ir,
A'r galon fradw yn cadw cof,
A'r enaid yn ir ynof.

'Cyngor y Biogen'.

1574 Cobler brwysg, cabler ei bryd.

'Y Cloc'.

1575 Duw a ŵyr meddwl pob dyn.

'Y Seren'.

1576 Canhwyllau'r Gŵr biau'r byd.

[Am y sêr].

1577 Afrlladen o nen y nef.

[Am seren].

1578 Rhol fawr a fu'n glawr i'r glaw.

'Y Niwl'.

1579 Haws cerdded nos ar rosydd
I daith nog ar niwl y dydd.

1580 Cyfaill cariad ac adar,
Cof y serchogion a'u câr.
[Am fis Mai] 'Mis Mai a Mis Ionawr'.

1581 Bid iddaw yn ei law lwyth
O faw diawl, ef a'i dylwyth.
'I Ddymuno Boddi'r Gŵr Eiddig'.

1582 Hud yw golud, a gelyn,
Brwydr dost yw a bradwr dyn.
'Rhag Hyderu ar y Byd'.

1583 Ni chaf eithr sias o draserch,
Ni chred neb brysurdeb serch.
'Hwsmonaeth Cariad'.

1584 Ni bu'n y Gaer yn Arfon
Geol waeth no'r heol hon.
'Dan y Bargod'.

1585 Angof ni wna dda i ddyn.
'Angof'.

1586 Terfyn angof yw gofal.

1587 Maeth rhag hiraeth yw cariad.
'Y Mab Maeth'.

1588 Ni myn cariad ei wadu
Na'i ddangos i lios lu.

1589 Moled pob mad greadur
Ei Greawdr, pefr lywiawdr pur.
Moli Duw mal y dywaid
Mil a'i clyw: hoff yw; na phaid.
'Yr Ehedydd'.

1590 Cantor o gapel Celi.

1591 Nid brig pren uwchben y byd
A'th gynnail, mae iaith gennyd,
Ond rhadau y deau Dad
A'i firagl aml a'i fwriad.

1592 Gŵr eres wyd, garw ei sain,
Drud byd heb droed, heb adain.
'Y Gwynt'.

1593 Nythod ddwyn, cyd nithud ddail,
Ni'th dditia neb, ni'th etail
Na llu rhugl, na llaw rhaglaw,
Na llafn glas na llif na glaw.

1594 Noter wybr natur ebrwydd,
Neitiwr gwiw dros nawtir gŵydd.

1595 Huawdl awdr, hudol ydwyd,
Hëwr, dyludwr dail wyd.
Hyrddiwr, breiniol chwarddwr bryn,
Hwylbrenwyllt heli bronwyn.

1596 Yr wylan deg ar lanw dioer
Unlliw ag eiry neu wenlloer,
Dilwch yw dy degwch di,
Darn fel haul, dyrnfol heli.
'Yr Wylan'.

1597 Lleian ym mrig llanw môr wyd.

1598 Eos gefnllwyd ysgafnllef
A bronfraith ddigrifiaith gref.
'I Wahodd Dyddgu'.

1599 Gwell yw ystafell os tyf.
'Y Deildy'.

1600 Yr oedd gerllaw muroedd mawr
Drisais mewn gwely drewsawr,
Yn trafferth am eu triphac—
Hicin a Siencin a Siac.
'Trafferth mewn Tafarn'.

1601 Cynnadl dau anadl, da yw.
'Cusan'.

1602 Cyfnither nef yw'r dref draw.
'Niwbwrch'.

1603 Dod ar awen dy enau
Nawdd Duw, ac na ddywed au.
'Cyngor gan Frawd Llwyd'.

1604 Nid da'r moliant corfforawl
A ddyco'r enaid i ddiawl.
'Y Bardd a'r Brawd Llwyd'.

1605 Nid ydyw Duw mor greulon
Ag y dywaid hen ddynion.
Ni chyll Duw enaid gŵr mwyn
Er caru gwraig na morwyn.

1606 Tripheth a gerir drwy'r byd:
Gwraig a hinon ac iechyd.

1607 Merch sydd decaf blodeuyn
Yn y nef ond Duw ei hun.

1608 O'r nef y cad digrifwch
Ac o uffern bob tristwch.

1609 Nid ar un bwyd ac enllyn
Y mae Duw yn porthi dyn.
Amser a rodded i fwyd
Ac amser i olochwyd,
Ac amser i bregethu,
Ac amser i gyfanheddu.

1610 Gwir a ddywad Ystudfach
Gyda'i feirdd yn cyfeddach:
'Wyneb llawen llawn ei dŷ,
Wyneb trist drwg a ery.'

1611 Hafod oer; hi a fu deg.

'Morfudd yn Hen'.

1612 Mefl ar dy farf yn Arfon,
Ac ar dy wefl mefl ym Môn.

'Trydydd Cywydd Dafydd' [Ymryson Dafydd ap Gwilym a Gruffudd Gryg].

1613 Ni pheidiaf â Morfudd, hoff adain—
serchog
Pes archai Bab Rhufain,
Hoywliw ddeurudd haul ddwyrain,
Oni ddêl y mêl o'r main.

Priodolir i Ddafydd ap Gwilym.

1614 Doe gwelais cyd â gwialen—o gorn
Ac arno naw cangen;
Gŵr balch ac og ar ei ben
A gwraig foel o'r graig felen.

[Am y carw] Priodolir i Ddafydd ap Gwilym.

DAFYDD AP MAREDUDD AP TUDUR
fl. 15fed Ganrif

1615 Gwae a fo wrth gau ei fedd
Yn aros mewn anwiredd.

Mil o Ddyfyniadau Cymraeg (Gol. G. Lloyd Edwards) (1968).

1616 Nid baich ond baich o bechod,
Yn y Farn gwae ddyn o'i fod.

Cf. rhif 461.

JOHN DAFYDD
1727–1783

1617 Newyddion braf a ddaeth i'n bro,
Hwy haeddent gael eu dwyn ar go'—
Mae'r Iesu wedi cario'r dydd,
Caiff carcharorion fynd yn rhydd.

'Newyddion Braf', *Llyfr Emynau y Methodistiaid Calfinaidd a Wesleaidd* (1927); cyhoeddwyd yn wreiddiol dan y teitl 'Myfyrdodau ynghylch Tragwyddoldeb', Aleluia, neu, Gascliad o Hymnau. O Waith y Parchedig Mr. William Williams, Ac Eraill . . . y Chweched Ran (1747).

DAFYDD LLWYD AP LLYWELYN AP GRUFFUDD (DAFYDD LLWYD O FATHAFARN)
c. 1395–1486

1618 Wedi'r hwylwynt a'r rhylaw
Tes yn ei ddeuwres a ddaw.

'Cywydd y Bi', *Gwaith Dafydd Llwyd o Fathafarn* (Gol. W. Leslie Richards) (1964).

1619 Oes ocrwr pan fo sicraf,
Oes y rhew yng ngwres yr haf.

'Cywydd i Syr Rhys ap Thomas'.

1620 Di-frys y denfyn Duw fry
Y dialedd lle dyly.

'Cywydd i'r Brenin Richard a Ddistrywiodd ei Ddau Nai, Meibion Brenin Edward'.

1621 Drygwynt, o daw ar egin,
A grina gwŷdd a grawn gwin.

'Cywydd i Erchi Pais i Watcyn Fychan o Hergest'.

1622 Er bwrw gwalch i'r wybr gylchoedd
E ddaw i'r un llaw ydd oedd.

'Cywydd Llateiaeth i Werful Mechain ac i Yrru Llywelyn ap Gutun Ati yn Llatai dros Ddafydd Llwyd'.

1623 Diwydiach, felly dwedynt,
Fydd gwas wedi'i faeddu gynt.
Y cenau gyda'r cynydd,
Ei arfer, pan faedder, fydd
Caru y meistr a'i curo,
A'i ganlyn a fyn efô.

1624 Da a geir, rho Duw i gyd;
Heb ei ennill mae'n benyd.

'Cywydd Dychan i Lywelyn ap Gutun Delynor am Geinioca'r Holl Wledydd am Golli ei Geffyl'.

DAFYDD NANMOR
fl. 1450–1480

1625 Mal blodau prennau ymhob rhith,—
mal ôd,
Mal adar ar wenith,
Mal y daw y glaw a'r gwlith,
Mae i undyn fy mendith.

'I Rys o'r Tywyn', *The Poetical Works of Dafydd Nanmor* (Golygwyd gan Thomas Roberts, diwygiwyd gan Ifor Williams) (1923).

1626 Pe bai'r ddaear yn fara
Neu flas dŵr fal osai da,
A thrychan gwinllan a gwin
Ac yn malu gan melin,
Yn ei wledd rhyfedd barhau
Dŵr a daear dri diau.

'I Rys ap Meredudd o'r Tywyn'.

1627 Eryr â'i dŷ ar war dâr,
Ofn ydyw i fân adar;
Ac o'r un gwŷr a enwant
Ef a wna gŵr ofn i gant.

'I Rys o'r Tywyn'.

1628 Ni thyf, mal gwenith hafaidd,
Brig ar ŷd lle ni bo'r gwraidd;
A dyfo o bendefig
A dyf o'i wraidd hyd ei frig.

'I Rys ap Rhydderch ap Rhys o'r Tywyn'.

1629 Da i ŵr o ryw ei daid
Ei wneuthur o benaethiaid.

1630 Yr hydd a gynnydd ei gyrn,
Y gwaed da a fag tëyrn;
Bonedd, mal etifedd maeth,
A fag y bendefigaeth.

1631 Erioed ni thrigodd yr iâ
Ar ffynnon fis Gorffenna'.

1632 Ni ddaw eiry yn nydd araul
Yn y rhiw y twynno'r haul.

1633 Da nofia dyn yn afon
O cheidw ei wallt uwch y don.

1634 Araf yr eir i orallt
Â baich yng ngwrthwyneb allt.

1635 I ddŵr glas ydd â'r gleisiad,
I'r ail don ar ôl ei dad.

1636 O'r ceirw yn rhedeg gorallt
Y gorau'i rym a gâi'r allt.

1637 Nid oes falchder yn f'eryr;
A fo balch, ef â heb wŷr.

'Dafydd Llwyd ap Dafydd ap Rhydderch'.

1638 A ro budd i wŷr heb wall,
E fyn gwŷr fwy nog arall.

1639 Gŵr a wella gwŷr wellwell,
A gwŷr a wna gŵr yn well.

1640 Gŵr a wna gwŷr yn ei ôl,
Gwŷr a wna'r gŵr yn wrol.

Cf. rhif 3058.

1641 Bwrw halen lle bu'r heli
Yw bwrw serch lle bwriais i.

'Cyffes y Bardd'.

1642 Ni thorrais un llythyren
O bin ac inc heb enw Gwen.

1643 Danfonwn o'r memrwn mau
Lwyth eryr o lythyrau.

1644 Llio eurwallt, lliw arian,
Llewychu mae fal lluwch mân.

'I Wallt Llio'.

1645 Ai plisg y gneuen wisgi,
Ai dellt aur yw dy wallt di?

1646 Ni ad Duw gwyn, nid du ei gwallt,
Farw Llio frialluwallt.

1647 Blin yw hyder o weryd,
Hudol, byr yw hoedl y byd.

'Marwnad Bun'.

1648 O daearwyd ei deurudd,
Mae'n llai'r gwrid mewn llawer grudd.

1649 Och, Dduw Tad, o chuddiwyd hi
Nad oeddwn amdo iddi!

1650 Os marw yw hon, is Conwy,
Ni ddylai Mai ddeilio mwy.

1651 Och, un awr, na chawn orwedd
Gyda bun dan gaead bedd!

1652 Y dyn a fo dienwir,
I wlad nef eled yn wir.

'I Dduw'.

1653 Teilwng yw bod dialedd
Ernom, hyd pan haeddom hedd.

'I Dduw a'r Blaned Satwrnws'.

1654 Barn Duw a'n bwrw'n y diwedd.

1655 Aeth henaint â'm braint, a'm brig—
a lwydodd,
A'm aelodau'n ysig;
Diffaith fydd pren gwyrennig
Yn y fron pan grino'i frig.

Ni phriodolir yr englyn hwn i Ddafydd Nanmor gan eraill.

J. RHYS DANIELS
1890—1957

1656 Un a edrydd ein hoedran,—a'i dyfiant
Fel edefyn sidan;
Oriog ei liw, hir a glân,
Ddoe yn aur, heddiw'n arian.

'Blewyn', *Beirdd y Babell* (Gol. D. Emrys James (Dewi Emrys)) (1939).

ANEIRIN TALFAN DAVIES
(ANEIRIN AP TALFAN)
1909—1980

1657 Nid yw'n bosibl mantoli *mawredd* bardd wrth safonau llenyddol *yn unig*.

'Beirniadaeth Lenyddol a Chrefydd', *Sylwadau* (1951).

1658 Y mae angen crefydd ar y bardd, nid am ei fod yn fardd ond am ei fod yn bechadur.

1659 Gwrthglawdd yn erbyn marwolaeth yw priodas, ac ni ellir ei sylfaenu ar serch.

'Y Bardd yn y Theatr'.

1660 Un o brofedigaethau bardd yw ei fod yn tyfu allan o un wisg ar ôl y llall, tra deil ei edmygwyr i ffoli ar ei wisg briodasol.

'Eples y Ffydd'.

1661 Nid oes dim sy'n fwy anodd na chanu cerdd grefyddol.

'Y Gân a'r Gyfraith'.

1662 Y mae pob beirniad llenyddol yn y pen draw yn foesolwr.

'Y Gelfyddyd Lenyddol yng Nghymru', . . . *Astudio Byd* (1967).

1663 Iaith yw ystordy doethineb y canrifoedd: canrifoedd o brofiadau cyffredin sy'n deillio o gyd-fyw, cyd-ddioddef, a chyd-lawenhau.

'Llenydda yn Gymraeg—Pam?'

1664 Iaith yw meddiant pwysicaf dyn.

'Canu â'r Ysbryd a'r Deall'.

1665 Pan fo iaith yn marw y mae canrifoedd o brofiad mewn gosod trefn ar brofiadau cymdeithas yn diflannu gyda hi. Y mae'r grefft, y ddawn, y medrusrwydd yn y gelfyddyd o fyw yn diflannu gyda'r iaith; a cheir anhrefn.

1666 Iaith yw'r pridd o gwmpas gwreiddiau gwareiddiad.

1667 Y mae pob cymdeithas rhwng dynion a'i gilydd yn ddarlun o'r cysylltiad sydd rhyngom ni a Duw ei hunan.

'Cenedl Sanctaidd?'

D. CLEDLYN DAVIES (CLEDLYN)
1875–1964

1668 Pren crin: pren wedi blino—ar ei draed,
Ei rwysg wedi cilio;
Di-raen gyff, druan ag o!
Mwy, pa gamp yw ei gwympo?

'Pren Crin', *Y Geninen Eisteddfodol*, argraffiad arbennig, Awst 1915.

D. JACOB DAVIES
1917–1974

1669 Mae saer tuag ardal Llanboidy
Sy'n enwog fyd-eang am oedi;
Pan ofynnwch am arch
Mae'n brysio o barch
A rhedeg i blannu ei choed hi.

'Limrigau', *Hwyl Fawr* (1964).

1670 Creadur rhyfeddol yw Austin
A'i arfer yw eistedd ar bostyn;
Os gofynnwch chi pam
Cewch yr ateb di-nam:
"Mae hyn yn gryn arbed ar go's dyn."

1671 Paid cwyno fy mrawd oni lwyddi
Gael het sydd yn para am flwyddi:
Efallai, fy ffrind,
Dy fod wedi mynd
I siarad yn aml iawn drwyddi.

1672 Mae dyn o Dre-groes yn rhoi cynnig ar
Wneud modur i redeg ar finegar.
Mae'r gwaith yn mynd 'mlaen
O hyd gyda graen,
Ond symud o'r unfan ni fyn 'i gar!

1673 Clywais ddoethion yn ymgomio
Am y perygl ddaw o'r bomio;
'Does dim ots pa le y cwatom
Fe fydd hon yn agos-atom.

'Agosatrwydd'.

1674 Pregethwr maith yw'r Hybarch William Ffestin,
Fe gymer hanner awr i godi'i destun,
A chlywais hanes cwrdd y bore'n Hebron;
A aeth ymlaen drwy'r dydd hyd amser te bron;
Ond bu ei bregeth fawr ar Jeremeia
Yn dipyn bach o help i fyrhau'r gaea'.

'Hwyl'.

1675 Bu'n ddioglyd dros ei oes
Hyd at ei huno;
Nid marw wnaeth y gŵr
Ond blino.
Ac ar ei fedd fe roed
Ei garreg goffa,
A honno, ar ei gais,
'Run siâp â soffa.

'R.I.P.'

D. J. DAVIES
(DANIEL WYN O DDYFED)
1885–1970

1676 Ni bydd aberth heb ddiben.

'Cloch y Tair Morwyn', *Cywyddau a Chaniadau Eraill* (1968).

1677 Caiff a'n treisio ango' hir,
A chyfiawn a ddyrchefir.

1678 Heb gur ni chair addurnwaith;—wedi poen
Y daw pinacl campwaith.

Gwrida 'mhoen yn Gread maith;—
daw Bore
Muriau Caersalem o'r croesau
eilwaith.

'Diwedd Bardd'.

D. T. DAVIES 1876—1962

1679 Y ddrama yw'r cyfrwng gorau i gyflwyno curiad y galon genedlaethol i'r wlad ac i'r byd.

Dyfynnir yn *Elfennau Beirniadaeth Lenorol*, Joseph Harry (1929).

1680 Yn y ddrama, dylid arddangos bywyd yn ei brydferthwch noeth, ac nid yn ei goeg degwch.

1681 Y mae cyfieithiad sâl yn waeth na bod heb gyfieithiad o gwbl.

E. TEGLA DAVIES (TEGLA) 1880—1967

1682 Gorfoledd wedi ei sylfaenu ar aberth yw holl ganu'r greadigaeth.

Tir y Dyneddon (1921).

1683 Parod yw dyn i liwio'r cread â'i ofidiau ei hun.

Gŵr Pen y Bryn (1923), pennod 1.

1684 Beia'r gwan ef ei hun bob amser, a hynny'n gydwybodol, pan nad oes dim i'w ennill trwy feio arall. Goleuni'r farn yw'r unig un sy'n ddigon treiddgar iddo ei weled ei hun ynddo.

Pennod 13.

1685 Pan fo meddwl dyn wedi ei grynhoi ar weithred annheilwng . . . oera awyrgylch moesol ei natur, fel y gwna mynydd rhew i awyrgylch y môr, a daw gweithredoedd annheilwng eraill yn naturiol iddo, a ddirmygid ganddo petai'r dyn yn ei iawn bwyll.

Pennod 14.

1686 Y mae pob plentyn yn ddiwygiwr, ac yn ddiwygiwr bygythiol.

Pennod 15.

1687 Nid yw Cariad heb eiriolwr yn ei fynwes yn gariad.

Pennod 16.

1688 Creulon a hunanol yw torf pan fo'i lles yn y fantol, a thorf grefyddol cyn greuloned â'r un.

'Yr Oedfa Fawr', *Y Llwybr Arian* (1934).

1689 Nid oes dim yn anhepgor nad yw ei werth ynddo ef ei hun.

'Y Geiriau nad Ânt Heibio', *Gorchfygu'r Byd* (1944).

1690 Y mae'r bardd yn edrych ar bopeth drwy farddoniaeth, a'r cerddor drwy gerddoriaeth, ond edrych Duw ar bopeth drwy sancteiddrwydd.

'Grym yr Atgyfodiad'.

1691 Gellir derbyn trugaredd a throi cefn ar y trugarhawr, ond ni ellir derbyn gras heb dderbyn rhoddwr gras gydag ef.

1692 Cymer athrylith ffurf wahanol ar gyfnodau gwahanol.

'Y Cyffro', *Y Foel Faen* (1951).

1693 Nid yw bod yn ddibechod yn rhinwedd yn y byd; bod yn llawn daioni sy'n rhinwedd.

'"Pan Wyf yn Wan"'.

1694 Nid achubodd y naill genhedlaeth erioed genhedlaeth arall. Rhaid i bob cyfnod ei achub ei hun.

'"Lovely Peggy"'.

1695 Trychineb mawr dynoliaeth yw ei bod o hyd ac o hyd yn mynnu ymddiried ei thynged i ddynion bach yn medru gwneud pethau mawr.

'Mawredd'.

1696 Y llygredd mwyaf yw llygru'r uchaf.
'Yr Hoelion Wyth'; cf. y ddihareb 'Llygriad y peth gorau yw'r llygriad gwaethaf'.

1697 Y mae troi crefydd yn adloniant yn fwy dirywiad nag adloniant aflednais heb unrhyw gysylltiad rhyngddo a chrefydd.

1698 Dau gymhelliad mawr sydd i weithgarwch dynion: ofn a chariad.
'Gyda'r Lli'.

1699 I ychydig ym mhob oes y mae gweledigaeth, ac am hynny ychydig a ddeffrowyd i weithgarwch gan gariad.

1700 Y mae'r Efengyl yn gwymp yn ogystal ag yn gyfodiad i lawer.
'"Yr Hen Efengyl"'.

1701 Creu personoliaeth yw pwrpas terfynol y Cread.
'Safonau'.

1702 Awr fawr i dderbyn argraffiadau yw awr eich gwendid.
Gyda'r Blynyddoedd (1952).

1703 Yn nydd profedigaeth y datguddir saint.

1704 Hawdd yw cynhyrfu'r Eglwys â phetheuach pan fo'r weledigaeth fawr ar drai.

1705 Os am wybodaeth o Dduw, o'r hyn ydyw ynddo'i hun, rhaid yw iddo Ef ei Hun lefaru ohono'i Hun.
'Datguddiad', *Ar Ddisberod* (1954).

1706 Trwy i ddyn chwilio y daw darganfyddiad; trwy i Dduw lefaru y daw datguddiad.

1707 Ni ellir datguddiad o Dduw ond i gymeriadau tebyg iddo a thrwyddynt.

1708 Nid yw athrawiaeth yn anffaeledig, ond y mae pob profiad.
'Argyfwng Crefydd II'.

1709 Y mae'r Arglwydd yn rhy fawr i un oes ac un genhedlaeth allu ei amgyffred. Rhaid wrth yr holl oesoedd i hynny.
'Ysbryd Ymerodrol'.

1710 Nid oes dim tebyg i ryfel am daflu goleuni ar ystyr rhyfel.
'"Gwaed Lawer"'.

1711 Ni ellir llwyddo crefydd ond pan fo'r dyn unigol yn anfeidrol werthfawr yng ngolwg cymdeithas, a'i ystyried mor werthfawr nes bod ton o lawenydd yn mynd drwy'r nef pe na bai ond un yn cael ei achub.

1712 Ni ellir hyrwyddo rhyfel o gwbl lle bo unrhyw fath o drugaredd.

1713 Ni all y creadur gyflenwi unrhyw ras na all y Creawdwr ei gyflenwi'n anfeidrol fwy.
'Demeter'.

1714 Nid yw neb yn ŵr mawr oni bai fod cyneddfau mam yn ogystal â thad ynddo'n gynhenid.

1715 Cul yw'r ffin rhwng ofergoel a ffydd.
'Y Bedd Hwnnw', *Gyda'r Hwyr* (1957).

1716 Y mae rhywbeth uffernol mewn Pabyddiaeth, a hefyd nefolaidd. Hi a greodd Gathrin de Medici a'i bytheiaid, na allai Gehenna ddychmygu eu hamgenach. Hi hefyd a greodd Ffransys o Assisi a'i 'frodyr', na allai Paradwys lunio prydferthach bucheddau.

1717 Gall dawn wneud pregethwr, ond rhaid cael gras i wneud gweinidog.
'Hen Gyfaill'.

1718 Gellir esgusodi llawer brycheuyn a chrychni ar eilun.
'Pregethwyr—a Rhyfeddodau'.

1719 Beth yw angen mawr crefydd Cymru heddiw, ai undeb yr enwadau? Efallai'n wir, canys mwy difyr yn ddiau fydd marw gyda'n gilydd nag ar ein pennau'n hunain.

'Cydnabod a Chyfeillion'.

1720 Mwyaf yn y byd y brwydrwn â phechod, dyfnaf yn y byd yr â ei arswyd arnom, a sicraf yn y byd, o'r herwydd, yr â ei afael ynom.

'Y Brifffordd', *Y Ffordd* (1959).

1721 Ni wna Duw doe y tro ar gyfer heddiw.

'Duw Tragwyddoldeb'.

1722 Cyfuniad o'r holl rasusau yw prydferthwch.

'Y Tymhorau Tawel'.

1723 Magu prydferthwch yw profiad mawr bywyd.

1724 Nid oes dim yn fwy gwrthun na chymeriad yr un rhinwedd.

1725 Yn y tywydd tawel y mae dylanwad cymeriad gryfaf.

1726 Nodwedd dyn a chyfnod wedi blino yw colli diddordeb yng ngweledigaethau mawr bywyd.

'Arwyddion yr Amserau'.

1727 Pan fo mintai'n cyd-deithio y mae'n arwydd pur glir ei bod yn sicr o'i ffordd, ond pan fo pob un am fentro'i lwybr ei hun, arwydd yw eu bod ar ddisberod.

1728 Yr arwydd terfynol fod dyn wedi torri ei galon yw ei fod yn ceisio dianc rhagddo ef ei hun.

1729 Ni ellir gwneud o fyrdd o brofedigaethau unigol un brofedigaeth fawr am fod profedigaeth yn beth mor rhyfeddol o bersonol.

'Duw a Thrychineb'.

1730 Y mae pob mudiad i ledaenu gwybodaeth, pob ymchwil i ddirgelion y Cread, o Dduw drwy'r Groes.

1731 Ni ellir newid safon heb ei dinistrio.

'Gogoniant Mab y Dyn'.

1732 Y mae diddordeb y gŵr dysgedig mewn gwybodaeth; y mae diddordeb y gŵr diwylliedig mewn eneidiau.

'Ymhlith Ei Bobl'.

1733 Dyna yw iachawdwriaeth: dyfod â dyn i stad y gellir magu ynddo gymeriad Crist, y cymeriad a all orchfygu angau.

'Yr Atgyfodiad a'r Efengyl'.

1734 Dau beth sy'n gyffredin i bob dyn, beth bynnag ei lun a'i liw: pechod a marwolaeth.

1735 Nid yw popeth sy'n digoni yn bodloni.

1736 Y mae tystiolaeth gŵr cyffredin iawn, a welodd drosto'i hun, yn fwy safadwy nag athrylith y pennaf o ddadleuwyr sy'n dibynnu ar ei fedr.

'Tystion'.

1737 Y mae yng ngreddf dynoliaeth ollwng y teganau sy'n diddori am y bwyd sy'n porthi.

1738 Gwelir anian pob crefydd yn ei chynnyrch a'i chynrychiolwyr.

1739 Y mae dyn drwodd a thro yn grefyddol, ac addola unrhyw beth ond iddo gael addoli.

1740 Pan welodd y dyn unigol fod gan Dduw ddiddordeb personol ynddo ef, daeth dyhead anniwall ynddo am fod yn debyg i Dduw.

'Hufen yr Oesoedd'.

1741 Os yw'r Creawdwr yn Dad, bwriadwyd dynoliaeth i fod yn deulu, a phob cenedl ei chyfraniad fel aelod o'r teulu.

1742 Nid oes demtasiwn lle bo cyfaredd.

1743 Gwybodaeth brofiad yw'r wybodaeth derfynol.

'Y Tlodi'.

1744 Cariad mewn gweithrediad yw gras.

1745 Dyn yn caru yw Cristion.

'Y Gymdeithas'.

1746 Nid achubir un genedl yn llawn nes bod pob cenedl wedi ei hachub, am fod gan bob cenedl gyfraniad o'r amgyffrediad i'w gyfrannu i bob cenedl arall.

1747 Ni ellir diwallu'r dyhead am Dduw ond â Duw ei hun.

'Y Dyhead', *Y Dyhead* [1966].

1748 Gellir maddau pechod, a'i ddileu, drwy ras, ond nid newid ei liw.

'Halen y Ddaear'.

1749 Bernir pawb a phopeth nid yn ôl ei werth yn ei gylch bach ei hun, ond yn ôl ei werth yn y cyfanrwydd mawr.

'Aderyn y To'.

1750 Y mae croes yn sylfaen pob buddugoliaeth fawr, a chroes pob heddiw'n penderfynu buddugoliaeth pob yfory.

1751 Y mae tiriogaethau o wybodaeth na ellir eu hamgyffred na'u dirnad ond drwy'r galon.

1752 Nid oes ar neb eisiau nerth i farw. Gwannaf yn y byd fyddo dyn hawsaf yn y byd yw iddo farw.

'Y Bedwaredd Wylfa'.

1753 Bywyd yn perthyn i'r byd hwn yn gyntaf yw'r bywyd a elwir yn fywyd tragwyddol.

'Gwynfyd a Thrueni'.

1754 Y mae ffydd yn gweld lle y mae rheswm yn ddall a chariad yn amgyffred lle y mae deall yn ymbalfalu.

'Y Greadigaeth Newydd'.

1755 Uchafbwynt pob celfyddyd yw prydferthwch.

1756 Nid achub Cymru sydd eisiau, ond gwneud Cymru yn werth ei hachub.

Dyfynnir yn *Y Tri Bob*, Robin Williams (1970).

GRIFFITH DAVIES (GWYNDAF) 1868–1962

1757 Ar derfyn rhawd ei yrfa
Esmwyth yw hun y dyn da.

'Cypledau: ar Feddau', *Awen Gwyndaf Llanuwchllyn* (Gol. James Nicholas) (1966).

1758 Ofni byw yn fwy na bedd,
Ofni Duw'n fwy na'r diwedd.

'Ar Fedd Gwraig Ieuanc'.

J. EIRIAN DAVIES 1918–

1759 Mae fy Methel yn dŷ i Dduw rhwng ffatrïoedd a thipiau
Lle mae gwythïen yr iaith yn teneuo o gnoc i gnoc.

'Penbleth', *Cân Galed* (1974).

1760 Ni wyddom am ddim rhyfeddach,—Crëwr
Yn crio mewn cadach,
Yn Faban heb ei wannach,
Duw yn y byd fel Dyn Bach.

'A Hwy a Gawsant y Dyn Bach . . .'

1761 Estyn y gwair o'r rhastal—a wnâi Mair
Am un Mab ei gofal,
A stwbwrn ych y stabal,
O'i weld Ef, yn ildio'i wâl.

'Yn y Preseb'.

1762 Iâ ni ddaw na flino'i ddydd,
Ni ddaw oerfel na dderfydd.

'Gaeaf'.

J. GLYN DAVIES
1870–1953

1763 Hen leuad wen, uwchben y byd,
A ddoist o hyd i Gymro
A aeth yn bell o'i wlad ei hun,
O Lŷn i San Ffransisco.

'Yn Harbwr San Ffrancisco', *Cerddi Edern a Cherddi Eraill* (1955).

1764 Mynych ben ar lawenydd
Dynion, er eu sôn, y sydd.

'March y Mieri'.

1765 Na sôn am helbulon byd,
Am obaith y cân mebyd.

'Mwyalchen ym Mis Ionawr'.

1766 Heulwen ar hyd y glennydd—a haul hwyr
A'i liw ar y mynydd;
Felly Llŷn ar derfyn dydd—
Lle i enaid gael llonydd.

'Lleyn'.

JOHN DAVIES (SIÔN DAFYDD LAS)
m. 1694

1767 Ofer pan hanner hunwyf,—a hefyd
Ofer pan ddeffrowyf;
Afradus, ofer ydwyf,
Fe ŵyr Duw ofered wyf.

'Cyffes yr Oferddyn', *Pigion Englynion fy Ngwlad* (Gol. John Thomas (Eifionydd)).

JOHN CADVAN DAVIES (CADVAN)
1846–1923

1768 Byd hynod mewn tywodyn,—a chysur
Iach oes mewn munudyn;
Cyfrol mewn gair, ond gair gwyn,
A da fôr mewn diferyn.

'Cariad', *Pigion Englynion fy Ngwlad* (Gol. John Thomas (Eifionydd)) (1881).

MORRIS DAVIES (MEURIG EBRILL)
1780–1861

1769 Rhyw afiach sothach rhy sâl—yw croester
I'r Cristion ei gynnal;
Y dyn da nid yw'n dial,
Dywed ef mai Duw a dâl.

'Y Cristion Tawel', *Diliau Meirion* (1853).

1770 Er ymdaith rhan faith o'r hen fyd,—
a gweled
Ei gilwg a'i hawddfyd,
O'i dwrf a'i gynnwrf i gyd
Gorwedd 'rwy'n awr mewn gweryd.

'Englynion Beddargreiff', *Diliau Meirion*, ail ran (1854).

1771 Pwy a gred fyrred fu oriau—f'einioes?
Terfynawl funudau
Megis cam, yn ddiamau,
Yw bywyd dyn, briddyn brau.

PENNAR DAVIES
1911–

1772 Mor hyfryd ac mor wych yw achub cam
Gwroniaid diymadferth y Duw Mawr.

'Heilyn ap Gwyn', *Yr Efrydd o Lyn Cynon* (1961).

1773 Rhaid i bob gwir artist fod yn falch, a'i werthfawrogi ei hun.

'Cyffroadau', *Caregl Nwyf* (1966).

1774 Rhyw ganu'n iach ydyw pob cyfarchiad.

'Ave Atque Vale', *Llef* (1987).

1775 Edifeirwch yw'r pennaf o'r creulonderau.

'Creiddylad'.

RICHARD DAVIES
1501–1581

1776 Deffro dithe bellach, Gymro glân, fy annwyl a'm caredig frawd yng Nghrist Iesu.

'Epistol at y Cembru', rhagarweiniad i'r *Testament Newydd* (1567).

1777 N [i] bu nasiwn erioed mor anafus am lyfrau a gwybodaeth yn eu hiaith eu hun â'r Cymry.

1778 Ni fawdd Duw y byd mwy â dŵr dilyw: eithr mae chwant da'r byd wedi boddi Cymru heddiw, a chwedi ar aball bob cyneddfau arbennig a rhinwedd dda.

1779 Canys beth yw swydd yng Nghymru heddiw ond bach i dynnu cnu a chnawd ei gymydog ataw? Beth yw dysg gwybodaeth a doethineb cyfraith ond drain yn ystlys y cymydogion i beri iddynt gilio hwnt?

1780 Pe rhyngwn fodd dynion ni fyddwn wasanaethwr Crist.

RICHARD DAVIES (MYNYDDOG) 1833–1877

1781 Rhyw orchwyl digon anodd
Ar ddechrau llyfr fel hyn
Yw gwneuthur Rhagymadrodd
Fo'n well na phapur gwyn:
Y ffordd gwnawn ni yr awron
Yw gadael lol di-les—
Cymerwch chwi'r Caneuon,
Cymeraf innau'r pres.

'Rhagymadrodd', *Caneuon Mynyddog* (1866).

1782 O fel mae'n dda gen i 'nghartref,
Hen le bendigedig yw cartref;
Chwiliwch y byd, drwyddo i gyd,
'Does unman yn debyg i gartref.

'Cartref'. Efelychiad o 'Home, home, sweet sweet home!—There's no place like home! There's no place like home!', J. H. Payne (1791—1852), yn y gân 'Home, Sweet Home' yn *Clari, the Maid of Milan* (1823).

1783 Siaradwch yn Gymraeg,
A chenwch yn Gymraeg,
Beth bynnag foch chwi'n wneuthur
Gwnewch bopeth yn Gymraeg.

'Gwnewch Bobpeth yn Gymraeg', *Yr Ail Gynnyg* (1870).

1784 I fyny fo'r nod,
Dringwn lethrau serth clod;
Mae wedi'r holl stormydd fyd dedwydd yn dod.

'"I Fyny"'.

1785 Rhowch broc i'r tân
A chenwch gân
I gadw cwerylon o'r aelwyd lân.

'Rheolau yr Aelwyd', *Y Trydydd Cynyg* (1877).

1786 Mae canu i hen Gymru wen
Yn destun hen ddihenydd,
Ond ni ddaw hynny byth i ben,
Mae'i henaint byth yn newydd.

'Yr "Hen" Wlad'.

1787 Cymru i mi
A'i cheinion di-ri,
Mae'n llonaid fy nghalon
Er lleied yw hi.

'Cymru Fach i Mi'.

1788 Mae'r gŵr â'r ddau feddwl yn aml heb 'run.

'"Rhwng Dwy Stôl, ar Lawr"'.

1789 Os gwelwch chwi froliwr rhy barod,
A'i dafod yn hynod o hir,
Mae'n bryd i chwi amau ei gredo,
Rhag ofn na cheir ganddo mo'r gwir;
Mae'n aml segurddyn aflesol
Yn hynod o nerthol mewn iaith,
Ond wedyn anaml, wrth holi,
Mae'r rheini yn gewri mewn gwaith.

'"Peth Hawdd Ydyw Dweyd, Peth Arall yw Gwneyd"'.

1790 Ond o bob ffŵl fu 'rioed,
Wel dyma'r ffŵl digymar
Yw'r ffŵl sy'n credu'i fod
Y callaf ar y ddaear.

'Ffyliaid'.

1791 Os cregyn gwag fydd yn y sach,
Cregyn ddaw allan, bobl bach.

'Cregyn Gweigion'.

1792 Dewch i'r frwydr, Gymry dewrion,
Rhaid cael Cymru'n Gymru rydd.

'Dewch i'r Frwydr'.

1793 Mae'n well cael cân yn newydd grai,
Pe bai pob gair yn cynnwys bai,
Na chael yr un hen gân o hyd,
Er cael yr orau yn y byd.

'Ysgub Newydd', *Gwaith Mynyddog: Cyfres y Fil* (Gol. O. M. Edwards) (1914).

1794 Cadw deimlad Cymro,
Cadw dafod Cymro,
A thra bo calon yn dy fron,
Boed honno'n galon Cymro.

'Y Cymro Pur'.

RICHARD DAVIES (MEIRIONFAB) 1873–1950

1795 Er graddol wywdra'r gwreiddyn—
drwy bechod,
A'r beichiau o'i ddilyn,
Yn ei osgo myn esgyn:
Dyheu am dad y mae dyn.

'Dyhead Dyn', *Englynion Môn* (Goln. Dewi Jones ac Edward Jones) (1983).

ROBERT DAVIES (BARDD NANTGLYN) 1769–1835

1796 Yr wyf yn meddwl mai nyni, y Cymry, ydyw y genhedlaeth ddistatlaf, mwyaf cysglyd, difraw, a dianogaeth, i argraffu llyfrau yn ein mam iaith, o holl genedlaethau Cred.

'At y Darllennydd', *Barddoniaeth, yn Cynnwys Cerddi, Cywyddau ac Ynglynion* (1803).

1797 Gwalch ar hedfan, eden buan, ydyw'n bywyd.

'Cyngor i Bob Dyn, rhag Rhoddi Gormod o'i Hyder ar y Byd Presennol, i'w Ganu ar "Ruban Morfydd"'.

1798 Hedeg ymaith y mae'n hamser;
Ar ein hoedl na rown hyder.

1799 Bod yn fyr o'r byd anfarwol
Yw ei flysio'n rhy aflesol.

1800 Mae da'r byd i gyd i'w gado.

1801 Nid rhygall lle dyd drigair
Na doeth ond lle na ddyd air.

'Cywydd i Eiddig'.

1802 Er bod rhai o'i chaseion yn darogan ei llwyr ddiflaniad, eto nid oes lle i amau heddiw na thrig yr iaith Gymraeg yng Nghymru hyd na byddo amser mwyach.

'Rhagymadrodd', *Gramadeg Cymraeg; sef, Cyfarwyddyd Hyrwydd, i Ymadroddi ac Ysgrifenu yr Iaith Gymraeg yn Gywir a Rheolaidd* (1808).

1803 Och Angau! Llywiawdr llawdrwm,
Draed pluf, a'i darawiad plwm.

'Cywydd Marwnad er Coffadwriaeth am Morys Roberts', *Diliau Barddas* (1827); dyfynnir yr ail linell gan amlaf fel 'A'i draed plu a'i drawiad plwm'.

1804 Llyfr dechrau, gorau i gyd,—llyfr diwedd,
Llafar Duw i'r hollfyd;
Llyfr nef a daear hefyd,
Llyfr ar ben holl lyfrau'r byd.

'Englynion ar y Beibl'.

1805 Y gŵr doeth a gywir deithio—yn deg,
O digwydd ei lithro,
Fe wna pob ffôl, dreisiol dro,
Daraw dwrn neu droed arno.

'"Pan Lithro y Doeth pob Ffôl a'i Mathr"'

1806 Er cryfder corff pêr purwyn,—er bonedd
Arbennig ei wreiddyn,
Ac er mawl ac aur melyn,
Bedd yw annedd diwedd dyn.

'Beddargraff'.

1807 Nid ein tir a all estyn teirawr—o'n hoes,
Na'n haur estyn dwyawr,
Na'n harian un hanerawr,
Na'n da mwy, ond ein Duw mawr.

'Oes y Dyn ni Chanlyn y Da'.

1808 Disgwyl, ddyn, derfyn dy yrfa,—dirwyn
Mae d'oriau, canfydda;
Dy rym nid yw hir yma:
Taer erfyn am derfyn da.

'Ar Amwisg Awrlais'; cf. rhif 496.

T. EURIG DAVIES (EURIG)
1892—1951

1809 Nid oes i'r wên a'th ddena
O'r tu ôl un bwriad da.

'Epigramau', *Cerddi Eurig* (Gol. Alun Eurig Davies) (1966).

1810 Y gwir a gelir o'i gau
Ym mawr sŵn ymrysonau.

1811 Yr ôd, os hir yr oeda
Ar ryw drum, hwyr y daw'r ha'.

1812 Un wreichionen, ac ennyn
Rhyw goelcerth anferth o hyn!

T. GLYNNE DAVIES
1926—1988

1813 Mae henaint ynddo ei hunan yn farwolaeth.

Haf Creulon (1960), pennod 12.

1814 . . . Nid oes ffoi rhag y crafangau dur
Sy'n cydio oes wrth oes a chur wrth gur.

'Crafangau', *Llwybrau Pridd* (1961).

1815 Echdoe eisteddwn ar y gamfa ddur
A gwylio'r pasiant tragwyddol drist:
Hetiau'n cyfarch hetiau'n fonheddig,
Gwenau'n dinoethi dannedd ar y stryd.

'Adfeilion'.

THOMAS DAVIES (BETHEL)
1858—1922

1816 Mae uffern yn nyfnder nos
I anwiredd yn aros.

'Y Gobenydd', *Y Geninen (Eisteddfodol)*, Awst 1908.

1817 O! mae llawer offeryn
Yn llaw Duw i ennill dyn.

'John Bunyan', *Cofnodion a Chyfansoddiadau Eisteddfod Genedlaethol 1907 (Abertawe)* (Gol. E. Vincent Evans) (1912).

1818 Nid yw'r gorau'n dechrau'i daith
Heb adnabod anobaith.

THOMAS ESSILE DAVIES
(NEU DAVID)
(DEWI WYN O ESSYLLT)
1820—1891

1819 Iaith gref fel gwar y daran,—neu rywiog
Fel yr awel egwan;
Iaith bêr ar gyfer y gân:
Archangel gâr ei chyngan.

'Yr Iaith Gymraeg', *Pigion Englynion fy Ngwlad* (Gol. John Thomas (Eifionydd)) (1881).

1820 Efengyl ni chyfyngir:
 llef Duw i'r pellaf dir.

'Yr Efengyl', *Y Geninen*, cyf. XXIII, rhif 2, Ebrill 1905.

THOMAS MAFONWY DAVIES
(MAFONWY)
1861/2—1931

1821 Croen ac esgyrn a gwasgod,—a llodrau
Lledrith ar ddisberod,
A'r lle'r oedd efe i fod
Y mae gwisg am ei gysgod.

'Y Dyn Teneu', *Caniadau Mafonwy* (1924).

1822 Y dydd sy bob dydd yn dod,
Bydd ef am byth heb ddyfod.

'Yfory'.

WALTER DAVIES
(GWALLTER MECHAIN)
1761—1849

1823 Y nos dywell yn distewi,—caddug
Yn cuddio Eryri;
A'r haul yng ngwely'r heli,
A'r lloer yn ariannu'r lli.

'Cwymp Llywelyn', *Gwaith Gwallter Mechain* (Gol. D. Silvan Evans) (1866—1868), cyf. 1.

1824 Pe rhoddid enw un o'r pedwar mesur ar hugain cerdd dafod ar waith William Salsbri, yn llythyrennu geiriau Cymraeg, *Clogyrnach* a fyddai yr enw cymhwysaf.

cyf. 2.

DAVID DAVIS (DAFIS CASTELLHYWEL) 1745–1827

1825 'Does gofio heno hanes—y Ffynnon,
Na'i ffyniant na'i mawrlles;
Bu frwd haf, bu hyfryd des,
Mawrhydri yma a rhodres.

'Cwymp Ffynnon-bedr', *Telyn Dewi* (1824).

1826 I'r llwch aeth pan daeth ei dydd,—a darfu
Ei dirfawr lawenydd;
Y ddylluan fudan fydd
Yn gori'n ei magwyrydd.

1827 Ac wylo wnewch pan gweloch
Feini'i mur yn gafnau moch.

1828 Troir ei chain lydain aelwydau—'n erddi,
A gwyrddion weirgloddiau,
A mynych yr ych o'r iau
Bawr lawr ei gwych barlyrau.

1829 I wynfyd y daw anfalch,
Ond i lawr i'r baw'r â'r balch.

'Cyfarwyddiad i Ddyn Ieuanc yn y Dewisiad o Wraig'.

1830 Yn unlle fyth ni all fod
Gŵr i Dduw a gâr ddiod.

'Meddwdod'.

DEIO AB IEUAN DU fl. 1450–1480

1831 Y Ddraig Goch ddyry cychwyn.

'Cywydd i Ofyn Tarw, ag Anner i Sion ap Rhys', *Gorchestion Beirdd Cymru* (Gol. Rhys Jones) (1773).

1832 Damwain blin yw'r byd yma;
Dymuno Duw, damwain da.

'Cywydd i Eiriol Cymmod rhwng Rhys o'r Tywyn, a Gruffydd Fychan o Gors y Gedol', *Gwyneddon 3* (Gol. Ifor Williams) (1931).

1833 Goddaith a roir mewn eithin,
Gwanwyn cras, mewn gwynnon crin,
Anodd fydd ei diffoddi
Ac un dyn a'i hennyn hi.

1834 Athrodion gweision y gwŷr
A bair adwyth rhwng brodyr.

1835 Lle mager yr aderyn
Yno trig, natur yw hyn.

Mil o Ddyfyniadau Cymraeg (Gol. G. Lloyd Edwards) (1968).

R. J. DERFEL 1824–1905

1836 Mae amser yn cysegru pob peth.

'Cadwraeth yr Iaith Gymraeg', *Traethodau ac Areithiau* (1864).

1837 Ein hiaith sydd yn ein cadw ni yn genedl wahanol, ac am hynny mae yn rhesymol i ninnau gadw ein hiaith.

1838 Lle bynnag yr elo Cymro, rhodded golofn newydd o dan yr iaith Gymraeg.

1839 Yr wyf yn caru fy ngwlad hyd at fai, os oes modd.

'Yr Eisteddfod'.

1840 Rhaid cael athrylith i weled athrylith.

1841 Ni all dyn bach byth weled na gwerthfawrogi pethau mawr.

1842 Un o brif elfennau llwyddiant llenyddol ydyw sefydlogrwydd.

1843 Nid beirdd pawb.

1844 Mae beirdd ffugiol a barddoniaeth gelfyddydol yn gwneud beirdd gwirioneddol a barddoniaeth ddiledryw yn annerbyniol gan y wlad.

1845 Dylai llenyddiaeth, yn enwedig barddoniaeth, fod yn ddrych o'r oes, ac yn neilltuol o'r awdwr.

1846 Mae rhagluniaeth Duw ym mhob gwlad yn bendithio gwladgarwyr.

'Enllibwyr ein Gwlad'.

1847 Ni all dyn byth fod yn ddyngarwr heb fod yn genedlgarwr.

'Gwladgarwch y Cymry'.

1848 Y gorthrwm pennaf ar genedl orchfygedig ydyw gosod estroniaid nad ydynt yn deall ei hiaith yn fugeiliaid ysbrydol iddi.

'Pethau Wnawn Pe Gallwn'.

1849 Lle mae gallu i ddiwyllio mae gallu i ddirywio.

'Pregeth', *Detholiad o Ryddiaith Gymraeg R. J. Derfel* (Gol. D. Gwenallt Jones) (1945).

DEWI SANT
6ed ganrif

1850 Arglwyddi, frodyr a chwiorydd, byddwch lawen a chedwch eich ffydd a'ch cred, a gwnewch y pethau bychain a glywsoch ac a welsoch gennyf fi.

Buchedd Dewi: o Lawysgrif Llanstephan 27 (Gol. D. Simon Evans) (1959).

DIARHEBION

1851 A achwyno heb achos, gwneler achos iddo.

Diarhebion Cymru (Gol. William Hay) (1955).

1852 A ad a ŵyr am nas gŵyr, a gaiff nas dymunai.

1853 A addawodd Duw, sicr yw.

1854 A aeth ynghyd aeth o'r byd.

1855 A aned i ddiawl ni fydd amgen fyth na chythraul.

1856 A aned o'r hwch a ymdroes yn y dom.

1857 A arddo dir da, fo a gaiff ei fara.

1858 Aberth pob amynedd.

1859 A bortho y diogi, porthed y tlodi.

1860 A briodo'r fam gyda'r ferch,
Caned yn iach i bob awr serch.

1861 A bryn dir a bryn gerrig.

1862 A bryn flawd a bryn eisin.

1863 A bryn gig a bryn esgyrn.

1864 Abwyd y diafol yw pleserau'r byd.

1865 Achos diachos, yr achos gwaethaf yn y byd.

1866 Achub croen chwannen a cholli croen buwch.

1867 A chwenycho ddrwg i arall, iddo ei hun y daw.

1868 A chwenycho'r cwbl a gaiff fod heb ddim.

1869 A chwilio fwyaf am foddlondeb a fydd bellaf oddi wrtho.

1870 A chwiliodd a gafodd y gwir.

1871 Achwyn heb iawn achos, achwyn heb un achos.

1872 Adar o'r unlliw a hedant i'r unlle.

Cf. W. Turner yn *Rescuing of Romish Fox* (1545): 'Byrdes of on kynde and color flok and flye allwayes together', a J. Minsheu yn *Spanish Grammar* (1599): 'Birdes of a feather will flocke together'.

1873 A drawo'i ysgwydd ym mhob rhiw
A'i caiff yn friw'n y diwedd.

1874 Adfyd a ddaw â dysg yn ei law.

1875 Adfyd a ddwg wybodaeth, a gwybodaeth ddoethineb.

1876 Â diriaid nid da ymdaro.

1877 Adnebydd pob dafad lais ei hoen ei hunan.

1878 A droes ar ei droed a ddysg gerdded yn well.

1879 Â Duw nid da ymdaro.

1880 Adwaen ffôl wrth ei wisg.

1881 Adwaenir dyn wrth ei gyfeillion.

1882 Adwyog maes gŵr diog.

1883 A ddadleua dros ei fai a wna ddau ddiawl o un cythraul.

1884 Addewid ni wneler nid yw.

1885 A ddigio heb achos, cymoded heb iawn.

1886 A ddioddefws a orfu.
Cf. rhif 492.

1887 A ddringo yn rhy uchel, fe dyr y brigyn dano.

1888 A ddwg angau nid adfer.

1889 A ddwg bin a ddwg bwn.

1890 A ddwg ŵy a ddwg fwy.

1891 A ddwg y bedol a ddwg yr ebol.

1892 Addysg ffôl ei ymbrawf; addysg doeth ei ymbwyll.

1893 A ddywed y peth a fynno a glyw nas mynno.
Cf. rhif 5111.

1894 Aed a gais glod oddi wrth ei gydnabod.

1895 A êl i'r lle bo'r gware, gadawed ei groen gartre.

1896 A êl i ymliw, eled i ymladd.

1897 A elo yn hwch i Rydychen, yn hwch y daw yn ôl.

1898 A elo yn ŵy i lys arglwydd a ddaw yn ôl yn geiliogwydd.

1899 Aelwyd lân a gymell.

1900 Aelwyd ddiffydd, aelwyd ddiffaith.

1901 Afal pwdr a ddryga'i gyfeillion.

1902 Afieithus pob mamaeth.

1903 A fo dewr, ef a dery ym mhlaid ei gâr.

1904 A fo ddiddig sydd ddysgedig.

1905 A fo gâr iddo ei hun a gaiff bob un arall yn gâr iddo.

1906 A fo nesaf i'r eglwys, pellaf oddi wrth Baradwys.

1907 A fo byw yn dduwiol a fydd marw yn ddedwydd.

1908 Afraid i wraig y dall ymdrwsio.

1909 Afrwydd pob dyrys.

1910 A fynno adnabod pawb, dechreued arno ei hun.

1911 A fynno air da, na rodded i arall air drwg.

1912 A fynno Duw a fydd.
Cf. rhif 332.

1913 A fynno Duw, derffid.

1914 A fynno ddial air hagr, dyweded yn deg.

1915 A fynno ddrwg i'w gymydog, iddo ei hun y daw.

1916 A fynno ei fodd, porthed amynedd.

1917 A fynno fynd yn hen, bydded ifanc yn hir.

1918 A fynno glod, bid farw.

1919 A fynno gymwynas, gwnaed.

1920 A fynno gyrraedd pen ei daith, cychwynned yn fore.

1921 A fynno iechyd, bid lawen.

1922 A fynno na wypo neb ei fai, gocheled ei wneuthur.

1923 A fynno orchfygu cadarn, gorchfyged ei hunan.

1924 A gâr a gerydd.

1925 A gâr iawn a gâr ei enaid.

1926 A gasglo'r tad trwy gybydd-dra
Mab afradus a'i gwastraffa.

1927 A geisio dreisio arall a gyll yr eiddo ei hun.

1928 A geisio ormod, fo a fydd ar ry fychan.

1929 A geisio ymwellhau a gaiff Dduw i wneud hanner y gwaith.

1930 A golles ei gynserch a golles ei wynserch.

1931 Angall pob angof.

1932 Angau'r euog ydyw'r gwir.

1933 Angel pen ffordd a diawl pen pentan.

1934 Angen a dyr ddeddf.

1935 A laddo a leddir.
Cf. rhif 20.

1936 A lwyddo Duw ni ludd dyn.

1937 Am gwymp hen y chwardd gwên gwas.

1938 Amlaf ei gŵys, amlaf ei ysgub.

1939 Aml ar eiddil ofalon.

1940 Aml cogau, aml ydau.

1941 Aml y ceir diawl yng ngwisg y duwiawl.

1942 Aml yr haint ym mol yr hen.

1943 Amlwg llaid ar farch gwyn.

1944 Amser a ddychwel bopeth.

1945 Amser bychan a wna bethau mawr.

1946 Amynedd a dyr drwy bob rhwystr.

1947 Amynedd biau'r byd;
Amynedd a'i cyll i gyd.

1948 Amynedd yw mam pob doethineb.

1949 Anadl anrhydedd yw rhinwedd.

1950 Anaml yw dyn mal ei dad.

1951 Anfynych y mae cenfigen heb nod â saeth ato.

1952 Anffawd a gyrch ym mhob rhith.

1953 Anwybod yw mam yr holl feiau.

1954 A ranno i liaws, rhanned yn hynaws.

1955 Arch i enaid farw ynddo yw corff dyn annuwiol.

1956 Ardd dy dir; Duw a ry hadyd.

1957 Arf a geidw heddwch.

1958 Arfer corgwn yw cyfarth.

1959 Arfer yw hanner y gwaith.

1960 Arfer yw mam pob meistrolaeth.

1961 Arf glew, yn ei galon.

1962 Ar y claf wely, cydwybod a ddeffry.

1963 Ar y gair mae lliw'r galon.

1964 Ar yr un gwreiddyn y tyf yr ŷd a'r us.

1965 Astud yn fab, doeth yn ŵr.

1966 Ateb hwyr, ateb yn llwyr.

1967 Awen heb ddoethineb, tân yn llaw ffolineb.

1968 A wneler o'r golwg a welir yn amlwg.

1969 A wnelo dwyll a dwyllir.

1970 Bach a fydd bach er cymaint ei awydd i fod yn fawr.

1971 Bach doeth yn ei olwg ei hun, ond mawr yng ngolwg Duw.

1972 Bach hedyn llawer cynnen.
Cf. rhif 278.

1973 Bach llygad ffynnon yr afon fwyaf.

1974 Bach pawb o'i dybio yn fawr.

1975 Bach o gydwybod a mawr o ddiwydrwydd a wnânt gyfoethog.

1976 Bach yw popeth yn ei ddechrau.

1977 Bach yw'r parch lle na bo cydradd.

1978 Bachgen i ddiawl, dyn i Dduw.

1979 Balch yn ddrwg, digywilydd yn waeth.

1980 Balchder a gwympir, ufudd-dra a godir.

1981 Bardd a adwaenir wrth ei wisg unlliw; canys unlliw yw gwirionedd.

1982 Barn a geir o gyngor, ac addysg o farn.

1983 Barnwr da a ymgais â barn amgen no'r eiddo.

1984 Baw i ddoeth yw mêl pawb.

1985 Bychan teyrnas i chwannog.

1986 Bedd awen gwely priodas.

1987 'Benddu' ebe'r frân wrth yr wylan.

1988 Beth yw pris pen heb ddim tafod?
Crochan pridd heb ddim gwaelod.

1989 Bid lyfn dy baderau,
Bid rydlyd dy arfau.

1990 Blasusach i ŵr peth a ddysger yn ifanc nag yn hen.

1991 Blin a thost a thrwm ac irad
Poeni'r oen am feiau'r ddafad.

1992 Blodau cyn Mai, gorau na bai.

1993 Blodau Ebrill, aeron gweddill.

1994 Blwyddyn gneuog, blwyddyn leuog.

1995 Blwyddyn o eira, blwyddyn o lawndra.

1996 Blys geneth yn ei llygaid; blys bachgen yn ei galon.

1997 Bod â llawer cyfaill yw bod heb yr un.

1998 Boed hysbys mai'r peth anhawsa'
Yw gweled dyn â gwaelod da.

1999 Bore ar bawb pan godo.

2000 Bost mawr a gorchest fechan.

2001 Brawd a chwaer yw serch a thaer.

2002 Brawd gweniaith i gelwydd.

2003 Brawd i'r awydd yw'r afrad.

2004 Brawd yw mygu i dagu.

2005 Brenhines pob camp, cyfiawnder.

2006 Brenin pob llyffant ar ei domen ei hun.

2007 Brodyr heb gariad, teulu heb drefn.

2008 Brodyr teuluaeth: bardd, ysgolhaig a datgeiniad.

2009 Buan ar farch, buan i'r arch.

2010 Buan i'r wledd, buan i'r bedd.

2011 Buan y rhed drwg chwedl.

2012 Buwch goch gota, p'run ai glaw ai hindda?
Os daw glaw, cwymp i'r baw,
Os taw teg hedfana.

2013 Bychan y cariad a ddiffydd ar un chwa o wynt.

2014 Byddai llawer llai o gyhoeddi beiau pe pawb yn cyhoeddi ei feiau ei hunan.

2015 Bydd ddistaw a gwna lawer.

2016 Bydd hen yn ebrwydd, bydd ieuanc yn hir.

2017 Bydd lawen pob un yn ei gartref ei hun.

2018 Byr bwyll, hir alar.

2019 Byr yw hir fywyd drwg, ond hir yw byr fywyd da.

2020 Cadw dy afraid erbyn dy raid.

2021 Cadwn gof am a fu, ystyriwn am y sydd, a barnwn am a ddaw.

2022 Cais ddoeth yn ei dyddyn.

2023 Cais farchog da dan draed ei farch.

2024 Caletach glew na maen.

2025 Calon y fam yw ysgol y plentyn.

2026 Call dros awr, cyfoethog dros fyth.

2027 Call gŵr a ddyco ei elyn yn gâr iddo.

2028 Callineb pob cywirdeb.

2029 Call yn ifanc, hurt yn hen.

2030 Cam bach ag arall, cam mawr â'th hunan.

2031 Cam dros y trothwy, hanner y daith.

2032 Cam glywed a wna gam ddywedyd.

2033 Cân di bennill mwyn i'th nain,
Fe gân dy nain i tithau.

2034 Câr pob un, câr neb un.

2035 Cariad a heddwch, brodyr ydynt.

2036 Cas gŵr na charo'r wlad a'i maco.

2037 Cegin yw teml y glwth.

2038 Ceidwad yr enaid, clefyd.

2039 Ceiniog gam a aiff â dwy efo hi.

2040 Celwydd a red mor fuan oni chollo ei anadl a marw.

2041 Celwydd sydd yn marchogaeth ar ddyled.

2042 Cenedl heb iaith, cenedl heb galon.

2043 Cenfigen a ladd ei pherchennog.

2044 Cenfigen yw gwraidd pob cynnen.

2045 Cenfigen yw'r clefyd mwyaf poenus yn y byd.

2046 Cennad hwyr, drwg ei neges.

2047 Ci defaid a ladd ymhell.

2048 Codi'n fore, hanner gore'r gwaith.

2049 Cos din taeog; efe a gach yn dy ddwrn.

2050 Craffach un llygad llysfam na dau lygad mam.

2051 Creulon a fydd greulon i angel a Duw.

2052 Curwch yr haearn tra byddo'n boeth.

2053 Cwrf ym mol, twrf ym mhen.

2054 Cwsg gwir ar ddrain; ni chwsg anwir ar blu.

2055 Cwsg gyda'r ddafad, cod gyda'r ehedydd.

2056 Cwsg yw bywyd heb lyfrau.

2057 Cydwybod fydd fyw pan fydd marw y corff.

2058 Cydwybod lân, diogel ei pherchen.

2059 Cyfaddef yw dengwaith iawn am y bai.

2060 Cyfaill tes, ni wna fawr les.

2061 Cyfathrach o agos, galanas o bell.

2062 Cyfoeth, fel gelyn, a ddwg ei gyrch ar y gwannaf.

2063 Cyfoethog pob dedwydd.

2064 Cyfoethog pob un a wêl ei ddigon.

2065 Cyfoeth pob crefft.

2066 Cyfrinach llwyddiant yw di[illegible]rwydd.

2[illegible] [illegible]au a

2[illegible]

2[illegible] [illegible]th.

2070 Cyngor i ddoeth, ateb i annoeth.

2071 Cynnar hau, cynnar fedi.

2072 Cynnen sydd fam i fwy o gythreuliaid nag un arall o wragedd y fall.

2073 Cystal achub ceiniog â'i hennill.

2074 Cystal dianc o fodfedd ag o filltir.

2075 Cystal un fuwch i un dyn â chan buwch i gannyn.

2076 Cyw a fegir yn uffern, yn uffern y myn fod.

2077 Chwedl a dyf yn ei hadrodd.

2078 Chwedl a gynydda fel caseg eira.

2079 Chwefror a leinw y cloddiau,
A Mawrth a'i hyf yn foleidiau.

2080 Chwefror chwyth,
Cyfyd y neidr oddi ar ei nyth.

2081 Chwefror, Mawrth ac Ebrill
I ddal y brithyll brych.

2082 Dall a edwyn ei dwll.

2083 Dallaf o bob dall, gŵr diddeall.

2084 Dau air a wnaeth lawer o ymrafael: mau a thau.

2085 Dau amwyll byd, tra golud a thra tylodi.

2086 Dau bryd newynog a wna'r trydydd yn lwth.

2087 Daw rhywbeth o rywbeth; ni ddaw dim o ddim.

2088 Da yw dweud ond gwell yw gwneud.

2089 Dechrau da a wna ddiwedd da.

2090 Dechreuad caredigrwydd yw ewyllys da.

2091 Dedfryd y deuddeg didras.

2092 Derfydd dannedd merch ynghynt na'i thafod.

2093 Deuparth athrylith yw arfer.

2094 Deuparth y gwaith yw dechrau.

2095 Deuparth gwledd yw croesaw.

2096 Dewr o bell fel y dryw bach.

2097 Digon yw ychydig yn rhagor nag sydd gennyt.

2098 Dim glaw Mai, dim mêl Medi.

2099 Diniwed pawb yn ôl ei chwedl ei hun.

2100 Diofer gwaith dwfr a gwynt.

2101 Disgwyl y gorau, meddwl y gwaethaf.

2102 Diwedd pob trais, tristwch.

2103 Diwedd y gân yw y geiniog.

2104 Diwyd fel i fyw byth; dedwydd fel i farw yfory.

2105 Doeth a gyhudd ei hunan, annoeth ar arall.

2106 Doeth pob geirwir.

2107 Drwg a fydd waeth o'i bell erlid.

2108 Drwg pob peth na fo o Dduw.

2109 Drwg trallodau, gwaeth hebddynt.

2110 Drwg trennydd wrth drannoeth.

2111 Drwg un, da i arall.

2112 Drwg yw cof un dyn.

2113 Dwywaith yn blentyn ac unwaith yn ddyn.

2114 Dydd heb nos yw gwirionedd.

2115 Dyfal donc a dyr y garreg.

2116 Dyfnaf llyn, llyn llonydd.

Cf. 'Still waters run deep'; ffynhonnell gynharaf, *Cato's Morals* yn *Cursor Mundi* (c. 1400), 'There the flode is deppist the water standis stillist'.

2117 Dyn a chwennych; Duw a ran.

2118 Dyn a derwen a diwrnod sydd anodd eu hadnabod.

2119 Dyn a ddywed; Duw a farn.

2120 Dynes flewog, dynes flin;
Dyn blewog, hawdd ei drin.

2121 Dyngarwch yw'r dawn gorau.

2122 Dyn gorwag a fag falchder.

2123 Dyn nis gŵyr, a Duw nis gorug.

2124 Dyn yn bwriadu, ond Duw yn gweithredu.

2125 Eang a chyfyng yw dewis.

2126 Ebol gwyllt a wna farch gwych.

2127 Ebrill glas, Mai bras.

2128 Ebrill oer a leinw'r ysgubor.

2129 Ebrwydd gael, ebrwydd golli.

2130 Ebrwydd yn gall, ebrwydd yn fall.

2131 Edrych air rhybudd y diarhebion.

2132 Edwyn anffawd ei pherchen.

2133 Eglwys dedwydd, ei galon.

2134 Ei gydwybod yw'r unig beth a â gyda dyn i fyd arall.

2135 Eilfam modryb dda.

2136 Ein dyddiau segur ni yw dyddiau prysur y diafol.

2137 Ei nerth yw gwendid y ffôl.

2138 Elw pur heb antur ni bydd.

2139 Enfys y bore, aml gawode;
Enfys y pnawn, tegwch a gawn.

2140 Enllib a dyr ei wddwg ei hun.

2141 Enllib ni châr ei enllibio.

2142 Enw da yw'r trysor gorau.

2143 Ewyllys a bair allu.

2144 Fal y bo'r dyn y bydd ei gyfaill.

2145 Fe gwsg galar, ni chwsg gofal.

2146 Gaeaf glas, mynwent fras.

2147 Gair mwyn a wna y ddadl yn gadarn.

2148 Galanas o bell, dyweddi o agos.

2149 Gall awr o amynedd ennill blwyddyn o heddwch.

2150 Gall pechod mawr ddyfod trwy ddrws bychan.

2151 Gan y gwirion y ceir y gwir.

2152 Glaw Fihangel, gaeaf tawel.

2153 Glaw y Sulgwyn, ffrwythlon drwy'r flwyddyn.

2154 Gloddest a yrr fil i'r bedd
Am bob un a yrr y cledd.

2155 Gloddest awr a newyn blwyddyn.

2156 Gloywaf arf, arf gwaith.

2157 Glwth yn llanc a charl yn gleirchyn.

2158 Gobaith a fyw, diobaith a farw. NB

2159 Gobennydd esmwythaf y diafol yw calon garreg.

2160 Gochel gyfaill a elo'n feistr.

2161 Gochel y pechod cyntaf, canys y mae lleng yn dynn wrth ei sawdl.

2162 Gorau amddiffynfa, digon pell.

2163 Gorau arf, arf dysg.

2164 Gorau awen, gwirionedd.

2165 Gorau barnwr, cydwybod.

2166 Gorau buchedd, buchedd bur.

2167 Gorau Cymro, Cymro oddi cartref.

2168 Gorau dawn, deall.

2169 Gorau diwylliwr, athro da.

2170 Gorau gwaith yw gobeithio.

2171 Gorau oll, y gorau a ellir.

2172 Gorau pen, pen ar gynnen.

2173 Gorau peth, peth a gollwyd.

2174 Gorau po gyntaf meddyger y nam,
Gorau po gyntaf diwygier y cam.

2175 Gorau prawf, prawf profiad.

2176 Gorau prinder, prinder geiriau.

2177 Gorau sant, sant o bell.

2178 Gorau un gorchwyl, gwarchad.

2179 Gormes mawr a dawdd o flaen glewder bach.

2180 Gormod o bwdin a dagith gi.

2181 Gormod o ddim nid yw dda.

2182 Gorwedd gyda'r ddafad, codi gyda'r frân.

2183 Gwadn ynfyd a fathr ddysg.

2184 Gwae a fo'n brudd rhag ofn brad.

2185 Gwaethaf arfer, arfer ddrwg.

2186 Gwaeth cyfaill gau na'r gelyn creulonaf.

2187 Gwaethaf celwydd, hanner y gwir.

2188 Gwaith byrbwyll, nid gwaith ystyrbwyll.

2189 Gwaith y nos, y dydd a'i dengys.

2190 Gwanwyn braf, Calanmai oer.

2191 Gwanwyn gwlyb, cynhaeaf diweddar.

2192 Gwanwyn yn Ionawr a arwydda flwyddyn ddrwg.

2193 Gwas da, meistr caled.

2194 Gweddw awen heb wybodaeth.

2195 Gweddw crefft heb ei dawn.

2196 Gweddw pwyll heb amynedd.

2197 Gweithred gall yw caru'n iawn.

2198 Gwell a blygo nag a dorro.

2199 Gwell aderyn mewn llaw na dau mewn llwyn.

Cf. 'A bird in the hand is worth two in the bush', o'r Lladin canoloesol 'Plus valet in manibus avis unica fronde duabus' ('Y mae un aderyn yn y dwylo yn werth mwy na dau ymhlith y dail.').

2200 Gwell a fu nag a ddarfu.

2201 Gwell angau na chywilydd.

Cf. 'Death before dishonour'; perthyn yr ymadrodd yn wreiddiol i Horas (Quintus Horatius Flaccus; 65–68 C.C.).

2202 Gwell amcan gof na mesur saer.

2203 Gwell anffawd o'i gael nag o'i ofni.

Cf. 'Better the devil you know than the devil you don't know'; ceir gwraidd y ddihareb Saesneg yn *Erasmus' Adages*, R. Taverner (1539): 'An euyl thynge knowen is best'.

2204 Gwell annysg gwâr na dysg anwar.

2205 Gwell arfer nag athro.

2206 Gwell asyn a'm dyco na march a'm tawlo.

2207 Gwell bach cyfan na mawr hanerog.

2208 Gwell bach gan rad na mawr gan afrad.

2209 Gwell bach mewn llaw na mawr gerllaw.

2210 Gwell câr yn agos na brawd o bell.

2211 Gwell câr mewn llys nag aur ar fys.

2212 Gwell ceisio heb lwyddo na llwyddo heb geisio.

2213 Gwell cerydd câr na gwên gelyn.

2214 Gwell crefft llaw na chrefft tafod.

2215 Gwell crefft na golud.

2216 Gwell crefft na threftadaeth.

2217 Gwell Crist heb y byd na'r byd heb Grist.

2218 Gwell crothell yn llaw na gleisiad yn afon.

Cf. rhif 5510.

2219 Gwell dimai yn ddi-warth nag aur â gwarth.

2220 Gwell gochel ymryson na'i ddial.

2221 Gwell goddef cam na'i wneuthur.

2222 Gwell gwaith cryman na bwa.

2223 Gwell gwraig o'i chanmol.

2224 Gwell gwybodau na chyfoeth Rhufain.

2225 Gwell hir weddwdod na drwg briod.

2226 Gwell hwyr na hwyrach.

2227 Gwell mam glytiog na thad goludog.

2228 Gwell swllt da na sofren ddrwg.

2229 Gwell synnwyr na chyfoeth.

2230 Gwell un gair gwir na chan gair teg.

2231 Gwell ychydig gan rad na llawer gan afrad.

2232 Gwell ydyw'r gwenith na rhith yr haidd.

2233 Gwell yn alltud nag yng ngweryd.

2234 Gwell yr hyn a fegir na'r hyn a brynir.

2235 Gwin coch, mêr moch a mwg,
Tri gelyn ŷnt i'r golwg.

2236 Gwir a saif.

2237 Gwir, fal hufen, a geidw ar yr wyneb.

2238 Gwirionedd yw mab hynaf Duw.

2239 Gwisgi pob troed at y drwg.

2240 Gwisg orau merch yw gwylder.

2241 Gwna dda am ddrwg, i uffern ni'th ddwg.

2242 Gwna ddaioni unwaith a thi a'i gwnei eilwaith.

2243 Gwna'n fawr, ond sôn yn fychan amdano.

2244 Gŵr creulon, creulon a'i cyffry.

2245 Gŵr cywir yw amser.

2246 Gŵr diog, llawffon y diawl.

2247 Gŵr dieithr yw yfory.

2248 Gŵr heb bwyll, llong heb angor.

2249 Gwybedyn y dom a gwyd uchaf.

2250 Gwynfyd beirdd bod yn eu hoes.

2251 Gwyn pob newydd, llwyd pob hen.

2252 Gwynt oer i rewi, gwynt oerach i feirioli.

2253 Gwyn y gwêl y frân ei chyw.

2254 Hadau doethineb, nid hawdd y tyfant yn un lle.

2255 Haeddu annerch yw caru.

2256 Hael ei farn, hael ei galon.

2257 Hael yw Hywel ar bwrs y wlad.

2258 Haf hyd Galan, gaeaf hyd Ŵyl Ifan.

2259 Harddwch cenedl: ei doethion.

2260 Harddwch dinas: ei moesau.

2261 Harddwch doeth: ei amynedd.

2262 Harddwch gwlad: glân arferion.

2263 Harddwch pob hardd, tangnefedd.

2264 Haul y gwanwyn, gwaeth na gwenwyn.

2265 Hawdd clwyfo claf.

2266 Hawdd cymell diriaid i ddrwg.

2267 Hawdd cynnau tân ar hen aelwyd.

2268 Hawdd dal march dall.

2269 Hawddfyd a gyfyd ddigofaint.

2270 Hawdd pobi yn ymyl blawd.

2271 Hawdd rhifo'r ysgubau ar faes gŵr diog.

2272 Hawdd taflu'r mynydd i'r môr, ond ei wahanu yn ddarnau.

2273 Hawdd tynnu dannedd blaidd, ond hwyr y tynnir ohono ei anian.

2274 Hawdd tynnu gwaed o ben crach.

2275 Haws cau llygad na chau ceg.

2276 Haws dywedyd mynydd na mynd drosto.

2277 Haws direwi rhew na dirywio rhyw.

2278 Haws gwên ar y genau na phurdeb yn y galon.

2279 Haws gwneuthur hebog o farcud na marchog o daeog.

2280 Haws yw diwygio gair na gweithred.

2281 Heb amynedd, heb ddoethineb.

2282 Heb ddawn, heb Dduw.

2283 Heb Dduw, heb ddim.

2284 Heb ei fai, heb ei eni.
Cf. rhif 1540.

2285 Heddiw, medd Duw; yfory, medd y diafol.

2286 Heddiw yn frenin, yfory yn farw.

2287 Heddwch, a Duw o'n rhan; rhyfel, a diafol o'n plaid.

2288 Hen arfer, hon a orfydd.

2289 Henfyd, henfoes; newyddfyd, newyddfoes.

2290 Hen lanc o'i fodd, a hen ferch er ei gwaethaf.

2291 Hen y teimlir ergydion a gaed yn ieuanc.

2292 Hil gwrach nid o ddwyach dda.

2293 Hindda gwŷr Môn, gwynt Iwerddon.

2294 Hir ei dafod, byr ei wybod.

2295 Hir y cnoir tamaid chwerw.

2296 Hir yw pob ymaros.

2297 Hir yw'r nos i goban unig.

2298 Hoff gan bob peth ei frethyn.

2299 Hoff gan fadyn ei ddrwg sawyr ei hun.

2300 Hoff gan hen yw gwên a gwawd.

2301 Hoff pob gwaharddedig.

2302 Hoff yn fyw ei Dduw i ddyn.

2303 Hogyn drwg a wnaiff ŵr da.

2304 Hufen doethineb yw meddwl diniwed.

2305 Hwya' ei gledd, hwya' ei glod.

2306 Hwy clod na golud.

2307 Hwy pery clod na hoedl.

2308 Hwyr yn ŵr, hwyr ym medd.

2309 Hwy y pery llid na galar.

2310 Hygar pawb wrth a garo.

2311 Hyll yn ei grud, delaf yn y byd.

2312 Iachaf croen, croen llwfrgi.

2313 Iach plentyn a chwery.

2314 Iach pob llafurgar.

2315 I bob pechod y mae ei briod.

2316 Ieuanc a dyb, hen a ŵyr.
Cf. rhif 5142.

2317 Ieuanc a dyb fod hen yn angall;
Hen a'i gŵyr nad yw ieuanc yn gall.

2318 Ieuanc a dynn at ieuanc, a hen at hen.
Cf. rhif 5171 a rhif 5989.

2319 Ionawr a wna y drwg, ond Mai a gaiff y bai.

2320 Ionawr cynnes, Mai oer.

2321 I'r moch a'r cŵn mudion mae'r creifion a'r crwst.

2322 I'r pant y rhed y dŵr.

2323 Llafar gwlad, llafar gwir; llafar un, llafar gau.

2324 Llawer o demlau, llawer o ymrysonau.

2325 Llawer o wŷr, llawer o waith.

2326 Lle blaenred balchder, canlyned cywilydd.

2327 Lle bo camp bydd rhemp.

2328 Lle bo eglwys gan Dduw bydd capel gan ddiawl.

2329 Lle ceisiaf, caf fy nacáu;
Lle caf ni fynnaf innau.

2330 Lle crafa'r iâr y piga'r cyw.

2331 Llid yw mam bradwriaeth.

2332 Mab chwaraegar, gŵr geugar.

2333 Mae gan gelwydd aden ond nid oes ganddo draed.

2334 Mae i bob celwydd ei gymar.

2335 Mae llawer sgil i gael Wil i'w wely.

2336 Mae poen ar rai â phlant;
Mae'n dyblu ar y diblant.

2337 Mam doethineb yw callineb.

2338 Man gwyn, man draw.

2339 Manwl pob rhan: hardd pob cyfan.

2340 Meddyg i bawb ei lygaid.

2341 Melysaf y cân eos, ond nid erchis Duw i'r frân dewi.

2342 Mwya' celwydd, hanner y gwir.

2343 Mwya'r hast, mwya'r rhwystyr.
Cf. 'More haste, less speed'; 'Mwya'r brys, mwya'r rhwystr' a geir yn *Diarhebion Cymru*, ond y mae'r ffurf gynganeddol yn fwy Cymreig a chofiadwy.

2344 Na ad i'th dafod dorri dy wddf.

2345 Na chanmol drennydd.

2346 Na cherdda y nos heb achosion.

2347 Na chwardd am ben dy chwedl dy hun.

2348 Nadolig tirion, blwyddyn o fendithion.

2349 Na ro goel i newyddion oni bônt yn hen.

2350 Natur ac amser, dau gywir i'w gilydd.

2351 Nes penelin nag arddwrn.

2352 Ni bydd doeth yn hir mewn llid.

2353 Ni chais doeth ond a allo ei gyrraedd.

2354 Ni cheir afal pêr ar bren sur.

2355 Ni chydfydd cas â gwirionedd.

2356 Ni ddengys call ei anffawd.

2357 Ni ddwg Duw y dawn a roddo.

2358 Ni wêl ynfyd ei fai.

2359 Ni wiw i'r llygoden ymryson piso â chaseg.

2360 Ni ŵyr y clyd annwyd y noeth.

2361 Nid â bwyell y mae canu crwth.

2362 Nid â drwg heb un dial
Mwy nag yr â da heb dâl.

2363 Nid ar redeg y mae aredig.

2364 Nid aur yw pob peth melyn.
Dihareb Ladin yn wreiddiol: 'Non omne quod nitet aurum est'; cf. 'All that glitters is not gold'.

2365 Nid cyfoeth pob ennill.

2366 Nid gwrol pob diofn.

2367 Nid gŵr ond a gywiro ei air.

2368 Nid oes ar uffern ond eisiau ei threfnu.

2369 Nid rhy hen neb i ddysgu.

2370 Nid yw gair ond gwynt.

2371 O bob crefft a phob campau, gweddïo Duw sydd orau.

2372 Ofer gwybodau lle nid da'r defodau.

2373 Ofer lloffa mewn lle llwm.

2374 O gyfoeth y daw gofid.

2375 Oni heuir ni fedir fyth.

2376 Os glaw fydd ddydd Gŵyl Switan,
Glaw ddeugain niwrnod cyfan.

2377 Os mynni glod, bid farw.

2378 Os yn Chwefror tyf y pawr,
Trwy'r flwyddyn wedyn ni thyf fawr.

2379 Pan fo llawer yn llywio, fe sudda'r llong.

2380 Pan gyll y call fe gyll ymhell.

2381 Pawb â'i fys lle bo'i ddolur.

2382 Peswch sych, diwedd pob nych.

2383 Po fwyaf y difrod, mwyaf y gorfod.

2384 Pob dihareb, gwir; pob coel, celwydd.

2385 Pob enwir, difenwir ei blant.
Cf. rhif 5110.

2386 Rhaid call i dwyllo, a challach i beidio.

2387 Rhaid yw cropian cyn cerdded.

2388 Rhaid dau 'fe allai' i wneuthur un 'felly'.

2389 Rhaid tri pheth i wneud gwaith: modd, medr a myn.

2390 Rhin deuddyn, cyfrin yw;
Rhin tridyn, cannyn a'i clyw.

2391 Rhinwedd a flagura mewn perygl.

2392 Rhinwedd yw mam pob dedwyddyd.

2393 Serch cymedrol, serch gwastadol.

2394 Serch gwyllt, serch a hyllt.

2395 Tafod hir a dwrn byr.

2396 Tafod hir; llaw fer.

2397 Tor dy wisg yn ôl y brethyn.

2398 Trechaf treisied, gwannaf gwaedded.
Cf. rhif 277 a rhif 5104.

2399 Trech awen na dysg.

2400 Ufudd-dod yw mam pob dwyfoldeb.

2401 Ufudd i lwydd, balch i aflwydd.

2402 Uffern y cythraul yw'r nef.

2403 Unwaith yn ddyn, dwywaith yn blentyn.
Cf. rhif 5100.

2404 Utgorn angau yw peswch sych.

2405 Wrth gicio a brathu mae cariad yn magu.

2406 Y cyntaf i'r felin a gaiff falu.

2407 Y fesen yn dderwen a ddaw.

2408 Ym mhob gwlad y megir glew.

2409 Ym mhob rhith y daw angau.

2410 Yn araf mae myned ymhell.
Cf. rhif 5738.

2411 Yn araf deg mae dal yr iâr.

2412 Yng ngenau'r sach y mae cynilo.

2413 Y poer a yrrir yn erbyn Duw a syrth ar dy ben.

2414 Y pren uchaf yw'r pren diffrwythaf.

2415 Yr awr dywyllaf yw'r nesaf i'r wawr.

2416 Yr euog a ffy heb neb yn ei erlid.

2417 Yr ewyllys yw enaid pob gweithred.

MARION EAMES
1921–

2418 'Does neb yn fwy creulon na gwerin anwybodus wedi dychryn.
Y Stafell Ddirgel (1969), pennod 1.

2419 Oes dichon cael llawenydd pur, digymysg? Yng nghanol gwynfyd cynta' serch daw pigiadau o amheuaeth—ydi hi'n caru un arall? Yng nghanol hapusrwydd priodas—pa hyd y pery ei chariad? Wrth aros geni plentyn daw cysgod angau fel hunllef i ffrwyno'r gorfoledd.

EDWARD/EDWART URIEN
c. 1580–1614.

2420 Gwell yt, er gallu tarw,
Er bod llid, arbed y llaw.
Wrth ymwan yr aeth amarch,
O oeri pwyll yr â parch.

'Edward Urien a Gruffudd Hafren: Dau o Gywyddwyr Dechrau'r Ail Ganrif ar Bymtheg', Tegwyn Jones, *Llên Cymru*, cyf. 9, rhifau 3 a 4, Ionawr–Gorffennaf 1967.

2421 Rhyfedd iawn a rhy afiach
Yw'r bywyd byr a'r byd bach.

2422 O Duw oll, o deallwn,
Ofer yw hyder o hwn,
A gweled fyrred fawredd
Einioes dyn byw nes dwyn bedd.

2423 Hŷn ni bydd na hwy'n y byd,
Er ei gŵyn awr ac ennyd,
Y dyn, er uched y dêl,
Mewn yr oes mwy na'r isel.

2424 Twysog yw, enwog ei waith,
Teilwng i wisgo talaith.

Mil o Ddyfyniadau Cymraeg (Gol. G. Lloyd Edwards) (1968).

CHARLES EDWARDS
1628–1691

2425 Eled y Cymro yn hoff gan Dduw.
'At y Darlleydd', *Y Ffydd Ddi-ffuant* (1677).

D. MIALL EDWARDS
1873–1941

2426 Fel y mae corff byw yn uwch ar raddfa bodolaeth na pheiriant marw, er yn llai o ran maint, felly y mae cenedl yn uwch nag ymerodraeth.

'Cenedl a Chenedlaetholdeb', *Y Geninen*, cyf. XXXII, rhif 2, Ebrill 1914.

2427 Mae'n llawer haws cydymffurfio â gwendidau pobl eraill nag â'u rhagoriaethau.

ELWYN EDWARDS
1943–

2428 Er i henaint ei grino,
Yr un yw câr yn y co'.

'Y Pethau Bychain', *Barddas*, rhif 89, Medi 1984.

EMRYS EDWARDS
1913–

2429 Araf yw'r wawr wrth gyfrif yr oriau.

Cyfansoddiadau a Beirniadaethau Eisteddfod Genedlaethol Cymru, Llanelli a'r Cylch 1962 (Gol. Stephen J. Williams); dan y ffugenw 'Heddwch i'w Lwch' yng nghystadleuaeth yr awdl.

2430 Dan estron ddwrn, bwrn yw byw;
Senedd estron sy'n ddistryw.

'Senedd i Gymru', *O Fedel Pantyfedwen 1975*.

2431 Nid ennill gradd yw addysg,
Nid gradd deg yw arwydd dysg.

'Cwpledi Epigramatig', *Barddas*, rhif 69, Rhagfyr 1982.

2432 Er gwylio llawer gelyn
Y mwyaf yw mi fy hun.

2433 Tra ód fy natur ydwyf:
Un â'r Diawl; hanner Duw wyf.

HUW LLOYD EDWARDS
1916–1975

2434 Ffolineb yw rhinwedd yng ngwallgofdy'r byd.

Y Gŵr o Wlad Us (1960), *Y Gŵr o Gath Heffer/Y Gŵr o Wlad Us* (diddyddiad), act 2.

2435 Pechod mwya' dyn yw ei enedigaeth.

2436 Rhyfel yw'r hynaf—ac nid y lleiaf parchus—o'n sefydliadau.

J. M. EDWARDS
1903–1978

2437 Ar lendid, ar loyw wynder,—at y pur
Bwyty poeryn amser;
Stranc yr ifanc yn ofer,
Cnydau'n wyw, y cnawd yn wêr.

'Dyn a Daear', *Cerddi Hamdden* (1962).

2438 Trwy hyder ar dyle'r daith
Y mae gwybod grym gobaith.

2439 Oes y moeth a'r esmwythyd
Ni ŵyr bwys gofidiau'r byd.

2440 Drain y drin yw cadernid yr enaid.

2441 Main yw edau munudyn,
Eiddil i'w ddal yw i ddyn.

'Er Cof am fy Mam', *Y Casgliad Cyflawn* (1980).

2442 Mae'r hwyl mor chwim â'r eiliad
A byr yw awr ei barhad.

2443 Hwynt-hwy ydyw'r gweddill dewr a'i câr yn ei thlodi,
Ac a saif iddi'n blaid yn ei dyddiau blin;
Allan yn y cymoedd a'r mynyddoedd amyneddgar
Hwy a wynebant yr ystormydd a phob hin.

'Y Gweddill'.

2444 Fy mro Gymreig sydd hithau
Yn gaer am ei phethau gwiw,
Mae'r gymdeithas yno'n parhau
Yn batrymau triw.

'Y Ceyrydd'.

2445 Banerwn bob un erw ohoni,
Ac ar bob trum boed draig;
Yna, bydd yma gaer o graig
Yn drech na'r un dur.

2446 Grym einioes yw ei chroesau,—a daw rhin
O drywaniad poenau;
Da yw her gorthrymderau,
Golud oes yw'r galed iau.

'Bywyd'.

O. M. EDWARDS 1858—1920

2447 Y prawf cryfaf i mi o nerth iach Cymru ydyw'r ffaith mai mewn llenyddiaeth a cherddoriaeth yn unig y mae ei bywyd wedi ymddarlunio hyd yn hyn.

O'r Bala i Geneva (1889).

2448 Yr wyf yn credu mai trwy gadw ei Gymreictod y bydd Cymro gryfaf, a pharotaf i wneud daioni, a mwyaf llwyddiannus, a dedwyddaf, ac agosaf at Dduw.

'Rhagymadrodd', *Cymru*, cyf. I, rhif 1, Awst 15, 1891.

2449 Os mynnir deall hanes Cymru, ac os mynnir adnabod enaid y Cymro, rhaid dechrau gyda'r mynyddoedd.

2450 Cryfder dychymyg a dyhead am fywyd gwell, a phruddglwyf wrth weled mor anodd ydyw sylweddoli pan fo'r brwdfrydedd wedi oeri: dyna brif nodweddion y Cymro.

2451 Y mae hanes pob cenedl yn dangos llwybr ei bywyd, y llwybr y myn ei gerdded yn ei blaen.

'Hanes Cymru', *Cymru*, cyf. II, rhif 7, Chwefror 15, 1892.

2452 Nid arweinir yr un genedl byth, os nad arweinir hi at rywbeth y tybia iddi ei golli yn yr amser fu.

2453 Nid oes genedl ar wyneb y ddaear â'i gwaed yn bur; a'r lle y ceir mwyaf o gymysgedd gwaed y ceir mwyaf o athrylith ac o gynnydd.

2454 Pan fo diwygiad nerthol neu chwyldroad mewn un wlad, y mae tonnau'r cynhyrfiad yn ymestyn yn wan i'r holl wledydd eraill.

'Tudalen y Golygydd'.

2455 Nid oes odid genedl mor amyneddgar, ac mor wyllt, â chenedl y Cymry.

'I Ble'r Ydym yn Mynd?', *Y Llenor*, Llyfr I, Ionawr 1895.

2456 Y mae i bawb ryddid barn, ond nid yw pawb yn feirniad.

'Ein Cerddi Arwrol', *Y Llenor*, Ebrill 1895.

2457 Gellir dweud am lenyddiaeth, fel doethineb, ei bod yn cael ei chyfiawnhau gan ei phlant ei hun.

'Y Llenor Cymreig', *Y Llenor*, Llyfr V, Ionawr 1896; cf. 1032.

2458 Hyd nes y cyfyd ein balchder cenedlaethol, hyd nes y'n parchwn ein hunain, hyd nes y ffieiddiwn addoliad pob peth estronol, hyd nes y rhoddwn ddyledus barch i'n tadau ein hunain, ni wiw inni ddisgwyl parch gan bobl gwledydd eraill.

'Tyn-y-Groes', *Tro trwy'r Gogledd, Tro i'r De* (Gol. Thomas Jones) (1958); cyhoeddwyd *Tro trwy'r Gogledd* gyntaf ym 1907, a *Tro i'r De* yn yr un flwyddyn.

2459 Fel mewn pob gwlad lle ceir cariad at yr hyn sydd hen, y mae parch eithafol yng Nghymru i fonheddwr.

'Llanymawddwy'.

2460 Mae'n gwlad yn rhywbeth byw, nid yn fedd marw dan ein traed. Mae i bob bryn ei hanes, i bob ardal ei rhamant. Mae pob dyffryn yn newydd, pob mynydd yn gwisgo gogoniant o'i eiddo ei hun. Ac i Gymro, ni all yr un wlad arall fod fel hyn.

'Adfyfyrion'.

2461 Nid mater o golli iaith ydyw i ardal golli ei Chymraeg: cyll nerth ei meddwl ar yr un pryd.

'Llanidloes'.

2462 Ysbryd cenedl sy'n gwneud cerddor a bardd.

'Abertawe'.

2463 Cyn mynd i'r ysgol nid oedd blentyn hapusach na mi yn unlle ar fryniau a mynyddoedd Cymru.

'Ysgol y Llan', *Clych Atgof ac Ysgrifau Eraill* (Gol. Thomas Jones) (1958); cyhoeddwyd *Clych Adgof* gyntaf ym 1906.

2464 Bob dydd byddai'r tocyn, fel pe yn ei bwysau ei hun, o bob cwr o'r ysgol, yn dod am fy ngwddf i. Y mae hyn yn gysur i mi hyd heddiw: ni cheisiais erioed gael llonydd gan y tocyn trwy ei drosglwyddo i un arall. Ni wyddwn ddim am egwyddor y peth, ond yr oedd fy natur yn gwrthryfela yn erbyn y dull melltigedig hwn o ddinistrio sylfeini cymeriad plentyn.

[am y *Welsh Not*].

2465 Hen gyfundrefn felltigedig, diolchaf wrth gofio fod gobaith i mi weled amser y caf ddawnsio ar dy fedd.

[am y gyfundrefn addysg a ddefnyddiai'r *Welsh Not*].

2466 Yn Gymraeg y medrir dysgu i blentyn o Gymro feddwl, a thrwy'r Gymraeg y medrir dysgu iaith arall iddo.

2467 Tybir yn aml mai lluosogrwydd ei threfydd mawrion yw cyfoeth gwlad, lle mae peiriannau yn fwy pwysig nag eneidiau; ond gwir olud gwlad yw'r lleoedd bychan a fu'n gartref ei dysgawdwyr ac yn fagwrle ei meddwl.

'Y Bala'.

2468 Dacw'r Aran fawreddog—pe bawn bagan, hi a fuaswn yn ei haddoli.

2469 Nid grawnwin a gesglais ar fy mywyd, nac afalau gerddi, ond y peiswyn ysgafnach nag us.

'Dyrnaid o Beiswyn'.

2470 Y mae llenyddiaeth cenedl yn dibynnu, i raddau mawr, ar ei hwiangerddi.

'Hwiangerddi'.

2471 Y mae digon o feirniaid; gwŷr angerddol sy'n brin.

'Athan Fardd'.

2472 O'r dechrau penderfynais ddewis erthyglau a wnâi un di-nod yn enwog, yn hytrach nag erthygl â'i thuedd at wneud ei hawdur enwog yn ddi-nod.

'Er y Rhifyn Cyntaf'.

2473 Yr wyf yn credu y dylwn i a phob Cymro arall fod ar ein gorau heddiw i achub ac i gadw bywyd crefyddol, llenyddol, pur Cymru: y mae'n rhaid i achos gwareiddiad y byd wrtho.

2474 Y mae plentyn a fagwyd yn y wlad yn meddu meddwl cyflymach a dyfnach na phlentyn wedi ei fagu yn y dref. Medd fwy o eiriau, gŵyr fwy am natur, gwêl ymhellach.

'Dyddiau Mafon Duon', *Yn y Wlad ac Ysgrifau Eraill* (Gol. Thomas Jones) (1958); cyhoeddwyd *Yn y Wlad* gyntaf ym 1921.

2475 Gall cenedl amryfal iawn siarad yr un iaith, gall cenedl bur iawn newid ei hiaith. Ni ddengys iaith hanfod cenedl.

'Y Mynyddoedd Hyfryd'.

2476 Ysgrifennir barddoniaeth ym munudau cynhyrfiad, y mae meddwl yr enaid ar ei lawn egni, ac afredir gofal ar ddewisiad geiriau ac arddull; ond munudau cyffredin bywyd a roddir i ryddiaith, a chymerir y gair agosaf at law.

'Ffyrdd Hyfrydwch'.

2477 Cenedl fyw, egnïol, lawn dychymyg a chywreinrwydd, yw cenedl y Cymry; ond, er ei holl frwdfrydedd, cenedl ofnus iawn ydyw pan fo'n meddwl am roi cam ymlaen. Gŵyr y gall arwain cenhedloedd eraill; ond ei hen arfer llwfr yw chwilio am lwybrau wedi eu troedio'n barod, a chwilio'n aml am arweinwyr dieithr i'w thywys hyd-ddynt.

'Prifysgol y Gweithwyr'.

2478 Y ddau awydd cryfaf ym mywyd pobl yw awydd cadw eu trysorau ac awydd byw eu bywyd; y ddau beth yr ymgroesa meddwl cenedl fwyaf rhagddynt yw colli a marw.

'Angen Mwyaf Cymru'.

2479 Os cyll Cymru ei bywyd fel cenedl, â i'r bedd yn genedl ryfeddol gyfoethog, ac nid yn genedl dlawd.

2480 Nid ar faes y gad ond mewn llenyddiaeth y mae eisiau Llywelyn a Glyndŵr.

2481 Gwnaeth Ceiriog fwy i gadw'r Gymraeg yn fyw na holl feirdd y gynghanedd gyda'i gilydd.

2482 Y mae tŵr mewnol y genedl yn ddiogel hyd yn hyn; y mae beirdd yno yn hyfryd ganu awdlau i glustiau ei gilydd. Ond ar y rhagfuriau y mae'r perygl, ac ychydig yw nifer y rhai deheuig sy'n ymladd yno.

2483 Fel rheol, hwyrach, nid yr un yw'r bardd a'r beirniad; crëwr yw'r naill, archwiliwr yw'r llall; ymrestra'r naill dan faner cydymdeimlad, a'r llall dan faner cydwybod.

'Beirniadaeth'.

2484 Yng nghyfnodau adfeilio y blodeua beirniadaeth.

2485 Y werin sy'n meddwl, y werin sy'n siarad, ac os na dderbyn llenyddiaeth eiriau ac arddull y werin, bydd arddull llenyddiaeth Cymru yn rhy hynafol a chlasurol, ac yna yn annaturiol ac yn ddiwerth at amcanion bywyd.

'Arddull'.

2486 Y mae'r peth a elwir yn gamgymeriad y llenor weithiau yn well na'r peth a elwir yn gywirdeb y gramadegydd.

2487 Nid oes dim mor bersain a huawdl â chynghanedd os bydd mor berffaith fel na feddyliwch am reol wrth ei gwrando neu ei darllen. Os na bydd felly, y mae'n feichus i'w darllen, ac yn andwyol i arddull y truan a'i saernïo.

2488 Y mae i Gymru ei hiaith ei hun, ac ni fedr gadw ei henaid hebddi. Nid hyn a hyn o eiriau, mwy neu lai nag mewn ieithoedd eraill, ydyw. Y mae ynddi brydyddiaeth bywyd a gobaith mil o flynyddoedd wedi'u trysori.

'Enaid Cenedl'.

2489 Ni all Cymro gadw ei barch a'i ddefnyddioldeb dan ddynwared.

'Y Cymro Mwyn'.

2490 Y mae Arthur wedi deffro yng Nghymru, ond y mae Arthur Llydaw eto'n huno dan y traeth disglair acw.

'Ynys Arthur', *Tro yn Llydaw, Teithio'r Cyfandir* (Gol. Thomas Jones) (1959); cyhoeddwyd *Tro yn Llydaw* gyntaf ym 1890.

2491 Ein gwlad ni ydyw. Y mae wedi ei chysegru â hanes ein cenedl. Ynddi hi y gorwedd ein tadau; mae eu beddau'n santeiddio'i daear, o fedd Owain Gwynedd yn eglwys gadeiriol Bangor i fedd Islwyn ymysg bryniau hyfryd Gwent.

'Nodiadau', *Cartrefi Cymru ac Ysgrifau Eraill* (Gol. Thomas Jones) (1962); cyhoeddwyd *Cartrefi Cymru* gyntaf ym 1896.

2492 Gallu grymus fu gwladgarwch erioed, ac er daioni bob amser. Y mae hunan-aberth ynddo, collir hunan mewn gwlad; y mae ymsanteiddio ynddo—llysg hunanoldeb fel sofl sych a difa'r hen lid teuluol sy'n chwerwder bywyd barbaraidd, a dwg ddyn yn nes at Dduw.

2493 Yng ngrym ei wladgarwch y mae nerth pethau gorau cymeriad dyn; yn erbyn gwladgarwch y mae'r pethau gwaelaf yn ei gymeriad.

2494 Pryd bynnag y deffry Cymru, deffry ei theimlad crefyddol hefyd; gydag Arthur bob amser daw Dewi Sant.

'Dewi Sant'.

2495 Rhaid i'r gwir fardd ganu ei bethau gorau ar ei fwyd ei hun.

'Rhai a Hoffaswn eu Gweled'.

ROBERT EDWARDS (ROBIN/ROBYN DDU O FEIRION) 1775–1805

2496 Myned i'r pridd yn ddiddadl—yr ydwyf
Heb rodio mwy'n drwyadl;
Gwen yw'r ên, gwan yw'r anadl;
Brau yw'r einioes—nid oes dadl.

'Englyn, Cyffes Bardd', *Corph y Gaingc* (1810).

2497 Duw'n ddiau a biau byd;
Duw Iôn biau dwyn bywyd;
Duw gwyn biau estyn oes,
Biau rannu ber einioes.

'Cywydd Marwnad Rowland Hugh'.

2498 Wele orweddle ireiddlanc,—daear
Yw diwedd dyn ieuanc:
Pob hoenus, olygus lanc
Yno ddaw, ac ni ddianc.

'Beddargraff Dyn Ieuanc', *Pigion Englynion fy Ngwlad,* ail gyfres (Gol. John Thomas (Eifionydd)) (1882).

ROGER EDWARDS 1811–1886

2499 Pa le, pa fodd dechreuaf
Foliannu'r Iesu mawr?

'Diolch am Gyfryngwr', *Llyfr Emynau y Methodistiaid Calfinaidd a Wesleaidd* (1927).

THOMAS EDWARDS (TWM O'R NANT) 1739–1810

2500 Nid oes un didwyll Gristion dedwydd
Nes cael yn Nuw ei eni o newydd.

'Carol Plygain, ar *King's Farwell*', *Gardd o Gerddi* (1790).

2501 Cnawd a byd yw cnwd y bedd.

'Cywydd Marwnad Mr. Edward Jones, Gwr Bonheddig o Cil y Llwyn, Bodfary, 1788'.

2502 Dirwynwyd edau'r einioes
Yn grwn gan yr hwn a'i rhoes.

2503 Mae doeth ac annoeth gynneddf
Yn byw dan yr unrhyw reddf.

'Marwnad Captain Roger Mostyn, o Segrwyd, gerllaw Dinbych'.

2504 Ofer yw'r gwychder i gyd,—a'r cofion,
A'r cyfoeth a'r bywyd;
Ofer, rhy ofer hefyd,
Oferedd balch fawredd byd.

'Dau Englyn, yn Dangos Oferedd Goruchwylion Dyn'.

2505 Oes urddas na phlas na phleser,—na chost,
Na chestyll na gwychder,
Na dim a wnaeth Duw a'm Nêr
Dan nefoedd nad yw'n ofer?

2506 Pa gred ymddiried am dda?
Siomiant yw pob peth s'yma.

'Cywydd, Hanes Henaint, a Threigl Amser. B.A. 1799'.

2507 Na fydd anfwyn wrth fwyn o'th fodd,—na mwyn
Wrth anfwyn o'th anfodd;

Anfwyn nid da mewn unfodd,
Na rhy fwyn, ond mewn rhyw fodd.

'Englyn ar Fwyneidd-dra'; cambriodolir i Huw Morys, dan y teitl 'Ynglyn o Gyngor' yn *Eos Ceiriog, sef Casgliad o Bêr Ganiadau Huw Morus* (Gol. Walter Davies (Gwallter Mechain)), cyf. II (1823). Ymddengys hefyd fel englyn anhysbys ei awduriaeth mewn rhai casgliadau.

2508 Ffydd fywiol, wreiddiol ar weddi,—
heb lid,
Ffydd â blodau arni;
Ffydd heb un awr ddiffoddi,
Ffydd gref, â i'r nef â ni.

'Englynion i Ffydd'.

2509 Ni cheir, lle bo gynifer dyn,
Ond ychydig yr un chwedel.

Tri Chryfion Byd; sef, Cariad, Tylodi, ac Angau, Gwaith Tomas Edwards (*Twm o'r Nant* (Gol. I. Foulkes) (1874).

2510 Am fod yn ddoeth yn ei olwg ei hun
Mae braidd bob dyn a adwaenir.

2511 Y mae'n gywilyddus clywed carpie
Yn lladd ac yn mwmian ar iaith eu
mame,
Heb fedru na Chymraeg, na Saesneg
chwaith—
Onid ydyw'n waith annethe?

2512 Ym mhob sefyllfa fe ddylai dyn
Adnabod ei hun yn wahanol.

2513 Mae'r meddwon a'r lladron tan un
llywodraeth,
Y tyngwyr a'r rhegwyr, a phob
rhywogaeth,
Dilynwyr pechod yn gytûn
Yn deulu o'r un gwaedoliaeth.

2514 Mae weithiau'r tlawd yn dyrchafu,
Neu gyfoethogion yn gwaethygu;
Y bryniau'n cwympo'n isel eu bri,
A'r tomennydd yn codi i fyny.

2515 Mae pob pechadur gwaetha'n fyw
Ag elfen Duw yn y gwaelod.

2516 Os ceir pleser dipyn heno,
Bydd gofid, cyn yfory, yn dechre
cyfeirio;
Ni cheir pleser cnawdol am fawr hyd
Na fo gofid gydag efo.

Pleser a Gofid.

2517 Drwy gariad daw'r byd o'r gorau.

Cybydd-dod ac Oferedd.

2518 Oddi wrth felys chwantau dynion
Y mae rhyfel a phob ymryson;
Brithder y sarff yn eu cadw sydd
Heb ddim cywilydd ar eu calon.

2519 Cariad sy'n concwerio: nid yw gobaith
ond gwibio,
Na ffydd ond diffygiol heb gariad
gwirioneddol.

Bannau y Byd; neu, Greglais o Groglofft . . .

2520 Ni bu dda un amser heb ddrwg ar ei
gyfer.

2521 Ni fedd neb yn bendant na hawl na
haeddiant
Ond yr hyn a ewyllysio Dduw'n addas
ddwyn iddo.

2522 Cariad a thrugaredd yw cwlwm
tangnefedd.

2523 Heb gariad a santeiddrwydd ni wêl neb
yr Arglwydd.

2524 Mae'r greadigaeth oll ynglŷn
O'r pedwar defnydd sy 'nghorff dyn;
Y dwfr yw'r gwaed, a'r tân yw'r natur
Sy yng ngwres cenhedliad pob creadur.

2525 Y ddaear ydyw'r cnawd a'i ryw,
A'r awyr yw'r anadliad byw;
Felly dyn sydd unrhyw bryd
Â'r pedwar defnydd ynddo 'nghyd.

Y Ddau Ben Ymdrechgar, sef Cyfoeth a Thylodi . . .

2526 Nid oes dim rhagor genedigeth
Rhwng dyn tlawd a dyn â chyweth

2527 Yng ngolwg y byd mae'r dyn cyfoethog
Megis haul yn t'wnnu'n wresog;
A'r dyn tlawd, mewn gwawd a ch'ledi,
Fel y lleuad yn llawn oerni.

2528 Gwnaed pawb o'i dalent fel y dyle.

2529 Blinder ydyw casglu,
A blinder yw gwasgaru;
Blinder ydyw gwneud pob gwaith,
A blinder maith yw methu.

2530 Mae hanner gair yn fwy i gall
Na dweud i ddigall ddeugain.
Pedair Colofn Gwladwriaeth.

2531 Os nad oes iddi ond dechrau bach
Mae'n ffyrfach yn ei pherfedd.

2532 Rhaid i'r gwan ddioddef pob trahawstra.

2533 Nid iawn i neb ymgyrraedd gormod.

2534 Yn y pen y mae'r synnwyr a'r pwyll,
A'r galon yw'r golwg ar dwyll.

2535 Mae pob sefyllfa o'i gyrfa'n gaeth
I ogoneddu'r hwn a'i gwnaeth.

2536 . . . Holed pawb ei hun;
Mae barn, rhag barn, yn dda i bob un.

2537 Cydwybod olau ei llwybrau a'i llun
Sydd orau i ddyn ei ddilyn.

2538 Rhaid i bawb sefyll dan ei faich ei hun.

2539 Mae oferedd ym mhob rhyw fwriad
Sydd yn y byd mewn treigliad:
Gwagedd ac oferedd yw cyfoethog a thlawd
Pan fo diwedd pob cnawd yn dŵad.

WILLIAM EDWARDS (GWILYM CALLESTR/WIL YSGEIFIOG) 1790–1855

2540 Iôr a biau roi bywyd,—cu anadl,
Ac einioes, ac iechyd:
Hawl a fedd i alw o fyd
Man y mynno mewn munud.

'"Y Duw y Mae dy Anadl di yn ei Law"', *Pigion Englynion fy Ngwlad* (Gol. John Thomas (Eifionydd)) (1881).

WILLIAM THOMAS EDWARDS (GWILYM DEUDRAETH) 1863–1940

2541 Beth sy mor sobor o sâl
Â pheswch artiffisial?
'"Hy"', *'Chydig ar Gof a Chadw* (1926).

2542 O! mor wael os marw yw—y llew mawr;
Ni all mwy wneud distryw;
I wlad, mwy perygl ydyw
Chwannen fach a honno'n fyw!
'"Gwell Ci Byw na Llew Marw"'.

2543 Cythraul yw cath ar ôl ci.
'Y Gath Arall'.

2544 Bu i'r haf gwlyb a rhyfedd—oer wyro
I weryd o'r diwedd,
Ond wele'n llawn hudoledd
Hydref aur yn crwydro'i fedd.
'Hydref 1923'.

2545 Y ddeufys na oddefwch,—ond mewn llaw
Dwym yn llon gafaelwch;
Llaw cyfaill yw hi—cofiwch
Ysgwyd llaw nes codi llwch.
'Ysgwyd Llaw'.

2546 O! wyryf deg, arafa di,—a gwêl
Y golofn sy'n nodi
Nad henaint a'm clodd tani;
Un ddeunaw oed oeddwn i.
'Beddargraff Geneth Ieuanc'.

2547 Mae mewn byd i hyd ei hwy,—mae i drwm
Ei drymach yn tramwy;
Caffaeliad amhrisiadwy
Yw dyn mawr yn gweld un mwy.
'Mawredd Mwy'.

2548 Ofer yw peint o ddwfr poeth—at oeri
Peint arall mor chwilboeth;
Mae eisiau dyn cymwys, doeth
I drin creadur annoeth.

'"Genau Glan i Ganu'n Glir"'.

2549 Ddoe yn gwatwar a gwario,—
meddw oedd,
Meddw heddiw eto,
A meddw fydd, medda fo,
Nes i bridd ei sobreiddio.

'Y Meddwyn'.

ELIDIR SAIS
fl. 1195—1246

2550 Dyn yn fyw ni fedd o'i arfaeth;
Duw a fedd o'i fuddugoliaeth.

'Marwnad a Gant Elidir Sais i Rodri ap Owein', *The Myvyrian Archaiology of Wales* (Goln Owen Jones (Myfyr), Edward Williams (Iolo Morganwg) a William Owen Pughe) (1870).

2551 A fo da ef gelwir dwyfawl,
A fo drwg a drig yn ddidawl.

'Elidr Sais a Gant yr Awdl Hon i Dduw'.

ISLWYN FFOWC ELIS
1924—

2552 Mae'r haul wedi codi naw mil o weithiau er pan welais ef gyntaf. Ni ŵyr ef mo hynny. Ni ŵyr ychwaith pa faint o'i fachludoedd a gedwais, na pha sawl noson o sêr ar ôl iddo fynd dan y byd.

'Adfyw', *Cyn Oeri'r Gwaed* (1952).

2553 Mae doe yn darfod, fel esgyrn rhyw Ffaro wrth eu cyffwrdd yn chwalu'n llwch.

2554 A anwyd yn fardd, ni all na farddona.

'Hyfrydwch y Gwir Grefftwr'.

2555 Y mae gŵr mewn crefft estron fel afalau ar winwydd.

2556 Hwnnw na ddysgodd grefft na hyfrydwch ei dilyn, neu na roed iddo'r amynedd i'w harfer, yr un nad oes gan fywyd fawr i'w gynnig iddo. Cais hyfrydwch ym mhobman ond yn ei waith, nad yw ond darn o'i fywyd, a darn annymunol. Rhannodd ei fywyd, ac ni all y rhannau gytuno. A'r aberth ydyw ef, y sawl a'i rhannodd.

2557 Caiff Saeson sgrifennu a fynnant am Gymry, a Chymry am Gymry, ond gocheled Cymro rhag rhoi'r Sais mewn du a gwyn.

'Y Sais'.

2558 Y rhai sy wedi'u geni'n dlawd sy'n gweld drwg mewn cyfoeth.

Cysgod y Cryman (1953), pennod 9.

2559 Heb eu disgwyl y daw pethau chwerw bywyd. Fel lladron yn y nos, pan fo dynion yn dawnsio, i dorri llawenydd ac i ffrwydro undonedd blasus byw.

Pennod 13.

2560 Yr un faint yw byd pawb. Yr un faint â'i feddwl.

Ffenestri Tua'r Gwyll (1955), pennod 1.

2561 Unwaith y mae merch yn caru.

Yn ôl i Leifior (1956), pennod 11.

2562 Rhaid i ddyn gael syniad llywodraethol i'w fywyd. Heb hynny, mae o a'i fywyd ar chwâl, ac mae o'n anniddig, anesmwyth ac anfodlon.

Pennod 18.

2563 Rhyfel yw un o ddiwydiannau a chwaraeon mawr y byd.

2564 Y mae llwyddo mewn un peth yn well na methu ym mhopeth, ac fe'ch bernir gan yr unig Un sydd â hawl i'ch barnu, nid yn ôl amlder eich doniau, ond yn ôl y defnydd a wnaethoch o'r ddawn sydd i chwi.

Pennod 20.

2565 Os oes cosb waeth na'i gilydd y gellir ei rhoi ar ferch, bod yn wraig i weinidog ydi'r gosb honno.

Pennod 21.

2566 Nid oes fuddugoliaeth fwy i neb na buddugoliaeth arno'i hun.

Pennod 27.

2567 Ni all nofelydd fenthyca llygaid neb arall i edrych ar ei gyfnod a'i gymdeithas. Os oes tro neu frycheuyn yn ei lygaid, mae hynny'n resyn. Wrth ddarlunio'r gymdeithas a wêl drwy'i lygaid gwallus ef ei hun mae'n ysgrifennu nofel amherffaith; ond petai'n ceisio'i gweld drwy lygaid gwallus rhywun arall byddai'n ysgrifennu nofel farw.

'Y Nofelydd a'i Gymdeithas', *Taliesin*, cyf. 1 [1961].

2568 Y mae syrffed yn well lladdwr ar chwant na newyn.

2569 Offeryn yw'r nofelydd. Offeryn yn llaw ei brofiad ef ei hun, wedi'i lunio a'i liwio gan ei brofiad, ac yn cael ei ddefnyddio gan ei brofiad—ar drugaredd ei brofiad, os mynnwch.

Thema yn y Nofel Gymraeg: Cyfres Pamffledi Llenyddol Cyfadran Addysg Aberystwyth, rhif 4 (darlith a draddodwyd i Gyfadran Addysg Coleg y Brifysgol, Aberystwyth, 24 Mawrth, 1962).

2570 Gwenwyn araf yn gweithio yw rhagrith, ac mae dyn yn ei weld mewn pobol eraill cyn ei weld ynddo ef ei hun.

2571 Nid oes dim yn fwy anodd i ddyn nag wynebu'r hyn ydyw.

DAVID ELLIS
1893—1918

2572 Drud y golud a dorro dy galon.

'David Ellis: Bardd a Gollwyd', *Erthyglau ac Ysgrifau Llenyddol Kate Roberts* (Gol. David Jenkins) (1978).

ROBERT ELLIS (CYNDDELW)
1812—1875

2573 Mae yr Awen Gymreig, fel ein rhianedd, yn hoffi amrywiaeth gwisgoedd yn fawr; ac y mae ganddi bob amrywder dichonadwy at ei gwasanaeth, fel nad oes achos iddi fenthyca edefyn gan un genedl arall er mwyn amrywiaeth a harddwch. Ei thlysni yw ei symledd cyntefig.

Tafol y Beirdd, sef Traethawd yn Egluro Deddfau Mydryddol Barddoniaeth Gymreig o'r Cynoesoedd hyd yn Awr . . . (1852).

2574 Fy more fu ym Merwyn,
Ofer a gwag fore gwyn;
Afradus fore ydoedd,
Bore gwyn fel barrug oedd.

'Cywydd Berwyn', *Barddoniaeth Cynddelw* (Gol. John Owen Griffith (Ioan Arfon)) (1877).

2575 Od oes byth gael dewis bedd,
I Ferwyn af i orwedd.
Tua'r lle bu dechre'r daith
Af yn ôl i fy nylaith.
Gan Ferwyn caf gynfawredd
Ei graig fawr yn garreg fedd.

2576 Awr hunaw ddistaw a ddaeth,—
awr angof
Ar rengau bodolaeth;
Awr gysglyd ar drymllyd draeth
Y môr elwir marwolaeth.

'Awdl ar Ddystawrwydd'.

DANIEL EVANS
(DANIEL DDU O GEREDIGION)
1792—1846

2577 Colyn y Diawl yw celwydd.

'I'r Celwydd', *Gwinllan y Bardd* (1831).

2578 Bore-fwyd i bryf ydyw.

'Marwnad y Diweddar Barch. Eliezer Williams, M.A.'

2579 Echdoe yr own mewn nychdod,—
yn eiddil
Yn nydd fy mabandod;
Ddoe yn heini ddyn hynod,
Heddiw mewn bedd yma'n bod.

'Bedd-argraffiadau: Eraill ar Amrywiol Achosion'.

2580 Aros, y mwynlanc irwedd,—i weled
Dy olaf gul annedd;
Y gwas bach, i gŵys y bedd
Y deui yn y diwedd.

2581 Einioes nid yw ond ennyd,—a diddim
Yw dyddiau ein bywyd;
Ein hafiach daith sydd hefyd
I dŷ'r bedd wrth ddod i'r byd.

2582 Cwlwm yw nad oes cilio—o'i afael
Nes dyfod i'r amdo:
Rhwydd ar awr y rhoddir o,
Ei ddatawd nid rhwydd eto.

'Cwlwm Priodas'; englyn anhysbys ei awduriaeth yn ôl W. J. Gruffydd yn *Blodeuglwm o Englynion* (1920).

2583 Duw biau edau bywyd
A'r hawl i fesur ei hyd.

Priodolir i Ddaniel Ddu yn yr adran 'Ychwanegiad o Waith yr Un Awdur' yn y trydydd argraffiad o *Gwinllan y Bardd* (1907); cf. rhif 2624.

D. GWYN EVANS
1914—

2584 Er eu hosgo rhodresgar,—nid yw'r byd
I'r balch a'r hunangar;
Addewid yw y ddaear
I rai gŵyl y mwynder gwâr.

'Y Gwynfydau: Y Rhai Addfwyn', *O Fedel Pantyfedwen*, 1966.

2585 I'r gerwin didrugaredd—yn nydd barn
Ni ddaw byth ymgeledd;
Dan ei faich, pardwn a fedd
Y gŵr a wnaeth drugaredd.

'Y Trugarogion'.

2586 Rhoi ei fawl i'r rhyfelwr—a wna'r byd,
Rhoi ei barch i'r arwr;
Onid gwell gwynfyd y gŵr
A faidd fyw'n dangnefeddwr?

'Y Tangnefeddwyr'.

2587 I un gŵr mae'r hyn sy'n gall
Yn wirion i un arall.

'Deg o Epigramau', *Pigion Eisteddfod Aberteifi 1973-74-75, y Chweched Gyfrol* (Goln. W. R. Jones a Wyn Jones).

2588 I arbed ateb byrbwyll
Da i bawb funud o bwyll.

2589 Ofer gwarchod iod o'r iaith
Gyda rhegi a drygwaith.

DONALD EVANS
1940—

2590 Mor faterol yw'n dolur,—ac ofer
Yw'n gofid o wewyr;
Gwastrafflyd ein bywyd byr—
Y gwast o ddiffyg ystyr.

'Ysictod ein Bod a'n Byw', *Parsel Persain* (Gol. Donald Evans) (1976).

2591 Yng nghanol yr holl ffoledd,—y berw
Barbaraidd a'r rhysedd,
Gwâr ei fyd yw'r gŵr a fedd
Un gronyn o'r Gwirionedd.

'Gwirionedd', *Barddas*, rhif 21, Gorffennaf/Awst 1978.

2592 Hen dŷ euraid a'i doreth—yn ysgwyd
Yn ei rwysg a'i benbleth,
Ei seiliau a'i furiau'n feth:
Arian papur yw'n popeth.

'Materoldeb', *Barddas*, rhif 31, Mehefin 1979.

2593 Daw hiraeth ar fy ngwaethaf—imi'n awr,
Min hiraeth o'r tristaf;
Hen hiraeth sy'n boen araf:
Hiraeth ffôl ar ôl yr haf.

'Englynion yr Hydref: Hydref 1984', *Cread Crist* (1986).

2594 Mae gwir dan bob anwiredd,
Ac anwir dan wir 'run wedd.

'Cymru '86', *Barddas,* rhifau 111/112, Gorffennaf/Awst 1986.

2595 Mi wn yn iawn mai nyni—a'i cafodd,
Y cyfan ohoni,
I'w siarad a'i thrysori,
Ond meddiant Duw ydyw hi.

'Yr Iaith Gymraeg', *Barddas,* rhif 118, Chwefror 1987.

2596 Fe lonnaf o lawenydd—am fymryn,
Wedyn 'rwy'n annedwydd;
Ar dro caf ryw hyder cudd,
Yna ofnus fy nefnydd.

'Bywyd', *O'r Bannau Duon* (1987).

2597 Nid cân neu gusan i gyd—yw einioes:
Y mae genau bywyd
Yn cau'n hagr i'n cnoi o hyd,
A gafael ar gau hefyd.

'Bywyd'.

2598 Fy un ofn wrth dyfu'n hŷn—yw colli
Cellwair y bachgennyn
O'm gwaed, a magu wedyn
Enaid ffôl difrifol dyn.

'Ofn'.

2599 Diddim yw anrhydeddau;
Nid yw bri yn ddim ond brau.

'Epigramau Cynganeddol'; heb eu cyhoeddi o'r blaen.

2600 Y geriach bach ym mhob oes,
Y rheini yw aur einioes.

2601 Baich sy'n faich o afiechyd
Yw dyheu am glod o hyd.

2602 Y gŵr dewr gorhyderus;
Y teyrn nobl: llond dwrn o us.

2603 Gwylia ŵr triagl-eiriau:
Dan y siwgwr mae gŵr gau.

2604 Heb wyntoedd ni bu antur;
Ni bu gamp na wybu gur.

2605 Mynnu byw rhag min bywyd
Yw byw yn hedd bedd y byd.

2606 Ni chuddir yn hir gan neb
Yr hyn sydd dan yr wyneb.

2607 Yn nydd oer ein cynddaredd
Ein hangen yw heulwen hedd.

2608 Y gwyllt sydd yn wag ei air;
Tawel yw'r enaid diwair.

2609 I'r cnawd ni wneir drwg gan hedd,
I'r enaid gan wirionedd.

2610 Dedwydd yw dynion didwyll,
Digalon dynion o dwyll.

2611 I'r sawl a fynno berswâd,
Gorau gair, gair o gariad.

2612 Oes y diawl yw'n hoes fawlyd
A'r bom yn feseia'r byd.

2613 Yr hunan ydyw'r annuw;
Y bach sy'n dalach na Duw.

2614 Yr hyn a lygra'r enaid,
Anwir yw, bob tro, o raid.

2615 Os trech na ni yw pechod
Nid baw ydyw Enaid Bod.

EDWARD EVAN(S)
1716—1798

2616 Ynfyd yw chwerthin anfoes,
Aflawen yw crechwen croes.

'Llyfr Ecclesiastes, neu'r Pregethwr. Wedi ei Gyfansoddi ar Fesur Cywydd', pennod 2, *Afalau'r Awen: sef Caniadau, Moesol a Duwiol . . .* (1816).

2617 Profais ffolineb rhyfedd
Y byd cyn fy mynd i'r bedd.

2618 Anfwyn yw rhodiad ynfyd.

2619 Er dim, fe fydd marw'r doeth
Aur enau fel yr annoeth.

E. GWYNDAF EVANS (GWYNDAF)
1913–1986

2620 Fe rwygir y mân frigau
Pan syrth derwen yn bren brau.

'Englynion Teyrnged a Hiraeth', *Magdalen a Cherddi Eraill* (1962).

EINION EVANS
1926–

2621 Yn y dom clod yw amarch.

'Llygredd', *Barddas*, rhif 11, Medi 1977.

2622 Bydd perchen y domen dail
Yn bwysig tra bo biswail.

2623 Nid ei hyd yw hanfod oes.

'Ennis', *Cerddi'r Ynys* (1987).

2624 Dyn biau gadwyn bywyd
A'r hawl i'w thorri cyn pryd.

Cf. rhif 2583.

2625 Yn y tawelwch bydd i'r petalau
eu llond o siarad lle nad oes eiriau.

'Ynys'.

2626 Ni chrewyd mwy na chariad mam.

'Buddugoliaeth'.

ELLIS HUMPHREY EVANS
(HEDD WYN)
1887–1917

2627 'Er maith sen Prometheus wyf,
Awdur pob deffro ydwyf,
A'r oes well wrth wawrio sydd
Ar dân o'm bri dihenydd.'

'Yr Arwr', *Cerddi'r Bugail* (Gol. J. J. Williams) (1918).

2628 Pe chwythai y corwynt fi'n fil o ddarnau
Fel niwl trwy gangau y deri a'r yw,
Ni phallai fy ffydd, na sain fy nghaniadau,
Cans gwn na'm chwythid tu allan i ffiniau
Y bwriad sy fyth yng nghyfrinach Duw.

'Cyfrinach Duw'.

2629 Canys gwae y nosau gynt
Erys yng nghôl y corwynt;
A daw o'r hesg gyda'r hwyr
Hanes tu hwnt i synnwyr.

'Ystrad Fflur'.

2630 Prifion rhyfel a helynt
Ewynnog, ysgythrog gynt,
Heddiw bedd di-gledd y glyn
Yn ddi-drwst gaeodd drostyn'.

2631 Od yw 'mhechod yn codi—i'm hwyneb
Fel mynych drueni,
Gwelaf yr Iawn ar Galfari
Yn ystorom o dosturi.

'Ystorm Garedig'.

2632 Mae nef wen yn amgenach
Na helynt byd i blant bach.

'Gwennie'.

2633 Iach oror praidd a cherrynt
A'i greigiau'n organau'r gwynt.

'Y Moelwyn'.

2634 Dylai bro wen ei geni
Roi llech aur ar ei llwch hi.

'Dynes Dda'.

2635 Cerddais fin pêr aberoedd—yn nhwrf swil
Nerfus wynt y ffriddoedd;
A braich wen yr heulwen oedd
Am hen wddw'r mynyddoedd.

'Haul ar Fynydd'.

2636 Dymunwn fod yn flodyn—a'r awel
Garuaidd yn disgyn
Arnaf fi yn genlli gwyn
Oddi ar foelydd eurfelyn.

'Dymuniad'.

2637 Deg ŵyl, dan las dy gelyn—una gwlad
Yn swyn gwledd a thelyn;
A hyd Fethlem dyry dremyn
Ar y Duw Sanct yn ei grud syn.

'Y Nadolig'.

2638 Gwae fi fy myw mewn oes mor ddreng,
A Duw ar drai ar orwel pell;
O'i ôl mae dyn, yn deyrn a gwreng,
Yn codi ei awdurdod hell.

'Rhyfel'.

2639 Mae'r hen delynau genid gynt
Ynghrog ar gangau'r helyg draw,
A gwaedd y bechgyn lond y gwynt,
A'u gwaed yn gymysg efo'r glaw.

2640 Troeog iawn yw llwybrau bywyd
Megis gwynt yr hwyr;
Pa le'n cludir ninnau ganddo,
Duw yn unig ŵyr.

'Mewn Album'.

2641 Ei aberth nid â heibio,—ei wyneb
Annwyl nid â'n ango',
Er i'r Almaen ystaenio
Ei dwrn dur yn ei waed o.

'Nid Â'n Ango'.

2642 Dim ond lleuad borffor
Ar fin y mynydd llwm,
A sŵn hen afon Prysor
Yn canu yn y cwm.

'Atgo'.

EMLYN OSWALD EVANS (EMLYN AMAN) 1892–1963

2643 Gwylia—ni chei un gelyn
Yn waeth diawl na thi dy hun.

'Cypledi Epigramaidd', *I Gofio Emlyn Aman* (Gol. Dafydd Owen) (1970).

2644 Na lunia air tu ôl i neb
Na fynnit ef i'w wyneb.

2645 Gwaetha'r drwg, gall gweithred rad
Gamarwain glân gymeriad.

2646 Llwydd a ddaw i'r lleia'i ddig,
Daw aflwydd i'r dieflig.

2647 I arbed wyth o bwythau
Rho'n ddi-oed ryw un neu ddau.

Cyfaddasiad o 'A stich in time saves nine'.

EVAN EVANS (IEUAN BRYDYDD HIR) 1731–1788

2648 Y tir gwyllt mewn tor gelltydd,
Egin a ddwg yn ei ddydd.

'Cywydd y Messiah', *Gwaith y Parchedig Evan Evans (Ieuan Brydydd Hir)* (Gol. D. Silvan Evans) (1876).

2649 Ni cheir mêl o chwerwon lysiau,
Ac ar ddrain ni cheir afalau;
Felly byth ni chaiff dyn ofer
Ond ei siomi gan ei bleser.

'Tawelwch Meddwl'.

2650 Po debycaf fych i'r Iesu,
Harddaf oll y cei dy farnu;
Ef yw Awdur mawr pob harddwch,
Ef ei Hunan ydyw'r tegwch.

2651 Dyma ddynion tra rhagorol
Sydd o naws a thymer nefol
Yn disgleirio megis perlau;
Nid yw'r lleill ond chwyn ac efrau.

2652 Llusern yw Gair Duw, llesawl
I ddwyn dyn o dyddyn diawl.

'Cywydd i Wiliam Fychan, o Gors y Gedol, Yswain'.

2653 Y mae gwlad Cymru druan
Oll o'u gwaith yn ddall a gwan,
Yn fodlon i estroniaid
Yn llwyr ei harwain i'r llaid.

2654 Llys Ifor Hael, gwael yw'r gwedd;—
yn garnau
Mewn gwerni mae'n gorwedd;
Drain ac ysgall mall a'i medd,
Mieri lle bu mawredd.

'Englynion ar Lys Ifor Hael, o Faesaleg, yn Swydd Fynwy'.

2655 Y llwybrau gynt lle bu'r gân
Yw lleoedd y dylluan.

2656 Er bri arglwyddi byr glod,—
eu mawredd
A'u muriau sy'n darfod;
Lle rhyfedd i falchedd fod
Yw teiau yn y tywod.

2657 Gwell yw byw a gallu bod
Dan wybr ein cydnabod
Na gwag gerdded, o'm credir,
O nwyd taith, i newid tir.
Newid oedd annedwyddach
Na bro a oedd yn bur iach.

'Cywydd Hiraeth y Bardd am ei Wlad'.

2658 Y gwir yw nas gŵyr yr iach
Y gofid a gâi afiach.

2659 Nid oes na dynion na dim
Na ddiweddant yn ddiddim.

'Cywydd Marwnad Mr. Wiliam Morys'.

2660 Agor dy drysor, dod ran,—
trwy gallwedd,
Tra gellych i'r truan;
Gwell ryw awr golli'r arian
Na chau'r god, a nychu'r gwan.

'Cynghor i'r Cyfoethog'.

2661 Y cyfaill gorau, cofia,
A lleufer dyn yw llyfr da.

'Llyfr'.

2662 Gorffwyllo, dawnsio mae dyn,
A'r Diawl yn canu'r delyn.

'Englyn ar Ôl Meddwi a Sobri'.

2663 Y bedd yw diwedd y dyn,
A dirfawr yw ei derfyn.

'Cywydd Marwnad Wiliam Fychan, o Gors y Gedol'.

2664 Ni fydd mewn gelltydd gwylltion—afalau
Neu felys bêr aeron,
Na daioni mewn dynion
Oni bai ras yn eu bron.

'Englynion i Rybuddio'r Cybydd i Ofalu am ei Enaid'.

2665 Ymochel, a gwêl mai gwaeledd—
yw'r byd;
Na ro bwys ar wagedd;
Yr elw byth ar ôl y bedd
I'r enaid yw ei rinwedd.

2666 Oni chawn nerth uwch na ni
Ni ddaw un i ddaioni.

EVAN EVANS
(IEUAN GLAN GEIRIONYDD)
1795–1855

2667 Daw teg hin 'nôl drycin drom,
'Nôl oerni daw haul arnom.

'Hiraeth Cymro am ei Wlad', *Geirionnydd: Cyfansoddiadau Barddonol, Cerddorol a Rhyddieithol y Diweddar Barch. Evan Evans* (Gol. W. J. Roberts) (1862).

2668 Diddim oll yn y dydd mau
Unrhyw gyngor rhag àngau.

'Marwolaeth Syr Thomas Picton'.

2669 Darfu'ch taith a'ch gwaith i gyd
'Nôl gorwedd yng nghôl gweryd;
Yn y llwch, dan y llechi,
Darfu'ch braint, dyrfa, a'ch bri.

'Y Bedd'.

2670 Nid â gŵr, wedi gorwedd,
I'w dŷ byth o waelod bedd.

2671 Ymerawdwr, llywiwr llon,
A garia euraid goron—
Ni ddeil ddim, pan ddêl ei ddydd,
Mwy na brwyn mân y bronnydd.

2672 Fe genfydd y clochydd clau
Tra bydd yn torri beddau
Esgyrn rhai fu'n gedyrn gynt
A gwawr sych, oernych, arnynt;
A'r cnawd fu'n wisg i'w gwisgaw
A godir hwnt gyda'r rhaw.

2673 Beth yw uchder balchder byd
Neu goron yn y gweryd?

2674 Ni pharcha'r bedd, annedd ddig,
Fwynwych aur fwy na cherrig.

2675 Mawr a bach sy 'mro y bedd,
Y doeth a'r annoeth unwedd,
Y cyfoethog, enwog un,
Gŵr y geiniog a'r gwannun.

2676 Gan hiraeth aeth, un ethol,
I ddaear werdd ar ei ôl;
A'u hil a ddaw i'w dilyn
O do i do, wedi hyn:
Gan hynny, felly i fedd
Y daw pawb yn y diwedd.

2677 Caf fod ryw ddiwrnod a ddaw
Mor ddiystyr, mor ddistaw.

2678 O wyll fedd! Diddiwedd wyd,
Digon i ti nis dygwyd;
Er Abel fawr ei obaith,
Ŵr da, aeth gyntaf i'r daith,
Myrddiynau rif dafnau'r don
Gladdwyd yn dy goluddion.

2679 Mewn oeraidd, waraidd weryd,—
lle tawel,
Lletyaf dros ennyd;
Ystafell ddistaw hefyd,
Lle cymwys o bwys y byd.

'Beddargraff'.

2680 Cadwer a mawr hardder hon
Yn oes oesoedd rhag Saeson.

'I'r Iaith Gymraeg'.

2681 Iaith araul, a'r iaith orau,—iaith gudeg,
Iaith gadarn ei seiliau;
Iaith fy nhud, iaith fy nhadau,
Iaith bêr oll, iaith i barhau.

2682 Caf huno yno ennyd—yn dawel
Mewn daear oer briddlyd,
A gorwedd yn y gweryd
O sŵn y boen sy'n y byd.

'Ymadawiad o Tan y Celyn'; cf. rhif 5525.

2683 Hoff rodfa fy mabolaeth,
Chwaraele bore 'myd,
A wnaed i mi yn annwyl
Drwy lawer cwlwm clyd.

'Ysgoldy Rhad Llanrwst wedi Iddo Fyned yn Anghyfannedd'.

2684 Pa le, pa fodd mae heddiw
Y lliaws yma fu
'N cydchwarae a chyd-ddysgu
A chydymgomio'n gu?
Mae rhai mewn bedd yn huno,
A'r lleill ar led y byd,
Nid oes un gloch a ddichon
Eu galw heddiw 'nghyd.

2685 Ar fôr tymhestlog teithio'r wyf
I fyd sydd well i fyw
Gan wenu ar ei 'stormydd oll—
Fy nhad sydd wrth y llyw.

'Tad wrth y Llyw'.

2686 I mewn i'r porthladd tawel clyd,
O sŵn y storm a'i chlyw,
Y caf fynediad llon ryw ddydd—
Fy nhad sydd wrth y llyw.

2687 Ar lan Iorddonen ddofn
'Rwy'n oedi'n nychlyd,
Mewn blys mynd trwy, ac ofn
Ei stormydd enbyd.

'Glan yr Iorddonen'.

2688 Mor ddedwydd yw y rhai trwy ffydd
Sy'n mynd o blith y byw;
Eu henwau'n perarogli sydd,
A'u hun, mor dawel yw.

'Gorphwys yn y Bedd'.

2689 Mae 'nghyfeillion adre'n myned
O fy mlaen, o un i un,
Gan fy ngadael yn amddifad,
Fel pererin wrtho'i hun.

'Galar ar Ol Cyfeillion'.

2690 Mal llong yr ymollyngais—i fôr byd,
Dros ei ferw byw hwyliais;
Ni ellir gweld, er llwyr gais,
Fy ôl y ffordd drafaeliais.

'Adfyfyrdod'.

GWYNFOR EVANS
1912–

2691 Mae ymdrech yn gymaint rhan o fywyd cenedl ag ydyw o fywyd y person unigol, a thrwy ei hymdrech am ryddid cyflawn y mae'n datblygu ac yn ei darganfod ei hun.

'Ymreolaeth i Gymru a'r Pleidiau Gwleidyddol', *Y Genhinen*, cyf. II, rhif 3, Haf 1952.

2692 Mae bron â bod yn rheol ddi-feth: i'r graddau y gweithreda ein pobl fel Cymry mewn gwleidyddiaeth, i'r graddau hynny y caiff Cymru'r genedl ei chydnabod yn wleidyddol.

2693 Nid y genedl yw'r gwerth uchaf, ond y bersonoliaeth ddynol.

Rhagom i Ryddid (1964).

JAMES EVANS
1872–1943

2694 Caled yw byw, clyd yw bedd
Y dyn da yn y diwedd.

'Bedd y Dyn Da', *Trannoeth y Drin: Caniadau James Evans* (Gol. Wil Ifan) (1946).

2695 Ni thau'r bedd â'th rybuddio.

'Gweinidog'.

2696 Ai da gŵr wedi gorwedd?
Onid Angau biau'r bedd?

'Y Sant'.

2697 Ara'i gam, er ei gymell,
Pan welir milltir ymhell.

JOHN EVANS (SIÔN IFAN)
1895–1976

2698 Glân y bedd wrth bydredd byd:
Ba wae yn fwy na bywyd?

'Yr Argae', *Cyfansoddiadau a Beirniadaethau Eisteddfod Genedlaethol Cymru, Ystradgynlais 1954* (Gol. T. H. Parry-Williams).

ROBERT EVANS (CYBI)
1872–1956

2699 Nid yw gryf ond a gâr wan.

Sêr Llŷn (1937).

RHYS EVANS
1779–1867

2700 Ddyn ifanc, didranc dy oedran,—cofia
Fel cyfiawn serchoglan,
Henaint ni ddaw ei hunan
Heb alarus, gofus gân.

Cymru, cyf. XXV, rhif 146, Medi 15, 1903.

THEOPHILUS EVANS
1693–1767

2701 Testun gwylofain ydyw adrodd helbulon a gorthrymderau'r Cymry, ym mhob oes a gwlad er pan gymysgwyd yr iaith yn Nhŵr Babel: mi allaf ddywedyd yn hy eu bod yn fwy anffodiog o ran eu meddiannau daearol nag un genedl tan haul. Pobl wych odidawg oeddynt, eithr gan mwyaf yn fwy eu gwroldeb na'u cyfrwystra.

Drych y Prif Oesoedd (fersiwn 1716).

2702 A phwy oedd yn siarad Cymraeg a dybiwch chwi y pryd hwnnw ond Gomer, mab hynaf Jaffet, ap Noa, ap Lamech, ap Methusala, ap Enoch, ap Jared, ap Maleleel, ap Cainan, ap Enos, ap Seth, ap Adda, ap Duw.

2703 Mae'n ddiogel gennyf i fod hyn yn wirionedd diamheuol, sef mai uchaf ac union gyff-genedl y Cymry ydyw Gomer, oblegid mae ein henw yn datgan y peth yn eglur. Cymero, o ba le y daw ond oddi wrth Gomero? Cymru ond oddi wrth Gomeri?

2704 Pa anrhydedd a fyddai i ni fod estron yn teyrnasu arnom?

2705 Nid yw celwydd mewn meddwl ddim llai o bechod na chelwydd ar eiriau.

THOMAS EVANS (TOMOS GLYN COTHI) 1764–1833

2706 Mae bywyd amserol fel gwennol y gwŷdd,
Neu debyg i gysgod yn darfod bob dydd;
Ni ŵyr y rhai dewraf a gwychaf eu gwedd
Pa bryd cânt eu gosod yn barod mewn bedd.

'At ei Frawd', *Cyfoeth Cwm*, D. Jacob Davies (1965).

THOMAS EVANS (TELYNOG) 1840–1865

2707 Cwm Rhondda, dyma gwm domog,—cwm tarth,
Cwm twrf, cwm gorgreigiog;
Cwm llun y sarff, cwm llawn o so'g,
A chwm culach na cham ceiliog.

'Cwm Rhondda', *Barddoniaeth Telynog* (1866).

TOMI EVANS 1905–1982

2708 Heniaith awen, o'i thewi,
Ein gwlad, amddifad fydd hi.

'Deg o Epigramau', *Y Twrch Trwyth a Cherddi Eraill* (1983).

2709 Diddim oll mewn cystudd mawr
Yw'r hen ddoluriau unawr.

2710 Mae mwy ar werth pan werthir
Ein daear na darn o dir.

2711 Un a gynnig ugeinwaith
Sy'n dod i wybod ei waith.

2712 Eisiau mud nad oes mo'i waeth
Yw newyn am gwmnïaeth.

2713 Ni wna ei ddawn un yn ddoeth
Na'i anallu'n un annoeth.

WILLIAM EVANS (WIL IFAN) 1882–1968

2714 Sipsiwn a chŵn ac ebolion,
A charafán simsan yn gwasgu ei ffordd
Drwy wledig lôn, yn gul gan haf.

'Bro fy Mebyd', *Cofnodion a Chyfansoddiadau Eisteddfod Genedlaethol 1925 (Pwllheli)* (Gol. E. Vincent Evans).

2715 Cywreiniaf gawell cryno—a rhyw *hedd*
Gwell na rhyddid ynddo;
Yr edn glwys roir dan ei glo
Ni thau er ei gaethiwo.

'Yr Englyn', *Cofnodion a Chyfansoddiadau Eisteddfod Genedlaethol 1927 (Caergybi)* (Gol. E. Vincent Evans).

2716 Y durtur lwyd a gaeodd Duw
Tu ôl i'r twyni tywod mawr!

'Ym Mhorthcawl', *O Ddydd i Ddydd* (1927).

2717 Yn ael drist, mae'r Capel draw,—ac efail
Y gof heddiw'n ddistaw:
Y ddau le i'w ddehau law
Forthwylio prydferth alaw.

'Gof a Chodwr Canu: John Davies, Trelech', *Gweithio Englyn* (1948).

W. R. EVANS 1910–

2718 Rhyw ddyn bach o ardal Oshodi
Yn cael trafferth ofnadwy i godi.
Ebe'i wraig lawen, iach,
Amyneddgar ei hach,
"Mae pin bach yn well na thafodi."

Fi Yw Hwn (1980).

2719 Medde tad wrth ei ferch yn Buenos Aires,
"Rhaid rhoi stop ar fynd ma's bob nos, Iris.
Os fel hyn mae'n mynd 'mla'n
Tan yr holl oriau mân,
'Fydd dim diban cyn hir i'th ŵn-nos, Iris."

2720 Rhyw denor bach ifanc o Warsaw
Yn hoff iawn o weiddi a fforso.
Aeth â'i draed tua'r nen
A chollodd 'i ben.
Anniben yw gweld dim ond torso.

2721 Priododd yn Addis Ababa
Bâr ifanc, sef Gladys ac Aba.
Pan aned y crwt
Cafodd enw bach twt:
Enw'r baba cariadus: Ab Aba.

ALBERT EVANS-JONES (CYNAN) 1895–1970

2722 Nico annwl, ei di drostai
Ar neges fach i Gymru lân?
Ei di o fro y clwy a'r clefyd
I ardaloedd hedd a chân?

'Anfon y Nico', *Cerddi Cynan* (1959).

2723 Arglwydd, gad im bellach gysgu,
Trosi'r wyf ers oriau du:
Y mae f'enaid yn terfysgu
A ffrwydradau ar bob tu.

'Hwiangerddi'.

2724 A gofiwch weithiau, glychau clir,
Am hanes dau ym Monastir?

'Monastir'.

2725 Mi gysgwn mor ddidaro
Â Pheilat wedi'r brad;
Ond grym yr Atgyfodiad
A gerddai hyd y wlad.

'Eirlysiau'.

2726 Pan fwyf yn hen a pharchus
Ag arian yn fy nghod,
A phob beirniadaeth drosodd
A phawb yn canu 'nghlod,
Mi brynaf fwthyn unig
Heb ddim o flaen ei ddôr
Ond creigiau Aberdaron
A thonnau gwyllt y môr.

'Aberdaron'.

2727 Oblegid mi gaf yno
Yng nghri'r ystormus wynt
Adlais o'r hen wrthryfel
A wybu f'enaid gynt.

2728 Yng ngoleuni dyn gall pechod fyw,
Ond a welaist ti bechod yng ngoleuni Duw?

'Mab y Bwthyn'; cf. ''Tis only daylight that makes sin', John Milton, *Comus* (1634).

2729 Unig uchelgais llanc o'r wlad
Yw torri cŵys fel cŵys ei dad.

2730 Mae ar yr eithin drysor drud
Sy'n well nag aur holl fanciau'r byd.

2731 Y mae llawenydd yn y nef
Am bob oen bach a roddo fref.

2732 Duw ydyw awdur popeth hardd.
Efe yw'r unig berffaith fardd.

Efelychiad o 'God is the perfect poet/Who in his person acts his own creations', Robert Browning, *Paracelsus*, rhan 2 (1835).

DAVID GRIFFITH (CLWYDFARDD) 1800–1894

2733 Drwy lawer croes cafodd oesi,—a myrdd
O'i meib yn ei phoeni:
Er hyn oll, 'does arni hi
Na henaint na phenwynni.

'Yr Iaith Gymraeg', *Pigion Englynion fy Ngwlad* (Gol. John Thomas (Eifionydd)) (1881).

ROBERT ARTHUR GRIFFITH (ELPHIN) 1860–1936

2734 Mae'n well cael gronyn bach o farn brofedig
Na charnedd o ddamcanion anffaeledig.

'Yr Amlwg a'r Cudd: Bywyd a Barddoniaeth', *Murmuron Menai* (1901).

RONALD GRIFFITH
1916–1977

2735 Enw Ruth fo mewn aur weithian—
yn hanes
Ffyddloniaid y Winllan,
Am roi y ddigymar Ann
Ar gof i Gymru gyfan.

'Ruth', *Barddas*, rhif 6, Mawrth 1977.

ANN GRIFFITHS
1776–1805

2736 Rhoi awdwr bywyd i farwolaeth,
A chladdu'r atgyfodiad mawr,
Dwyn i mewn dragwyddol heddwch,
Rhwng nef y nef a daear lawr.

'Hymn 1':V, *Gwaith Ann Griffiths* (Gol. Siân Megan) (1982).

2737 Pechadur aflan yw fy enw,
O ba rai y penna'n fyw.

'Hymn 2': VI.

2738 Er mai cwbwl groes i natur
Yw fy llwybyr yn y byd,
Ei deithio a wnaf, a hynny'n dawel
Yng ngwerthfawr wedd dy
wyneb-pryd.

'Hymn 4': VIII.

2739 Ffordd a'i henw yn Rhyfeddol,
Hen, a heb heneiddio yw;
Ffordd heb ddechrau, eto'n newydd,
Ffordd yn gwneud y meirw'n fyw.

2740 Ffordd na chenfydd llygad barcut,
Er ei bod fel hanner dydd,
Ffordd ddisathar anweledig
I bawb ond perchenogion ffydd.

2741 Dwy natur mewn un person
Yn anwahanol mwy.

'Hymn 6': X.

2742 O am bara i uchel yfed
O ffrydiau'r iechydwriaeth fawr,
Nes fy nghwbwl ddisychedu
Am ddarfodedig bethau'r llawr.

'Hymn 9': XIII.

2743 Wele'n sefyll rhwng y myrtwydd
Wrthrych teilwng o fy mryd,
Er mai o ran yr wy'n adnabod
Ei fod uwchlaw gwrthrychau'r byd;
Henffych fore,
Y caf ei weled fel y mae.

XVII.

2744 Rhosyn Saron yw ei enw,
Gwyn a gwridog, teg o bryd,
Ar ddeng mil y mae'n rhagori,
O wrthrychau penna'r byd;
Ffrind pechadur,
Dyma'i beilat ar y môr.

2745 Beth sy imi mwy a wnelwyf
Ag eilunod gwael y llawr?

2746 Rhyfedd, rhyfedd gan angylion
Rhyfeddod fawr yng ngolwg ffydd,
Gweld rhoddwr bod, cynhaliwr helaeth,
A rheolwr pob peth sydd,
Yn y preseb mewn cadach,
A heb le i roi'i ben i lawr,
Ac eto disglair lu'r gogoniant
'N ei addoli'n Arglwydd mawr.

XXVI.

2747 Llond gwagle colledigaeth dyn.

2748 Y greadigaeth ynddo'n symud,
Yntau'n farw yn y bedd.

2749 Gwna fi fel pren planedig, O fy Nuw,
Yn ir ar lan afonydd dyfroedd byw,
Yn gwreiddio ar lled, a'i ddail heb
wywo mwy,
Ond ffrwytho dan gawodydd dwyfol
glwy.

XXVIII.

WILLIAM GRIFFITHS
(GWILYM LERPWL)
1849?–1890

2750 Braidd nad peth cas fuasai
Byw yn y byd heb un bai.

'Amddiffyniad i Gyhuddiad Cyfeillgar', *Barddoniaeth y "Genedl Gymreig"* (Gol. John Thomas (Eifionydd)) (1881).

GRUFFUDD AB IEUAN AP LLYWELYN FYCHAN c. 1485–1553.

2751 Pob modd a luniodd Duw lwyd,
Pob glân i lân a luniwyd.

'Gruffudd ap Ieuan ap Llewelyn Vychan iw Wraig Briod Gynta a Hi n Forwyn Ifanc cyn Iddo i Chael', *Detholiad o Waith Gruffudd ab Ieuan ab Llewelyn Vychan* (Gol. J. C. Morrice) (1910).

2752 O Dduw, on'd trist oedd nad rhydd
I ddau garu'n ddigerydd?

'I Ferch a Ddrygdybid yn Ddiachos oi Blegid Ef ac a Amherchid er i Fwyn drwy i Diheuro a Chynghori i Gadel Hi n Llonydd'.

2753 Dim nid oes o'r byd yma
Eithr y dyn i wneuthur da.

'Duw a Weryd'.

2754 Pwy piau y nef hefyd
O barch ond llafurwyr byd?

2755 Merch yn ei thraserch ni thrig
Mwy no dail Mai Nadolig.

'Cywydd o Anwadaledd Addaw Merch'.

2756 Awen ddofn o'r un ddefnydd
Â'r gawod fêl ar goed fydd.

[Marwnad i Dudur Aled] *Gwaith Tudur Aled* (Gol. T. Gwynn Jones) (1926).

GRUFFUDD AB YR YNAD COCH fl. 1280

2757 Oer calon dan fron o fraw.

[Marwnad Llywelyn ap Gruffudd] *The Poetry in the Red Book of Hergest* (Gol. J. Gwenogvryn Evans) (1911).

2758 Poni welwch chwi hynt y gwynt a'r glaw?
Poni welwch chwi'r deri'n ymdaraw?
Poni welwch chwi'r môr yn merwinaw 'r tir?
  Poni welwch chwi'r gwir yn ymgweiriaw?
Poni welwch chwi'r haul yn hwyliaw 'r awyr?
  Poni welwch chwi'r sŷr wedi r' syrthiaw?
Poni chredwch chwi i Dduw, ddyniaddon ynfyd?
  Poni welwch chwi'r byd wedi r' bydiaw?
Och hyd atat ti, Dduw, na ddaw môr dros dir!
  Pa beth y'n gedir i ohiriaw?

GRUFFUDD AP DAFYDD AP TUDUR fl. 1300

2759 Doethion mal deillion a dwyll.

'G.D.T. i Ferch', *The Myvyrian Archaiology of Wales* (Goln. Owen Jones (Myfyr), Edward Williams (Iolo Morganwg) a William Owen Pughe) (1870).

GRUFFUDD AP MAREDUDD AP DAFYDD fl. 1352–1382

2760 Hoen lloer, hun oer heno yw.

'G.M.D. i Wenhwyfar o Fon. Marwnad', *The Myvyrian Archaiology of Wales* (Goln. Owen Jones (Myfyr), Edward Williams (Iolo Morganwg) a William Owen Pughe) (1870).

2761 Lle bu aur am ei deurudd,
Lle bu borffor, côr a'i cudd.

2762 Myned mewn argel wely,
Meinir dwf is mynor dŷ.

GRUFFUDD GRYG fl. 1357–1370

2763 Beth a dâl anwadalu
Wedi'r hen fargen a fu?

'Y Ferch Anwadal', *Cywyddau Dafydd ap Gwilym a'i Gyfoeswyr* (Goln. Ifor Williams a Thomas Roberts) (1935).

2764 Er athrodion gweision gwych,
Na wna goel oni gwelych.

2765 Byd chwannog i geiniog yw.

'I'r Byd'.

2766 Byd teg yw betai gywir,
Byd llawn o wŷd, llyna wir.

2767 Trythyll yw cymell trethoedd.

2768 Ar bwyll yr eir â'r bellen.

2769 Hoff gan bob edn aflednais
Ym medw gled lwysed ei lais.

'Ail Gywydd Gruffudd' [Ymryson Dafydd ap Gwilym a Gruffudd Gryg], *Gwaith Dafydd ap Gwilym* (Gol. Thomas Parry) (1952).

2770 Hoff oedd yng Ngwynedd, meddynt,
Yn newydd ei gywydd gynt.

2771 Disgybl wyf, ef a'm dysgawdd.

[Marwnad i Ddafydd ap Gwilym].

2772 Tristach weithian bob cantref,
Bellach naw nigrifach nef.

2773 Yr ywen i oreuwas
Ger mur Ystrad Fflur a'i phlas.

'Yr Ywen Uwchben Bedd Dafydd'.

GRUFFUDD HAFREN
fl. 1600

2774 Oferedd yw difyrru,
Ofer yn f'amser a fu,
Os ofer yw, sef yr oes,
Ofer iawn yw'r fer einioes;
Ban ddyger boneddigion
Bâr ydyw rhwysg byrder hon,
Digrifwalch da ei grefydd,
Dan fraw ddoe dôi'n fyr ei ddydd.

'Edward Urien a Gruffudd Hafren: Dau o Gywyddwyr Dechrau'r Ail Ganrif ar Bymtheg', Tegwyn Jones, *Llên Cymru*, cyf. 9, rhifau 3 a 4, Ionawr—Gorffennaf 1967.

GRUFFUDD HIRAETHOG
m. 1564

2775 A wnêl ogan ac anair,
Am ogan gogan a gair.

'Y Goganwr', *Cywyddau Cymru* (Gol. Arthur Hughes) (1908).

2776 Ni chwardd safn—Och Wirdduw sôn—
Un ag wylo'n ei galon.

'Y Galon Drom'.

2777 Ofer yw byw yn y byd
Un ni welo'i anwylyd.

'Unig'.

2778 A ddêl o ddrwg feddyliaw,
Iddo a'i dalio y daw.

Mil o Ddyfyniadau Cymraeg (Gol. G. Lloyd Edwards) (1968).

2779 Digon o glod ac enw glân
I hwn ei waith ei hunan.

2780 Gweithred a wnaeth ryw gythrudd,
Gwaith y llaw sy'n gwridaw grudd.

GRUFFUDD LLWYD AP DAFYDD AB EINION LLYGLIW
c. 1380—c. 1420

2781 'Rhaid i bawb er hyd y bo
Gwir ddiofrydu a garo.'

'Marwnad Rhydderch', *Cywyddau Iolo Goch ac Eraill* (Goln. Henry Lewis, Thomas Roberts ac Ifor Williams) (1937).

2782 Dir yw i bob aderyn
Dysgu anrhydeddu dyn.

'I Dduw'.

2783 Pam hefyd o'r byd y bydd
Pob dyn gelyn i'w gilydd?

2784 Odid cael yn ddiadwyth
Na dyn na phren yn dwyn ffrwyth.

2785 Gwyn ei fyd cywir gwiriawn,
Gwae gorff a fo geuog iawn!

W. J. GRUFFYDD
1881–1954

2786 Mae eiliad serch yn hwy nag oes o uffern.

'Trystan ac Esyllt', *Caneuon a Cherddi* (1906).

2787 O bob ffurf ar lenyddiaeth, y ddrama yw'r fwyaf cenedlaethol.

'Drama i Gymru', *Y Beirniad*, cyf. I, rhif 1, Mawrth 1911.

2788 Y dyn mwyaf diwylliedig yw hwnnw sy'n cyffwrdd â bywyd yn y mwyaf o rannau.

'Diwylliant', *Y Beirniad*, cyf. II, rhif 2, Mehefin 20 (Haf 1912).

2789 Nod angen bywyd o'i gymharu â pheth marw yw newid, newid o'r tu mewn fel llysieuyn byw, ac nid o'r tu allan fel corff marw.

2790 Gwaith mawr bywyd yw creu gwahaniaethau, a rhaid i ddiwylliant perffaith fod yn barod i groesawu, ie, i anwylo gwahaniaethau.

2791 Y genedl fwyaf diwylliedig a'r fwyaf byw yw'r un sy'n benthyca fwyaf.

2792 Llenyddiaeth i'r rhan fwyaf yw prif offeryn diwylliant, a hynny oherwydd mai cofrestr bywyd yw llên.

2793 Y mae gan y llenor a fedro ddwy iaith ddau gyfle am un i'r llenor uniaith.

2794 Gwyn ei fyd a feiddio fyw.

2795 Telynegion serch, er eu hamled, ydyw'r pethau gwannaf o ddigon ym marddoniaeth ein gwlad.

Adolygiad ar *Dros y Nyth*, Wil Ifan, *Y Beirniad*, cyf. III, rhif 2, Gorffennaf 28 (Haf 1913).

2796 Gogoniant pennaf y Gwirionedd i'r gwrthryfelwr yw nad ydyw yn ddiogel.

'Gwrthryfel ac Adwaith', *Y Llenor*, cyf. I, rhif 3, Hydref 1922.

2797 Yn rhinwedd yr ychydig y mae'r llawer yn byw.

'Y Proffwyd', *Y Llenor*, cyf. II, rhif 3, Hydref 1923.

2798 Ni ddylai bardd ofni neb na dim; y funud y bo'n dechrau gwrando ag un glust ar lais rhagfarn a beirniadaeth, caeir y llall rhag clywed llais yr ysbryd yn mynegi rhin.

'Rhagymadrodd', *Ynys yr Hud a Cherddi Eraill* (1923).

2799 Nid oes dim yn y byd y tu allan i fyd barddoniaeth, boed ynddo'i hunan mor rhyddieithol ag y tybier, am y rheswm nad oes dim y tu allan i feddwl y bardd, ac nid y peth ynddo'i hun sy'n farddonol ond y peth fel y gwêl y bardd ef.

2800 O ryfeddod bod yr Arglwydd
wedi cadw ei drysorau
Draw ynghudd tu ôl i ddorau
ynys fach ym Môr y De.

'Ynys yr Hud'.

2801 'Doedd dim yn digwydd yno
Ond haul a glaw a gwynt.

2802 Hirymarhous yw'r ywen; daw eu tro.

'Ywen Llanddeiniolen'.

2803 Ni ellir rhyddiaith heb ryw gymaint o ymdeimlad cenedlaethol, heb ryw gymaint o ddiddordeb mewn pynciau politicaidd, heb ryw gydwybod â'r byd mawr, ac ni cheir cydwybod â'r byd heb genedl.

Llenyddiaeth Cymru: Rhyddiaith o 1540 hyd 1660 (1926).

2804 Ni phery'r un iaith yn fyw oni all gyd-dyfu â diwylliant a meddwl y genedl, ac ni haedda'r Gymraeg na'r un iaith arall ei chadw oni all fod yn fynegiant i feddwl a bywyd y wlad ar eu heithaf a'u gorau.

2805 Y ffordd sicraf o gadw y Gymraeg ydyw canu'r fath brydyddiaeth a thraethu'r fath ryddiaith ynddi ag a fo'n cydredeg â datblygiad y genedl.

2806 Alltud yw pob dyn wedi'r deugain mlwydd, ac â chlust hiraethus yr alltud y gwrendy ar ymadroddion ei febyd.

2807 Ni chododd llenorion mawr erioed i ddehongli meddyliau cymedrol; rhywbeth ail-raddol a ddaw pan fo bywyd yn dirywio ydyw cymedroldeb.

2808 Term sy'n perthyn i feirniadaeth yw tegwch, ac nid yw'r beirniad yn y radd gyntaf o lenyddiaeth.

2809 Un o'r pethau dyrysaf yw gwir symlrwydd, a thrwy weddi ac ympryd y daw.

Cofnodion a Chyfansoddiadau Eisteddfod Genedlaethol 1926 (Abertawe) (Gol. E. Vincent Evans); beirniadaeth ar gystadleuaeth y Goron.

2810 Drwy foddion rhagor na rhai rhesymegol y cyflwyna cerdd ei hystyr, ac y mae gan fardd hawl neu o leiaf esgus i fod yn dywyll weithiau, ond ar ddau amod, sef bod ei ystyr yn hollol glir i'r meddwl a ymdraffertho wrtho, a'i fod yn werth y drafferth ar ôl ei gael.

Cofnodion a Chyfansoddiadau Eisteddfod 1929 (Lerpwl) (Gol. E. Vincent Evans); beirniadaeth ar gystadleuaeth y Goron.

2811 Ychydig o'r hen wylo yn y glaw,
Ychydig lwch yn Llanfihangel draw.

'Cefn Mabli', *Y Llenor,* cyf. IX, rhif 1, Gwanwyn 1930.

2812 Gellid dywedyd, gyda mwy o wirionedd nag a geir mewn llawer o'n cyffredinoliadau beirniadol, mai Hiraeth yw testun *pob* prydyddiaeth, neu o leiaf y brydyddiaeth honno a elwir gennym yn rhamantus.

'Rhagymadrodd', *Y Flodeugerdd Gymraeg* (1931).

2813 Gwelodd hwn harddwch lle bu'i frodyr ef
Yn galw melltith Duw ar aflan fyd;
Gwrthododd hwn eu llwybrau hwy i nef
Am atsain ansylweddol bibau hud,
A murmur gwenyn Arawn o winllannau
Yn drwm dan wlith y mêl ar lawr y glyn,
A neithdar cudd drigfannau
Magwyrydd aur Caer Siddi ar y bryn.

'Y Tlawd Hwn', *Y Llenor,* cyf. X, rhif I, Gwanwyn 1931.

2814 Trigo yr ydwyf yma—cysgu, gweithio, a bwyta—ac nid byw.

[Am Gaerdydd] *Hen Atgofion* (1936).

2815 Nid aflwyddiant dyn yn cyrraedd yr hyn y mae'n ymestyn ato, na'i lwyddiant chwaith, sydd yn y pen draw yn mesur cymeriad, ond yr hyn y mae ef wedi ei osod o'i flaen fel delfryd, a'i ymdrech wrth geisio ymgyrraedd at y delfryd hwnnw.

2816 Y mae pob dyn wrth edrych arno'i hunan yn meddu ar beth o'r defnydd annelwig ac anghyffwrdd hwnnw sy'n gwneuthur arwyr a saint.

2817 Nid un Llanddeiniolen y sydd; gwn i am ddwy o leiaf: y gymdogaeth a ddechreuodd ar y gwaith o'm llunio i fod yr hyn ydwyf, a'r Llanddeiniolen arall honno a greais i fy hunan allan o grai ddefnydd amgylchfyd fy llencyndod.

2818 Pob cyffro newydd a ddaw i'm bywyd, ni bydd ei effeithiau wedi darfod cyn taro eco o greigiau bro fy mebyd.

2819 Y mae'r hen gymdeithas wedi mynd bron i gyd—y cantorion, yr adroddwyr, y crefftwyr, a'r beirniaid. Gyda hwy aeth llawer o hyfrydwch a glendid, ond y mae peth eto'n aros ar eu hôl, rhyw berarogledd lleddf ysgafn o hen feddyliau, rhyw anadliad llesg ar yr awel.

2820 Rhan gydnaws a chyfanian o'r bywyd dynol yw llenyddiaeth a holl gynhyrchion y cyneddfau cain; ac fel y mae'n rhaid wrth awyr, dŵr, daear, a bywydau eraill israddol i gynnal y bywyd anianol, felly hefyd y mae'n rhaid i lenyddiaeth gwlad, gan nad yw gwlad ond casgliad o ddynion, wrth fywyd y tu allan iddi ei hunan, onid e fe edwina, ac yn y diwedd fe fydd marw.

'Rhagarweiniad i'r Bedwaredd Ganrif ar Bymtheg III', *Y Llenor,* cyf. XV, rhif 2, Haf 1936.

2821 Oni bydd cenedl yn ymddiddori mewn crefydd neu mewn moes neu gymdeithas, a phob gweithgarwch arall a all wneuthur ei bywyd yn llawn ac yn ffrwythlon, ni all ei llenyddiaeth chwaith ffynnu.

2822 Y mae gan bob nofelydd dair cynneddf: awen, crefft, a'r peth a elwir yn arbennig yn 'ddawn', y galluoedd personol hynny sy'n peri iddo wneud ei ddewisiad ef ei hun ar ffeithiau bywyd.

Adolygiad ar *Traed mewn Cyffion* Kate Roberts.

2823 Y mae bywyd yn beth mor gymhleth a dyrys; y mae gwawn yr edau frau mor ansylweddol ac mor hawdd ei ddinistrio fel mai hawdd, wrth ddileu un peth sy'n ymddangos yn ddrwg, yw difetha holl sylwedd y rhagoriaeth.

Owen Morgan Edwards: Cofiant, cyf. 1 (1938).

2824 O'r Deheudir y daw pob chwyldroad, mewn crefydd a llên, ond yn y Gogledd y caiff y chwyldroad hwnnw ei lawn ddatblygiad.

2825 Y mae pob dyn byw yn gweled y gorffennol drwy'r arlliw a roes ei fagwraeth a'i draddodiadau cenedlaethol iddo.

2826 Y mae gwreiddioldeb fel halen ar friw i gyffredinedd.

2827 Atgof yw'r gallu gwyrthiol hwnnw ynom a all droi'r dŵr yn win, a all greu byd o sylwedd allan o annelwig ddeunydd breuddwydion.

2828 Y mae'n rheol weddol gyffredin, mi gredaf, nad y dynion gorau o angenrheidrwydd sy'n dyfod yn amlwg mewn unrhyw gylch, boed wleidyddol neu bregethwrol neu ysgolheigol, ond yn hytrach y dynion sy'n hollol sicr o'u gwerth eu hunain, canys fe ddyry'r byd bob amser y pris arnoch a rowch chwi eich hunan.

2829 Gwnaeth gampwaith godidog ar ei fywyd.

'Syr John Morris-Jones', *Y Tro Olaf ac Ysgrifau Eraill* (1939).

2830 Mae'r dwrn a fu yn herio trais?
  Beth ddaeth o'r wisg dderwyddol
    hardd
A'r eco a oedd bron yn llais,
  Athrylith unig Iolo fardd?

'Mae'r Pasiant Trosodd', *Y Llenor,* cyf. XXI, rhif 1, Gwanwyn 1942.

2831 Mae prydyddiaeth wir *bob amser* yn meddwi'r genhedlaeth sy'n iau na'r prydydd.

Y Bardd yn ei Weithdy (Gol. T. H. Parry-Williams) (1948).

2832 Ychydig yw'r trueiniaid a gafodd yn nyddiau eu maboed ddigon o chwerwder i ddiflasu eu bywyd; tafliad yn ôl o syniadau'r bywyd diweddarach, mi dybiaf, yw llawer o'r chwerwder hwn yn hytrach na dim a deimlwyd yn eglur ar y pryd.

'Hen Atgofion' (Ail Gyfres), *Y Llenor,* cyf. XXVII, rhif 3, Hydref 1948.

2833 Ynfydion yw coelfaen perffeithiaf gwir farddoniaeth. Gall y beirniaid a'r dynion call wahaniaethu yng ngraddau eu hedmygedd ohoni, ond ni fethodd ffŵl erioed â chael ei dramgwyddo ynddi.

Dyfynnir yn *Eifion Wyn,* Peredur Wyn Williams (1980).

2834 Swydd llenyddiaeth yw esbonio'r un dirgelwch mawr sy'n gorwedd dan fywyd oll, ac nid ymdrin â rhyw fân gwestiynau a ddigwydd fod yn bwysig ar y pryd.

O draethawd anghyhoeddedig; dyfynnir yn *Llenyddiaeth Gymraeg 1902—1936*, R. M. Jones (1987).

GUTO'R GLYN
c. 1435—c. 1493

2835 Lle bwrier pren gwyrennig,
Llwyr y briw llawer o'r brig.

'Marwnad Rhys, Abad Ystrad-fflur', *Gwaith Guto'r Glyn* (Casglwyd gan John Llywelyn Williams, Gol. Ifor Williams) (1939).

2836 Dyn a ro da yn ei raid,
Duw a ran da i'r enaid.

2837 Y gwrda o gywirdeb
A folwn ni o flaen neb.

'Moliant Ieuan ab Einion o'r Cryniarth a'r Hendwr'.

2838 A wna Duw ni adewir.

'Marwnad Edward ap Dafydd o'r Waun'.

2839 A adeilo hudoliaeth,
Adeiled dref ar dâl traeth.

'Moliant i William Fychan o'r Penrhyn'.

2840 Od â eryr i darren,
Ni wna'i nyth ond yn y nen.

2841 Wylofus wyf fal afon,
Wylais waed ar wely Siôn.

'Marwnad Siôn ap Madog Pilstwn'.

2842 Beth a dâl gobeithio dyn?

2843 Cynnar y gwna'r ddaearen
Cyfylhau ifanc fal hen.
Unllwybr â gwaith y winllan
Ydyw'r llu yn mynd i'r llan.
Dynion ieuainc diany
Yn fore ânt i nef fry,
A rhai am hanner eu hoes,
Oedd hanner dydd eu heinioes.

2844 Duw teg, pam na adud hael,
A dwyn einioes dyn anael?

2845 Mi a wn ar gam fy mod,
Adde' cam a ddwg cymod.

'I Ofyn Cymod Ifan Fychan ab Ifan ab Adda'.

2846 Deubeth a red drwy'r gwledydd,
Dŵr a haul, a Duw a'u rhydd.

'Porthmona'.

2847 Rhwydd yw'r haul er rhoddi'r hin,
Rhwyddach ydyw'r gŵr rhoddwin.

2848 Po bellaf, gwaethaf yw'r gwerth.

2849 Y dyn yn fy llygad i
A wŷl oenyn eleni,
Ac ni wŷl y gwan eilun
Hwrdd yn ei lygad ei hun!

'Ateb i Dudur Penllyn'.

2850 Yr hael erioed ni ffaelodd,
A chwedi'r hael ni chaed rhodd.

'Marwnad Syr Bened, Person Corwen'.

2851 Gorau tyf gŵr o waed da.

'Moliant Llaw Arian Siôn Dafi'.

2852 Ni thyr rhwym a wnaeth Iôr hir,
Nawdd Dduw Tad ni ddatodir.

'I Hywel ab Ifan Fychan'.

2853 Ni chair ustus na Christiawn
Fry i nef ond a farn iawn.

'I Siôn Bwrch Arglwydd Mawddwy'.

2854 O rhoes Duw iwch ras a dawn,
I'ch gofal byddwch gyfiawn.
Ar Dduw y mae'i roi a'i ddwyn,
A throi eilwaith yr olwyn.

'I Wiliam Herbart Ieuanc'.

2855 Y rhai a fo byr eu hoes,
O chwant aur ni chânt hiroes.

2856 Yr aur aml a roer yma
O goffr Duw a gaiff air da.

'Marwnad Meurig Fychan o Nannau a'i Wraig'.

2857 Nid gŵr heb newid gware,
Nid llong heb fyned o'i lle.

'I Geisio Hywel ap Dd. ap Ieuan ap Rhys Allan o Raglan'.

2858 Un llaw iddo yn lleiddiad,
Ac un yn rhoi gwin yn rhad.

'I Rosier ap Sion Pilstwn'.

2859 Pe bai gyfion pob gofeb,
Beth yw gweniaith ond iaith deg?
O thraethir y gwir a'r gau,
Y gair tecaf yw'r gorau.
Ni thraethir y gwir i gyd
Yn llyfr, nac unlle hefyd.

'Ateb i Hywel Dafi'.

2860 Nid aelaw gŵr heb dylwyth,
Nid derwen na phren heb ffrwyth.

'I Ddafydd Mathau o Landaf'.

2861 Dyn a wnêl dan annel da,
Duw'n ôl nis dianela.

'I Siancyn Hafart'.

2862 I gilio rhag ei elyn
Y bydd Duw'n rhybuddio dyn.

'Marwnad Dafydd Llwyd o Abertanad'.

2863 Mae'r henwyr? Ai meirw'r rheini?
Hynaf oll heno wyf i.
I minnau rhoed mwy no rhan
Anynadrwydd neu oedran.
Siaradus o ŵr ydwyf,
Sôn am hen ddynion ydd wyf.

'I Ddafydd, Abad Glyn Egwestl'.

2864 Rhy fyr i'r hwyaf ei oes.

'Ystyriaeth Bywyd'.

2865 Gwae'r gwan dan oedran nid edrych,—ni chwardd,
Ni cherdda led y rhych.
Gwae ni wŷl yn gynilwych,
Gwae ni chlyw organ a chlych.

'Hen a Byddar'.

2866 Ni phery stad na phwrs dyn
Na'i gywoeth mwy nog ewyn.

'I Feredudd ab Hywel'.

GUTUN OWAIN
fl. 1450—1498

2867 Llygaid a ddywaid i ddoeth
Synnwyr lle nis cais annoeth.

'Y Ddyn a'r Santaidd Annwyd', *L'Oeuvre Poétique de Gutun Owain* (Gol. E. Bachellery) (1950), cyf. 1.

2868 Gochel cyngor ei elyn,
Gyda Duw, a geidw y dyn.

'Y Lloer Hael â Lliw'r Heli'.

2869 Sôn am gyrhaeddyd y sêr
Sy'n nef yw dy sôn ofer:
Na chais—a difantais fych—
Y rhodd byth nis cyrhaeddych.

2870 Gair teg a wnâi gariad hir.

2871 Gwna drugaredd lle gweddai,
Gwledd, y drugaredd, a gâi.

2872 Gwell gan serchog ei grogi
Na byw a bod hebot ti.

'Y Ferch Ŵyl o'r Vchelwaed'.

2873 Haws yw dwyn, hoyw Iesu Dad,
Gan cerydd nog un cariad.

2874 Aur cwbl a guddio'r cybydd,
Ni hena ddim hwy na'i ddydd.

'Marwnad Hywel ap Goronwy o Hafod y Wern'.

2875 Câr di yn ieuanc air da;
Cywirdeb a fag gwrda.

'Siôn Edwart o'r Waun', cyf. 2 (1951).

2876 Os gwrol a wisg goron,
Os gwych a hael, gwisgwch hon!

'Moliant Syr Howel ap Dai ab Ithel'.

2877 Dewr iawn, o bai daro, wyd,
A thawedog doeth ydwyd:
Ofned wŷr afon a dau
A'i bwriad drwy'r aberau.

'Kowydd Moliant i Howel ap Dafydd ap Ithel Vychan o Lan Eurgain'.

2878 Y bardd gwell no'r beirdd i gyd
A feddai'r holl gelfyddyd.

'Marwnad Dafydd ab Edmwnd'.

2879 Gŵr oedd dwf y gerdd dafod.

'Marwnad Guto'r Glyn'.

GWILYM AB IEUAN HEN
fl. 1440—1480

2880 Y llyn dyfnaf o'r afon,
Isaf, fis haf, yw ei sôn.

'Cywydd i Gryffydd ab Nicolas o'r Dref Newydd yn Ninefwr', *Gorchestion Beirdd Cymru* (Gol. Rhys Jones) (1773).

2881 Y doeth ni ddywaid a ŵyr;
Nid o sôn y daw synnwyr.

2882 A fo doeth efe a dau;
Annoeth ni reol enau.

ROBERT GWYN (ROBERT JONES/ ROBERT WYN/ ROBERT JOHNS GWYN)
c. 1540/50—1592/1604

2883 Mae yn ole i bawb a'r edwyn ein gwlad ni heddiw nad oes drwy holl Loegr bobol mor genfigennus, mor faleisus un i'r llall, ag ydyw gwŷr ein gwlad ni.

'Cyfarchiad Robert Gwyn i'r Cymry' (1574), *Llawysgrif N.L.W.* 15542 B, a gopïwyd gan William Dafydd Llywelyn o blwyf Llangynidr, Sir Frycheiniog, 1604.

2884 Megis ag nid oes neb all ddangos â'i dafod na meddwl â'i galon mo'r fath boene ag y sydd yn uffern, felly nid oes neb all na dangos â'i dafod na meddwl â'i galon lawenydd a daioni cymaint ag y sydd yn y nef.

2885 Y mae Amser, fel y mae'r Gras, dan glo gyda Duw. Ni cheir dim ohono ond pan fynno fo.

Gwssanaeth y Gwŷr Newydd (Gol. Geraint Bowen) (1970).

GWYNN AP GWILYM
1950—

2886 Ni bu un awr heb ei nef,
Ni bu ddydd heb ei ddioddef;
Nid tragywydd y dydd dig
Os brau y dyddiau diddig.

'Y Cwmwl', *Cyfansoddiadau a Beirniadaethau Eisteddfod Genedlaethol Cymru, Abergwaun a'r Fro 1986* (Gol. W. Rhys Nicholas).

2887 Llon a thrist fel llanw a thrai,
Bri a surni yw'n siwrnai.

HENRY HARRIES (AFANWY)
1833—1932

2888 Arwydd ydyw aml-eiriau—o wendid
Mewn undyn yn ddiau:
Gan Iôr, y weddi orau
Yw'r un ddwys mewn gair neu ddau.

'Yr Amleiriog', *Y Geninen*, cyf. XXVIII, rhif 4, Hydref 1910.

I. D. HOOSON
1880—1948

2889 Angerdd pob fflam, a thân pob nwyd,
A dry'n ei dro yn lludw llwyd.

'Y Fflam', *Cerddi a Baledi* (1936).

2890 Mieri lle bu myrtwydd,
Ac anial lle bu gardd.

'Hen Fynwent'.

2891 Echnos—gwych ddinas Rhufain,
Heno—tre'r morgrug mân.

'Tanau'.

2892 Mae Wil yng ngharchar Rhuthun,
A'i wedd yn ddigon trist.

'Wil'.

2893 Ni'm dawr am y llusern pan ddiffydd y fflam,
Na'r llestr pan dderfydd y gwin.

'Y Cariad a Gollwyd'.

2894 Mae'r 'Bedol' ar yr aswy
A 'Bethel' ar y dde,
A'r fynwent yn y canol—
Hir gartre' plant y dre.

'Mynwent Bethel'.

2895 Trigo yng Nghymru annwyl
Yn sŵn yr heniaith dlos:
Cae'r chwarae a'r Eisteddfod
A gwyn Sabathau'r Rhos.

'Y Gwin', *Y Gwin a Cherddi Eraill* (1948).

2896 Pan ychwanego'r haul a'r lloer
Ddwy ugain canrif at eu hoed,
Mi wn mai hallt fydd dŵr y môr,
A gwyrdd fydd dail y coed,
Ac y bydd angau wrth ei waith
Mor brysur ag erioed.

'Yr Oed'.

2897 Ni chaiff y pryf fy nghnawd,
Er mai fy mrawd yw ef;
Gwell gennyf enau glân
Y tân a'i wenfflam gref.

'Y Dychwel'.

2898 O ddarn o bren y gwnaed o,
O'i gorun moel i'w draed o;
Ac nid wy'n siŵr
Nad paent a dŵr
A gaed i wneud ei waed o.

'"Yr Hogyn Pren"'.

LEWIS HOPKIN
c. 1708–1771

2899 Lle na bo rhin doethineb
Ei waith yn dda ni wna neb.

'Llyfr Ecclesiastes, neu'r Pregethwr. Wedi ei Gyfansoddi ar Fesur Cywydd', pennod 10, *Afalau'r Awen: sef Caniadau, Moesol a Duwiol . . .* (1816).

2900 Am arian ceir pob mawredd
O fewn byd hyd fin y bedd.

B. T. HOPKINS
1897–1981

2901 Ddaear hardd! A roddir hon—
Caeau gofal ein calon—
Yn wastraff o dan estron?

'Ein Tir', *Rhos Hẹlyg a Cherddi Eraill* (1976).

2902 Heb dir, heb fywyd iraidd,
Heb gysur ond byw gwasaidd:
Ba rin i bren heb ei wraidd?

2903 Dyled yw pob bodolaeth:
Rhannau ŷm o'r hyn a aeth.

'Ber Oes Dyn'.

2904 Os oes mellt mewn glaswelltyn—
a chynnwrf
A chân ym mhob gwlithyn,
A llachar fyd mewn llychyn,
Ba ryw storm yw ber oes dyn!

DAFYDD HUGHES (EOS IÂL)
1796–1862

2905 Mwy na byd ym min y bedd
I'r enaid yw gwirionedd.

'Englynion Addysgiadawl', *Eos Iâl, sef Llyfr Barddonawl (Heb fod yr un llinell yn Argraffedig o'r blaen) yn cynnwys Awdlau, Cywyddau ac Englynion . . .* (1839).

2906 Trwy ofn Duw trefna dy waith.

HENRY HUGHES
1932–

2907 Nid yw gwerth y byd i gyd
Yn fwy na'r rhodd o fywyd.

Y Flodeugerdd o Epigramau Cynganeddol (Gol. Alan Llwyd) (1985).

HUGH HUGHES (TEGAI)
1805–1864

2908 Y dull yr â ef i dân
Yw y dull y daw allan.

'Gwirionedd', *Bwrdd y Bardd* (1839).

2909 Y Duw byw sydd Dduw di-ball:
Nid erys un Duw arall.

'Duw', *Blodau'r Gynghanedd* (Gol. Richard Griffith (Carneddog)) (1920).

2910 Da gofyn hyn i annuw:
'Pa ddial fel dial Duw?'

'Dialedd Duw'.

2911 Am y baich trwm o bechod
Dydd tâl, dydd dial sy'n dod.

'Pechod'.

HUGH DERFEL HUGHES
1816–1890

2912 Tyr y wawr fel tro arall,
Huan a gwyd heb un gwall.

'Y Bore Olaf', *Ceinion Llenyddiaeth Gymreig*, hanner cyflyfr IV (Gol. Owen Jones (Meudwy Môn)) (1875).

HUW MEIRION HUGHES
1910–1980

2913 Anwir y gŵr lawer gwaith
A ddywed gelwydd ddwywaith.

'Epigramau', *Blodeugerdd Penllyn* (Gol. Elwyn Edwards) (1983).

2914 Lle bo rhamant mae antur;
Ni bu gamp erioed heb gur.

2915 Diwerth llefaru deuair
A'r ergyd i gyd mewn gair.

JOHN CEIRIOG HUGHES
(CEIRIOG)
1832–1887

2916 Nant y Mynydd groyw loyw,
Yn ymdroelli tua'r pant,
Rhwng y brwyn yn sisial ganu;
O na bawn i fel y nant!

'Nant y Mynydd', *Oriau'r Hwyr* (1860).

2917 Mab y Mynydd ydwyf innau
Oddi cartref yn gwneud cân,
Ond mae 'nghalon yn y mynydd
Efo'r grug a'r adar mân.

2918 Ti wyddost beth ddywed fy nghalon.

Teitl cân.

2919 Os rhodiaf eto hyd ei ffyrdd, ei meysydd a'i llechweddau,
Bydd Cymru wen yn anial gwag, os nad af heibio'r beddau.

'A Thithau Owain nid Wyt Mwy'.

2920 Llewelyn bach, tyrd yma,
Ac ar fy neulin dysga
Iaith dy fam yn gyntaf un,
Ac wedyn iaith Fictoria.

'Siaradwch y Ddwy', *Oriau'r Bore* (1862).

2921 Os hoffech wybod sut
Mae dyn fel fi yn byw:
Mi ddysgais gan fy nhad
Grefft gyntaf dynol-ryw.

'Alun Mabon: Bugeilgan Delynegol', III.

2922 'Rwy'n gorwedd efo'r hwyr,
Ac yn codi efo'r wawr,
I ddilyn yr og ar ochor y Glog
A chanlyn yr arad goch
Ar ben y mynydd mawr.

2923 Mi geisiaf eto ganu cân
I'th gael di'n ôl, fy ngeneth lân,
I'r gadair siglo ger y tân,
Ar fynydd Aberdyfi.

XIX.

2924 Aros mae'r mynyddau mawr,
Rhuo trostynt mae y gwynt:
Clywir eto gyda'r wawr
Gân bugeiliaid megis cynt.
Eto tyf y llygad dydd
O gylch traed y graig a'r bryn,
Ond bugeiliaid newydd sydd
Ar yr hen fynyddoedd hyn.

2925 Ar arferion Cymru gynt
Newid ddaeth o rod i rod;
Mae cenhedlaeth wedi mynd
A chenhedlaeth wedi dod.
Wedi oes dymhestlog hir
Alun Mabon mwy nid yw,
Ond mae'r heniaith yn y tir
A'r alawon hen yn fyw.

XXVI.

2926 Fe ddaw wythnos yn yr haf,
Gweled hen gyfeillion gaf:
Tros y mynydd
I Feirionnydd,
Tros y Garreg acw'r af.

'Tros y Garreg', *Cant o Ganeuon, yn Cynwys y Gyfres Gyntaf o Eiriau ar Alawon Cymreig* (1863).

2927 Wele'n cychwyn dair ar ddeg
O longau bach ar fore teg:
Wele Madog ddewr ei fron
Yn gapten ar y llynges hon.
Mynd y mae i roi ei droed
Ar le na welodd dyn erioed:
Antur enbyd ydyw hon
Ond Duw a'i deil o don i don.

'Llongau Madog'.

2928 Nos yw henaint pan ddaw cystudd,
Ond i harddu dyn a'i hwyrddydd
Rhown ein golau gwan i'n gilydd
Ar hyd y nos.

'Ar Hyd y Nos'.

2929 Wrth goginio caneuon i Gymru, cofier am foddhau yr archwaeth genedlaethol, a sbeisier y dysgleidiau gyda phinsied o'r gynghanedd.

Y Bardd a'r Cerddor, gyda Hen Ystraeon am danynt (1865).

2930 Meddwl a theimlad yw teyrnas y bardd; sŵn a melyster yw teyrnas y cerddor.

2931 Gawrfloeddio mae Rhyddid i ganol y gad
I godi'r hen wlad yn ei hôl.

'Cadlef Morgannwg', *Oriau Eraill* (1868).

2932 Ni fedd yr holl gread un plentyn a wad
Fod byd anweledig os collodd ei dad.

'Pa Le Mae fy Nhad'.

2933 Mae John yn mynd i Loeger,
A bore 'fory'r â.

'Mae John yn Myn'd i Loeger'.

2934 Môr o gân yw Cymru i gyd.

Teitl cerdd, *Yr Oriau Olaf* (Gol. I. Foulkes) (1888).

2935 Frodyr, geraint, a chefnderoedd,
Paham na chawn
Gyfarfod iawn
Er mwyn yr hen amseroedd?

'Hen Amseroedd'.

2936 Mewn angof ni chânt fod,
Wŷr y cledd, hir eu clod.

'Dyffryn Clwyd'.

2937 Un gwell ni chafodd ei gau
Yn nyffryndir hen ffrindiau.

'Beddargraff J. W. Jones (Barlwyd), Liverpool'.

2938 Carodd eiriau cerddorol,—carodd feirdd,
Carodd fyw'n naturiol;
Carodd gerdd yn angerddol:
Dyma ei lwch, a dim lol.

'Englyn Diweddaf Ceiriog'.

2939 Pa les i ddyn ydyw pleser,—pleser
Palasau'r mawr lawnder?
Cyfiawn yw cofio i Nêr
Roi gofid ar ei gyfer.

'Pleser', *Blodeuglwm o Englynion* (Gol. W. J. Gruffydd) (1920).

JOHN GRIFFITH MOELWYN HUGHES (MOELWYN) 1866–1944

2940 Pwy a'm dwg i'r Ddinas gadarn,
Lle mae Duw'n arlwyo gwledd,
Lle mae'r awel yn sancteiddrwydd,
Lle mae'r llwybrau oll yn hedd?
Hyfryd fore,
Y caf rodio'i phalmant aur.

'Y Ddinas Gadarn', *Caniadau* (1893).

2941 Y peth gorau i'w wneud ag amheuwr . . . ydyw ei amau.

Mr. Saunders Lewis a Williams Pantycelyn (1928).

2942 Bas yw'r meddyliwr y gellir olrhain yn ei weithiau bob awdur a ddarllenwyd ganddo.

2943 Yr eneidiau mwyaf—mewn gallu, ac mewn gras—yw y rhai cyntaf i sylweddoli eu bychander, a'r rhai parotaf i gyfaddef hynny.

2944 Dysgu gŵr o dalent a wneir, eithr deffroi gŵr o athrylith.

2945 Daw'r dychymyg o hyd i Dduw cyn i ddeall afaelyd ynddo.

2946 Yr un yn y bôn ydyw crefydd a barddoniaeth.

2947 Diben pennaf barddoniaeth ydyw rhyddhau dyn: torri'r cortynnau sy'n ei glymu wrth y tymhorol a'r gweledig, a pheri, drwy'r cyfryw ryddid, lawenydd.

2948 Pan gollo dyn ieuanc y gallu i ddyheu, cilia'i ireidd-dra, paid ei dwf, parlysir ei ymadferthoedd, a chrebacha gan henaint annhymig.

2949 Dyhead yn unig a'n gweryd rhag tranc.

2950 Y mae pob credo pendant, terfynol—coledder ef gan Babydd neu Brotestant—yn gyfyngiad ar Dduw; ac y mae pob cyfyngiad arno Ef yn eilunaddoliaeth.

JONATHAN HUGHES
1721–1805

2951 Nid oes un ddawn ddwysach, neu ddyfnach o sylwedd ysbrydol, na'r ddawn gynghanedd, gwedi ei rhoddi, ac yn cael ei gadael, ymhlith dynion dan haul, pe baent yn ei harferyd yn y drefn yr ordeiniodd Duw hi: ond ein natur lygredig ni ein hunain fydd yn ei cham-ddefnyddio, ac yn ei thaflu allan o'i helfen ei hun.

'Rhagymadrodd', *Gemwaith Awen Beirdd Collen* (1806).

2952 Ni ddaw mo demtasiynau'r cythraul
Ond ar y rhai sy'n mynd o'i afael.

'Cerdd, Drych Pechadur, er Cysur rhag Blinder Ysbryd ac Anobaith'.

2953 Pob cur, dolur a dilyw,
Man lle dêl, mae yn llaw Duw.

'Cywydd, Hanes am yr Echrys Ddiben a Ddaeth i Nifer Fawr o Drigolion *Môn,* wrth Fyned Adref o Ffair *Gaernarfon,* dros Afon *Menai, Rhagfyr* 5ed, 1785'.

2954 Duw a roes einioes inni,
A Duw'n ei hôl a'i tynn hi.

'Cywydd, Marwnad Coffadwriaeth am y Diweddar Fardd Canmoladwy, Arthur Jones, o'r Gyldini . . .'

2955 Maith yw'r boen ym mhethau'r byd.

'Englynion, Un-odl Union, *ar y Testyn—Melus Yw'r Bywyd'.*

2956 Gwledd Helicon! Llon fydd llais—y delyn,
A dilwfr a'i hymgais,
Dawn odlau diniweidlais;
Dull y swydd nis deall Sais.

'Yr Eisteddfod', *Pigion Englynion fy Ngwlad* (Gol. John Thomas (Eifionydd)) (1881).

MATHONWY HUGHES
1901–

2957 Byr ei wib pob rhyw obaith
A ŵyr dyn ar ddechrau'r daith.

'Dwy Ochor i Duchan', *Corlannau* (1971).

2958 Onid baw ydyw bywyd—er i wŷr
Ei oreuro'n hyfryd?
A beth wedi'r cwbl yw'r byd
Ond anferth dŷ i ynfyd?

2959 Mae daioni mud ynom,
Daioni Duw, dan y dom.

2960 Onid tlawd, er maint ei log,
Y meudwy digymydog?

2961 I boen y daw pawb ennyd,
Byw neb nid yw'n boen o hyd.

'Epigramau'.

2962 Ni bu fod na wybu fai;
Da hefyd na cheir difai.

2963 Nid o andras daw undrwg,
Er da 'rioed y gwneir y drwg.

2964 Gorau ffawd i gorff ei wedd,
Gorau i enaid gwirionedd.

2965 Nid ag arf y dygi hedd.

'Yr Alwad'.

2966 Ni bu eira a barodd
Na heth hir erioed na thodd.

'Cefnu', *Cerddi'r Machlud* (1986).

2967 Gwyro barn a gâr y byd;
Gwir a saif, a gras hefyd.

'Gwirebau', *Barddas,* rhif 118, Chwefror 1987.

OWEN HUGHES (GLASGOED) 1879–1947

2968 O bur rawn bore einioes
Mwynheir y wledd ddiwedd oes.

'Yr Heuwr', *Y Genhinen,* cyf. IV, rhif 3, Haf 1954.

ROBERT OWEN HUGHES (ELFYN) 1858–1919

2969 Yn y byd hwn mae pob dôr
I geiniogau yn agor.

Y Geninen, cyf. XXXI, rhif 2, Ebrill 1913.

2970 Er y curo a'r corwynt,—er y nos,
Er y niwl ar f'emrynt,
Hyderaf y caf, fel cynt,
Weld yr haul wedi'r helynt.

'Ymson y Credadyn mewn Trallod', *Ceinion y Gynghanedd,* Owen Griffith Owen (Alafon) (1915).

2971 Yn rhwydd, caredigrwydd dynn
Wlad o ddeiliaid i'w ddilyn.

'Caredigrwydd', *Blodau'r Gynghanedd* (Gol. Richard Griffith (Carneddog)) (1920).

2972 Arfer bwyll cyn awr fawr bedd;
Dewis olud o sylwedd.

'Dewis y Rhan Dda'.

2973 Beddau heb gofeb iddynt
Yw eiddo'r gwŷr fu ddewr gynt.

'Hen Arwyr Cymru'.

2974 I flingo a gwyro gwan
Rhy dyhirod eu harian.

'Y Cribddeiliwr Gormesol'.

THOMAS HUGHES (GLAN PHERATH) 1803–1898

2975 Camp y Diawl oedd cwympo dyn,
A'i godi, camp Duw gwedyn.

'Y Gamp Fwyaf', *Blodau'r Gynghanedd* (Gol. Richard Griffith (Carneddog)) (1920).

T. ROWLAND HUGHES 1903–1949

2976 Cadw dy blydi *chips!*

[William Jones wrth ei wraig] *William Jones* (1944), pennod 3.

2977 Pe bawn i yn artist mi dynnwn lun
Rhyfeddod y machlud dros benrhyn
Llŷn.

'Pe Bawn I . . .', *Cân neu Ddwy* (1948).

2978 Ni regodd fyd,
a welai weithiau fel pe'n stremp i gyd.

'Hen Weinidog'.

2979 Tydi, a roddaist liw i'r wawr
A hud i'r machlud mwyn,
Tydi, a luniaist gerdd a sawr
Y gwanwyn yn y llwyn,
O, cadw ni rhag colli'r hud,
Sydd heddiw'n crwydro drwy'r holl fyd.

'Emyn'.

2980 Ni ddaeth rhyfeddod gwanwyn
Â gwrid yn ôl i'w wedd:
Ond pnawn o Ebrill tyner
A'n dug ni at ei fedd,
A chanai'r gog yng Nghoed y Ffridd
Pan glywn i'r arch yn crafu'r pridd.

'Gwanwyn'.

2981 Nid ydynt hardd, eich hen addoldai llwm.

'Blychau'.

2982 Nid ydynt hardd, fy ffrind, i chwi,
ein hen addoldai mawr, di-ri,
ond hwy a'n gwnaeth,
o'r blychau hyn y daeth
ennaint ein doe a'n hechdoe ni,
os llwm eu llun, os trwsgl eu trem,
Caersalem, Seion, Soar a Bethlehem.

2983 Bu farw'r byd a wyddem a'i holl naws,
A throes yr Wyddfa, meddant hwy, yn gaws.

'Yr Hen Fyd'.

2984 Daw hagrwch wedi dagrau—a drygfyd,
A gwawr tros ennyd yw gwrid rhosynnau.

'Y Ffin'.

G. H. HUMPHREY
1844–1907

2985 Diamau, lanc, daw aml loes—i dy ran
Wedi rhwysg dy ddrygfoes;
Daw hefyd angau difoes
I ddadwneud breuddwydion oes.

'"Eto Cofied Ddyddiau Tywyllwch"', *Barddoniaeth y "Genedl Gymreig"* (Gol. John Thomas (Eifionydd)) (1881).

2986 Diau braster dibristod—oer iddo
A roddaist yn gardod;
Gwelaist, heb ysgog aelod,
Ei gefn gwael a'i ysgafn god.

'Yr Eglwys a Goronwy Owen', *Blodeuglwm o Englynion* (Gol. W. J. Gruffydd) (1920).

HUW ARWYSTLI
fl. 1542–1578

2987 A fo'n gam ni fyn y gwir,
A fo'n iawn ni fyn anwir.

Mil o Ddyfyniadau Cymraeg (Gol. G. Lloyd Edwards) (1968).

2988 Ar dyfiad ir a difalch,
Ni fyn Duw'n ben fynd un balch.

2989 Cariad hwnt a fag gair teg,
Drwg air a dyr y garreg.

2990 Da ar gam a fawdd dŵr i gyd;
Da cyfion, Duw a'i cyfyd.

2991 Dail onn glân sy'n deilio'n glòs
A'u tynnu mae gwynt unnos;
Fal y tawdd tân iâ neu wêr
Y tyr ystod y trawster.

2992 Drwg iawn yw deuair gan neb,
Nid yw'n iawn ond un wyneb.

2993 Duw a ry gwymp i'r drwg ŵr,
Duw a gyfyd ei gofiwr.

2994 Gair dig a'i lid ar dy gledd
A yrr annoeth o'i rinwedd;
Gair yn deg ar enau doeth
A uniona un annoeth.

2995 Geiriau anwir a grina,
Y gwir ar ŵr gorau'r â.

2996 Gorau nerth ag a ŵyr neb,
Iawnbwyll dawn heb wylltineb.

2997 Gorau swydd yw gras i ddyn
Allu toddi llid deuddyn.

2998 Gras, pob un a'i dymunai;
Ni rydd Duw ras ond i rai.

2999 Hwyra' ceir Duw'n rhoi cerydd,
A lle rho'i fâr llwyra' fydd.
Cf. rhif 5027 a 5054.

3000 Ira' rhodd ar wŷr heddyw
A gorau stad yw gras Duw.

3001 Mae'r traha'n rhoi lladdfa i'r llin
Mal durew 'mlodau eirin.

3002 Mal y mag tân ar gannwyll
Mae gair teg yn magu'r twyll.

3003 Ni all draw'r gwenyn tawel
Fyw'n nhor maes heb fwynhau'r mêl.

3004 Nid rhyhir buchedd traha,
Trais Duw ar ôl trawster â.

3005 Odid i enw da dinam
Dyfu'r gwaed a fo ar gam.

3006 Rhyfedd y myn rhai hefyd
Fyw ar bwn o feiau'r byd.

3007 Y difai od yw ufudd,
Y garwa'i fai gorau fydd.

3008 Y mwya'i ffrost yn fostiwr
Yw'r lleia'i nerth oll yn ŵr.

HUW CAE LLWYD
fl. 1455–1505

3009 Llawer milltir o hiraeth
Y sydd mewn un ergyd saeth.
'I Ferch', *Gwaith Huw Cae Llwyd ac Eraill* (Gol. Leslie Harries) (1953).

3010 Er neb ni fyn y cebydd
Rannu dim hyd yr un dydd.
'Moliant i Forgan ap Syr Dafydd Gam'.

3011 A roes yn ei oes yn wir
Eto eilwaith y telir.

3012 Llawer y sy'n cymeryd;
Ai drwg un a'i dyry i gyd?
'I Siôn ap Rhys ap Siancyn o Lyn-nedd'.

3013 O bydd nef yn gartrefol,
Bid nef, a'r byd yn ei ôl.
'I Ieuan Mew ap Morgan'.

3014 Gwellhau y gŵr galluol,
Ei holl ryw'n gwellhau ar ôl.

3015 Y dewr a gyrch drwy y gad
Ar ehawnder ei hendad.
'Moliant Siôn Hafard'.

3016 Ni bydd meirwon dynion da
Er symud o'r oes yma.
'Marwnad Siôn Hafard'.

3017 Rhyfedd, medd rhai o'i ofyn,
Y try Duw anturiau dyn.
Ei roi'n arglwydd un flwyddyn,
Eithr y llall yn eitha'r llyn.

3018 I daeog ydd â gogan,
Nid â'r glod ond i ŵr glân.
'Moliant Dafydd Fychan o Linwent ym Maelienydd'.

3019 Ni chad na chynt na chwedy
Onid hael yn berchen tŷ.

3020 Ni ddichon mewn heddychau
Na bo doeth y neb a dau.
'Marwnad Wiliam Fychan'.

3021 Os pwyll cannwyll rhag cynnen,
Gorau cannwyll yw pwyll pen.

3022 Llanw i ddyn llawen a ddaw,
Y trai eilwaith trwy wylaw.
'Marwnad'.

3023 Oes rhai ifainc sy ryfedd,
Ddoe yn byw, heddiw'n y bedd.

3024 Llaw a ry da i wellhau'r do,
Llaw a'i hennill yw honno.
'Moliant Deufab Siancyn'.

3025 Ni bydd hael heb dda i'w hau.

'I Erchi Ychen'.

3026 Eidionnau gwâr dan y gwedd
A dry aradr o'i orwedd.

HUW MACHNO
fl. 1585–1637

3027 Iawn yw euro un arall
O'r un llin i ran y llall.

Noddwyr Beirdd ym Meirion, Glenys Davies (1974).

H. LL. W. HUWS
1879–1936

3028 Hi a ddaw i mi'n ddioed:
Nid erys awr dros ei hoed.

'Henaint', *Cerddi'r Geufron* (Goln. Enoch Evans a David Jones) (1940).

3029 Er ei rodd, er ei wreiddyn,—er a'i dug,
Er ei degwch wedyn,
Diau mai fel blodeuyn
Y bydd ac y derfydd dyn.

LLYFNI HUWS
1889–1962

3030 Mwya' baich sy'n crymu byd
Yw baich y gŵr heb iechyd.

'Baich', *Awen Arfon* (1962).

3031 Yn y cof er dy wacáu,—hen dŷ mam,
A'th du mewn yn ddrylliau;
Fe erys rhwng dy furiau
Ochenaid serch i'n dwysáu.

'Y Tŷ Gwag', *Caniadau Llyfni: Cyfrol Goffa Llyfni Huws* (Gol. Mallt Huws) (1968).

HYWEL AP DAFYDD AB IEUAN AP RHYS (HYWEL DAFI)
fl. 1450–1480

3032 Trwy eiriau llid y try'r llaill,
Trwy gariad y trig eraill.

Flores Poetarum Britannicorum, sef Blodeuog Waith y Prydyddion Bryttanaidd (o Gasgliad John Davies, Mallwyd) (1710).

3033 O angau ni ddihengir,
Ac nid â heb neb yn wir.

3034 E's dyddiau bûm gystuddiwr;
Ni chêl y grudd gystudd gŵr.

3035 Ar ei fodd ni ryfeddwn
I Dduw a'i saint ddewis hwn.

'Marw Gŵr Da', *Cywyddau Cymru* (Gol. Arthur Hughes) (1908).

3036 Nes ei eisiau'n oes oesoedd
Ni wyddai neb pa ddyn oedd.

'Angen Ddengys Werth'.

3037 Arfer o grwys, arfau'r Grog,
A orfydd ar bob arfog.

'Y Grog'.

3038 Hyddgi da, hawdd ei gadw ef,
A ddilyn yr un ddolef.
Ar y gainc ni ŵyr y gog
Ond un llais, edn lluosog.

'Ateb Hywel ap Dd. ab Ieuan ap Rhys' [i gywydd Guto'r Glyn 'I Geisio Hywel ap Dd. ap Ieuan ap Rys allan o Raglan'], *Gwaith Guto'r Glyn* (Casglwyd gan John Llywelyn Williams, Gol. Ifor Williams) (1939); cambriodolir i Guto'r Glyn yn *Mil o Ddyfyniadau Cymraeg*.

3039 O Dduw, oes a ddewisai
Ei foli byth fal y bai?

'I Uto'r Glyn gan Hywel Dafi'.

3040 Colli da'r India yr undydd nid da;
Cael da'n un dyrfa, hyn a'n derfydd.

Mil o Ddyfyniadau Cymraeg (Gol. G. Lloyd Edwards) (1968).

3041 Rhwymer, gludier y gwledydd,
Rhoed Duw rhwng pob rhai oed dydd.

HYWEL AP RHEINALLT neu HYWEL RHEINALLT
fl. 1461–1506/7

3042 Darfod y myfyrdod mawr
Dwyn o unmab Duw Nanmawr.

'Marwnad Dafydd Nanmor ac Eraill', *The Poetical Works of Dafydd Nanmor* (Golygwyd gan Thomas Roberts, diwygiwyd gan Ifor Williams) (1923).

3043 Llawer sy'n ôl yn dolef,
Llawen iawn yw'n llenwi nef.

[Am Dudur Penllyn].

HYWEL CILAN
fl. 1435—1470

3044 Mawr fydd gogan pob anael,
Mawr fydd clod pob hynod hael.

'Moliant i Ruffudd ap Rhys ab Ieuan', *Gwaith Hywel Cilan* (Gol. Islwyn Jones) (1963).

3045 Daw o fonedd dwf uniawn.

'Moliant i Ruffudd ap Rhys ap Dafydd o Faesmor'.

3046 Tair rhinwedd a gydwedda
Yw gradd a dysg a gwraidd da.

'Moliant i Ddafydd Cyffin o Langedwyn'.

3047 Calon oedd ddigon i ddwy.

'Moliant i Rys ap Gruffudd o Beniarth'.

3048 Arwych iawn o wreichionen
Y tyn ar naid dân i'r nen:
Felly gas, ar fy llw gwir,
Y sy gadarn, os gedir.

'I Ruffudd Hanmer a Rosier ap Siôn'.

3049 Gwell dyddio, cyn gweithio gwaeth,
Drwy gariad no drygwriaeth.

3050 Haws yw cael, gafael gyfiawn,
Tir no châr tirionwych iawn.

HYWEL FOEL AP GRIFFRI AP PWYLL WYDDEL
c. 1240—1300

3051 Ni fedd namyn Duw digyfoethi dyn.

'Howel voel ap Griffri ap pwyll gwydel A gant yr Awdyl honn', *Llawysgrif Hendregadredd* (Goln. John Morris-Jones a T. H. Parry-Williams) (1933).

IEUAN AP RHYS AP LLYWELYN
fl. dechrau'r 16eg ganrif

3052 Ni bu erioed neb o'r iaith
Neu frenin heb farw unwaith.

Flores Poetarum Britannicorum, sef Blodeuog Waith y Prydyddion Bryttanaidd (o Gasgliad John Davies, Mallwyd) (1710).

3053 Daear i ddaear ydd â,
Yr enaid i ŵyr Anna [Crist].

IEUAN BRYDYDD HIR
fl. 1450—1485

3054 A fo doeth a chyfoethawg
Ac iach rydd a gwych y rhawg,
Be beiddiem bawb ei addef,
Byr yw'r awr y bwrir ef.

'Henaint', *The Oxford Book of Welsh Verse* (Gol. Thomas Parry) (1962).

3055 Crynedig i'm croen ydwyf,
Crynfa deilen aethnen wyf.

IEUAN DEULWYN
fl. 1460

3056 Dyn a all mewn deunawlle
Ar ddŵr a llawr urddo'r lle,
Ac nid hawdd gan y tyddyn
A'r ddaear deg urddo'r dyn.

'I Ddafydd Llwyd', *Casgliad o Waith Ieuan Deulwyn* (Gol. Ifor Williams) (1909).

3057 O erw i gant yr â gŵr,
O ddwy i un ydd â anwr.

'I Henry: Llyma Gywydd Gwr'.

3058 Gwŷr a wna gŵr yn wrol,
Gŵr a wna gwŷr yn ei ôl.

'I Forgan'; cf. rhif 1640.

3059 A fo pen tyngedfennol
Ofer i neb ei fwrw'n ôl.

'Cywydd Moliant Wiliam Sion'.

3060 Ni lwydd na dedwydd na doeth
A wna ennyn yn annoeth.

'C. Heddwch Llywelyn Ddu ap John'; fersiwn cywirach *Gorchestion Beirdd Cymru* o'r cwpled a gynhwysir yma.

3061 O bydd unwaith gymdeithas
Ni bydd yn dragywydd gas.

3062 Dau dafod a'm athrodant,
Ac yn yr un genau'r ânt;
Mwyn o beth i'm hwyneb oedd,
Ymlidiwr i'm hôl ydoedd.

'Cywydd Heddwch i Rys Fab Edryd'.

3063 O bu air heb ei warant
Gorau dim ei gau â'r dant.

IEUAN DYFI
fl. 1482—1500

3064 Ofer yw'r brig fry ar bren
Heb rinwedd mwy no brwynen.

'Moliant i Anni Goch', *Gwaith Huw Cae Llwyd ac Eraill* (Gol. Leslie Harries) (1953).

3065 Ni ddywed y gog ddeuair
Dan y gwŷdd, onid un gair;
Ac ni cheir yn ddau eiriog
Meinir o'i gair mwy no'r gog.

'I Ferch'.

3066 Os anodd drwy Gaswennan
Droi ar lif o'r dŵr i'r lan,
Dau anos no mynd yno
Troi bun o'r natur y bo.

IEUAN LLAWDDEN
fl. 1450

3067 'Nôl blino'n treiglo pob tref
Teg edrych tuag adref.

'"Teg Edrych tuag Adref"', *Pigion Englynion fy Ngwlad* (Gol. John Thomas (Eifionydd)) (1881).

IEUAN RUDD
fl. 1470

3068 Ni bydd i gadarn o'r byd
Dan garreg ond un gwryd.

Mil o Ddyfyniadau Cymraeg (Gol. G. Lloyd Edwards) (1968).

IEUAN TEW BRYDYDD IEUANC
fl. c. 1560—1590

3069 Ar y gwir mae rhagoriaeth;
O'm lleddir am wir, ba waeth?

Flores Poetarum Britannicorum, sef Blodeuog Waith y Prydyddion Bryttanaidd (o Gasgliad John Davies, Mallwyd) (1710).

3070 Byd sydd nid adnebydd neb:
Ba ddyn heb ei ddau wyneb?

3071 Byw ac aros heb gariad
A bair twyll y mab i'r tad.

3072 Y trahausaf o'r trawsion
Orau sydd yn yr oes hon.

3073 Arfer o drawster sy drwch;
Wedi trawster daw tristwch.

3074 Nid oes le ffo, pan fo'r Farn,
I'r hocedwr a'r cadarn.

IFAN LLWYD AP DAFYDD
17eg ganrif

3075 Dieithra' iaith dan y ffurfafen yn ei gwlad ei hun yw Camberaeg.

Ystorie Kymru, neu Cronigl Kymraeg [*llawysgrif Llanstephan 129*] (hanner cyntaf 17eg ganrif).

IOLO GOCH
c. 1320—1398

3076 Taled bawb, tâl hyd y bo,
Ei addewid a addawo.

'Llys Owain Glyndŵr yn Sycharth', *Cywyddau Iolo Goch ac Eraill* (Goln. Henry Lewis, Thomas Roberts ac Ifor Williams) (1937).

3077 Pebyll y beirdd pawb lle bo,
Pe beunydd caiff pawb yno.
A gwraig orau o'r gwragedd,
Gwyn 'y myd o'i gwin a'i medd!
Merch eglur llin marchoglyw,
Urddol hael o reiol ryw.
A'i blant a ddeuant bob ddau,
Nythaid teg o benaethau.

3078 Anfynych iawn fu yno
Weled na chlicied na chlo,
Na phorthoriaeth ni wnaeth neb,
Ni bydd eisiau budd oseb,
Na gwall, na newyn, na gwarth,
Na syched fyth yn Sycharth.

3079 Hebog merched Deheubarth.

'Marwnad Dafydd ap Gwilym'.

3080 Ni liwir yn oleuad
I neb odineb ei dad.
Ni ddwg mab arab aren
Baich y tad am bechod hen.

'I'r Brawd o Gaerlleon'.

3081 O cheisir cred a bedydd,
Rhaid yw offeiriaid a ffydd.

3082 Gwell Caeaw no naw o nef.

'Ymddiddan rhwng yr Enaid a'r Corff'.

3083 Ni cheffir eithr o'i weithred
Aberth Crist i borthi cred.
Bywyd ni chaiff, ni beiwn,
Pab nac ymherawdr heb hwn,
Na brenin haelwin hoywlyw,
Dien ei bwyll, na dyn byw.

'Cywydd y Llafurwr'.

3084 'Gwyn ei fyd, trwy febyd draw,
A ddeily aradr â'i ddwylaw'.

3085 Ffordd y mae cred a bedydd,
A phawb yn cynnal y ffydd,
Llaw Dduw cun, gorau un gŵr,
Llaw Fair dros bob llafurwr.

IORWERTH AB Y GYRIOG
14eg ganrif

3086 Lleddf englynion, lliw rhos gwynion,
Lloer morynion llawr Meirionnydd.

The Poetry in the Red Book of Hergest (Gol. J. Gwenogvryn Evans) (1911).

IORWERTH FYNGLWYD
fl. 1485–1527

3087 Mae'n odid minio nodwydd
Neu ben saeth yn erbyn swydd.

'I Rys ap Siôn o Lyn-nedd', *Gwaith Iorwerth Fynglwyd* (Goln. Howell Ll. Jones ac E. I. Rowlands) (1975).

3088 Ni nofia yn un afon
Bôn dâr yn erbyn y don.

3089 Diswyddo drwg sy dda draw:
Duw sydd yn eu diswyddaw.

3090 Cair haul yn ôl glaw creulon.

3091 Pand hir na welir ond nos?
Pe byr, hir yw pob aros.

'I Rys ap Siôn o Lyn-nedd'.

3092 Er rhoi niwl am yr hen waith,
I'r un niwl yr ân eilwaith.

3093 Os camwedd yt a wedda,
Ni wn ddyn na weddai'n dda.

3094 Wrth ddau beth yr aeth y byd,
Wrth ofn ac wrth werth hefyd.

3095 Er däed fo'r gair diwerth
Ni bydd gwir heb addaw gwerth.

3096 Nid cyfled gweled y gwir
Ar yr wyneb â'r anwir.

3097 Nobl o bai yn abl o bwys
A wnâi'r cam yn wir cymwys.

3098 Tydi'r gwan, taw di â'r gwir—
Arian da a wrandewir.

3099 Aeth anwir ar faeth ennyd:
Aeth y gwir ar feth i gyd.

3100 Y da a êl yn dy waith,
Wedi'r êl y daw'r eilwaith.

3101 Os byw neb dros ben ei oes,
Ba dda a wnâi byw ddwyoes?

'I Rys ap Siôn o Lyn-nedd'.

3102 Ba ddug, o bai dda ei waith,
Ba frenin heb farw unwaith?

3103 Angheuog ac anghywir
A chnaf wyf, o chanaf wir.

3104 A garo lladd ei geraint
A gyll ei frig a'i holl fraint.

3105 Cydbennu sy'n cadw bonedd.

3106 Dau air yw un gair i gall.

'Gofyn Cymod Mathïas Cradog'.

3107 Gwall dyn yw pob gwylltineb.

'I Risiart ap Rhys ap Siôn o Lyn-nedd'.

3108 Ni chaid un iechyd i dir
Os y ceidwad nis cedwir.

3109 Cymodyn, nid cam ydyw:
Câr di bawb, cywirdeb yw.

3110 Trwy gariad tro gywirwyr;
Trwy gas ni ellir troi gwŷr.

3111 Y diddig digenfigen
A fedd pawb, ac a fydd pen.

3112 Beth a wnâi gawr o'i fawr faint
O bai gawr heb ei geraint?

'I Harri, Iarll Caerwrangon'.

3113 A chwerw i gant ddechrau gwaith
Heb ei orffen yn berffaith.

'I Risiart Herbert o Euas'.

3114 Os gwell câr er lladd arall,
Ai gwell i'r llwyth golli'r llall?

3115 Na wna dros annog ogan,
Na thros werth na threisia wan.

'I Domas Gamais'.

3116 Oedi'r egin yw'r drygwaith,
Ac o'r oed cael rhagor waith.

'I Gymodi Syr Tomas Gamais a Syr Edward Stradling'.

3117 Na chyfeiriwch i foryd
Na dŵr hallt heb fynd o'r rhyd.

'I Syr Rhys Mawnsel'.

DAFYDD IWAN
1943–

3118 Ar fryniau bro Afallon
Mae pawb yn byw yn hen;
'Does neb yn colli'i dymer,
Ac mae gwg 'run fath â gwên.
O, mae'n haf ar hyd y flwyddyn,
Nadolig bob yn ail ddydd Iau,
O, bois rhaid mynd am dro i'r
nefolaidd fro,
Lle mae'r merched O! mor hardd, i
ddenu calon bardd,
Ar fryniau bro Afallon.

'Bryniau Bro Afallon', *Cant o Ganeuon* (1982).

3119 O! mae ieir bach yr ha' a'r blodau yn bla,
A chwrw yw dŵr pob afon;
'Does 'na neb yn y jêl, O! mae bywyd
yn fêl,
Ar fryniau bro Afallon.

3120 . . . Cerddwn ymlaen,
Cerddwn drwy ddŵr a thân,
Cerddwn â ffydd yn ein cân,
Ymlaen—cerddwn ymlaen.

'Cerddwn Ymlaen'.

3121 Wyt ti'n cofio'r Ysgol Fomio
A losgwyd gan dri gŵr?
Y tân a daniwyd yno
Sy'n dal ynghyn, 'rwy'n siŵr.
Llosgwyd ysgol,
Dân anfarwol.
Daw, fe ddaw yr awr yn ôl i mi.

'Daw, Fe Ddaw yr Awr'.

3122 Gad fi'n llonydd, O! fy Nuw,
Gad fi fod.

'Gad Fi'n Llonydd'.

3123 Mae hiraeth yn fy nghalon am y ddoe na ddaw yn ôl,
Mae tristwch yn fy enaid am a fu;
Mae dagrau yn fy llygaid 'rôl rhai sydd wedi mynd,
A'r atgof sydd yn bwrw cysgod du.

'Mae Hiraeth yn fy Nghalon'.

3124 Af i chwilio yn y mynydd, af i chwilio yn y glyn,
Af i chwilio am orffennol teg fy ngwlad.
Gwrandawaf ar yr afon, a syllaf ar y llyn,
A disgwyl, disgwyl gweled fy nhref-tad.

3125 Mae'r darnau yn disgyn i'w lle,
Mae doe ac yfory i minnau,
'Does dim angen gofyn,
'Does dim angen gofyn paham nac i be'.

'Mae'r Darnau yn Disgyn i'w Lle'.

3126 . . . Cofia frawd nad oes amser gennyt bellach
I din-droi yn feddw a di-hid;
Hwn yw'r cyfle olaf gawn, eisoes mae yn hwyr brynhawn,
A'r haul yn bygwth machlud ar ein byd.

'Mae yn Hwyr Brynhawn'.

3127 Daw llanw wedi'r trai,
Daw enfys wedi'r glaw,
Ac wedi'r nos mi wn y wawr a ddaw.

'Myn Duw Mi a Wn y Daw'.

3128 O! mi wn y daw Owain yn ôl,
Fel llanw wedi'r glaw,
Fel gwawrio wedi'r nos,
Myn Duw, mi a wn y daw.

Y llinell olaf a theitl y gân yn perthyn i gywydd anhysbys ei awduriaeth.

3129 . . . Peidiwch â gofyn eich cwestiynau dwl,
Peidiwch edrych arna' i mor syn:
Dim ond ffŵl sydd yn gofyn
Pam fod eira yn wyn.

'Pam Fod Eira'n Wyn?'

3130 O! weli di, weli di Gymru?
Weli di, weli di hi?
Pwy all ei hachub os na wnei di?

'Weli Di Gymru?'

3131 Y wên na phyla amser,
Y fflam na ddiffydd byth;
Mae'r gŵr o Rydcymerau'n fyw i ni.

[Am D. J. Williams] 'Y Wên na Phyla Amser'.

DANIEL JAMES (GWYROSYDD) 1847—1920

3132 Calon ddrwg dynn wg o hyd:—ei hanian
Wna enaid gwenwynllyd:
Calon lân sy'n gân i gyd,
Ac enfawr yw ei gwynfyd.

'Y Galon', *Y Geninen*, cyf. XXVIII, rhif 4, Hydref 1910; cf. rhif 3133 isod.

3133 Nid wy'n gofyn bywyd moethus,
Aur y byd na'i berlau mân;
Gofyn wyf am galon hapus,
Calon onest, calon lân.
Calon lân yn llawn daioni,
Tecach yw na'r lili dlos;
Dim ond calon lân sy'n medru
Canu'r dydd a chanu'r nos.

'Calon Lân' *Caniadau Gwyrosydd: Ail Lyfr* (diddyddiad).

D. EMRYS JAMES (DEWI EMRYS) 1881—1952

3134 A'r hen ywen, o'r newydd,
Yn ddüwch ar degwch dydd.

'Dafydd ap Gwilym', *Cofnodion a Chyfansoddiadau Eisteddfod Genedlaethol 1929 (Lerpwl)* (Gol. E. Vincent Evans).

3135 Goddefwch ysig ddafad.

'Y Galilead', *Cyfansoddiadau Barddonol Buddugol Eisteddfod Frenhinol Genedlaethol Cymru, Llanelli, 1930.*

3136 Oni bydd curlaw ba hedd yw corlan?

3137 Grymuster pob englynwr da yw dawn y telynegwr.

Y Babell Awen, *Y Cymro*, Chwefror 23, 1945.

3138 Fry ar y mwni mae 'nghatre bach
Gida'r goferydd a'r awel iach.

'Pwllderi', *Cerddi'r Bwthyn* (1948).

3139 A thina'r meddilie sy'n dwad ichi
Pan foch chi'n ishte uwchben Pwllderi.

3140 Fel nos rhwng coed yn oedi—y saif hon
A'r dwysaf faes dani.
Mae cwsg y bedd i'w hedd hi,
A'i gaddug yn frig iddi.

'Yr Ywen'.

3141 Wele rith fel ymyl rhod—o'n cwmpas,
Campwaith dewin hynod;
Hen linell bell nad yw'n bod,
Hen derfyn nad yw'n darfod.

'Y Gorwel'.

3142 Ym merw byd y mae awr bêr—i wyliwr,
Awr chwalu trais Amser,
Awr y swyn pan losgo'r sêr
Edefyn y cnawd ofer.

'Cymylau Amser', *Wedi Storom* (Goln. Albert Evans-Jones (Cynan) a William Morris) (1965).

3143 Erioed lle pwyso pryder,
Rhyw einioes faith yw'r nos fer.

3144 Melys hedd wedi aml siom,
Distawrwydd wedi storom.

[Ei feddargraff ef ei hun].

EVAN JAMES (IEUAN AP IAGO)
1809—1878

3145 Mae hen wlad fy nhadau yn annwyl i mi,
Gwlad beirdd a chantorion, enwogion o fri;
Ei gwrol ryfelwyr, gwladgarwyr tra mad,
Dros ryddid gollasant eu gwaed.

'Hen Wlad fy Nhadau': anthem genedlaethol Cymru; lluniwyd ym 1856.

3146 Gwlad, gwlad!
Pleidiol wyf i'm gwlad:
Tra mor yn fur i'r bur hoff bau
O! bydded i'r heniaith barhau.

EVAN JENKINS
1894—1959

3147 Daw chwerwedd i anheddau
I oeri teg gariad dau;
A daw ail flas ar draserch
I symud siom o dŷ serch.

'Epigramau', *Cerddi Ffair Rhos* (1959).

3148 Ieuanc a wêl y beiau,
A'r hen a ŵyr eu parhau.

3149 Pitw bach o gorrach gwan
Yw dyn pan lidio anian.

'Haf Gwlyb', *Y Flodeugerdd o Gywyddau* (Gol. Donald Evans) (1981).

JOHN JENKINS (CERNGOCH)
1825—1894

3150 Iach hwyliodd i ddychwelyd,—ond ofer
Fu dyfais celfyddyd;
Y môr wnaeth ei gymeryd,
Ei enw a gawn, dyna i gyd.

'Y Morwr Colledig', *Cerddi Cerngoch, Gyda Detholion o Waith "Amnon II", "Hywel" ac "Aeronian"* (Goln. Dan Jenkins ac Ap Ceredigion) (1904).

JOHN JENKINS (GWILI)
1872—1936

3151 Nid beirniadu bywyd yw gwaith y bardd, ond ei egluro. Pan dry i feirniadu, nid bardd mohono mwyach.

'Barddoniaeth: Beth Yw?', *Y Geninen*, cyf. XXV, rhif 2, Ebrill 1907.

3152 Mae yn y bardd reddf fwy byw i ymddangosiadau bywyd nag sydd yn neb arall. Nid yw wedi ei suo gan y cynefin i golli golwg ar wyrthiau'r cread.

3153 Ddiddanydd anfonedig nef,
Fendigaid Ysbryd Glân!
Hiraethwn am yr awel gref
A'r tafod tân.

'Y Diddanydd Arall', *Llyfr Emynau y Methodistiaid Calfinaidd a Wesleaidd* (1927).

3154 Rhaid claddu'r flwyddyn yn ei gwyn.

'Yn ei Gwyn', *Caniadau Gwili* (1934).

3155 Ni all defodaeth byth lanw lle gwirionedd ym mywyd cenedl, a chenedl wan o hyd yw honno sydd yn parchu'r offeiriad ac yn diystyru'r proffwyd.

'Diystyru Moses', *Gwili: Cofiant a Phregethau* (Gol. E. Cefni Jones) (1937).

3156 Arwydd o ddirywiad cenedl yw rhoi ffurfiau o flaen rhinweddau.

3157 Gwirionedd glân, heb addurn ond ei addurn ei hun, yw craig sylfaen bywyd gwlad.

3158 Anfynych iawn y daw gwirionedd i'n byd ni mewn sidanau, ac nid beunydd y caiff liain main gwyn a glân wrth ddyfod.

'Holl Bobl yr Arglwydd'.

3159 Nid yw gwirionedd gwefus yn unig byth yn cyrraedd ymhell.

R. T. JENKINS
1881–1969

3160 Y mae dyn a anwybyddo hanes yn ei ddiarddel ei hun o gymdeithas feddyliol dynolryw.

'Y Sgolor Mawr', *Yr Apêl at Hanes* (1930).

3161 Melltith diwygiadau a diwygwyr, mewn byd ac eglwys, ydyw anwybyddu cig a gwaed, a tharo'r safon yn rhy uchel o lawer iddynt.

3162 Nid oes unrhyw wers y mae'r gŵr uchel ei ddelfrydau mor amharod i'w dysgu â'r wers o amynedd.

3163 Anodd darbwyllo dynion da mai yn y llef ddistaw fain ac yng nghyfnewidiadau dirgel ac araf natur a chymdeithas y mae'r Arglwydd yn llefaru.

3164 Y mae cenedl, wedi'r cwbl, yn fwy ac yn bwysicach na'r hynotaf o'i dynion mawr: nid yw'r mwyaf ohonynt ond crychni ar wyneb ffrwd bywyd ei bobl.

'Clywed yr Hyfrydlais'.

3165 *Rhoddwyd* Cymru i ni, *gwnaeth* y Sais Loegr.

3166 Y mae'r gorffennol ymhell oddi wrthym; y mae'n haws gweled ei ragoriaethau na'i ffaeleddau.

'Yr Apêl at Hanes'.

3167 Y mae'r mynyddoedd pell yn leision a hyfryd, a'r ceunentydd a'r clogwyni, y coedwigoedd tywyll, a'r bwystfilod rheibus sy'n cyniwair drwyddynt wedi mynd yn angof.

3168 Y mae emyn y gellir chwerthin am ei ben yn cyflawni hunanladdiad.

Hanes Cymru yn y Ddeunawfed Ganrif (1931).

3169 Ofer yw ymresymu â champweithiau llên.

Hanes Cymru yn y Bedwaredd Ganrif ar Bymtheg, cyf. I (1933).

3170 Y mae ôl y cyffion ar y traed am gryn amser wedi torri'r cyffion; y mae'r corff a garcharwyd cyhyd yn annhebyg o ystwytho mewn munud awr.

Hanes Cynulleidfa Hen Gapel Llanuwchllyn (1937).

3171 Undod yw Dyn—nid yn unig yma a thraw ond hefyd ddoe a heddiw; ac y mae ein hiechyd uchaf yn dibynnu ar inni gofio hynny.

3172 Byddai teiliwr o Lanfair Caereinion
Yn torri trowsusau'n rhy feinion,
Yna gostwng y pris
Rhyw ddimai yn is,
A'u gwerthu yn rhwydd fel 'bargeinion'.

'"Reit Ysgafn"', *Y Llenor*, cyf. XVIII, rhif 1, Gwanwyn 1939.

3173 Rh'w 'ffeirad yn Aberdaugleddau
A'th ma's i bregethu i'r beddau.
Meddai ef: 'Nid yw'n syn
'Mod i'n gwneuthur fel hyn:
Ma' nhw'n llawer mwy effro na'r seddau.

3174 Aeth blynyddoedd lawer heibio, ac wele finnau bellach wedi cael byw yn ddigon hir i weled Oes y Pwyllgorau.

'Symffoni: "Amwythig"', *Casglu Ffyrdd* (1956).

3175 Y mae iaith y gwladwr fel ei lwybrau, yn tresmasu er mwyn unioni.

'Syr Owen Morgan Edwards', *Ar Ymyl y Ddalen* (1957).

3176 Y mae iaith lac yn ddigon aml yn arwydd o feddwl llac.

3177 Bywyd o feddwl yw'r bywyd perffaith.

'Rabbi Saunderson'.

3178 Nid yw'n rhaid o gwbl i'r dyn diwylliedig fod yn ysgolhaig, ond dylai'r ysgolhaig fod yn ddyn diwylliedig.

3179 Y mae bywyd mewn ffydd; nid oes ddefnydd bywyd mewn diflastod.

'Richard Bennett'.

J. T. JOB
1867–1938

3180 Y danbaid, fendigaid Ann.

[Am Ann Griffiths] 'Eu Nêr a Folant', *Cofnodion a Chyfansoddiadau Eisteddfod Genedlaethol 1918 (Castell Nedd)* (Gol. E. Vincent Evans).

3181 Ffarwel i Gwm Pen Llafar
A'i heddwch di-ystŵr,
Lle nad oes lef–ond ambell fref,
A Duw, a sŵn y dŵr.

'Ffarwel i Eryri', *Caniadau John T. Jôb* (1929).

3182 Nid rhaid it wrth bwyntrhedyn
I wnïo hen ddilledyn,
Na chaib i chwalu pridd y wadd,
Na gordd i ladd gwybedyn.

'Tribannau'.

THOMAS JOHN, CILGERRAN
1816–1862

3183 Byth! byth! byth!

[Am awrlais Gehenna] *Cofiant ac Ychydig o Bregethau y diweddar Barch. Thomas John Cilgerran* (Gol. B. D. Thomas) (1883: ail argraffiad).

ALUN J. JONES (ALUN CILIE)
1898–1975

3184 Daw gŵr, ond peidio ag aros,
I ben â'i waith erbyn nos.

'Doethineb', *Cerddi Gwlad ac Ysgol* (Gol. T. Llew Jones) (1957).

3185 Adeg dysgub ysgubor,–hir gyni
A'r gwanwyn heb esgor;
Y trist wynt yn bwyta'r stôr
Hyd y dim rhwng dau dymor.

'Yr Hirlwm', *Cerddi Alun Cilie* (1964).

3186 Arni f'angor mewn stormydd–a fwriaf
Fore a phrynhawnddydd;
Allor serch ar ei llawr sydd
A chariad yw ei cheyrydd.

'Yr Aelwyd'.

CYRIL JONES
1947–

3187 Pridd bedd fydd pridd heb waddol.

'Y Gwersyll', *Pigion Eisteddfod Aberteifi*, y chweched gyfrol: 1973–74–75 (Goln. W. R. Jones a Wyn Jones).

DAFYDD JONES
1859–1936

3188 Hyd waun a dôl ymdaena—y llwydrew,
Lledrith gwelw'r gaea';
Lleidr holl ddilladau'r ha',
Brodor oer, brawd yr eira.

'Y Llwydrew', *Y Geninen,* cyf. XI, rhif 4, Hydref 1893.

DAFYDD JONES
1907–

3189 Ni luniwyd unlle'n lanach;—o ru'r byd
Goror beirdd yw mwyach;
Yn nhir mwnwr a mynach
Dihareb o bentre bach.

'Ffair Rhos', *Yr Arloeswr a Cherddi Eraill* (1965).

DANIEL MEDI JONES
(DANIEL MEDI)
1840–1865

3190 Ni edrych ef ar oedran
Neu deg liw, na bywyd glân;
Yr unwedd â yr henwr
I'w grafanc â'r ieuanc ŵr.

[Am angau] Dyfynnir yn *Canu'r Pwll a'r Pulpud: Portread o'r Diwylliant Barddol Cymraeg yn Nyffryn Aman,* Huw Walters (1987).

DAVID JONES
(DAVID JONES TREBORTH)
1805–1868

3191 Ymawydd am y mwyaf—dynn i lawr,
Dyna loes i'r eithaf:
Da yw i ni, medd Duw Naf,
Ymryson am yr isaf.

'Pwy Sydd Fwyaf', *Pigion Englynion fy Ngwlad* (Gol. John Thomas (Eifionydd)) (1881).

3192 Teithiwn i ddoe, fel tithau,—i edrych
Ysgrif-adrodd beddau,
A thi fydd, ar ddydd neu ddau,
Yn y fynwent fel finnau.

'Uwchben Bedd'.

3193 Mae Duw yn llond pob lle,
Presennol ym mhob man;
Y nesaf yw Efe
O bawb at enaid gwan.
Wrth law o hyd i wrando cri:
'Nesáu at Dduw sy dda i mi'.

'"Nesáu at Dduw Sy Dda i Mi"', *Llyfr Emynau y Methodistiaid Calfinaidd a Wesleaidd* (1927); cyhoeddwyd yn wreiddiol yn *Y Drysorfa,* Awst 1848.

3194 Yr Arglwydd sydd yr un,
Er maint derfysga'r byd;
Er anwadalwch dyn,
Yr un yw Ef o hyd.

3195 Mewn trallod, at bwy'r af,
Ar ddiwrnod tywyll du?
Mewn dyfnder, beth a wnaf,
A'r tonnau o'm dau tu?
O! fyd, yn awr beth elli di?
'Nesáu at Dduw sy dda i mi'.

'"Nesáu at Dduw Sy Dda i Mi"'.

3196 O! gariad, O! gariad mor rhad,
O! foroedd o gariad mor fawr:
Mab unig-anedig y Tad
Ddisgynnodd o'r nefoedd i'r llawr;
Cymerodd ei wneuthur yn gnawd—
Dynoliaeth â Duwdod yn un;
Bu farw ar groesbren dan wawd
Yn lle ei elynion ei hun.

'Rhyfeddodau Cariad Crist', *Llyfr Emynau y Methodistiaid Calfinaidd a Wesleaidd* (1927); cyhoeddwyd yn wreiddiol dan y teitl 'Aberth Crist' yn *Y Traethodydd,* Ionawr 1845.

DAVID JONES (DEWI MAWRTH)
1845–1891

3197 Ofni anghlod dinodedd,—yna poen,
Ofn pinacl anrhydedd;
Ofni anaf anhunedd,
Ofni byw, ac ofn y bedd.

'Profiad yr Ofnus', *Pigion Englynion fy Ngwlad* (Gol. John Thomas (Eifionydd)) (1881).

3198 Nid yw ddoeth ymddiried i ddyn;—
cofier,
Gall cyfaill droi'n elyn:
Yn wastad, gwell yw estyn
Llaw i law'r cyfaill a lŷn.

'Y Gwir Gyfaill'.

3199 Rhaid i bob gradd gyfadde:
Mae'r wlad yn llygad ei lle.

'Barn Gwlad', *Pigion Englynion fy Ngwlad*, ail gyfres (Gol. John Thomas (Eifionydd)) (1882).

DAVID JONES (DEWI FWNWR neu DEWI CALLESTR) 19eg ganrif.

3200 Gwael wy'n awr. Os geilw neb—fi adref
Ni fedraf ei ateb;
Mae du oer lom, daear wleb
Trawsfynydd tros fy wyneb.

Cell Meudwy, Ellis Owen (Gol. Robert Isaac Jones (Alltud Eifion)) (1877); ar fedd Elizabeth Jones, merch Richard Jones, crydd, a Margaret ei wraig, ym mynwent Eglwys Trawsfynydd. Bu farw Mawrth 15fed, 1820, yn 16 oed.

DAVID JONES (ISFOEL) 1881—1968

3201 Gwell yw maldodi'r ci cas
Na'i daro—a'r dyn diras.

'Epigramau', *Cerddi Isfoel* (1958).

3202 Claddwyd dy gist mewn tristwch
A chaed y wledd uwch dy lwch.

3203 Ni fyn y llanc ifanc oed
'Run athroniaeth â'r henoed.

'Epigramau'.

3204 Caruaidd, mwyn, cerydd mam;
Och balf a chibo eilfam.

3205 Dy geiniog os wyd gynnil
A ddeora'n fuan fil.

3206 Y dyn a wado ei iaith
Yw hwnnw na fedd uniaith.

3207 Er pob clod, trwy ryw dro drwg
Y daw'r gwaelod i'r golwg.

3208 A gymhellodd rodd yn rhad,
Myfyria'i drem a'i fwriad.

3209 Lle bo'r gwaith cei'r llwybr i gyd,
Eistedd a chei dorf astud.

3210 Trefnus, twt derfynau stad—o gadarn
Gysgodol wneuthuriad,
Ond cymrwch gâr wrth siarad:
'Mae clustiau gan gloddiau gwlad!'

'Cloddiau', *Ail Gerddi Isfoel* (Gol. T. Llew Jones) (1965).

3211 Pan yw gwryw'n llawn gwryd—i'w gorun
Mae e'n gawr dychrynllyd,
Ond aeth Ianto heibio'r hyd
A thyfodd byth a hefyd!

'Dyn Tal'.

DAVID HUGH JONES (DEWI ARFON) 1833—1869

3212 Clogwyni—coleg anian—wnaeth ryfedd
Athrofa i Ioan;
Âi yn null gwron allan,
Mawr ŵr Duw, rhoes Gymru ar dân!

'Beddargraff y Parchedig John Jones, Talysarn, ym Mynwent Eglwys Llanllyfni', *Pigion Englynion fy Ngwlad* (Gol. John Thomas (Eifionydd)) (1881).

3213 Fy Meibl hwn a fu'm blaenor—
ar fy nhaith,
Llyfr fy Nuw, a'i gyngor;
Trwy'r byd, ar derfysglyd fôr,
Ei Efengyl yw f'angor.

'Y Beibl'.

3214 Yr Andes â'n ddyffryndir,—y Werydd
A droir yn gyfandir,
Dyffryn Clwyd i Ffrainc gludir
Cyn yr â tân cân o'r tir.

'"Cymru Lân, Gwlad y Gân"'.

3215 Gwael na roem o galon rydd
Ein golud dros ein gilydd.

'Haelioni', *Blodau'r Gynghanedd* (Gol. Richard Griffith (Carneddog)) (1920).

DAVID JAMES JONES (GWENALLT) 1899–1968

3216 Nwydau'r anifail nid â i'r Nefoedd.

'Y Mynach', *Y Mynach a'r Sant: Dwy Awdl* (1928).

3217 Braint i eiddilyn brwnt yw addoli.

3218 Llwyni cwm fel llen cymun.

3219 A dagrau fy Nêr yn lleithder y llaethdy,
A'i hoelio dros y byd yn nhail drws beudy.

'Y Sant'.

3220 A'r hen Ddiafol yn rhan o Dduw hefyd.

3221 Ymlusg i'w bedd ar ddiwedd oes—hirfaith,
Yn cario ei hiaith fel cario croes.

[Am Gymru] '"Breuddwyd y Bardd"', *Yr Awdl, y Bryddest, a Darnau Eraill, Buddugol yn Eisteddfod Genedlaethol Bangor, 1931.*

3222 Bydd y beirdd bychain yn gorffwys ar gynyrfiadau teimlad y foment; bydd holl lafur a myfyrdod oes gyfan yng ngwaith y beirdd mawr.

'Fy Marn ar Waith fy Athro', *Y Ford Gron*, cyf. IV, rhif 11, Medi 1934.

3223 Y beirdd eilradd a fydd yn dynwared; bydd y beirdd blaenaf yn dwyn.

3224 Na chân i iasau byr y marwolion,
  Y cnawd a'r gwin a'u medd'dodau mân,
Cân di i wynfyd y tragwyddolion,
  I'r Tad a'r Mab ac i'r Ysbryd Glân.

'Yr Angylion a'r Gwragedd', *Ysgubau'r Awen* (1938).

3225 Rhowch i mi gilfach a glan,
Cilfach a glan a marian i mi.

'Myfyrdod'.

3226 Rhyw ddedwydd lonydd le,
Llonydd le ar dyle neu dwyn,
Lle caf fodio llawysgrifau'r ne,
Dethol gyfrolau'r doethion, mynachod myfyrdod mwyn.

3227 Piau'r bedd dan y drain?
Gweryd ein hiaith gywrain,
Cell ein gwareiddiad cain.

'Beddau'.

3228 Gorwedd llwch holl saint yr oesoedd
  A'r merthyron yn dy gôl.

'Cymru'.

3229 Gwae inni wybod y geiriau heb adnabod y Gair
A gwerthu ein henaid am doffi a chonffeti ffair,
Dilyn ar ôl pob tabwrdd a dawnsio ar ôl pob ffliwt
A boddi hymn yr Eiriolaeth â rhigwm yr Absoliwt.

'Ar Gyfeiliorn'; cf. y llinell gyntaf â 'Knowledge of words, and ignorance of the Word', T. S. Eliot, *The Rock* (1934).

3230 Y mae treftad ysbryd ein tadau tan ddanadl a banadl y byd,
Yr ysgall lle bu'r esgor a'r drain lle bu'r marw drud;
Bawlyd yw purdeb eu halen, a llaith yn ein llestr ni,
A'u cannwyll gynt a fu'n cynnau, gwelw yw ei golau hi.

'Y Gristionogaeth'.

3231 Lle'r aeth eu gwychder a'u gwedd?
Lle heno mae ôd llynedd?

'François Villon: Balâd yr Arglwyddesau'.

3232 Gwell i ŵr hur wrth lafurio—'n wasaidd
    I'r isaf taeogion
  Na'i roi tan y ddaear hon
  Yn ymherawdr y meirwon.

'Dewis'; cf. 'Better to reign in Hell than serve in Heaven', John Milton, *Paradise Lost* (1667).

3233 Heddiw'n hen, ddoe yn heini,—heddiw'n llesg,
Ddoe'n llon, llawn o ynni;
Ystyriwch, fel ystori
Eich hoedl a aeth, chwedl yw hi.

'Cyflymder Bywyd'.

3234 Ai synnwyr yw ai seiniau?—Ai meddwl?
Ai moddau a rhythmau?
Y wir ddawn a una'r ddau,
Golau synnwyr, sigl seiniau.

'Barddoniaeth'.

3235 Wedi'r wylo daw'r heulwen,
Wedi'r nos daw'r wawr i nen.

'Er Cof am Mr. Idwal Jones, B.A., Llanbedr-Pont-Steffan'.

3236 Er mor annheilwng ydwyt ti o'n serch,
Di, butain fudr y stryd â'r taeog lais,
Eto, ni allwn ni, bob mab a merch,
Ddiffodd y cariad atat tan ein hais.

'Cymru'.

3237 Pan dynnwn oddi arnom bob rhyw wisg,
Mantell parchusrwydd a gwybodaeth ddoeth,
Lliain diwylliant a sidanau dysg,
Mor llwm yw'r enaid, yr aflendid noeth.

'Pechod'.

3238 Fel bleiddiaid codwn ni ein ffroenau fry
Gan udo am y Gwaed a'n prynodd ni.

3239 Ni wyddom beth yw'r ias a gerdd drwy'n cnawd
Wrth groesi'r ffin mewn cerbyd neu mewn trên:
Bydd gweld dy bridd fel gweled wyneb brawd,
A'th wair a'th wenith fel perthnasau hen.

'Sir Gaerfyrddin'.

3240 Paham y rhoddaist inni'r tristwch hwn,
A'r boen fel pwysau plwm ar gnawd a gwaed?
Dy iaith ar ein hysgwyddau megis pwn,
A'th draddodiadau'n hual am ein traed?

'Cymru'.

3241 Unbennes tiriogaethau'n hysbryd ni
A mam y celfyddydau cain yw hi.

'Cerddoriaeth'.

3242 Ni droesom Dduw'n dragywydd gelwydd gwyn,
A'i nef yn nyth i'r chwilod ac i'r chwain.

'Yr Anghrist a'r Crist'.

3243 Y mae caru dyn yn beth pell a pheth hawdd,
Haws na charu'r cymydog sydd dros y clawdd.

'Dyngarwch', *Cnoi Cil* (1942).

3244 Y mae'r neb a genfydd ei bechod ei hun yn hanner Cristion.

Credaf (Gol. J. E. Meredith) (1943).

3245 Y mae Cristionogaeth uwchlaw pob diwylliant, pob cenedlaetholdeb a gwareiddiad, ond dylai hi fod ynddynt fel y lampau ym mhiseri Gideon.

3246 Pan gyll cenedl ei gafael ar Gristionogaeth hi a ddwyfola Gesar.

3247 Y mae archoll o golli
Bywyd na ŵyr ein byd ni.

Dyfynnir yn *Y Bardd yn ei Weithdy* (Gol. T. H. Parry-Williams) (1948); o awdl gynnar i 'Ynys Enlli'.

3248 Tri anhepgor cerdd: crynhoi, cyfansoddi, caboli.

3249 Bydd dyn wedi troi'r hanner-cant yn gweld yn lled glir
Y bobl a'r cynefin a foldiodd ei fywyd e.

'Y Meirwon', *Eples* (1951).

3250 Y mae chwerthin yn ddisgyblaeth gymdeithasol.

Cofiant Idwal Jones (1958).

3251 Fe fyddi di, ddyn, yn trefnu cymdeithas
Ac yn ceisio datrys problemau di-ri',
Ond ni weli di yr anhrefn sydd ynot dy hunan,
Ac mai'r broblem gongl-faen ydwyt ti.

'Epigramau', *Gwreiddiau* (1959).

3252 Fe fyddwn ni, y beirdd, yn dotio ar wyryfdod geiriau,
Llam y llafariaid, ceinder y cytseiniaid:
Ac fe fyddwn ni yn poeri yn wyneb y newyddiadurwyr
Am droi'r gwyryfon hyn yn buteiniaid.

3253 Y mae llef y Corn Gwlad fel rhech hynafiaethol o'r cynfyd.

'Sylwadau', *Taliesin*, cyf. 6 (diddyddiad).

DERWYN JONES
1925–

3254 A ŵyr gyflymdra'r oriau—a ŵyr werth
Parhad y munudau;
Fe ŵyr hwn, hefyd, fawrhau
Y goludog eiliadau.

'Gan Brynu'r Amser . . .', *Cerddi Heddiw* (Goln. Gwilym Rees Hughes ac Islwyn Jones) (1968).

3255 A fo'n llanc yn 'mofyn llwydd—hyn o fyd,
Ei fost fydd ei dramgwydd;
Arian rhugl yw geiriau'n rhwydd,
Ond aur sydd mewn distawrwydd.

'Gras i Dewi', *Cerddi '74* (Gol. T. Gwynn Jones) (1974); cf. 'Speech is silver, but silence is golden', o'r Almaeneg 'Sprechen ist silbern, Schweigen ist golden'.

3256 Wedi mwll gyfnodau maith,—dirywio'i
Chystrawen â llediaith,
Ymrown yn Gymry uniaith
I adfer hoywder i'n hiaith.

'Gwell Cymraeg', *Cerddi '79* (Gol. T. Llew Jones) (1979).

DIC JONES
1934–

3257 Bydd dialgar dorf barod
Uwch y neb a gyrcho nod.

Cyfansoddiadau a Beirniadaethau Eisteddfod Genedlaethol Cymru, Sir Fôn 1957 (Gol. Thomas Roberts); dan y ffugenw 'Cwm Bach' yng nghystadleuaeth yr awdl.

3258 A herio dorf, cyll o'r dydd.

3259 Y neb y'i gorchfyga'i nwyd
Fe wiredda ei freuddwyd.

3260 A feddo fin taerineb
Ei droi yn ôl ni fedr neb.

3261 A fo fwyaf ei awydd
Mwyaf oll ei siom a fydd.

'Cypledau', *Agor Grwn* (1960).

3262 Nid oes dyn mor dlawd ei stad
 gŵr nad eiddo gariad.

3263 A glywo dwyll, gwylied o,
Drwg celwydd ydyw'r coelio.

3264 Cymwynas—fe'i camenwyd
Os i gof ei phris a gwyd.

3265 A farno, ef arno'i hun
A dry ddicllonder rhywun.

3266 Ni fedd amaethon heddiw
Draean o grefft yr hen griw.

'Medi'.

3267 Mae ar bwys, a'r un mor bell—ag erioed,
Nid oes gri a'i cymell.
Y newydd gŵys, y dydd gwell,
Am na ddaw y mae'n ddeuwell.

'Yfory'.

3268 Wedi ing yr hir dristáu
I dŷ galar daw golau.

'Gobaith'.

3269 Egin haidd, egni addysg,—a glewder
Hen galedi'n gymysg,
Boed lawn y grawn a graenus,
Gwyn fo'i dwf, gynhaeaf dysg.

'Cynhaeaf', *Cyfansoddiadau a Beirniadaethau Eisteddfod Genedlaethol Cymru, Aberafan a'r Cylch 1966* (Gol. Stephen J. Williams).

3270 Tra bo dynoliaeth fe fydd amaethu,
A chyw hen linach yn ei holynu,
A thra bo gaeaf bydd cynaeafu
A byw greadur tra bo gwerydu,
Bydd ffrwythlonder tra pery—
haul a gwlith,
Yn wyn o wenith rhag ein newynu.

3271 Ni bydd gŵys heb wedd gesig.

'Patagonia', *Y Genhinen*, cyf. XVI, rhif 4, Hydref 1966.

3272 A dyf lle chwytho'r storom
Gwydn ei gwraidd yw'r goeden grom.

3273 A folo'r bardd, fe eilw'r byd
Yn ddifai drennydd hefyd.

'I Dri Arwr Tryweryn', *Caneuon Cynhaeaf* (1969).

3274 Bydded i'r neb a'i haeddo
Ei fawrhad cyn ei farw o.

'I'r Parch. a Mrs. Tegryn Davies'.

3275 Byr yw hyd cam bore oes,
A'r unwedd yn hwyr einioes.

''Nhaid'.

3276 Dealled ef a dwyllo
Na wrandewir ei wir o.

'Cwpledi'.

3277 Y Gymraeg i mi yw'r iaith,
Ond gwn ei gwadu ganwaith.

3278 Dywed ei wallt ei oed o
Na fyn addef heneiddio.

3279 Daw o drai lanw'r eilwaith,
Daw ar ôl hyn drai'r ail waith.

'Coed'.

3280 Adnabod yw cymodi,
Ni phryn ofn cledd ein hedd ni.

'Telstar'.

3281 A fo ddig a fydd ddiogel.

'Yr Ymchwil'.

3282 A fo gyhyrog ni oddef gerydd,
A'r neb fo eiddil a ŵyr gywilydd;
Gorau'i arfau a orfydd—mewn helbul,
A ofno gweryl boed ddwfn ei geyrydd.

3283 Rhaid i'r drwgweithredwr, dro,
Oddef y gosb a haeddo.

'Cŵyn Mam at y Prifathro', *Storom Awst* (1978).

3284 Man gwyn yw man ein geni,
Ato'n ôl o hyd down ni.

'I Wahodd y Brifwyl i Aberteifi'.

3285 Na chyfrif gost achos da.

3286 Tebyg at debyg y tynn,
A thalent at ei thelyn.

3287 Mae dyn sydd yn gwybod nad yw'n gwybod dim byd
Yn gwybod mwy na'i athrawon i gyd.

'Epigramau Dychanol'.

3288 Dau beth a gymell fynych hogi
Yw trylwyredd a diogi.

3289 Pren y plant a'r hen Santa,—a'i wanwyn
Yng nghanol y gaea',
Ni ry' ffrwyth nes darffo'r ha',
Nid yw'n ir nes daw'n eira.

'Coeden Nadolig'.

3290 Ni ddaw chwaith lle na ddaw chwyn
Unrhyw raen ar ei ronyn.

'Deg o Epigramau'.

3291 Hawdd gan y galon faddau,
Y co' o hyd sy'n nacáu.

3292 Rhy hwyr bob tro yw hiraeth
I ddirnad sangiad y saeth.

3293 Ysgawn y cwsg ieuanc oed,
Ysgawnach y cwsg henoed.

3294 Onid yw'n werth gwneud yn awr,
Diwerth yw gwneud mewn dwyawr.

3295 Am dy alar galaraf,—oherwydd
Dy hiraeth hiraethaf;
Yn fy enaid griddfannaf
Drosot ti, a chyd-dristâf.

'Englyn Cydymdeimlad'.

3296 Hawdd i neb a gadd un waith
At yr hael yw troi eilwaith.

'I Ofyn Benthyg Ceffyl'.

3297 Glŷn yn y galon ei hen gywilydd
A'i hwyl a'i galar 'run fel â'i gilydd;
Y mae i drueni falm ei drennydd
A fyn ailennyn yr hen lawenydd,
Hen wae a hyder newydd—yn undod
Y rhod anorfod yn gylch na dderfydd.

'Dinefwr', *Sgubo'r Storws* (1986).

3298 Nid haf sy'n dod â'r blodau
A dyf ar gist fo ar gau.

'Yn Angladd Tydfor'.

3299 Pa fodd y dibrisiodd bro
Ei phlentyn ei hun yno?

'Cywydd Teyrnged i W. R. Evans'.

3300 Y llong a gyll ei hangor,
Mae ar drugaredd y môr.

'Er Cof am y Capten Jac Alun'.

3301 Tewi yw'r gorau trugaredd.

3302 Mae i ymdrech ei hiechyd,—i ymlâdd
Mae ei lwyddiant hefyd,
Mae i orchwyl hwyl o hyd,
Mae i waith ei esmwythyd.

'Gwaith'.

3303 A wna fiwsig â'i fysedd
Ni ddwg ei law ynddi gledd.

'Llangollen'.

3304 Unigoliaeth y galon
Yw'r un gwerth sy' werth y sôn.

'I Aneurin Jones, Aberteifi'.

3305 Lle'r aeth un arall allan
Onid hawdd yw cynnau tân?

'Cywydd Croeso i Sasiwn y De i Flaen-annerch'.

3306 Pabell unos ydyw pob llawenydd.

'Llawenydd'.

3307 Nid yw yfory yn difa hiraeth,
Nac ymwroli'n nacáu marwolaeth,
Fe ddeil pangfeydd ei alaeth—tra bo co';
Ei dawn i wylo yw gwerth dynoliaeth.

'Galarnad'.

3308 Mae'r Cilie'n Gymru, a Chymru'n Gilie i gyd,
A thrai a llanw'r ddwy yw cwrs y byd.

'Y Cilie'.

3309 Hwnt i ryw ffin nad oes mo'i ddiffinio
Mae dechrau'n ddarfod, a bod yn beidio.
Hen ydoedd heddiw yng nghrud ei ddyddio,
Yn ddiarwybod yn ddoe'r â heibio.
Mae'n barhaus, y mae'n brysio—yr un pryd,
Mae oesau'r byd yn yr ennyd honno.

'Eiliad'.

3310 Mae rhyw wae mwy ar rywun
Ond chwerwaf ing f'ing fy hun.

'Miserere'.

3311 Nid yw ym Mai'n mynd ymhell
Na'th eidion na'th ddiadell.

'Epigramau'.

3312 Credu na wneir un arall
Yw'r olaf a'r gwaethaf gwall.

3313 Mae alaw pan ddistawo
Yn mynnu canu'n y co'.

3314 Byr iawn yw'r rhaff, bron yr un
Yw athrylith â'r iolyn.

3315 Mae cryman allan o waith
I'r dim yn rhydu ymaith.

3316 Lle bo'r wisg yn dyllau bras,
Brau yw edau'r briodas.

'Rhwyg'.

3317 Da i olwg medelwr
Yw lleuad yn dala dŵr.

'Arwyddion Tywydd'.

3318 Lleuad fo'n goch ei llawes
Sy'n addo rhagor o wres.

D. J. JONES
1926–

3319 Daw mynych loes o groesi,
Ond rhwydd y daw llwydd â'r lli.

'Epigramau', *Cyfres Beirdd Bro 3: D. J. Jones, Llanbedrog* (1976).

3320 Nid hawdd yw adnabod dyn
Na'i alw'n ffrind neu elyn.

3321 A feddo y gelfyddyd
A'i eni'n fardd, gwyn ei fyd.

'Barddoniaeth', *Pigion Talwrn y Beirdd* (Gol. Gerallt Lloyd Owen) (1981).

3322 Arf o aur ni chymer fin;
Rhagorach yw dur gwerin.

Y Flodeugerdd o Epigramau Cynganeddol (Gol. Alan Llwyd) (1985).

3323 Oriau du â'n ara' deg,
Oriau hudol sy'n rhedeg.

3324 Yr un nad yw'n ariannog
Frolia o hyd ei fawr log.

3325 Os da yw amcan anwir,
Yna gwell ydyw na gwir.

3326 Gwell caswir gan eirwir ŵr
Na phennill gan gynffonnwr.

3327 Ofer yw hau maes ar frys
A'i lond o wyau lindys.

D. TUDOR JONES
1905–1971

3328 Gwybydd hyn, fy ngeneth landeg,
Y rhydd prinder werth ychwaneg;
Ti, os mynni gariad helaeth,
A gynili ar d'anogaeth.

'Penillion Gwreiddiol yn Null yr Hen Benillion', *Cyfansoddiadau a Beirniadaethau Eisteddfod Genedlaethol Sir Fôn 1957* (Gol. Thomas Roberts).

3329 Heddiw bûm yn plannu derwen;
Merch sydd imi'n un ar hugen:
Ni wêl hi, er cael hir ddyddiau,
O dw'r pren ond prin y dechrau.

3330 Gwrando'n ddigon ysgafala
Stori henwr am ei yrfa:
Gwrando'n ddwysach wedi 'styrio—
Gall na chlywaf moni eto.

3331 Eisiau byw ond gorfod marw
Sydd yn brofiad eithaf garw;
Eisiau mynd ond gorfod aros—
Dyna brofiad deufwy anos.

3332 Paid â dyfod ataf, angau,
Pan fo cân rhwng dail y cangau;
Boed, pan ddelo'n dro im farw,
O! Dduw gwyn, yn dywydd garw.

3333 Tynn yw'r llinyn ar y bwa
Yn llaw heliwr prin ei fara;
Tynnach tant dan fys telynor
Pan fo'n canu dros y goror.

3334 Y rhedwr cloff sy'n hoffi
Y llwybr hawdd i ennill bri.

'Cwpledi', *Awen Maldwyn* (Goln. Gwilym R. Tilsley ac W. Berllanydd Owen) (1960).

3335 A ŵyr hyd ing brinder da,
Hwn y briwsion a brisia.

3336 Hen reffynnau'r gorffennol
A'n dirwyn ni adre'n ôl.

3337 Da yw gair i nodi gwall,
Bytheirio sy beth arall.

3338 Ara' deg daw hanner dydd,
Dioedi daw diwedydd.

3339 Diog o rin yw dy gred
Oni harddo dy gerdded.

3340 I gylla gwag llai yw gwerth
D'em mwyaf na dimeiwerth.

3341 A gly'i ddrws a gloywi'i ddryll
Nid â arswyd o'i wersyll.

EDWARD JONES (EDWARD JONES MAES Y PLWM) 1761–1836

3342 Llond y nefoedd, llond y byd,
Llond uffern hefyd yw;
Llond tragwyddoldeb maith ei hun,
Diderfyn ydyw Duw:
Mae'n llond y gwagle yn ddi-goll,
Mae oll yn oll, a'i allu'n un;
Anfeidrol, annherfynol Fod,
A'i hanfod ynddo'i hun.

'Mawredd Duw', *Caniadau Maes y Plwm* (1857).

3343 Mae enw y Creawdwr
I'w weld mewn dŵr bob dydd,
Ac yn y tân mae'n amlwg
Er maint ei fwg a fydd;
Mae'i enw yn yr awyr
Erioed yn eglur iawn,
A'i enw yn y ddaear
A'i ffrwythau lliwgar, llawn.

'Enw Duw yn Amlwg'.

3344 Cyfamod hedd, cyfamod cadarn Duw,
Ni syfl o'i le, nid ie a nage yw;
Cyfamod gwir, ni chyfnewidir chwaith;
Er maint eu pla, daw tyrfa i ben eu taith.

'Y Cyfamod Gras'.

3345 'Does bwlch yn hwn, fel modrwy'n grwn y mae,
A'i glwm mor glòs, heb os nac oni bai;
Ni all y plant ddim gwerthu eu meddiant mwy;
Mae gan Dduw gylch a'u deil o'u hamgylch hwy.

3346 Cyfamod cry', pwy ato a ddyry ddim?
'Eill byd na bedd chwaith dorri ei ryfedd rym;
Diysgog yw hen Arfaeth Duw o hyd;
Nid siglo mae, fel gweinion bethau'r byd.

3347 Pob seraff, pob sant,
Hynafgwyr a phlant,
Gogoniant a ddodant i Dduw,
Fel tyrfa gytûn,
Yn beraidd bob un,
Am Geidwad o forwyn yn fyw.

'Mawl am Geidwad'.

EDWARD JONES (GLASFRYN) 1826–1892

3348 Diyngan y daw angau,—disymwth,
Gall dy siomi dithau:
Ni edwyn neb ei nodau
Na sŵn ei droed yn nesáu.

'Dyfodiad Angeu', *Pigion Englynion fy Ngwlad* (Gol. John Thomas (Eifionydd)) (1881); cf. 'The inaudible and noiseless foot of time', William Shakespeare, *All's Well that Ends Well* (1601–1603).

EVAN JONES (GURNOS) 1840–1903

3349 Daw'r byd i gyd yn gadarn
Yn Nuw i fyw'n iawn ei farn.

'Yn Nuw', *Blodau'r Gynghanedd* (Gol. Richard Griffith (Carneddog)) (1920).

G. CERI JONES (GWILYM CERI) 1897–1963

3350 Daw y dyddhau, doed a ddêl,—o wae byd;
Mae balm i'r penisel.
Ceir mewn cur y manna cêl,
Ac mewn ing gwmni angel.

'Cysur', *Diliau'r Dolydd* (Gol. J. Eirian Davies) (1964).

3351 Llawnion yw pebyll annuw;
Segur dŷ yw cysegr Duw.
'Cypledau'.

3352 Geiriau doeth sy goeth eu gwedd;
Geiriau segur sy wagedd.

3353 Onid ildia'r da ei dir
I'r gwell, y gwell a gollir.

3354 Dull y diawl o'th dwyllo di
Beunydd yw dy seboni.

3355 Os aur a bryn bleser brau,
Aur a fed hir ofidiau.

3356 Er y mawl i'r aur melyn,
Aml y drwg a ddwg i ddyn.

GLYN JONES
1902–1972

3357 Haws, yn wir, yw rhoddi'r hen
Na'r ieuanc dan yr ywen.
'Er Cof am R.O.: R. O. Davies, Porth, Prion, Dinbych', *Profiadau Bachgen Bach o Felin-y-Wig* (1970).

GWILYM R. JONES
1903–

3358 Mae ar y byw fwy o angen
Y serch a ddefnynnwn ar y gelain.
'Nac Wylwn!', *Cerddi Gwilym R.* (1969).

3359 Mi af i'r coed i wylo am yr hen bobl,
Gwenith maethlona'r tir, yr hengyff nobl.
'Mi Af i'r Coed i Wylo'.

3360 Nid oes geyrydd fel Duw a chenedl yn y bôn.

3361 Ynom mae ein hynafiaid
  Yn ïau a gwaed a gwêr,
Yn rhuddin yn ein hesgyrn,
  Yn drydan yn ein mêr.
'Y Rhai Sydd Ynom'.

3362 I ble yr ei di, fab y fföedigaeth,
A'th gar salŵn yn hymian ar y rhiw
A lludded yn dy lygaid?
'Cwm Tawelwch'.

3363 Ynfytyn yw dyn,
Er hynny, efô
Yw pennaf digrifwch Duw.
'Dyn'.

3364 Ni chudd oes ei buchedd wâr
Na beddgist ei byw hawddgar.
'Y Pren Daear'.

3365 Nid daearol ei golud:
Rhywle draw 'roedd ei pherl drud.
'Modryb Siân'.

3366 'Roedd Afon rhwng y galon a'i golud,
Gweai'i gwahanfor rhwng gwae a gwynfyd.
'Y Bryniau Pell'.

HUGH JONES
(HUGH JONES MAESGLASAU)
1749–1825

3367 O! tynn
Y gorchudd yn y mynydd hyn;
Llewyrched haul cyfiawnder gwyn
  O ben y bryn bu'r addfwyn Oen
Yn dioddef dan yr hoelion dur,
  O gariad pur i mi mewn poen.
'Hymn IV', *Hymnau Newyddion* (1797).

HUGH JONES (HUW MYFYR)
1845–1891

3368 Byrhei i bawb lwybr y bedd
Wrth ei fesur â'th fysedd.
'Yr Awrlais', *Blodau'r Gynghanedd* (Gol. Richard Griffith (Carneddog)) (1920).

IDWAL JONES
1895–1937

3369 I'm cyfaill D. Matthew Williams sydd yn credu, fel finnau, nad yw ein gwlad fach ni yn cymryd ei digrifwch yn ddigon difrifol.

Cyflwyniad yn *Cerddi Digri Newydd a Phethau o'r Fath* (1937).

3370 Os mai tywyll yw gŵyr Honolwlw,
Os mai du ydyw'r Kaffir a'r Swlw,
  Mae 'na ddynion mor ddu
  Tan ddaear, 'lwch chi,
Ym Merthyr ac Ynys-y-bwl, w.

Dyfynnir yn *Cofiant Idwal Jones,* D. Gwenallt Jones (1958).

3371 'Roedd gwraig fach yn eiste mewn sinema,
A dwedodd: "'Roedd ffeirad mewn gynne 'ma,
  Ond fe gododd ei got
  Ac aeth allan fel shot
Pan glywodd e sôn 'y mod inne 'ma.

3372 Af maes â channwyll yn y nos
I syllu ar y lleuad dlos.

Af allan i ddymuno'n rhwydd
I'r rhosyn coch a'r hesbin blwydd.

Af allan ar y ceffyl broc
I fagu nerth i weindio'r cloc.

Af allan, af, dros fryn a dôl,
Ond dyma'r pwynt—a ddof fi'n ôl?

'Y Gofyniad' ['Awen y Bardd Main'].

3373 O am fyw yn glyd a diddan
Tan ymbrelo newydd sidan;
Yna hwylio'n ara', ara',
Lawr yr afon mewn tun bara.

'Dyhead (Cyflwynedig i Goffadwriaeth Cynddelw Brydydd Mawr)'.

J. ARNOLD JONES
1914–

3374 Nid yw Duw'n dadwneud ei waith;
A wnêl, ni wna hyn eilwaith.

'Llywarch Hen', *Y Genhinen,* cyf. IV, rhif 1, Gaeaf 1953-4.

3375 Er ein nawdd, mor anniddig—y gwingai
    Heb ei gangen lasfrig:
  Y fraich ni fynnai yn frig,
  Na'r un gadair yn goedwig.

'Aderyn Clwyfedig', *Pair,* rhif 2, Nadolig 1972.

J. CYNDDYLAN JONES
(*NON CON QUILL*)
1841–1930

3376 Ychwanegiad damweiniol at ein natur ydyw cyfoeth a gwybodaeth, ond rhan hanfodol ydyw crefydd.

Cysondeb y Ffydd, cyf. I (1905).

3377 Rhaid wrth grefyddolder i bob barddoniaeth uchelryw.

3378 Credu, nid anghredu, sydd yn profi cryfder meddyliol.

3379 Po fwyaf yr ehangwn gylch ein gwybodaeth, cryfaf yw ein hymwybyddiaeth o gylch ehangach ein hanwybodaeth.

3380 Rhaid wrth ddoethineb i weled a gwerthfawrogi doethineb.

3381 Os na fedrwn adnabod Duw, ni fedrwn adnabod neb na dim.

Cyf. III (1912).

3382 Gall y dyn y medrir ei fesur, ei bwyso, a'i ddosbarthu fod yn feddiannol ar dalent, ysgolheictod, ac ystorfa o wybodaeth; eithr nid ydyw yn athrylith.

'Edward Matthews', *Athrylith a Gras* (1925).

3383 Y cynganeddion, fel y'u gelwir, yw malltod barddoniaeth y genedl. Barddoniaeth gaeth y Cymry sydd ffurf o farddoniaeth na fu, nac sydd, ac na fydd gan unrhyw genedl arall o greadigaeth yn y byd hyd utganiad yr archangel yn y dydd diweddaf.

'Williams Pantycelyn'.

3384 Os yn nhref Caerfyrddin yr arweiniwyd barddoniaeth i gaethiwed, yn Sir Gaerfyrddin yr arweiniwyd hi allan i ryddid. Dafydd ab Edmwnt a'i caethiwodd; William Williams, Pantycelyn, a'i rhyddhaodd.

3385 Nid barddoniaeth meddyliau yw y cynganeddion ond barddoniaeth geiriau, pe yn farddoniaeth o gwbl—crefft, nid celfyddyd.

3386 Nid oes dim yn farddoniaeth heb fod yn gyntaf yn wirionedd.

3387 Gwirionedd yn ei flodau.

[Diffiniad o farddoniaeth].

J. LLOYD JONES
1885—1956

3388 Mynd a dod yw rhod a rhan—yr einioes
Am ryw ennyd fechan;
Aros dro wna'r oes druan,
A lle'r llu fydd llawr y llan.

'Y Gaeaf', *Cofnodion a Chyfansoddiadau Eisteddfod Genedlaethol 1922 (Rhydaman)* (Gol. E. Vincent Evans).

3389 Nid yw parhad neb ond prin
Orig lwys ar y glesin.

3390 Hwyr a bore heb aros,
Diwedd nawn y dydd yw nos.

3391 Daear gawn—a doe'r geni!—
Fyrred a breued ein bri!

3392 Ein bri addwyn a briddir,—ac urddas
Teg irddail a fwrir;
Hud a'i ddiwrnod a ddernir,
Torri'n taith a'n troi o'n tir.

3393 Dieithr yw tristâd a thranc
I fywyd un fo ieuanc.

3394 Rhaid rhoi'r gŵr tra rhagorol,
Diau, tan iau eto'n ôl.

'I Gyfarch y Gwir Anrhydeddus D. Lloyd George, O.M.', *Y Geninen*, cyf. XLI, rhif 4, Gorffennaf 1923.

JOHN JONES (JAC GLAN-Y-GORS)
1766—1821

3395 Pan gaffo un dyn ffôl-falch le uchel tan y brenin mae ef yn fwy gorthrymwr na'r brenin ei hun.

Seren tan Gwmmwl (1795).

JOHN JONES (PYLL GLAN CONWY)
1786—1865

3396 Diderfyn er hyn yw'r heniaith—i radd,
Er iddi fod amlwaith,
'Nôl y chwedl, genedl ac iaith,
O fewn dim i fynd ymaith.

'Englynion ar yr un Testyn' [sef i gyfarch *Blwch Caniadau*], *Blwch Caniadau* (Gol. John Jones) (1812).

3397 Fe ddarfu'n hen gyfoedion hael,
Fy ngadael braidd i gyd;
Mae rhai yn gorwedd dan y gŵys,
Yn llwyr o bwys y byd;
A'r rhai sy'n fyw, gwasgarent oll,
Ar goll i'r pedwar gwynt;
Mae hynny bron â dwyn fy ngho'
Wrth gofio'r dyddiau gynt.
Aent ar hynt fel y gwynt,
Ac ni welir monynt mwy.

'Myfyrdod ar Lanau Conwy'.

JOHN JONES (TEGID) 1792–1852

3398 Da i bawb, cynildeb, yw,
A thad i gyfoeth ydyw.

'Cynhildeb', *Blodau'r Gynghanedd* (Gol. Richard Griffith (Carneddog)) (1920).

3399 Annwyl yw meddwl ennyd,
Gan bawb, am enwogion byd.

'Hen Arwyr Cymru'.

JOHN JONES (IDRIS FYCHAN) 1825–1887

3400 Er hoywder ac anrhydedd,
Syrthia a gwywa pob gwedd;
Ac mor frau yw dyddiau dyn,
Ail i dw y blodeuyn.
Daw ei yrfa i derfyn:
Mor rhyfedd yw diwedd dyn.

Dyfynnir yn 'Idris Vychan', Robert Griffith, *Cymru,* cyf. II, rhif 8, Mawrth 15, 1892.

JOHN JONES (IOAN MACHRETH/MACHRAITH) fl. 1855–1871

3401 Bywiol Eden y blodau,—bro y mêl,
Bro mill a phwysïau;
Bro llawn cnwd, bro llwyni cnau,
A bro annwyl y bryniau.

'Meirionydd', *Pigion Englynion fy Ngwlad* (Gol. John Thomas (Eifionydd)) (1881)

JOHN JONES (IOAN BROTHEN) 1868–1940

3402 'Rwyt ti, 'waeth sut bo'r tywydd,—
yn huno
Tan hanner boreddydd;
'Rwyf innau, fel iâr fynydd,
Yn godwr da gyda'r dydd.

'Ti a Minnau', *Llinell neu Ddwy* (Gol. John W. Jones) (1942).

3403 Gall dyn, trwy fyrbwyll funud,
Suro ei oes ar ei hyd.

'"Gorau Cannwyll, Pwyll i Ddyn"'.

3404 Camp bron i bawb ohonom
Yw gwella drwg â llaw drom.

'Disgyblaeth Ddoeth'.

3405 Da yw cyfoeth—ond cofia:
Mwy na dim yw enw da.

'Cyngor'; cf. rhif 821.

3406 Buchedd ddrwg, fel baich o ddrain,
Sy'n achos inni ochain.

'Bywyd Di-dduw'.

3407 Bai dyn yw bod yn y baw.

'Pawb Ohonom'.

3408 Anghofir yr anghyfiawn
O fewn oes yn fuan iawn.

'Cwpledau'.

JOHN EMLYN JONES (IOAN EMLYN) 1820–1873

3409 Is yr ywen ddu ganghennog
Twmpath gwyrddlas gwyd ei ben,
Fel i dderbyn o goronog
Addurniadau gwlith y nen;
Llawer troed yn anystyriol
Yn ei fathru'n fynych gawd,
Gan ysigo'i laswellt siriol:
Dyma fedd y Dyn Tylawd.

'Bedd y Dyn Tylawd', *Cerddi Gwlad y Gân* (c. 1868).

JOHN GWILYM JONES 1904–1988

3410 Gweld y gorffennol yn ei gyfanrwydd yw deall traddodiad, gweld un oes yn tyfu o'r llall un ai trwy edmygu ac efelychu, neu trwy ffieiddio a gwahaniaethu . . . mae'r naill yn gymaint ymateb â'r llall.

'Y Cymun', *Y Goeden Eirin* (1946).

3411 Yr un un yn union yw Crist i'w saint ym mhob oes.

Hanes Rhyw Gymro (1964), act 1.

3412 Melltith y cnawd yw rheswm; dawn yr ysbryd yw Ffydd.

3413 Mae'r dyn da, doeth yn byw oes o ansicrwydd, yn feunyddiol yn chwilio ac ymbalfalu, a Duw'n edrych ar ei wendid yn drugarog heb daflu carreg ato er iddo'n aml fod yn fwg yn ei ffroenau.

Act 3.

3414 Â'r posibl, a'r pethau sydd mewn gwirionedd yn digwydd neu wedi digwydd, y mae a wnelo'r hanesydd; â'r tebygol, a'r pethau a eill ddigwydd, y mae a wnelo'r llenor.

Crefft y Llenor (1977).

JOHN PENRY JONES 1914–

3415 Gwylia, ŵr, mor wyn a glân
Yw lliw'r twyll o'r tu allan!

'Epigramau', *Cyfres Beirdd Bro 12: John Penry Jones, Y Foel* (1979).

3416 Y Dwylo mwya'u dolur
Sy'n dal i'n cynnal mewn cur.

3417 Fel dur y gafael derwen
Drwy'i hoes yn ei daear hen.

'Deg o Epigramau Gwreiddiol', *Cyfansoddiadau a Beirniadaethau Eisteddfod Genedlaethol Cymru, Maldwyn a'i Chyffiniau 1981* (Gol. T. M. Bassett).

3418 Dwyn wna hi, boed lwyd neu wen;
Unlliw gwaed pob llygoden.

3419 Gŵyr y cae y daw'r gaeaf,
Cnwd a ddwg cyn diwedd haf.

3420 Ofni'r briw'n fwy na'r diwedd,
Ofni'r boen yn fwy na'r bedd.

3421 Dyn a'i serch ar fod yn sant
Fydd ddiwyd â'i faddeuant.

3422 Neges braw a ddaw'n ddioed,
Newydd drwg sydd hoyw ei droed.

3423 Ceidw y diafol o'r golwg,
Dyd ar ei was wneud y drwg.

3424 I enaid nid digonedd
Dorthau byd ar drothwy bedd.

3425 Mae hwyl ffair i siwrnai'r si
Am eraill a'u camwri.

'Cystadleuaeth Tlws Barddas: yr Epigramau Buddugol', *Barddas*, rhif 89, Medi 1984.

3426 Daw ysgwyd llaw diesgus
Â deuwell hedd na brawd llys.

3427 Gŵr o eiriau gorwrol,
Da gan hwn redeg yn ôl.

3428 Rhydd briwsion atgofion gau
O hyd fwyd i ofidiau.

3429 Hir hoffi lled y briffordd
A yrr ffŵl i golli'r ffordd.

3430 Gormod o liw gwermod lwyd,
A marw am nas cymerwyd.

3431 Taenu trais ar drais yn drwch
Yw lladd i ennill heddwch.

3432 Ofnaf i lu fyw'n aflêr
Wedi peidio â'u pader.

3433 Weithiau'r un aruthra'i wedd
Yw'r gorau am drugaredd.

3434 Os araf iawn f'amser fu,
Caf ei lam yn cyflymu.

Y Flodeugerdd o Epigramau Cynganeddol (Gol. Alan Llwyd) (1985).

3435 Dawn Duw'r Iôr mewn dau neu dri
Geidw y Ffydd rhag diffoddi.

JOHN ROBERT JONES (ALLTUD GLYN MAELOR) 1800–1881

3436 Cymaint o gariad ag sydd yn y byd, cymaint â hynny o nefoedd sydd ar y ddaear.

'Cariad', *Y Fodrwy Aur* (1866).

3437 Brawdgarwch yw harddwch ac urddas
Pob person yn nheyrnas fy Nhad.

'Brawdgarwch'.

J. R. JONES
1911–1970

3438 Nid digwyddiad yn y byd yw marwolaeth; y mae'n ddiwedd byd. Nid newid a wna'r byd pan fyddaf i farw, ond dod i ben.

Cristnogaeth a Chenedlaetholdeb (diddyddiad).

J. R. JONES
1923–

3439 A garo drin y gweryd
A fedd ddigonedd o ŷd.

'Epigramau Cynganeddol', *Cerddi J.R.* (1970).

3440 A ry anair i'w heniaith,
Ni ry werth ar unrhyw iaith.

3441 Ef a ŵyr feiau arall
I'w eiddo'i hun sy'n llwyr ddall.

Cf. 5158.

3442 A faeddo wir gelfyddyd,
Diau fo â'n dlawd ei fyd.

3443 Ni ddaw alaw i'r delyn
Onid yw ei thannau'n dynn.

3444 A fyn ddannod pechodau
A wêl o hyd eu hamlhau.

3445 Tyrfa geir lle bynnag bo
Blas gwirod a blys gwario.

'Bingo'.

3446 Rhaid mawrhau mewn dyddiau du
Y genedl a all ganu.

'Yr Epigramau ar Fesur Cywydd', *Cyfansoddiadau a Beirniadaethau Eisteddfod Genedlaethol Cymru, Abergwaun a'r Fro 1986* (Gol. W. Rhys Nicholas).

J. T. JONES
1894–1975

3447 'Rwy'n hen a chloff, ond hoffwn—
am unwaith
Gael myned, pe medrwn,
I'm bro, a rhodio ar hwn;
Rhodio, lle gynt y rhedwn.

'Y Llwybr Troed', *Cyfansoddiadau a Beirniadaethau Eisteddfod Genedlaethol 1943 (Bangor) yn Cynnwys yr Holl Farddoniaeth Fuddugol a Rhai Cyfansoddiadau Eraill* (Gol. William Morris).

J. T. JONES (JOHN EILIAN)
1904–1985

3448 Barddoniaeth ydyw'r gwrthwyneb i oferedd. Rhaid i fardd wrth ddiben.

'Robert Williams Parry', *Gwŷr Llên* (Gol. Aneirin Talfan Davies) (1948).

3449 Gogoniant y cynganeddion a'r mesurau caethion Cymreig ydyw eu bod, fel pob gwir ufudd-dod, yn caethiwo i ryddhau.

3450 Mor amddifad yw dyn, a'r byd yn elyn
I'w hiraeth ef.

'Meirionnydd', *Cyfansoddiadau a Beirniadaethau Eisteddfod Genedlaethol 1949 (Dolgellau)* (Gol. John Lloyd).

3451 Tir Meirionnydd yw ffiol fy ffydd.
Arno mae nod y di-sigl gyfamod,
Hwn yw ein crud anghoncweradwy:
Bys Duw yma sydd, a nefol lawenydd
Nas dyry dyn ac nas dyco diawl.

3452 Aeth y gamp i'r gwael, a than ei afael
Enbyd yw bywyd i'r cyfan fyd.

3453 Egwan yw'n gafael ar y rhydd a'r hael
Ac nid croyw mo'n cred. Yn ddisymwth daw tynged
Ag un hergwd hy' i dynnu dinistr
Ar bob rhyw ragoriant a roes tadau i blant.

3454 Haelaf y fro po amlaf y fraich.

3455 Dedwydd y dyn sydd fel deilbren talbraff
A'i wraidd yn ymledu o dan ei dŷ.

3456 Dyn, od yw'n wâr, yw ceidwad y ddaear
O dan lygad cudd y Pen-Cynllunydd.

3457 Wele'r rhai nid adwaenant wae
Er bod y ddaear fel y mae,
Ond byw pob ennyd o bob dydd
Yn ffyrnig-lawen, ffyrnig-rydd,
A bod i ddyn, yn niwl y llawr,
Yn olwg ar y Glorian fawr.

'Cathl i'r Plant Bach', *Y Llenor*, cyf. XXIX, rhif 3, Hydref 1950.

MEDWYN JONES
1920–

3458 Heb ofal maith, diffaith dir,
Heb anwyldeb, anialdir.

'Llanelidan', *Cyfres Beirdd Bro 5: Medwyn Jones, Llangwm* (1977).

MORRIS JONES
(MORUS CYFANNEDD)
1895–1982

3459 Wedi dweud gwendidau dyn,
Dyweder y da wedyn.

'Epigramau', *Awen Meirion* (1961).

3460 O hwb i hwb daw baban
I wadnu mynd yn y man.

'Epigramau', *Cyfres Beirdd Bro 9: Morus Cyfannedd, Y Friog* (1978).

3461 O'i wynfa aeth yr ynfyd
I wlad bell i weld y byd.

3462 Di-rin dan hwrdd dwyreinwynt
Yw gwybod am gysgod gwynt.

3463 Ar ddibyn prudd ei aberth
Da i ŵr wybod ei werth.

MOSES GLYN JONES
1913–

3464 Hen yw marwolaeth a sicr
fel goleuni.

'Y Goleuni Hen', *Y Ffynnon Fyw* (1973).

3465 Dyn nid yw'n bod ond unwaith,
A bedd yw diwedd y daith.

'Y Dewin', *Cyfansoddiadau a Beirniadaethau Eisteddfod Genedlaethol Cymru, Bro Myrddin 1974* (Gol. Stephen J. Williams).

OWEN GETHIN JONES (GETHIN)
1816–1883

3466 Trugaredd yn troi i guro
Yw barn lle bynnag y bo.

'Y Tymhor Sych', *Gweithiau Gethin* (1884).

3467 Os drwy ddiwydrwydd y ddeudroed—
cerddais,
Nes cwrddyd â'r trithroed,
Ar ôl dydd y trydydd troed
Daw hurtrwydd a phedwartroed.

'Ar Dderbyniad Ffon yn Anrheg'.

PETER JONES (PEDR FARDD)
1775–1845

3468 Nid oes faws na dwys fesur
O un baich i awen bur.

'Amddiffyniad Cerdd Dafod, ac Anerchiad i'r Beirdd', *Mel Awen, sef Gwaith Awenyddawl Peter Jones . . .* (1823).

3469 Yn rawnwin ar y groes
Fe droes y drain.

'O! Ryfedd Ras', rhif 293, *Llyfr Emynau y Methodistiaid Calfinaidd a Wesleaidd* (1927); cyhoeddwyd yn wreiddiol yn *Goleuad Cymru*, Ebrill 1828.

PHILLIP J. BEDDOE JONES
1892–1980

3470 Ni chyfyd hedd o gleddyf,
Tebyg o debyg a dyf.

Beirniadaethau a Barddoniaeth Eisteddfod Genedlaethol Cymru, Aberystwyth 1952 (Gol. E.

D. Jones); dan y ffugenw 'Nid Pab Bach' yng nghystadleuaeth y 'Pymtheg o Gypledau Cywydd Epigramatig'.

3471 Tynn yw bywyd tan bawen;
I'r ifanc, crafanc yw'r hen.

'Deg o Epigramau', *Pigion Eisteddfod Aberteifi 1973-74-75, y Chweched Gyfrol* (Goln. W. R. Jones a Wyn Jones).

3472 Dim ond un deiamwnd all
Dorri deiamwnd arall.

3473 Nef yw hyder aderyn,
Daear yw dwys bryder dyn.

R. E. JONES
1908–

3474 A fo rwyddaf ar addo
Ef yw'r gŵr sy fyrra'i go'!

Cyfansoddiadau a Beirniadaethau Eisteddfod Genedlaethol Cymru, Dyffryn Clwyd 1973 (Gol. T. M. Bassett); dan y ffugenw 'Dara' yng nghystadleuaeth y 'Deg o Epigramau ar fesur cwpledi cywydd'.

3475 Bai gwarthus ar reidus rôg,
Mae'n rhinwedd mewn ariannog.

3476 Nid prenfrig pendefigaidd
Oni thyf yn gryf y gwraidd.

'Casgliad Gwreiddiol o 12 Epigram Cynganeddol', *Eisteddfod Talaith a Chadair Powys, Llanfyllin a'r Cylch, 1979: Y Cynnyrch Buddugol.*

3477 Gŵyr pob call na ddaw allan
Eryr o frid o ŵy'r frân.

3478 Ehudion ddônt yn heidiau,
Y doeth fesul un a dau.

3479 D'anadl gyntaf a dynni
Yw dechrau dy angau di.

3480 Cyflymaf, po fwyaf fydd
(Ys gwir) y coelir celwydd.

3481 Edrych ai nad ynfydrwydd
Rhoi'r cadno i wylio'r ŵydd.

3482 Os heddiw a'i remp sy ddi-rôl
Daw 'fory edifeiriol.

3483 Y lle y bo llaw heb waith
Yno dilyn fandalwaith.

3484 Nid doeth ond y cyfoethog;
Un lliw yw rhinwedd a llog.

3485 Rhoes miliynau gefnogaeth i Reagan,
Ond pan ddônt i ddallt mai'i hoff degan
Yw bom fwya'r byd
Ac un gythraul o ddrud,
Nid yn unig mi gegan', mi regan'.

'Limrigau Cyfoes', *Y Faner,* Hydref 9, 1981.

3486 "Mae'r cynllun creu gwaith," medd areithiwr,
Trwy gyfrwng y radio 'ma neithiwr,
"Yn llwyddiant gwir fawr."
Felly'r cwbwl yn awr
Sy'n eisiau yw cynllun creu gweithiwr.

3487 "Bardd mawr?" meddai'r beirniaid, yn hallt
Am awdur *Caniadau yr Allt.*
"Er cymaint ei glod-o,
Dim posib ei fod-o,
Dim posib. Mae pawb yn ei ddallt."

RICHARD JONES (DOFWY)
1863–1956

3488 Er a wnaeth cur, ni thau cân.

'Fy Nydd Pen-blwydd', *Cyfres Beirdd Bro 14: Dofwy (Richard Jones)* (1979).

R. L. JONES
1909–

3489 Hen sgil cas yw siglo cwch
I reoli ple'r hwyliwch.

Y Flodeugerdd o Epigramau Cynganeddol (Gol. Alan Llwyd) (1985).

3490 Unwaith hen a diwerth oedd
Hynafolyn sy'n filoedd.

Heb ei gyhoeddi o'r blaen.

R. M. JONES (BOBI JONES) 1929–

3491 Fe red y llenor mawr o flaen safonau moesol ei oes gan greu safonau moesol oes newydd.

'Arddull Emrys ap Iwan', *Y Llenor*, cyf. XXIX, rhif 3, Hydref 1950.

3492 Angau, 'rwyt ti'n fy ofni i
Am fy mod yn fardd.

'Y Gân Gyntaf', *Y Gân Gyntaf* (1957).

3493 Nodwedd gwareiddiad iach yw creu: creu gwerthoedd, ymegnïo i lunio dyfodol, gobeithio oherwydd dyn a Duw.

'T. H. Parry-Williams', *I'r Arch: Dau o Bob Rhyw* (1959).

3494 Byw neu farw yw'r unig ddewis mawr a fu, y sydd, ac a fydd gerbron dynoliaeth, a gall fod llawer o ffyrdd i gyrraedd y naill neu'r llall; ond y mae gwadu'r dewis ei hun yn farwolaeth.

3495 Y mae Duw a ffydd bob amser gyda'i gilydd yn yr un lle.

3496 Y mae gwaedd hapus meibion Duw yn atseinio o un pen i'r cread i'r llall gan uno pawb mewn cymdeithas gyfriniol ddiriaethol.

3497 Gorfoledd sanctaidd yw un o seiliau celfyddyd.

3498 Seithug fydd ysbrydoliaeth onid oes cariad a gobaith yno i'w chroesawu.

3499 Traserch at ddelfryd, hyn a rydd arddull i lenor.

3500 Dawns gytûn y galon a'r synnwyr a'r enaid sy'n esgor ar wir harddwch llenyddol. Tardd yn llawnder bywyd. Unir ef â'r cread mewn cytgord.

3501 Rhaid i lenyddiaeth gadw ymwybod â phwrpas.

3502 Hed y bardd bob amser uwchlaw'r pethau a dderfydd.

3503 Ni ddaeth llawenydd mawr parhaol erioed heb ddioddef.

3504 Mae edrych yn ôl yn un o nodweddion cyson llawenydd llawn; adnabyddiaeth o'r drwg a cherdded drwy'r diffeithwch am filltiroedd lawer. Ac arwrol yw'r daith hon.

3505 Os gwir mai Madog a ddarganfu America, mwy gwir o lawer mai O. M. Edwards a ddarganfu Gymru.

'O. M. Edwards'.

3506 Dim ond mewn cenedl lle y mae'r traddodiad yn cael ei ystyried yn bwysig neu yn elfen fyw yng ngwareiddiad y wlad y gall llenorion mawr godi neu lenorion eilradd greu gweithiau o werth arbennig.

'Y Ddau Draddodiad: y Traddodiad Gwerinol a'r Traddodiad Uchelwrol'.

3507 Nid oes dim profiad gan yr hen,
Dim ond cof am brofiad.

'Llencyndod', *Rhwng Taf a Thaf* (1960).

3508 Stori yw bywyd na chlywir ddim o'i diwedd.

'Llyfr Yw Byw'.

3509 Wrth deimlo'r boen y sylwir ar iechyd.

'Mudo', *Man Gwyn* (1965).

3510 Heb gariad o ryw fath, ni ellir gobeithio deall dim.

'I Indiaid yn Unig', *Ci wrth y Drws* (1968).

3511 Beiddgarwch yn unig sy'n cadw cenedl.

'Daw'r Pasg i Bawb', *Daw'r Pasg i Bawb* (1969).

3512 Mae balchder bob amser yn chwilio am reswm dros beidio â bod yn falchder.

3513 Cyn gynted ag y caewch chi fedd, mae pethau'n dechrau tyfu ynddo.

3514 Bedd y fenyw ydi gwylio, heb allu gwneud dim.

3515 Gogoneddu Duw, nid iachawdwriaeth dyn, yw pennaf pwrpas popeth.

'Rhagair', *Sioc o'r Gofod* (1971).

3516 Yr ydym bob amser ar farw. Wrth inni redeg drwy'r bywyd hwn, mewn fflach fe welwn y gwacter yn y gofod, yr angen ynom ninnau.

'Traed Prydferth', *Traed Prydferth* (1973).

3517 Mae pob symudiad a wnawn ni'n ddiwedd; ond mae ambell ddiwedd yn gweiddi 'Gorffennwyd'.

3518 Mae tyfu'n nes at Dduw yn tynnu pawb at ei gilydd.

3519 Yr her bob amser i lanc yw bod yn ganol oed: her y canol oed yw bod yn llanc.

'Bobi Jones yn Ateb Cwestiynau'r Golygydd', *Ysgrifau Beirniadol IX* (Gol. J. E. Caerwyn Williams) (1976).

3520 Wedyn, fe ddaeth cerddi Iorwerth Peate, sef W. J. Gruffydd mewn sliperi, Ceiriog gyda dŵr.

3521 Crefydd yw maen prawf pob barn.

Llên Cymru a Chrefydd (1977).

3522 Y mae i bob dyn—colledig neu beidio—ei arwyddocâd tragwyddol. Un peth na all ef fyth ddianc rhagddo yw ystyr ei fywyd.

3523 Credaf mai'r ffordd iach i ddyn dreulio'i fywyd ar y ddaear yw drwy ei diwyllio hi i'r eithaf ym mhob dull a modd er gogoniant i Dduw.

3524 Y mae'r Cristion sy'n effro yn esthetaidd, neu'r Cristion sy'n fyw i lenyddiaeth, nid yn unig yn berson cyfoethocach, ond y mae'n well Cristion.

3525 Am mai crefydd sy'n ymwneud â phwrpas bywyd yn gyffredinol, hi sy'n pennu fod yn rhaid i lenyddiaeth wrth ei diben. Am mai hi sy'n datguddio natur dyn, hi sy'n dadlennu hefyd hanfodion natur llenyddiaeth.

3526 Nid yw dyn yn gyflawn nes iddo ogoneddu Duw, mewn gair ac mewn gweithred.

3527 Nid oes dim gwir annibyniaeth ym myd celfyddyd.

3528 Y mae bodlonrwydd meddwl yn frawd i lonyddwch meddwl.

3529 Nid marw a ddylem ei ofni ond ofni'n geni.

Hunllef Arthur (1986), ii, 'Am ei Frwydrau', llin. 112.

3530 Dywed tir ryw ran o rin
Y rhai sy arno. Y mae enw dyn
Ac enw'i wlad yn un.

iii, 'Ymhlith ei Seintiau', llau 109–111.

3531 Adnabod ddwywaith ydyw caru.

iii, llin. 312.

3532 Gweinidog yw pob crefftwr. Mae pob gwaith
Gan Gristion yn ostyngiad gerbron Duw.

iii, llau 367–368.

3533 Gall brwydro anghymedrol fod yn wedd
Ar hunanladdiad.

iv, 'Dyddiau'r Gododdin', llau 154–155.

3534 Ofn yw amheuaeth.

v, 'Geraint a'i Gariad', llin. 1127.

3535 Mae'n rhaid cael ffydd mewn amau.

v, llin. 1141.

3536 Gwell peidio â charu dim na charu damaid.

viii, 'Gwres ap Gwilym', llin. 111.

3537 Llofnod Satan ydyw rhyfel.

x, 'Harri'n Fab Darogan', llin. 249.

3538 Diddim i'r sawl sy'n boddi ydyw glaw.

x, llin. 665.

3539 Mor nerthol yw'r gorffennol fel na fyn Duw, hyd yn oed, ddadweindio'i undod ef.

xii, 'Charles Edwards, Piwritan', llau 456–457.

3540 Merch ordderch i gelfyddyd yw gwybodaeth.

xii, llin. 470.

3541 'Does gennym ddim llefelyth faint yw'n cariad
Nes iddo gael ei iro gan y bedd.

xix, 'Creu'r Proletariad', llau 312–313.

3542 Adfyd yw tad delfrydau.

xx, 'Penderyn a'r Faner Goch', llin. 214.

3543 Lladd yw rhin pob llwyddiant.

xxi, 'Cenedlaetholdeb Rhamantaidd', llin. 289.

3544 Ni chaiff dyn
Fyw o fewn gwlad yn well na gwlad mewn dyn.

xxi, llau 654–655.

3545 Dyddio a wna pob arddull. Yr arddull sy'n dyddio leiaf yw'r un lle y bo celfyddyd yn peri i ddeallusrwydd cryf fynegi teimlad aeddfed drwy grebwyll bywiog.

'Rhagair', *Llenyddiaeth Gymraeg 1902–1936* (1987).

3546 Dynwared yw un o brif sylfeini pob barddoniaeth bwysig.

'Re Peate'.

3547 Mae unrhyw ddarn o lenyddiaeth, na chydnabyddir ei champ yn weddol fuan, yn golled i'r genedl yn ei brwydr dros oroesi.

3548 [Yr] arddull harddhyll hon.

[Am yr arddull blaen a diaddurn mewn barddoniaeth] 'A Bod yn Blaen', *Barddas*, rhif 131, Mawrth 1988.

ROBERT AMBROSE JONES (EMRYS AP IWAN) 1851–1906

3549 Awen, ac nid gallu dealltwriaethol, dawn, ac nid dysg, sy'n cadw llyfrau'n fyw, ac yn eu gwneuthur yn rhan o lenoriaeth gwlad. Meddyliau'r galon, ac nid meddyliau'r pen, a saif o genhedlaeth i genhedlaeth.

'Meddyliau Calon Duw', *Homilïau* (Gol. Ezra Roberts) (1906).

3550 Y mae difodi cenedl y trychineb nesaf i ddifodi dynol-ryw, a difodi iaith cenedl y trychineb nesaf i ddifodi'r genedl, am fod cenedl yn peidio â bod yn genedl ymhen mwy neu lai o amser ar ôl colli ei hiaith.

'"Y Ddysg Newydd" a'r Hen'.

3551 Y mae yn haws i genedl rydd ac annibynnol, ac i genedl a fo yn preswylio yn llonydd yn ei gwlad ei hun, gael hyd i'w Duw na chenedl ddarostyngedig neu genedl orchfygol.

3552 Y mae yn wir fod Duw yn goddef i genedl gref arglwyddiaethu ar genedl wan; ond nid yw efe yn cymeradwyo pob peth y mae yn ei oddef.

3553 Os byddwch anffyddlon i'ch gwlad a'ch iaith a'ch cenedl, pa fodd y gellir disgwyl i chwi fod yn ffyddlon i Dduw ac i'r ddynoliaeth?

3554 Y mae enw dyn yn dylanwadu ar ei gymeriad.

'Issi'.

3555 Nid oes un tad yn dad perffaith, oni bydd ynddo gryn lawer o'r fam; ac nid oes un gŵr yn ŵr perffaith, oni bydd ynddo rai o ragoriaethau'r wraig.

3556 Y mae syniad pob dyn amdano'i hun yn cyfateb i'w syniad am Dduw.

'Gweledigaeth Esay'.

3557 Cariad amherffaith a darfodedig yw pob cariad nad oes dim o'r dwyfol ynddo.

'Y Gorchymyn Mawr'.

3558 Dyn masw yw'r dyn y bo'i gariad agos i gyd yn ei galon; dyn oeraidd yw'r dyn y bo'i gariad agos i gyd yn ei feddwl; a dyn sarrug yw'r dyn y bo'i gariad agos i gyd yn ei gydwybod.

3559 Yr hyn yw goleuni i'r llygaid, hynny yw gwirionedd i'r meddwl.

3560 Y mae Duw pan fo ar ei ffolaf yn ddoethach na dyn pan fo ar ei ddoethaf.

'Duw yn Cospi Dyn wrth ei Gadw'.

3561 Ni all maddeuant Duw, mwy na maddeuant dynion, wneuthur y dyn a bechodd cystal â'r dyn ni phechodd.

'Crist yn Eiriol heb Weddio'.

3562 I fyw yn hir, rhaid i ddyn farw am ysbaid tra yn fyw. I wneuthur gwaith a bery, rhaid i ddyn dreulio rhan fawr o'i oes yn nhir neilltuaeth.

'Gweddi a Gwaith'.

3563 Nid oes fawr o werth mewn bywyd ymdrechgar, os na bydd yn tarddu o fywyd myfyrgar.

3564 Y mae'r dyn sy'n byw llawer ar ei ben ei hun o ran lle yn ddyn ar ei ben ei hun o ran cymeriad hefyd; tra y mae'r dyn sy'n byw yn wastadol ymysg ei gyd-ddynion yn myned yn annhebyg iddo'i hun, ac yn myned yn ddyn tebyg i bawb.

3565 Wrth gymdeithasu â Duw, ei yn debyg i Dduw; ac wrth fyned yn debyg i Dduw, ei yn debycach nag erioed i ti dy hun.

3566 Y mae'r Creawdr yn parchu'r pethau sy'n gwahaniaethu'r naill ddyn oddi wrth y llall, am ei fod yn caru amrywiaeth; y mae'r byd yn y gwrthwyneb yn ceisio'u dileu, am ei fod ef yn caru unffurfiaeth.

3567 Dylai caru teulu ein dysgu i garu tylwyth; caru tylwyth ein dysgu i garu llwyth; caru llwyth ein dysgu i garu cenedl, a charu cenedl ein dysgu i garu dyn.

3568 Gall blodau teg darddu o domen ffiaidd.

'Y Ddwy Alwedigaeth'.

3569 Mynych y bydd dyn yn gwyro oddi ar y ffordd yr addysgwyd ef ynddi, ond ni bydd odid neb yn gwyro oddi ar y ffordd yr hyfforddwyd ef ynddi.

'Crefydd yn Dreftadaeth'.

3570 Gall dyn farw o lawer clefyd, ond o un iechyd y bydd byw.

'Y Ffordd Fforchog'.

3571 Byw yn y corff y mae'r dyn difyr; byw yn yr enaid y mae'r dyn dedwydd; a byw yn yr ysbryd y mae'r dyn gwynfydedig.

'Caru Difyrrwch'.

3572 Y mae pob cenedl gaeth yn chwanocach i ddywedyd celwydd na chenedl rydd ac annibynnol.

'Cymru Gelwyddog'.

3573 Y mae un pechod yn ddigon i'n cymhwyso i uffern; ond nid yw un rhinwedd ddim yn ddigon i'n cymhwyso i'r nef.

3574 Gwnewch i chwi gyfeillion o lyfrau, fel pan eloch yn hen y bo gennych rywrai i'ch derbyn pan fo llawer yn eich gwrthod.

'Y Cochl'.

3575 Wrth fyw iddo'i hun y mae dyn yn marw, ac wrth farw iddo'i hun y mae dyn yn byw.

'Duw yn Darian a Duw yn Wobr', *Homilïau*, cyf. 2 (Gol. Ezra Roberts) (1909).

3576 Cydymaith i bechod, ac nid i santeiddrwydd, yw prudd-der.

'Pa Fodd i Fod yn Ieuangc?'

3577 Y mae ambell ddyn gwybodus iawn nad yw yn llesáu neb trwy ei wybodaeth, am nad oes ganddo ddoethineb i iawn-arfer ei wybodaeth.

'Barn, Cyfiawnder a Thrugaredd'.

3578 Fel mai galluogi dyn i wneuthur doethineb ydyw diben gwybodaeth, felly galluogi dyn i wneuthur cyfiawnder yw diben cryfder.

3579 Melltith ac nid bendith i'r byd yw bod *cenedl* yn gref, os na bydd hi yn gyfiawn hefyd.

3580 Os ydym yn credu fod gan un genedl hawl i fod yn annibynnol, ni a ddylem gredu fod gan bob cenedl hawl i fod yn annibynnol.

3581 Pe bai gradd ein hiechyd a'n llwyddiant bydol yn cyfateb i lwyddiant yr enaid, pa nifer o bobl iach a chyfoethog a fyddai yn ein plith, tybed?

'Llwyddiant Ysprydol'.

3582 Nid y weithred ei hun ond y cymhelliad iddi sydd yn ei gwneuthur yn beraroglaidd ac yn anfarwol.

3583 Y mae gan y byd ryw esgus am edliw i bechaduriaid y pechodau a wnaethant ar ôl credu, ond nid oes ganddo ddim esgus am edliw yr hen bechodau a wnaethant cyn credu.

'Y Ddau Orphwysdra'.

3584 Y mae yn hyfrytach gweithio yn galed i feistr addfwyn na gweithio yn ysgafn i feistr sarrug.

3585 Nid yw'r da o anghenraid yn bresennol lle y bo'r drwg yn absennol.

'Y Tair Ewyllys'.

3586 Er bod y diafol yn fwy o bechadur na dyn, eto fe all dyn gyflawni mwy o bechodau na'r diafol, am fod iddo ef gorff *ac* ysbryd.

3587 Y mae yn well gan dosturi fyned i dŷ galar nag i dŷ gwledd.

'Tosturi yr Iesu'.

3588 Y mae un anghysur yn cuddio lliaws o gysuron, fel y mae un cwmwl bychan yn cuddio lliaws o sêr.

3589 Os nad oes y fath beth â gwirionedd newydd, y mae'r fath beth â golwg newydd ar y gwirionedd.

'Y Ddau Win'.

3590 Na thybied neb ei fod yn ddyngarwr yn unig am ei fod yn gallu caru ei lun ei hun wrth edrych yn y drych.

'Pwy yw fy Nghymmydog?'.

3591 Ni ellir gwneud dynion a chenhedloedd yn debyg i'w gilydd, mewn iaith, cymeriad ac arferion, heb eu gwaethygu.

3592 Pechod yn rhith gwareiddiad sy'n dwyn unffurfiaeth i'r byd; y mae gras yn peri amrywiaeth.

3593 Callineb dynol sy'n gofalu dros drannoeth, ond y mae gofalu dros dragwyddoldeb yn gallineb dwyfol.

'Y Mammon Anghyfiawn'.

3594 Nid yw dynion yn cael aros digon yn y byd hwn i allu perchenogi dim ohono.

'Gwir Drysori, Trysori i Dduw'.

3595 Nid yw yn wiw edrych yn ddyfal ar ddim ond sydd â nod tragwyddol arno.

Os mynnwn fod yn ddoeth, edrychwn ar bethau y tâl edrych arnynt byth bythoedd.

'Y Ffyrling a'r Deml'.

3596 Y mae bod dyn heb yr un grefydd agos mor anfanteisiol â bod ganddo grefydd fawr; canys er y gall lleidr llednoeth redeg yn sioncach am ysbaid nag y gall dyn â ffon yn ei law, neu ddyn â baich ar ei gefn, eto, os bydd yr yrfa yn un faith, y mae perygl iddo gael annwyd, a marw cyn cyrraedd ei phen hi.

'Paham na Chredwch?'.

3597 Nid yw'r gogoniant gorau sydd yn harddu meibion dynion ddim amgen nag adlewyrchiad gwan o ogoniant Duw.

'Ceisio: Pa Fodd? Pa Beth? Pa ham?'.

3598 Rhaid i ddyn wrth fwy o allu i ennill gogoniant nag i ennill anrhydedd; ond y mae yn rhaid iddo wrth fwy o rinwedd i ennill anrhydedd nag i ennill gogoniant.

3599 Os gwnawn dda er mwyn rhyngu bodd dynion, yr ydym mewn perygl i wneuthur drwg hefyd er mwyn rhyngu eu bodd.

3600 Os myn dyn fod yn berffaith, rhaid iddo geisio cymeradwyaeth bod perffaith, a Duw yn unig sy berffaith.

3601 Cloffi dyn ar ei ffordd tuag uffern y mae cydwybod, ond sionci dyn ar ei ffordd tua'r nef y mae cariad.

'Crefydd yn Ufudd-dod'.

3602 Nid sêr yn disgleirio yn y ffurfafen ydyw doethion y byd hwn, eithr glöynnod y nos yn ymdreiglo ar wyneb y ddaear.

'Cadw trwy Ddiscyblu'.

3603 Y mae fod dyn yn y byd yn beth digon peryglus, ond y mae fod y byd mewn dyn yn beth damniol.

3604 Lle bynnag y byddo undod perffaith y mae yno drindod hefyd.

3605 Ysgerbwd marw a fyddai moesoldeb heb dduwioldeb, a drychiolaeth a fyddai duwioldeb heb foesoldeb.

3606 Peth dirmygus ydyw i ŵr ddynwared gŵr, er hynny y mae'n weddus i blant ddynwared eu rhieni, ac yn weddus i bawb ddynwared eu Tad yr hwn sydd yn y nefoedd.

3607 Baban a enir o ddyn, plentyn a enir o Dduw, ond mab a enir o'r bedd.

'Plant Ydym, Meibion Fyddwn'.

3608 Un fynwent fawr yw y ddaear eisoes, ac yr ydym ym mhob man yn sangu ar lwch ein tadau.

3609 Gallwn feddwl fod y rhawiad olaf o glai pur Italia wedi ei ddefnyddio i greu Garibaldi a Mazzini, fel nad oedd yn aros ond baw a sofl i wneud pob un arall.

Emrys ap Iwan: Cofiant, T. Gwynn Jones (1912).

3610 Os lleddir y Gymraeg, fe'i lleddir yn nhŷ ei chyfeillion.

3611 Gall anifeiliaid o ddynion deimlo oddi wrth anghyfiawnder personol a chorfforol, ond angylion o ddynion sydd yn alluog i deimlo oddi wrth anghyfiawnder cenhedlig ac ysbrydol.

Cyhoeddwyd gyntaf yn 'Dadl Seneddol yn 1888', *Y Faner*, Mawrth 9, 15 ac Ebrill 26, 1882.

3612 Rhaid wrth ddynion eithafol i fagu dynion cymedrol.

Cyhoeddwyd gyntaf yn *Y Goleuad*, Awst 9, 1884.

3613 Y mae uffern yn dra dofn; ydyw, ond nid oes ond dwy ris at enau y pwll—chwant a phechod.

'Y Dymunol a'r Angenrheidiol', *Pregethau* (Goln. John Owen ac O. Madoc Roberts) (1926).

3614 Os lladdodd llid ei filoedd, lladdodd chwant ei fyrddiwn.

3615 Y mae pob ymerodraeth a adeiladwyd trwy gelwydd, a thwyll, a thrais, yn sicr o ymchwalu yn fuan neu yn hwyr. Y mae hi, wrth ymehangu, yn lluosogi'r gelynion sydd yn barod i ddial eu cam arni.

'Cyd-ymffurfio â'r Byd'.

3616 Y mae tri math o ddynion: dynion annynol, neu gythreulig, sef y rhai sy'n talu drwg am dda; dynion dynol, sef y rhai a dâl ddrwg am ddrwg, a da am dda; a dynion dwyfol, yn talu da am ddrwg.

3617 Gall tân ein caredigrwydd ni fod yn fath o burdan i'r gelyn, ac felly'n dân a wna fwy o les iddo na thân uffern. Y mae marwor tân yn y byd hwn yn tycio mwy na fflamau tân yn y byd arall.

3618 Y mae mwy o grefydd mewn bwyta ac yfed er gogoniant i Dduw nag y sy mewn pregethu er mwyn rhyngu bodd dynion.

3619 Byd drwg, y mae'n wir, yw y byd presennol, ond y mae'r man mwyaf manteisiol o bob man i sancteiddio dynion.

'Y Disgyblion yn y Byd'.

3620 Y mae modd i'r Cristion fod yn y byd heb fod o'r byd.

3621 Bychan o beth fydd marw i'r dyn fydd wedi medru byw.

3622 Nid yw gweddi, mwy na'r ehedydd, yn ymgodi oddi ar y llawr pan fyddo tymestl yn ymddarpar uwchben.

'Gweddio heb na Dicter na Dadl'.

3623 Nid y pechod mwyaf amlwg yw'r pechod mwyaf damniol.

3624 Ofni'r peth y dylid ei ofni a alluoga ddyn i beidio ag ofni'r pethau na ddylid eu hofni. Ofn Duw, yn anad dim arall, a fwrw allan ofn dyn.

'Gwroldeb'.

3625 Onid ewch i'r nef fel gorchfygwyr, nid ewch yno o gwbl. Lle i anrhydeddu gorchfygwyr yw'r nef. Nid â neb llwfr i mewn iddi.

3626 Y mae cariad di-waith yn beth mor afresymol â ffydd farw.

'Teulu Bethania'.

3627 Ni ragora neb yn ysbrydol, mwy nag yn feddyliol, oni dderbyn i mewn fwy nag a rydd allan.

3628 Y mae gan bob disgybl iddo Ef ei Galfaria. Ymrithia'r croesbren yn erchyll rhwng pob sant a phyrth gogoniant.

3629 I garu y gwnaethpwyd dyn. Am hynny, onid yw'n caru nid yw'n byw.

'Y Bywyd Tragwyddol'.

3630 Y galon yw'r amddiffynfa yng nghanol dinas yr enaid. Pan gymerir hon, gorfodir yr holl ddinas i ymostwng.

'Gwasanaethu'r Arglwydd'.

3631 A oes arnoch ofn y nos? Ofn y dydd sydd arnaf i. A oes arnoch ofn mynd i'r bedd? Ofn codi ohono sydd arnaf i. Mi wn, pe byddai brycheuyn arnaf, y gwelid ef yn fwy amlwg o lawer yng ngolau'r Oen nag wrth olau pŵl Gehenna.

'Esgeuluso'r Cyd-gynulliad'.

3632 Nid oes dim a wna ddyn yn fawr ond cariad mawr.

'Mawredd ei Ymostyngiad'.

3633 I rai bychain y rhydd Duw ei bethau mawr.

'Rhwystro Rhai at Grist'.

3634 Meddu'r ddaear a wna gormeswyr a threiswyr, ac nid ei hetifeddu.

3635 Y dyn lleiaf yn ei olwg ei hun yw'r mwyaf yn nheyrnas nefoedd.

'Y Wobr Driphlyg'.

3636 Marw yw dyn wrth natur. Y mae marwolaeth ysbrydol yn bwysicach na marwolaeth naturiol.

3637 Gwna amser ddyn yn hen, ond gwna tragwyddoldeb ef yn ieuanc.

3638 I ni, y Gymraeg yw'r unig wrthglawdd rhyngom a diddymdra, ac y mae'r sawl a dorro'r gwrthglawdd hwnnw, trwy barablu iaith ein gorchfygwyr heb raid nac achos, yn euog o ddibristod sy'n dangos eu bod wedi colli pob parch iddynt eu hunain; a phan beidio dyn â pharchu ei hun y mae hwnnw i bob perwyl wedi peidio â bod.

'Paham y Gorfu'r Undebwyr', *Detholiad o Erthyglau a Llythyrau Emrys ap Iwan I* (Gol. D. Myrddin Lloyd) (1937); cyhoeddwyd gyntaf yn *Y Geninen*, Hydref 1895.

3639 Yr eiddo'r Cymro i'r Cymro, a'r eiddo'r estron i'r estron! Yn enw rheswm, pa beth sy decach?

3640 Fel y bo iaith dyn y bydd ei feddwl. Y mae'n rhaid i ddyn wrth iaith dda, nid yn unig i fynegi ei feddyliau, ond hefyd i roddi bod iddynt. Nid yn unig y mae'r meddwl yn dylanwadu ar iaith dyn, ond y mae ei iaith hefyd yn dylanwadu ar ei feddwl; ac felly, mewn modd anuniongyrchol, ar ei holl ymarweddiad.

'Gair at Rieni Cymreig'; cyhoeddwyd gyntaf yn *Y Faner*, Rhagfyr 26, 1877.

3641 Ffrainc yw mam gwareiddiad, a Lloegr yw ei famaeth.

3642 Tybiaf i mai cyflwr darostyngedig y Cymry ydyw'r achos bod eu cerddoriaeth mor sentimental.

'Llythyr Alltud'; cyhoeddwyd gyntaf yn *Y Faner*, Rhagfyr 13, 1882.

3643 O bob ymffrost, ymffrost crefyddol yw'r gwrthunaf.

'Llythyr Arall Alltud'; cyhoeddwyd gyntaf yn *Y Faner*, Rhagfyr 20, 1882.

3644 Byddai mor anodd i argyhoeddi corff y Cymry fod y Sais yn feistr tost, anghyfiawn, ag a fyddai i argyhoeddi'r annuwiol mai meistr felly yw'r diafol.

'Detholion'; cyhoeddwyd gyntaf yn 'Chware Teg i'r Gwyddelod', *Y Faner*, Rhagfyr 22, 1880.

3645 Fel y mae'r teulu wedi ei ordeinio i ddysgu dyn i garu ychydig yn lle un, sef efe ei hun, felly y mae'r genedl wedi ei hordeinio i ddysgu dyn i garu llawer yn lle ychydig.

Cyhoeddwyd gyntaf yn 'Dysgu Cymraeg yn yr Ysgolion Beunyddiol', *Y Faner*, Chwefror 27, 1895.

3646 Y mae'r neb a efelycho'r awduron gorau yn eu pethau gorau yn rhywbeth amgen na dynwaredwr—disgybl yw hwnnw sydd ar y ffordd i fynd yn feistr.

'Y Clasuron Cymraeg', *Detholiad o Erthyglau a Llythyrau Emrys ap Iwan II* (Gol. D. Myrddin Lloyd) (1939); traddodwyd yn wreiddiol i Gymdeithas Genedlaethol Gymreig Llynlleifiad, Tachwedd 15, 1893; cyhoeddwyd gyntaf yn *Y Geninen*, Ionawr 1894.

3647 Yng ngolwg y llenor, anghymeradwy fydd y gwir, os na bydd o'n wir gloyw; a diflas fydd y da, os na bydd o'n dda teg yr olwg.

3648 Y mae tegwch yn beth mor anhepgor mewn llenyddiaeth ag ydyw ffurf mewn celfyddyd.

3649 Pan fo'r byd yn ymglafychu, ac yn esgor, hyd yn oed ar wirioneddau o'r math pwysicaf, mwy o lefain ac oernadu a glywir ynddo nag o ganu.

3650 Nid oes dim yn haeddu ei alw'n llenyddiaeth os na bydd cenedl a chenedlaethau yn tystiolaethu bod iddynt ran ynddo.

3651 Fel y bydd yr iaith, felly y bydd y dyn, ac felly y bydd y genedl.

'Cymraeg y Pregethwr'; anerchiad a draddodwyd yn wreiddiol i'r efrydwyr yn Athrofa Ddiwinyddol Y Bala, Chwefror 25, 1893; cyhoeddwyd gyntaf yn *Y Geninen*, Ebrill 1893.

3652 Y mae iaith dda'n hyrwyddo gwareiddiad, ac iaith wael, neu iaith nad ydys yn ei medru'n dda, yn rhwystro gwareiddiad.

3653 Y mae adfywiad llenoriaeth bob amser yn cydfyned ag adfywiad iaith.

3654 Nid gwisg yn hongian yn llac am y meddwl ydyw iaith briodol, ond corff wedi ei gydgenhedlu ag ef—corff ysbrydol, tryloyw, sy'n gwasanaethu'n unig i roi ffurf ar y dyn oddi mewn, ac nid i'w guddio na'i addurno chwaith.

3655 Y mae pob cyfanwaith yn gywreinwaith.

3656 Ymhlith llenorion fel ymhlith crefftwyr, y pensaer celfydd, ac nid y cloddiwr cerrig, a gyfrifir yn bennaf.

3657 Saernïaeth dda ydyw enaid arddull, a chyda'r enaid hwnnw y mae arddull yn anfarwol.

3658 Cymry tlawd eu meddwl sy'n cael y Gymraeg yn dlawd.

3659 Fel y mae dŵr yn caboli rhai cerrig ac yn tyllu rhai eraill, felly y mae tafodau cenhedlaeth ar ôl cenhedlaeth yn llyfnu rhai geiriau, ac ysywaeth yn eu llygru hefyd.

3660 Y mae geiriau yn ymgaboli yn ôl deddfau cyffredinol, ac yn ymlygru oherwydd mympwyon neilltuol.

3661 Pan fo tystiolaeth estron yn cytuno â thystiolaeth brodor, rhaid fod mesur o wir ynddi.

3662 Y mae clywed ambell Gymro yn rhochian yr *ch* yr un fath yn union â chlywed un o Wyddelod Conamara yn chwyrnu yn ei gwsg.

3663 Genir rhai i saernïo, ac eraill i addurno: ac y mae'r lliwiwr, ysywaeth, yn tynnu mwy o sylw na'r lluniwr.

'Gwersi i Sgrifenwyr a Siaradwyr Ieuainc'; cyhoeddwyd gyntaf yn *Y Geninen*, Ionawr 1903.

3664 Os mynnwch wybod a oes gwerth mewn rhyw feddwl, mynegwch ef yn yr iaith fwyaf diaddurn.

3665 "Oes y byd i'r iaith Gymraeg," medd beirdd mwyaf cwrw-garol yr Eisteddfod.

'Plicio Gwallt yr Hanner Cymry'; cyhoeddwyd gyntaf yn *Y Geninen*, Ebrill a Gorffennaf 1889.

3666 Buasai'n well gennyf, o'r ddau, weled fy nghydwladwyr yn arfer Saesneg gwych na Chymraeg gwael.

3667 Pan elo iaith yn sâl, y mae hi'n barod i farw; a phan elo hi'n rhy wael i fod yn addas i bob rhyw berwyl, gorau po gyntaf y bo hi farw.

'Detholion'; cyhoeddwyd gyntaf yn *Y Geninen*, Hydref 1901, Ionawr 1902 ac Ebrill 1902, dan y teitl 'Gwella Gwallau: cais i sefydlu'r Gymraeg'.

3668 Fel y bydd meddwl dyn, felly yn union y bydd ei iaith a'i arddull.

3669 Pan elo dyn mawr i gors, y mae'n naturiol iddo suddo'n is na'r cyffredin.

'Dr. Edwards, a'r Achosion Seisnigol', *Detholiad o Erthyglau a Llythyrau Emrys ap Iwan III* (Gol. D. Myrddin Lloyd) (1940); cyhoeddwyd gyntaf yn *Y Faner*, Gorffennaf 14, 1880.

3670 Y mae'n well i genedl fod yn wrthrych casineb y Saeson nag yn wrthrych eu dirmyg.

3671 Y mae'n naturiol i blant etifeddu pechod eu rhieni ac etifeddu eu cosb hefyd.

'Pregeth'.

3672 Caiff y Cristion ddigon o gyfleustra i ogoneddu Duw trwy ei foli yn y nefoedd; ond yn y byd hwn yn unig y caiff o gyfleustra i'w ogoneddu trwy ddioddef.

3673 Y mae cam farn am y bywyd yr ydym yn ei fyw, a'r byd yr ydym yn byw ynddo, yn peri cam farn am awdur y byd a'r bywyd.

'Detholion'.

3674 Y mae pob gwir weddi yn ffrwyth myfyrdod.

3675 Y mae gwybodaeth *fach* a gyrhaeddo hyd i'r dwylo a'r traed yn well na gwybodaeth *fawr* na chyrhaeddo ymhellach na blaen y tafod.

3676 Os calon dyn ydyw hafod yr Iesu ar y ddaear, y nef ydyw ei hendre.

3677 Ein cydwybod sy'n cyhuddo, a'n rheswm sy'n barnu.

ROBERT EIFION JONES 1897–1983

3678 Mwy buddiol na grym byddin
Yw gŵr o ffydd ger y ffin.

'Epigramau', *Cyfres Beirdd Bro 1: Robert Eifion Jones, Llanuwchllyn* (1976).

3679 Dau efell bywyd ofer
Yw nos faith ac einioes fer.

ROBERT JONES (LLANLLYFNI) 1806–1896

3680 Y mae Duw wedi ymddarostwng i breswylio gyda dyn ar y ddaear, fel y câi dyn ei ddyrchafu i breswylio gyda Duw yn y nef.

Gemau Duwinyddol neu, Gorph Cynnwysfawr o Dduwinyddiaeth, mewn Ffurf Newydd (ail argraffiad gydag ychwanegiadau, 1882); cyhoeddwyd yn wreiddiol ym 1865.

3681 Nid ydyw y Beibl amgen na llythyr mawr a anfonwyd o'r nef i'r ddaear, a gyfansoddwyd gan yr Ysbryd Glân, a ysgrifennwyd gan ddynion sanctaidd Duw, a seliwyd â gwaed Crist, ac a gyfeiriwyd at feibion dynion yn gyffredinol.

3682 Aeth atheist gam ymhellach na'r diafol, oblegid y mae y cythreuliaid yn credu ac yn crynu.

3683 Y mae dyn o ran ei gorff yn debyg i anifail, ac o ran ei enaid yn debyg i angel.

3684 Po hynaf y bydd pechod, cryfaf a fydd.

3685 Y mae rhai dynion mor gybyddlyd â phe baent i fyw byth, ac eraill mor ddiofal â phe byddent i farw drannoeth.

3686 Casgla natur dda fêl o bob llysieuyn, tra y sugna natur ddrwg wenwyn o'r blodau pereiddiaf.

3687 Gwirionedd yw cyfraith y celfyddydau.

3688 Y mae gwirionedd yn ei garpiau yn well na chelwydd yn ei sidanau.

3689 Geni i farw yw genedigaeth gyntaf pob dyn, ond geni i fywyd tragwyddol yw yr aileni i bawb.

3690 Y mae tangnefedd Duw yn y galon yn gwneud carchardy yn baradwys.

3691 Y dyn gostyngeiddiaf yw y tebycaf i Grist, a'r dyn balchaf yw y tebycaf i ddiafol.

3692 Y tywysennau llawnaf ac aeddfetaf o ŷd yw y rhai a blygant isaf tua'r ddaear; yr un modd y dynion mwyaf gostyngedig yw y rhai mwyaf sanctaidd a ffrwythlawn.

3693 Y mae dyn gostyngedig yn debyg i bren da: po lawnaf o ffrwyth y byddo y canghennau, isaf i gyd y maent yn ymblygu.

3694 Ni chais gostyngeiddrwydd na'r lle blaenaf na'r gair olaf.

3695 Y mae yn well cymodi â gelyn na'i orchfygu. Gall buddugoliaeth ei amddifadu o'i allu am dro, ond y mae ei gael i gymod yn ei ddiarfogi hyd yn oed o'i ewyllys i niweidio.

3696 Y mae meddwl galluog nid yn unig yn ei amlygu ei hun, ond yn deffro doniau mewn eraill; y mae dawn yn ennyn dawn, fel y mae y naill gannwyll yn goleuo y llall.

3697 Nid yw y meddyliau isaf sydd gennym amdanom ein hunain yn ddigon isel, na'r meddyliau uchaf a feddwn am Dduw yn ddigon uchel.

3698 Tragwyddoldeb yn ei fabandod ydyw amser.

3699 Gwylia dy hun fel y mae dy elyn yn dy wylio, os mynni fod yn gyfaill i ti dy hun.

3700 Ysgrifenna gamwri ar dywod, a charedigrwydd ar faen mynor.

3701 Nid oes neb mor wag â'r rhai sydd yn llawn ohonynt eu hunain.

3702 Yr un cariad ag a dynnodd Grist o'r nef i'r ddaear sydd yn tynnu y Cristion o'r ddaear i'r nef.

3703 Condemniwyd pechod ym marwolaeth Crist, ac fe'i dienyddir ym marwolaeth y Cristion.

3704 Y mae Cristion segur yn ysglyfaeth barod i ddiafol prysur.

3705 Yr ydym yn darllen meddyliau dynion mewn llyfrau, ond yr ydym yn darllen dynion eu hunain mewn cymdeithas.

3706 Ychydig o ddynion geiriog sydd yn ddynion deallus: y mae sŵn a gwacter yn gymdeithion cyffredin.

3707 Y mae gronyn o egwyddor gywir yn werth tunnell o wybodaeth noeth.

3708 Bod yn ddarostyngedig i ni ein hunain ydyw y caethiwed gwaethaf, a bod yn feistriaid arnom ein hunain ydyw y feistrolaeth orau.

3709 Fel y mae un hollt yn ddigon i suddo y llong fwyaf, a brathiad un wiber yn farwol, felly y mae un pechod a achleser yn ddigon i ddinistrio enaid dyn.

3710 Gwneuthur daioni i'n gelynion yw y dial melysaf.

3711 Os na chymeri y nefoedd yn rhodd, ti a gei uffern yn ddyled.

3712 Os byddwn byw fel y dylem, ni a gawn farw fel y dymunem.

3713 Y mae rhoddi cyngor fel bwrw eira; po esmwythaf y syrthio, hwyaf yr erys a dyfnaf oll y sudda i'r meddwl.

3714 Po hwyaf y gadewir i bechod dyfu, dyfnaf oll fydd ei wraidd.

3715 Yr ysgrifennwr gorau yw yr hwn a rydd i'w ddarllenwyr fwyaf o wybodaeth, ac a gymer leiaf o'u hamser.

3716 Nid gwaith ffydd, na gweithredoedd ffydd, ond ffydd weithredol sydd yn cyfiawnhau.

3717 Fe ddichon pechod fod lle y mae gras yn arglwyddiaethu, ond ni ddichon gras fod lle y mae pechod yn arglwyddiaethu.

3718 Darostyngiad Crist oedd bod yn gyffelyb i ni, ond ein dyrchafiad ni ydyw bod yn gyffelyb iddo ef.

3719 Gellir casglu cynhaeaf toreithiog trwy ddarllen, ond myfyrdod yw y wyntyll sydd yn nithio.

3720 Y mae rhai yn cael cyfoeth trwy synnwyr, ond nid oes neb yn cael synnwyr trwy gyfoeth.

3721 Wrth ddiwygio yr hyn sydd ddrwg, dylid gofalu na ddinistrier yr hyn sydd dda.

3722 Y mae dyn annuwiol yn gwerthu y nef am gael benthyg y byd.

3723 Gwell gan y Cristion farw yn ferthyr na byw yn wrthgiliwr.

3724 Gwell yw myned i'r nef mewn carpiau nag i uffern mewn gemwaith.

3725 Pan fyddo aur yn llefaru, y mae pob tafod yn ddistaw.

ROGER JONES
1903—1982

3726 Trech blys nag ewyllys gŵr.

'Y Pren yn Eden', *Awen Aberteifi* (Gol. T. Llew Jones) (1961).

3727 Ni bu haf heb ei ofid
Na bore oer heb ei wrid.

'Yr Eira', *Awelon Llŷn* (1970).

3728 Ni fu saer na'i fesuriad—yn rhoi graen
Ar ei grefft a'i drwsiad;
Dim ond adar mewn cariad
Yn gwneud tŷ, heb ganiatâd.

'Nyth'.

3729 Dyn ieuanc glân diniwed,—medd ei fam,
Haedda fwy o'i weled;
O dan ei chroes dyna'i chred,
Un hardd yw er ei ddued.

'Gwyn y Gwêl y Frân ei Chyw'.

3730 Hydref a brawf ddiwydrwydd—
y gwanwyn,
A'r egino ebrwydd;
Trin y ddaear sy'n arwydd
Y daw'r llanc i fedi'r llwydd.

'Amlaf ei Gŵys Amlaf ei Ysgub'.

3731 Onid yw Nef ac Annwn
Yng ngwead y cread crwn?

'Ynom Mae Dau', *Haenau Cynghanedd* (1975).

3732 Rheffynnau'r pell orffennol,
Tynion ŷnt i'n tynnu'n ôl.

'Annerch o'r Maen Llog'.

3733 Unedau bach sy'n gwneud byd,
Unfarn sy'n gwneud cyfanfyd.

''S Dim Ots'.

3734 Gwell hen hirben na'r byrbwyll.

'Deialog rhwng Ifanc a Hen'.

3735 Da'n y bôn, onid yw'n byd
Yn ddiofal dda hefyd?

3736 Nid yw Duw yn gwneud ei waith
Heb ei orffen yn berffaith.

'Gwaith Duw'.

3737 Yng nghanol byd y dolur,—yr angen
A'r ingoedd didostur,
Y mae i'w gael falm i gur
A Cheidwad i bechadur.

'Y Mae Balm i Boen'.

3738 Er ynni a pheirianwaith,
Trech arfer ar gyfer gwaith.

'Chwech o Gwpledau Epigramatig'.

3739 Mae o dan ein ffwdan ffôl
Rai agweddau tragwyddol.

3740 Yn y bedd mae doethion byd
Yn yr unfan â'r ynfyd.

3741 Rhodder i'r ddaear waddol,
Ei rhan hi fydd rhoi yn ôl.

'Cwpledau Epigramatig'.

3742 Ymgiprys rhwng bys a bawd,
Difrif yw cweryl deufrawd.

'Epigramau Cynganeddol'.

3743 Gwrthun y gwerth yn y gwir
I'r enaid a gâr anwir.

3744 Doe, yr henwr dirinwedd,
Yfory'n fawr yn ei fedd.

3745 Gonestach yw'r Agnostig
Na'r crefyddol, duwiol, dig.

'Anffyddiwr'.

3746 Y gwaelaf o bob gelyn—
Y mwyaf oll—mi fy hun.

'Fy Ngelyn Pennaf'.

3747 Ni bu ddoe i neb ddwywaith,—na gwanwyn
A'i ogoniant eilwaith;
A'n heddiw chwim ni ddaw chwaith
Â'i boen ond heibio unwaith.

'Byw'.

3748 Gwamal, diofal, difyr,—weithiau'n ddoeth,
Yn ddethol ein myfyr;
Daw i ben ein bywyd byr
Mor ddistaw, mor ddiystyr.

'Taith Bywyd', *Barddas*, rhif 54, Gorffennaf/Awst 1981.

3749 Noeth y daethost: ymffrostio—ni fedri;
Hen fydwraig oedd yno
Efo'r wisg pan ddoist i'r fro,
A noeth wyt unwaith eto.

'Deuben Oes', *Barddas*, rhif 55, Medi 1981.

3750 Diwahaniaeth yw dynion—ymhob oes,
Mae i bawb helbulon;
Yng nghanol ein hanghenion
Un yw y byd yn y bôn.

'Brodyr', *Barddas*, rhif 58, Rhagfyr 1981.

3751 Nid oes boen diesboniad—na chur hir
Na chroes heb y cariad;
Yma o'n tu mae ein Tad,
Ei aberth yw'r atebiad.

'Poen'.

3752 Fel y gwanwyn, fel geni,—fel hwyr haf,
Fel yr haul yn codi,
Fel doe, daeth dy gyfle di
Atat; aeth heibio iti.

''Wedi yr Êl Heibio'', *Barddas*, rhif 61, Mawrth 1982.

ROWLAND JONES (ROLANT O FÔN) 1909–1962

3753 Hen wyf a chadarn hefyd,
Hŷn na beilch awenau byd.

'Y Graig', *Cyfansoddiadau a Beirniadaethau Eisteddfod Genedlaethol 1949 (Dolgellau)* (Gol. John Lloyd).

3754 Angau'n ei anterth yw pob prydferthwch,
Eigion o ofid yw'r gwin a yfwch.

3755 Druan o'r haf a'i feddal betalau,
Rhyw ias ddiaros yw hedd ei oriau.
Dihuno gwig a mynd a wna'i gogau;
Gwywa, a bydd doreithiog y beddau.

3756 Cwymp y dail yw campau dyn, a bydd swae
Y glaw ar y bae pan gilio'r bywyn.

3757 Ysaf gedyrn fel eisin,
A delwau cred fel dail crin.

3758 Er y miri, y mawredd a'r traserch,
Ni chofia llannerch a fu y llynedd.

3759 Mwynhâ dy aros cyn mynd i orwedd.

3760 Unstad tlodion â bonedd,
A'r un faint yn yr hen fedd.

'Hydref', *Yr Anwylyd a Cherddi Eraill* (Gol. Huw Llewelyn Williams) (1963).

3761 Ni bu uchelstad heb ddioddefiadau,
Na lliwiau ir heb y tywyll oriau.
Ni bu wynt na bai yntau'r haul o'i ôl
A'i wawr wanwynol yn golchi'r
nennau.

3762 Nid bedd yw diwedd y daith,—hyd atom
Daw eto foregwaith;
Daw hwyl a gwynfyd eilwaith
Ym môr tragwyddoldeb maith.

Englyn ar garreg fedd y bardd; dyfynnir gan ei ferch, Morfudd E. Jones, yn *Barddas*, rhif 58, Rhagfyr 1981.

3763 Er dywedyd gair didwyll,
Dyn heb wir nid iawn ei bwyll.

'Y Porthladdoedd Prydferth', *Barddas*, rhif 75, Mehefin 1983.

3764 Ni fagodd neb genfigen
Heb dynnu byd yn ei ben.

Y Flodeugerdd o Epigramau Cynganeddol (Gol. Alan Llwyd) (1985).

R. TUDUR JONES
1921–

3765 Mae ffydd yn ei mynegi'i hun mewn diwylliant. Os ffynna'r diwylliant, cryfheir ffydd; os chwelir y diwylliant, tanseilir ffydd.

Ffydd ac Argyfwng Cenedl: Hanes Crefydd yng Nghymru 1890–1914, cyf. I: *Prysurdeb a Phryder* (1981).

RHIANNON DAVIES JONES
1921–

3766 Meddyliais fel yr oedd ffawd wedi rhoi i Gymru nid un breuddwyd ond llawer, a'r naill yn llethu'r llall.

Lleian Llan Llŷr (1965).

3767 Fe roed i genedl godi ei phen eilwaith, ond nid i ddynion.

3768 Nid ffôl lle bo cariad.

Llys Aberffraw (1977), pennod 3.

3769 Mae'n rhyfedd fel y gall dyn wylo dros ei hynafiaid heb erioed eu gweld.

Pennod 7.

3770 Mae pob aelod o genedl yn geidwad ei frawd.

Pennod 9.

3771 Po noethaf y pren, gwytnaf yn y byd y gwreiddiau.

Pennod 10.

3772 Tydi ieuenctid byth yn marw. Dyn sy'n marw. Ieuenctid sy'n breuddwydio breuddwydion ac yn dyheu am y peth yma a'r peth arall nes bod y cwbwl yn dolennu o un genhedlaeth i'r llall yn union fel criba' mynyddoedd Eryri, o'r Eifl i'r Carneddau.

Pennod 11.

3773 Nid da bod bardd yn or-hyderus. Mae hynny yn mygu'r Awen. Mae'n rhaid wrth ostyngeiddrwydd i dyfu'n wir fardd.

Eryr Pengwern (1981), rhan 1.

3774 Mi feder dyn anghofio gofid dyn arall yn burion, ond byth ei ofid ei hun.

Rhan 2.

3775 Pob dyn a fo'n llenwi'r enaid â gweithredoedd da a rydd fwyd a diod i Grist.

Dyddiadur Mari Gwyn (1985), pennod 2.

RHYS JONES
1713–1801

3776 Byth yn Nuw gobeithio wnaf;
Duw byth nis diobeithiaf.

Dyfynnir yn *Gramadeg Cymraeg; sef, Cyfarwyddyd Hyrwydd, i Ymadroddi ac Ysgrifenu yr Iaith Gymraeg yn Gywir a Rheolaidd*, Robert Davies (Bardd Nantglyn) (1808).

3777 Fal cysgod darfod bob dydd,
Dan benyd mae dyn beunydd;
Ail yw i niwl yn ael nant;
Llawforwyn y llifeiriant;
Ledryw trais neu lwydrew trwch,
Neu farrug annifyrrwch,
Neu gwmwl oer, dwl ar daith,
Mewn damwain yn mynd ymaith.

'Cywydd Ystyriaeth ar Oes Dyn', *Corph y Gaingc* (1810).

3778 Gwyliwch yr yrfa galed,
Fal gwennol gwŷdd rhydd y rhed;
Edau bywyd anwadal
Frau yw hon: ni ddichon ddal.

3779 Rhyw fai ar bawb rhifir byth.

3780 Dan ei fai pob dyn a fydd.

S. B. JONES
1894–1964

3781 Pan chwalo brad fwriadau—anwylaf
Y galon yn ddarnau,
Y cynefin rydd riniau
Ni allai balm y bell bau.

'Tŷ Ddewi', *Cerddi ac Ysgrifau S. B. Jones* (Gol. Gerallt Jones) (1966).

3782 Galar, er i oes gilio,
Yw anwes cynnes y co'.

3783 Pan roddo oes loes ar lw,
Tyner fydd datod hwnnw.

3784 Buan y cilia bywyd,—a'i dynged
Yw angau 'mhen ennyd;
Amser a rydd i'r gweryd
Ddeiliaid y bedd led y byd.

3785 Mae yng ngwae dyfnder gaeaf
Ddiddanwch a heddwch haf.

'Cwm Tydu'.

3786 Rhoddwch harddwch eu hirddydd—yn y gro,
A theg wrid yr hwyrddydd;
Er deigryn ar derfyn dydd
Daw o'r llan dro llawenydd.

'Ar Garreg-fedd Mr. a Mrs. Simon Jones, Tŷ-mawr, Carno'.

T. GWYNN JONES
1871–1949

3787 Mae'n debyg nad oes yn hyn o fyd ddim mwy digynnydd a phendew na Llywodraeth Seisnig, boed hi o'r blaid bolitegol y bo. Nid dweud fy nheimlad ar bwys fy nghenedlgarwch na'm daliadau gwleidyddol yr wyf, ond mynegi ffaith na ddichon neb mo'i gwadu, ffaith a bair i Gymro wrido dan deimlad o gam, ac a ddylai wneud i Sais wrido o gywilydd.

[Am y gyfundrefn addysg Seisnig yng Nghymru a gormes y *Welsh Not*] *Gwedi Brad a Gofid* (1898), pennod 7.

3788 Gormes-deyrn caled yw serch, a hwyrach na fyddai hanner cymaint ei swyn oni bai agosed câr ydyw i boen.

Pennod 17.

3789 Dyry angau werth ar y pethau lleiaf eu pwys, a daw'r pethau bychain distatlaf yn bethau mawr a phwysig wrth edrych arnynt dros y bedd.

Pennod 22.

3790 Y drwg ar ddynwaredwr yw mai gwendidau ac nid rhagoriaethau ei arglwydd a ddynwaryd bob amser.

Emrys ap Iwan: Cofiant (1912).

3791 Byddaf fi'n meddwl weithiau mai mewn iaith rydd y bydd barddoniaeth y dyfodol, pan ddysgo'r beirdd ofalu am iaith heb fesur i'w gorfodi.

3792 Os yw'n werth cadw'r Gymraeg o gwbl, y mae'n werth ei chadw wrth ei rheol ei hun.

Cofnodion a Chyfansoddiadau Eisteddfod Genedlaethol 1913 (Y Fenni) (Gol. E. Vincent Evans); beirniadaeth ar gystadleuaeth y Gadwyn o Englynion.

3793 Nid wyf fi yn dal y dylai bardd egluro popeth, fel arwerthwr; ni ddylai ychwaith ei gelu, fel gwleidydd.

Cofnodion a Chyfansoddiadau Eisteddfod Genedlaethol 1917 (Birkenhead) (Gol. E. Vincent Evans); beirniadaeth ar gystadleuaeth y Gadair.

3794 Tra dalio twr dy olud,
Ti a gei barch teg y byd.

'Epigramau. Cyfoeth a Thlodi', *Awen y Gwyddyl* (1922).

3795 Un o gyllid, pan gellwair,
Llu a dwng galled ei air.

3796 Gair buddiol gŵr heb eiddo,
Chwerw a fydd, o cheir efô;
Gair gwaelaf gŵr â golud—
Dyna hwn yn dannau hud!

3797 Fe dyb y sawl fo dibwyll
Mai yntau piau bob pwyll.

'Sŵn a Synnwyr'.

3798 Rhoddir praw o wreiddiau'r pren
A'i radd, yn ffrwythau'r wydden.

'Wrth Natur'.

3799 Heb fawredd dysg fonheddig,
Er rhyw na thras, rhin ni thrig.

3800 Cei harddwch ar rawn cerddin,
Chwerw eu blas, o cheir, a blin;
Na'th blyger fyth, o'i blegid,
I garu gwraig er ei gwrid!

'Harddwch'.

3801 Heb wrid haul, ni bu 'rioed haf,
Heb ei iâ, ni bu aeaf,
Nadolig heb un delyn,
Na benyw deg heb un dyn.

'Benyw Deg'.

3802 Nid oes dim gwerth ei wneuthur drwy ddibrisio manion.

Cofnodion a Chyfansoddiadau Eisteddfod Genedlaethol 1922 (Rhydaman) (Gol. E. Vincent Evans); beirniadaeth ar gystadleuaeth y Goron.

3803 Y mae pawb, wrth gwrs, yn gwybod nad oes un wlad tan haul yn magu cymaint o feirdd â Chymru. Y mae yno gymaint o feirdd ag sydd o gryddion a theilwriaid mewn ambell wlad, a gwneir cannoedd o awdlau a phryddestau anfarwol ganddynt bob blwyddyn, os oes coel ar y beirniaid.

John Homer (1923).

3804 Ni ddiainc dim rhag amgylchiadau a dyfeisiau mechanegol y cyfnod. Onid aeth Llundain i'r llundai, ac oni ddaw campau'r rhai a ŵyr o'r awyr?

'Rhagair', *Y Gelfyddyd Gwta* (1929).

3805 Gwae na bai gwiw ein bywyd,
Rhy ofer ef ar ei hyd!
Onid oes well a phellach,
Ynfyd yw ein bywyd bach.

'Rhyddid a Rhaid', *Manion* (1932).

3806 Melys fedd, melyn fedd,
Melyn fedd, melys fedd,
Haul ac awel, mêl y gwenyn,
Wele'n felyn, felys fedd!

'Cân y Medd'.

3807 Breuddwydion beirdd yw dawn bod.

'Y Breuddwyd'.

3808 Heddiw, hiraethu'n anniddig a fydd
am ryfeddod yfory,
Fory, ni bydd ond myfyrio
mor deg a fu dymor doe.

'Corff ac Ysbryd'.

3809 Ba waeth i ddyn beth a ddaw?

'Bod'.

3810 Be na bai un bai'n y byd,
Beiem undonedd bywyd.

'Bywyd'.

3811 Byd na bu ydyw'n bywyd,
Bywyd na bu ydyw'n byd.

3812 Adwy fer sy rhwng dau fyd,
Hi biau ddeupen bywyd.

3813 Dyn nid yw onid ewyn
Ar y graig dro byr a gryn.

3814 Yn donnau y daw dynion,
A llawer dull ar y don.

3815 I ddynion, unig ddeunydd
Byw yw bod rhwng bu a bydd.

3816 B'le daw ar neb ladron waeth
Na lladron y llywodraeth?
'Lladron'.

3817 Gad heibio dy gydwybod,
Yna ti gei lond dy god.
'Un o'r Ddau'.

3818 Os marwaidd hen gwsmeriaid,
Agor siop gyda'r groes haid.
'Waeth Prun'.

3819 "Ni bu ei well! Ni bu waeth!"
Ba'r un ydyw beirniadaeth?
'Beirniadaeth'.

3820 A nertho farn wrth a fu,
Ef a erys yfory.
'Barn'.

3821 Cyd bo pwyllgorau y twyll gorau,
Nid gorau pwyll pwyllgorau.
'Pwyllgorau'.

3822 O daw oes ynghlwm a'n dyd,
Daw eto oes a'n detyd.
'Newid'.

3823 Drwy fethu'r nod a ddodai
Y dysg y byd osgoi bai.
'Dysgu'.

3824 Er gafael gref ar gyfoeth,
Rhaid lliw dysg er twyllo doeth.
'Ystryw'.

3825 Oni bai doe—deddf bod yw—
Ni byddai i neb heddiw;
Beth ond ofer hyder hy,
O bai fawr, heb yfory?
'Heddiw'.

3826 Yn hyn o fyd, ynfyd ŷm,
Diodid ffyliaid ydym;
Ond os e, o'r ffyliaid sydd,
Ffŵl saffa, ffilosoffydd.
'Ffyliaid'.

3827 Rhodder dy gred ar heddiw,
Na chred drannoeth, annoeth yw.
'Heddiw ac Yfory'.

3828 Undroed fydd Angau hendrwm
Yn nhŵr y llawn, yn nhŷ'r llwm.
'Bywyd ac Angau'.

3829 Nadolig llawen iawn
  Am ryw ddeuddydd neu dri;
Ble'r aeth y llawenydd oll?
  Gyda Hi.
'Nadolig Llawen!', *Llyfr Nia Fach* (1932).

3830 Ni ryngir bodd yr angau,
Dyry gwsg i'r da a'r gau.
'Ymadawiad Arthur', *Caniadau* (1934).

3831 Meddwl trwm a ddeil y troed,
Ufuddhau a fydd ddioed.

3832 A fyddo ddof, hawdd ei ddal.

3833 I'r neb fo brin ei obaith,
Hir a dwys fydd pob rhyw daith.

3834 Draw dros y don mae bro dirion nad ery
Cwyn yn ei thir, ac yno ni thery
Na haint na henaint fyth mo'r rhai hynny
A ddel i'w phur, rydd awel, a phery
  Pob calon yn hon yn heiny a llon,
Ynys Afallon ei hun sy felly.

3835 Wyllt hiraeth y pellterau.
'Gwlad y Bryniau'.

3836 Mwyn ni bydd man y byddom,
Mwyna byth y man ni bôm!

3837 A feddo gof a fydd gaeth,
Cyfaredd cof yw hiraeth.

'Tir Na N-Og'.

3838 Trist yw nad oes heddyw sôn
Am daith fy nghydymdeithion;
Nid oes, lle'r oedd gannoedd gynt,
Hanes am un ohonynt.

3839 Agosed dagrau i ryw gast digrif.

'Broseliawnd'.

3840 Pe na bai gof, oni pheidiai gofid?

3841 Newydd a hen y gyfannedd honno,
Mwyn dychwelyd a myned i'w chwilio.

'Anatiomaros'.

3842 Anatiomaros, aeth at y meirwon!

3843 Diau, pe gwelem y diwedd, dychryn y dechrau a giliai,
Dafn, er dyfned ei ofnau, yw dyn yn ei funud awr.

'Madog'.

3844 O gam i gam, fel bo gymwys, daw'r gwir drwy gaerau tywyllwch,
Dring, er i'w ffurfiau drengi, o'i lwch—
tragywyddol yw.

3845 Cam am gam ni bydd cymwys, a thwyll am dwyll ni bydd da.

3846 Nid rhaid i Natur edwi
Yn flin neu'n hagr, fel nyni;
Onid rhaid Natur ydyw
Marw yn hardd er mor hen yw!

'Hydref'.

3847 Un dawn nid oes dan do yr argel llaith;
Dim—oni roed mai yn yr adwy hon
Y daw ar ddyn freuddwyd nad edrydd iaith!

'Y Bedd'.

3848 Os mud ydyw'r nef a'r bydoedd,
Mae Duw ym mhob plentyn bach.

'Y Gennad'.

3849 Medd merch y ddaear, "Marw yw ef!"
Medd merch y nef, "Mae'n fyw!"

'Daear a Nef'.

3850 Pe medrwn ado'r byd a'i bwys,
Gofidiau dwys a blinion,
Ba le y cawn i noddfa dlos?—
Yn Rhos y Pererinion.

'Rhos y Pererinion'.

3851 Pe cawn i egwyl ryw brynhawn,
Mi awn ar draws y genlli,
A throi fy nghefn ar wegi'r byd,
A'm bryd ar Ynys Enlli.

'Ynys Enlli'.

3852 Mae dail y coed yn Ystrad Fflur
Yn murmur yn yr awel.

'Ystrad Fflur'.

3853 Da a bai ydyw bywyd,
Heb dda a bai ni bydd byd.

3854 Pa beth ydyw byw a bod?
Nwyd ofer, yna difod.

3855 Cywir hanes byd cryno
Fyth o raid yw twf a thro.

3856 Ofered oedd y fer daith—
Anwyled gael hon eilwaith!

3857 Brwydro'n lew am ffydd newydd,
Ar hynny ffoi i'r hen ffydd.

3858 Na thraetha'n lew dy newydd—
Onid oedd hen cyn dy ddydd?

3859 Gwylied a ddywed ddeuair
Rhag ofn mai ofer rhoi gair.

3860 O dywedi'r gwir didwyll,
Dywed byd nad da dy bwyll.

3861 Yn nulliau dyn ni ellir
Heb rifo ar y gau brofi'r gwir.

3862 Crynhoi grym i le bychan yw'r amcan yn y gwyddorau.

'Cystadlu', *Beirniadaeth a Myfyrdod* (1935).

3863 Y mae'n lled hawdd adnabod y gwahaniaeth rhwng y peth a brofwyd a'r peth a ddychmygwyd. Taer erioed fu'r ddadl rhwng yr ysgol lednoeth a'r ysgol lednais.

'Testunau'.

3864 I ddatod clymau cymeriad, y mae gonestrwydd oer yn fwy anhepgor na theimladeiddiwch masw.

3865 Fe'n dug ein hunigoliaeth, ond odid, yn rhy bell oddi wrth brofiad cyffredin dynoliaeth.

3866 Pwy bynnag a ryfygo ganu ar ryw hen chwedl, a adroddwyd eisoes yn fedrus ac mewn iaith brydferth, gweddus arno ystyried ei dasg yn lled ofalus, canys rhaid iddo wynebu cymhariaeth â meistr neu feistriaid a fu o'i flaen.

'Adlunio'.

3867 Nid cryfhau at ei ddiwedd a ddylai englyn yn gymaint â pheidio â gwanychu.

'Englyna'.

3868 Er a wylltiom, gwybyddwn nad oes, mewn gwirionedd, ddim sydd yn werth gwylltio o'i blegid, canys y gwylltiwr a gyll fwyaf drwy'r gwylltio.

'Beirdd a Phechaduriaid'.

3869 Felly . . . y bu erioed gyda llenyddiaeth yng Nghymru—pan gaffer rhywbeth newydd, lladd arno i ddechrau, yna ei ddynwared i farwolaeth.

'Cymru a'r Ddrama'.

3870 Mewn rhyw wedd, y mae pob iaith yn marw beunydd, ac eto nid oes un iaith yn llwyr farw chwaith—pan ddistawo geiriau iaith, bydd ei chystrawen yn dial ar yr iaith a'i disodlo.

'Ieithoedd'.

3871 Daear ein tadau eon,
I bwy'r oedd hawl ar bridd hon?—
Ai trwy ystryw i estron?

'Yn y Gwaed', *Y Dwymyn* (1944).

3872 Nid oes allu onid y sy o ewyllys,
nac ewyllys oni bo drech na'i gallu,
na medr ychwaith onid o ymdrech hir,
na gobaith, namyn gwybod.

'Ofn'.

3873 Byd gwyn fydd byd a gano,
Gwaraidd fydd ei gerddi fo.

Rhaglen Eisteddfod Gydwladol Llangollen (1947).

3874 *Pacifist* â'r pwyslais ar y *fist*.

[Am ei heddychaeth ymosodol ef ei hun]; dyfynnir gan E. Tegla Davies yn 'Atgofion (5)', *Y Llenor: Rhifyn Coffa Thomas Gwynn Jones*, cyf. XXVIII, rhif 2, Haf 1949.

3875 Nid yn gymaint am ei bod yn draddodiad yr wyf fi yn hoffi Cynghanedd, ond am ei bod yn beth artistig a hefyd yn draddodiad, am ei bod mewn rhai amgylchiadau mor anhepgor ag yw cân aderyn neu dwf ieuanc ar bren.

Dyfynnir gan Iorwerth C. Peate yn 'Atgofion (6)', o lythyr ato ym 1928.

3876 Pobl nad oes ganddynt na synnwyr crefft na digrifwch nac asgwrn cefn, na digon o wroldeb hyd yn oed i bechu yn weddol ddewr.

[Am y Cymry]; dyfynnir gan John Eilian yn 'Atgofion (7)'.

3877 Os yw hi'n v'lera yno, gallwn feddwl ei bod yn v'lerach yma.

[Am Iwerddon yn ystod cyfnod arlywyddiaeth Eamonn de Valera].

3878 Yng Nghymru, dam-canu yw ein prif hoffter, a phawb ohonom yn damio yn ei ddull ei hun.

3879 Duon, annhirion oriau,
Oni fyn cof eu nacáu?

Mil o Ddyfyniadau Cymraeg (Gol. G. Lloyd Edwards) (1968).

3880 Ni ŵyr dyn namyn mai nos
Ddu oer y sydd i'w aros
Ym mhen ei lwybr, am hynny
At yr hyn a ŵyr y try.

[Cywydd ar achlysur priodas R. Silyn Roberts, 1905]; dyfynnir yn *Thomas Gwynn Jones: Cofiant,* David Jenkins (1973).

3881 At yr haul a'i wres y try
Ir feillion daear, felly
Enaid dyn sydd yn tynnu
Ato'r cain, yntau, a'r cu.

3882 Ba raid i ŵr bryderu
Byth o'i fodd am bethau fu,
Hyd tra bo yn neutu'r byd
Wneud o'r baw geinder bywyd.

Llythyr at Saunders Lewis, Tachwedd 4, 1926.

3883 A safodd Dyn
ar ei ben ei hun
heb obaith mwy, ddim un,
pan oedd y byd
yn ymgreinio yn ei waed a'i wŷd,
o hyd, o hyd;
a gofynnodd dyn
iddo ef ei hun,
yn ei wae a'i wŷn:
'I ba le yr af?'
Ac ateb, nid oedd un.

'Y Llef Ddistaw Fain', *Cyfres y Meistri 3: T. Gwynn Jones* (Gol. Gwynn ap Gwilym) (1982).

3884 Erioed ar hyd-ddi hi yr aeth
  Plant dynion o bob rhyw;
Yn ôl ar hyd-ddi un ni ddaeth,
  Ffordd yr holl ddaear yw.

'Ffordd yr Holl Ddaear'.

THOMAS JONES (TALIESIN O EIFION) 1820–1876

3885 Cymru lân, Cymru lonydd,—Cymru wen,
  Cymru annwyl beunydd;
 Cymru deg, cymer y dydd,
 Gwlad y gân, gwêl dy gynnydd.

'Cymru', *Gweithiau Taliesin o Eifion* (Casglwyd gan J. Llewelyn Jones, Gol. William Evans (Wil Ifan)) (1922).

3886 Nid yw bedd ond newid byd
I eilfyw tragwyddolfyd.

'Plentyn R. Jones (Penrhyn Fardd)'.

3887 Neuaddoedd glân Myfanwy
A'u palmant teg, ple maent hwy?

'Yn Adfeilion Castell Dinas Brân'.

3888 Englyn a thelyn a thant,—a'r gwleddoedd
  Arglwyddawl ddarfuant:
 Lle bu bonedd Gwynedd gant
 Adar nos a deyrnasant.

THOMAS JONES (THOMAS JONES CERRIGELLGWM) 1860–1932

3889 Bûm yn rhodio pob rhyw wledydd
O Lansannan i Lanefydd,
Ac oddi yno i'r Bylchau wyntog,
A thrwy Nantglyn i'r Gyffylliog—
Mae y byd 'ma'n fawr gynddeiriog!

'Penillion Telyn', *Pitar Puw a'i Berthnasau* (1932).

THOMAS TUDNO JONES (TUDNO) 1844–1895

3890 Dyma weryd y morwr—o gyrraedd
  Gerwin fôr a'i ddwndwr;
 Ei dderbyn gadd i harbwr
 Heb don ar wyneb y dŵr.

'Beddargraff y Morwr', *Telyn Tudno; sef, Gweithiau Barddonol Thomas Tudno Jones* (Gol. David Rowlands (Dewi Môn)) (1897).

3891 Ochenaid leddf ei chân dlos—anedlir
  Yn odlau yr eos:
 Gwae ei phigyn gaiff agos
 Alw'r nef i lawr y nos.

'Yr Eos'.

3892 Rhyw hen utgorn yw atgof;—
â'i gref waedd
  Egyr feddau angof:
 Â'i utganiad dwg ynof
 Hen bethau gynt byth i gof.

'Adgof'.

3893 Dynion sy'n gwneud dau wyneb:
Duw ni wnaeth ond un i neb.

'Rhagrith'.

T. LLEW JONES
1915–

3894 Ni all dyfal ddialedd
Edfryd i'n byd feirwon bedd.

'Caerllion-ar-Wysg', *Cyfansoddiadau a Beirniadaethau Eisteddfod Genedlaethol Cymru, Glynebwy 1958* (Gol. E. I. Rowlands).

3895 Doe a'r gwaedu, rhwyg ydyw
Ni ad fyth i ni gyd-fyw.

3896 Tua'r gorllewin mae bro eithinog
A mawnog lwyd nas myn y goludog;
Yma mae rhyddid trumau mawreddog
A daear a heria frad yr oriog.
Tlawd yw hi, ond hil daeog ni weli
Yn ei thir hi, na gwenieithwyr euog.

'Detholiadau o Awdl Caerllion ar Wysg', *Sŵn y Malu* (1967).

3897 Na byw'n hen a derbyn iau
Y Llengoedd, gwell yw angau.

3898 Gwylia law'r cyfarch llawen,—mae 'winedd
Miniog mewn mwyth bawen;
Gall y chwannog wisgo gwên
Yn fwgwd i'w genfigen.

'Diarhebion: Na Chred i'r Neb a'th Wenieitho'.

3899 Er chwerwedd ei garcharu,—er i bawb
Drwy'r byd ei gollfarnu,
Mae un o hyd sy'n mynnu
Mai gwyn yw'r aderyn du.

'Gwyn y Gwêl y Frân ei Chyw'.

3900 Ôl brys, fe'i dengys dy waith;—nid ar ras
Y cei drwsiad perffaith;
Fe haedda pob celfyddwaith
Drylwyredd amynedd maith.

'Nid ar Redeg Mae Aredig'.

3901 Rhodd bur y pridd yw bara,—amheuthun
Gwell na'ch moethau tila;
Wedi rhysedd gor-wledda
Grawn y ddôl a geir yn dda.

'Ffon y Bywyd Yw Bara'.

3902 Rhaid yr un eiddil yw'r dewr i'w noddi.

'Detholiadau o Awdl y Dringwr, Eisteddfod Genedlaethol Caernarfon, 1959: Dyn yr Ogof'.

3903 Ar hyd ei oes fe gâr dyn
Y pridd sy piau'i wreiddyn.

'Epigramau'.

3904 Od difyr parabl tafod,
Hwnt i'r fin gall dwyster fod.

3905 Buan y denir annoeth,
Yn ara' deg y daw'r doeth.

Cf. rhif 5152.

3906 Heb y teimlad cariadus
Cafell lom yw'r tecaf llys.

3907 Mae gwraig ddiddan a glanwaith
Yn dŵr i'w gŵr ym mhob gwaith.

3908 Chwerwa'i waedd a'r ucha'i reg
Erioed yw'r cynta' i redeg.

3909 Rhoed i reddf ryddid ar dro,
Gwaeth awydd o'i gaethiwo.

3910 Daw awr i bawb ado'r byd,
Cyfiawn ac euog hefyd.

'Cyfres o Gofiannau ar Gân: Llwyd o'r Bryn', *Y Stwff o Ŵyl Pontsteffan*, diddyddiad.

3911 Beth yw Gobaith? Y gwybod—
O dan y bai—fod da'n bod.

Y Flodeugerdd o Epigramau Cynganeddol (Gol. Alan Llwyd) (1985).

TOM PARRI JONES
1905–1980

3912 Po nobla'r dyhead
mwyaf ofnadwy yw trasiedi'r gwead.

'Y Gwybed', *Cyfansoddiadau a Beirniadaethau Eisteddfod Genedlaethol Maldwyn 1965* (Gol. D. Llewellyn Jones).

3913 Trasiedi henaint a erys dynion.

'Llen', *Pair,* rhif 3, Haf 1973; dan enw Llew Llwydiarth, ond Tom Parri Jones yw'r awdur.

3914 Heb gur ni cheid addurn dyn.

'Yr Oes Aur', *Cerddi Malltraeth* (1978).

3915 Gweld peth cain na welai neb,
A'i weld yn anfarwoldeb.

3916 Cyfaill iawn yw cof llenor.

3917 Heulog pob peth ers talwm,
A'i holl hud mewn pellter llwm.

3918 Os cael eos yr orau nis clywyd;
A'r mwyaf hawddgar geneth nis carwyd!
Am hynny mi a anwyd ger y ffridd
Yn bridd o bridd, ond yn bridd a
breuddwyd!

3919 Yfory biau nef orau bywyd.

3920 Ni wireddir Yfory dy freuddwyd.

3921 Y dall ni ŵyr fod lliw'n ei oriau.

3922 Mwy na gweled y gog ym Medi
Neu ôd y llynedd hyd y llwyni,
Ni wêl dy einioes dy Euroes di!
Am y rhoddwyd megis môr iddi
Anniddigrwydd oedd hen cyn d'eni!
Dyn ni wêl ei·Heden hi yn ei ddydd—
Poen ydyw'r gwynddydd pan drig
ynddi.

3923 On'd gwell gan ferch ymserchu—
a gwywo
Wedi'i churio na pheidio â charu?

'Icarws'; cf. Alfred Lord Tennyson, ''Tis better to have loved and lost/Than never to have loved at all', 'In Memoriam'.

3924 Y goludog a gludir
Fel y tlawd i'r Distaw Dir.

Cyfansoddiadau a Beirniadaethau Eisteddfod Genedlaethol Bro Myrddin 1974 (Gol. Stephen J. Williams); dan y ffugenw 'Y Brawd Bach' yng nghystadleuaeth yr awdl.

3925 Yn y cread ceir Rhywun
Mwy Ei faint na mi fy hun.

3926 Cwm-hir yw wrn Cymru hen.

'Llywelyn', *Llywelyn y Beirdd* (Gol. Alan Llwyd) (1984).

WATKIN JOHN JONES (WATCYN FARDD)
1835–1874

3927 Arfau a nerth ni orfydd:
Llaw Duw a ennill y dydd.

'Dafydd a Goliath', *Pigion Englynion fy Ngwlad* (Gol. John Thomas (Eifionydd)) (1881).

WILLIAM JONES (EHEDYDD IÂL)
1815–1899

3928 Er nad yw 'nghnawd ond gwellt
  A'm hesgyrn ddim ond clai,
Mi ganaf yn y mellt,
  Maddeuodd Duw fy mai.
Mae Craig yr Oesoedd dan fy nhraed
A'r mellt yn diffodd yn y gwaed.

'Er Nad Yw 'Nghnawd ond Gwellt', *Blodau Iâl* (Gol. John Felix) (1898).

WILLIAM JONES (GRAIENYN)
1838–1922

3929 Ym mhob ystorm, mae bys Duw.

'Mae Bys Duw ym mhob Ystorm', *Pigion Englynion fy Ngwlad* (Gol. John Thomas (Eifionydd)) (1881).

WILLIAM ELLIS JONES (CAWRDAF)
1795–1848

3930 Awenawg ŵr o Wynedd—o hiraeth
A yrrwyd i'r llygredd,
Ar arall dir i orwedd;
Dyma fan fechan ei fedd!

'Hiraeth Cymro am ei Wlad mewn Bro Estronol', *Gweithoedd Cawrdaf, sef, y Diweddar W. E. Jones: yn Cynnwys Gwyddfa y Bardd a'r Meudwy Cymreig* (1851).

WILLIAM HUGHES JONES (ELIDIR SAIS)
1885–1951

3931 Arddull mewn llên ydyw hynny ynddi a all greu hyfrydwch ar wahân i'r efengyl a bregethir ganddi.

'Ynglyn ag Arddull', *Y Beirniad,* cyf. II, rhif 2, Mehefin 20 (Haf 1912).

3932 Nid gwahaniaeth profiad a'n gwna ni mor annhebyg i'n gilydd, ond gwahaniaeth arddull.

3933 Amhosibl ydyw i arddull dyn fod yn dda, oni ŵyr yn drwyadl y pwnc yr ymdrinia ag ef, canys un o deithi pennaf arddull gain ydyw eglurder.

3934 Nid oes modd inni ysgrifennu'n well nag y gallwn siarad.

3935 Diben arddull ydyw bod yn naturiol.

3936 Y mae yn rhaid i farddoniaeth fod yn gain er mwyn y ceinder; rhaid i ryddiaith fod yn gain er mwyn gofalu yn unig am beidio â bod yn amhersain.

HUW KYFFIN
1887–1956

3937 Pan fo'n gyfrdost dy dostur,—
os wyt ddoeth,
Dos at Dduw, cei gysur;
Llaw Duw gwyn wellhâ dy gur,
Ni all diawl wella dolur.

Y Flodeugerdd o Epigramau Cynganeddol (Gol. Alan Llwyd) (1985).

MORRIS KYFFIN
c. 1555–1598

3938 Druain gwerin, ychydig a wyddant, llai a welsant, ac nid gwiw sôn am ddysgu iddynt.

Deffyniad Ffydd Eglwys Loegr (1594).

3939 Nid gwaeth gan y newynog fwyd mewn dysgl bren nog mewn dysgl arian.

3940 A alle Ddiawl ei hun ddoedyd yn amgenach?

LEWYS GLYN COTHI
c. 1420–1489

3941 Da yw nef i'r dyn afiach,
A da yw nef i'r dyn iach.

Flores Poetarum Britannicorum, sef Blodeuog Waith y Prydyddion Bryttanaidd (o Gasgliad John Davies, Mallwyd) (1710).

3942 A roddo hwnt ei ruddaur
Ef a fydd fwyfwy ei aur.

3943 A dawo a wrandewir;
O dewi gwers y daw gwir.

'Cywydd i Watcyn Vychan, o Herast', *Gwaith Lewis Glyn Cothi* (Goln. Walter Davies (Gwallter Mechain) a John Jones (Tegid)) (1837–9).

3944 Yr enaid ni châr ronyn
A garo'r corff gorwag gwyn;
Ni fyn y corffyn, be caid,
Iddo a fynno f'enaid.

'I Lewis ab Gwatcyn, o Vrodorddyn'.

3945 A bryno tir â braint da,
Yn ei ardal â'n wrda;
A wertho tir wrth y tai
Efô weithian a fethai.

'I Lywelyn ab Rhys ab Siôn, o Vaes Hyvaidd'.

3946 Nid marw y tad fo dradoeth
Dra fo byw dewr ei fab doeth.

'I Davydd ab Tomas Vychan, o Lanwenog, yn Gwynionydd'.

3947 Y dyn a gaffo enw da
A gaiff gan bawb ei goffa.

'I Davydd ab Maredydd ab Hywel Gethin, o Raiadr Gwy'.

3948 Nid da dim o'r tu y daw
Heb ei osod i'w bwysaw.

'I Grufydd ab Rhys ab Ieuan o Edeyrnion yn Meirionydd'.

3949 Y dyn a êl i wlad nef,
Ni ddaw eilwaith dan ddolef.
Ni ddaw yr haul o'r awyr
Y dydd, hyd ddiwedydd hwyr.

'I Bedo, o Benrhos, yn Mhlwyv Penegoes, yn Ymyl Machynllaith'.

3950 Gwan a fag y genfigen,
Gwannwr byth nis gwna ar ben.

'Moliant Henri ab Gwilym'.

3951 A fo gwan genfigennwr,
Hir yn was a hwyr yn ŵr.

3952 Calon pob gŵr aflonydd,
Cneuen y genfigen fydd.

3953 Yn dân yr â dan yr ên
Ac yn fwg y genfigen.

3954 Blasus fydd parabl isel
A da a doeth wedi dêl.

'Cywydd Moliant Rhys ap Gruffudd ap Cadwgan', *Lewys Glyn Cothi: Detholiad* (Gol. E. D. Jones) (1984).

3955 Dyn doeth a ddywaid yn deg
Dri gair a â drwy'r garreg.

3956 Cleddau'r defodau ydyw,
Cefnder i'r cyfiawnder yw:
Ei fam yw swydd bob blwyddyn,
Ei dad yw bendith pob dyn;
Ei ferch ef yw'r dangnefedd,
Ei fab yw rhoi gwin neu fedd.

'Moliant Owain Fychan ap Gruffudd o Lanbryn-mair'.

3957 Gwell fydd hen dderwen yn ddâr
Na dwy ieuainc mewn daear.

'Moliant Siôn ap Hywel ap Tomas o Euas'.

3958 Afal pêr ac aderyn
A garai'r gwas, a gro gwyn;
Bwa o flaen y ddraenen,
Cleddau digon brau o bren.
Ofni'r bib, ofni'r bwbach,
Ymbil â'i fam am bêl fach.
Canu i bawb acen o'i ben,
Canu 'Ŵo' er cneuen.

'Marwnad Siôn, Mab Pum Mlwydd y Bardd'.

3959 Drwg iawn fydd pob anobaith,
Duw Nef, oes wared i'n iaith?

'Marwnad Syr Gruffudd Fychan o Gegidfa'.

3960 Rhyfedd diwedd blodeuyn
A rhyfedd yw diwedd dyn.
Dyn bob gronyn a grina;
Fal y dyn, blodeuyn da.

'Cywydd Marwnad Phelpod ap Rhys o Frulhai'.

3961 Breuach no bar o ewyn
Yn ei stad yw einioes dyn.

'Marwnad Gwenllian Ferch Rhys o Flaen Tren'.

3962 Ni châi Duw arian anael,
Nid rhaid ond amnaid ar hael.

'Cywydd i Ofyn Cleddyf gan Ddafydd ap Gutun o Groesoswallt'.

H. ELVET LEWIS (ELFED) 1860–1953

3963 Daw cenedl yn wir fawr, pa mor fychan bynnag y byddo o ran rhif, yn ôl fel y cred yn ei chenhadaeth.

'Y Gogwyddiad Ysprydol yn ein Llenyddiaeth a'n Hanes', *Y Geninen*, cyf. XVI, rhif 4, Hydref 1898.

3964 Nid oes ddamwain ym myd llenyddiaeth, fwy nag yng nghylchoedd eraill Rhagluniaeth Ddwyfol.

Athrylith Ceiriog (1899)

3965 Y mae hwn yn wirionedd ac yn egwyddor gyffredinol: fod plentyn athrylithgar pob symudiad mawr yn dyfod yn y diwedd i reoli y symudiad.

3966 Y mae yr anfarwol yn rhy fawrfrydig i wisgo diwrnod bychan, buan.

3967 Un o ragorfreintiau mwyaf cysegredig y bardd yw cadw'r byd rhag dibrisio y cynefin a'r cyffredin.

3968 Y mae athrylith y galon yn aml yn ennill buddugoliaeth, lle y mae athrylith y meddwl yn methu er taer geisio.

3969 Swyddogaeth y bardd yw creu cydymdeimlad â thrueni bywyd. Rhaid iddo wneud gofid yn swynol.

3970 Gwaith yr hanesydd yw manylu; gwaith y bardd yw awgrymu.

3971 Tuedd barhaus y gynghanedd yw meithrin ieithwedd addurniadol a meddyliaeth gymysglyd.

3972 Braint y bardd yw breuddwydio yr oes ar ei ôl.

3973 Y mae pob diwygiad yn farddoniaeth cyn bod yn ffaith.

3974 Gwae y byd yw gwybodaeth.

'Hunan Aberth', *Caniadau Elfed* (1910).

3975 Y plentyn i'r dyn sy'n dad.

'Saith Tymhor Dyn'; cyfieithiad o 'The Child is father of the man', William Wordsworth, yn y gerdd 'My Heart Leaps Up'.

3976 Bore oes—O! mor brysur—y gwibia
Gobaith ar ei antur:
Canai lai pe gwelai gur
Y blodau dan y bladur.

'Gobaith Dibrofiad'.

3977 Anfarwol Serch, ddolurus Serch,
Penyd nefolaidd mab a merch.

'Llyn y Morwynion: Rhieingerdd'.

3978 Dyn yw dyn, ar bum cyfandir,
Dyn yw dyn, o oes i oes:
Dyn—yn esgyn i'r ucheldir;
Dyn—yn fud ar lwybrau loes.

'Olion Hanes'.

3979 Gwell yw peidio gwybod llawer
Na byrhau tymhorau mwynder:
Fe all dyn wrth holi gormod
Agor llygaid ei gydwybod.

'Y Drws Cauedig'.

3980 Nid oes blodyn ar y ddaear
Nad yw'n agor ar ryw fedd.

3981 Awn o fyd yr hen ofidiau,
A seguryd hen fwynderau:
Hawl y dewr yw agor dorau,
Ac wynebu'r wawr.

3982 Dante—dos i'w ddilyn;
Shakespeare—tro i'w fyd:
Cofia Bantycelyn
Yr un pryd.

'Sub Rosa'.

3983 Nid cardod i ddyn—ond gwaith!
Mae dyn yn rhy fawr i gardod:
Mae cardod yn gadael craith,
Mae y graith yn magu nychdod.

'Rhagorfraint y Gweithiwr'.

3984 Rhaid i'r beddrod gael ei ddiwrnod
Yn wythnosau'r byd:
Fe geir awr gyfleus i drallod
Unrhyw bryd.

'Angladd Ddiwrnod Cynhauaf'.

3985 Pan ddaw'r nos â'i bysedd tawel
I ddadwneud cylymau'r dydd,
Bydd yr hwyliau yn yr awel,
A meddyliau'n mynd yn rhydd.

'Pan Ddaw'r Nos'.

3986 Deilen a grina,
Seren a flina:
Daw deilen a seren
I'w lle'n ddiamgen;
Heibio'r dadfeilio
Mae ffordd yr ad-ddeilio;
Dan eira'r gaeaf
Mae aur y cynhaeaf:
Yn y bedd y mae crud,
Yn y tân y mae byd.

'Blodeuyn yw'r Byd'.

3987 I Gwsg, brawd arall sy,
A chry' fel angel yw:
Rhyw hwyrddydd, Hwnnw ddaw i gau
Amrantau dynion byw.

'Y Ddau Frawd'.

HYWEL D. LEWIS
1910–

3988 Nid oes fyth ormod o ddawn o'r iawn ryw.

'Y Gelfyddyd o Wrando', *Diogelu Diwylliant ac Ysgrifau Eraill* (1945).

3989 I ddirnad cenadwrïau Duw rhaid yw bod iaith y nefoedd yn ein calon.

3990 Ynom ni ein hunain y sieryd Duw. Rhaid ydyw i'w alw taer gael llais yn ein hysbryd, onid e, mud a chyndyn fydd y cread, a cheidw athrylith dynion a'r Ysgrythur Lân eu cyfrinach.

3991 Y mae'r gŵr a ymboena o hyd am ei iachawdwriaeth fel bardd a buteinia ei ddawn drwy wneud pennill i bopeth.

3992 Onid yng ngwagleoedd yr enaid y megir pethau aflan?

3993 Rhaid i'r bardd, fel yr athronydd, wrth olwg eang ar wirionedd.

'Y Bardd a'r Athronydd'.

3994 Gwirionedd fel y cyfryw, y weledigaeth ehangach er ei mwyn ei hun, a fyn yr athronydd; y prydferthwch yng ngwead gwirionedd sydd yn annwyl i'r bardd, y cerddor a'r arlunydd.

3995 Rhywbeth heb ei ddisgwyl yn unig a bair fwynhad esthetig; bod yn ystrydebol yw y gwrthwyneb i fod yn gelfydd.

3996 Nid oes brofiad gwir gelfydd heb fod yn fynegiant celfydd hefyd.

3997 Ni ellir gwahanu ystyr a ffurf ei fynegiant.

3998 Mae dyn ar ei orau yn y werin, ar ei salaf yn y lliaws.

'Y Brifysgol a'r Werin'.

LEWIS WILLIAM LEWIS
(LLEW LLWYFO)
1831–1901

3999 Dduw annwyl, o'th ddaioni,—dyro ras,
Dyro rym im godi,
Drwy ganol pob drygioni,
Eto, y Tad, atat Ti.

'Myfyr a Gweddi', *Gemau Llwyfo* (1868).

R. MORRIS LEWIS
1847–1918

4000 Ail hil y dail yw hil dyn
A'i hoedl fel y dail wedyn.

Iliad Homer (1928).

4001 Heb ball, dwg gwanwyn allan
Ddail gwyrdd yn fyrdd yn y fan,
Felly hilion dynion—dod
Un yn dirf, un yn darfod.

SAUNDERS LEWIS
1893–1985

4002 Anghofio yw bradychu.

Gwaed yr Uchelwyr (1922), act 3.

4003 Gwrthod cariad yw gwrthod cyfrifoldeb.

4004 Nid oes gan artist hawl i fod yn werinwr. Y mae ei etifeddiaeth yn rhy hen.

'Barddoniaeth Mr. R. Williams-Parry', *Y Llenor,* cyf. I, rhif 2, Haf 1922.

4005 Yr wyf yn credu bod popeth sy'n gelfyddyd, boed gân neu gerflun, yn beth unig, arbennig, ac yn gwbl ddigymar.

'Safonau Beirniadaeth Lenyddol', *Y Llenor,* cyf. I, rhif 4, Gaeaf 1922.

4006 Ffrwyth unigedd enaid yw celfyddyd—ie, ac enaid a edwyn ei unigedd ac a ŵyr ei lethu ganddo,—ymgais at bontio'r gwagle erchyll sydd rhwng dyn a'i gilydd.

4007 Y mae'n amlwg na all y 'dyn cyffredin' ddeall yr anghyffredin ond ymhen amser maith; a'r anghyffredin yw hanfod llenyddiaeth.

4008 Gwaith beirniad llenyddol yw cyfansoddi llenyddiaeth.

4009 Amser yn unig a farn lenyddiaeth, a safon amser yw'r unig safon a saif.

4010 Traddodiad yw hanfod pob addysg.

Williams Pantycelyn (1927).

4011 Williams yw'r bardd rhamantus cyntaf yng Nghymru.

4012 Ffydd yw sicrwydd y pethau ni welir.

4013 Pe byddai'r syniadau ganddynt, fe'u rhoddent mewn geiriau.

4014 Trwy ostyngeiddrwydd yr adnebydd dyn ef ei hunan.

4015 Barddoniaeth yw gafael ar brofiad, ei wybod yn drwyadl a'i fynegi'n gwbl.

4016 Y peth hyllaf mewn bywyd yw llanc call a bydol ac yn feistr ar ei nwydau.

4017 Anobaith yw ffos olaf balchder dyn.

4018 I'r neb a brofodd fywyd, nid ffarwelio ag ieuenctid sy'n chwerw, eithr gorfod dwyn baich llencyndod tra parhao einioes.

4019 Colled i lenyddiaeth yw colli pechod. Heb bechod ni cheir fyth ddim oddieithr barddoniaeth delynegol.

'Llythyr ynghylch Catholigiaeth', *Y Llenor*, cyf. VI, rhif 2, Haf 1927.

4020 I'r neb a gredo fod teimlad a phrofiad cynhyrfus yn unig sail barddoniaeth, ni ddetgly Cerdd Dafod fyth ei chyfrinach. Byd athroniaeth yw ei byd hi, nid byd profiad.

'"Y Sant"', *Y Llenor*, cyf. VII, rhif 4, Gaeaf 1928.

4021 Arwydd o feistrolaeth ar brofiad yw mynegiant yr artist.

4022 Broc môr y ddeunawfed ganrif wedi ei daflu ar draeth trefnus oes Victoria oedd Talhaearn.

Yr Artist yn Philistia I: Ceiriog (1929).

4023 Y mae merch yn snob wrth reddf.

4024 Diau mai meistr bychan yw Ceiriog; meistr, er hynny.

4025 Tuag at wneud peth perffaith rhaid wrth rywfaint o arwriaeth.

4026 Nid y claf yw unig anrhaith afiechyd.

Monica (1930), pennod 1.

4027 Peidio â blysio yw dechrau marwolaeth.

Pennod 3.

4028 'Does dim yn heneiddio dyn yn sicrach na bod yn rhy ddedwydd yn ei gartref.

4029 Y mae'r dyn a dosturio wrtho'i hunan yn aeddfed i ymgreuloni tuag at eraill.

4030 Undod yw gwledydd cred.
Cyd-ddinasyddion yw gwerin Crist.

Buchedd Garmon (1937), rhan 1.

4031 Arnom ni
Disgynnodd dydd yr amddiffyn,
Dydd y ddeublyg amddiffyn,
Dydd adeiladu'r Gristnogaeth a chadw'r ffin.

Rhan 3.

4032 Priodas yw aberth Crist,
Ac yma, ym mhriodas yr aberth, y mae undod teulu'r ffydd.

4033 Gwinllan a roddwyd i'm gofal yw
Cymru fy ngwlad,
I'w thraddodi i'm plant
Ac i blant fy mhlant
Yn dreftadaeth dragwyddol;
Ac wele'r moch yn rhuthro arni i'w maeddu.
Minnau yn awr, galwaf ar fy nghyfeillion,
Cyffredin ac ysgolhaig,
Deuwch ataf i'r adwy,
Sefwch gyda mi yn y bwlch,
Fel y cadwer i'r oesoedd a ddêl y glendid a fu.

4034 Pob hir-gydwefus gusan,
Pob atgof, yn angof ân'.

'Mair Fadlen'.

4035 Bod cymdeithasol yw dyn. Mewn cymdeithas yn unig y mae iddo urddas.

'Cenedlaetholdeb a Chyfalaf', *Canlyn Arthur* (1938).

4036 Nid ysgrifennodd neb erioed hanes anwareiddiwch, canys nid oes iddo na gorffennol na dyfodol, fel na ellir ei gofnodi. Disgrifio barbareiddiwch yn unig a ellir.

4037 Drwy ennill ymerodraeth y mae'r Saeson wedi colli Lloegr.

'Weblai a St. Emilion'.

4038 Trefn a goleuni yw nodau barddoniaeth.

Barddoniaeth a Beirniadaethau Eisteddfod Genedlaethol Caerdydd 1938 (Goln. W. J. Gruffydd a G. J. Williams); beirniadaeth ar gystadleuaeth y Gadair.

4039 Bai ar fardd yw diffyg egni.

4040 Dylai barddoniaeth gerdded â'i thraed ar y ddaear a'i llygaid yn gweld yn bendant fel gwniadreg yn tynnu edau drwy grau nodwydd. Nid gweld dynion fel coed yn cerdded.

4041 Nid yn ei fodd ei hun y rhithia cythraul.

Amlyn ac Amig (1940), rhan 2.

4042 Rhodio fel un a wêl, a gwybod nos y deillion,
Yw bywyd beunyddiol ffydd.

4043 Nid rhoddwr yw'r nef ond bargeiniwr,
A chwerw ei chwsmeriaeth hi.

Rhan 3.

4044 Gwerthoedd ysbrydol yw celfyddyd a llenyddiaeth.

'Ffrainc cyn y Cwymp', *Ysgrifau Dydd Mercher* (1945).

4045 Gogoniant a phenyd llenor yw ei fod yn ei draddodi ei hun i'w oes a'i gymdeithas, ac efallai i oesoedd ar ei ôl, i'w farnu a'i fesur, i'w ddilorni hefyd a'i ganmol ar gam; ond o leiaf y mae'n rhoi gorau ei fywyd yn fywyd i eraill, ac y mae hyd yn oed yr ymosod arno a'r camddeall yn rhan o'i fyw.

4046 Ni all neb ond cenedlaetholwr ddehongli hanes cenedl.

'Cyfnod y Tuduriaid'.

4047 Y mae barddoniaeth yn fynych yn ddrych o gyflwr diwylliant cenedl.

'Diwylliant yng Nghymru'.

4048 Y dasg hanfodol, anhepgor i fardd yw meddiannu ei iaith ei hun.

4049 Un dull teg i helpu achub gwareiddiad yw ei ddehongli, ei amlygu, olrhain ei dwf, disgrifio'i gampweithiau a'i golofnau mewn pensaernïaeth a threfn a llên.

4050 Un ewyllys sydd
Mewn dail a dynion; ni all defod frau
Na moes na barn gaethiwo'r galon a glyw
Belydrau serch yn taro.

Blodeuwedd (1948), act 1.

4051 Mae serch yn marw, am ei fod yn fregus
A chyflym fel ieuenctid. Ond fe dyf
Cariad fel derwen drwy dymhestloedd oes,
A thano ef fe godir cartref, teulu,
A phendefigaeth a llywodraeth gwlad.

4052 Alltud yw pobun; aelwyd oer yw'r byd.

4053 Gwaed da
Ni thyn ei air fyth yn ôl.

Gan Bwyll, Eisteddfod Bodran. Gan Bwyll (1952), act 1.

4054 Llanc a ŵyr, gŵr priod a dybia.

Act 2.

4055 Mae calon llances fel eithin
Yn cynnau'n fflam ar un fflach.

4056 A gwên fêl yn gofyn fôt.

'Senedd i Gymru', *Siwan a Cherddi Eraill* (1956).

4057 Deled nos o dlodi i'n hiaith
a difadu'r dafodiaith
gan stomp gynghorau, gan stwns
eilias prifysgol aliwns.

'Marwnad Thomas Gwynn Jones'.

4058 Ond yma ym mro'r cysgodion y mae hil
Gondemniwyd i boen Sisiffos yn y byd,
I wthio o oes i oes drwy flynyddoedd fil
Genedl garreg i ben bryn Rhyddid, a'r pryd—
O linach chwerw Cunedda—
Y gwelir copa'r bryn, drwy frad neu drais
Teflir y graig i'r pant a methu'r cais,
A chwardd Adar y Pwll ar eu hing diwedda'.

'Marwnad Syr John Edward Lloyd'.

4059 Doe gwelais lygad y dydd
fel drych harddwych y wawrddydd.

'Llygad y Dydd yn Ebrill'.

4060 Dowch allan, ddynion, o'r tai cyngor cyn
Gwasgar y cwning, dowch gyda'r wenci i weled
Codi o'r ddaear afrlladen ddifrycheulyd
A'r Tad yn cusanu'r Mab yn y gwlith gwyn.

'Difiau Dyrchafael'.

4061 Am wragedd ni all neb wybod.

'Mair Fadlen'.

4062 Mae serch a sancteiddrwydd mor wallgo afradlon â'i gilydd
A'r ddau yn dirmygu'r byd.

Siwan, act 1.

4063 Mae syllu i lygaid amser yn gychwyn gwallgofrwydd.

Act 2.

4064 Dechrau 'nabod ei gilydd mae pob gŵr a gwraig,
Boed bythefnos neu ugain mlynedd.

4065 Rhodd enbyd yw bywyd i bawb.

4066 Greddf mam yw gwraidd pob cariad.

4067 'Does dim allwedd i galon;
'Does neb ar y ddaear yma'n deall ei gilydd;
Y gŵr sy'n cofleidio'r wraig a'r wraig sy'n ateb â'i chusan,
Dwy blaned sy'n rhwym i'w cylchau;
'chlywan' nhw mo'i gilydd fyth.

Act 3.

4068 Beth ond hapchwarae yw byw?

4069 Rhodd yw credu.

'*Gymerwch Chi Sigaret* (1956), act 3.

4070 'Does dim yn sicr am fywyd dyn ond bod y sêr uwchben a'r ddaear dan ein traed yn ddychrynllyd ddihitio be' wnawn ni.

Brad (1958), act 1.

4071 Nid pwy biau'r dyfodol sy'n bwysig, ond pwy biau'r gorffennol. Mae cofio a charu'n ddwy chwaer.

4072 Mae chwyldro yr un fath â phriodas; un weithred sydyn ac wedyn oes o sylweddoli.

4073 Gwyn ei fyd yr artist y mae ganddo gyfrif o'i filltir sgwâr.

Dyfynnir yn *Yn Chwech ar Hugain Oed,* D. J. Williams (1959).

4074 Mae siom yn gynghorwr da.

Esther, Esther a Serch yw'r Doctor (1960), act 2.

4075 Pa garu all sefyll? Pa win nad yw'n newid ei flas?
Pa gusan nad yw'n ffarwel?
Pa ganu nas tewir? Pa wledd nas gadewir?
Mae carol a chnul ac elor a chrud yn un ras.

Serch yw'r Doctor, act 3.

4076 Mae syrthio mewn cariad yn bur debyg i syrthio oddi wrth ras.

Merch Gwern Hywel (1964), pennod 5.

4077 Lle mae dynion mae uffern.

Cymru Fydd (1967), act 2; cf. 'l'Enfer, c'est les Autres', Jean-Paul Sartre yn *Huis Clos* ('Uffern yw pobl eraill').

4078 Arf gorau malais ydi'r gwir.

Problemau Prifysgol (1968), act 1.

4079 'Does dim cariad heb aberth.

4080 Mewn lleiafrifoedd y mae gobaith pob oes.

'Treiswyr Sy'n ei Chipio Hi', *Y Gwrandawr* yn *Barn,* rhif 74, Rhagfyr 1968.

4081 'Rydw i'n credu'n bersonol fod trais gofalus, ystyriol, cyhoeddus yn arf angenrheidiol yn aml i fudiadau cenedlaethol.

4082 Bûm ifanc yn caru. Mae cariad
Yn lladd byd o bobl ar drawiad.

'Dychwelyd', *Cerddi '70* (Gol. Bedwyr Lewis Jones) (1970).

4083 Clindarddach drain dan grochan yw plethiad geiriau heb synnwyr o bwys. Meddwl cyfoethog sy'n rhoi cyfoeth i arddull.

'Jeremi Owen', *Meistri'r Canrifoedd* (Gol. R. Geraint Gruffydd) (1973).

4084 Act o ffydd, nid act o reswm, yw credu mewn rheswm.

'Ann Griffiths: Arolwg Llenyddol'.

4085 Pob un ar ei ben ei hun yn ei ddull ei hun
Piau ei farw ei hun
Trwy filiynau blynyddoedd yr hil.

'Gweddi'r Terfyn', *Cerddi '74* (Gol. T. Gwynn Jones) (1974).

4086 Un weddi sy'n aros i bawb, mynd yn fud at y mud.

4087 Mae marw yn elw i bawb.

'Cell y Grog', *Taliesin,* cyf. 31, Rhagfyr 1975.

4088 'Does dim rhaid mewn bywyd, dim ond damweiniau.

4089 Y peth prinnaf ar y ddaear yw llawenydd.

4090 Rhodd Duw i'r Diafol yw dynion.

Branwen: Dramâu'r Parlwr: Branwen a Dwy Briodas Ann (1975), act 6.

4091 Munudau anobaith yw munudau mwya' dynol pawb.

Dwy Briodas Ann, act 4.

4092 Peth enbyd o hunanol yw cariad.

Excelsior (1980), act 2.

4093 Y mae pob llenyddiaeth yn gyfrinach y mae'r allwedd iddi dan garreg drws teulu a phentref a bro a gwlad.

'Thomas Hudson-Williams a Chyfieithu', *Meistri a'u Crefft* (Gol. Gwynn ap Gwilym) (1981).

4094 Y mae peidio â chofio—taflu ymaith iaith, er enghraifft, neu ddileu'r Sul Cristnogol—yn tlodi, yn ysbeilio, yn diddyneiddio unrhyw gymdeithas y bu'r cyfryw gofio unwaith yn rhan o'i byw.

'Plasau'r Brenin'.

4095 Y mae cyflwr crefydd a'r meddwl crefyddol yng Nghymru yn mennu ar ein holl ddiwylliant ni ac ar ein holl lenyddiaeth ni.

'*Ac Onide* (J. R. Jones)'.

4096 Wrth ei mawrion y mae barnu effeithiau unrhyw grefydd.

4097 Y mae'n annichon i lenor Cymraeg mawr beidio â bod yn llenor dysgedig.

'Cyflwr ein Llenyddiaeth'.

4098 Y mae llenyddiaeth wych mor debyg o gadw iaith yn fyw â llenyddiaeth fas.

4099 Nid amcan llenyddiaeth yw cadw iaith yn fyw; a phuteinio llenyddiaeth yw ei throi i wneud gwaith y dylai cenedl fod yn ddigon gwrol i'w wneud ei hunan.

4100 Tasg llenorion yw peri bod llenyddiaeth yr iaith yn ddigon ysblennydd i gyfiawnhau pob aberth a phob ymdrech a wneir i gadw'r iaith, offeryn yr ysblander hwnnw, yn hoyw ac yn anllygredig.

4101 Nid oes odid unrhyw lyfr o gwbl sy'n hollol ddiwerth, na dim y gellir yn ddiogel ei ddiystyru.

'Trem ar Lenyddiaeth y Dadeni Dysg'.

4102 Bradwyr barddoniaeth yw ansoddeiriau, pennaf gelynion bardd.

'Barddoniaeth Fodern'.

4103 Newid idiom ac arddull yw pob newid o bwys mewn barddoniaeth.

4104 Wrth ddinistrio cymdeithas y mae diwydiannaeth o reidrwydd yn dinistrio iaith.

'Dyfodol Llenyddiaeth'.

4105 Yr hyn sy'n unig anhepgor i fardd da yw gwybod llenyddiaeth ei iaith ei hun.

4106 O'r tu mewn i draddodiad cadarn y blagura newyddwch.

'Dail Dyddiadur'.

4107 Dirgelwch yr artist heddiw yw ei fod—yn wahanol i'w gyd-ddynion yn gyffredin, ond ar draul fawr a thrwy aberth drud—yn cadw ei ddynoliaeth. Myn wneud gwaith dyn mewn byd a gâr waith peiriannau. Myn fod yn normal mewn byd sy'n llai na normal.

'Swyddogaeth Celfyddyd'.

4108 Daeargryn mewn bedd oedd Mab Duw.

'Am Efengyl Marc'.

4109 Mewn beirniadaeth lenyddol rhaid wrth yr ysgolhaig sy'n llenor.

'Hanes Llenyddiaeth Gymraeg'.

4110 Ni all diwylliant a diwydiannaeth fodern gyd-fyw. Y mae diwydiannaeth, boed dan drefn gyfalafol neu drefn sosialaidd, yn diddyneiddio dyn, yn lladd diwylliant sy'n ffrwyth cymdeithas sefydlog, organig, araf ei threigl.

'Gwaith yr Ysgolion', *Ati, Wŷr Ifainc* (Detholwyd gan Marged Dafydd) (1986).

4111 Peth rhagorol yw gwladgarwch. Llai na dyn yw'r dyn sy hebddo.

'Yr Angen am Fod yn Siriol'.

4112 Proffwyd da yw hwnnw sy'n rhwystro cyflawni ei broffwydoliaeth.

'Tranc yr Iaith'.

4113 Yng Nghymru gellir maddau popeth ond bod o ddifri ynglŷn â'r iaith.

'Tynged yr Iaith'; darlledwyd ar Chwefror 13, 1962.

4114 [Yr] anthem genedlaethol fwyaf celwyddog yn Ewrop.

[Am 'Hen Wlad fy Nhadau'].

4115 Nid dim llai na chwyldroad yw adfer yr iaith Gymraeg yng Nghymru.

4116 Mae'r iaith yn bwysicach na hunanlywodraeth.

THOMAS LEWIS
1760–1842

4117 Wrth gofio'i riddfannau'n yr ardd,
A'i chwys fel defnynnau o waed,
Aredig ar gefn oedd mor hardd,
A'i daro â chleddyf ei Dad,
A'i arwain i Galfari fryn,
A'i hoelio ar groesbren o'i fodd;
Pa dafod all dewi am hyn?
Pa galon mor galed na thodd?

Rhif 513, *Hymnau ar Amryw Destunau* (1823).

WILLIAM LEWIS (GWILYM BERW)
1845–1917

4118 Gwŷr yrrwyd i'n gororau—yn waelion
Ar elor y tonnau;
Iôr ei hun ŵyr eu henwau,
Daw, ryw ddydd, i godi'r ddau.

'Dau Longwr', *Blodeuglwm o Englynion* (Gol. W. J. Gruffydd) (1920); englyn a geir ar garreg fedd dau forwr anhysbys ym mynwent y plwyf, Llanfwrog, Môn. Golchwyd eu cyrff gan y tonnau i'r traeth ger Llanfwrog ym 1884, a chodwyd y garreg ym 1893.

LEWYS DARON
fl. 1550

4119 Oes gwreiddyn a wisg ruddaur?
Oes gwaed nes i gadwyn aur?

'Moliant i Robert ap Meredydd ap Hwlcyn Llwyd o'r Glyn Llifon', *Cynfeirdd Lleyn 1500–1800* (Gol. J. Jones (Myrddin Fardd)) (1905).

4120 Union at union wyt ti,
A fo union a fynni.

4121 Bwrw un gŵr brau'n y gweryd:
Blodau ar wybodau byd.

'Marwnad Robert ap Meredydd ap Hwlcyn Llwyd (Glynllifon)'.

LEWYS MÔN
fl. 1485–1527

4122 Gyr wth ar y gorau weithian;
Na tharo'r gwth ar ŵr gwan.

'Moliant Siôn Lewys', *Gwaith Lewys Môn* (Gol. Eurys I. Rowlands) (1975).

4123 Ofer i nant fry'n ei oes
Ymryson â'r môr eisoes.

4124 Mae rhai'n cael, ymron ciliaw,
Y gawod drom i gyd draw.

4125 Ymroi i Dduw a marw oedd well
No bod rhaib 'n y byd rhybell.

'Marwnad Rhys ap Cynfrig'.

4126 Ni phery i ddyn ond ffordd dda;
Nid trwm ond tario yma.

4127 Rhyw ddynion, fal rhew ddwynos,
Toddi a wnânt diwedd nos.

'Moliant Huw Clement'.

4128 Na chronna d'aur, na chrin di;
Gŵr crin a gâr eu cronni.

'Marwnad Ieuan ap Gwilym'.

4129 Ni ad y bedd newid byd.

'Marwnad Ieuan ap Llywelyn'.

4130 Ni chaid ar werth, ni pherthyn
Droi llais Duw drwy 'wyllys dyn.

'Marwnad Catrin Ferch Forgan'.

LEWYS MORGANNWG
(LLYWELYN AP RHISIART)
fl. 1520–1565

4131 Pob cadarn, a farn hyd fedd,
A wnâi Dduw'n wan ei ddiwedd.

Flores Poetarum Britannicorum, sef Blodeuog Waith y Prydyddion Bryttanaidd (o Gasgliad John Davies, Mallwyd) (1710).

4132 Nis gorfu arfau lluoedd,
Arfau Duw'n ei orfod oedd.

'Marw-nad Syr Rys Mab Tomas Fab Gryffydd Fab Nicolas, Marchog o'r Gardys Aur, a Rhyfel-wr Enwog', *Gwyneddon 3* (Gol. Ifor Williams) (1931).

4133 Nid un yw maen o don môr
Â maen rhigal mewn rhagor;
Nid un rhyw un edn yrhawg,
Nid un gis ag edn gosawg;
Nid un dâr yn dwyn dewrwynt
Â phren gwan â'i ffriw'n y gwynt.

Dyfynnir yn *Traddodiad Llenyddol Morgannwg*, G. J. Williams (1948).

4134 Chwarae ag angau nid gwiw,
Rhy gadarn yrhawg ydyw.

Mil o Ddyfyniadau Cymraeg (Gol. G. Lloyd Edwards) (1968).

4135 Y môr oll, o 'mry allan,
Y naint a fawdd, maent hwy'n fân.

4136 Beth yw byd heb obaith bardd?

'Marwnad Iorwerth Fynglwyd', *Gwaith Iorwerth Fynglwyd* (Goln. Howell Ll. Jones ac E. I. Rowlands) (1975).

D. TECWYN LLOYD
1914–

4137 Cyfoes â ni yw Hanes.

'Rhaid i Gymru Fyw', *Erthyglau Beirniadol* (1946); cf. 'History is now and England', T. S. Eliot yn *Little Gidding yn Four Quartets* (1944).

4138 Unwaith y cysegrir ffurf, y mae'r enaid yn dianc trwy'r ffenestr.

4139 Ni ddylai unrhyw egni creadigol ofni gwneud ffŵl ohono'i hun byth.

4140 Mewn cyfnod o anhrefn, y mae'n haws gwneud marwolaeth yn eiriolaeth dros fywyd na bywyd dros farwolaeth.

'Barddoniaeth W. H. Auden'.

4141 Ni all celfyddyd ffynnu erddi ei hun; rhaid iddi ffynnu er mwyn bywyd. I bopeth sy'n fywiol, y mae celfyddyd yn lladmerydd.

'Llenyddiaeth a Bywyd'.

4142 Nid bywyd heb gymdeithas.

4143 Mewn cyfnod o ddirywiad, fe ddirywia celfyddyd.

4144 Pan fo cymdeithas yn ei llawnder ac yn ddigonol i'w chyfreidiau ei hun, ceir amser i feithrin graslonrwydd ymadrodd a cheinder ffurf a fo'n ddrych i gyflawnder y gymdeithas biau'r gelfyddyd.

'Datblygiad Llenyddiaeth'.

4145 Byd dyn yw ei oes, ac, yn llai sicr, ei oes yw ei fyd.

'Milwr Rhufeinig', *Lady Gwladys a Phobl Eraill* (1971).

4146 O bob ffurf o farddoniaeth, y canu caeth yw'r un a ddengys rwyddaf freuder meddwl bardd gwan a chryfder dychymyg a meistrolaeth bardd mawr.

'Llenyddiaeth Cyni a Rhyfel', *Llên Cyni a Rhyfel* (1987).

IDWAL LLOYD
1910–

4147 Colli'r cof yw colli'r cyfan.

'Diarhebion Newydd', *Cerddi'r Glannau* (1985).

4148 Nid cau dwrn ydyw cadernid.

Di-deitl.

4149 Os yn syth y saif y gwenith
Mae peiriannau'r medi'n fendith;
Os bu storm yn drysu'r cnydau
Gorau minio'r hen grymanau.

'Yn Null yr Hen Benillion'.

4150 Chwilio'n ddyfal am lawenydd
Y mae'r annoeth byth a beunydd;
Gŵyr y doeth na roir mohono
Ond i'r rhai nad ŷnt yn chwilio.

'Hen Benillion Newydd'.

4151 Hawdd yw rhifo'r rhai sy'n gwybod
Beth sy'n dda, a sut i'w 'nabod,
Ond di-rif yw'r rhai na wyddon'
Beth yw gwerth a faint yw digon.

4152 Medrem fyw'n gysurus ddigon
Pe bodlonem ar anghenion;
Fe â bywyd yn anniben
Pan fo chwant yn fwy nag angen.

4153 Pan edrychwn 'mlaen yn blentyn
'Roedd pob eiliad bron fel blwyddyn;
Wedi prifio, newid profiad,
Fe â blwyddyn bron fel eiliad.

4154 Un a garo iaith ei febyd
A gâr ieithoedd eraill hefyd,
Ond yr un a wado'i famiaith
Â drwy'i oes heb fedru'r uniaith.

4155 Yn fy nghryfder mae fy ngwendid,
Yn fy ngwendid mae fy nerth,
Yn fy nghyfoeth mae fy nhlodi,
Yn fy nhlodi mae fy ngwerth.

4156 Ni all cynffonnwr fod yn ben.

'Diarhebion Newydd'.

4157 Heria anwr â'i enau,
Yr un dewr yw'r un a dau.

'Epigramau'.

4158 Lleiha'r cur pan ballo'r cof,
Angau'r ing yw yr angof.

4159 Ceir yn ymchwydd pob llwyddo
Awel draws diofal dro.

4160 Gair ein Duw sy'n byw a bod,
Sŵn y dyrfa sy'n darfod.

4161 Mwya'i stŵr am rym ei stad,
Mwy ei aur na'i gymeriad.

4162 Un a faidd ddweud ei feddwl
Yw dyn dewr neu adyn dwl.

4163 Fe weli yr ei'n fawlyd
O luchio baw ogylch byd.

4164 Ceir y farn drymaf arnom
Gyda'r dyn a gwyd o'r dom.

4165 Asgell fuan sy' i anwir,
Ara'i gam y crwydra'r gwir.

4166 I'r un gâr enau geirwir
'Run yw'r gau â'r hanner gwir.

4167 Gwybod rhan sy'n creu anwir,
Gwybod sy'n gwarchod y gwir.

4168 Llunia Duw holl feillion dôl
Mor unwedd, mor wahanol.

4169 Addo'n deg yw'r ddawn a dâl;
O'r castiau ni cheir cystal.

4170 Sylwir mai drud yw salwaith
O dalu'r gost lawer gwaith.

4171 Gwell tlawd bach fo'n iach a noeth
Nag afiach mewn siôl gyfoeth.

4172 Onid truan fai'n treio
Cannu gwlân mewn talcen glo?

4173 I bob cnawd y daw diwedd
A throi i dir yr hir hedd;
A hyn a ddisgwyl henoed—
Adeg drist i gadw'r oed,
Ond llanc ifanc llawn afiaith
Nid erfyn derfyn y daith.

'Er Cof am E. Llwyd Williams, Gweinidog Ebeneser, Rhydaman'.

4174 A wybu dwyll rhaib y don
Ni ddirmygodd rym eigion.

'Prynhawn Ddoe (neu Yr Hen Hwyliwr)'.

4175 Prifardd a'i lan yn llannerch—a'r adar
　　Oediog yn gôr traserch;
　Ei gymun win oedd min merch
　A'i grefydd oedd goreuferch.

'Dafydd ap Gwilym'.

4176 Nid â grym y seiliwyd gras,
Nid â'r dwrn y daw'r Deyrnas.

'Atgof'.

4177 Angau erioed ni fu angharedig.

4178 Y brudd drin a'i hebrwydd dranc
Ni thyr afiaith yr ifanc.

IORWERTH H. LLOYD (TALFRYN) 1920–1986

4179 Duw o'r byd sy'n symud sant:
Nid yw'n symud ein siomiant.

'Er Cof am Pat O'Brien', *Cerddi'r Mynydd* (1960).

4180 Er ei boen, er ei benyd,
A gano fawl, gwyn ei fyd.

'Cypledau Cywydd Epigramatig'.

4181 Ffŵl efô sy'n beio'r byd
Am feiau trwm ei fywyd.

4182 Er chwant a ffuant y ffôl,
I'w frodyr mae'n ddelfrydol.

4183 Y gŵr na fyn segura
Sydd â'i dir o ansawdd da.

4184 Edrych yn iau na'i hoedran
Yw hobi merch ymhob man.

4185 Os gwerthir gwir am y gau,
Daw euogrwydd a dagrau.

4186 I ddyn ar derfyn ei daith
Da yw gwybod bod gobaith.

Cf. rhif 4211.

4187 Y mab afradlon ymhob man
A wyla'n hir o weled
Ei gyflwr trist, a'i dad a fyn
Ei dderbyn yn ddiarbed;
Odid na fydd, fel pawb o'i ach,
Yn gallach wedi'r golled.

'Penillion—yn Null yr Hen Benillion'.

4188 Gwae'r creulon â'r galon gau
Na fedd y ddawn i faddau.

'Cwpledau Epigramatig', *Cerddi Talfryn* (1980).

4189 Ni all a heuo drallod
Atal y dial sy'n dod.

4190 Rho dy fawl i'r Duw a fedd
Agoriad drws trugaredd.

4191 Llundain fawr, llond ŵy ni fedd
O synnwyr yn ei senedd.

4192 Aredig, blinder ydyw,
Ond cario i helm, nid cur yw.

4193 Moethau a phob esmwythyd—ar un llaw,
Rhan y lleill yw adfyd;
Hawdd i bawb sy'n dda eu byd
Anghofio fod ing hefyd.

'Cofiwn Beryglon Cyfoeth', *Barddas*, rhifau 87/88, Gorffennaf/Awst 1984.

4194 Da yw cofio nad cyfoeth
A wna un dwl yn ddyn doeth.

Di-deitl, *Y Flodeugerdd o Epigramau Cynganeddol* (Gol. Alan Llwyd) (1985).

4195 Y baich ysgafnaf yn bod
Ydyw baich y dibechod.

O. M. LLOYD 1910–1980

4196 Nid yw gofid gaeafau—druaned
I'r hen â gweld poenau
Llygaid llanc ifanc yn cau,—
Haf yw adeg gofidiau.

'Gofid', *Barddoniaeth O. M. Lloyd* (Gol. Alan Llwyd) (1981).

4197 Dioddef yw cynefin—dyn o hyd,
Yna hwyl a feithrin,
Byd o drafferth a chwerthin,
Aml ei siom, melys ei win.

'D. J. Williams, Caernarfon'.

4198 Gweld y gwir yw gwladgarwch.

'Padrig'.

4199 O roi ei fryd ar y fro
Ni fyn dewr gan ofn dario.

4200 Rhagoriaeth sy'n y gwaethaf,
Beiau'n y gorau a gaf:
A gwir, nid da i'r gorau
Yn y gwael nodi y gau.

'Epigramau'; rhydd-gyfieithiad o bennill a briodolir i Edward Wallis Hoch (1849–1925), 'Good and Bad', er nad yw'r awdur yn cydnabod y benthyciad:

There is so much good in the worst of us,
And so much bad in the best of us,
That it hardly becomes any of us
To talk about the rest of us.

4201 Er a fydd o grefydda
Mae mwy o Dduw mewn mam dda.

4202 Llunio ambell linell òd,
Dyna berygl dawn barod.

4203 Daw geiriau da y gŵyr doeth
Yn rhinwedd amlwg drannoeth.

4204 Llong heb angor ar fôr fydd
Y gŵr ifanc digrefydd.

4205 Gwrando di'r gwirion dy dad:
Da cerydd o du cariad.

4206 Y dyn a frathwyd unwaith
Ni ry ei law yr ail waith.

Cf. 'Once bitten, twice shy'.

4207 I waith gwiw 'does unpeth gwaeth
Na malu â rhith ganmoliaeth.

4208 Gwell na dial a malais
Dioddef clwyf, goddef clais.

4209 Unig blentyn deuddyn da,
Yr aelwyd a reola.

4210 Ymarfer, ymarfer mwy
Ac ebrwydd y daw gwobrwy.

4211 Da yw gwybod bod gobaith
I ddyn ar derfyn y daith.

Cf. rhif 4186.

4212 Dy elyn yw dialedd,
O noddi hwn ni ddaw hedd:
Am ffrwythau o hadau hedd
Y tir gorau trugaredd.

'Nac Ymddielwch'.

4213 I beth y rhuthrwn drwy'r byd?—
Gwirion yw
Gyrru'n wyllt drwy fywyd.
Daw blino brysio ryw bryd
A daw sefyll disyfyd.

'Brys'.

4214 Fel agored flaguryn—ir ei dwf
Yr ei di bob blwyddyn.
Dyna hardd yw mynd yn hŷn
Fel diwywo flodeuyn.

'Heneiddio'.

4215 Rhoed y Tad gariad i gau
Gelyniaeth o galonnau.

'Cerwch eich Gelynion'.

4216 Llethwyd y silff, llwythwyd sach,—emporiwm
Parod i bob masnach;
Enwog warws hen geriach,
Pantri bwyd y pentre' bach.

'Siop y Pentref'.

ROBERT LLOYD (LLWYD O'R BRYN) 1888–1961

4217 Nid culni sy'n achosi brogarwch, ond llydanrwydd.

Y Pethe (1955).

4218 A fuasech yn cydweld â'r grisiau hyn: mamgarwch, teulugarwch, ysgolgarwch, brogarwch, sirgarwch, gwladgarwch, a bydgarwch?

ALAN LLWYD 1948–

4219 Wrth aros awr y gwawrio
Ni thyr y wawr yn ei thro.

'Yfory', *Y March Hud* (1971).

4220 Nid gwlad gwlad heb dreftadaeth,
Nid cenedl yw'r genedl gaeth.

'Llef dros y Lleiafrifoedd', *Cyfansoddiadau a Beirniadaethau Eisteddfod Genedlaethol Cymru, Dyffryn Clwyd 1973* (Gol. T. M. Bassett).

4221 Ai diwedd hil yw ei dyddiau heulog?

4222 Y genfaint drwy'n gwahanfur,—
ein gwinllan
Dan genllysg didostur,
Llwyni dail yn llawn dolur,
A baw yn y ffynnon bur.

'Adfer', *Gwyfyn y Gaeaf* (1975).

4223 Y mae diemwnt ym maw y domen.

4224 Ennill gradd a cholli gwreiddiau.

'Troeon Bywyd', *Rhwng Pen Llŷn a Phenllyn* (1976).

4225 I'r neb a gâr fro'i febyd
Onid baich yw newid byd?

'Penllyn'.

4226 Hanfod a hawl hynaf dyn
Yw hyrwyddo ei wreiddyn.

'Huw'r Fedw Arian'.

4227 Anodd iawn yn nyddiau haf
Yw osgoi ias y gaeaf.

'Y Ddraenen Wen'.

4228 Fy ing enfawr, fy ngwynfyd;—fy mhryder,
Fy mharadwys hyfryd;
Ei charu'r wyf yn chwerw hefyd,
A'i chasáu'n serchus o hyd.

'Cymru'.

4229 Angau yw dechrau'r daith. Nid unwaith
y genir dyn:
y mae'r ail enedigaeth yn dod cyn yr ail
farwolaeth;
nid yw'r esgor corfforol a'r geni
eneidiol yn un,
ac o fewn yr einioes unigol y mae sawl
bodolaeth.

'Aileni: Sonedau'r Wythdegau', *Yn Nydd yr Anghenfil* (1982).

4230 Mae uffern yn adfer nef.

'Orffews', *Marwnad o Dirdeunaw a Rhai Cerddi Eraill* (1982).

4231 Gwyddfid ieuenctid y dydd,
Nid yw'r rhin yno drennydd.

'Cywydd Cyfarch T. Llew Jones'.

4232 Adfyd yw hawddfyd ein dydd,
Annwfn yw ein nef newydd.

4233 Dirnad un ystyr nid oes
yn gyflawn.

'Einioes ar ei Hanner', cerdd II, *Einioes ar ei Hanner* (1984).

4234 Y mae ambell eiliad nas lleolir yn y byd
hwn o amser:
yr eiliad ddadlennol nad yw'n rhan o'r
gorffennol na'r presennol.

4235 Brwydr ac nid braint, ymgiprys ac nid
gwobr, yw ffydd.

Cerdd III.

4236 Y mae pellter rhwng yn awr a chynt
nad oes modd ei rychwantu.

Cerdd VI.

4237 Y mae amser yn creu drwy
ddadwneud.

4238 I esgor ar ragorwaith—rhaid uno'r
Deunydd yn gyfanwaith:
Pa ddiben gorffen y gwaith
Heb ei orffen yn berffaith?

Y Flodeugerdd o Epigramau Cynganeddol (Gol. Alan Llwyd) (1985).

4239 Ni yw'r rhai sy'n barhaol—er ein trai,
Er ein tranc beunyddiol,
Y rhai sydd wastad ar ôl;
Ni yw'r gweddill tragwyddol.

'Y Cymry Cymraeg', *Oblegid fy Mhlant* (1986).

4240 Nid oes ond gwynfyd ysig,—na mwynhad
Ond mwynhad damnedig;
Uffern neu ddwyster neu ddig
A dderfydd ein dydd diddig.

'Englynion Coffa Gerallt Jones'.

4241 Echdoe'n boen, ddoe'n ddiddanwch,—
a heddiw
    Dioddef neu dristwch;
  Yfory yn ddifyrrwch,
  Drennydd llawenydd yn llwch.

4242 Tynn henaint ein hewinedd—o'r bywyn;
    Hwn a dynn ein dannedd;
  Clafychu a chrychu'r wedd,
  Dwyn i henoed anhunedd.

'Englynion Coffa W. D. Williams'.

4243 Ni ddaeth marwolaeth erioed—yn
llariaidd;
    Gwaeth na llorio'r henoed
  Llorio'r llanc ifanc cyfoed,
  Marwolaeth un o'r un oed.

'Cofio Gruff Miles'.

4244 Y mae meistrwaith cymedrol yn werthfawrocach ac yn odidocach na phrentiswaith rhagorol.

'Golygyddol', *Barddas*, rhif 114, Hydref 1986.

4245 Lle bo'i throedle mae gwead—y Gymraeg
    Mor wydn â'i hymlyniad;
  Un â'i thir ei gwneuthuriad,
  Un â'i phridd yw ei pharhad.

'I Gymry'r Wladfa', *Barddas*, rhif 115, Tachwedd 1986.

4246 Yn wahanfur, ei hunfan—a geidw'n
    Gadarn Gymru'r winllan:
  Ni fedd Gof, ni fydd gyfan
  A'i thir a'i hiaith ar wahân.

4247 Nid torf fud, nid rhifedi—mohonom,
    Ond mynnwn oroesi
  Drwy'n chwys a'n hewyllys ni:
  Nid hil yw ei maintioli.

'Lleiafrif'.

4248 Cyn dileu'n cenedl uniaith—rhaid inni'n
    Ddirdynnol farw ganwaith:
  Y mae rhai'n marw unwaith,
  Ond marw o hyd y mae'r iaith.

'Gwewyr'.

4249 Trwy greu rhwyg, ein Cymreigio—
ni'n genedl;
    Trwy'n gwahanu'n huno
  Ni a fu, er gwasgfeuon;
  Trwy wasgar hil, creu tras gron.

'Ffawd Cenedl'.

4250 Agor di'r gweryd i iaith,
Daw o'r gweryd ragorwaith.

'Y Gymraeg', *Barddas*, rhif 118, Chwefror 1987.

4251 Hi'i hun yw'r pryfyn a'r prae.

'Cymru', *Barddas*, rhif 119, Mawrth 1987.

4252 Y mae ynom ewinedd—yn gwanu,
    Ac ynom mae'r diwedd
  Cyn y daw'r cnawd i'w orwedd:
  Ynom, bawb, y mae y bedd.

'Ynom'.

4253 Gwell amheuon dynion Duw
Na gwirionedd gwŷr annuw.

'Epigramau', *Barddas*, rhif 120, Ebrill 1987.

4254 Dewr sydd rasol ei solas;
Un llwfr yw'r lleiaf ei ras.

4255 Onid oes gan ddynion da'n
Gofeb y ddaear gyfan?

4256 Ni all bardd cymedrol fod yn feirniad rhagorol, ond fe all bardd rhagorol fod yn feirniad cymedrol.

'Golygyddol', *Barddas*, rhif 121, Mai 1987.

4257 Nid erys y daearol,—ac nid oes
    I gnawd werth parhaol;
  Nid oes ond ennyd iasol
  A'i rhin hi'n parhau o'n hôl.

'Er Cof am Wil Riffli'.

4258 Tynfa'n bont i annwfn byd
Yw ein tynfa at wynfyd.

'Monallt', *Barddas*, rhif 125, Medi 1987.

4259 Dyheu yw byw i'r ieuanc;
Dyheu i'r hen yw ei dranc.

4260 Nid tir gwâr na chyfarwydd
Mo'r tir a wedir yn rhwydd.

4261 Er ein braint, gwell uffern brin
Na pharadwys gyffredin.

4262 Lle bo'i wlad dan henfrad hir
Dedwydd yw a alltudir.

4263 I alltud darn o wylltir
Yw darn godidog o dir.

4264 Haws caru lle gwasg hiraeth
Y tir a gedwir yn gaeth.

4265 Er y brig pendefigaidd
Y mae ein grym yn y gwraidd.

4266 A ad ei henwlad ei hun,
Dwg ei henwlad i'w ganlyn.

4267 Nid oes fraint ar olrhain tras
Neu fôn dyn o fewn dinas.

4268 Rhy fach pob mawrdra o fyd;
Enfawr yw pob bychanfyd.

4269 Nid dyheu am fraint a aeth
Ond hyder yw treftadaeth.

4270 Anfoes i oes y genfaint
Yw pob moes o oes y Saint.

'Byw a Bod: Epigramau', *Barddas*, rhif 126, Hydref 1987.

4271 Arfogi'r dorf a gâr dyn
I'w chael i drechu'i elyn.

4272 Dawn Duw yw creu goreugwaith;
Dawn dyn yw dadwneud Ei waith.

4273 Undonedd ydyw einioes;
Mewn bedd undonedd nid oes.

4274 Er medr, er gwychder y modd,
Meidrol pob camp ymadrodd.

4275 Geirda gwag i wrido gŵr
Yw geirda gan flagardiwr.

4276 O drigfa gwawd a rhagfarn
Y daeth annibyniaeth barn.

4277 Rhaid ydyw i wŷr didwyll
Y byd hwn adnabod twyll.

4278 Fe fyn y gwir ei wir gred;
Anwiredd sy'n dynwared.

4279 Anwiredd a leferir;
Cyfled â gweithred yw gwir.

4280 Daioni byd yn y bôn
Yw daioni rhai dynion.

4281 Trwy ddadwneud rhyddid un oes
Y noddir braint newyddoes.

4282 Daw Dyn o'r bru'n yr unmodd;
Noswylio y mae mewn sawl modd.

4283 I'r doeth camp fawr yw dethol;
Rhwydd yw perffeithrwydd i'r ffôl.

4284 A fegir ar arfogaeth,
Hwnnw a fyn waed yn faeth.

4285 Er mai di-fai rhai drwy'u hoes
Rhinwedd ni cheir i'w heinioes.

4286 Am i Dduw greu maddeuant
Ymrithia'r Diawl mewn sawl sant.

4287 Di-les i fyd leisio'i farn
A byd yn ynfyd unfarn.

4288 Lle bo nam, pa fodd campwaith?
Lle bo gwall, ai byw y gwaith?

4289 Nid pan ddaw y daw diwedd
Y neb a ŵyr ofn y bedd.

4290 Ni wna yr un gamp newydd
Yn ddi-werth gamp arall ddydd.

4291 Dewr o fewn y dyrfa ŷm;
Llyfriaid heb yr haid ydym.

4292 Os trwy dwyllo ragori,
Gwarth yw'n holl ragoriaeth ni.

4293 Da o beth nod a fether:
Methu'r nod sy'n meithrin her.

4294 Drwy gelu'r da o'r golwg
Y daw rhai i weld y drwg.

4295 Ofer ydyw her y dig
Heb lewder disgybledig.

4296 Dialedd rhwng brawdoliaeth:
Mwy ydyw'r cam â'r fam faeth.

4297 Os caru'n llwyr, ni ŵyr neb
Lendid nad yw'n greulondeb.

4298 Os brau yw edau'r brodwaith
Ofer yw gwychder y gwaith.

4299 Gyr dyn ei gyd-ddyn i'r gad
I hyrwyddo gwareiddiad.

HUW LLWYD (HUW LLWYD O GYNFAL) 1568?—1630?

4300 Yn Ffrainc yr yfais yn ffraeth—
win lliwgar,
Yn Lloeger cawl odiaeth;
Yn Holand 'menyn helaeth,
Yng Nghymru llymru a llaeth.

Lloches Mwyneidd-dra yn cynnwys Carolau, Cerddi, ac Englynion, yn nghyd a dau gant o Hen Bennillion Cymreig (Gol. Absalom Roberts) (1832).

4301 Trysor mawr i gael maela
I ddyn yw cydwybod dda:
Os anesmwyth llwyth y llog,
Deuwell cydwybod euog.

'Cyffes yr Hen Lwynog', *Ceinion Llenyddiaeth Gymreig*, hanner cyflyfr IV (Gol. Owen Jones (Meudwy Môn)) (1875).

4302 A fo gwirion a llonydd,
Difalais, difantais fydd,
A'r cyfiawn fuchedd heddiw,
Ym marn y byd, ynfyd yw.

'Cyngor y Llwynog', *The Oxford Book of Welsh Verse* (Gol. Thomas Parry) (1962).

4303 Daioni na wna di'n d'oes
I'r un, dros golli'r einioes.

4304 O mynni fyw yma'n faith,
Dos ag enw, dysg weniaith,
Ac ar weniaith pob gronyn,
Dysg fedru bradychu dyn.

4305 Nâd i un wedi'i eni
Wybod mewn man d'amcan di.

4306 Dyna'r ffordd 'radwaenir ffŵl:
Fo a addef ei feddwl.

4307 Treisio'r gwan nid traws yw'r gwaith,
Trinia gadarn trwy weniaith.

4308 Gwna bob drwg heb ei ddiw'giaw,
Iti, ddyn, byd da a ddaw.

MORGAN LLWYD 1619—1659

4309 Mae llyfrau fel ffynhonnau, a dysgawdwyr fel goleuadau lawer yr awron ymysg rhai dynion.

Llythur ir Cymru cariadus (1653).

4310 Oferedd yw printio llawer o lyfrau; blinder yw cynnwys llawer o feddyliau; peryglus yw dwedyd llawer o eiriau; anghysurus yw croesawu llawer o ysbrydoedd, a ffolineb yw ceisio ateb holl resymau dynion: ond, O ddyn, cais di adnabod dy galon dy hun, a mynd i mewn i'r porth cyfyng.

4311 Byr yw bywyd dyn ar y ddaear: hir yw byth.

4312 Edrych am Dduw yn dy galon, canys nis gwêl neb ef ond a'i gwelo ynddo ei hunan.

4313 Mae amser i daflu cerrig, ac amser i'w casglu, a hyn hefyd sydd wagedd a gorthrymder ysbryd.

Gwaedd ynghymru yn wyneb pob cydwybod (1653); cf. rhif 837.

4314 Os dwedir y gwir, fe gaiff ei watwar; os ysgrifennir ef, fe gaiff ei wyro; os gweithredir ef, ni chanfydder chwaith mono.

4315 Mae'r cnawd fel drwgweithredwr, a'r gydwybod yn dyst, a'r rheswm cnawdol yn ddadleuwr dros y pechod, ond mae Duw fel fflam dân yn farnwr yn yr enaid.

4316 Cnawd y meddwl yw angau'r meddwl, a'r meddwl cnawdol, marw yw.

4317 Duw a'r gydwybod yw'r gelyn gwaethaf; Duw a'r gydwybod yw'r cydymaith gorau.

4318 Beth a dâl canmoliaeth yn nhrwynau dynion marwol, pan fo Duw mawr yn beio ar yr enaid?

4319 Meddyliau dyn yw ei drysorau, a'i gymdeithion tragwyddol.

4320 Dos i mewn i'r stafell ddirgel, yr hon yw goleuni Duw ynot ti.

4321 Llyfr Duw yw cydwybod dyner, a gwych ganddo sgrifennu ei ewyllys ynddi.

4322 Fe edwyn Duw ei amser i ymweled â thydi, aç amser Duw yw'r amser gorau.

4323 Os mynni fyw yn gysurus, dysg farw beunydd.

4324 Diamau yw, fy nghymydog, mai'r hwn y bo dyn yn was iddo, gan hwnnw y caiff ef ei gyflog, pa un bynnag fo, ai llygredigaeth ai anllygredigaeth.

4325 Fe fyn y gwir o'r diwedd ei le.

Dirgelwch i rai iw ddeall Ac i eraill iw watwar, sef Tri aderyn yn ymddiddan, yr Eryr, a'r Golomen, a'r Gigfran. Neu arwydd i annerch y Cymru. Yn y flwyddyn mil a chwechant a thair ar ddêc a deugain, cyn dyfod 666, a elwir Llyfr y Tri Aderyn (1653).

4326 Ped fai ewyllys fe fyddai allu.

Cf., 'Where there's a will there's a way', ffynhonnell gyhoeddedig gynharaf: *Outlandish Proverbs*, George Herbert, 1640, ac ail argraffiad dan y teitl *Jacula Prudentum*, 1651, yn y ffurf 'To him that will, wais are not wanting'.

4327 Nid opiniwn dyn amdano ei hun a all ei achub, heb weithredoedd da.

4328 Mae'r da yn mynd wellwell ym mhob oes erioed, a'r drwg yn mynnu mynd waethwaeth.

4329 Gwell yw na ddyweder dim wrth rai direswm.

4330 Gorau cannwyll, pwyll; gorau synnwyr, athrawiaeth; gorau cyfrwystra i ddyn ei wadu ei hun; gorau meddyg, meddyg enaid; gorau defod, daioni.

4331 Mae llyfr ym mhob dyn, er na fedr fawr ei ddarllain.

4332 Mae gan bob dyn ddigon o gyfrwystra i'w dwyllo ei hunan.

4333 Gobaith ni chywilyddia.

4334 Os drwg gynghorwr, drwg ganlynwr.

4335 Safed pob dyn ar ei waelod ei hun.

4336 Na ddyweded mo'r gwir mewn cariad, ond mewn creulondeb.

4337 Y sawl sydd â dau wyneb gantho, mae un o'r ddau yn gythreulig.

4338 Y neb a wenieithio ddynion sydd bwdr ei galon.

4339 Amser dyn yw ei gynhysgaeth, a gwae a'i gwario yn ofer.

4340 Boddi a wna'r dyn na nofia yn erbyn ffrwd y wlad.

4341 Y rheswm uchaf yw'r afreswm isaf.

4342 Nid eiddo neb ei hunan.

4343 Nac ofned neb arall cymaint ag ef ei hun.

4344 Oni fedri roi taw ar eraill, distawa dy hun.

4345 Pan fo mwyaf sŵn yn y byd, bydded lleiaf yn dy galon.

4346 Cyfrif y da o'th flaen yn berl, a'th waith o'th ôl yn dom.

4347 Portha dy chwant, ac fe a'th ladd.

4348 Oni elli achub eraill, dianc dy hun oddi wrthyt dy hun.

4349 Cares cythryblaeth yw anwybodaeth; a fo diddig fydd dysgedig.

4350 Mae'r pechod lleiaf yn cynhyrfu y digofaint mwyaf.

4351 Po uchaf yr ymgodant, isaf y cwympant.

4352 Safnau diafol yw cymdeithion drwg, yn llyncu meddyliau'r gwirion.

4353 I'r dyn cyndyn nid oes un awr dda, nac i'r dyn nefol un awr ddrwg.

4354 Gorau cyfraith, cytundeb.

4355 Gwell yw dioddef y cam mwyaf na bod yn y gynnen leiaf.

4356 Gorau i'r plentyn fod gyda'i rieni ac i ddyn fod gyda Duw.

4357 Onid Duw yw'r câr gorau, a'r gelyn gwaethaf?

Cyfarwyddid ir Cymru (1657).

4358 Mae gwybedyn ar dy ffordd di yn dy rwystro i ddaioni, ond ni all Angel Duw mo'th rwystro i'r pechod.

PETER LLWYD
1765—1842

4359 Dirwyna, nid yw ronyn;
Bwa tor yw bywyd dyn.

'Breuolder Einioes Dyn, neu Ansicrwydd Bywyd, a Sicrwydd Marwolaeth', *Y Gwyliedydd,* Awst 1832.

4360 Ef yn byw heddyw yn hoywddyn—lluniaidd,
Llawenaf ar ddyffryn:
Mae'n adwyth mewn munudyn
O'i fawredd oll yn farw ddyn.

ROBERT LLWYD
1565—1655

4361 Ni châr y byd ond yr eiddo ei hun.

Llwybr Hyfforddyn cyfarwyddo yr anghyfarwydd i'r nefoedd . . . (1630); y cyflwyniad 'I'r Gwir Barchedig Dad yn Nuw, John, drwy rad Duw Arglwydd Esgob Llanelwy'.

LLYWARCH AP LLYWELYN
(PRYDYDD Y MOCH)
fl. 1173—1220

4362 Nid hŷn oes dyn nog oes dail.

'Marwnad Maredudd m. Cynan', *Llawysgrif Hendregadredd* (Goln. John Morris-Jones a T. H. Parry-Williams) (1933).

LLYWELYN AP HYWEL AP IEUAN AP GRONW
fl. c. 1480?

4363 Drud a dig ar droed a dau,
Diyngan y daw angau.

Dyfynnir yn *Traddodiad Llenyddol Morgannwg,* G. J. Williams (1948).

4364 Och am dŵr, a gŵr i'w gau,
A rhyw gyngor rhag angau!
Ni chawn le, er a ddarllëwn,
Diogel a'n cêl rhag hwn.

4365 Deall y bûm dwyll y byd,
Dall wyf nes deall hefyd.

Dyfynnir yn *Machlud yr Oesoedd Canol*, W. Ambrose Bebb (1951).

4366 Aros yr awr y sy raid
I rannu'r corff a'r enaid.

Mil o Ddyfyniadau Cymraeg (Gol. G. Lloyd Edwards) (1968).

LLYWELYN AP MOEL Y PANTRI
m. 1440

4367 O Fair wen, o fawr annerch,
A ŵyr y saint wewyr serch?

'Clefyd y Carwr', *Cywyddau Iolo Goch ac Eraill* (Goln. Henry Lewis, Thomas Roberts ac Ifor Williams) (1937).

LLYWELYN GOCH AP MEURIG HEN
fl. 1350—1390

4368 Llyma haf llwm i hoywfardd,
A llyma fyd llwm i fardd.

'Marwnad Lleucu Llwyd', *Dafydd ap Gwilym a'i Gyfoeswyr* (Goln. Ifor Williams a Thomas Roberts) (1935).

4369 Gwae fi drymed y gweryd
A'r pridd ar feistres y pryd!
Gwae fi fod arch i'th warchae!
A thŷ main rhof a thi mae,
A chôr eglwys a chreiglen
A phwys o bridd a phais bren.
Gwae fi'r ferch wen o Bennal,
Breuddwyd dig, briddo dy dâl!

LLYWELYN GOCH Y DANT
fl. 1470—1471

4370 Gwell dau dan yr iau na'r un.

[Ateb i 'Marwnad Ieuan ap Hywel Swrdwal' gan Hywel Dafi], 'Ymryson rhwng Hywel Dafi a Beirdd Tir Iarll', *Llên Cymru*, cyf. III, rhif 2, Gorffennaf 1954.

TOMAS LLYWELYN O RIGOS
fl. c. 1580—1610

4371 O'r pridd y deuthum, ŵr pruddaf,—prudd wyf,
I'r pridd oer dychwelaf;
Prudd o feddwl, pridd fyddaf,
Prudd o ddyn, i'r pridd ydd af.

Dyfynnir yn *Hanes Morganwg*, D. W. Jones (Dafydd Morganwg) (1874).

4372 Ni nofiodd mewn un afon
Y doeth yn erbyn y don.

Dyfynnir yn 'Thomas Llywelyn o'r Rhigos, a'i Waith', L. J. Hopkin James, *Y Geninen*, argraffiad arbennig Mawrth 1, 1913.

4373 Os myn y dyn derfyn da
Myfyried am ei fara.

'Diwydrwydd', *Blodau'r Gynghanedd* (Gol. Richard Griffith (Carneddog)) (1920).

4374 Ystyriais, gwelais gywilydd—ym myd
Ymadael â chrefydd,
A ffôl ymadael â ffydd
A'i dibenion da beunydd.

Dyfynnir yn *Cyfoeth Cwm*, D. Jacob Davies (1965).

MAREDUDD AP RHYS
fl. 1440—1483

4375 Iawnach i gybydd enwir
Garu Duw nag erw o dir.

Flores Poetarum Britannicorum, sef Blodeuog Waith y Prydyddion Bryttanaidd (o Gasgliad John Davies, Mallwyd) (1710).

4376 Beth a dâl ond dialedd
Da'r byd wrth fyned i'r bedd?

4377 Yn ôl anwiredd y naill
Anwiredd a wna eraill.

4378 Dyn, pe cyn gryfed â dau,
Digyngor y dwg angau.

4379 Y llong pan êl i'w helynt
Nid âi o'r lle bai heb wynt.

EDWARD MATTHEWS (MATTHEWS EWENNI) 1813–1892

4380 Y mae Duw yn cymhwyso dynion at yr oes y maent yn byw ynddi, ac ni thâl dynion un oes ddim llawer at y llall ychwaith.

Hanes Bywyd Siencyn Penhydd neu Mr. Jenkin Thomas o Benhydd, yn Sir Forganwg (1851).

4381 Y mae pob peth yn y bywyd hwn yn symud yn fuan, i roddi lle i rywbeth mwy perffaith, nes y bydd perffeithrwydd o'r diwedd wedi llyncu y cwbl i fyny, i dragywyddol sefydlogrwydd.

4382 Y dyn a wrthododd friwsion a wylodd am ddiferyn.

Cofiant Edward Matthews Ewenni, J. J. Morgan (1922).

4383 Un onest iawn yw angau. 'Does gan Dduw yr un gwas mwy onest. Ni newidia gyflwr neb, ond ei roddi i Dduw fel y caiff ef.

4384 Y mae un deigryn edifeiriol yn ddigon i nofio Duwdod i galon pechadur.

4385 Onid oes calon yn y weithred y mae hi'n farw; onid oes gweithred yn y galon y mae hi'n dwyllodrus.

4386 Anadl sydd rhyngom a thragwyddoldeb yn wastad.

4387 Y mae Duw'n ddiog i ddigofaint ond yn rhedeg i drugarhau.

4388 Cyflym o dyfiant, byr o barhad.

4389 Y mae un Duw yn ddigon i filiynau o ddynion, ond nid yw miliynau o dduwiau yn ddigon i un dyn.

4390 Rhaid dioddef peth a maddau llawer i gadw cariad.

4391 Dechreuad pob mawredd yw bod yn fach, cynnydd mawredd yw myned yn llai, perffeithiad mawredd yw myned yn ddim.

4392 Rhaid i ddyn fod yn gall i'w weled ei hun yn ffôl.

4393 Y mae digon o ddefnydd damnio byd mewn un pechadur.

4394 Y mae'r proffwyd rhwng dau dân: Duw yn digio oni ddywedir y gwir, a dynion yn digio os dywedir.

4395 Cyll y dyn yng Nghrist y cwbl, ac eto meddianna bob peth yng Nghrist.

4396 Y mae crefydd mewn adfeiliad yn magu pob budreddi.

4397 Nid yw yn heddiw braidd byth ar ddyn: y mae'n byw yn ddoe mewn cof, neu yn yfory mewn gobaith bob amser. Dyna fel y mae Duw ac yntau'n methu â chwrdd: y mae ef yn yfory a Duw yn heddiw.

4398 Lle bo mwyaf o drueni y mae mwyaf o Dduw.

4399 Uniad ffydd a chydwybod a wna grefydd dda.

4400 Y diferyn olaf o dynerwch mewn dyn pechadurus yw tosturi tad.

4401 Pe bai modd tynnu cythraul trwy Grist fe ddeuai allan yn angel sanctaidd.

4402 Gras yw'r perl disgleiriaf yng nghoron yr Iesu.

4403 Y mae digon o farwolaeth mewn un weithred bechadurus i ladd yr holl fyd.

4404 Y mae syched am bopeth ond Duw yn farwol.

4405 Pe cyrhaeddai pechodau rifedi'r gwlith, y mae trugaredd heb gyrraedd yr eithaf.

4406 Mor anodd yw i ddynion faddau un pechod, ac mor hawdd i Grist faddau myrddiynau.

4407 Gobaith yw grym pob ymdrech.

DEREC LLWYD MORGAN
1943–

4408 Yr oedd fel gardd ofalus
Na fwriai'i haf gwyw ar frys.

'Marwnad fy Nhad', *Gwna yn Llawen, Ŵr Ieuanc* (1978).

DEWI MORGAN (DEWI TEIFI)
1877–1971

4409 Y gwir dwys a gâr y doeth,
Ei sennu a gais annoeth.

'Cantre'r Gwaelod', *Cofnodion a Chyfansoddiadau Eisteddfod Genedlaethol 1925 (Pwllheli)* (Gol. E. Vincent Evans).

4410 Awr ei wae, hardd ar ieuanc
Wared yr hen rhag gwir dranc.

4411 Nid yw pleserau ond pla a sorod.

4412 Agorwch iddo'r gweryd
A thry'r bardd yn athro'r byd.

'Y Bardd', *Y Cerddor Newydd,* Awst 21, 1953.

4413 Ef a wyddai gelfyddyd—yn ei ardd,
A'i throi'n wyrth o fywyd;
Yn Seion, yr un ffunud,
Garddwr y gerdd orau i gyd.

'J. T. Rees, y Cerddor', *Y Flodeugerdd Englynion* (Gol. Alan Llwyd) (1978).

ELENA PUW MORGAN
1900–1973

4414 Gobeithion siomedig eich calon eich hun yw'r ffenestri cliriaf i weld i fywydau eraill.

Nansi Lovell (1933), pennod 1.

4415 Bod yn ddistaw ynglŷn â phopeth yw'r modd diogelaf i gadw unpeth.

Y Wisg Sidan (1939), pennod 4, rhan 3.

4416 Y mae haen o hunanoldeb ym mhawb a wna iddynt ddymuno am anfarwoldeb, ni waeth trwy ba fodd.

Y Graith (1943), pennod 16.

JOHN MORGAN
1688–1733

4417 Mae'r dyn yn marw er y pryd y dechreuodd fyw.

'Myfyrdod Ynghylch Angau', *Myfyrdodau Bucheddol ar y Pedwar Beth Diweddaf, Sêf, Angau, Barn, Nef, ac Uffern* (1714).

4418 Yr ydym bawb er pan ddaethom yma yn brysio o hyd tua'r byd nesa'.

4419 Doe neu echdoe 'roedd ein tadau cyn wyched gwŷr â ninnau, er gwaeled eu lle a'u llwch heddiw.

4420 Mae pawb yn gydradd yn y bedd.

4421 Awel fach a ddiffydd y gannwyll lwydolau hon; pwys bychan a dyr edau ungorn einioes dyn; draen crin a blewyn pen a fuont saethau angau fwy nag unwaith.

4422 Pan ŷm ni brysura'n byw mae Angau brysura'i ladd. Pan ŷm ni fwya'n bryd ar ddifyrrwch y byd hwn yr ŷm yn llithro yn ddiarwybod i'r byd arall.

4423 Y ffordd orau i'n cymhwyso'n hunain i farw yw byw'n dda, a'r ffordd orau i fyw'n dda yw meddwl am farw yn fynych.

4424 Mae pob blodeuyn yn gwywo, pob ffrwyth yn aeddfedu, pob dilledyn yn llychwino ac yn heneiddio, a phob dydd yn darfod.

4425 Nid ŷm wedi marw'n peidio â bod, ond yn peidio â bod yn y cyflwr presennol.

'Myfyrdod Ynghylch y Farn'.

4426 Mae pob drwg a thueddfryd i ddrygioni y funud y gwneir ef yn sgrifenedig gan Dduw.

4427 Ni wiw disgwyl nofio i borthladd gwynfyd tragwyddol hyd genlli o ddifyrrwch cnawdol.

'Myfyrdod Ynghylch y Nef'.

4428 Pe câi'r annuwiol fyned i'r nef, nid nef a fyddai iddo.

4429 Mae'r ddaear yn malurio i lawr
A'r bedd bob awr yn barod.

4430 Meini nadd a mynyddoedd,—a gwaliau
Ac olion dinasoedd,
A dail, dy fyfyrdod oedd,
A hanesion hen oesoedd.

'. . . ar Farwolaeth Mr. Edward Llwyd, Ceidwad y Musaeum yn Rhydychen'.

T. J. MORGAN
1907—1986

4431 Y mae aml bwysigrwydd ym mhellteroedd y gorffennol, ond mewn perthynas â'n buchedd gyfoes ni y mae pob pwysigrwydd yn teneuo'n feinach feinach po bellaf yr eir yn ôl.

'"Dyfalu" Hanes', *Trwm ac Ysgafn* (1945).

4432 Cof dyn sy'n ei droi'n unigolyn.

4433 Yr act o ddynwared yw hedyn pob crefft: o ailgynnal ac ailgyfansoddi drosodd a throsodd y daw medrusrwydd ac addurn a chymhlethdod a gorchestrwydd.

'Cymhellion Llenyddol', *Ysgrifau Llenyddol* (1951).

4434 Tri gelyn mawr dyn yw Amser ac Anghlod (neu Ddinodedd) ac Angof.

4435 Drych o gymeriad dyn ac o naws a safonau ei gyfnod yw arddull.

4436 Amod cyntaf cyfriniaeth yr awen yw bod yn wylaidd ostyngedig, a difa balchder a phob hunan-gyfiawnder, ac ymglywed â rhin a rhyfeddod pob athrylith ac awen pa le bynnag y bo.

'Chwaeth', *Amryw Flawd* (1966).

DAVID WILLIAM MORRIS
(DEWI GLAN DULAS)
1853—1895

4437 Llydan agored yw llaw dyngarwr.

'Y Dyngarwr', *Blodau'r Gynghanedd* (Gol. Richard Griffith (Carneddog)) (1920).

4438 Diwydrwydd yw llwydd pob lle.

'Diwydrwydd'.

EDWARD MORRIS
1607—1689

4439 Calon ffŵl sydd yn ei dafod.

'Dyriau o Gynghor i Ochel Rhoi Tafod Drwg i Neb', *Barddoniaeth Edward Morris, Perthi Llwydion* (Gol. Hugh Hughes) (1902).

4440 Mewn hydraul mae'n hwy oedran
Un gair o'i glod na gŵr glân:
A hwy nag oes hŷn ac iau
Yr â gair ar y gorau.

'Marwnad Thomas Jones, o'r Criccyn'.

4441 Er y ceraint, er cariad,
Er llaw chwyrn, er llu a chad,
Er cyfaill, er a'i cofia,
Er moesau a doniau da,
Er cymydog pwyllog, pur,
Dyn ni ddeil dan ei ddolur;
Angau tremlas, ing trymlyd,
Ryw ddydd a'i gorfydd i gyd.

4442 Gwae ni fyth gau yn ei fedd
Ganghennau'r groes gynghanedd.

4443 Mae iaith gain Prydain heb bris,
Mae'n ddiwobrwy, mae'n ddibris . . .
Y Gymraeg a gamrwygir,
C'wilydd ar gywydd yw'r gwir.

'Y Prydydd yn Ymliw a'i Awen'.

4444 Pwy a ddengys â'i fys fai
Mwy na gwendid mewn gwindai?

'Cywydd yn Erbyn Meddwdod'.

4445 Digio Duw, dwg y dial;
Diau it, ŵr, y daw tâl.

4446 O daw'r byd i wyro barn,
Daw gwedi diod gadarn.

4447 Mam pechod yw meddwdod mawr.

4448 Poen ydyw dydd pendod oes
Pan ranner pen yr einioes.

'Cywydd Marwnad Hywel Vaughan, Esq., o Lan y Llyn'.

4449 Rhy gynnar rhwygo einioes
Ym mlodau'n dyddiau; nid oes
Sicrwydd yn ebrwydd i'r naill,
Y gorau mwy nag eraill,
Nac i'r ieuanc goreuwych
Mwy na'r hen ym min y rhych.

'Bywyd', *Cywyddau Cymru* (Gol. Arthur Hughes) (1908).

4450 O bob ymryson y bydd
Terfyn llawn trwy fyw'n llonydd.

'Cypledau'.

4451 O 'mofynnwch am fonedd,
Drych i bawb edrych ei bedd;
Yma'n gorwedd mewn gweryd
Mae iraidd berl mawredd byd.

'Marw Gwraig Dda'.

HUGH MORRIS (RHUDDFRYN) 1830–1908

4452 Dau ddyrnod roes un dydd arnom,—un dydd
Yn gyrru dwrn trwom,
A thrwy y drist weithred drom
Uda'n henaid ni ynom.

[Er cof am Trebor Mai a Mynyddog] *Y Geninen*, argraffiad arbennig Mawrth 1, 1909.

JOHN MORRIS-JONES 1864–1929

4453 Pam y deui, wynt, i wylo
At fy ffenestr i?
Dywed im, a gollaist tithau
Un a'th garai di?

'Cwyn y Gwynt', *Caniadau* (1907).

4454 Dau lygad disglair fel dwy em
Sydd i'm hanwylyd i,
Ond na bu em belydrai 'rioed
Mor fwyn â'i llygaid hi.

'Rhieingerdd'.

4455 A synio'r wyf mai sŵn yr iaith,
Wrth lithro dros ei min,
Roes i'w gwefusau'r lluniaidd dro,
A lliw a blas y gwin.

4456 Moes gusan mwynlan i mi,—ac ar hyn,
Rhag i'r rhodd dy dlodi,
Cei gan cusan amdani:
Dyna dâl am dy un di!

'Moes'.

4457 'Henaint ni ddaw ei hunan';—daw ag och
Gydag ef, a chwynfan,
Ac anhunedd maith weithian,
A huno maith yn y man.

'Henaint'.

4458 Di fegi bendefigion,—oreugwyr,
Uchelwyr, â chalon
I'th garu, fy nglân fanon,
A charu'th iaith, heniaith hon.

'Cymru Fu: Cymru Fydd'.

4459 Pa ryw fudd na phryn rhuddaur,
A pha ryw nerth na phryn aur?

'Salm i Famon'.

4460 Aur dilin a bryn linach,
Pryn i'r isel uchel ach.

4461 Pwy yw'r dyn piau'r doniau?
Rhyw was i un â phwrs aur.

4462 Ychydig wridog win a llyfr o gân,
A thorth wrth raid, a thithau, eneth lân,
Yn eistedd yn yr anial gyda mi—
Gwell yw na holl frenhiniaeth y Swltân.

'Penillion Omar Khayyâm'.

4463 Ni phery'n hoes ond bore a phrynhawn,
A phoen a gofid ynddi i gyd a gawn;
Yna, heb ddatrys o'i dirgelion un,
Â mil o waeau dan y fron yr awn.

4464 Dynion trwy ddysg a thrwy athrylith sy'n
Goleuo megis cannwyll i'w cyd-ddyn,
Ni wyddant gam o'r ffordd trwy'r ddunos hon—
Traethant eu chwedl, a hunant eu hir hun.

4465 Fel llif mewn afon, ac fel gwynt ar draeth,
Dydd arall o derm f'einioes treiglo wnaeth;
Am ddau o ddyddiau ni ofidiaf fi,
Am ddydd i ddyfod, ac am ddydd a aeth.

4466 Bydd lawen yn dy fywyd, na fydd brudd;
A meithrin farn yn lle'r ffolineb sydd;
A chan nad ydyw'r byd i gyd ond diddim,
Cyfrif nad wyt ond diddim, a bydd rydd!

4467 Fe benderfynwyd ddoe pa wobr a gei,
A doe nis cyfnewidi ac nis dilei;
Bydd lawen, canys, heb dy gennad di,
Fe bennwyd ddoe pa beth yfory a wnei.

4468 Tynged â'i gordd a'th yrr fel pêl ar ffo
I ddeau ac i aswy yn dy dro:
Y Gŵr a'th fwriodd i'r blin heldrin hwn,
Efô a ŵyr, Efô a ŵyr, Efô.

4469 Nid oes drugaredd i'r neb na wnaeth ddrwg:
Dros ddrwg y mae trugaredd.

4470 Gwreichionen o'm trallodion ydyw Uffern,
Ac ennyd o'm hesmwythder ydyw'r Nef.

4471 O farw y tardd anfarwol oes i ni.

4472 A! fy nghymdeithion, yn y wledd a fo,
Cedwch eich hen gydymaith yn eich co';
A'r gloyw win pan yfoch hebof fi,
Trowch wydr â'i ben i lawr pan ddêl fy nhro.

4473 Y mae i lên ddwy ran: rhyddiaith a barddoniaeth. Celfyddyd ddefnyddiol yw'r naill; celfyddyd gain yw'r llall.

Cerdd Dafod (1925).

4474 Croniclo y mae'r hanesydd, ond y mae'r bardd yn efelychu natur trwy greu fel hi ei hun.

4475 Ffyddlondeb i ddigwyddiadau neilltuol yw gwirionedd hanes, ond ffyddlondeb i ddeddfau cyffredinol natur yw gwirionedd barddoniaeth.

4476 Y mae pob gwir farddoniaeth yn ei hanfod yn ddramadaidd.

4477 Y mae'r ddawn farddonol bur yn cyrraedd ei phinagl yn y delyneg. Hon yw'r ddawn uchaf a roed i ddyn, a'r brinnaf.

4478 Cydnabyddiaeth ag adnoddau'r iaith yw amod cyntaf arddull dda; gellir rhoi'r wybodaeth honno yng nghyrraedd dyn, ond rhaid i'w natur ef ei hun ei meddiannu.

LEWIS MORRIS (LLYWELYN DDU O FÔN) 1710–1765

4479 Pwy ar y glaw piau'r glog,
Neu bwy gân heb y geiniog?

'Cywydd y Geiniog', *Diddanwch Teuluaidd* (o Gasgliad Huw Jones, o Langwm) (1763).

4480 Dadwrdd, a dechrau dwedyd
Araith, heb iaith yn y byd,
A wnâi'r maban bychan bach:
A fu grefwr ddigrifach?

'Cywydd Marwnad Llewelyn Morys o Gaerludd, Nai Fab Brawd i'r Awdwr, a Fu Farw, Mehefin 8, 1758 yn Ddwyflwydd a Hanner Oed'.

4481 Dyma daith y gwanddyn meddal
Aeth i ddringo Gallt y Gofal,
Drwy anialwch y byd yma
I geisio ym mhen y bryn orffwysfa.

'Gallt y Gofal'.

4482 Blin yw dringo creigiau geirwon,
Blina' gelltydd yw gofalon;
Duw ei hun a'u rhoes hwy yno,
A Duw roes y nerth i'w dringo.

4483 Mwyn yw telyn o fewn tŷ
Lle byddo teulu dedwydd;
Pawb â'i bennill yn ei gwrs,
Heb sôn am bwrs y cybydd;
Mwyn y cân, oddeutu'r tân,
Morynion glân Meirionnydd.

'Caniad y Gog i Feirionnydd'.

4484 Myned adre' i mi sy raid:
Mae'r enaid ym Meirionnydd.

4485 Nid oes 'nawr, dirfawr y darfu,—maswedd
Na musig yng Nghymru;
Diau oedd fod dydd a fu
Telyn gan bob penteulu!

'Cais Lle Bu', *Y Gelfyddyd Gwta* (Gol. T. Gwynn Jones) (1929).

WILLIAM MORRIS
1889-1979

4486 Ni ddychwel hen lawenydd
Er disgwyl, disgwyl bob dydd.

'Ogof Arthur', *Canu Oes* (Gol. Glennys Roberts) (1981).

4487 Er Angau Gawr ni threngodd
Dyrïau mwyn; dewr y modd
Y geill dyn o'i golled wau
Arhosol gerddi'r oesau.
Bu i waeau mawr bywyd
Beroriaeth hiraeth o hyd.
Hiraeth dyn, a'r ffrwyth o'i dant,
Ar y ffin ni orffennant.

'Orpheus'.

4488 O ufuddhau fe ddaw hedd.

4489 Heb ofid ni bu afiaith
Na phleser heb chwerwder chwaith.

'Cynnydd'.

4490 Geiriau Duw a gâr y doeth,
Nid yr un yw duw'r annoeth.

'Doeth ac Annoeth'.

4491 Y gwir yw deddf y gŵr doeth,
Gwirionedd yw gwae'r annoeth.

4492 Gelyn yn dilyn y doeth
I hau drain ydyw'r annoeth.

4493 Ni fyn y dorf enw y doeth,
Clyw'r holl dir enwi'r annoeth.

4494 Er pob gofid nid yw nos
Byd a bywyd heb eos.

'O Gŵyn i Gân'.

4495 Ing a fydd i'w long efô
A llawer yn ei llywio.

'Epigramau: Dynion'.

4496 Mwynhâi droi mewn cwmni drwg,
Wele'i deulu diolwg!

4497 Da mynnu pob dymuniad
I eraill sydd er llesâd.

'Epigramau: Nef'.

4498 I'r oen pa gysgod a rydd
Cigfran dan ei hadenydd?

'Epigramau: Doethineb'.

4499 Nid mawr neb, cans dyma'r nod,
Heb ei achub o'i bechod.

4500 Clyw, dyna'i fost: clod ni fyn!
A rhodio mewn bri wedyn.

'Cwpledi'.

4501 Ffolineb y neb ni ŵyr
Ydyw sen un disynnwyr.

4502 Gwag a gorwag fydd geiriau
Os yw'r gwir yn was i'r gau.

4503 Ffroenuchel i'r isel rai,
I wŷr enwog ymgreiniai.

4504 A heuo dan wylo a wêl
Wynfydau yn y fedel.

'Plant y Deyrnas'.

4505 Diddos yw cloi dedwyddyd
Yng nghwsg a'r ddeupen ynghyd.

'Hapusrwydd'.

4506 Mae gorofal am grefydd
Mor ffôl ag yw amau'r ffydd.

'Y Ffydd Ffwdanus'.

4507 Ac o'i bregethau i gyd
Y fwyaf oedd ei fywyd.

'Tom Nefyn'.

MORUS DWYFECH (MORUS AP DAFYDD AB IFAN AB EINION) fl. 1523—1590

4508 Gŵr â meddiant grym iddo,
Gwrol fydd ei gweryl fo.

'Cywydd Moliant John Griffith Fychan o Gefnamwlch', *Cynfeirdd Lleyn 1500—1800* (Gol. J. Jones (Myrddin Fardd)) (1905).

4509 Gwell peidio â brwysgo heb raid;
Gwall i un golli'i enaid.

'Englynion am Feddwi'.

4510 Colli enw a'r callineb,
Colli nef nid call i neb.

4511 Dy gusan mwynlan, minwledd,—a gefais
Rhwng gwefus a dannedd,
Yn well ei flas trwy faswedd
Na saig o'r mân siwgr a medd.

'Englyn Merch'.

4512 Rhyfedd yn y bedd, iawn wybyddiaeth—dawn,
Na ŵyr dyn ragoriaeth
Rhwng pridd pendefig digaeth
A phridd yr hen iangwr ffraeth.

HUW MORYS (EOS CEIRIOG) 1622—1709

4513 Gwael ydyw braint gwlad heb rym.

'Cywydd Marwnad Syr Tomas Mostyn, a'i Arglwyddes, a Gladdwyd yn yr Un Bedd, yn Eglwys y Rhos, yn Nghreuddyn; yn y fl. 1692', *Eos Ceiriog, sef Casgliad o Bêr Ganiadau Huw Morus* (Gol. Walter Davies (Gwallter Mechain)), cyf. I (1820).

4514 Os llawenydd fydd yn faith
Daw galar a dig eilwaith.

'Cywydd Marwnad Barbara, Gwraig Richard Miltwn, o'r Plas Newydd, Llan Silin; a Fu Farw o'r Frech Wen, yn y fl. 1695: yn Dair ar Hugain Oed'.

4515 Mae rhyw groes, friw einioes frau,
A rhyw gur i'r rhai gorau.

4516 Brwdaniaeth yw bâr dynion,
Breg yw'r byd o'r brig i'r bôn;
Uchel ac isel a gais
Orfoledd ar ei falais.

'Cywydd i'r Byd'.

4517 Llawen gymdeithas sydd addas i ddyn.

'Cyffes y Gof Du—sef Dafydd Cadwaladr a Fu yng Ngefail Llan Gedwyn'.

4518 Llwyr y bendithiwyd a lithiwyd ar laeth:
Bydd hawdd ei ddiddyfnu, heb fethu mo'i faeth;
A lithiwyd ar gwrw, neu fenyw, neu fir,
Ni thynnir oddi wrthyn' am dyddyn o dir.

4519 Mae'r Arglwydd yn addo i bawb a ddêl ato
Ei esmwytho a'i ddadlwytho, na byddo'n ei boen;
Ffydd a chrediniaeth yw'r gwir feddyginiaeth,
A'th ddwyn i dda obaith yn ddiboen.

'Cyngor i Arthur ab Edward Mathew o Lan-Silin', cyf. II (1823).

4520 Nid oes i ti yma un ddinas barhaus
I gadw dy godau trwy foddau trofaus;
Os wyt yn iawn feddwl na fyddi fawr hŷn
Byd arall sydd amlwg yn d'olwg, y dyn.

'Cyssul Daionus—*neu Garol Cariad*'.

4521 Pennaeth pob rhinwedd, a buchedd ddi-ball,
Yw cariad yng nghalon y cyfion ŵr call.

4522 Os marw mewn cariad cywirlan a wnawn,
Trugaredd trwy gariad yn godiad a gawn.

4523 Ni ellir disgwyl hir esmwythder
Heb gyfnewid poen a gofid yn ei gyfer.

'Cynghorion i Gyfaill a Dorasai ei Goes, trwy Godwm oddi ar ei Farch'.

4524 A fo rhoddgar a boddlongar
Bydd bendithgar ben ei daith.

'Ymddiddan rhwng Cybydd a Hael'.

4525 Nid ydyw balchder dyn ond cysgod,
Llun heb achos, llawn o bechod,
Uchder meddwl yn mynd heibio,
Braint a bri fel pwysi yn pasio.

'Cân o Ddiolchgarwch i Dduw am ei Fawr Drugaredd'.

4526 Tra bo dyn byw'n preswylio
Bydd angau'n daer amdano,
A'r bedd yn braenu hwn a'r llall
I dderbyn arall iddo.

'Caniadau yn Erbyn Trachwant, Twyll, a Ffalsder—y Rhai a Fuont yn Dra Chydnabyddus yn y Wlad, dan Enw "Cerddi Tiroedd y Taerion": Cân III'.

4527 Mae llwybrau pawb yn llithro
Sy'n gollwng Duw yn ango':
Buan yr â tueddfa'u taith
A'u diffaith obaith heibio.

4528 Y gŵr a gâr ddiddigrwydd
A'r wreigdda yn un car'digrwydd,
Duw ro i chwi flwyddyn ddedwydd
A thawel dywydd da.

'Mai-Gân yn Amser Rhyfel, rhwng y Brenin Wiliam o Loegr a Lewis o Ffrainc'.

4529 Arfer angau yw taro heb fygwth.

'Marwnad Edward Llwyd, Gwr Nerthol, o Sîr Feirionydd, a Laddwyd yn ei Ymdrech i Dreiglo Maen Mawr, wrth Bont y Cyssylltau, îs law Llan Gollen'.

4530 Pwy sydd yn preswylio heb arno ryw bwn
Yn pwyso tra byddo yn trino'r byd hwn?
A garo Duw nefol anfeidrol yn fawr,
O gystudd i gystudd fe a'i gostwng i lawr.

'Ymddiddan rhwng y Byw a'r Marw; sef Elin Prys â'i Mab—Tomas Edward, Etifedd y Pant Glas'.

4531 Mae'r byd yn ein hudo, a myrdd â'u serch arno,
Heb neb yn cael tario i'w lafurio fo fawr;
Beth a dâl golud, ac aur dan y gweryd,
A cholli'r holl wynfyd llawenfawr?

'Carol o Ddysg a Chyngorion'.

4532 Gwae y beichiog o bechod:
A garo'i faich, garw ei fod!

'At y Darllenydd'.

4533 Duw a fwriodd diferion
Mêl gawod hyd dafod hon.

'I Gariad y Bardd Oedd ar Fyned i'w Phriodi âg Arall'.

4534 Ni chaiff dyn ronyn ond a rannodd—Duw,
Ni cheir dim o'i anfodd;
Odid un a'i dymunodd
Yr aeth ei fyd wrth ei fodd.

'I Wr Anfoddlonus'; cambriodolir i Siôn Tudur gan Thomas Parry yn *The Oxford Book of Welsh Verse*, a chan eraill.

4535 O Dduw cair y gair gwirion—daionus,
Dyna bawb yn foddlon;
Rhoch o eiriau rhy chwerwon,
I ddal dig, o ddiawl y dôn'.

'Ar Ddechreuad Cynnen'.

4536 Tra fo'r oes, hafota;
Ti gei nef i hendrefa.

'Cyngor'.

4537 Gwêl gaethed, saled fy seler:—ystyr,
I ostwng dy falchder;
A chofia, ddyn iach, ofer,
Nad oes i fab ond oes fer.

'Ar Gareg-fedd yn Llan Gadwaladr'.

4538 Y ferch wych, edrych dan odre—
'r garreg,
Oer guriodd fy mronne;
Yr un fath, i ddwy lath le,
Diau daith, y doi dithe.

'Ar Gareg-fedd Sian Jones, Gwraig Richard Ffoulkes o Ben y Graig, Llan Silin'.

MYRDDIN AP DAFYDD
1956—

4539 Gall llong a gyll ei hangor
Roi min ar grafangau'r môr.

'Amod y Dyfodol', *Cyfansoddiadau Llenyddol Buddugol Eisteddfod Genedlaethol Urdd Gobaith Cymru*, Y Rhyl, 1974.

JAMES NICHOLAS
1928—

4540 Daw i'r pridd wedi rhaib brad
Hedyn yr atgyfodiad.

'Swper Olaf yr Haf', *Olwynion* (1967).

4541 Mawr y gwahanfur rhyngom a'r gwynfyd.

'Ffordd Emaus'.

4542 Hen wyliwr godre'r geulan,—a'i olwg
Yn ddrychiolaeth syfrdan;
Ei war crwm fel tro cryman,
A'i bwysau ar goesau gwan.

'Y Creyr Glas'.

4543 Ym min nos oer tremio'n syn—ar eira
Yr Aran a'r Berwyn:
Am Ddyfed codai wedyn
Hiraeth y llanc wrth y llyn.

'Ar Lan Llyn Tegid'.

4544 Ganwyd y Mab o gnawd Mair—
un nos oer
Tan y seren ddisglair
Yn wyrth Dduw o'r groth ddiwair
Yn y gwellt, Hwn oedd y Gair.

'Y Geni Gwyrthiol'.

4545 Poenus yw'r campau anodd;
O boen y daw rhyngu bodd.

'Epigramau'.

4546 Un rhan hen o'r hyn a aeth
Yn aros—dyna hiraeth.

4547 Uchel nod ymchwilio nef:
Dedwyddyd y dioddef.

'Yr Ymchwil', *Cerddi'r Llanw* (1969).

T. E. NICHOLAS (NICLAS Y GLAIS)
1878—1971

4548 Buasai'n well i'r genedl golli holl gywyddau Goronwy na cholli cynifer ag un o emynau Pantycelyn neu Ann Griffiths.

'Beirdd Cymru: Beth am danynt?', *Y Geninen*, cyf. XXXI, rhif 3, Gorffennaf 1913.

4549 Mae barddoniaeth orau'r gorffennol yn rhy isel fel safon i feirdd heddiw.

4550 Nid oes dim gwerth mewn cyfoeth meddyliol ond i'r graddau y cyfrennir ef i eraill.

4551 Gwlad y beirdd yw Cymru; ond y beirdd eu hunain sydd yn dweud hynny.

4552 Mewn rhyddiaith dehonglir *meddwl* awdur; mewn barddoniaeth dehonglir *teimlad* awdur.

'Beth yw Barddoniaeth?', *Y Geninen*, cyf. XXXI. rhif 4. Hydref 1913.

4553 Bywyd sydd yn brydferth, nid ei addurniadau.

4554 Nes yw'r tad a chwery gyda'i blant at y Nefoedd na'r Pab a chwilia am Dduw yng nghanol pethau meirw.

4555 Mae llawenydd a gofid, pleser a phoen, yn un ym mhob gwlad ac ym mhob cyfnod.

4556 Rhaid i'r bardd gydnabod pob math o grefydd, a dehongli pob math o fywyd, a theimlo'n gartrefol ym mhob gwlad.

4557 Myfi yw Gweriniaeth, ac yr wyf yn hollalluog.

'Gweriniaeth a Rhyfel', *Dros eich Gwlad* (1920).

4558 Na chofia ddim, fy ngwerin, ond i mi,
Yn fy ngwendidau mawr, dy garu di.

'I Werin Cymru', *'Rwy'n Gweld o Bell* (1963).

4559 Nid Credo ond y pethau bach bob dydd
Yw sylfaen bywyd a phinaclau ffydd.

'Beth Yw Gwirionedd'.

4560 Mae croes pob oes yn cyfeirio i fryn yr Olewydd.

'Daear Newydd'.

4561 Nid oes un pren mor grin na fyn aderyn
  Ganu'n ei frigau pan ddaw'r haul i'r fro,
Na gwraidd mor grin na rydd y nant ddiferyn
  O'i dyfroedd i feddalu ei wely gro.

'Y Pren Crin'.

4562 Weithiau daw cân mor bêr â dafnau gwin
I ganu gobaith rhwng y cangau crin.

W. RHYS NICHOLAS
1914–

4563 Bu fyw'n dda, bu fyw'n ddiwyd,
A lle bu hon mae gwell byd.

'Fy Mam', *Cerdd a Charol* (1969).

4564 A heuo gas a fed gur
A dialedd a dolur;
Ni ddaw mawl lle bydd malais
Na hyder hardd lle bo'i drais.

'Ichabod'.

4565 Wedi cur, o grafu'r graith
Y dolur sy'n dod eilwaith,

'Epigramau'.

4566 Ni fu tud heb dreftadaeth,
Y dyn a'i gŵyr nid â'n gaeth.

4567 I ddangos cred gweithreda,
Ni wêl dyn dy feddwl da.

4568 Llwynog yw pob llawenydd
Sy'n dod a darfod 'run dydd.

Cyfansoddiadau a Beirniadaethau Eisteddfod Genedlaethol Cymru, Dyffryn Clwyd 1973 (Gol. T. M. Bassett); dan y ffugenw 'Caswallon' yng nghystadleuaeth y 'Deg o Epigramau ar fesur cwpledi cywydd'.

4569 Nwyd y glew dros ryddid gwlad
Yw gwreiddyn pob gwareiddiad.

Y Flodeugerdd o Epigramau Cynganeddol (Gol. Alan Llwyd) (1985).

4570 Nid concwest yw concwest cad
A gwerin yn ddigariad.

4571 Y gŵr na ŵyr garu neb,
Ni ddaeth hwn at ddoethineb.

4572 Nid digon gwg y bwgan
Lle bo'r ŷd i dwyllo brân.

THOMAS NICHOLSON
m. 1926

4573 Wyla gwlad, pob dôl a glyn,—alar hir
    Ar ôl yr haf dillyn,
  A rhagor nis gall brigyn
  Na wylo dail wedi hyn.

'Cwympiad y Dail', *Blodeuglwm o Englynion* (Gol. W. J. Gruffydd) (1920).

WILLIAM NICHOLSON
1844–1885

4574 I lennyrch tu ôl i anian—ehed
A chlyw, mewn pêr syfrdan,
Sŵn rhyw li'n cusanu'r lan,
A thonni wrtho'i hunan.

'Y Bardd', *Pigion Englynion fy Ngwlad* (Gol. John Thomas (Eifionydd)) (1881).

SYR OWAIN AP GWILYM
16eg ganrif

4575 Dyn rhyboeth, drwy annoethdra,
Ei radd a dawdd a'i wraidd da.

Mil o Ddyfyniadau Cymraeg (Gol. G. Lloyd Edwards) (1968).

4576 Pwy ni fydd aflonydd flin
A fo noeth ar fôn eithin?

OWAIN GWYNEDD
fl. c. 1550–1590

4577 Na fyn it i fyw yn ŵr
Na rhy draws na rhodreswr.

'Cynghorion i Wr Bonheddig Ieuanc', *Cywyddau Cymru* (Gol. Arthur Hughes) (1908).

4578 Dyn ni wna daioni i neb
Ydyw un â dau wyneb.

4579 Pwylla, a rhyglydda glod,
O daw gwŷn a dig ynod.

4580 Gwrid ar wyneb gŵr drannoeth
A wna rhoi barn yn rhy boeth.

4581 Gwybydd oll beunydd lle bych
Byth i ddadl beth a ddwedych.

4582 Gair cynnes, gorau cannwyll,
I gadw pawb i gyd yw pwyll.

4583 Cyn rhoi barn yn gadarnbeth,
Gwrando air pawb, growndia'r peth.

'Barnu'n Gywir', *Blodau'r Gynghanedd* (Gol. Richard Griffith (Carneddog)) (1920).

4584 Gŵr medrus, gwâr ei 'madrodd
Yw'r un i bawb o ran bodd.

'Gwrda'.

4585 Y gŵr a haeddo gariad
Â'n ei flaen i nofio'i wlad.

'Arwr Gwlad'.

4586 Na wna i'th dras a'th berthnasau,
Dig yw y swydd, dy gasáu.

'Twyllo'.

4587 Duw sy gynnydd dysg uniawn,
Oni bydd dysg ni bydd dawn.

'Cywydd Mawl i Huw Owen o Gae'r Berllan', *Gwaith Owain Gwynedd,* Traethawd M.A. gan D. Roy Saer (1961).

4588 Deall y bûm dull y byd,
Dull hwn âi'n dywyll ennyd.

'Cywydd Moliant i Edwart Herbert o'r Cemais'.

4589 Duw a roes beirdd dros y byd
Er darostwng ar dristyd.

'Cywydd Mawl i Sion Lewys Owain o'r Llwyn'.

4590 Duw rhôm a nodai'r rhwymyn;
Oni thyr Duw ni thyr dyn.

4591 On'd yw boen newidio byd
Ddoe a safai'n ddisyfyd?

'Cywydd Mawl i Sion Lewys Owain o'r Llwyn'.

4592 Beth, ar bren, byth a yrr brig?
Bôn a dyfo'n bendefig.

Cywydd Mawl i Sion ap Dafydd Llwyd o Fachynlleth'.

4593 Gwell dyn o gwylltia ennyd.

'Cywydd Mawl i Olfir Herbert o Fachynlleth'.

4594 Dyn araf yn dyner fydd,
A dyn gwyllt â'n dân gelltydd.

'Cywydd Mawl i Ednyfed Gruffudd o Wŷddguian'.

4595 A 'mgoto er rhwystro'r rhod,
Duw a'i gostwng, deg ystod;
A 'mostyngo dra bo i'r byd—
Da yw cof—Duw a'i cyfyd.

'Cywydd Mawl i Wmffre Stanli o Harlech'.

4596 Hwyr i Dduw dorri addewid.

4597 Dyn taerwyllt annaturiol,
Drwg ei naws, a drig yn ôl;
Trwy bwyll y trôi y bellen,
Trwy bwyll fo â mater i ben;
Nid air yma drwy amwyll
Un tro i ben ond trwy bwyll.

'Cywydd Moliant Dafydd Llwyd ap Siencyn o'r Berth-Lwyd'.

4598 Da i fab, wedi'i febyd,
Deall o bwyll dull y byd.

'Cywydd Moliant Huw Jones o Drefweithian'.

4599 Duw a ennyn daioni.

4600 Ni bu lawenydd, na byd,
O bai drwstan, heb dristyd.

'Marwnad Morgan ap Sion o Lanuwchllyn'.

4601 Na ddechrau wharae neu waith
Heb ei orffen yn berffaith,
A chyn dechrau, o chwyni,
Edrych ble diweddych di.

'Cyngor'.

4602 Ni fwrir neb yn farwol
Y bo'i ryw yn bur i'w ôl;
Ban dyfai o'r bôn dyfiad,
Byw'n y rhyw yw bôn yr had.
Braenu wna'r ŷd i'r bryniau,
A bwrw ei had i barhau:
Yr unwedd yma yr ennyn
Yr ail dwf ar ôl y dyn.

'Marwnad'.

4603 Y mae'r Iesu mor rasol,
Medd fy ffydd, yn maddau i ffôl.

'Cyffes y Bardd'.

4604 Ofer i ddyn ei fawr dda
Na dim yn y byd yma.

'Elusen'.

4605 Addwyna' cosb i ddyn call
Oedd anwiredd un arall.

Mil o Ddyfyniadau Cymraeg (Gol. G. Lloyd Edwards) (1968).

4606 A oddefo yn ddifalch
A ddirwyn bêl o ddwrn balch.

4607 Ba ddyfna' y bo'i ddefnydd,
Arwydd yn fab ar ddyn fydd.

4608 Da i ddyn, cyn diwedd oes,
Ddychrynu ddechrau'i einioes.
Ni bu dda neb i'w ddiwedd
Na châi'r gosb yn nechrau gwedd.

4609 Da yw rhinwedd dewr hynaws
A allo â'i nerth wellhau'i naws.

4610 E red rhai dan garraid trwm
Yn rhy brysur, heb reswm.
Ba raid brys? Hir yw bys byd—
Bo well in bwyllo ennyd.

4611 Gorau dim o Gred yma
A roed i ŵr, ei air da.

4612 Gŵr ydoedd ef i'w gredu—
Gŵr o fath y gwŷr a fu.

4613 Lle dôi angall â dengair,
Llunier i gall hanner gair.

Cf. y ddihareb Ladin, 'Verbum sapienti sat est' ('Un gair sy'n ddigon i gall'), sy'n deillio o eiriau Plautus (marw c. 184 C.C.), 'Dictum sapienti sat est' yn *Persa*. Ceir nifer o epigramau cynganeddol tebyg yn y casgliad hwn.

4614 Na ddod eiriau'n ddidoreth,
Nydda'r pwyll cyn addo'r peth.

4615 Nid â i goegwr ond gogan,
Nid â'r glod ond i ŵr glân.

4616 Nid oes dim—Duw yn dyst—waeth
No gwan biniwn gan bennaeth.

4617 Y fer ewin a friwid
I'r llaw oll a yrr y llid.

DAFYDD OWEN
1919–

4618 Y syml eu byw nis mawl byd,
Na'u dydd chwâl, diddychwelyd.

'Preselau', *Cyfansoddiadau a Beirniadaethau Eisteddfod Genedlaethol Cymru, Sir Benfro 1972* (Gol. J. Tysul Jones).

4619 Dyn yn dethol ydi'r dyn talentog, ond dyn wedi'i ethol ydi'r athrylith.

'Talent Daioni ac Athrylith Duwioldeb', *Ysgwn I* (1976).

DANIEL OWEN
1836–1895

4620 Y mae yn werth i ddyn fyned i'r cyfyngderau mwyaf dychrynllyd os daw Duw i'r golwg yn y diwedd.

'Agar', *Offrymau Neillduaeth; sef Cymeriadau Biblaidd a Methodistaidd* (1879).

4621 Mae gennym gymaint o le i fod yn ddiolchgar i Dduw am guddio ag am ddatguddio.

4622 Mae cariad yn cuddio lliaws o bechodau, ond ni fyn ei guddio ei hun gan neb na dim.

'Ffydd y Canwriad'; cf. rhif 1405.

4623 Ni wêl neb fawredd a gogoniant Crist nes dyfod i weled na wna neb arall y tro yn ei le.

4624 Nid oes sêl debyg i sêl grefyddol, na gorthrwm tebyg i orthrwm crefyddol.

4625 Yr ydw i'n mynd i gysfennu i'r wasg, peth na fedri di na dy dad mo'i 'neud, ac yr ydw i'n deud wrthat ti am fynd i dy wely yn reit ddistaw, a pheidio moddro i, achos pan mae dyn yn mynd i gysfennu i'r wasg rhaid iddo gael llonydd.

[John Aelod Jones wrth Walter] *Y Dreflan: ei Phobl a'i Phethau* (1881), pennod 3.

4626 Gellid yn hawdd grynhoi ei fywyd i dri gair—*shop, ledger* a *bank;* yn wir, gellid dweud ei hanes mewn tair llythyren—£.s.d.

[Am Mr Sharp Rogers, y dyn busnes] pennod 16.

4627 Fod crefydd, yr un modd ag y mae dirwest, yn dda i'r rhai nad ydynt yn alluog i ofalu amdanynt eu hunain. *Atodiad:* nad oes dim gwahaniaeth rhwng offeiriad Pabaidd, person a phregethwr, ond pe buasai raid iddo ef ddewis un o'r swyddogaethau hyn, mai swydd person a ddewisai efe, am fod gwell cyflog i'w gael, ac y gallai obeithio cael ei wneud yn esgob.

[Y bumed o erthyglau cyffes ffydd Mr Sharp Rogers].

4628 Mae cymdogion dyn gan amlaf yn ddirgelwch iddo, ac yntau yn ddirgelwch iddynt hwy. Ac oni ellir myned gam ymhellach, a dweud na ŵyr dyn ond y naill hanner o'i hanes ei hun?

Pennod 20.

4629 Onid ydyw ambell un wedi meddwl a phryderu mwy ynghylch ei fynediad posibl i'r America nag am ei fynediad sicr i dragwyddoldeb? Onid ydyw yr awydd am gynhaeaf da neu fasnach lwyddiannus, neu ofn methiant a thlodi, wedi cael mwy o le ym myfyrdodau y rhan fwyaf ohonom na thragwyddol wynfyd neu wae?

Pennod 21.

4630 Anaml y cyfarfyddir â neb, gan nad pa mor hen ydyw, nad yw yn meddwl byw yn hwy, ac yn edrych ar angau ymron yn yr un pellter oddi wrtho ag erioed.

4631 Nid i'r doeth a'r deallus yr ysgrifennais, ond i'r dyn cyffredin. Os oes rhyw rinwedd yn y llyfr, Cymreigrwydd ei gymeriadau ydyw hwnnw, a'r ffaith nad ydyw yn ddyledus am ei ddefnyddiau i estroniaid.

'Rhagymadrodd', *Hunangofiant Rhys Lewis, Gweinidog Bethel* (1885).

4632 Y mae yr hwn sydd yn myned i rodianna i'w hen wlad enedigol yn ddall i gerrig milltiroedd; mae yn dringo dros y cloddiau, yn crwydro yn y llwyni, yn hel nythod adar, yn casglu cnau a mwyar duon, yn eistedd ar y twmpathau mwsoglyd, ac yn lolian gyda min yr afon, a hynny heb gofio fod ganddo y fath beth ag oriawr yn ei logell.

Pennod 8.

4633 Onid ydyw y prawf bychan sydd yn fy aros yn llawer mwy yn fy ngolwg na'r prawf mawr sydd wedi myned heibio?

Pennod 10.

4634 "Dyna lle mae'r gwahanieth rhwng yr Eglwys a'r Capel," ebe Wil [Bryan]; "'rydach chi, pobol yr Eglwys, yn meddwl bod chi yn dda a chithe yn ddrwg, a phobol y Capel yn meddwl 'u bod nhw yn ddrwg a nhwthe yn dda."

Pennod 11.

4635 Anaml y bydd pregethwr bychan yn torri ei gyhoeddiad, oddieithr pan fydd yn ddigon bychan i ddynwared ffaeleddau pregethwr mawr.

Pennod 21.

4636 Mab llwyn a pherth oedd Enoc Huws, ond nid yn Sir Fôn y ganwyd ef.

Profedigaethau Enoc Huws (1891), pennod 1.

4637 Y mae pob gwraig yn ymwybodol o nerth ei dagrau, a gofalodd rhagluniaeth am roddi ystôr helaeth iddi ohonynt.

Pennod 7.

DAVID OWEN (DEWI WYN O EIFION) 1784–1841

4638 Gwae wired yw y gair doeth
Y daw gofid o gyfoeth.

'Molawd Ynys Prydain', *Blodau Arfon* (1842).

4639 Na chynilwch, anwylyd;
Tâl Duw gost y tlawd i gyd.

'Awdl Elusengarwch'.

4640 Dwyn ei geiniog dan gwynaw;
Rhoi angen un rhwng y naw.

4641 A wado hyn, aed â hi,
A gwaded i'r haul godi.

'Bonedd yr Awen'.

4642 Canys gwas pan deyrnaso,
Mae llaw barn yn drom lle bo.

'Ymddyddan rhwng y Bardd a'r Awen, Ynghylch Napoleon Bonaparte'.

4643 Mae anair annymunol—yn gwyro'r
Gwirion a'r synhwyrol,
A phawb, yn gall ac yn ffôl,
A ddygymydd â'i ga'mol.

'Cyfarch y Seiri'.

4644 Gwybydd, dan law Dofydd Dad,
Nad yw cerydd ond cariad:
Yna o'i law, annwyl Iôn,
Wedi cerydd daw coron.

'Y Bardd i'w Annwyl Frawd'.

4645 Gŵyr y meddyg roi moddion,
Gorau o neb gŵyr ein Iôn.

4646 Ni rydd Naf ar ddyn ufudd
Un fer boen na fo er budd.

4647 Uchelgaer uwch y weilgi,—gyr y byd
Ei gerbydau drosti:
Chwithau, holl longau y lli,
Ewch o dan ei chadwyni.

'Englynion i Bont Menai'.

4648 A theithiaf uwch Porthaethwy,
Safnau'r môr nis ofnir mwy.

4649 A'r llinell yn fusgrell fo,
Ymhell bo'r llinell honno.

'I'r Llinell'.

4650 Ewythr i feirdd, athro fu,
Cefn wrthynt i'w cyfnerthu.

'Bedd-arfraff (sic) Dafydd Ddu Eryri'.

DAVID OWEN (BRUTUS)
1795–1866

4651 Nid oes neb yn ddyn mawr oni fydd rhywfaint o farddoniaeth ynddo; a diolch i'm Creawdwr, yr wyf fi yn llawn o *boetry*; ac y mae yr awen yn fynych yn chwyddo ynof i'r fath raddau fel ag yr wyf ar droeon ymron â hollti.

Wil Brydydd y Coed (Gol. Thomas Jones) (1949); ymddangosodd yn wreiddiol yn *Yr Haul* rhwng Medi 1863 a Rhagfyr 1865.

ELLIS OWEN
(ELLIS OWEN CEFN-Y-MEUSYDD)
1789–1868

4652 Gwagedd, oferedd, feirwon,–
yw'n terfysg,
Ein twrf a'n hymryson;
Ein gorthrech, a'n hymdrech hon,
Ein cynnwrf a'n hamcanion.

'Englynion a Gyssoddwyd yn Mynwent Ynys Cynhaiarn', *Cell Meudwy* (Gol. R. I. Jones (Alltud Eifion)) (1877).

4653 Dwedodd a fedrodd tra fu–o gelwydd;
Gwyliwch ei dadebru,
Neu hi ddywed, 'rwy'n credu,
I bawb mai'n y nef y bu.

'Ar Fenyw Gelwyddog'.

4654 Tra saif enw Trawsfynydd,
Ei enw yn fawr iawn a fydd.

'Ar Robert Roberts (Robyn Ddu yr Ail), Trawsfynydd'.

4655 Ieithydd uwch ieithwyr wythiaith,–
gwir ydoedd,
Geiriadur pob talaith:
Aeth Angau â'i bymthengiaith;
Obry'n awr mae heb 'run iaith.

'Ar Dic Aberdaron'.

4656 Os nad aeth ef i'r nefoedd
Nid â neb: un da iawn oedd.

'Ar Robert Parry'.

4657 Er ei gelu, i'r golwg,
Diau, rhyw dro, y daw'r drwg.

'Daw y Drwg i'r Amlwg'.

4658 'Henaint ni ddaw ei hunan',–yn dilyn
Mae'i deulu anniddan:
Y war grom mal gŵyr gryman,
A mil o gamau mân, mân.

'Englynion i Ffon a Anfonodd Griffith Jones, Ysw., Glyn Lledr, i Ellis Owen, Cefn y Meusydd, 1856'.

GERALLT LLOYD OWEN
1944–

4659 Yma'r wyf, ond blant fy mro,
Daliwch heb laesu dwylo.

'Llwyd o'r Bryn', *Ugain Oed a'i Ganiadau* (1966).

4660 Y dyn call nid yw'n cellwair,
Ei dasg ef yw dewis gair.

'Epigramau'.

4661 A ŵyr frath newyn i'r fron
A ry bris ar y briwsion.

4662 Hwb i rym ydyw gwawd bro;
Her dewrder ydyw'r dwrdio.

4663 Gwae'r hil a ddrygo'r halen,
A gwae'r parch a blygo'r pen.

'Fy Nghenedl', Barddoniaeth Heddiw: rhif II, *Barn,* rhif 57, Gorffennaf 1967.

4664 Gwae'r gwasaidd a gâr gysur,
Gwae'r mab a gwsg ar y mur.

4665 Wroniaid Cymru unwaith,–hir erys
Marworyn eich gobaith;
Daliwyd eich ysbryd eilwaith,
A'ch breuddwyd ni chollwyd chwaith.

4666 Ni chaiff dewrder amlder rhif,
Llwfr ni ddilyn lleiafrif.

'Gŵyl Ddewi, 1969', *Barn,* rhif 84, Hydref 1969.

4667 Cawsom wlad i'w chadw,
darn o dir yn dyst
ein bod wedi mynnu byw.

'Etifeddiaeth', *Cerddi'r Cywilydd* (1972).

4668 Gwerth cynnydd yw gwarth cenedl.

4669 Un dydd o wanwyn y daeth
Hydref yr Ymerodraeth.

'Dur ac Aderyn'.

4670 Rhwydd y daw rhyddid i'r rhai a'i haeddo.

'Gwanwyn'.

4671 Gwae f'einioes pe gofynnwn
Pwy rydd ei waed i'r pridd hwn,
Pwy rydd ei waed i'r pridd hwn?

'Pwy Rydd ei Waed?'

4672 Wylit, wylit, Lywelyn,
Wylit waed pe gwelit hyn:
Ein calon gan estron ŵr,
Ein coron gan goncwerwr,
A gwerin o ffafrgarwyr
Llariaidd eu gwên lle'r oedd gwŷr.

'Fy Ngwlad'.

4673 Y ni o gymedrol nwyd
Yw'r dynion a Brydeiniwyd.

4674 Fy ngwlad, fy ngwlad, cei fy nghledd
Yn wridog dros d'anrhydedd;
O, gallwn, gallwn golli
Y gwaed hwn o'th blegid di.

4675 Nid eiddil pob eiddilwch,
Tra dyn, nid llychyn pob llwch.

'Y Gŵr Sydd ar y Gorwel'.

4676 Ni all sŵn ennill senedd,
Ni ddaw fyth heb newydd fedd.

4677 Hen genedl, cof hir;
Hen gof, y gwir.

'Hen Genedl'.

4678 Hen iaith, anadl fer;
Hen anadl, her.

4679 Ym Mawrth dywedem wrthi—fod yr haf
A'i drem tuag ati,
Nes i Ebrill ein sobri,
Ym Mai ffarweliem â hi.

'Englynion Coffa Sarah Edwards Argoed, Llawr-y-betws'.

4680 A enir yn yr anial
A dyf trwy ymdrech yn dal.

'Y Gwladwr'.

4681 O'r dderwen wyf fesen fach,
Mesen o un rymusach.

4682 'Roedd yma genedl cyn i genhedloedd
Wthio'u rhifedi ar ddieithr fydoedd;
'Roedd yma nodded y myrdd mynyddoedd,
Galar hen hil yn y glaw a'r niwloedd;
Hen iaith cyn geni ieithoedd—i ddynion,
Deuai'r acenion gyda'r drycinoedd.

''Daw Dydd y Bydd Mawr y Rhai Bychain'', *Pigion Llên Eisteddfod Powys, Dyffryn Banw, Llanerfyl 1972.*

4683 Nid doeth i gyfoeth gofio.

4684 Nid dynion dynion dinas,
Ni bu dref a wybu dras.

4685 Awn i farw o fwriad
Os hyn yw pris ein parhad.

4686 Os rhoir nod ar siwrnai hir
I'n harwain, fe'i hanerir.

[Cywydd i gyfarch Ifan Rowlands] *O'r Gist*, Ifan Rowlands (1974).

4687 Rhydychen y fargen fach,
Caergrawnt yr acer grintach.

4688 Pan feddwn dalent plentyn
I weld llais a chlywed llun.

'Afon', *Cyfansoddiadau a Beirniadaethau Eisteddfod Genedlaethol Bro Dwyfor 1975* (Gol. T. M. Bassett).

4689 Helygen dan benglogau—o farrug
Ar fore'r angladdau;
Gwern a brwyn yn esgyrn brau,
A'r bedw'n ysgerbydau.

4690 Fy nyddiau, afon oeddynt,
Mân donnau fu oriau'r hynt.
Aethant fel breuddwyd neithiwr
Neu wib dail ar wyneb dŵr.

4691 Er bod bysedd y beddau
Yn deilwriaid doluriau,
Cnawd yn y co' nid yw'n cau.

'Cilmeri', *Cyfansoddiadau a Beirniadaethau Eisteddfod Genedlaethol Abertawe a'r Cylch 1982* (Gol. W. Rhys Nicholas).

4692 Yn neufyd un ystafell
Mae'r byw a'r marw mor bell.

4693 Dydd byr yw pob diwedd byd;—anadliad
Yw cenhedlaeth hefyd;
Nid yw Hanes ond ennyd;
A fu ddoe a fydd o hyd.

4694 Dawn y gwâr yw dwyn i go'
Echdoe'i hil, a chydwylo
Â'r un nas gwelodd erioed,
A'i gofio fel ei gyfoed.

4695 Wyf heddiw yn rhyfeddu,—wyf ar daith
Hefo'r Doeth i'r beudy,
Wyf y sant tyneraf sy,
Ond wyf Herod yfory.

'Y Nadolig', *Barddas*, rhif 80, Rhagfyr 1983.

4696 Ym mhoenau dall fy nhrallod—maddau im
Ddyheu am ollyngdod;
Cyn dechrau maddau fy mod
Maddau erfyn am ddarfod.

'Gweddi'r Diwella', *Barddas*, rhifau 87 a 88, Gorffennaf/Awst 1984.

4697 Ni bydd yfory heb ddoe a'i feirwon.

Y Flodeugerdd o Epigramau Cynganeddol (Gol. Alan Llwyd) (1985).

4698 Yr oedd yno wrtho'i hun—er bod tad,
Er bod torf i'w ganlyn;
Ddoe i'r fynwent aeth plentyn,
Ohoni ddoe daeth hen ddyn.

'Yn Angladd ei Fam', *Barddas*, rhif 98, Mehefin 1985.

GORONWY OWEN (GORONWY DDU O FÔN) 1723—1769

4699 O f'Awen deg, fwyned wyt,
Diodid, dawn Duw ydwyt;
Tydi roit, â diwair wên,
Lais eos i lysywen!

'Cywydd i'r Awen, Ar Ddull Horas, Lib. IV. Ode III', *Gronoviana: Gwaith y Parch. Goronwy Owen, M.A., Ei Farddoniaeth a'i Ohebiaeth* (Goln. E. Jones ac O. Williams) (1860).

4700 Heb Awen, baich yw bywyd,
A'i rhodd yw rhyngu bodd byd.

4701 Cerdd ddifai i rai a roes
Ennill tragywydd einioes.

'Cywydd i Lewis Morys, Esq.'

4702 Teg yw dy wên, gangen gu,
Wyneb rhy deg i wenu.

'Calendr y Carwr'.

4703 Synhwyrfryd doeth, a chorff anfoethus,
Cael, o iawn iechyd, calon iachus;
A pheidio yno â ffwdanus—fyd
Direol, bawlyd, rhy helbulus.

'Awdl y Gofuned'.

4704 Odidog, mi nid ydwyf;
Rhyw sâl un, rhy isel wyf.

'Cywydd: Atteb i Annerch Huw ap Huw'r Bardd, o Lwydiarth-Esgob, yn Mon, 1756'.

4705 Gwae ddiles gywyddoliaeth,
Gwae fydd o'i awenydd waeth.

4706 Erglyw, a chymorth, Arglwydd,
Fy mharchus arswydus swydd.

4707 Cofier, ar ôl pob cyfarch,
Nad i ddyn y perthyn parch.

4708 Nid yw neb ddim ond o nawdd
Un dinam Iôn a'i doniawdd.

4709 Ein perchen iawn y parcher,
Pa glod sy'n ormod i Nêr?

4710 Parched pob byw ei orchwyl.

4711 Gwae rodres gwŷr rhy hydron,
Gwae leidr a eirch glod yr Iôn.

4712 Cerais fy ngwlad, geinwlad gu,
Cerais, ond ofer caru.

4713 Dau gytgwys gymwys gymar,
Un wedd ag ychen yn âr.

4714 Pwy a rif dywod Llifon?
Pwy rydd i lawr wŷr mawr Môn?

4715 Henffych well, Fôn, dirion dir,
Hyfrydwch pob rhyw frodir.
Goludog, ac ail Eden
Dy sut, neu Baradwys hen.

4716 Bara a chaws, bir a chig,
Pysg, adar, pob pasgedig;
Dy feichiog ddeiliog ddolydd
Ffrwythlon megis Saron sydd,
A phrennau dy ddyffrynnoedd,
Crwm lwyth, megis Carmel oedd.

4717 Os ti a fawl nefawl Nêr,
Dilys y'th felys foler.

4718 Yn lle malais, trais, traha,
Byddi'n llawn o bob dawn da,
Purffydd, a chariad perffaith
Fydd yn lle cant mallchwant maith;
Yn lle aflwydd, tramgwydd trwch,
Digon o bob rhyw degwch.

4719 Pan fo Môn a'i thirionwch,
O wres fflam, yn eirias fflwch,
A'i thorrog wythi arian
A'i phlwm a'i dur yn fflam dân,
Pa les cael lloches o'i llaid?
Duw ranno dŷ i'r enaid.

4720 Cetyn yw'n hoes, medd Catwg,
Nid ŷm oll onid y mwg.
Gan hyn, os mwg yw'n heinioes,
Da iawn! Oni chair dwy oes?
Mygyn o'r cetyn cwta
Wnâi o un oes ddwyoes dda.

'Epigram i'w Dorri ar Gaead Blwch Tobacco 1755'.

4721 Tra fo llên ac awenydd,
A chân fwyn, achwyn a fydd.

'Ieuan Brydydd Hir o Ddeheuparth, a brydws Farwnad i Ffredrig, Tywysawg Cymru; ac Offeiriad Tregaron a ddywawd, Nad oedd ynddi nac iaith na chynghanedd, am hyny yr heriawdd yr Ieuan ef; a chanu o Oronwy i'r Ieuan fal hyn, 1752'.

4722 Cenfigen ac awenydd,
Ym mhob llin, finfin a fydd.

4723 Pawb a'i cenfydd, o bydd bai,
A bawddyn, er na byddai;
A diau, boed gau, bid gwir,
Buan ar fardd y beïr.

4724 Od oes wŷr â drygfoes draw,
Afrywiog i'n difrïaw,
Cawn yn hwyr, gan eu hwyrion,
Na roes y ddihiroes hon.

4725 Mae cystudd rhy brudd i'm bron;—
'rhyd f'wyneb
Rhed afonydd heilltion;
Collais Elin, liw hinon,
Fy ngeneth oleubleth lon!

'Unig ferch y bardd, yr hon oedd dra anwyl gantho, a fu farw yn Walton yn Lancashire, Ebrill y 17, 1755, yn bum mis a blwydd o oed, ac yntau a gant y Farwnad hon iddi'.

4726 Bawaidd fu hyn o'm bywyd,
Ond am a ddaw, baw i'r byd.

'Ar Ddydd Calan'.

4727 Chwilio gem, a chael gwymon!

'Cywydd y Maen Gwerthfawr, 1753'.

4728 Llawn yw'r byd ynfyd o dwyll.

4729 Boed i angor ei sorod,
I ddi-ffydd gybydd ei god,
I minnau boed amynedd
Gras, iechyd, hawddfyd a hedd.

4730 Er nifer sêr y nefoedd
(Nifer fawr o wychder oedd),
Ac er lloer wen ysblennydd,
Nid oes dim harddach na dydd.

'Cywydd i'r Calan'.

4731 Deuddyn un enaid oeddynt,
Dau ffyddlon, un galon gynt.

'Cywydd, Marwnad Marged Morys, Gwraig Morys-ap-Rhisiart-Morys, o Bentre Eiriannell ym Mon, 1752'.

4732 Os oes rhinwedd ar weddi,
Ffynnu wna mil o'i hil hi.

4733 Ni cheisiaf gan Naf o Nefoedd—gyfoeth,
Na gofal brenhinoedd,
Ond arail ŵyn ei diroedd,
Duw a'i gwnêl, a digon oedd.

'Englynion i Dduw'.

4734 Y lle bûm yn gware gynt
Mae dynion na'm hadwaenynt;
Cyfaill neu ddau a'm cofiant,
Prin ddau, lle'r oedd gynnau gant.

'Atteb i Gywydd Huw Huws, y Bardd Coch, o Lwydiarth-esgob yn Mon, a ganwyd yn Walton yn Lancashire, 1753'.

4735 Parri, fy nghyfaill puraf,
Dyn wyt a garodd Duw Naf.

'Cywydd y Gwahawdd'.

4736 Dyfydd o fangre dufwg,
Gad, er Nef, y Dref a'i drwg.

4737 Diod o ddŵr, doed a ddêl.

4738 Diwedd sydd i flodeuyn,
Ac unwedd yw diwedd dyn.

4739 Gnawd i ardd (ped fai harddaf)
Edwi'n ôl dihoeni haf.

4740 Er pasio'r ddau gynhaeaf
Mae'r hin fel ardymyr haf,
A'r ardd yn o hardd, ddi-haint,
A'r hin yn trechu'r henaint.

4741 Mae'n gwywo ym min gaeaf
Y rhos, a holl falchder haf,
Y rhos, heneiddiodd y rhain,
A henu wnawn ni'n hunain.

4742 O Galan hwnt i'w gilydd
Angau yn nesáu y sydd.

'Cywydd i'r Calan'.

4743 Dylaith i bawb lle delo,
Llawen i bawb lle na bo.

'Cywydd i Ddiawl'.

4744 Pob tlawd sydd gydfrawd i gi.

4745 Ni chydfydd awenydd wâr
Â dynion dybryd anwar.

'Bonedd a Chynneddfau'r Awen'.

4746 Dygymydd Duw ag emyn
O awen dda a wna ddyn.

4747 Dod im Dy nawdd a hawdd hynt,
Duw hael, a deau helynt.

'Cywydd y Farn Fawr'.

4748 Mal cawr aruthr yn rhuthraw,
Mal lladron, dison y daw.

4749 Gwae'r diofal ysmala!
Gwyn fyd i'r diwyd a'r da!

4750 Corn anfeidrol ei ddolef,
Corn ffraeth, o saernïaeth Nef.

4751 Cryn y gethern uffernawl,
A chryn a dychryn y Diawl.

4752 Cofio wna hoglanc ifanc
Yn llwyd hyn a glybu'n llanc.

'Cywydd y Cynghorfynt, neu'r Genfigen'.

4753 Trwst'neiddiwch trist newyddion
Ni oludd tir, ni ladd ton.

'Marwnad Lewis Morys, Ysw.'

4754 Un naws â dail einioes dyn.

4755 Climach o ddyn afrosgo ydyw—garan anfaintunaidd—afluniaidd yn ei ddillad, o hyd a lled aruthr anhygoel, ac wynepryd llew, neu ryw faint erchyllach, a'i ddrem arwguch yn tolcio (ymhen pob chwedl) yn ddigon er noddi llygod yn y dyblygion.

[Am Berson Eglwys Walton] *The Letters of Goronwy Owen* (Gol. J. H. Davies) (1924); at William Morris, Ebrill 30, 1753.

4756 Yr oedd yn swil gennyf ddoe wrth fyned i'r Eglwys yn ein gynau duon fy ngweled fy hun yn ei ymyl ef, fel bad ar ôl llong.

4757 Nid oes a wna brydydd onid Duw a Natur.

At William Morris, Hydref 16, 1754.

4758 Er na ddichon dysg wneuthur prydydd, eto hi a ddichyn ei wellhau.

4759 Pe medrwn unwaith gael y gorau arnaf fy hun, a threchu'r naturiol hoffter sydd gennyf i'm hiaith a'm gwlad, dyn a fyddwn.

At William Morris, Rhagfyr 2, 1754.

J. DYFNALLT OWEN (DYFNALLT)
1873–1956

4760 Anadl ac ysbryd yw barddoniaeth, ac nid gosodiad rhesymegol neu ymdriniaeth athronyddol.

'Barddoniaeth Ben Bowen', *Cofiant a Barddoniaeth Ben Bowen* (Gol. David Bowen (Myfyr Hefin)) (1904).

4761 Dyn yw'r ddolen sy'n cysylltu nef â daear.

'Emyn i Liw', *Y Geninen*, cyf. XXVIII, rhif 3, Gorffennaf 1910.

4762 Gwag yw bywyd i'r neb sydd yn chwilio beunydd am ei amddiffyn.

'Dr. Gruffydd John', *Ar y Tŵr* (1953).

4763 Ni ellir cenedlaetholdeb ond a ysbrydolir gan grefydd.

'Cymru a'i Chrefydd, 1840–1940'.

4764 Cariad yn unig sydd yn rhoddi ei wir werth i ddyn.

'Y Pris ar Fywyd Dyn'.

4765 Dduw hael, pâr im addoli—d'enw mawr,
Dyna mwy fy ngweddi;
Buost fwyn, achubaist fi
O waelodion fy ngh'ledi.

'Cyffes'.

J. ROGER OWEN (GYFELOG)
1872–1960

4766 Marwolaeth Mair a Willie—a Rhisiart
Wna i reswm dewi,
Ond Ffydd ddichon fodloni,
A gweld trefn mewn galw tri.

'Galw Tri', *Mynwenta* (Gol. Gomer M. Roberts) (1980); ar garreg fedd plant Owen a Mary Williams, Nant Cwm-brân, Pant-glas, ym mynwent Tai Duon, Pant-glas, Eifionydd, sef William (marw ym 1924 yn 23 oed), Richie (marw ym 1922 yn 21 oed) a Mary (marw ym 1924 yn 28 oed).

MATHEW OWEN
m. 1679

4767 Anheddfawr sanctaidd noddfa,—
gôr breiniol,
Gerbron Duw a'r dyrfa;
Er dim, na thyred yma,
Y dyn, ond ar feddwl da.

'Eraill a Wnaed yn Eglwys Silin cyn y Gwasanaeth Boreuol', *Eos Ceiriog, sef Casgliad o Bêr Ganiadau Huw Morus* (Gol. Walter Davies (Gwallter Mechain)), cyf. II (1823).

OWEN GRIFFITH OWEN (ALAFON)
1847–1916

4768 Fy Ngheidwad fydd fy nghadarn
Noddfa i yn Nydd y Farn.

'Ffydd y Cristion', *Pigion Englynion fy Ngwlad* (Gol. John Thomas (Eifionydd)) (1881).

4769 Clyw, Asur!—Dy sêr clysion,—
beth ydynt?
Bathodau'r angylion,
Neu lewyrch oddi ar loywon
Lestri aur palasty'r Iôn.

'Y Sêr'.

4770 Nid hawdd yw myned iddo—ar nos oer,
Er cael cryn swm arno;
Wir, mae hi'n dasg drom, ond O!
Hanes y dod ohono!

'Y Gwely'.

4771 Mae llenyddiaeth yn un o'r offerynnau—ac yn un o'r rhai mwyaf pwrpasol a grymus—i ffurfio cymeriad, i arfogi pobl â rheswm, i'w cryfhau â gwybodaeth, i'w grymuso a'u hysbrydoli â nerth ac ysbrydiaeth dynion gorau yr oesoedd.

'Diddanwch Llenyddiaeth', *Y Geninen*, cyf. XVIII, rhif 4, Hydref 1900.

4772 Bychan oedd yr Hen Fron 'rErw,
Eiddil, crwm;
Cludodd trwy ei fywyd chwerw
Faich oedd drwm.
Dyna'i enw ar ei dyddyn,
'Cramen sâl':
Ni fu'r perchen ddiwedd blwyddyn
Heb ei dâl.

'Yr Hen Fron'rerw', *Cathlau Bore a Nawn* (1912).

ROBERT OWEN (ERYRON GWYLLT WALIA) 1803–1870

4773 Da yw i ddyn, doed a ddêl,
Obeithio yn Nuw Bethel.

'Jacob ac Esau', *Cofiant a Chasgliad o Weithiau Barddonol y Parch. Robert Owen*, Griffith Parry (1880).

4774 Diau ni eilw dynoliaeth
Awr yn ôl o'r hyn a aeth.

'Amser a Thragywyddoldeb'.

MOI PARRI 1948–

4775 O, hiraeth, paid ag aros;
Fel hithau gwna dithau: dos!

[Ymryson Barddas] *Barddas*, rhif 21, Gorffennaf/Awst 1978.

4776 Creu y mae'r ifainc erioed,
Meuryna y mae'r henoed!

Y Flodeugerdd o Epigramau Cynganeddol (Gol. Alan Llwyd) (1985).

RICHARD PARRY (GWALCHMAI) 1803–1897

4777 Di-dwyll mae'n myned i dân,
A di-dwyll yn dod allan.

'Gwirionedd', *Pigion Englynion fy Ngwlad* (Gol. John Thomas (Eifionydd)) (1881).

ROBERT PARRY (ROBIN DDU ERYRI) 1804–1892

4778 Onid syn, nid oes ennyd
Ddau'r un fodd ar hyn o fyd.

'Unoliaeth Amrywiaeth', *Teithiau Barddoniaeth Robyn Ddu Eryri* (1857).

4779 Gyda bri ceir coegni cant,
A daw lladd wedi llwyddiant.

'Y Dawnus'.

4780 Poenus iawn yw cwpan sur,—a miniog
Ydyw mynych ddolur,
Ond os poen, daw i was pur
O ddygasedd ei gysur.

'Effaith Erlid'.

4781 Synnwyr y gwaith, nid saith sill,
Yw clo pinacl y pennill.

'I Gyfaill'.

4782 Hawdd gwneud pellen wen ddi-wall
O ddirwyn eiddo arall.

4783 Er teithio, morio, a mawrwaith,—a dal
Ar dir i hir ymdaith,
Daw yr ennyd ar unwaith
I droi dyn o'i dir a'i daith.

'Myfyrdod yr Awdwr yn Ddeg Oed'.

R. WILLIAMS PARRY 1884–1956

4784 Mor druan nid yw Henaint nac mor dlawd
Nad erys yn ei gostrel beth o'r gwin
I hybu'r galon rhwng yr esgyrn crin.

'Cysur Henaint', *Yr Haf a Cherddi Eraill* (1924).

4785 Digwyddodd, darfu, megis seren wib.

'Y Llwynog'.

4786 Digymar yw fy mro trwy'r cread crwn,
Ac ni bu dwthwn fel y dwthwn hwn.

'Adref'.

4787 'Rôl byw fel angenogion
Am eithaf wythnos gul,
Bydd melys gan Gristnogion
Fy seigiau ar y Sul.

'Gwanwyn (Cân y Cigydd)'.

4788 Mae hiraeth yn y môr a'r mynydd maith,
Mae hiraeth mewn distawrwydd ac mewn cân,
Mewn murmur dyfroedd ar dragywydd daith,
Yn oriau'r machlud, ac yn fflamau'r tân.

'Mae Hiraeth yn y Môr'.

4789 A mwynder trist y pellter yn ei lef.

4790 Mi gefais goleg gan fy nhad,
A rhodio'r byd i wella'm stad;
Ond cefais gan yr hon a'm dug
Fy ngeni'n frawd i flodau'r grug.

4791 Prydferth ei cham yn tramwy;
Prydferth ddiymadferth mwy.

'Gwragedd (3)'.

4792 I'r addfwyn rhowch orweddfa mewn oer Fawrth,
Mewn rhyferthwy gaea';
Rhowch wedd wen dan orchudd iâ;
Rhowch dynerwch dan eira.

'Gwragedd (4)'.

4793 A bwrlwm aber i lamu heibio.

'Yr Haf'.

4794 Mwynach cur mynych cariad na phedfai
Heb lanw a thrai, a heb li na throad.

4795 Hyd onid aeth gofidiau llawer blwydd
Â godidowgrwydd ei gwaed i'w dagrau.

4796 Ni sieryd oes a ŵyr dau,
Rhy fawr yw ef i eiriau.

4797 Mae llwybr i'r llan o'r llannerch;
Daw'r meini mud, er min merch.

4798 Wedi'r chwarae daw'r gaeaf,
Gwynfyd yr ynfyd yw'r haf.

4799 Pob rhyw fwynder a geri a dderfydd,
Atgof a fydd y tecaf a feddi.

4800 Tafl y cwpan odanad,
Nid yfi'n hir dy fwynhad.

4801 Ba enaid ŵyr ben y daith?—
Boed anwybod yn obaith!

4802 Pa les hir-aros uwch pleser oriau?

4803 Ni bu ddigrifwch heb ddagrau hefyd.

4804 Ni chenfydd serch nefoedd sant.

4805 Marw yw byw. Na siomer byd.
Pand gaeaf yw haf hefyd?
Nid â'r un gaeaf i dranc
Na fu yn haf yn ifanc.

4806 Marw i fyw mae'r haf o hyd;
Gwell wyf o'i golli hefyd.

4807 Odid na ddyry'r Gŵr a garai'r ffridd
Ac erwau'r unigeddau wedi nos,
I un na wybu gariad ond at bridd,
Ryw uffern lonydd, leddf, ar ryw bell ros,
Lle chwyth atgofus dangnefeddus wynt
Hen gerddi gwesty'r ddaear garodd gynt.

'Gadael Tir'.

4808 Lluniaidd lanc sy'n llonydd lwch.

'In Memoriam: Milwr'.

4809 Parlyrau'r perl, erwau'r pysg
Yw bedd disgleirdeb addysg.

'In Memoriam: Morwr'.

4810 Y bardd trwm dan bridd tramor,
y dwylaw
Na ddidolir rhagor:
Y llygaid dwys dan ddwys ddôr,
Y llygaid na all agor!

'Hedd Wyn (1)'.

4811 Daeth awr i fynd i'th weryd,
A daeth i ben deithio byd.

4812 Garw fu rhoi'i bridd i'r briddell,
Mwyaf garw oedd marw ymhell.

'Hedd Wyn (2)'.

4813 O'r addfwyn yr addfwynaf,
Ac o'r gŵyr y gorau gaf.

'Ysgolhaig'.

4814 O'u diallu dywyllwch, ni welant
Na haul na hawddgarwch;
Na'r sêr yn eu tynerwch,
Na llewyrch lloer uwch eu llwch.

'Dysgedigion (1)'.

4815 Tragywydd-lonydd lenor.

'Dysgedigion (2)'.

4816 Dros ei wlad y rhoes ei lw,
Dros fôr fe droes i farw.

'Mab ei Dad'.

4817 Y rhwyg o golli'r hogiau.

'Ar Gofadail'.

4818 Gellir adnewyddu ieuenctid hen linell o'i gosod mewn amgylchoedd dieithr.

Cofnodion a Chyfansoddiadau Eisteddfod Genedlaethol 1925 (Pwllheli) (Gol. E. Vincent Evans); beirniadaeth ar gystadleuaeth yr englyn ar y testun 'Balm'.

4819 Yn wahanol i fesur y soned, sy'n cuddio lliaws o bechodau, y mae'r mesur hwn yn eu bradychu.

Beirniadaeth ar gystadleuaeth yr hir-a-thoddaid ar y testun 'Tudwal'.

4820 Trist yw gweld darostwng y Gynghanedd unbenesaidd o'i lle yn ei llys, fel Branwen gynt ar lawr y gegin.

Cofnodion a Chyfansoddiadau Eisteddfod Genedlaethol 1929 (Lerpwl) (Gol. E. Vincent Evans); wrth draethu ar ddull rhyddieithol 'Dafydd Grug' o gynganeddu yng nghystadleuaeth yr awdl.

4821 Mae barrug tlws y gynghanedd yn tywyllu'r awdl hon, fel blodau rhew ar wydr ffenestr.

Sylwadau ar awdl 'Eurfrawd'.

4822 Beth yw bardd onid ei barabl?

Cyfansoddiadau a Beirniadaethau Eisteddfod Genedlaethol 1942 (Aberteifi) (Gol. Thomas Parry): beirniadaeth ar gystadleuaeth yr awdl.

4823 Gwych o gamwfflaes yw'r Gynghanedd!

4824 Y mae popeth angerddol yn fyr—cafod o law, storm o fellt a tharanau, a thelyneg.

Dyfynnir yn *Beirdd y Bore,* Dafydd Owen (1945).

4825 Buan y'n dysgodd bywyd
Athrawiaeth llanw a thrai:
Rhyngom a'r ddôl ddihalog
Daeth chwydfa'r Gloddfa Glai.

'Y Ddôl a Aeth o'r Golwg', *Cerddi'r Gaeaf* (1952).

4826 Draw o ymryson ynfyd
Chwerw'r newyddfyd blin,
Mae yno flas y cynfyd
Yn aros fel hen win.

'Eifionydd'.

4827 A llonydd gorffenedig
Yw llonydd y Lôn Goed.

4828 O! mwyn yw cyrraedd canol
Y tawel gwmwd hwn,
O'm dyffryn diwydiannol
A dull y byd a wn;
A rhodio'i heddwch wrthyf f'hun,
Neu gydag enaid hoff, cytûn.

4829 Dyfod pan ddêl y gwcw,
Myned pan êl y maent,
Y gwyllt atgofus bersawr,
Yr hen lesmeiriol baent;
Cyrraedd, ac yna ffarwelio,
Ffarwelio,—Och! na pharhaent.

'Clychau'r Gog'.

4830 Mwynach na hwyrol garol
O glochdy Llandygái
Yn rhwyfo yn yr awel
Yw mudion glychau Mai.

4831 Diwedd mabolaeth yw diwedd y byd.

'Canol Oed'.

4832 Nid bywyd yw Bioleg.

'Cyffes y Bardd'.

4833 A chrechwen yna y mae
Y llongwyr ar y lli,
Fel petai'r byd heb wae
Na dwyfol drasiedi.

'Drudwy Branwen'.

4834 O na bai marw'n ddechrau taith
Trosodd i'r paith diwethaf.

'Yn Angladd Silyn'.

4835 Nid ofna'r doeth y byd a ddaw
Ar ochor draw marwolaeth.
Ei ddychryn ef yw bod yn fyw:
Angheuol yw bodolaeth.

'A. E. Housman'.

4836 'Rwyt frawd i'r oes druan,
Dy fodryb yw'r dylluan:
Hoffi leisio ar dy ffliwt
Ac ar dy liwt dy hunan
Ryw hen, hen wae.

'Y Ffliwtydd'.

4837 Hoff wlad, os gelli hepgor dysg
Y dysgedicaf yn ein mysg,
Mae'n rhaid dy fod o bob rhyw wlad
Y fwyaf dedwydd ei hystâd.

'Y Gwrthodedig (J. Saunders Lewis)'.

4838 Pwysicach yw'r chwilotwr
Nag awdwr llyfr o gân.

'Chwilota'.

4839 Rhyfedd fu camu'n ddirybudd i'r wawrddydd hardd.

'Rhyfeddodau'r Wawr'.

4840 O'r Llanfair sydd ar y Bryn neu Lanfair Mathafarn
Chwyth ef i'r synagog neu chwyth ef i'r dafarn.

'Cymru 1937'.

4841 Ow! Fory-a-ddilyn-Heddiw-a-ddilyn-Ddoe:
Pa hyd y pery echelydd chwil y sioe?

'Ymson Ynghylch Amser'.

4842 Marwolaeth nid yw'n marw. *Hyn* sydd wae.

Cf. rhif 5609.

4843 Nes na'r hanesydd at y gwir di-goll
Ydyw'r dramodydd, sydd yn gelwydd oll.

'Gwae Awdur Dyddiaduron'.

4844 Ni pherthyn y bardd i'r byd fel i Natur werdd,
Ac ni wna gyfaddawd ag ef fel y bydol-ddoethyn.

'Propaganda'r Prydydd'.

4845 'Rwy'n fydol ac ysbrydol yr un pryd.

'Gair o Brofiad'.

4846 Ni frysia'r Cychwr, canys hen yw'r cwch.

'Hen Gychwr Afon Angau'.

4847 Gan bwyll y bwytawn, o dafell i dafell betryal,
Yr academig dost. Mwynha dithau'r grual.

'J.S.L.'

4848 O! Armagedon, sydd yn gwneud y byd
A'r bywyd hwn yn gwestiwn oll i gyd.

'Taw, Socrates'.

4849 Adeiladwyd gan Dlodi;—nid cerrig
Ond cariad yw'r meini;
Cydernes yw'r coed arni,
Cyd-ddyheu a'i cododd hi.

'Neuadd Goffa Mynytho'.

4850 Y werin gyffredin, ffraeth.

'"Major Hamlet"'.

4851 Pwy y gŵr piau goron—ei henwlad
Wedi anlwc greulon?
A phwy o Fynwy i Fôn
Yw'r dewra' o'i hawduron?

'T. Rowland Hughes'.

4852 Os bydd y meddwl yn wan cryfhewch y gynghanedd.

Dyfynnir yn *Diddordebau Llwyd o'r Bryn* (Gol. Trebor Lloyd Evans) (1966); sylw a draethwyd yn wreiddiol yn Eisteddfod Genedlaethol Wrecsam ym 1933.

4853 Mesur tragwyddoldeb ydyw mesur atgof.

'Noson o Wynt', *Rhyddiaith R. Williams Parry* (Gol. Bedwyr Lewis Jones) (1974).

4854 Gwyn fyd y bardd ni roes heibio, pan aeth yn ŵr, lefaru a deall a meddwl fel bachgen.

'Angerdd Beirdd Cymru'.

4855 Anaml y ceir englynwr da sydd hefyd yn delynegydd da.

'Am Delynegion'.

4856 Adar cerdd llenyddiaeth yw ei thelynegion.

'Beth Yw Telyneg?'.

4857 Rhyw rygnwr untant yw'r telynegwr ym mhob gwlad ac ym mhob oes.

4858 Yn groes i'r gwir Gristion, aiff y gwir fardd oddi wrth ei wobr at ei waith.

'Deg Gorchymyn i Feirdd'.

4859 Na feddyliwch eich bod yn plesio beirniad wrth efelychu ei arddull. Ni fyn ei atgoffa o'i gamweddau.

4860 Osgowch gymdeithas beirdd: mae meidrolion yn llawer mwy diddorol.

4861 Ni bu'r beirdd mwyaf erioed yn hynod ar gyfrif eu deheurwydd cynganeddol.

'Cyngor i Feirdd yr Awdl'.

4862 Creadur twp, hanner pan, ydyw bardd; dyn mewn oed gydag ymennydd plentyn.

'Barddoniaeth Dau Dramp'.

4863 Ddoe y ganed pob bardd.

4864 Islwyn, y methiant mwyaf ysblennydd yn hanes ein llên.

'Ceiriog—Bardd heb ei Debyg'.

4865 Dau fath o feirdd sydd: Ceiriog, ac eraill.

4866 Beth yw Barddoniaeth? Llinellau di-ben-draw.

4867 Byth ni wawria'r dydd pan nad adwaenir ffydd wrth ei gweithredoedd a barddoniaeth wrth ei geiriau.

'Amryw'; cyhoeddwyd yn wreiddiol yn y feirniadaeth ar gystadleuaeth y soned yn *Cofnodion a Chyfansoddiadau Eisteddfod Genedlaethol 1928 (Treorci)* (Gol. E. Vincent Evans).

4868 Nid ydyw'r ci na'r cywydd a fo'n cyfarth yn gadael fawr o'i ôl ar gorff nac enaid.

Cyhoeddwyd yn wreiddiol yn *Y Darian*, 28 Ionawr, 1926: beirniadaeth ar gystadleuaeth y cywydd yn Eisteddfod Caerdydd.

4869 Nid oes fwy o raid i fardd wrth ysgolheictod—llawer llai coeg-ysgolheictod—nag sydd raid i hen sant wrth ddiwinyddiaeth, i'r naill fel y llall fod yn gadwedig.

Cyhoeddwyd yn wreiddiol yn *Y Brython*, 30 Ebrill, 1925: beirniadaeth ar gystadleuaeth y soned yn Eisteddfod y Ddraig Goch, Lerpwl.

4870 Mae mesur y soned fel arfwisgoedd y marchogion gynt, yn amddiffyn i'r gwan, ac yn dramgwydd i'r cadarn.

Cyhoeddwyd yn wreiddiol yn y feirniadaeth ar y gystadleuaeth 'Dwy Soned: 'Elfyn'' yn *Cofnodion a Chyfansoddiadau Eisteddfod Genedlaethol 1921 (Caernarfon)* (Gol. E. Vincent Evans).

4871 Nid wrth ei big y mae prynu cyffylog, ac nid wrth y llath y mae mesur barddoniaeth. Y mae'n llawer iawn anos canu telyneg anfarwol fer na nyddu pryddest faith ddifywyd.

Cyhoeddwyd yn wreiddiol yn *Y Brython*, 17 Mehefin, 1937: beirniadaeth ar gystadleuaeth y delyneg yn Eisteddfod Gadeiriol Nebo, Dyffryn Nantlle.

4872 Godidowgrwydd englyn yw ei undod, ei symlrwydd, a'i ergyd.

Cyhoeddwyd yn wreiddiol yn *Y Brython*, 17 Chwefror, 1921: beirniadaeth ar gystadleuaeth yr englyn yn Eisteddfod Goronog Bethesda.

4873 Methaf weld mai gogoniant englyn yw dywedyd cymaint ag a ellir mewn cyn lleied o le ag sydd bosibl. Nid map a ddylai englyn fod, ond *snapshot*.

4874 Efallai nad yw telyneg lawer gwaeth o fethu ei chofio, ond nid englyn ond a gofier.

Cyhoeddwyd yn wreiddiol yn y feirniadaeth ar gystadleuaeth yr englyn yn *Cofnodion a Chyfansoddiadau Eisteddfod Genedlaethol 1924 (Pont-y-pŵl)* (Gol. E. Vincent Evans).

4875 Mae'n amheus gennyf a yw barddoniaeth ddigrif yn farddoniaeth o gwbl. Dagrau sydd yng nghraidd y galon ddynol, fel yr hylif yng nghrombil daear.

Cyhoeddwyd yn wreiddiol yn *Y Brython*, 3 Chwefror, 1921: beirniadaeth ar gystadleuaeth y gân gynganeddol yn Eisteddfod Goronog Bethesda.

THOMAS PARRY
1904–1985

4876 Dyn, hud breuddwydion ydyw
A wnaed o boen yn gnawd byw.

'Mam wrth ei Phlentyn', *Englynion a Chywyddau* (Gol. Aneirin Talfan Davies) (1958).

4877 Dyn nid yw ond ei awydd.

4878 Mwyniannau mân yw ein maeth
A'n duw yw marsiandïaeth.

'Gwenallt', *Y Traethodydd*, cyf. CXXIV, rhif 531, Ebrill 1969.

T. H. PARRY-WILLIAMS
1887–1975

4879 Ba ryw enaid sy i'r bryniau?—Hyn a wn:
Mai un ydyw hwn â'm henaid innau.

'Y Mynydd', *Cofnodion a Chyfansoddiadau Eisteddfod Genedlaethol 1912 (Gwrecsam)* (Gol. E. Vincent Evans).

4880 Ni fedd y nefoedd wae a â'n ofer.

4881 Bydd enw Gerallt llên ar fin yr oesau
Pan huno Gerallt rhyfel yn y bedd.

'Gerallt Gymro'.

4882 Nid oes arnaf rithyn o gywilydd sôn amdano mewn rhyddiaith noeth a phlaen, er nad yw ond peiriant—motor beic dwyflwydd oed.

'KC16', *Ysgrifau* (1928).

4883 Gwn yn burion nad wyf deilwng i sôn amdano, un o bryfed mân y llawr, ond y mae rhyw swyn peryglus i mi yn y creadur bach mud, diasgwrn hwn.

'Y Pryf Genwair'.

4884 Onid oes dyfnder didrugaredd i drueni dyn?

'Cydwybod'.

4885 Ambell dro yn unig mewn bywyd y byddwn yn byw, ac wedi byw rhyw hanner dwsin o bethau yr ydym yn barod i fynd. Un waith y gwneir y pethau mawr, ond cin bod yn ad-fyw ac yn rhag-fyw amryw ohonynt.

'Boddi Cath'.

4886 Y mae ambell un yn gynnar ar fywyd wedi gorffen popeth ond marw, a disgwyl hwnnw y mae bellach.

4887 I ganfod gogoniant peth cynefin rhaid ymddangos o'r peth hwnnw weithiau yn ddieithr ac anghyffredin.

'Dieithrwch'.

4888 Y mae pawb ym mhobman yn ód i rywun yn rhywle.

'Y Naill a'r Llall'.

4889 Ni wyddom beth a allom, ac onid yw popeth gwerth ei wneuthur a wnaeth dyn erioed wedi ei wneuthur pan oedd y dyn yn fwy na dyn ar y pryd?

'Gweld y Gwynt'.

4890 Beth ydwyt ti a minnau, frawd,
Ond swp o esgyrn mewn gwisg o gnawd?

'Yr Esgyrn Hyn', *Cerddi* (1931).

4891 Asgwrn ac asgwrn, forwynig wen,
A chudyll a chigfran uwch dy ben.

4892 Heb neb yn gofyn i'r pedwar gwynt:
'P'le mae'r storm o gnawd a fu iddi gynt?'

4893 Daeth Haf Bach Mihangel trwy weddill yr ŷd,
Yn llond ei groen ac yn gelwydd i gyd.

'Celwydd'.

4894 Cryfach yw'r gadwyn na grym y gwir,
Trech ydyw'r nos na'r goleuddydd clir.

4895 Rhwng pob rhyw ddau a fu 'rioed yn y byd
Ni bu ond anwiredd—dyna i gyd.

4896 Tristach na holl ddinodedd dyn
Yw chwerthin y cnawd am ei ben ei hun.

4897 Dyro im drwydded i beidio â bod
Yn esgus o Gristion yng ngharchar y lli;
Gad imi ennyd, O Arglwydd Dduw,
Gasáu dy greadigaethau Di.

'Carchar'.

4898 Tybed fy mod i, O Fi fy Hun,
Yn myned yn iau wrth fyned yn hŷn.

'Dau Hanner'.

4899 Rhyw hanner ieuenctid a gefais gynt,
A hanner henaint fydd diwedd fy hynt.

4900 Mae hiraeth yn heneiddio, ac angau'n mynd yn iau:
Mae'r cartre'n llawn o eco, a'r bedd yn trugarhau,
A'r pedair milltir ffyddlon yn llinyn rhwng y ddau.

'Rhieni'.

4901 Canys nid oes un gaeaf nad yw'n ha',
Na chysgod nos nad yw'n oleuni dydd,
Nac un dedwyddwch chwaith nad ydyw'n brudd,
Ac nid oes unrhyw Ie nad yw'n Na.

'Gwahaniaeth'.

4902 Yn hytrach, Arglwydd, cenfydd yma rai,
Ymysg trueiniaid daear, sydd â'u trem
Yn treiddio beunydd trwy barwydydd clai
I wylio'r sêr o hyd ar Fethlehem;
Yn gweld y golau nad yw byth ar goll
Yng nghors y byd—a'r lleill yn ddeillion oll.

4903 Mewn uffern ddigon dofn i fod yn nef.

'Nef'.

4904 Rhwng prop a pholyn, ar ryw beipen gron,
Gwelais dylluan, a daeth braw i'm bron.

'Tylluan'.

4905 Mae cysur ennyd mewn marweidd-dra mwyn,
Mewn bwrw lludded wedi llafur maith,
Wrth lacio'r gïau ac wrth dynnu'r ffrwyn
A'r pwn a'r tresi trymion wedi'r daith.

'Gorffwys'.

4906 Af o'm co'
Gan hagrwch serchog y llechweddau syth,
Gan gariad na ddiffoddir mono byth.

'Ailafael'.

4907 Nid ildiaf ronyn: dof yn ieuanc rydd,
Mi wn, o'r sgarmes fawr, pan ddêl ei dydd.

'Sialens'.

4908 Ymffrostiaf bellach yn f'ymennydd pŵl—
Nid oes paradwys fel paradwys ffŵl.

'Paradwys'.

4909 . . . Am fod ynof fis Gorffennaf ffôl
Yn ciprys gydag Ebrill na ddaw'n ôl.

'Y Rheswm'.

4910 Mae'r cyrn yn mygu er pob awel groes,
A rhywun yno weithiau'n sgubo'r llawr
Ac agor y ffenestri, er nad oes
Neb yno'n byw ar ôl y chwalfa fawr.

'Tŷ'r Ysgol'.

4911 . . . Os bydd peth o'm defnydd yn y byd
Ar ôl yn rhywle heb ddiflannu'n llwyr,
A'i gael gan gyfaill o gyffelyb fryd
Ar siawns wrth odre'r Wyddfa 'mrig yr hwyr,
Ni welir arno lun na chynllun chwaith,
Dim ond amlinell lom y moelni maith.

'Moelni'.

4912 Ni wêl y teithiwr talog mono bron.

'Llyn y Gadair'.

4913 Pysgotwr unig, sydd yn chwipio'r dŵr
A rhwyfo plwc yn awr ac yn y man,
Fel adyn ar gyfeiliorn, neu fel gŵr
Ar ddyfroedd hunlle'n methu cyrraedd glan.

4914 Dim byd ond mawnog a'i boncyffion brau,
Dau glogwyn, a dwy chwarel wedi cau.

4915 Nid wy'n byw
Un amser nac yn unlle'n gyfan oll:
Mae darn o hyd ar grwydyr neu ar goll.

'Anwadalwch'.

4916 Ni all terfysgoedd daear byth gyffroi
Distawrwydd nef; ni sigla lleisiau'r llawr
Rymuster y tangnefedd sydd yn toi
Diddim diarcholl yr ehangder mawr.

'Dychwelyd'.

4917 Ni wnawn, wrth ffoi am byth o'n ffwdan ffôl,
Ond llithro i'r llonyddwch mawr yn ôl.

4918 Dim ond rhyw frithgo' am ryw gyffro gynt.

'Atgno'.

4919 Nid oes dim mewn bywyd yn cael ei orffen yn llwyr na'i gyflawni'n hollol.

'Ar Chwâl', *Olion* (1935).

4920 Ni chefais win cyforiog unrhyw ddawn,
Dim ond rhyw jòch o gwpan hanner llawn.

'I'm Hynafiaid'.

4921 Mae amryw byd ohonom yn fy nghlai.

'Dryswch'.

4922 Mae'n rhaid cael gwynt. Nid yw amser yn bod
Pan na bo gwyntoedd o rywle'n dod.

'Gwynt y Dwyrain'.

4923 . . . Wrth ymyrraeth â chwi oll ac un
Mi gefais gip ar f'anian i fy hun.

'Geiriau'.

4924 Amcan neu swydd Barddoniaeth, os oes amcan iddi o gwbl, ydyw diddanu ryw ffordd neu'i gilydd.

Elfennau Barddoniaeth (1935).

4925 Un o arbenigion gwareiddiad ydyw mynegi'n gelfydd.

4926 Nid yw Celfyddyd, boed hi'r peth a fo, yn werth colli na chwsg na chyfeillgarwch o'i phlegid.

4927 Pan lunier creadigaeth lenyddol wir fawr ac athrylithgar, nid beirniadaeth a weddai iddi, ond distawrwydd.

4928 Os oes raid i feirniad llenyddol drafod holl agweddau'r gelfyddyd, ac nid rhai ohonynt yn unig, megis allanolion y grefft, yna anodd peidio â choelio bod yn rhaid i feirniad barddoniaeth fod yn fardd hefyd.

4929 Go brin y ceir byth lenyddiaeth fwy nag a fu.

4930 Yr henaint hynaf ydyw'r henaint nad yw'n heneiddio mwy.

'Hen Chwareli', *Lloffion* (1942).

4931 Parhad o rywbeth a fu yw popeth sydd.

'Ar ei Hanner'.

4932 Y mae Angau, yn ddiau, megis Bywyd, yn wamalrwydd ac yn wyrth, yn ogystal â bod yn fygwth ac yn falltod.

'Rhaib Angau', *O'r Pedwar Gwynt* (1944).

4933 Y mae'r blynyddoedd yn cuddio, ond nid ydynt yn claddu.

'Y Coed Bach'.

4934 Beth yw'r ots gennyf i am Gymru?
Damwain a hap
Yw fy mod yn ei libart yn byw. Nid yw hon ar fap

4935 Yn ddim byd ond cilcyn o ddaear mewn cilfach gefn,
Ac yn dipyn o boendod i'r rhai sy'n credu mewn trefn.

'Hon', *Ugain o Gerddi* (1949).

4936 Ac mi glywaf grafangau Cymru'n dirdynnu fy mron.
Duw a'm gwaredo, ni allaf ddianc rhag hon.

4937 Yn oriel yr anfarwolion mae ambell glic,
Megis yr un lle ceir y Bardd Cocos a Dic.

'Dic Aberdaron'.

4938 Adar yn synfyfyrio! Wel, byth o'r fan,
Dyna farddoniaeth neu siarad fel hanner-pan.

'Y Bilidowcars'.

4939 Fe ofnai ef Angau cyn gwybod beth ydoedd byw;
Fe welai goed y gymdogaeth i gyd yn yw.

'Cyfaill (Er Cof)'.

4940 Canodd ei gân yn gyfalaw i derfysg Dyn;
Canodd hi, ac nid yw ein llên yr un.

'Bardd'.

4941 Nid oedd ar ôl
Ohoni ond ychydig ddarnau, fel
Na ellid dwedyd "Dyma Jezebel".

'Jezebel'; cf. rhif 666.

4942 I'r un fan yr â pawb wrth fynd yn ôl.

'Borshiloff', *Myfyrdodau* (1957).

4943 Gwarchod pawb! Dyna danchwa sy'n dod i'r byd
Pan fo'r Awel yn chwythu dynion a Duw ynghyd.

'1904'.

4944 Mae darnau ohonof ar wasgar hyd y fro.

'Bro'.

4945 Y mae unrhyw beth a ystyrir yn hynafol wedi ailgychwyn bodolaeth o'r newydd.

'Caer a Charreg', *Pensynnu* (1966).

4946 Pan fo dyn yn 'dwyn' o un llyfr, fe elwir hynny'n llên-ladrad; ond pan fo'n dwyn o lawer o lyfrau, fe elwir hynny'n ymchwil.

'Croes Naid', *Casgliad o Ysgrifau T. H. Parry-Williams* (1984).

IORWERTH C. PEATE 1901–1982

4947 Dedfryd ar arwyddocâd yw dedfryd terfynol y beirniad.

'Beirniadaeth Lenyddol', *Sylfeini* (1938).

4948 Ofer yw disgwyl barddoniaeth fawr am wedd ddiflanedig ar gymdeithas, am bethau nad erys ond am funud awr.

'Barddoniaeth a Bywyd'.

4949 Rhan o bren y bywyd ydyw barddoniaeth, ac yn y bywyd gwledig yn unig y ceir traddodiad parhaol a didor.

4950 Gall yr ysgolhaig nad yw lenor fod yn gelfydd creadigol, ond fe all yr ysgolhaig sydd hefyd yn llenor fod yn gymwynaswr di-ail i wareiddiad.

'Celfyddyd ac Ysgolheictod'.

4951 Ni bydd y werin byth bron yn cadw prydyddiaeth ddiledryw ar dafod leferydd.

'Mynyddog'.

4952 Un o'n gwendidau cenedlaethol ni yw'r duedd ynom i fynnu cysylltiad â barddoniaeth i bawb o'n henwogion.

4953 Ychydig yw beirdd pob cyfnod: llawer a elwir, ond ychydig a ddewisir.

4954 Ar barhad yr iaith Gymraeg—y ddolen gref hon a'n cysyllta â'n treftadaeth—y dibynna personoliaeth Cymru.

Diwylliant Gwerin Cymru (1942).

4955 Pwrpas pennaf geiriau mewn rhyddiaith yw datgan: eu pwrpas mewn barddoniaeth yw datgan ac awgrymu.

Cyfansoddiadau a Beirniadaethau Eisteddfod Genedlaethol 1945: Rhosllannerchrugog (Gol. J. T. Jones); beirniadaeth ar gystadleuaeth y Goron.

4956 Rhaid i Gymru fyw fel y byddo byw y ddynoliaeth hefyd.

'Anghydffurfiaeth a Diwylliant', *Y Llenor*, cyf. XXIV, rhifau 3 a 4, Hydref—Gaeaf 1945.

4957 Mae pob dyn yn werthfawr gan fod pob dyn yn aelod o deulu y mae'r Duw hollalluog yn Dad iddo.

'Syniadau Annibynnwr am Swyddogaeth y Wladwriaeth', *Ym Mhob Pen . . .* (1948).

4958 Nid yw rhyfel ond casineb at gymydog ar raddfa eang.

4959 Y mae pob gwaith celfyddyd yn bont—yn bont rhwng yr awdur a'i gyhoedd.

'Y Bardd Tywyll'.

4960 Y mae'r llenor yn artist i'r graddau y gall trwy barchu ei gyfrwng gyfleu unrhyw beth a phopeth a fynno.

4961 Ni all y gwir fardd fod yn alltud.

'Mr. Eliot a'r Beirdd'.

4962 Y mae'r gwir fardd yn darganfod arweddau newyddion ac amrywiadau ar deimladau ac ysmudiadau dynion a thrwy eu mynegi yn cyfoethogi'r iaith er budd cyhoedd llawer ehangach na chylch ei ddarllenwyr.

4963 Y mae'n bwysig eithriadol fod gennym lenyddiaeth gyfoes, neu fe dyfwn yn estroniaid i gyfoeth y gorffennol.

4964 Myned a dod y cenedlaethau coll
yw bywyn cyson ein hathroniaeth oll:
un einioes fer—a'r cwbl fel pe na bu,
ac Amser yn ei dŷ yn sicr o'i doll.

'Y Llinyn Arian', *Canu Chwarter Canrif* (1957).

4965 Diderfyn ydyw ffiniau enaid dyn
a'i anfarwoldeb ynddo ef ei hun;
iddo nid oes un doe nad yw'n parhau.
Ni rifir ei funudau fesul un.

4966 Flynyddoedd llwyd, a gofiwch chwi
helyntion pell y dyddiau gynt?

'Ronsyfál'.

4967 A'r nos a fu, yn Ronsyfál.

4968 Benwynion gwan y gweunydd, beth yw'r hudoliaeth flin
a droes yn sgrwd bob atgof a'r rhostir hen yn sgrin?
'Dim, namyn gormes Amser a dry bob gwiw yn grin.'

'Nant yr Eira'.

4969 Nid erys dim ond cryndod plu'r gweunydd yn y gwynt.

4970 Caned y crefftwyr oll i Dduw
am Iesu a droes bob marw yn fyw.

'Carol y Crefftwr'.

4971 Nid oes a'm hetyb ond tipiadau'r cloc,
ai oddi cartref pawb . . . dic doc, dic doc.

'Y Gegin Gynt yn yr Amgueddfa Genedlaethol'.

4972 'Rwyt yma'n fud, heb lyw, heb lwyth, heb lach
un gyrrwr hoyw i beri'r hen wich wach.

'Men Ychen'.

4973 Duw yn ei ryfedd ras a luniodd ardd
rhwng môr a mynydd lle mae'r llwybrau'n tywys
y werin flin i'r dolydd ir lle tardd
dyfroedd Bethesda a heddwch Eglwys Brywys.

'Awyrblandy Sain Tathan'.

4974 A'r syber fro o'r Barri i Borth-y-cawl
yn gignoeth dan beiriannau rhwth y Diawl.

4975 Camp bardd yw dywedyd y peth cyffredin yn rhyfeddol a'r anghyffredin yn wyrthiol.

'Cysgod heb Liw', *Y Genhinen*, cyf. XIV, rhif 3, Haf 1964.

4976 Hanfod sylfaenol pob llenyddiaeth fawr yw haelioni enaid ar ran y llenor ei hun.

Rhwng Dau Fyd (1976); cf. 'Ys dywed un awdur, *generosity of soul, either in the created character or in the creator* yw prif hanfod llenyddiaeth fawr', 'Beirniadaeth Lenyddol', *Sylfeini*.

ELLIS PIERCE (ELIS O'R NANT) 1841–1912

4977 Bochgoch, gwargoch, gwyrgam,—bywiog a phert,
Bag a ffon—llygadfflam;
Bergoes yn llunio byrgam,
A'i goes dde'n gwneud K bob cam!

[Am ei gloffni ei hun] *Y Geninen*, cyf. XXXI, rhif 3, Gorffennaf 1913.

THOMAS MORDAF PIERCE (MORDAF) 1867?–1919

4978 Dihareb, adnod y werin,—ei swyn
Yw synnwyr cyffredin;
Mewn gwlad a thref cynefin
Ei gwir praff a'i geiriau prin.

'Dihareb', *Blodeuglwm o Englynion* (Gol. W. J. Gruffydd) (1920).

DAVID PRICE (DEWI DINORWIG) 1804–1874

4979 Digonwyd fi ar deganau—y byd;
Aed ei barch ac yntau
I ryw ddyn a gâr y ddau,
Mynwent a nef a minnau.

'Englyn Olaf y Bardd', *Pigion Englynion fy Ngwlad* (Gol. John Thomas (Eifionydd)) (1881).

DAVID PRICE
1936–

4980 Neuso 'gethwr yn Seiat roi gwefra'
I bawb efo 'Dameg yr Efra'.
W'th i cofi ddeud "Coda!
Rhaid chwynnu'n pechoda'!"
Euso Wil Bach i 'rar i 'nôl befra.

'Crefft y Limrig', *Barddas*, rhif 80, Rhagfyr 1983.

4981 Ar lwyfan y 'Steddfod bu'n chw'su'n
Y gwres, wedi'i gyrchu gan ddwsin,
Ac meddai'r prif lenor
Cyn eistedd, "O! 'neno'r
Tad annwyl, mae'n rhaid imi gael
cwsin!"

4982 Meddai Meic: "Wel, Duw a'n gwareto!
Â'n hangen mor fawr am libreto,
Gwrthodwyd, ysywaeth,
Rai newydd sbon (cywaith),
A disgyn i'r hen Rigoletto.

4983 Fe ddwedir am wraig o Ffestiniog,
Er mwyn cadw'i thafod yn finiog
I ladd cymeriadau
O amryw enwadau,
Mae'n ei hogi bob dydd ar y rhiniog.

4984 Swydd ddiflas yw bod yn frenhuinness,
Cadw urddas, a hwyl yn beth pruin, ness
Llaesu o'r wyneb,
A'r gwaethaf o'r cwyne'—
Byth, byth, yn cael llymaid o Guinness.

4985 Aeth Siwsan am dro tua Beulah,
Ond collodd ei ffordd yn y neul, ah
Phan holwyd "Ble'r ei di?"
Atebodd mei leidi
"'Fasa'n dda gen i gyrraedd yn rheulah!"

4986 Prif drysor hen gybydd Llandrillo
Oedd darlun mewn oel gan Utrillo.
Daeth ei briodas i ben
A chafodd ffit bren
Wedi i'w wraig lanhau'r llun efo Brillo.

4987 Dau darw yw teirw; wel, gwych! Od
Oes mwy nag un fuwch dyna fuchod.
Dau ych a wna ychain;
Dau lo bach, lloi bychain
(Os ŷn' nhw'n rhai mawr, gweler uchod).

'Lluosogion'.

4988 Mae Miss Morris (ein pregethwr lleol)
Yn bendant nad yw am ymddeol
Gan fod pob merch yn abl i
Dragwyddol barablu
'Dyw hi ddim am dorri y rheol.

4989 Am nofio i draeth Eil-o-Man o
Sir Fôn yr oedd Wil—ar gefn piano:
Ymroes i'r Iwerydd
Ar Fai y pedwerydd
A mawr ydyw'r disgwyl amdano.

TOMI PRICE
1921–

4990 Cyfri'r wermod yn flodyn,—dyna fu
Eden fach y bwthyn;
Ffei roddi ar ei phriddyn
Ryw baun o haf erbyn hyn!

'Gardd', *Awen Meirion* (1961).

4991 Yn fyw iawn yn fy nghof i—er y bedd,
A thra bwyf y byddi;
'Does dim yn gyfan imi
Yn y byd hwn hebot ti.

'Er Cof am ei Fam', *Y Flodeugerdd Englynion* (Gol. Alan Llwyd) (1978); ar garreg fedd Ellen Price ym mynwent Tyddyngarreg, Dolgellau.

RHYS PRICHARD (YR HEN FICER)
1579?–1644

4992 Y Gair yw'r gannwyll a'th oleua,
Y Gair yw'r gennad a'th gyf'rwydda,
Y Gair a'th arwain i Baradwys,
Y Gair a'th ddwg i'r Nef yn gymwys.

Canwyll y Cymry (Gol. Stephen Hughes), casgliad 1672.

4993 Llaeth i fagu'r gwan ysbrydol,
Gwin i lonni'r trist cystuddiol,
Manna i borthi'r gwael newynllyd
Ydyw'r Gair a'r 'Fengyl hyfryd.

4994 Blin it weld yr haul a'r glaw
Mewn plwyfau o ddeutu yma a thraw,
A'th blwyf dithau (peth ysgymun)
Heb na haul na glaw trwy'r flwyddyn.

4995 Cymer berl o enau llyffan';
Cymer aur o ddwylo aflan;
Cymer win o botel fudur,
Cymer ddysg o ben pechadur.

4996 Mae'r 'Beibil bach' yn awr yn gyson
Yn iaith dy fam i'w gael er coron;
Gwerth dy grys cyn bod heb hwnnw,
Mae'n well na thref dy dad i'th gadw.

4997 Awn i Fethlem bawb dan ganu,
Neidio, dawnsio, a difyrru,
I gael gweld ein Prynwr c'redig
Aned heddiw ddydd Nadolig.

4998 Yn lle aur rhown lwyr gred ynddo;
Yn lle thus rhown foliant iddo;
Yn lle myr rhown wir 'difeirwch,
Ac fe'i cymer trwy hyfrydwch.

4999 Awn i weled y Mab rhad,
Hŷn na'i fam, cyfoed â'i Dad:
Mab a Thad, ei fam a'i ferch,
Yn lleia'i sôn, yn fwya'i serch.

5000 Awn i weld y ferch yn fam,
A'r fam yn ferch ddi-nwyf, ddi-nam;
Y ferch yn magu'i Thad o'i rwymyn,
A'r Tad yn sugno bronnau'r plentyn.

5001 Heb Grist nid ydym ond colledig,
Trwy Grist yr ydym yn gadwedig;
Heb Grist ni chawn ni weled Duw,
Trwy Grist ni a gawn ynddo fyw.

5002 Dilyn broffwyd, fe'th oleua;
Dilyn athro, fe'th gyf'rwydda;
Dilyn sant, fe'th wna di'n sanctaidd,
Dilyn ffôl, ti ddeui'n ffiaidd.

5003 Na lysenwa neb er nam,
Y dwl na'r dall, na'r cloff na'r cam;
Duw wnaeth ddyn, a'i lun a'i liw:
A gablo ddyn, fe gabla Dduw.

5004 Melltigedig yw'r dyn ynfyd
A ro i'r gelyn rym ei fywyd,
Ac na roddo i'w Brynwr diddig
Ond yr henaint gwan, methedig.

5005 Os yn enw Crist y ceisi,
Os yn eiriol y gofynni,
Di gei naill ai'r hyn ofynnaist,
Neu beth gwell na'r hyn a geisiaist.

5006 Gwell bachgen doeth na brenin ynfyd,
Gwell enw da nag ennaint hyfryd,
Gwell pwyll nag aur, gwell gras na grym,
Gwell dyn na da, gwell Duw na dim.

5007 Llong yn llawn o werthfawr dlysau,
Perl a chanmil o rinweddau,
Gem na feder neb ei brisio
Yw gwraig dda i'r sawl a'i caffo.

5008 Fel y gyr y mwg o'r llester
Yr holl wenyn, o'u hesmwythder,
Felly gyr y meddwdod aflan
Ras a dawn o'r galon allan.

5009 Lladd blant Babel tra bônt fechgyn,
Sang ar sarff tra bo'n y plisgyn,
Tyr y gangren cyn y gwreiddio,
Tor ddrwg feddwl cyn cynyddo.

5010 Y mae bywyd, y mae angau
Yn y tafod, yn y genau;
Gochel ddwedyd geiriau diriaid:
Cadw d'enau, cedwi d'enaid.

5011 Gochel fod yn ddau dafodiog,
Cas gan Dduw bob dyn celwyddog:
Tad y celwydd ydyw'r cythrel;
Gwas i'r diawl yw'r ffalst ei chwedel.

5012 Er nad ydyw dyn yn gweled
Yn y dirgel lawer gweithred,
Y mae Duw yn gweld y cwbwl
Pan na byddo dyn yn meddwl.

5013 Gochel ddilyn arfer tyrfa
A fo'n pechu am y cynta';
Gwell na hynny yw dilyn un
A ofno Dduw, a barcho ddyn.

5014 Ystyr amryw liwiau'r enfys:
Glas a choch yw'r ddwy farn gofus:
Glas oedd dŵr y dilyw cyntaf,
Coch yw tân y farn ddiweddaf.

5015 Y mae'r môr yn boddi llawer
Sydd yn chwennych gweld ei ddyfnder,
A'r haul wen yn dallu llygaid
Pawb edrycho arno'n danbaid.

5016 Fel y rhed yr haul i'r hwyr,
Fel y treulia'r gannwyll gŵyr,
Fel y syrthia'r rhosyn gwyn,
Fel y diffydd tarth ar lyn:

5017 Felly treulia, felly rhed,
Felly derfydd pobol Cred;
Felly diffydd bywyd dyn,
Felly syrthiwn bob yr un.

5018 Ni cheir gweled mwy o'n hôl
Nag ôl y neidr ar y ddôl,
Neu ôl llong aeth dros y tonnau,
Neu ôl saeth mewn awyr denau.

5019 Mewn tai o glai yr ŷm yn trigo,
'Storom gron a bair in syrthio;
Gwyliwn rhag i'r angáu'n saethu,
A briwio'r wal tra bôm ni'n cysgu.

5020 Ni chawn aros mwy na'n tadau,
Awn i'r ffordd yr aethont hwythau:
Rhaid in fynd i wneuthur cyfri,
A rhoi lle i eraill godi.

5021 Alecsander a goncwerodd
Yr holl fyd y ffordd y cerddodd;
Angau, gwedi'r goncwest 'sgeler,
A goncwerodd Alecsander.

5022 Tydi sy'n lladd ac yn bywhau,
Tydi sy'n clwyfo ac iacháu,
Yn dwyn i'r bedd, yn atgyfodi,
Yn trugarhau, ac eto'n cosbi.

[Am Dduw].

5023 Ni bu gwin erioed heb waddod,
Ni bu us erioed heb sorod;
Ni bu wenith heb ei fasglau,
Ni bu ddyn ond un heb feiau.

5024 Ni cheir melys heb y chwerw,
Ni cheir gwynfyd nes in farw;
Ni cheir coron heb y groes,
Ni cheir nefoedd heb ryw loes.

5025 Nid da mêl i'r llawn ddigonol,
Nid da gwynfyd i'r annuwiol;
Nid da gwin i'r poeth ei goludd,
Nid da iechyd i'r anufudd.

5026 Gwell gwasnaethu Duw na'r byd,
Gwell ffrwyno'r corff na'th ddamnio i gyd;
Gwell trafael byr na phoen tragwyddol,
Gwell bara a dŵr na gwledd uffernol.

5027 Hir yr erys Duw heb daro,
Llwyr y dial pan y delo.

Cf. rhif 5054.

5028 Gwell ceiniog fach trwy ffordd ddigamwedd
Na'r chweigen aur trwy drais a ffalstedd;
Y naill a lwydda'r ffordd y cerddech,
A'r llall a fwyty faint a feddech.

5029 Crist yw'r rhosyn coch o Saron,
Sydd â'i liw'n comfforddi'r galon,
Ac â'i 'roglau yn rhoi bywyd
I'r trwm feddwl a'r gwan ysbryd.

RHYS PRYDDERCH
1620?—1699

5030 Y mae Duw'n disgwyl am i'r saint wneuthur mwy drosto ef nag eraill, am iddo Efe wneuthur mwy drostynt hwy na thros eraill.

Gemmeu Doethineb neu Ymadroddion doethion wedi eu chwilio, a'u trefnu, mewn Ffordd nid anghynefin yn hollawl i ddyscu Gwybodaeth i Ddynion (1714), Cant 1, Deg 2, rhif 9.

5031 Gwell yw cael gwraig heb waddol na chael gwaddol heb wraig.

Cant 1, Deg 2, rhif 10.

5032 Er bod yn ddrwg gan y duwiol nad yw efe yn well, eto mae yn dda ganddo nad yw efe yn waeth.

Cant 1, Deg 3, rhif 2.

5033 Peth tost yw i ddyn gael ei dynnu allan o'r byd, trwy angau, cyn iddo gael ei dynnu allan ohono ei hun, trwy ras.

Cant 1, Deg 3, rhif 7.

5034 Y mae llawer yn gwrando y gwirionedd, ond ychydig sydd yn gwrando mewn gwirionedd.

Cant 1, Deg 4, rhif 1.

5035 Gwell yw'r duwiol annysgedig na'r dysgedig annuwiol.

Cant 1, Deg 4, rhif 8.

5036 Ni chanlyn angau da fywyd drwg nac angau drwg fywyd da.

Cant 1, Deg 4, rhif 9.

5037 Ni ddylai gŵr ganmol ei weithredoedd, ond gweithredoedd gŵr a ddylent ei ganmol ef.

Cant 1, Deg 4, rhif 10.

5038 Pedwar peth buddiol bod dyn yn ei holi ei hun yn eu cylch: Beth a wneuthum? Beth a wnaf? Beth a haeddais? Beth a gaf?

Cant 1, Deg 5, rhif 2.

5039 Nid oes dim yn gwneuthur pobl mor anghyfiawn â'u cyfiawnderau eu hunain.

Cant 1, Deg 5, rhif 3.

5040 Y mae sêl heb wybodaeth yn niweidiol, a gwybodaeth heb sêl yn anfuddiol.

Cant 1, Deg 5, rhif 5.

5041 Gwell yw angau poenus, gogoneddus na bywyd pechadurus, gwaradwyddus.

Cant 1, Deg 5, rhif 7.

5042 Ni ddylai Cristion ofni dioddef, ond ofni na chyfrif Duw ef yn deilwng i ddioddef, tros y gwirionedd.

Cant 1, Deg 5, rhif 9.

5043 Ni all dysg ond yn unig harddu crefydd, ond crefydd yn unig a all fendigo dysg: felly y mae dysgeidiaeth yn rhwymedicach i grefydd na chrefydd i ddysgeidiaeth.

Cant 1, Deg 5, rhif 10.

5044 Nid yw holl hyfrydwch yr annuwiol heb beth trallod, na holl drallod y duwiol heb beth hyfrydwch.

Cant 1, Deg 6, rhif 1.

5045 Y mae rhai'n gyfoethogion heb ddim, a rhai yn dylodion ac yn meddiannu pob peth.

Cant 1, Deg 6, rhif 6.

5046 Gwell gan y gwir Gristion i Grist dynnu ymaith ei bechod, a gadel ei gystudd, na thynnu ymaith ei gystudd, a gadel ei bechod iddo.

Cant 1, Deg 6, rhif 7.

5047 Gwnaed Cristnogion eu gorau, ac yna gwnaed y byd ei waethaf.

Cant 1, Deg 6, rhif 10.

5048 Yr hwn nid archwaethodd chwerwder ei drueni ei hun, ni phrofodd efe erioed felyster trugaredd Duw.

Cant 1, Deg 7, rhif 5.

5049 Ni ellir gwneuthur gweithred ddrwg yn dda ond fe a ellir gwneuthur gweithred dda yn ddrwg.

Cant 1, Deg 7, rhif 8.

5050 Y mae'r galon yn fynych yn gwneuthur yn ddrwg y weithred y mae'r llaw yn ei gwneuthur yn dda.

Cant 1, Deg 7, rhif 10.

5051 Nid oes dim yn cadw dynion yn fwy mewn ffolineb na'u doethineb eu hun.

Cant 1, Deg 8, rhif 1.

5052 Y gweddïau nid ŷm ni'n eu teimlo, anfynych y mae Duw'n eu gwrando.

Cant 1, Deg 9, rhif 2.

5053 Fe all rhai ddarllen gair Duw nad ŷnt yn ei ddeall, a rhai ei ddeall na allant ei ddarllen.

Cant 1, Deg 10, rhif 7.

5054 Po hwyaf y byddo Duw heb ddyfod i ddial, tostach fydd y dial pan ddaw efe: hwyra' dial, dial Duw; llwyra' dial, dial Duw.

Cant 1, Deg 10, rhif 9; cf. rhif 5027.

5055 Nid yw'n flin gan yr hwn sydd yn fychan yn ei olwg ei hun gael ei gyfri yn fychan yng ngolwg eraill.

Cant 2, Deg 1, rhif 9.

5056 Nyni a ddylem ymofidio am ein pechodau, ac ymorfoleddu am ein gofidiau.

Cant 2, Deg 2, rhif 7.

5057 Y ffordd orau i Gristnogion i gadw heddwch gwastadol, yn eu heneidiau, yw cadw rhyfel gwastadol yn erbyn eu chwantau.

Cant 2, Deg 2, rhif 9.

5058 Llawer o saint Duw a laddwyd, ond erioed ni orchfygwyd un ohonynt.

Cant 2, Deg 3, rhif 8.

5059 Y pryd y mae Duw'n fwyaf yng ngolwg dynion y mae dynion leiaf yn eu golwg eu hunain.

Cant 2, Deg 4, rhif 9.

5060 Y mae rhith daioni yn rhy fach, ond y mae rhith drygioni yn rhy fawr.

Cant 2, Deg 7, rhif 7.

5061 Nid yw pob gŵr goludog yn dduwiol, ond y mae pob gŵr duwiol yn oludog.

Cant 2, Deg 8, rhif 3.

5062 Nid yw pawb yn adnabod Duw, ond y mae Duw yn adnabod pawb.

Cant 2, Deg 9, rhif 1.

5063 Gwell yw i ni gael ein carcharu am wirionedd, na charcharu y Gwirionedd.

Cant 3, Deg 1, rhif 1.

5064 Rhy ebrwydd yw credu,
Trwy wagedd fe ymedy;
Proffes heb bŵer
Ni phery'n hir amser.

Cant 3, Deg 1, rhif 5.

5065 Nid yw carchar am wirionedd ond fel ystafell baradwysaidd.

Cant 3, Deg 2, rhif 8.

5066 Haeddu anrhydedd a heb ei gael sydd well na chael anrhydedd a heb ei haeddu.

Cant 3, Deg 3, rhif 10.

5067 Gwell ffoi rhag pechod gyda'r gwan na syrthio gyda'r cadarn.

Cant 3, Deg 4, rhif 8.

5068 Gosodwyd i bob dyn farw unwaith, ond yr annuwiol a fydd marw ddwywaith.

Cant 3, Deg 5, rhif 4.

5069 Nid oes dim yn rhwymo y Cristion i garu Duw cymaint â hyn: fod Duw yn ei garu ef cymaint.

Cant 3, Deg 5, rhif 5.

5070 Nid yw rhai yn deall y pethau y maent yn eu dywedyd na rhai yn gallu dywedyd y pethau y maent yn eu deall.

Cant 3, Deg 5, rhif 8.

5071 A'r ni ochelo'r mwg, ni ochel ei ddrwg.

Cant 3, Deg 6, rhif 2.

5072 Yr hwn nid yw'n ddedwydd yn y byd hwn, ni bydd efe byth ddedwydd yn y byd yn ôl hwn.

Cant 3, Deg 7, rhif 1.

5073 Y mae Duw'n oedi rhoi weithiau fel y byddom ni yn daerach, ond nid yw efe un amser yn rhoi am ein taerni ni.

Cant 3, Deg 7, rhif 4.

5074 Fe dynn pechod i lawr y rhai ni syrthiant i lawr i gyfaddef eu pechod.

Cant 3, Deg 7, rhif 7.

5075 Gwell bod yn gadwedig yn heli adfyd na phydru ym mêl hawddfyd.

Cant 3, Deg 9, rhif 1.

5076 Y peth sydd orau yn y da sydd waethaf ac enbytaf yn y drwg.

Cant 3, Deg 9, rhif 8.

5077 Gwell tystio wrth ffoi na gwadu wrth sefyll.

Cant 3, Deg 10, rhif 2.

5078 O ddau ddrwg, gorau'r lleiaf; o ddau dda, gorau'r mwyaf.

Cant 3, Deg 10, rhif 5.

5079 Nid oes neb balch yn ostyngedig, ond y mae rhai gostyngedig yn falch.

Cant 4, Deg 1, rhif 5.

5080 Llwyddiant mewn peth da sydd fendith, a llwyddiant mewn peth drwg sydd felltith.

Cant 4, Deg 2, rhif 4.

5081 Gwaith heb ffydd ni thycia, a ffydd heb waith a balla.

Cant 4, Deg 3, rhif 9.

5082 Ni fyn dynion naturiol wneuthur a allant; ni all dynion ysbrydol wneuthur a fynnant.

Cant 4, Deg 4, rhif 3.

5083 Anhawdd it adel, pan fych gleirchyn, y ddysg a geist yn fachgennyn.

Cant 4, Deg 5, rhif 7.

5084 Y mae Duw'n rhybuddio cyn taro, ond y mae'r Diafol yn taro cyn rhybuddio.

Cant 4, Deg 7, rhif 8.

5085 Trymach yw un o'n pechodau nag yw miloedd o'n cystuddiau.

Cant 5, Deg 2, rhif 2.

5086 Y mae'r pechod lleiaf yn fawr am ei fod yn erbyn Duw mawr.

Cant 5, Deg 7, rhif 2.

5087 Y mae'r pethau gorau yn gwneuthur drwg trwy eu cam-arfer, a'r pethau gwaethaf yn gwneuthur lles trwy eu hiawn-arfer.

Cant 5, Deg 8, rhif 7.

5088 Bod yn fawr ac yn dda sy dda mawr.

Cant 6, Deg 1, rhif 9.

5089 Nid esgusoda'r Beibl tan y fraich gydwybod euog yn y fynwes.

Cant 6, Deg 2, rhif 3.

5090 Nid goleuni yw'r tywyllwch, ac eto nid yw goleuni rhai ond tywyllwch.

Cant 6, Deg 2, rhif 7.

5091 Y mae y rhagrithwyr yn dyrchafu ymron myned i'r nefoedd, ac yn syrthio i uffern, a'r gwir Gristion yn syrthio ymron i uffern, ac eto yn myned i'r nefoedd.

Cant 6, Deg 2, rhif 9.

5092 Nid yw bygwth yr annuwiol ond gwroli y gwir rasol.

Cant 6, Deg 3, rhif 4.

5093 Y mae rhai mewn eisiau cysur a rhai'n cael cysur mewn eisiau.

Cant 6, Deg 3, rhif 8.

5094 Y mae llawer yn eu ceisio eu hunain wrth geisio'r Arglwydd, yn fwy nag y maent yn ceisio'r Arglwydd.

Cant 6, Deg 4, rhif 6.

5095 Y mae'r saint yn teimlo'r gras na allant ei draethu, a rhagrithwyr yn traethu am y gras nad ydynt yn ei deimlo.

Cant 6, Deg 5, rhif 1.

5096 Mae Duw'n ateb gweddïau rhai'n ebrwydd o'i ddigofaint, a heb ateb rhai yn hir o'i gariad.

Cant 6, Deg 5, rhif 6.

5097 Gwneuthur drwg yw gadel da heb ei wneuthur.

Cant 6, Deg 6, rhif 5.

5098 Ni ddylai'r duwiol fod yn ddiofal er ei fod yn ddiogel.

Cant 6, Deg 6, rhif 7.

EDMWND PRYS
1543/4—1623

5099 Y sawl fydd o isel farn,
Hwnnw a godir yn gadarn.

Dyfynnir yn *Gramadeg Cymraeg; sef, Cyfarwyddyd Hyrwydd, i Ymadroddi ac Ysgrifenu yr Iaith Gymraeg yn Gywir a Rheolaidd,* Robert Davies (Bardd Nantglyn) (1808).

5100 Y maban yn wan unwaith—y genir,
Ac yna i dwf perffaith:
Ban êl yn faban eilwaith
Buan daw i ben y daith.

'Gwan Ifanc a Gwan Hen', *Blodeuglwm o Englynion* (Gol. W. J. Gruffydd) (1920); cf. rhif 2403.

5101 Â'r môr y mae'r ymyrryd,
A'r môr yw'r cyffredin mud.

'Anllywodraeth y Cedyrn', *The Oxford Book of Welsh Verse* (Gol. Thomas Parry) (1962).

5102 Llwybrau pawb yw lle bo'r pant.

5103 Bonedd a fwrian' benyd
Ar bawb o wrengwyr y byd.

5104 Y trechaf trawsaf treisiant,
Ochenaid gweiniaid a gânt.

Cf. rhif 2398.

5105 Gwyllt yw byd, gwell ydyw bodd
Yr ynfyd na'i wir anfodd.

5106 Diriaid yw pob aderyn:
A goeliwch chwi y gwalch hyn?

5107 Llwm yw'r ŷd lle mae'r adwy.

5108 Nid anodd y diffoddan'
Â dŵr wreichionen o dân.

5109 Rhaid i'r gwan ddal y gannwyll
I'r dewr i wneuthur oer dwyll.

5110 Ni chaiff enwir wych ffyniant,
Tynnir, diblennir ei blant.

Cf. rhif 2385.

5111 A fyn ddoedyd a fynno
A glyw'r hyn ni fyn efô.

Cywydd 15, *Ymryson Edmwnd Prys a Wiliam Cynwal* (Gol. Gruffydd Aled Williams) (1986); cf. rhif 1893.

5112 Nid teg ac nid diogan
Iawn glod ond o enau glân.

5113 Nid rhaid i finiog hogi.

5114 Ymryson mawr a esyd
Dygn boen a dig yn y byd.

Cywydd 16.

5115 Ni phrofais dan ffurfafen
Gwe mor gaeth â'r Gymraeg wen.

Cywydd 17.

5116 Y mae gofal am gyfoeth
Yn lludd dawn ac yn lladd doeth.

Cywydd 21.

5117 Beth sydd i neb o'i febyd?
Ffoledd a gwagedd i gyd!

5118 Mawr gan bawb mewn margen byd
A feddo o gelfyddyd.

Cywydd 22.

5119 Beth yw cerdd a bathu cân
Beunydd heb ddeunydd anian?

5120 Os yfed a ddeisyfir,
Ar y gwin fo gair y gwir.

Cywydd 23; cf. rhif 5349.

5121 Nid iawn lais un edn o lwyn
Yn ei gân a wna gwanwyn.

5122 Beunydd rhaid ateb annoeth
Â gair a dynn y gŵr doeth.

Cywydd 24.

5123 Tynder ac anghytundeb
Ni ad nawdd na da i neb.

Cywydd 28.

5124 A garo glod fel gwraig lân,
O fin dig ofned ogan!

Cywydd 40.

5125 Dau anneall dan awyr
Y sydd, aml gwawdydd a'i gŵyr:
Un oedd ni fynnai addysg,
Yr ail ni all deall dysg.

Cywydd 41.

5126 Pob gwlad dan osodiad sêr
Hirfaith a fyn ei harfer;
Gweled arfer ei gilydd,
Gwaethwaeth o ryfygaeth fydd.

Cywydd 42.

5127 Amlwg fydd trwyn ar wyneb:
Afraid i mi nodi neb!

Cywydd 49.

5128 Llwybr y byd i gyd yw gwau,
Llai'r gŵyn, o'r llaw i'r genau.

Cywydd 50.

5129 Rhaid i bawb, er hyd y bydd,
Wrth gael hir waith ei gilydd.

5130 Rhaid i saer y gaer i gyd
Wrth of ar ei waith hefyd.

5131 Ni chanwyd ac ni chenir
Ond i Dduw un wawd oedd wir.

Cywydd 51.

5132 Na chred ei bod, rhod yw'r rhôl,
Yn wanwyn er un wennol.

5133 Nid yw anair ond ennyd;
Ni sym twyll mo bwyll y byd.

5134 Bid iawn glod i'r byd yn glau
A'i ragoriaeth i'r gorau.

Cywydd 52.

5135 Rhai a gyrraedd ragoriaeth,
Rhai'n bell, rhai'n well, a rhai'n waeth.

5136 Ni bydd cenfigen pennaeth
A thwf gwawd wrth a fo gwaeth.

SYR JOHN PRYS
1502–1555

5137 Heb ffydd ni ellir rhyngu bodd Duw.

Yn y lhyvyr hwnn . . . (1547).

5138 Weithian dangoswch, fy nghydwladwyr, o hyn allan nad o ddrwg anian onid o eisiau gwybodaeth y buoch feius cyn hyn.

JOHN PRICHARD PRYS
fl. c. 1704–1721

5139 Hoff gan lawer ddal gwg ar blentyn o achos y digofaint a fo rhyngddynt a'i rieni.

Difyrwch Crefyddol Neu Lyfr o Ganiadau Newyddion Ar Destynau 'Scrythyrol (1721).

TOMOS PRYS, PLAS IOLYN
c. 1564–1634

5140 Dyro gardod rhag tlodi;
Diau y tâl Duw i ti.

'Rhoi Elusen', *Blodau'r Gynghanedd* (Gol. Richard Griffith (Carneddog)) (1920).

5141 Ni cheir twyll mewn chwarae teg.

'Chwareu Teg'.

5142 Hen a ŵyr dwyn synnwyr da,
Diboen ieuanc a dybia.

'Barn yr Hen'; cf. rhif 2316.

5143 Dall i bawb yw dull y byd.

'Dallineb Dull y Byd'.

DEWI PHILLIPS (DEWI O'R GLYN)
1873–1966

5144 Gorwina a gâr annoeth,
Digon sy ddigon i ddoeth.

'Y Cypledau Cywydd Epigramatig', *Beirniadaethau a Barddoniaeth Eisteddfod Genedlaethol Cymru, Aberystwyth 1952* (Gol. E. D. Jones).

5145 Rhowch aur lwyth i ddiffrwyth ddyn,
Daw atoch yn gardotyn.

5146 O ildio i ysmaldod
Y gall y glew golli'i glod.

5147 Mwya'i gais am ei gysur
Y mwya'i gŵyn am ei gur.

5148 Dyled a wasg ar dlawd ŵr;
Ei olud ar uchelwr.

5149 Mwya'i ras mewn ymryson
Y sydd yn tewi â sôn.

5150 I lawr yn wael, yr un wedd,
Yr â miri a mawredd.

5151 Er y drwg a wnaeth ar dro,
O'i addef, maddau iddo.

'Pymtheg Cwpled Epigramatig', *Cyfansoddiadau a Beirniadaethau Eisteddfod Genedlaethol Cymru, Caernarfon 1959* (Gol. J. T. Jones).

5152 Gwaith buan magu annoeth,
Ara' deg y megir doeth.

Cf. rhif 3905.

5153 Ar ei air, gŵr da, di-draul,
Ond mewn gweithred mae'n gythraul.

5154 Y mud, er mor grwm ei war,
Hir y bydd wrth ddôr byddar.

5155 Nid yw aur ond tlawd ei werth
Oni wybu rin aberth.

5156 Gwell cyngor na'r ged orau;
Hardd ar ddyn yw rhoddi'r ddau.

5157 Yn ei rwn heua'r anwir
Warth a gwawd yn rhith y gwir.

5158 Ef a ŵyr feiau arall,
I'r eiddo'i hun sy'n llwyr ddall.

Cf. 3441.

5159 Bore oes, awen yw'n braint,
Diddanwch dyddiau henaint.

EVAN PHILLIPS
1829—1912

5160 Y mae gwaith Cristnogaeth yn ddeublyg: gwneuthur yr un yn llawer a gwneuthur y llawer yn un.

Cofiant Evan Phillips, J. J. Morgan (1930).

5161 Plentyn hynaf pechod yw diogi.

5162 Nid yw dyn yn gyfan onid yw yn dri: tad, mam a phlentyn.

5163 Y mae gronyn o ras yn gryfach na llond byd o bechod.

5164 Y mae deng munud o ddyn yn fwy na thragwyddoldeb o greadur.

5165 I Dduw gael Crist, y mae'n rhaid i Grist gael dyn.

5166 Gair Duw yw Natur; Ewyllys Duw yw Rhagluniaeth; Cariad Duw yw'r Efengyl.

5167 Fe all plentyn dyfu'n fwy na'i dad, ond ni thyf dyn byth yn fwy na Duw.

5168 Y mae Duw wrth chwarae yn anfeidrol uwchlaw dyn, a dyn wrth ymorchestu yn anfeidrol islaw Duw.

JOHN PHILLIPS (TEGIDON)
1810—1877

5169 Yr eiddilaidd ir ddeilen—a syrthiai
Yn swrth i'r ddaearen;
Yna y gwynt, hyrddwynt hen,
Ergydiai ar y goeden.

'Beddargraff Tad a Mab, yn Mynwent Llanycil, ger y Bala', *Pigion Englynion fy Ngwlad* (Gol. John Thomas (Eifionydd)) (1881); ar fedd David, plentyn Philip a Grace Jones o'r Bala, a fu farw ym 1818 yn 2 oed. Bu farw'r tad a'r fam ym 1853, y naill yn 74 a'r llall yn 80.

GRUFFYDD PHYLIP
m. 1666.

5170 O fwynion ddynion bob ddau,—cyfarwydd,
Cyfeiriwch y rhwyfau,
Tynnwch ar draws y tonnau
Â'r bardd trist yn y gist gau.

Mil o Ddyfyniadau Cymraeg (Gol. G. Lloyd Edwards) (1968).

SIÔN PHYLIP
c. 1543—1620

5171 Ifanc, ifanc a ofyn;
Henaint, at henaint y tynn.

Flores Poetarum Britannicorum, sef Blodeuog Waith y Prydyddion Bryttanaidd (o Gasgliad John Davies, Mallwyd) (1710); cf. rhif 2318 a rhif 5989.

5172 O thwng pob un yn uniawn,
Nid ing i neb dyngu'n iawn.

Dyfynnir yn *Gramadeg Cymraeg; sef, Cyfarwyddyd Hyrwydd, i Ymadroddi ac Ysgrifenu yr Iaith Gymraeg yn Gywir a Rheolaidd,* Robert Davies (Bardd Nantglyn) (1808).

5173 Od wyf fychan, du fuchudd,
Nid fy maint ydyw fy mudd;
Am rym, nid y mawr yma
I'w oes o ddim y sy dda;
Ond y sy dda, barna byd,
Fe'i rhifir yn fawr hefyd.

'Bach a Mawr', *Cywyddau Cymru* (Gol. Arthur Hughes) (1908).

WILIAM PHYLIP
1579—1669

5174 Â'r beger i'r un gweryd
Â'r iarll fai aer yr holl fyd.

'Cywydd i'r Bedd', 'Phylipiaid Ardudwy', William Davies, *Y Beirniad,* cyf. III, rhif 3, Rhagfyr 5 (Hydref 1913).

5175 Amlach wrthyd yn ymlyn
Na chân tant ochenaid dyn;
Amlach braw na dyn llawen,
Amlach gwaedd afiach na gwên.

5176 Duw lân, ar f'oedran edrych—â'th wyneb
O'th ddoniau perffeithwych;
Dwg fi i Nef, Duw gyfiawn wych;
Penna f'einioes pan fynnych.

'Englynion i'w Rhoi ar Fedd'.

5177 Cefais dŷ i gysgu, yn gysgod—i fyw,
Cefais fwyd a diod,
A'm hannedd hyd fedd i fod,
A thân (bendith Dduw!) ynod.

'Ffarwel i Hendre Fechan', *The Oxford Book of Welsh Verse* (Gol. Thomas Parry) (1962).

EVAN REES (DYFED)
1850—1923

5178 Tawel iawn oedd telynau—angylion,
A sŵn yr hoelion yn synnu'r heuliau.

'Iesu o Nazareth', *Gwlad yr Addewid a Iesu o Nazareth* (1894).

5179 Mewn gorthrymderau y mae dyn yn dysgu byw, ac yn dysgu canu ei nodau melysaf, a thros y mynyddoedd duaf y mae y ffordd fyrraf i'r nef.

Oriau gydag Islwyn (diddyddiad).

JONATHAN REES (NATHAN WYN)
1841—1905

5180 Duw, cyn bod cân y bydoedd,
Ynddo ei Hun yn Dduw oedd.

'Y Sabbath', *Mynydau Hamddenol* (1905).

5181 Hawdd i galon oedd gweled
Rhosynnau gras yn ei gred.

'Spurgeon'.

5182 Sugna'r claf i'w ystafell
Obaith gwawr am bethau gwell.

'Tangnefedd'.

WILLIAM REES (GWILYM HIRAETHOG) 1802—1883

5183 Prawf diymwad o wir fonedd cyneddfau awenyddiaeth ydyw ei galluogaeth i swyno teimladau pob gradd a dosbarth o gymdeithas fel ei gilydd: fod y dealltwriaeth cryfaf, y meddyliau mwyaf caboledig, ynghyd â'r werin-dorf ddi-syml yn gyffredinol, yn gallu cyd-fwynhau a chyd-wledda ar ei chynhyrchion.

'William Williams, o Bant-y-celyn, a'i Amserau', *Rhydd-weithiau Hiraethog* (1872).

EDWARD RICHARD 1714—1777

5184 Trallodau, beiau bywyd—ni welais,
Nac wylwch o'm plegyd:
Wyf iach o bob afiechyd,
Ac yn fy medd gwyn fy myd.

'In Sepulchrum Infantoli', *Blodeugerdd o'r Ddeunawfed Ganrif* (Gol. D. Gwenallt Jones) (1936).

5185 Glân yr â baban i'r bedd,—a difrad
Yw dwyfron trugaredd;
Mewn henaint mae anhunedd,
Brad a gwae i bryd a gwedd.

BRINLEY RICHARDS 1904—1981

5186 Naw wfft i droeon ein hynt;—oriau coll
Ydyw'r cwbl ohonynt,
Dyddiau a geiriau fel gwynt—
Rhyw ffwdan ar ffo ydynt.

'Ar Ffo', *Cerddi'r Dyffryn* (1967).

5187 Di-hid o'i wae ydyw dyn,
Di-hid o'i dynged wedyn.

'Y Dyffryn'.

5188 Diddeall yw deall dyn.

5189 Bidog yw arf y byd gwâr.

5190 Onid brau yw dyddiau'r doeth,
A'u bri'n drueni drannoeth?

5191 Er cur hen, er llawer craith,
Ni châr neb fyw heb obaith.

DAVID RICHARDS (DAFYDD IONAWR) 1751—1827

5192 Ofnadwy, fy Nuw, ydwyt,
A thirion i wirion wyt.

Cywydd y Drindod (1793), rhan 1.

5193 Ni thynnir, gwir yw'r geiriau,
O aflan ddim glân yn glau.

Rhan 2; cf. Job 14:4: 'Pwy a ddyry beth glân allan o beth aflan? Neb'.

THOMAS RICHARDS 1883—1958

5194 Rhwydd gamwr hawdd ei gymell—
i'r mynydd
A'r mannau anghysbell;
Hel a didol diadell
Yw camp hwn yn y cwm pell.

'Y Ci Defaid', *Y Ci Defaid ac Englynion Eraill* (Gol. Marian Elias) (1964).

5195 Er ei 'sgafnu dros gyfnod,
Dan ei faich mae dyn i fod.

'Baich'.

W. LESLIE RICHARDS 1916—

5196 Er cyfoeth ei foeth a'i fêl
Mae ing yn Haf Mihangel.

'Haf Bach Mihangel', *Dail yr Hydre* (1968).

5197 Gwelwn o bryd i'w gilydd—am eiliad
Ymylon byd dedwydd;
Ynom mae gobaith beunydd
Oni phaid goleuni'n ffydd.

'Ffydd'.

5198 Yn hen neu'n blentyn heini,—yn dy nerth
Neu dan iau musgrellni,
Ni rydd neb arwydd i ni
O'r rhyw fodd y darfyddi.

'Ynghanol Bywyd'.

5199 An-noeth yw'r hwn a weithio—i wella
Rhyw wallau a welo,
Ond call yw'r sawl a allo
Gymryd y byd fel y bo.

'Call a Ffôl'.

5200 Hwy fydd d'euogrwydd dy hun
Na dialedd dy elyn.

'Euogrwydd'.

5201 Weithiau bwrn yw cyfoeth byd:
Daw galar gyda golud.

'Golud'.

5202 Pwy ddyfyd pa bryd o'n bro
Y daw galwad i gilio?

'Yr Awr Ni Thybioch'.

5203 Diau ni ŵyr y dyn iach
Dynn ofid y dyn afiach.

'Afiechyd'.

5204 Buan, cymysg yw bywyd,—haul a thes
Neu niwl a tharth oerllyd;
Nid haf na gaeaf i gyd,
Ond gaeaf a haf hefyd.

'Bywyd', *Adledd* (1973).

5205 Anodd i'r llawn dawn a dysg
Yw dioddef y diddysg.

'Doethinebau'.

5206 Nid yw hyd bywyd o bwys:
Ei ogoniant fo'i gynnwys.

GRUFFYDD ROBERT
c. 1522—1600

5207 Chwi a gewch rai yn gytrym ag y gwelant afon Hafren, neu glochdai Amwythig, a chlywed Sais yn doedyd unwaith Good Morrow, a ddechreuant ollwng eu Cymraeg tros gof, a'i doedyd yn fawr eu llediaith: eu Cymraeg a fydd Seisnigaidd, a'u Saesneg (Duw a ŵyr) yn rhy Gymreigaidd.

'Iaith Gambr yn Annerch yr Hygar Ddarlleydd', *Dosbarth Byrr ar y Rhann Gyntaf i Ramadeg Cymraeg* (1567).

5208 Ni welir fyth yn ddyn cyweithas, rhinweddol mo'r neb a wado na'i dad, na'i fam, na'i wlad, na'i iaith.

5209 Ydd wyf yn adolwg i bob naturiol Gymro dalu dyledus gariad i'r iaith Gymraeg: fal na allo neb ddoedyd am yr un ohonynt mai pechod oedd fyth eu magu ar laeth bronnau Cymraes, am na ddamunent well i'r Gymraeg.

5210 Digasedd a wŷl fai lle ni bo, a chariad weithiau a farna'r bai yn rhinwedd.

'Y Prylog Ne'r Rhagddoediad'.

ABSALOM ROBERTS
1780?—1864

5211 Ces yno ddynion dewrion da
Am elwa ar y moelydd;
Ces beraidd ddwfr mewn amryw ffos,
Man agos i'w mawnogydd;
Ces fir a chig, ces fara a chaws,
Ces fwyniant yn Nhrawsfynydd.

'Trawsfynydd', *Lloches Mwyneidd-dra yn cynnwys Carolau, Cerddi, ac Englynion, yn nghyd a dau gant o Hen Bennillion Cymreig* (Gol. Absalom Roberts) (1832).

DAVID ROBERTS
(DEWI HAVHESP)
1831—1884

5212 Grudd fad is llygad glas llon,—a dwy ael
Is dellt crychfelynion;
Ha! fe alwyd nefolion
I hollti aur yn wallt i hon.

'Fy Nghariadferch', *Oriau'r Awen* (Gol. T. Gwynn Jones) (1927).

5213 'Roedd mwy na'i lond o uniondeb,—
byw wnaeth
Heb wneud anghywirdeb,
Na thaenu, dan rith wyneb,
Anghyfiawn air yng nghefn neb.

'Gwr Union (Er Cof am David Davies (Eos Derfel), Llandderfel.)'.

5214 Ar y ddôl las beth sy gasach—(drwy'r byd
A ruir bas oerach?)—
Yn hagr rygnu a grwgnach?
Llew o beth yw tad llo bach.

'Y Tarw'.

5215 Afon fawr a ofnaf fi—ydyw hon,
A rhaid im ei chroesi,
Ond trwy fy Iôn mentraf hi,
A byw fyddaf heb foddi.

'Afon Angeu'.

5216 Tŷ bach tawel, del ei do,—ffit o le
I'r corff tlawd orffwyso
Hyd ddydd barn; er lladd arno,
Ni chawn fwth twtiach na fo.

'Y Bedd'.

5217 Gwenieithiwr miniog, noethwedd—
yw henaint,
A gwanwr diddiwedd;
Hen bry am dynnu dannedd
A gŵr balch o agor bedd.

'Henaint'.

5218 Mi wn mai dyma'i annedd:
Aroglaf fir drwy glai'i fedd.

'Y Meddwyn'.

5219 Iôr, fy Nuw, O! tro fi'n ôl:
Gwna i Ddewi fyw'n dduwiol.

'Cyffes y Meddwyn'.

5220 O, fy Nuw, yn fy niod
Eis i hen bwll isa'n bod.

5221 Mwy o ben talent welir—o lawer
Po leiaf sebonir,
A daw i fod fwy o wir
Loyw feirdd po leiaf urddir.

'Ydwyf Fardd wedi F'urddo'.

5222 Trwch pin am gerwin o gwrw—
'rown i byth,
Ond rhown â bost yfwr
Yn ei borth, pe bai werthwr,
Bunt i Dduw am beint o ddŵr.

'At Trebor Mai, Taliesin, a Gwilym Berw' [y Ddadl Ddirwest].

ELLIS ROBERTS
(ELIS WYN O WYRFAI)
1827—1895

5223 Yn ei galar y'i gwelais—yn cwyno
Mewn acenion llednais,
Yn wen ei lliw, 'n wan ei llais,
A'r oerwlith ar ei harlais.

'Chwaer y Bardd, ar ei Gwely Angau', *Pigion Englynion fy Ngwlad* (Gol. John Thomas (Eifionydd)) (1881).

EMRYS ROBERTS
1929—

5224 Un na ŵyr ofn ni lwfrhâ.

'Y Gwanwyn', *Gwaed y Gwanwyn* (1970).

5225 Diwerth yw pob dyhead
Heb yr hir ddyfalbarhad.

'Tân Siafins', *Englynion Môn* (Goln. Dewi Jones ac Edward Jones) (1983).

5226 Nid ei oes yw diwedd dyn.

'Y Parch. R. Môn Jones', *Pennill o Ddyffryn Banw* (1984).

5227 Mwyaf hiraeth am ferroes,
Ond trist colli'r hir eu hoes.

'Colli'r Hydref', *Gwaith Dy Fysedd* (1987).

G. J. ROBERTS
1913—1969

5228 Y mae hen ddolur ym môn y ddeilen,
A dur ei waniad yng nghnawd yr onnen,
Sicraf wenwyn y frwynen a'i hangau
Yw gwawr afalau y griafolen.

'R. Williams Parry', *Awdl Goffa R. Williams Parry a Cherddi Eraill* (1967).

JAMES ROBERTS (DERWENOG) 1846–1927

5229 Ysbeiliwyd eglwys Beulah—o allu'r
Gweddillion sydd yma;
Er hyn deil yr enw da
Tra erys Nant yr Eira.

Yn y Wlad, O. M. Edwards (1921); ar fedd Evan Roberts, Dolau, diacon yn Beulah, a fu farw ym 1888.

J. H. ROBERTS (MONALLT) 1900–

5230 Cof hir yw'r miniocaf arf.

'Cywydd Ymddiddan â'r Marw (Yr Athro W. J. Gruffydd)', *Cyfansoddiadau a Beirniadaethau Eisteddfod Genedlaethol Cymru, Caerdydd 1960* (Gol. T. J. Morgan).

5231 O stŵr ei daith daw meistr dysg
I'r un hedd â'r anhyddysg.

5232 Gwae efô a heuo had
Cweryl ym mraenar cariad.

'Afon Alaw', *Cerddi Monallt* (1969).

5233 Anodd rhoi hun i hen ddrwg
A'i lwyr gelu o'r golwg.

5234 Mae rhwyg llym ym mrigau llên
Lle bu bwyell Bob Owen.

'Ar Feddfaen Bob Owen, Croesor'.

5235 Heb awen ba les bywyd,
A heb wyrth bardd ba werth byd?

'Gofyn am Fenthyg Llyfr yn Ôl'.

5236 Megis pren crin, mae'n ddinerth,—
a rhewodd
Ei chystrawen brydferth;
Dibwys i'n gwlad yw aberth,
Mae'r Gymraeg yma ar werth.

'Y Ddarlith Radio, 1962 (gan Saunders Lewis)'.

5237 Dydd o haf ydoedd ddifai,
Dull ein byd yw llunio bai.

'Epigramau'.

5238 Pan ddêl dicllon wreichionen,
A feddo bwyll a fydd ben.

5239 Oni fo Duw yn nhwf dysg
Ni chawn nodd iach i'n haddysg.

5240 Daw arian i dw eurwallt,
A'r edau wen i'r du wallt.

5241 Y storm a fu yn ormod
O ddychryn i ddeigryn ddod.

'Galar', *Cyfres Beirdd Bro 10: Monallt, Penrhyndeudraeth* (1978).

5242 Pa straen fel chwip estroniaith,
A'r mud yn grwm dan y graith?

'Yr Esgob William Morgan', *Monallt: Portread o Fardd-gwlad,* Emrys Roberts (1985).

5243 Unai'n dân awen a dysg,
Ieuo gweddi ac addysg.

[Am yr Esgob William Morgan].

JOHN ROBERTS 1910–1984

5244 Os duw aur ei hymffrost hi,
Daw y wlad i fawr dlodi.

'Gwirebau', *Y Faner,* Medi 19, 1968.

5245 Y dyddiau mwyaf diddan
Yw y rhai na ddônt i'n rhan.

'Gwirebau', *Glas y Nef: Cerddi ac Emynau John Roberts Llanfwrog* (Gol. Derec Llwyd Morgan) (1987).

5246 Y gelyn â'r gwaith gwaela'
Ydyw gelyn y dyn da.

5247 Er trafaelio'r daith feithaf
Byr ei hyd mewn cwmni braf.

JOHN JOHN ROBERTS (IOLO CAERNARFON) 1840–1914

5248 Sonia ormod . . . am Gymru a Thragwyddoldeb.

[Am Ben Bowen] *Cofnodion a Chyfansoddiadau Buddugol Eisteddfod Lerpwl 1900* (Gol. E. Vincent Evans).

5249 Dynion goleuedig a chywir ydyw meddwl a chydwybod y gymdeithas y perthynant iddi.

'Cysondeb', *Y Geninen*, cyf. XXII, rhif 2, Ebrill 1904.

JOHN LLEWELYN ROBERTS
1921–1974

5250 Yn dy arch cei barch y byd,
Min ei bawen mewn bywyd.

'Bywyd', *Pair*, rhif 1, Haf 1972; cf. rhif 5573.

KATE ROBERTS
1891–1985

5251 Ma' plant yn gneud eu lle yn yr hen fyd yma, petaen nhw yma ddim ond am awr.

'Yr Athronydd', *O Gors y Bryniau* (1926).

5252 Edrych i Sodom a wnaiff dyn oni bydd ganddo rywle gwell i edrych iddo.

'Newid Byd'.

5253 Mae Twm yn ei fedd heno yn ddyn pedair a deugain oed. Mae'i fam yn fyw yn hen wraig wyth a phedwar ugain.

'Henaint'.

5254 Nid pell dim byd y gall plentyn ei weld o'i gartref.

Deian a Loli (1927), pennod 1.

5255 Fel y gwelwch chwi bobl y tro cyntaf, felly y cofiwch chwi hwynt.

Pennod 3.

5256 Nid oedd y Nadolig heb ei obeithion. Yr oedd yn amser geni dyddiau hwy ac wyneb blwyddyn.

'Nadolig', *Rhigolau Bywyd* (1929).

5257 Mae marw yn beth rhyfedd: mae fel drych a dyn yn sefyll o'i flaen, a chwithau tu ôl i'r dyn. Y chi yn gweld y dyn yn y drych, ond ef heb fod yn eich gweld chi.

Stryd y Glep (1949).

5258 Prin y mae'r llenyddiaeth fwyaf creadigol yn hollol greadigol, oblegid tynnu oddi ar ei brofiad ei hun neu brofiad rhywun arall a defnyddio ei ddychymyg y mae nofelydd, storïwr ac ysgrifwr.

Cyfansoddiadau a Beirniadaethau Eisteddfod Genedlaethol Cymru, Y Rhyl 1953 (Gol. D. M. Ellis); beirniadaeth ar gystadleuaeth y Fedal Ryddiaith.

5259 Nwyd a chwaeth at fynegiant sy'n rhoi arddull i ddyn. Golyga fwy na gwybod y gair cywir, rhaid cael y gair chwaethus.

Cyfansoddiadau a Beirniadaethau Eisteddfod Genedlaethol Cymru, Glynebwy 1958 (Gol. E. I. Rowlands); beirniadaeth ar gystadleuaeth y Nofel.

5260 Nid yw'r peth sy'n gweddu i un cyfnod yn gweddu i gyfnod arall o gwbl.

Y Lôn Wen (1960).

5261 Ofn yw ein gelyn mwyaf, yn ifanc ac yn hen.

5262 Amser, amser, 'ŵyr athrylith ddim beth ydi amser: mi fyn dwll i fynd trwyddo fo.

Tywyll Heno (1962), pennod 2.

5263 Braint nofelydd yw cael bod yn annheyrngar i'r gymdeithas y mae o'n perthyn iddi.

5264 Mae mwy o'n bywyd ni o'r golwg nag sydd yn y golwg.

Pennod 5.

5265 Mae pob amser yn braf wedi iddo fynd heibio. Mi fedrwn gofio ambell funud braf a gawsom yn ein trallodion mwyaf.

'Penderfynu', *Hyn o Fyd* (1964).

5266 Os ydym yn mwynhau rhywfaint ar ein bywyd, ei fwynhau yr ydym fel gwylanod yn sglentio wyneb y dŵr ar lan y môr, ac anghofio, hyd yn oed yn ein munudau dwysaf, yr holl fryntni a'r drewdod sydd oddi tanom.

5267 Mae pobl dduwiol mor anniddorol pan fyddan nhw wedi rhoi'r gorau i bechu.

Tegwch y Bore (1967), pennod 2, rhan 1.

5268 Y mae dechrau blwyddyn yr un fath yn union â chegin heb dân ynddi.

Pennod 19.

5269 Mae gefynnau cymdeithas yn cau yn dynn am rywun, ac am wn i mai'r unig ffordd i fod yn hapus ydi derbyn y gefynnau heb wrthryfela.

Pennod 21.

5270 Ni ein hunain a fedr ein helpu ein hunain orau, a bod Duw yn anuniongyrchol yn rhoi'r ffydd inni wneud hynny. Rhodd Duw ydyw.

Pennod 19, rhan 2.

5271 Rhyw long yn cario rhywun i un lle ydi tosturi, ac yn troi'n ôl adre o hyd.

Pennod 24.

5272 Y dyn doeth ydyw'r dyn sy'n gweld ei gamgymeriad cyn ei wneud.

'Cyfeillgarwch', *Gobaith a Storïau Eraill* (1972).

5273 Mae gynnon ni yng Nghymru ddawn i ganmol y pethau anghywir.

'Mis Medi', *Yr Wylan Deg* (1976).

5274 Mae gweld rhywun am y tro olaf a chwithau'n gwybod hynny, a'r rhywun hwnnw wedi gwneud ei le yn eich calon ers degau o flynyddoedd, yn eich gwallgofi neu yn eich tawelu hyd at galedu eich calon. Efallai mai'r un peth yw'r ddau.

'Heb Gyffro Mwy'.

5275 Nid distawrwydd yw unigrwydd, ond rhywbeth sydd yn mynd â phob cysur o'ch calon, a'i gadael fel diffeithwch oer marw, heb neb byw i wybod mai diffeithwch ydyw.

'Fy Hen Gi', *Erthyglau ac Ysgrifau Llenyddol Kate Roberts* (Gol. David Jenkins) (1978).

5276 Nid oeri y mae cyfeillgarwch, ond amser a lle sy'n gwneud inni anghofio.

'Dyddiadur Gwyliau'r Nadolig 1957'.

5277 Pa beth bynnag a ddigwydd inni heddiw, ni bydd ei ôl ond fel caenen o eira o dan lygad yr haul. Ni ellir ein gwella o'n plentyndod nac o'n hieuenctid ychwaith.

5278 Peth anodd yw ysgrifennu am bobl ifainc yn caru, neu unrhyw un yn caru, mor anodd ag ysgrifennu am grefydd—y ddau beth anhawsaf mewn nofel.

'Dyddiadur Sulgwyn 1957'.

5279 Dyna ein maint llenyddol, clec y gynghanedd, a pho fwyaf digrif ac ysgafn gorau oll, yn y Babell Lên beth bynnag.

'Tameidiau o Ddyddlyfr'.

5280 Mae rhyw beth yn fy nghalon o hyd sy'n tarddu fel ffynnon i'r dyfodol er y bydd Nadolig y flwyddyn nesaf yma eto ar slap, a llosgwrn y neidr wrth ei safn. Mynd, mynd o hyd a'r cylch yn dyfod yn ôl i'w unfan.

'Dyddiadur Gwyliau'r Nadolig 1960'.

5281 Onid pethau bach bywyd yw ei bethau pwysicaf, y pethau sy'n rhoi bod i'r pethau eraill, gan wau ein tynged?

'Myfyrdodau Amser Nadolig 1962'.

5282 Dechreuwch ganmol llenor ac fe fydd pawb yn ei ganmol.

'Cawn Orffwys yn y . . . Dyddlyfr Didrefn'.

5283 Mae llawer iawn o bob awdur yn ei gymeriadau.

'Rhwng Dau'.

5284 Mae'n wir mai'r un yw gwendid a chryfder a dyhead y ddynoliaeth ym mhobman, ond mae'n rhaid inni roddi lliw ein gwlad ein hunain ar y pethau hynny.

'Y Nofel Gymraeg'.

5285 Mynegi profiad y dyn unigol a wna barddoniaeth yn aml; ond cyn y gellir stori, rhaid cael pobl i fyw mewn cymdeithas.

5286 Mae syniadau yn heneiddio yn gynt na phobl.

'Aros Mae'r Nofelau Mawr'.

M. SELYF ROBERTS
1912–

5287 Erioed sydd i un cyfeiriad a Hyd Byth sydd i'r cyfeiriad arall, a rhwng y ddau y mae Amser.

'Ad Infinitum', *Y Genhinen,* cyf. VI, rhif 4, Hydref 1956.

OWAIN A. ROBERTS
(OWAIN ARAN)
1836–1863

5288 Y cnwd hwn yw y cnawd dynol,—edrych—
Wedi pydru'n hollol;
Drwy Un o fedr anfeidrol
O'r cnwd e wneir cnawd yn ôl.

'Pridd y Fynwent', *Pigion Englynion fy Ngwlad* (Gol. John Thomas (Eifionydd)) (1881).

PETER M. ROBERTS
(PEDR BROTHEN)
1871–1929

5289 Er ei lond o ryw lendid—dihafal,
A'i dyfiant cynhenid,
Ni bu haf heb ei ofid,
Edwina rhai dan ei wrid.

Y Flodeugerdd o Epigramau Cynganeddol (Gol. Alan Llwyd) (1985).

R. J. ROBERTS
1896–1981

5290 Anodd gwneud dim creulonach
Na darnio bwth 'deryn bach.

'Chwalu'r Nyth', *Clychau'r Gynghanedd* (1965).

5291 Boed teg lun, boed tw glanwaith;—boed i'r llawn
Bedair llinell effaith;
Rhoed cynghanedd wedd ar waith,
A boed ergyd bedeirgwaith.

'Gofynion Englyn Da'.

5292 Dau elyn llawn dialedd—a waedwyd,
Ond wedi'r gelanedd,
Dau arwr roed i orwedd
A rhannu bai'n yr un bedd.

'Y Ddau Arwr'.

5293 Pan fo llen uwch ein pennau,—a chaddug
Yn gorchuddio'n llwybrau,
Ein lle'n wir yw llawenhau,
Mae haul uwchlaw cymylau.

'Hedd a Heulwen Ddaw Eilwaith'.

5294 Mewn camwedd mae'n y cymod—i mi Dduw
A maddeuant parod;
Duw ni fyn i un dyn fod
Heb ei achub o'i bechod.

'Y Cymod'.

5295 Ofer hanner cymwynas.

'Coffa Tom Nefyn'.

5296 'Roedd eisiau'ch mab yn faban—i'w urddo
Yn gerddor yng Nghanaan,
Lle ni eill, o hyn allan,
Ddolur gwddf ddal ar ei gân.

'Beddargraff Plentyn: Oedd yn Berchen Llais Swynol, ond a fu farw o'r Diphtheria', *Y Flodeugerdd Englynion* (Gol. Alan Llwyd) (1978).

SAMUEL ROBERTS (S.R.)
1800–1885

5297 Y mae ymollwng i werthu ein hiawnderau am win, neu wên, neu wobr, bron cyn waethed ag ydyw ymgreuloni i geisio eu hadennill trwy rym trais.

'Plant Rebeca': *'Heddwch a Rhyfel, Gweithiau Samuel Roberts* (1856).

5298 Os goddefwn mewn awr o hawddfyd i lwgrwobrwyon ein diraddio, bydd perygl ar ôl hynny mewn awr o wasgfa ein gweithio i ymderfysgu.

TREBOR ROBERTS
1913—1985

5299 Rhyfeddais, sefais yn syn—i'w wylio
Rhwng yr helyg melyn;
Yna'r lliw yn croesi'r llyn;
Oedais, ond ni ddaeth wedyn.

'Glas y Dorlan', *Glas y Dorlan a Mymryn Mwy* (1987).

5300 Nid call ond angall y dyn
A ddeil i faeddu'i elyn.

'Epigramau'.

5301 Os oes heddiw friw i'r fron,
Yfory bydd difyrion.

5302 Gwynnach y llaw sy'n gweini
Na gwên lloer, nag ewyn lli.

5303 Gwae a wnêl y gau yn wir,
Gwae yr un â'r gair anwir.

5304 Hawdd i'r hen yn hindda'r haf
Herio gwewyr y gaeaf.

5305 A ŵyr boen ar obennydd,
A ŵyr fwynhad toriad dydd.

5306 Os ffwdanllyd byd y balch,
Diofal byd y difalch.

5307 Mae rhyfedd ddiwedd i ddod
O roi tŷ ar y tywod.

5308 Ba ŵr sy lle bo arian
A geir heb newid ei gân?

'Tryweryn'.

5309 Nid dewrion yw dynionach,
Nid diogel isel ach.

5310 Onid yw marsiandïaeth
Yn gwneud Cymru'n Gymru gaeth?

5311 Lle bo creulon, estron hil,
Hi a ladd genedl eiddil.

5312 Wired yw hen air y doeth
Y daw gofid o gyfoeth.

'Epigramau'.

5313 Euog o hyd ydyw gwedd
Un a'i air yn anwiredd.

5314 Er ei ing yn awr angen,
Ni ŵyr y balch wyro'i ben.

5315 Y dyn a dwyllwyd unwaith,
'E wylia hwn yr ail waith.

Cf. 'Once bitten, twice shy'.

5316 Hawdd llwytho nes gwyro'r gwan
Neu fygwth a fo egwan.

5317 A wado ei henfro'i hun,
A wad ei gyfaill wedyn.

5318 Nid â gwên y digonir;
A fo'n gall a fyn y gwir.

5319 Nid da hen ysbryd dial:
A heuo dyn a ddaw'n dâl.

5320 Yn nydd aflwydd, sicrwydd sâl
Yw y tafod diofal.

5321 Annedwydd fy niadell,—hi a gâr
Hen gyrrau anghysbell:
Mynnu bwyta'r borfa bell,
Mynnu'r comin er cymell.

'Cŵyn yr Hen Weinidog'.

WILLIAM ROBERTS
(GWILYM ERYRI)
1844—1895?

5322 O'u dirgel le, daw, er gloes,
I fyny feiau einioes.

'Gwely Cystudd', *Y Geninen*, argraffiad arbennig, Awst 1891.

5323 Y dyn da yn ei dywydd
Gerwinaf oll, di-gryn fydd.

5324 Wedi hir brawf y daw'r bri;
Ni bu glod heb galedi.

'Gwobr Dioddef', *Blodau'r Gynghanedd* (Gol. Richard Griffith (Carneddog)) (1920).

5325 Ni fydd ef a fo ddyfal
Yn y byd hwn heb y tâl.

'Y Diwyd'.

5326 Mae gormes du'n gwaedu gwŷr
Ac iawnderau'n gwneud arwyr.

'Gormes ac Iawnder'.

5327 Mor fuan daw nawn einioes;
Rhyw awr fer yw'r hwyaf oes.

'Ein Ber Einioes', *Blodeuglwm o Englynion* (Gol. W. J. Gruffydd) (1920).

WILLIAM ROBERTS (GWILYM CEIRI) 1881—1970

5328 Bu nain, a bu nain honno,—â'i phiser
Hen-ffasiwn o dano;
Er rhoi fel hyn er cyn co'
Rhed ataf yn rhad eto.

'Pistyll', *Awen Arfon* (1962).

WILLIAM JOHN ROBERTS (GWILYM COWLYD) 1827—1904

5329 Y llynnau gwyrddion llonydd—a gysgant
Mewn gwasgod o fynydd,
A thynn heulwen ysblennydd
Ar len y dŵr lun y dydd.

'Mynyddoedd Eryri', *Y Murmuron* (1868).

ROBERT DAVID ROWLAND (ANTHROPOS) 1853?—1944

5330 Annoeth cicio nyth cacwn.

'"Cicio Nyth Cacwn"', *Blodau'r Gynghanedd* (Gol. Richard Griffith (Carneddog)) (1920).

DAVID ROWLANDS 1595—1640

5331 Nid oes odid o waith dyn yn y byd mor gyflawn berffaith a'r nad oes diffyg ynddo.

Disce Mori Neu Addysg i Farw [llawysgrif N.L.W. 731] (1633).

IFAN ROWLANDS 1887—1977

5332 Ni red un rawd ei einioes,
Hir neu fer, heb lawer loes.

'Y Meddyg', *O'r Gist* (1974).

ITHEL ROWLANDS 1921—

5333 Nesáu ar goesau gosod—wna Robin
Yn rheibus am gardod;
Unig flodeuyn manod,
Dafn o waed yn y dwfn ôd.

'Y Frongoch yn yr Eira', *Cerddi '71* (Gol. James Nicholas) (1971).

5334 Hen go bach y cilfachau,—a phinsied
Cynffonsyth yn ddiau
Yw'r un gwylaidd brown golau
A'i dŷ i gyd wedi'i gau.

'Y Dryw'.

5335 Drwy lach y glyn, drwy luwch y glog—yr awn,
Awn drwy wynt ysgithrog,
Drwy y ceunant drycinog,
Awn drwy niwl i Dir na N-Og.

'Penllyn', *Blodeugerdd Penllyn* (Gol. Elwyn Edwards) (1983).

5336 Os yw o'n diawlio'i dylwyth,
Gwae a ladd ar ddrygau'i lwyth.

Y Flodeugerdd o Epigramau Cynganeddol (Gol. Alan Llwyd) (1985).

5337 Â'n gwlad tan lyw goludog
Nid i ŵr llwm y daw'r llog.

5338 Â'n llai fy ffrindiau llawen,
Ai dyna yw mynd yn hen?

5339 A ry ei fryd ar y frân
Gyll wawr yr asgell arian.

JOHN ROWLANDS
1911–1969

5340 O lewych Galilea—a Chanaan
Cychwynnodd ei yrfa;
Daliodd i'r funud ola'
Yn dyst i'r Newyddion Da.

'Tom Nefyn', *Olwynion Aflonydd* (1970).

5341 Bwthyn heb fawr o bethau—a fu'n nef
I nain gynt a minnau,
A brwyn o gors y bryniau
Yno'n do i ni ein dau.

'Bwthyn Nain'.

R. J. ROWLANDS
1915–

5342 Hagrwch ein hymddatodiad, fesul llain,
Yw colli iaith a thir, a phopeth cain.

'Hagrwch', *Cyfres Beirdd Bro 2: R. J. Rowlands, Y Bala* (1976).

5343 Wrth fwrdd y wledd eisteddwn, o ganol
Digonedd y codwn;
Heddiw nac anwybyddwn
Waedd y lleill am weddill hwn.

'Ar Gerdyn Nadolig'.

5344 Llinyn byw pellen ein bod
Yw edefyn Cerdd Dafod.

Cystadleuaeth 'Arwyddair ar ffurf cwpled cywydd i'r Gymdeithas Gerdd Dafod', *Barddas*, rhif 97, Mai 1985; y cwpled hwn yw arwyddair swyddogol Barddas, y Gymdeithas Gerdd Dafod.

RHISIART AP RHYS
fl. 1485–1515

5345 Pan ddêl ar y pen melyn
Dial Duw, beth a dâl dyn?

'I Sant Curig ac i Seintiau Eraill i Ddeisyf Iechyd i Glaf', *Gwaith Rhys Brydydd a Rhisiart ap Rhys* (Casglwyd gan John Morgan Williams, Gol. Eurys I. Rowlands) (1976).

5346 Nid rhaid ymron un tradoeth
Ymddiddan dim am ddyn doeth.

'Marwnad Lewys Raglan'.

RHISIART FYNGLWYD
fl. 1510–1570

5347 Drwy gas y dirywia gwŷr
A thrwy adwyth ethrodwyr.

Mil o Ddyfyniadau Cymraeg (Gol. G. Lloyd Edwards) (1968).

5348 Estron ni chais drin na chad
Os ceraint a wisg cariad.

RHYS DEGANNWY
fl. c. 1480

5349 Ni ad y gwin oedi gwir.

Flores Poetarum Britannicorum, sef Blodeuog Waith y Prydyddion Bryttanaidd (o Gasgliad John Davies, Mallwyd) (1710); cf. 'In vino veritas', Caius Plinius Secundus (23–79), yn *Historia Naturalis;* cf. rhif 5120.

RHYS GOCH ERYRI
fl. 1385–1448

5350 Oblegid llwyr lendid llên
Diwarth adnabod awen.

'Ateb Llywelyn ap y Moel' [Ymrysonau Rhys Goch a Llywelyn ap y Moel], *Cywyddau Iolo Goch ac Eraill* (Goln. Henry Lewis, Thomas Roberts ac Ifor Williams) (1937).

WILLIAM SALESBURY
c. 1520–1584?

5351 A chymerwch hyn yn lle rhybudd y gennyf fi: onid achubwch chwi a chweirio a pherffeithio'r iaith cyn darfod am y to y sydd heddiw, y bydd ryhwyr y gwaith gwedi. Ac oni bydd dysg, gwybodaeth, doethineb, a dywolwch mewn iaith, pa well hi na sirmwnt adar gwylltion, neu ruad anifeiliaid a bwystfiloedd?

Oll Synnwyr Pen Kembero Ygyd (1547).

5352 Mynnwch ddysg yn eich iaith.

5353 Pererindotwch yn droednoeth at ras y Brenin a'i Gyngor i ddeisyf cael cennad i gael yr Ysgrythur Lân yn eich iaith, er mwyn y cynifer ohonoch o'r nid yw'n abl, nac mewn cyffelybwriaeth, i ddysgu Saesneg.

5354 Onid yr un nerth yw diarhebion i gynnal yr iaith â'r esgyrn i gynnal y corff? Onid yr un prydferthwch yw diarhebion mewn iaith â'r sêr i'r ffurfafen? Ac onid yr un ffunud yw diarhebion mewn iaith â gemau a main gwerthfawr ymhlith caregos sathredig?

5355 Rhinwedd, o chanmolid, a gynydda.

Cyfieithiad o'r ddihareb Ladin 'Virtus laudata crescit'.

EDWARD SAMUEL
1674–1748

5356 Mae y rhinweddau cyffredin o dduwioldeb a chyfiawnder a chariad a chymedroldeb a'r cyffelyb, er eu bod yn gyfaddas ac yn angenrheidiol i bob math o Gristnogion, yn fwy clodfawr a chanmoladwy mewn gwŷr o fraint uchel ac awdurdod, oblegid eu bod ynddynt hwy yn goleuo'n ddisgleiriach ac yn gwneuthur mwy lles nag a allant ei wneuthur mewn rhai o isel radd, er däed eu hymddygiad tuag at Dduw a dynion.

Prif Ddledswyddau Christion, sef Angenrhaid a Mawrlles Gweddi Gyffredin (1723); y cyflwyniad 'At yr Anrhydeddus Robert Price Esq., un o ddeuddeg Barnwyr Lloegr'.

SIMWNT FYCHAN
c. 1530–1606

5357 Ni wnaed cerdd ond er melyster i'r glust, ac o'r glust i'r galon.

Pum Llyfr Cerddwriaeth (c. 1570).

5358 Nid meddiannau brau eu bryd—
a geidw gŵr
Gydag ef bob ennyd:
Un redfa, mewn awr adfyd,
Â dŵr i bant yw da'r byd.

Dyfynnir yn *Gramadeg Cymraeg; sef, Cyfarwyddyd Hyrwydd, i Ymadroddi ac Ysgrifenu yr Iaith Gymraeg yn Gywir a Rheolaidd,* Robert Davies (Bardd Nantglyn) (1808).

5359 Difalchder arfer yw'r yrfa—uniawn
I ennill y rhedfa;
Difalch fydd pob defnydd da:
Duw i ryfalch rydd drofa.

'Byw yn Uniawn', *Cymru,* cyf. XXV, rhif 146, Medi 15, 1903.

SIÔN BRWYNOG
m. 1567?

5360 Rhai'n lew am y ffydd newydd,
A rhai'n ffest am yr hen ffydd.

'Helynt Crefydd', *Cywyddau Cymru* (Gol. Arthur Hughes) (1908).

5361 Ym mhob pen y mae piniwn.

5362 Wrth sut eu haraith a'u sôn
Yr adwaenir y dynion.

5363 Ni chytuna uwch tyniad
Ym mhob dim y mab a'i dad.

5364 Cellwair ffals, mal colli'r ffydd,
Coelio storïau celwydd.

'Celwydd', *Blodau'r Gynghanedd* (Gol. Richard Griffith (Carneddog)) (1920).

5365 Nid gŵr dyn ond â gair da.

Mil o Ddyfyniadau Cymraeg (Gol. G. Lloyd Edwards) (1968).

5366 Y rhai hen sonien' am sêl,
Y rhai ifainc â i'r rhyfel.

SIÔN CENT
c. 1400–30/45

5367 A fynno nef i'w enaid
O'i feiau byth ef a baid.

Ceinion y Gynghanedd, Owen Griffith Owen (Alafon) (1915).

5368 Mabolaeth mab a welir
Ei barhau fel bore hir.

'I Gyffelybu Dyn i Ddiwrnod', *Cywyddau Iolo Goch ac Eraill* (Goln. Henry Lewis, Thomas Roberts ac Ifor Williams) (1937).

5369 Dir i'r bobl, dewr yw'r bwbach,
Ryngu bodd i'r angau bach.

5370 A fu, darfu ei derfyn,
A fydd, a dderfydd o ddyn.
A faco'r ddaear aren
A lwnc oll fal afanc hen.

5371 Rhaid i bawb cyn rhodio bedd
Coelio'i Dduw, rhag gwael ddiwedd.

'I'r Byd'.

5372 Darfod a wna ei derfyn,
Gorwedd yw diwedd pob dyn.

5373 Llyma fyd llwm o fedydd,
Llwyr o dwyll ers llawer dydd.

'Nid Oes Iawn Gyfaill ond Un'.

5374 Nid oes iawn gyfaill ond un.

5375 Llwydrew ni phery'n lledrad
Ym min gwlych deirnos mewn gwlad.
Cyfrinach, eglurach glos,
Ddynion ni phery ddwynos.

5376 O'r ddaear goeg, dduoer, gam,
Y henyw pawb ohonam;
Hon yn wir, llei henwir hi,
Y sydd ynom i'n soddi.

5377 O'r pridd y doetham er praw;
I'r pridd ydd awn, er pruddaw.

'Hud a Lliw nid Gwiw ein Gwaith'.

5378 Afraid i ddyn fryd ar dda.

5379 Ni ddichon neb wrthnebu,
Yng y daw yr angau du.

'Y Ffordd i'r Nef'.

5380 Angau ni ad yn angof
Na gwyllt, na diwyllt, na dof.

5381 Diffrwyth yw rhwng dwy Affrig
I ddyn ei dda a'i Dduw'n ddig.

5382 Diddawn yt gredu deudduw,
Diddim, nid dim onid Duw.
Ac nid dim, dim adameg,
Heb Dduw, heb ddim, nid dim teg.

5383 Ystâd bardd, astudio byd.

'I'r Wyth Dial'; cf. 5767.

5384 Astrus erioed mewn ystryw
Ystyr y byd, ynfyd yw.

5385 Pruddlawn ydyw'r corff priddlyd,
Pregeth, oer o beth, yw'r byd.

'I Wagedd ac Oferedd y Byd'.

5386 Ymofyn am dyddyn da
Ei ddau ardreth, oedd ddirdra,
Gan ostwng gwan i'w eiste
Dan ei law, a dwyn ei le;
A dwyn tyddyn y dyn dall,
A dwyn erw y dyn arall.
Dwyn yr ŷd o dan yr onn,
A dwyn gwair y dyn gwirion.

5387 Afraid i briddyn efrydd
Murnio taer, a marw'n oed dydd.

5388 O'r pridd noeth y doeth, du oer,
Yn lludw yr â dyn lledoer.

5389 Heddiw mewn pridd yn ddiddim
O'i dda nid oes iddo ddim.

5390 Rhy isel fydd ei wely,
A'i dâl wrth nenbren ei dŷ;
A'i rwymdost bais o'r amdo,
A'i brudd grud o bridd a gro;
A'i borthor uwch ei gorun,
O bridd du fal breuddwyd yn;
A'i ddewrgorff yn y dderwgist,
A'i drwyn yn rhy laswyn drist.

5391 Astud fod ystâd fydawl
A ddwg lawer dyn i ddiawl.

5392 Ni fyn Duw roi nef ond un.

5393 Pob amser y dyle'r dyn
Alw ar Dduw rhag ei elyn.

'I'r Byd'.

5394 Ni ŵyr Cristion aflonydd
Pa hyd yn y byd y bydd.
Heddiw'n arglwydd rhwydd mewn rhan;
Heno mewn bedd ei hunan.

SIÔN DAFYDD RHYS (JOHN DAVIES) 1534—c. 1619

5395 Nid oes nemor o iaith (hyd y gwn i) yn Europa a'i hynysoedd nas cafas ei hymgeleddu a'i choledd gan ei Ieithyddion a'i Gwladwyr 'i hun o amser i'w gilydd onid ein hiaith ni, y Cymry.

Cambrobrytannicae Cymraecaeve Linguae Institutiones et Rudimenta . . . (1592).

5396 Eithr ninnau y Cymry (mal gweision gwychion), rhai ohonon' yn myned mor ddiflas, ac mor fursennaidd, ac (yn amgenach nog un bobl arall o'r byd) mor benhoeden ag y daw brith gywilydd arnam gynnig adrodd a dywedyd ein hiaith ein hunain.

5397 A phob dyn a ŵyr na allwyd erioed fwyta pryd o fwyd yn un tamaid, nac aredig erioed erw o dir yn ungwys: ac felly o ran cyffelybrwydd, ni allwyd erioed berffeithio ar unwaith un gelfyddyd yn y byd; onid yn ôl ei dychmygu a'i dechrau, oddyna o bryd i bryd ei chwanegu hi, ac o'r diwedd ei pherffeithiaw.

5398 Unpeth ymhlith llawer o bethau y sydd yn difwyno cerdd ac yn ei hanurddo; a hynny yw, pan ddamchweinio, naill ai er mwyn ennill yn rhy ebrwydd ryw ofer a gwag ganmoliaeth, neu ynteu er mwyn derbyniaid rhyw annhymherus ged ddisyrth, ddifwyn, adu o'r prydydd i'r gerdd (cyn agori y drysau) ruthro allan drwy'r ffenestri, heb ddim ymaros nac wrth fyfyrdawd, na phoen na llafur i gwpláu chwaith cymhendod na llun ar y gerdd; ie, na chwaith golygu arni: onid gan ryw amhrydferth ruthr, ei hyrddu allan i olwg y byd yn amherffaith ac yn drwsgl ddigon, er eilun esgor ar erthyl: neu ar wedd geist, y rhain wrth ormodd ffrystio i fwrw eu cenawon, a'u bwriant weithiau yn ddeillion.

5399 A hyn a ddywedaf wrthych cyn ymado ohonof â chwi, na wnaethpwyd ermoed ddim yn y byd yma yn gyn gystadled, nac yn gyn berffeithied, nas gallai rhyw ddyn cenfigennus, a drwg ei ewyllys, o'i ddrwg dafawd, gymryd arno anurddo y peth da hynny â'i eiriau duon, marwaraidd, o damweiniai iddo ar adegau ymgyfarfod ag undyn arall anneallus a fwriai ei goel arno, ac a gredai i'r peth a ddywedai.

SIÔN TUDUR c. 1522—1602

5400 Ofer ydyw fawr rediad
Urddas dyn a'i radd a'i stad.

'Cywydd Marwnad Siôn Conwy o Fotryddan', *Gwaith Siôn Tudur* (Gol. Enid Roberts) (1980), cyf. I.

5401 Ofer i ddyn ei fawr dda
Na dim yn y byd yma.

5402 Gwir ydyw caiff gwrda call
Gyngor gan un llesg anghall.

'Cywydd Cyngor i Mastr Siôn Conwy o Fotryddan'.

5403 Tro i gael dawn; treigla d'einioes
Trwy ofn Duw hyd derfyn d'oes.

5404 E flina'r ych aflonydd
Ar y did cyn hanner dydd.

5405 Y cnu ifanc, o cneifir,
O fewn haf ni thyf yn hir.

5406 A ro goel ar y golwg
Ni thry draw i wneuthur drwg;
A goelio'r glust, ddirgelwaith,
A êl ar gam lawer gwaith.

5407 Da fydd cael un hael yn hir.

'Cywydd Mawl i Mastr Conwy o Fotryddan'.

5408 Byw'n hir, hyn yw gweddi'r gwan.

'Cywydd i Siôn Aer Conwy Pan Oedd yn Wael'.

5409 Gwych gan walch llawenfalch llwyd
Gweled mwg gwlad y'i magwyd;
Gwych gan edn uwch ehednant
Lle bo'r nyth llwybro y nant;
Llawnfost gan fab llawenfaeth
Llwybro'r fan lle bu ar faeth.

'Cywydd Mawl Siôn Conwy o Fotryddan'.

5410 Da dysg, o law Duw disgyn,
Os da'r gwlith i'r gwenith gwyn.

5411 Bonedd tegwedd nis tygia
Ond trwy ddysg a natur dda.

5412 Ni thyr gwal unwaith er gwynt,
Na thŵr er a wnaeth oerwynt.

'Cywydd Moliant Syr Siôn Salsbri o Leweni'.

5413 Ni bu drwg wrth dlawd cnawdol
Na bo ef heb nef yn ôl.

'Cywydd Marwnad Mastr Siôn Salsbri, Aer Syr Siôn Salsbri, Marchog Lleweni a Siambrlen Gwynedd'.

5414 Y gronyn hedyn hoywdeg
A fwrir yn y tir teg,
Nid egina, da yw'r daith,
Y grawn nes llygru unwaith,
Ac un llygriad â hadyd
Yw dynion beilchion y byd,
Ac egino gogoniant,
Ys da nerth, drwy Grist a wnânt.

'Cywydd Marwnad Syr Siôn Salsbri, Marchog Lleweni'.

5415 Crynwch hwnt eich crwyn i'ch oes,
Crinion yw ceinciau'r einioes.

5416 Heb ras Duw dibris yw dyn.

'Cywydd i Siôn Salsbri o Leweni Wedi Iddo Friwo y Capten Owain Salsbri yn y Maes'.

5417 Gwych yw llwyn teg uwch y llawr
A gyd-dyfo'n goed tewfawr.

5418 Y diragrith ni 'mrithia,
A rôi'n deg gynghorion da.

5419 Dan lysiau teg, ffrwythdeg, ffres
Y llecha neidr i'w lloches.

5420 Derwen braff, gadarn ei brig
Draw y'th welwyd wrth helyg;
Mal aur yn ymyl arian,
Eog ymysg eigiau mân.

'Cywydd Moliant Siôn Salsbri o'r Rug'.

5421 Ni chair dawn, na chred anwir,
Nes gwybod gwaelod y gwir.

5422 Naws carennydd nis crina,
Cywir a dwys fydd câr da.

5423 Gwell ydyw, ac o llidir,
Gâr yn d'ôl nog aur neu dir.

5424 A wnêl drais a dyfais du,
A fo traws, fo'i try Iesu.

5425 A fo'n enwog fyw'n uniawn
Fo rydd Duw fawredd a dawn.

5426 Ar Dduw gwyn mae urddo gŵr.

5427 Beth yw llu am allu mawr
Heb lawenydd na blaenawr?
Beth yw llong byth o wellhad,
O bai ffael, heb ei pheilad?
Beth yw gwlad am geidwad gŵr
O bai gwlad heb ei glewdwr?

'Cywydd Marwnad Siôn Salsbri o'r Rug'.

5428 Ni bu lanw i neb olynol
Na bai drai'n y byd ar ôl.

5429 Yn iach weithian dan y dydd
Y gwelom bawb ei gilydd.

5430 Bid o fewn byd a fynno,
Ba waeth o'i fewn beth a fo?

'Marwnad Wiliam Mostyn 1576'.

5431 Bwrw'n y bôn brenhinbren byd
A wna llwyn yn hyll ennyd.

5432 Er da neb fo ŵyr Duw Naf
Yrru i 'nôl yr anwylaf.

'Cywydd Marwnad Meistres Gwen Salsbri, Gwraig Gruffudd Wyn o'r Berth Ddu'.

5433 Duw a rydd edau yr oes,
Duw a ran hyd yr einioes;
Oes dyn a all estyn awr?
Ni all da ennill dwyawr.

'Cywydd Marwnad Mastr Rhisiart Clwch o Ddinbych, a Fu Farw yn Hanbwrw, 1570. Marchog o Fedd Crist'.

5434 Dyn a godo Duw'n geidwad,
Yn binagl iaith, yn ben gwlad,
Er cas y blaid, er cais blwng,
Tan gost nid dyn a'i gostwng.

'Cywydd Mawl i Wiliam Parri a Fu ar y Môr'.

5435 Dyn a wreiddio Duw'n raddol,
Dyn ni all ei dynnu'n ôl.

5436 I ddynion yr oedd anodd
I'r angau byth ryngu bodd.

'Cywydd Marwnad Harri Parri, Ysgwier, a Thomas Parri ei Aer'.

5437 Os bonheddig brig waed brau,
Os gwreng—fo'i cais yr angau;
Os hen, fo'i gorffen i gyd,
Os ifanc, fo'i cais hefyd.

5438 Ni phasia dyn hoff ei stad
Ei ddydd yn ei ddiweddiad.

'Cywydd Marwnad Siôn Gruffudd, Sarsiant, o Gaerwys'.

5439 Einioes dyn nid estynnir
Nac er tai oll, nac er tir;
Ni fyn Duw gwyn, ydyw gall,
Na da mawr, na dim arall.
Duw sydd yn dewis ei wŷr,
Dwyn pawb a fo dyn pybyr.

5440 Rhinwedd nis gŵyr rhai annoeth.

'Cywydd i Ofyn Gwn'.

5441 Galw Dduw'n ben, awr ac ennyd,
Heb Dduw'n ben, heb dda'n y byd.

'Cywydd Moliant i Siôn Wyn ap Cadwaladr'.

5442 Dan gof caru Duw'n gyfion
A dyfa ras yn dy fron.

5443 Y gŵr a fawrhâ'i geraint
A geidw'i frig gyda'i fraint.

5444 Nid drwg ond y bolddrwg, balch;
Nid da hefyd ond difalch.

5445 Llawer och, llai yw'r iechyd
Lle ni bo llawen y byd.

'Cywydd Marwnad am Meistres Gras Salsbri, Gwraig Mastr Robert Wyn o'r Foelas, ac Amdano Yntau Hefyd'.

5446 Rhy brudd fydd rhai heb roddi.

'Cywydd i Mastr Rolant Pilstwn, Mab Syr Siôn Pilstwn'.

5447 Da iawn yw gwawd dienwir
Ac y sydd agos i wir.

'Cywydd Cyngor i Ifan Llwyd o Iâl'.

5448 Coffa, cofia Dduw cyfiawn;
A goffa Dduw a gaiff ddawn.

5449 Edrych na wnelych ar neb
Na thrawster na thrahausteb;
Na wyra'n blyg er un blaid,
Coelia'r ddeublwy, clyw'r ddwyblaid.

5450 O buro'r had obry 'rhawg
Ef â'r egin yn frigawg.

'Cywydd Marwnad Syr Ifan Llwyd o Iâl'.

5451 Diau rhaid i'r Duw a'i rhoes
Torri munud term einioes.

'Cywydd Marwnad Siôn Trefor o Drefalun, ap Siôn Trefor ap Rhisiart Trefor'.

5452 Pawb dan Grist, pob dyn o gred,
Fry y gwn mai i farw y ganed.

5453 I'r haelgorff y gwneir hwylgerdd;
Caled ni chaiff clod na cherdd.

'Cywydd Mawl i Wiliam Tomas o Gaerhun'.

5454 O'r genau, er a ganan',
Nid â'r glod ond i ŵr glân.

5455 Rhoi'n gytûn yw rhan gwaed da.

5456 Gwagedd yw gwragedd o'u gwraidd
Wrth wraig ddiwarth, rywiogaidd.

'Cywydd Marwnad i Siôn Wyn ab Ifan ap Siôn o Hirdrefaig, ac i Fallt, Ferch Rhydderch ap Dafydd o Fyfyrian, ei Wraig'.

5457 Dyn ifanc dawn ni ofyn,
Dilid ifienctid a fyn.

'Cywydd Cymod dros Lewis Penmon i Roland Meredudd o Fodowyr ym Môn'.

5458 Er cael, er mael, aur a medd,
Nid yw fawr ond oferedd.

5459 Gwae gryf a ddeil gwg ar wan,
Gwg eryr ar gyw garan.

5460 Ber iawn i fab yw'r einioes,
Bâr draw yw byrred yr oes.

'Cywydd Marwnad Edward ap Rhys Wyn, a Las yn yr Wyddgrug'.

5461 Na wnaed dyn enynnu tâl:
Power Duw piau'r dial.

5462 Er darfod dy awr derfyn,
Ewyllys Duw yw lles dyn.

5463 Y drwg aml a drig yma,
A Duw yn dwyn pob dyn da.

'Cywydd Marwnad Doctor Iâl'.

5464 Dedwydd ger bron Duw ydyw
Y dyn a fo da'n ei fyw.

5465 Os yw fer yr oes a fu
Hir fo'i oes yn nhref Iesu.

'Cywydd Marwnad Ithel Wyn o Ystrad Alun'.

5466 Nid da ar ŵr natur wyllt.

'Cywydd Marwnad Pyrs Owain'.

5467 Oes fry i'n hoes fai ar neb
A gyll dyn ond gwylltineb?

5468 Taeru celwydd, troi cilwg,
Tyfu trin wna tafod drwg.

5469 Y naill glust, dawnus da ŵr,
Rhowch honno i'r achwynwr;
Ystyriwch â'r glust arall
At bwyll hir ateb y llall:
Myn weled y manylwir,
Myn wybod gwaelod y gwir.

5470 Er a fu oer yw i fod,
Er a fydd o ryfeddod;
Nid diras dim i'n tristáu
Wrth ing, ond cyfraith angau.

'Cywydd Marwnad Tomas Owain o Fodsilin'.

5471 Gair Duw yw'r arf a darf diawl.

'Cywydd i'r Doctor Morgan i Erchi Ganddo Feibl Cymraeg'.

5472 Llawenydd yn nydd a nos,
Llawenychwn, llawn achos;
Dwyn gras i bob dyn o gred,
Dwyn geiriau Duw'n agored.

5473 Dawn gorau i gyd dwyn gair gwir.

'Cywydd Mawl i Ifan Edwards'.

5474 Llaw Dduw gwyn sy'n llwyddo gŵr.

5475 Ofer fydd yn y dydd du
Ffisig ond a wnaiff Iesu.

'Cywydd Marwnad Meistres Catrin Morgan o Wylgre, ferch Siôn Dafis o'r Wyddgrug'.

5476 Ni bu ddyn heb ddaioni.

5477 Ochain fydd yn nydd a nos,
Ni bu ochain heb achos.

'Cywydd Marwnad i'r Hen Ffowc Llwyd o Ffocsol'.

5478 Ef a edwyn pob dyn dall
Afal sur wrth flas arall.

'Cywydd Moliant Robert Trefor'.

5479 A garo Duw a gâr dyn.
'Moliant Wiliam Lewys o Brysaddfed'.

5480 Byd blin bod heb lawenydd.
'Marwnad Lewys ab Ieuan ap Dafydd ap Madog o Laneurgain'.

5481 Och, och, a channoch ennyd,
Och weithian bawb, chwith yw'n byd.

5482 Dis yw'r byd, os arbedwn,
Duw hael sy'n newidio hwn.
'Cywydd i Dduw ac i'r Byd'.

5483 Na fydd gybydd celfydd, call,
I ddwyn aur i ddyn arall;
Cymer trwy fwynder, tra fych,
Dod ran o'r da a drinych.

5484 Y da ddêl yn dy ddwylaw
Gwell it ei roi na'i golli draw.

5485 Da byw, eu dwyn Duw biau,
Duw biau rhoi da i barhau.

5486 Na ddod fryd ennyd, unawr,
Ar dda mwy ond ar Dduw mawr.

5487 Gwae ni'r beirdd gan air y byd,
Gwae ail fodd y gelfyddyd,
Swydd y beirdd sydd heb urddas,
Oedd enwog gynt heb ddwyn cas.
'Cywydd i'r Beirdd'.

5488 Ninnau'r beirdd a wnawn, rai bas,
O'r arddwyr wŷr o urddas,
A rhoi achau rhy wychion,
A mawl i Siac mal i Siôn.
Pob chwit chwat yn lladrata
Penillion prydyddion da.

5489 Asgell o bob edn gwisgwych
Ar fryn a wnâi'r frân yn wych.

5490 Nis dôi boen eisiau da byd,
Eisiau bonedd sy benyd.

5491 Onis trown ystryw ennyd
Ni chawn ni barch yn y byd.

5492 Pennaeth yn bennaeth beunydd,
Pennaeth yn bennaeth y bydd;
Eryr yn eryr nawradd,
A brân yn frân heb fwy radd;
Gwalch yn haelwalch gwehelyth,
A barcud yn farcud fyth.

5493 Drwg oedd fyth, drwy wagedd, fod
Dirmyg ar air Duw ormod.
'Cywydd i'r Usuriwr'.

5494 Llawn beiau oll yw'n bywyd,
Llawn bai yw pob lle'n y byd.

5495 Crin yw dyn, câr ni 'dwaenir,
Nid câr da ond acr o dir.

5496 Bywyd drwg yw byd rhygall,
Bradwr llwyr yw'r brawd i'r llall.

5497 Mendied pob dyn un ennyd
Drwy boen, ac e fendia'r byd.

5498 Rhyfedd iawn rhyw fodd ennyd,
Dall o beth yw dull y byd;
Coelio addysg celwyddwaith,
Synnwyr dyn sy'n oer ei daith.
Synnwyr fydol sy annoeth
Wrth air Duw, yr Athro doeth.
'Cywydd i'r Byd'.

5499 Mal us yr â'r maleiswyr
Gyda'r gwynt, drwg ydyw'r gwŷr.
'Beatus Vir. Y Salm Gyntaf'.

5500 Yn nos er disgwyl wylaw
Llawenydd cyn dydd y daw.
'Exultabo Te Domine. Salm 30'.

5501 Ni chwery ci hen ennyd
Â chenau bach yn y byd.
'Cywydd Merch' ac 'Ateb i Gywydd yr Eryr'.

5502 Tafod, fel dyrnod â dwrn,
Drwy rwysg a dyr yr asgwrn.
'Cywydd i Ddiheuro Merch'.

5503 Ar bennaeth bai sydd amlwg.
'Englynion yr Eira'.

5504 Coelia'n llai'r glust na'r golwg.

5505 Anhardd ar bennaeth falchder.

5506 Hardd iawn ar ŵr yw hyder.

5507 Gwell nag athro yw arfer.

5508 Ni lwydd a wneir mewn hoced.

5509 Gwell celfyddyd na thrysor.

5510 Gwell yw crothell bach yn llaw
Na gleisiad a fo'n nofiaw.

Cf. rhif 2218.

5511 Cryf yw cryfdwr y dŵr ar doriad—y môr,
Cryf yw 'merodr dengwlad;
Cryf yw gwynt, rhyw helynt rhad,
Cryf yw cawr, cryfa' yw cariad.

'I Gariad'.

5512 Ofni gwrthuni gwrthwyneb—yr wy',
Ofni'r awr sy i ateb;
Ofni hir drin ffolineb;
Ofni 'Nuw yn fwy na neb.

'Englynion Duwiol'.

5513 Un fer o hyn i 'fory,
Ac un hir gyfrifir fry.

'Dwy Einioes'.

5514 Llawn bâr yw pob lle'n y byd,
Llawn baich, lle ni bo iechyd.

'Clefyd'.

EDWARD (JONES) STEPHEN (TANYMARIAN) 1822–1885

5515 Nid yn hir y daw i neb
Ddaioni o ddau wyneb.

'Y Dau-wynebog', *Blodau'r Cynghanedd* (Gol. Richard Griffith (Carneddog)) (1920).

SYPYN CYFEILIOG
fl. ail hanner y 14eg ganrif

5516 Dyred pan fynnych; cymer a welych;
A gwedy delych, tra fynnych trig.

The Poetry in the Red Book of Hergest (Gol. J. Gwenogvryn Evans) (1911).

TALIESIN
6ed ganrif

5517 Gwelais wŷr gwychyr yn lluydd,
A gwedi boregad—briwgig.

I, 'Trawsganu Kynan Garwyn Mab Brochfael', *Canu Taliesin* (Gol. Ifor Williams) (1960).

5518 Bore diw Sadwrn cad fawr a fu.

VI, 'Gweith Argoet Llwyfein'.

5519 A rhag Argoed Llwyfain
bu llawer celain.
Rhuddai frain rhag rhyfel wŷr.

5520 Cysgid Lloegr llydan nifer
â lleufer yn eu llygaid.

X, 'Marwnat Owein'.

DAVID THOMAS
m. 1735

5521 Nid oes yma goffa am gynt,
Na holi dim o'i helynt;
Un hil ddieiddil a ddaw
Ar ein hôl i'r un hiliaw;
Ni ddwedant, ni chofiant chwaith,
Na'n hynt, na'n helynt eilwaith.

'Llyfr Ecclesiastes, neu'r Pregethwr. Wedi ei Gyfansoddi ar Fesur Cywydd', pennod 1, *Afalau'r Awen: sef Caniadau, Moesol a Duwiol . . .* (1816).

DAVID THOMAS (DAFYDD DDU ERYRI) 1759–1822

5522 Mae'n bechod gwrthod y gwir:
Gwae'r enaid a gâr anwir.

'Awdl ar Wirionedd', *Corph y Gaingc* (1810).

5523 Da yw caru gwasgu'r gwir
Os da tid nas datodir.

5524 Ddyn gwamal, cynnal mewn co',—heb wyrni,
Fod barn yn prysuro;
Cymer rhag trymder un tro
O dŷ'r bedd dy rybuddio.

'Bedd-argraphiadau Eraill'.

5525 Buan y rhed y bywyd,—a blysio
Ei bleser sydd ynfyd;
Rhyfedd mor ofer hefyd
Yw sŵn y boen sy'n y byd.

'Englynion yn Cynnwys Ystyriaethau ar Farwolaeth'; cf. rhif 2682.

5526 Ail ydyw einioes gwaelddyn
I bedwar tymor blwyddyn:
Ieuenctid, mebyd, canol oes,
A henaint croes yn dilyn.

'Annogaeth i Gofio Breuolder Einioes'.

5527 Gwelwn oll y dail yn cwympo
Ac yn gwywo'n llwyd eu gwedd:
Felly'r einioes sy'n dirwynu
Dyn i bydru yn y bedd.

'Cwympiad y Dail'.

5528 Aeth heibio eto flwyddyn gron,
Mae arall bron ymwawrio;
Holl oesoedd byd, o dro i dro,
O do i do'n mynd heibio.

'Ystyriaethau Difrifol ar Ddiwedd Blwyddyn'.

5529 Nid yw synnwyr heb gynghanedd ond rhyddiaith aflafar; nid yw cynghanedd heb synnwyr ond ymleferydd ofer; nid yw synnwyr a chynghanedd heb fesur ond rheffynnau penrhydd, ac nid yw synnwyr, cynghanedd a mesur heb burdeb iaith ond gwrthuniaeth annealladwy.

'Rheolau Barddoniaeth Gymraeg', N.L.W. Add. Ms. 22B; dyfynnir yn *Safonau Beirniadu yng Nghymru yn y Bedwaredd Ganrif ar Bymtheg*, Huw Llewelyn Williams (diddyddiad).

DAVID THOMAS (DEWI HEFIN)
1828–1909

5530 Pa les yw cael byw'n y byd,—a meddu
Pob moddion am ennyd?
Gorwedd yn llwch y gweryd
Yn fuan iawn gawn i gyd.

'Oferedd', *Y Flodeugerdd Englynion* (Gol. Alan Llwyd) (1978).

DYLAN THOMAS
1914–1953

5531 O Bach bach!

Under Milk Wood (1954).

EBENEZER THOMAS
(EBEN FARDD)
1802–1863

5532 Ehed bywyd, a buan—daw angau
I dyngu'r oes allan;
Geni i fyw, ac yn y fan,
Trwy oer gri, troi i'r graean.

'Beddargraph', *Gweithiau Barddonol Eben Fardd* (Goln. H. Roberts a William Jones) (1873).

5533 A drych o dristwch yw edrych drosti.

'Awdl Dinystr Jerusalem'.

5534 Llithrig yw'r palmant llathrwyn,
Môr gwaed ar y marmor gwyn.

5535 Brau elw ehed, bri leihâ,
Poblogrwydd pawb a lygra.

'Awdl ar Gystuddiau, Amynedd, ac Adferiad Iob'.

5536 Yr hwn ŵyr hau anwiredd,
Med farn cyn mudo i'w fedd.

5537 Da wladwr duwiol ydoedd,
A gŵr i Dduw o'r gwraidd oedd.

5538 Iti, Dad, eto dodaf—ogoniant,
Ac yna mi gysgaf;
Ac wedi nos codi wnaf,
Am Dduw eilwaith meddyliaf.

'Wrth Fyned i Gysgu'.

5539 Dyro, Iesu, dy nawdd drosof;—maddau
Fy meddwl a'm hangof;
Rhin dy waed nac aed o'm cof:
Gwnaed gannaid enaid ynof.

5540 Nodedig ei ddawn nid ydoedd,—
er hynny
Rhannodd fara'r nefoedd
O'i law aur i laweroedd;
Offeryn Duw a'i ffrind oedd.

'Beddargraph i'r Diweddar Robert Dafydd, Tyddyn Ruffydd, Brynengan'.

5541 Dyn sur heb ddim dawn siarad—
wyf fi'n siŵr,
Ofnus iawn fy nheimlad;
Mewn cyfeillach, swbach sad,
A'i duedd at wrandawiad.

'Cyfarchiad i Robin Ddu pan Alwodd yn y Capel Lle'r Oedd y Bardd yn Cadw ei Ysgol Gorph. 13. 1857'.

5542 Bu galed y bygylu
A'r hyrddio dewr o'r ddau du.

'Awdl "Brwydr Maes Bosworth"'.

5543 Hoywder a mawr anrhydedd,—nid ydynt
Ond edau ddisylwedd:
Afredir ei chyfrodedd
Yng ngarw boen angau a'r bedd.

'Afaon, y Bardd Ieuanc, o Balas Anian'.

5544 Afaon bach, mor fwyn y bu
Dy wên a'th garu gynt,
Ond diffodd wnaeth fel cannwyll frwyn
Y gwanwyn yn y gwynt.

5545 Mi gredaf bellach er fy lles
Hen gyngor ges i gynt:
Na rown ar fab a'i haeriad moel
Ddim mwy o goel na'r gwynt!

5546 Myn bob difyrrwch ym mhob man,
Gwna'n ddiddan yn dy ddydd;
Mewn gwin a gwleddoedd llawenhâ,
Ond cofia'r farn a fydd!

'Cofia y Farn a Fydd'.

5547 Er cael cyfoeth i'w fwynhau,
A swyddau, nid oes hedd,
Am na wyddom ddim pa bryd
Yr awn o'r byd i'r bedd.

'"O'r Byd i'r Bedd"'.

5548 Mae'r ieuanc yma'n gorwedd
Yr unwedd â'r rhai hen,
Y rhai fu gynt yn rhwysgfawr,
Fe ddarfu'u gwawr a'u gwên;
Mae pawb yn ddiddig yma;
Ni chenfigenna gŵr;
Gorweddant mewn bedd isel,
Lys tawel, le di-stŵr.

'Myfyrdod yn Mysg y Beddau'.

5549 O ganol bydol fawredd
I'r bedd daeth bonedd byd.

EVAN THOMAS (BARDD HOREB) 1795–1867

5550 Cofia, ddifrodwr cyfoeth,—anfuddiol
It feddwi fel annoeth;
Cofia yn ail y cefn noeth,
Gwely drain, a gwŷl drannoeth.

'Cyngor i'r Meddwyn', *Y Flodeugerdd Englynion* (Gol. Alan Llwyd) (1978).

GWYN THOMAS 1936–

5551 Gwae ni ein 'Good morrow' lle bu gad
a meirwon.

'Cymry', *Chwerwder yn y Ffynhonnau* (1962).

5552 Y mae Llawenydd yn anorchfygol.

'Llawenydd', *Y Weledigaeth Haearn* (1965).

5553 Mae'r gwaed yn goch ar y modur gwyn
Ac Arwyn yn wastraff ar hyd y ffordd.

'Damwain', *Ysgyrion Gwaed* (1968).

5554 Y mae hen ddihareb Rwsiaidd sy'n dweud,
'Nid croesi cae yw byw'.
Cywir: croesi traeth ydyw.

'Croesi Traeth', *Croesi Traeth* (1978).

5555 Tra bo'n gwaedu rosyn aberth
Fe all pryfyn duaf distryw
Besgi yn ei glwyfau prydferth:
Enbyd o brydferthwch ydyw.

'Tra Bo'n Gwaedu Rosyn Aberth', *Symud y Lliwiau* (1981).

5556 Y gweddill sydd yma—
Beth ŷnt ond pirana
Mewn powlen yn difa
  Ei gilydd.

'Y Cymry Cymraeg'.

5557 Fe'i jw-jitsiwyd fel na jw-jitjiasid fawr undyn.

'Len', *Am Ryw Hyd* (1986).

JOHN/IOAN THOMAS (1730—1804?)

5558 Mae y bendithion melysaf yn dyfod trwy'r croesau chwerwa'n fynych, a'r diben yw eu tynnu oddi ar bob peth, ac i bwyso ar yr Arglwydd ei hun, ac i weled gwacter y dynion gorau, ie, pan fyddom ar y gorau, fel na chaffo un cnawd le i ymffrostio yntho ei hun, nac mewn un cnawd arall ychwaith.

Rhad Ras (1810).

JOHN THOMAS (EIFIONYDD) 1848—1922

5559 Nid chware bach yw dechrau byw.

'Priodi a Byw', *Pigion Englynion fy Ngwlad* (Gol. John Thomas (Eifionydd)) (1881).

5560 Gŵr nerfus o Gaernarfon.

[Amdano ef ei hun] perthyn i'r traddodiad llafar, ond fe'i dyfynnir mewn amryw ffynonellau.

JOSEFF ARWEL THOMAS 1934—

5561 A ladd ddyn, adyn ydyw;
Ond y milwr, arwr yw.

'Deg o Epigramau Gwreiddiol', *Cyfansoddiadau a Beirniadaethau Eisteddfod Genedlaethol Cymru, Maldwyn a'i Chyffiniau 1981* (Gol. T. M. Bassett).

5562 Haedda ein cosb o ddwyn cant;
Dwyn miliwn, dena'n moliant.

ROBERT ROBERT THOMAS 1889—1977

5563 Tyrfa olaf Tai'r Felin.

Dyfynnir yn *Blodeugerdd Penllyn* (Gol. Elwyn Edwards) (1983); llinell unigol, enwog nad oes iddi gymar, a luniwyd gan yr awdur yng nghynhebrwng Bob Tai'r Felin.

5564 Hen breswyl annwyl unwaith,—a'i aelwyd
    Heddiw'n olion anrhaith;
  Ni ddaw dyn iddo o'i daith
  Na'r elor i'w ddôr eilwaith.

'Y Murddun'.

THOMAS JACOB THOMAS (SARNICOL) 1873—1945

5565 Diddanwch diwedd einioes
Yw rhoi trem ar hytir oes.

'Aelwyd y Cymro', *Cofnodion a Chyfansoddiadau Eisteddfod Genedlaethol 1913 (Y Fenni)* (Gol. E. Vincent Evans).

5566 Byw ar hafau borefyd
A'u braint mae henaint o hyd.

5567 Gwin a gawn yn nawn ein hoes
O rawnwin bore einioes.

5568 Tyred i unigedd y wlad, ti ymchwiliwr am y gwirionedd! Lle nad oes neb, yno mae cwmni; lle nad oes dim, yno mae popeth. Dos o sŵn y bobloedd i chwilio amdanat dy hun.

'Ym Mro fy Mebyd', *Y Geninen*, cyf. XXXI, rhif 4, Hydref 1913.

5569 Ar Ben y Lôn mae'r Garreg Wen
Yr un mor wen o hyd,
A phedair ffordd i fynd o'r fan
I bedwar ban y byd.

'Ar Ben y Lôn', *Rhwng Doe a Heddiw* (Gol. W. S. Gwynne Williams) (1926).

5570 Golud ymhell
A chwilia'r ffôl,
A'r mwnai gwell
I gyd ar ôl.
Ni waeth pa fan
Y bo'n y byd,
Daw aur i ran
Y doeth o hyd.

'Aur y Doeth', *Blodau Drain Duon* (1935).

5571 Rhywun dwl sy'n barnu dyn
Heb weled ond ei bilyn.

'Nid y Dillad yw'r Dyn'.

5572 Wrth graffu ar y byd
Fe roed i ddyn ei ddewis
Rhwng wylo am a wêl o hyd
A chwerthin yn ei lewys.

'Wylo neu Chwerthin?'

5573 Yn eu harch,
Parch;
Yn eu hoes,
Croes.

'Proffwyd a Sant'; cf. rhif 5250.

5574 Pan synio dyn ei fod yn fawr
Mae'n dechrau mynd yn llai;
Ac ar ei waeth yr â o'r awr
Y tybia'i fod heb fai.

'Dirywio'.

5575 Nid yw bywyd ond trychineb
I'r gŵr trist na ddaeth erioed
O binaglau oer Doethineb
I ymuno â'r Ffolineb
Syml a chwery wrth eu troed.

'Doethineb Ffôl'.

5576 Er mor drwm yw ar ei droed,—
ni ŵyr mwy
Hun drom, hir ei faboed;
Mor ysgawn yw'r gwawn ar goed!
Ysgawnach yw cwsg henoed.

'Cwsg yr Henwr'.

5577 Er uchel floeddio ein hawl o hyd
I dâl a nawdd, i dir a nwyddau,
Ein hunig hawl er hyn i gyd
Yw'r hawl i wneud ein dyletswyddau.
Yn nhryblith byd, a'i gam a'i drawster,
Gwybod y rheini yw'r anhawster.

'Hawl a Dyletswydd'.

5578 Fe ddaeth coronau, wyth neu naw,
Yr ochor yma'n rhwydd i'w ran,
Ond os cadd un yr ochor draw,
Yr oedd hi'n gystadleuaeth wan.

'Bardd'.

5579 Cyhoeddodd lyfr Cymraeg; fe glybu toc
Ei fod yn talu, a bu farw o sioc.

'Llenor Cymraeg'.

5580 Gwell iti atal dy law;
'Does undyn na wêl yn glir
Fod y neb sy'n lluchio baw
Yn colli tir.

'I'r Lluchiwr Baw'.

5581 Mewn gair ac mewn gweithred
Mae'n hynod o chwim;
Mae'n gwybod pris popeth
Heb wybod gwerth dim.

'Dim ond Masnachwr'; cyfaddasiad o 'A man who knows the price of everything, and the value of nothing' (am y sinig), Oscar Wilde (1854—1900), yn *Lady Windermere's Fan*, act 3.

5582 "Cymraeg yw'ch iaith chwi, ond, Dadi, pam
'Rŷch chwi yn ei galw yn Iaith fy Mam?"
"Am fod dy fam, mae'n debyg, Johnny,
Yn siarad llawer mwy ohoni."

'Iaith fy Mam'.

5583 Duw a luniodd Fardd,
  Yna cymerth ddyrnaid
O'r ysbwrial oedd ar ôl,
  A gwnaeth dri o feirniaid.

'Y Bardd a'r Beirniaid'.

5584 Ynfyd y gŵr a ddeil mai gwell
Na pherl o agos yw baw o bell.

'Cynghor Twmi'.

5585 Ffop:
  Ni phaid dy wedd â datgan y gyfrinach
  Fod clamp o epa rywle yn dy linach.

Clop:
  Mae'n bosibl, er nas tybiem wrth dy lun,
  Fod un o'th hen gyndeidiau dithau'n ddyn.

'Hysbys y Dengys y Dyn'.

5586 Nid rhyfedd i minnau wallgofi
  Pan dreuliodd fy hwyrnos i gyd
Yn profi na ellir profi
  Dim yn y byd!

'Y Ffilosoffydd'.

5587 Os am foddio'r Cymry golau,
Traethwch iddynt am gyfrolau;
Os dewiswch eu dychrynu,
Soniwch wrthynt am eu prynu.

'Y Ffordd i'w Dychrynu'.

5588 Mae megis gwenynen
  Yn fywiog a thwt,
A mêl yn y corff
  Gyda brath yn y gwt.

'Yr Epigram', *Catiau Cwta* (1940).

5589 Doniau seraff,
  Tymer sant,
Llygad eryr,
  A chroen eliffant.

'Anhepgorion Gweinidog'.

5590 I fyd â phawb wrth ei fodd
Byw'n onest ni bai'n anodd.

'Byw'n Onest'.

5591 Yng ngolwg Duw, golud nid yw ond gwael,
A barnu wrth y dynion sy'n ei gael.

'Golud'.

5592 Angau yw'r un peth sicr yn y byd,
Er hyn pan ddaw, ein synnu a gawn i gyd.

'Yr Un Peth Sicr'.

5593 Os yn dlawd, waeth beth a ddywed,
Ni bydd ei air yn werth ei glywed;
Os yn gefnog, ei ffolineb
A gyfrifir yn ddoethineb.

'Doethineb a Chyfoeth'.

5594 Dywedodd rhywun call (a throsi ei iaith):
'Na fydd fenthyciwr, nac echwynnwr chwaith.'
Ai Shakespeare oedd y rhywun hwnnw? Trof
I'm silff i weld ai cywir yw fy nghof.
Chwilio am Weithiau'r Bardd, ond dim yn tycio:
Mae rhyw ddyhiryn wedi eu benthycio.

'Y Benthyciwr'.

5595 Medd y Llais o'r Nef: "Nid oes i'm plant
Ond bywyd llwm, blinderus";
"Felly nid rhyfedd," ebe'r sant,
"Nad ydynt yn niferus."

'Y Llais a'r Sant'.

5596 Gwisged bob gwych ddilledyn,
Epa fydd epa er hyn.

'Nid y Wisg'.

5597 Rhyfeddol fod, a'i lond
  O ddirgel nerth yw Dyn,
Meistr ar bopeth ond
  Efe ei hun.

'Dyn (Hen Wireb)'.

5598 Na hidia, ffrind, am wawd a sen
  Eiddigus lwyth,
'Does luchio cerrig ond at bren
  Ag arno ffrwyth.

'Na Hidia'.

5599 Aml un fydd yn teimlo'n fach,—
er ei boen,
Ar bwys rhywun praffach,
Ond saif drel o isel ach
Mal cawr yn ymyl corrach.

'Teimlo'n Fawr'.

5600 Hunan yw ei gân i gyd,
Fi enfawr y cyfanfyd.

'Y Fi Fawr'.

5601 Llywelyn, ein Llywelyn, gadarn lyw,
Tra môr, tra Brython, bydd ei enw byw,
Ond p'un, O p'un o'n Llywelynnod yw?

'Tri Arwr'.

5602 Dydd Gŵyl Ddewi,
Dydd cadw stŵr,
Nid dydd i dewi
Nac yfed dŵr.

'Anfarwol Goffa Dewi Ddyfrwr (Heddiw)'.

WILLIAM THOMAS (ISLWYN) 1832–1878

5603 Mae'r oll yn gysegredig, mae barddoniaeth
Nefolaidd ar yr holl fynyddoedd hyn.

'Y Storm', i *Gwaith Barddonol Islwyn* (Gol. O. M. Edwards) (1897).

5604 Mae ffydd, fel dydd, yn uno'r nef â'r ddaear.

ii.

5605 Mae dyn yn marw bywyd, ac yn byw
Marwolaeth beunydd.

5606 Pêr brudd-der cofio yw dedwyddyd dyn.

5607 Breuddwyd yw bywyd, enaid yn dihuno;
Daeargryn angau sydd yn deffro dyn.

5608 Barddoniaeth, O Farddoniaeth! Pwy a ddyd
Derfynau arnat? Eang fel y nef
Yw taen dy ymerodraeth.

iii.

5609 O, ni fydd pechod farw ond lle bu
Marwolaeth ei hun farw, a phob gwae.

v; cf. rhif 4842.

5610 [C]eisio gloywach nen.

vi.

5611 Distawrwydd bythol ydyw ef
A ffyrnig hedd.

[Am y bedd].

5612 Barddoniaeth, O Farddoniaeth! Pwy a roddes
I neb awdurdod ar y fath angyles
I bennu dy derfynau? Ymaith, Reol!
Ffowch, ddeddfau dynol! Rhowch i hon dragwyddol heol.

xiv; cf. rhif 6119.

5613 Mynedfa, mwy, o'n hadfyd,—
trwy gaddug
I'r tragwyddol fywyd;
Arweinfawr ddôr i wynfyd,
Oer gell bedd sy ddôr gwell byd.

'Y Fynwent'.

5614 Daw'r fro lân sy'n gân i gyd,
Daw'r Goron wedi'r gweryd.

'Y Wawr'.

5615 Dirym yw gweddi daeraf
Enaid prid i newid Naf,
Ond ei nerth wna'n newid ni
I'w ddelw wrth ei addoli;
Ni thynn Nêr o'i lys eres,
Ond tynn ni at Iôn yn nes.

'Gweddi'.

5616 Er i angau fynd rhyngoch,
Wedi y bedd ynghyd boch.

'Odlau Priodasol'.

5617 Duw gyda ni—y dechrau yw;
Y diwedd fydd—ni gyda Duw.

'Ymweliad y Doethion a Bethlehem'.

5618 Ni fyn Iôn ddefnyddio neb—nes tyner
Droi'n iawn wylder ei hunanoldeb.

'Moses'.

5619 Angau, er holl londer llys
A dorau aur, nid erys.

'Albert Dda'.

5620 Genau llyfn, heb egni llaw.

5621 Y da wneir ydyw ein hoes,
Ac wrth hyn bydd gwerth einioes.

5622 Deildy yw rhith duwioldeb;
Ofer nod ni saif er neb.

5623 Ofer cân, ofer cynnydd,
Ofer oll heb wlad fo rydd.

'Cenedl y Cymry'.

5624 Chwilio am air a chael mwy.

[Am y Gynghanedd].

5625 Ynom mae y sêr!
A phob barddoniaeth.

'Tybiaeth'.

5626 Pan y myn y daw,
Fel yr enfys a'r glaw,
Fel odlau yr eos ger y gwyrddaf lyn draw.

'Y Dylanwad'.

5627 Seren Heddwch, i'r crwydredig
Hyfryd yw goleuni hon;
O, siriola'r morwr unig
Draw ar y don.

'Seren Heddwch', *Caniadau Cymru* (Gol. W. Lewis Jones) (1897); cyfieithiad o emyn Jane Cross Simpson (1811—1886), 'Star of Peace', cf.

Star of Peace, to wand'rers weary,
Bright the beams that smile on me;
Cheer the pilot's vision dreary,
Far, far at sea.

5628 Gwêl uwchlaw cymylau amser,
O fy enaid, gwêl y tir
Lle mae'r awel fyth yn dyner,
Lle mae'r wybren fyth yn glir;
Hapus dyrfa
Sydd yn nofio yn ei hedd.

'Gwêl Uwchlaw Cymylau Amser', *Gwaith Islwyn: Cyfres y Fil* (Gol. O. M. Edwards) (1903).

5629 Nid oes yno neb yn wylo,
Yno nid oes neb yn brudd;
Troir yn fêl y wermod yno,
Yno rhoir y caeth yn rhydd;
Hapus dyrfa
Sydd â'u trigfa yno mwy.

GWILYM R. TILSLEY
1911—

5630 Caner, a rhodder iddo—glod dibrin
Y werin a'i caro;
Nydder y mawl a haeddo
I arwr glew erwau'r glo.

'Awdl Foliant i'r Glöwr', *Y Glöwr a Cherddi Eraill* (1958).

5631 A gyrchai neb i garchar
Wedi gweld bywyd a gâr?

'Cwm Carnedd'.

TOMAS AB IEUAN AP RHYS
c. 1510—c. 1560

5632 Duw, na'd di gam byth ar Fargam,
Plas dan rodiad haul a lleuad;
Fal dyma'r lle y bu 'nechre,
Ac yma y bo 'niwedd eto.

Llawysgrif yng nghasgliad Llanover, yn y Llyfrgell Genedlaethol.

TUDUR ALED
c. 1465—c. 1525

5633 Ni bu dra gwrol na bai drugarog.

'Arglwydd Digrifrwydd, Awdl i Siôn Grae, Arglwydd Powys ac Iarll Tancrfil', *Gwaith Tudur Aled* (Gol. T. Gwynn Jones) (1926).

5634 Nid yw un galon dyn â'i gilydd.

'Ystrad Marchell, Awdl i'r Abad Dafydd ab Owain'.

5635 Nid drwg gobaith neb ond rhai cybydd.

5636 Nid tebyg urddas pren glas i'r gwlydd.

5637 Parch yw i bawb perchi'i ben.

'Parch yw i Bawb Perchi'i Ben, I Syr Rhys ap Tomas'.

5638 Llonydd a fydd llew unawr,
O châi'r lle'n wych ar y llawr.

5639 Dysged, neu ddadleued lai!

'Aber Conwy, Cywydd i'r Abad Dafydd ab Owain'.

5640 Er cynnal yr iau cennyd,
Anodd rhyngu bodd y byd!

'Rhywia Dyn y Rhoed Enaid, Cywydd Mawl i Ddafydd ab Owain Esgob Llanelwy'.

5641 Rhaid i'r un y rho Duw ras
Gydgerdded gydag urddas.

5642 Er goddef awr y gweddai,
Ar oddef fyth yr oedd fai.

'Tad Haelioni, Cywydd i Syr Roser Salbri'.

5643 Dyn a ddeil da'n ei ddwylaw,
Dewr, drud, a wrandewir draw.

5644 Clyw'r iawn rhag coelio'r annoeth,
Cronna dy ddig, gwrando ddoeth.

5645 Gwall yw sôn nad gwell synnwyr
Deg nog un, digon a'i gŵyr.

5646 Llawer dyn, rhag lleihau'r da,
Nes ar unwaith, nis rhanna;
A dreulier hyd yr elawr,
Ni bydd i'm hoes heb dda mawr.

5647 Fo wna gwan o fewn ei garn
Ryw hocedion i'r cadarn.

'Arglwydd Llyweni, Moliant Roser Salbri'.

5648 Cŵyn deulu acw'n dilyn,
Clyw'r ddau cyn rhoi coel ar ddyn.

5649 Ni bu ry sad neb ar swydd.

5650 A goelio pawb, y glew pur,
E ddaw'n waeth iddo'i wneuthur.

5651 Gwenwyn ni wn gan un iaith
Mwy no gwenwyn mewn gweniaith.

5652 Cadarn fydd coed o'r un fainc.

'Cywydd y Pum Brawd, I Feibion Sion Salbri'.

5653 O'r tân mawr tenau yw mwg.

'O'r Tân Mawr, Teneu yw Mwg, Moliant Pirs Conwy, Archdiagon Llanelwy'.

5654 Rhuad a fydd o'r rhyd fas,
Nid o'r dwfn, na dŵr difas.

5655 Hysbys y dengys pob dyn
O ba radd y bo'i wreiddyn.

'Y Bryn Euraid, Cywydd i Reinallt Conwy, o'r Bryn Euraid'.

5656 Hawdd i uchel heddychu.

5657 Ymhob peth mae hap i wŷr.

'Rhenti, Cywydd i Syr Wiliam Gruffudd Hynaf pan Urddwyd yn Farchog'.

5658 Ni bu rwydd dyn heb wraidd da.

'Ni Bu Rwydd Dyn heb Wraidd Da, I Forys ap Ieuan ap Hywel'.

5659 O gwŷl gŵr gael y gorau,
Oed i'r gŵr hwn drugarhau;
Llew a erys yn llariaidd,
Ond ery'n flwng neidr neu flaidd.

'Dy Well, dy Waeth, Dyall Di, I Forys ap Ieuan ap Hywel'.

5660 Arf a olcher ar feilchion,
Ni thyf rhwd i'th fyw ar hon.

'Blaenawr a Byw ei Lonaid, Cywydd i Syr Gruffudd ap Rhys (ap Tomas)'.

5661 Beth a yrr blaen byth ar blaid?
Blaenawr â byw ei lonaid.

5662 Crino dyn yw cronni da.

'Crino Dyn yw Cronni Da, Cywydd i Reinallt ap Gruffudd ap Rhys'.

5663 Y fynwes a fo anael
A fwrw rhoi yn fai ar hael.

5664 Gair, wedi'r êl gŵr, a drig.

'Gair, Wedi'r Êl Gŵr, a Drig, Moliant Rheinallt ap Gruffudd ap Hywel ab Einion'.

5665 Brwyn yw coed wrth bren cadarn.

'Arglwydd y Glyn, I Ruffudd Llwyd ab Elisau ap Gruffudd ab Ednyfed (Einion?) o Ragad'.

5666 Pawb a dyr pob adwy wan.

5667 Na oddef, am na wedda,
Uchenaid dyn er chwant da.

5668 Beth a dâl byth, hyd elawr,
Byrdderw fil lle bo'r ddâr fawr?

'Dôl Gynwal, Cywydd i Robert ap Rhys o Ddôl Gynwal'.

5669 Rhan ffortun i ddyn a ddêl,
Rhaid gyda'r rhod ei gadel.

5670 Y glanaf ag a luniwyd
A'r gorau oll o'r gwŷr wyd.

5671 Rhag i gariad eich gadaw,
Ef a wna lies ofn y llaw.

'Digymar Wyd, Gem yr Iaith, I Meistr Robart ap Rhys'.

5672 Na chwsg awr â chas gwiriawn,
O gwnei gam, heb gynnig iawn.

'Clod Tir Iâl, Cywydd i Dudur Llwyd o Fod Idris'.

5673 Nid y siarad sy wrol.

'Penllyn, Moliant Dafydd ap Maredudd ap Hywel'.

5674 Ni thery fyth i'r iau fôn
Neb heb lu neu bobl lewion.

'Penanmaen, Moliant Maredudd ab Ieuan ap Rhobert'.

5675 Os eginyn sy gennyf,
O fesen, derwen a dyf.

'O Fesen, Derwen a Dyf, Cywydd i Hywel ap Dafydd ap Meurig 'Huw Nannau''.

5676 Gwell i'n tir, gall anturiaw,
Gâr yn llys nog aur yn llaw.

'Crefydd ac Ymladd, I Syr Edward Llwyd, Archdiagon Caerfyrddin'.

5677 Ni chredir, yn wir, i neb
Ond i un â dau wyneb.

'Tröell y Gwir, Cywydd Cymod Hwmffre ap Hywel ap Siencyn a'i Gydgeraint'.

5678 Sy ddrwg sy heddiw ar wir,
Ar un da ni wrandewir.

5679 Cymru'n waeth, caem, o'r noethi,
Lloegr yn well o'n llygru ni.

5680 Câr yn cyhuddo arall,
Hawdd i'r llaw gyhuddo'r llall.

5681 Noethed bawb, nithied, heb wir,
Fai'i gilydd, ef a goelir.

5682 Gair a drig ar y drygwaith,
A'i liwio i'r gwaed lawer gwaith.

5683 Cywilydd câr dros arall,
O bai wir, llwyr yw bai'r llall.

5684 Gorau yw dal y gair du
A niweidiol na'i wadu.

5685 Atal saeth, nid dilys hyn,
A êl unwaith o linyn.

5686 'Heddwch, bybyrwch y byd,
Cyfoeth yw a fag hefyd;
Cyfoeth balch, caf waith y bêl,
A fo cryf a fag rhyfel;
Rhyfel a fag rhyw afar,
Tlodi byth at lid a bâr;
Tlodi, at drueni trwch,
A fo cawdd a fag heddwch.'

5687 Coed a ddyly cyd-ddeiliaw.

5688 Y llwyn, o bai oll yn bêr,
Llwyn chwerw yw lle ni charer.

5689 Na wna gynnen â gwannwr,—
Heb weddi gwan, ni bydd gŵr.

'Cyngor i Anturiwr, Cywydd i Robert Salbri o Iâl'.

5690 Lle bu rhyw gam, llwybr a gaid—
Gwnewch iawn er gwynnu'ch enaid.

5691 Pa well dysg heb y pwyll da?

'Y Dewr a'i Wallt wedi r' Wau, I Ieuan ap Llywelyn ab Ieuan ap Dafydd'.

5692 Ni bu fyw neb fwy'i awen
Ond da fardd Glan Teifi wen.

'Lladd Enaid Holl Ddwned Hen, Marwnad Dafydd ab Edmwnd'.

5693 Y gŵr marw, e gâr morwyn
Ddaear dy fedd er dy fwyn.

'Dy Ddiben yw Dydd heb Nos, Marwnad Robert ap Siôn ab Ithel o Degeingl'.

5694 Duw sydd yn dewis ei wŷr,
Duw'n myned â'n ymwanwyr.

5695 Dyn a dorau Duw'n d'aros,
Dy ddiben yw dydd heb nos.

5696 Er bod ar wg o'r byd rai,
Ni ddôi wg na ddiwygiai.

'Yn Iach Oll Win a Chellwair, Marwnad Rhys ap Maredudd'.

5697 Nid un bwys, ac nid iawn bod,
Dim â baich Duw am bechod.

'Yn Ôl y Rhain, Niwl Yw'r Haf, Marwnad Ieuan ap Dafydd ab Ithel Fychan o Degeingl a'i Wraig'.

5698 Tri modd—pand da'r ymweddyn'?—
Hudol, a dis, a hoedl dyn.

'Byd a Welais, Marwnad Tomas Salbri Hen'.

5699 O dirwyna Duw'r einioes,
Awr ond un i ŵr nid oes.

'Awr, ond Un, i Ŵr nid Oes, Marwnad Tudur Llwyd o Iâl'.

5700 Duw gwyn! er digio ennyd,
Ai difa'r iaith yw dy fryd?

'Hoedl a Thir, Hudoliaeth Yw, Marwnad Hywel ap Rhys ap Dafydd ap Hywel o Rug'.

5701 Mawl am wrda, mal mordwy
O afon fain, fo â'n fwy.

'Marwnad Gruffudd ap Rhys ap Dafydd ap Hywel [a'i Wraig]'.

5702 Duw a rydd gŵr dewr, addwyn,
Iawn i Dduw, pan fynno, 'i ddwyn.

'Yno y Tyf Enaid Dafydd, Marwnad Dafydd ap Hywel ap Gruffudd ab Ednyfed o Nanheudwy'; cf. rhif 5860.

5703 Marw mab braisg, mawr ym mhob bro,
Marw hanner Cymru heno.
Ni all nos ein holl nasiwn
Mwy ddyddhau am ddiwedd hwn.

'Dwyn Eginin Da'n Gynnar, Marwnad Tomas Conwy o Fod Rhyddan'.

5704 Os Duw a ddewisa dyn,
Fo wŷl Duw ei flodeuyn.

5705 Ba well cŵyn heb allu cael?

'A Phrudd nad Oedd Ffordd ond Un, Marwnad Wiliam ap Morys o Riwaedog'.

5706 Truan mor wan yw'r einioes,
Trymed yw tor amod oes.

'Truan Mor Wan Yw'r Einioes, Marwnad Dafydd ab Einion Fychan o Lanelwy'.

5707 Gwaith blin ac annoethineb
Ymryson oll am ras neb.

'Dyfalu March, I Erchi March gan Abad Aberconwy i Lewis ap Madog'.

5708 Llygaid fal dwy ellygen
Llymion byw'n llamu'n ei ben;
Dwy glust feinion aflonydd,
Dail saeds, uwch ei dâl y sydd.

5709 A fo dewr hael ar fyd rhwydd
Nid i lesg y deil ysgwydd.

'Y March Glas, Cywydd y March Glas a Roisai Wiliam Vychan o Gilgerran i Dudur Aled ac i Ddiolch Amdano y Gwnaeth Yntau'r Cywydd Hwn'.

5710 Derwen o gyff derw yn gainc
A dyf drwy fangoed ifainc.

'Arglwydd Yw Hwn ar Gledd Hir, Cywydd i Ofyn Bwcled gan Rys neu Risiart Herbert, Cwnstabl Castell Aberystwyth, dros ei Gar Tomas ap Llywelyn Fychan'.

5711 A rydd hael yw'r eiddo'i hun.

'Main Melinau, Cywydd i'w Gofyn gan y Deon Rhys neu Risiart Cyffin tros y Meistr Hanmer o Faelor'.

5712 Oer gennych eira gwanwyn,
Oerach yw 'myd er eich mwyn.

'Goreu na Bai Garu'n y Byd'.

5713 Nid oedd goel ar d'addaw, Gwen,
Mwy no thân mewn eithinen.

5714 Ni bydd cytûn hun a haint.

5715 Gwell i mi golli 'mywyd
Na chan boen nychu'n y byd.

5716 Y mae f'anap am feinir
Fel nad tew f'ôl yn y tir.

'Mae'r Haf Wedi Marw Hefyd'.

5717 Os marw bun, oes mwy o'r byd?—
Mae'r haf wedi marw hefyd.

5718 Dau alwyn doe a wylais.

5719 Hi ddoe'n fyw a heddiw'n fud!

5720 Amodau, rhwymau oedd rhôm,
Eithr angau a aeth rhyngom.

5721 Gwae ŵr a wnâi gaer neu wal,
Ac ar wendid ei grwndwal.

'Dra Fo Hawdd Edifarhau'.

5722 Dyro heibio d'air rhybell,
Trugarog it roi gair gwell.

'Serch a Rois ar Chwaer Esyllt'.

5723 Nid bost i enaid y byd
Yrru gwirion i'r gweryd.

'Enaid y Byd'.

5724 Ni freinia nef yr anwir,
Ni fyn Duw gwyn ond y gwir.

'Cywirdeb'.

5725 Anodd yw dysgu annoeth,
A dysg yw 'mddiddan â doeth.

'Doethineb'.

5726 Anfoes a geir gan ynfyd,
Tecaf rhodd, rhyngu bodd byd.

5727 Ofer yw gwychder i gyd,—ac ofer
Yw gofal am fywyd;
Ofer holl bower y byd
O bai ochain heb iechyd.

'Iechyd'.

TUDUR PENLLYN
c. 1420—c. 1485

5728 Dy gastell ydyw'r gelli,
Derw dôl yw dy dyrau di.

'I Dafydd ap Siancyn', *Gwaith Tudur Penllyn ac Ieuan ap Tudur Penllyn* (Gol. Thomas Roberts) (1958).

5729 Da yw ffin a thref ddinas,
Gorau yw'r glyn a'r graig las.

5730 Cariad a fag tyfiad da,
Cywirdeb a fag gwyrda.

'I Ruffudd Fychan ac Elisau ei Frawd'.

5731 Blin yw amddiffyn am dda,
Brithfyd yw bywyd bwa.

'I Ofyn Bwa gan Ruffudd ap Rhys o Faesmor'.

ROWLAND VAUGHAN
c. 1587—1667

5732 Pa beth a dery mor ffyrnig na eill ewyllys da ei dderbyn? Pa beth sydd cyn anhawsed nas gwna ewyllys da ef yn hawdd? Pa beth sydd gyfuwch na chyrraedd ewyllys da ef? Pa beth sydd mor haeddedigol nas ennill ewyllys da ef? Ewyllys da yw cariad, gwirionedd, awdur yr holl gelfyddydau, agoriad pob trysor, medd Demosthenes. I ddiweddu, nid oes dim cyfuwch yn y nef uwchben, na dim cyn ised yng ngwaelod y ddaear, nid oes dim mor ddwfn yn eigion perfedd celfyddyd, na dim mor guddiedig yn nirgelwch natur, a'r nas geill ewyllys da ei amgylchu, ei agori, ei ddehongli, a'i ddatguddio.

Yr Ymarfer o Dduwioldeb (1630); y cyflwyniad 'I'r Anwyl Urddasol wraig, Margred, unig etifeddes Syr John Lloyd Marchog a Sersiant or gyfraith, a chywely John Lloyd o Riwedog, Esqr.'.

5733 Eich câr a'ch câr, gorchmynnwch o mynnwch.

5734 O Frutaniaid gwaedol, cymerwch chwithau beth poen a thraul, i osod allan eich tafodiaith gyfoethog: oddieithr i chwi fod o un feddwl â'r Cymry Seisnigaidd, y rhai sydd yn tybied yn orau ddileu a diffoddi ein hiaith ni: fel y byddai yr holl ynys hon yn llefaru yn iaith y Saeson; eithr beth yw hyn ond meddylfryd anghristianogawl, ac adeiladu cestyll yn yr awyr, a dymuno i lawer o eneidiau yn y cyfamser newynu am fara y bywyd.

'At y Darlleydd'.

5735 Rho glod i bawb yn ddibrin,
A châr dy frawd cyffredin;
Ofna Dduw, cans hyn sydd dda,
Ac anrhydedda'r brenin.

Dyfynnir yn 'Caer Gai', *Cartrefi Cymru ac Ysgrifau Eraill,* O. M. Edwards (Gol. Thomas Jones) (1962).

5736 Pe cawn i'r Pengrynion
Rhwng ceulan ac afon
Ac yn fy llaw goetffon o linon ar li,
Mi a gurwn yn gethin
Yng nghweryl fy mrenin,
Mi a'u gyrrwn yn un byddin i'w boddi.

'Dyfynnir yn 'Eos Ceiriog'.

HARRI WEBB
1920–

5737 Colli iaith a cholli urddas,
Colli awen, colli barddas;
Colli coron aur cymdeithas
Ac yn eu lle cael bratiaith fas.

'Colli Iaith', *A Crown for Branwen* (1974).

ALED RHYS WILIAM
1926–

5738 Ara'r modd yr eir ymhell.

'Ymddiddan y Pen a'r Galon ynghylch 'Y Petheu Bychein',' *Cyfansoddiadau a Beirniadaethau Eisteddfod Genedlaethol Cymru, Llanbedr Pont Steffan a'r Fro 1984* (Gol. W. Rhys Nicholas); cf. rhif 2410.

5739 Bychan yw rhod ein buchedd;
Nid â'r byw ddim ond i'r bedd.

5740 Gobaith sydd rhwng ffydd a phwyll.

5741 Heddiw sydd rhwng 'bydd' a 'bu'
A'i gynneddf yw gwahanu
Dau derfyn bod a darfod—
Hoe rhwng doe a'r hyn sy'n dod.

5742 Heddiw'n wir a ddaw un waith;
Ni ddaw'n ôl i ddyn eilwaith.

5743 Mae pregeth ym mhopeth mud.

WILIAM LLŶN
1534/5–1580

5744 Nid un rhyw addas, nid un wreiddiau,
Yw derwen union â draenennau,
Neu ryw faint eryr o fewn tyrau
Â rhyw fân adar o fewn ydau.

'Moliant Gruffudd Nannau o Nannau', *Gwaith Wiliam Llŷn,* teipysgrif anghyhoeddedig (Gol. Roy Stephens) (1983).

5745 A fu, darfu'r byd arfoll,
A fydd, ef a dderfydd oll.

'Marwnad Siôn Llwyd o Fodidris'.

5746 Y byd trist a'r bywyd draw,
On'd dall y mae'n ein twyllaw?

'I Dduw'.

5747 Ariannoedd neu aur ennyd
A wna'r gau yn wir i gyd.

5748 Y pren fyth pur yn ei fôn
A bair afalau'n berion;
Y gŵr da â gair duwiol
A eura imp ar ei ôl.
'Moliant Robart Llwyd o'r Plas-is-y-clawdd'.

5749 Rhoi dy dda yn rhaid i ddyn,
A Duw unfodd a'i denfyn.

5750 Gwell i ŵr golli arian
No cholli gweddi'r dyn gwan.

5751 Egni pwyll â'n gan pellach.

5752 Anodd iawn yw i ddynion
Droi ar frys y dŵr i'r fron;
Naw anos i un anael,
Caled, dig, ennill clod hael.
'Moliant Dafydd Llwyd o Ddolobran'.

5753 Y gŵr a haeddo'i garu,
Wellwell fydd fal llywydd llu.

5754 Ŷd o ddôl wedi'i ddeiliaw
Ar gnwd o âr, gwyn y daw:
A wreiddio Duw o wraidd da,
Ar gynnydd y brigwynna.

5755 Nid â gwenynen dawel
I ochr maes lle ni chair mêl.
'Moliant Tomas ap Huw o Bumwern'.

5756 Tra fo cerrig mewn brig bron,
A môr rhwng Llŷn a Meirion,
Tra fo gwlith mewn tref a gwlad,
Fo sôn dynion amdanad.
'Moliant Syr Arthur ap Huw, Ficer Tywyn'.

5757 Gan Dduw mae digon i ddyn.

5758 Beth orau byth i wrawl?
Bod o'r ffydd bu Bedr a Phawl,
A dwyn ffyniant un ffunud
Yw dwyn bodd Duw yn y byd.
'Moliant Wiliam Huws, Esgob Llanelwy'.

5759 Gwerthu da yw gwarth diwad,
A Duw yn rhoi da yn rhad.

5760 Beth orau lwc byth ar lu?
Bod gŵr â'r byd i'w garu.
'Moliant Simwnt Thelwal o Blas-y-ward'.

5761 Y gŵys didolc, os dodir,
A wna ŷd da yn y tir.

5762 Beth orau oll byth ar ŵr?
Byw'n union, na bo'n anwr.
'Moliant Siôn Conwy o Fotryddan'.

5763 Camau a beiau, lle bôn',
A yrr ddinistr ar ddynion.

5764 Fe â treisiwr fo trawsaidd
Fal pren onn mewn bron heb wraidd.

5765 Ni ddiwraidd pren cwyrennig,
Ni chrina, ni fraena'i frig.

5766 Byw'n dduwiol lle bo, 'n ddiau,
A bair i hil gŵr barhau.

5767 Ystâd bardd yw studio byd.
'Moliant Syr Edwart Herbart o Drefaldwyn'; cf. 5383.

5768 Ef â heb wŷr a fo balch.
'Moliant Edwart Cinastr o Hordle'.

5769 A geidw gwŷr o gyd-gariad
A geidw'i les gyda'i wlad;
A fo'n arw, fal ofn eryr,
Ni all o gas ennill gwŷr.
'Moliant Rosier Pilstwn o Emral'.

5770 Byw'n gyfion, lle bo'n gofiwr,
Yn y byd a gyfyd gŵr;
O fyw ar gam, fry y'i gwn,
Ef â'n isaf a'i nasiwn.

5771 Dau yn y byd nid un bwys:
Byw'n gam a byw yn gymwys.

5772 Beth o'r hil byth a yrr had?
Byw yn deilwng ben dwywlad.
'Moliant Rhys Fychan o Gorsygedol'.

5773 Nid da heddiw, nid tyddyn,
Gallu Duw sy'n gwellhau dyn.

5774 Hawdd cyrchu'n hy fry ar frys
Llwybr i oll lle bo'r 'wyllys.
'Moliant Dafydd Llwyd o Beniarth'.

5775 A fo gwrol, fo gerir.

5776 Ba ryfedd bod ar brifiad
Ac urddas Duw'n gwreiddio stad?

5777 Gorau bath a gâr y byd:
Gŵr cyfion a gwraig hefyd.
'Moliant Rosier Trefor o Bentrecynfrig'.

5778 Gŵr da'i ddull a gâr Duw ddoeth
A gwreigdda deg, rywiowgddoeth.

5779 Hynt cam sydd aflonydd flin,
Fal hynt drygwynt i'r egin.
'Moliant Edward Llwyd o'r Plas-is-y-clawdd'.

5780 Pa ŵr ar gwymp?—oer yw'r gwaith—
Gŵr drwg a garo drygwaith,
A gras o Dduw goreusyth
Yw'r ffon a bair ffynnu byth.

5781 A dreisio'i wŷr a'i drasau
A all yn hir oll wanhau.
'Moliant Ifan Llwyd o Fodidris'.

5782 Da'r ardd ychen mewn pen pant
A chytûn o chyd-dynnant.

5783 Y trawsedd a wnêl treisiwr
A dynn ei dâl dan y dŵr;
Adeilad trwch ar dâl traeth,
Dŵr a'i bawdd drwy wybyddiaeth.

5784 Gŵr di-fai o grud i fedd
A yrr twf ar ei 'tifedd.

5785 Beth a wna'n deg yr egin?
Bod y gwraidd heb adwy grin.
'Moliant Rhys ap Huw o Faesypandy'.

5786 Dyn fyth un don ni fetha
O deil dyn ar rwndwal da.

5787 Da i ŵr ydyw arian;
Band wyth gwell yw bendith gwan?

5788 Ymaros di ym mrest hedd,
O 'maros y daw mawredd.

5789 Gwell yw dawn no gwyllt ennyn,
Gwell yw Duw no gallu dyn.

5790 A fo duwiol fo 'dewir
Gyda saint i gadw oes hir.

5791 Ni chyll gŵr â chall gariad
Ras Duw a ro Iesu Dad.
'Moliant Dr. Elis Prys o Blas Iolyn'.

5792 Ofer i feilch fry a fôn'
Â'u da am ras Duw ymryson.

5793 Duw biau oedi bywyd.

5794 A garo pawb o gariad,
Yn binagl aur â'n ben gwlad.
'Moliant Rolant Fychan o Dalgarth'.

5795 Afal â byth fal y bo
Â gradd y pren a'i gwreiddio;
Felly'n wir adwaenir dyn
A'i radd yn ôl ei wreiddyn.
'Moliant Siôn Gruffudd o Lwynyglynnau'.

5796 Cariad a dyf fal hadyd;
Cosb oer a dyf cas y byd.
'Moliant Siôn Salbri o'r Rug a Bachynbyd'.

5797 A wnelo drais anial draw
A ostwng Duw yn ddistaw.

5798 Nid da ar gam yn ddiamau
A wna llwydd dan ei wellhau.
'Moliant Siôn Fychan o'r Gelli-aur'.

5799 Beth sy yn rhwydd bob blwyddyn?
Rhodd Duw, fal yr haeddo dyn.
'Moliant Tomas ap Rhys o Ffynogion'.

5800 Da yw gwedd bonedd fo'n bêr,
Rhinwedd sy well o'r hanner.

5801 Byw'n ddi-drais heb falais farn
A wna godi yn gadarn.

5802 Bai ar gorff yw byw ar gam.

'Moliant Edwart Llwyd o Hersedd'.

5803 Y pren a fo pur yna,
Arwydd y dwg wreiddiau da;
Y gwrda fo o grud i fedd,
Efô ennyn o fonedd.

'Moliant Mastr Tomas Bruwtwn, Ficer Llaneurgain'.

5804 Y llyn a fytho llawnaf,
Ni feisir hwn fis o'r haf.

'Moliant Siôn Prys o Neuadd y Drenewydd'.

5805 Rhwydd y gall, lle rho Dduw ged,
Gwaed ac urddas gydgerdded.

'Moliant Siôn Salbri o'r Rug a Bachynbyd'.

5806 Gwreigdda a gwrda gydgordiant,
Ffynnu heb blygu mae'u plant.

5807 Hin gannaid a hau'n gynnar
A wna cnwd ŷd mewn cnawd âr.

5808 Gŵr traws a garo trysawr
A dynn y wlad dano i lawr;
Gŵr da rhwydd â geirda, rhawg,
A wna'i wlad yn oludawg.

5809 Nid rhodd i ŵr ond drwy Dduw.

'Moliant Pedwar Mab Siôn Wyn ap Maredudd o Wedir'.

5810 Byw'n union sydd gyfion gŵys,
Byw 'ngham yw bai anghymwys.

5811 Byw'n union heb un anwir
A bair yn hardd barhau'n hir.

'Moliant Syr Tomas Hanmer o'r Owredd'.

5812 Heb Dduw a'i rym, heb dda'r ânt;
Â Duw gwyn, â digoniant.

'Moliant Rhisiart ap Huw o Fathafarn'.

5813 Byw yn ddyfal heb falais,
Heb geisio na thro na thrais,
Ac annog byw'n ddigynnen
A wna yr hil yn wŷr hen.

'Moliant Huw Nannau o Nannau'.

5814 Er bonedd dewredd, er dysg,
A da wreiddio drwy addysg,
Bwy o urddas heb Wirdduw?
Ba ŵr o stad heb ras Duw?

'Moliant Hywel ap Siôn o Ysgeifiog'.

5815 Gwell yw'r ych gwâr heb fâr fo
No'r aflonydd ar flino;
Gwell yw dawn, medd gallu doeth,
No gwylltineb gwyllt annoeth.

'Moliant Siôn Owain Fychan o Lwydiarth'.

5816 A geidw gwŷr a'i gyd-geraint
A geidw ei fro gyda'i fraint.

5817 A garo'i wlad a'i geraint
A wella'i frig oll a'i fraint;
Y llid, oll, ym mhob lle dêl,
A wna nasiwn yn isel.

'Moliant Rolant Pilstwn o Gaernarfon'.

5818 Duw rhwydd y'i dywaid yrhawg:
Da yw'r gŵr fo'n drugarawg,
A drwg yw un a drigawdd
Heb eiriach neb a eirch nawdd.

5819 Bai yw gwrol heb gariad.

'Moliant Robart Dafis o Wysane'.

5820 Beth heb wlad oedd gariad gŵr?
Beth yw gwlad heb waith glewdwr?

5821 Nid yw'n weddus dan Wiwdduw
Trefn dyn ond tra fynno Duw.

5822 Nid âi gwawr i dŷ gweryd
Dan y bedd er da'n y byd.

'Marwnad Siân, Gweddw Tomas Mostyn o Loddaith'.

5823 Ffôl, anianol iawn ennyd
Yw arfer a balchder byd.

'Marwnad Dr. Siôn Gwyn o Wedir'.

5824 Bawb â i'r bedd annedd ennyd;
Pawb a'r êl, ni ŵyr pa bryd.

5825 O syrth onnen serth unig
Neu bren da, fo friwa'i frig.

'Marwnad Owain ap Siôn Owain o Ystumcegid'.

5826 Hawdd i un heddiw yna,
Ac os gwŷl Duw, gasglu da;
Wedi ennill da i ennyn,
Ni all y da ennill dyn.

'Marwnad Wiliam Ffylib o Bictwn'.

5827 Bu'n rhaid i bob anrhydedd,
O brudd barch, fynd i bridd bedd.

5828 Nid yw einioes y dynion
Na phryd teg mwy no ffrwd ton.

'Marwnad Margred, Gweddw Hywel Fychan o Lan-llyn'.

5829 Y gwâr ar y ddaear ddu,
Awr sy iddo i orseddu.

5830 Od arbedir da'r bydoedd,
Fo ŵyr Duw ofered oedd;
Nid yw aur crwn neu dir Cred
Na da maenol ond myned.

'Marwnad Rhisiart Llwyd o'r Hafodwen'.

5831 On'd oedd bechod darfod hael
A rhoi einioes rhyw anael?

5832 Deubeth sy ddrwg eu diben:
Tref heb barch, tyrfa heb ben.

'Marwnad Syr Siôn Salbri o Leweni'.

5833 Lle i angau fydd mewn llong fôr
O bai long heb le i angor.

5834 Duw byw, beth ydyw bywyd?
Drwy boen y newidia'r byd;
Ffôl yw'r oes, ar ffael a red,
Ffei o'r einioes ei phrinned.

'Marwnad Siôn Wyn o Ynysmaengwyn'.

5835 Gwae Wynedd na bai heddiw
Gant yn fud ac yntau'n fyw.

5836 Da i'r llong, pan êl i'w helynt,
Ymroi i'r môr wrth gyngor gwynt;
Da i genedl, a digynnen,
Ymroi, pawb, wedi marw'u pen.

'Marwnad Siôn Brochdyn o Frochdyn'.

5837 A fo wychaf ei fuchedd,
Ar awr bach yr â i'r bedd.

'Marwnad Elisabeth Johns o Abermarlais'.

5838 Duw'n goel a rydd da i'n golwg,
Ac yna Duw gwyn a'i dwg.

5839 O bydd doeth neu dradoeth draw,
O bydd, pwy etyb iddaw?
Dyn nis gŵyr, a Duw nis gad:
Dan gudd mae'r dyn a'i gwyddiad.

'Marwnad Tudur ap Robart o Ferain'.

5840 O Dduw, anodd yw ennyd
Hyder a balchder o'r byd.

'Marwnad Siôn ab Edwart o Drawsfynydd'.

5841 O cwympa pren gwyrennig,
Wrth gwympo mae'n briwo'r brig;
Briwo gwlad heb awr glydwr
Yw pan êl heb ben o ŵr.

'Marwnad Lewys Llwyd o Gynllaithwrn'.

5842 Daioni corff dyn, o caid,
A fyn roi nef i'w enaid.

5843 Ofer i ddyn ei fawr dda,
Ar somiant mae'r oes yma.

'Marwnad Rosier Decaf o Rwytyn'.

5844 Toriad oes fal tro dis fydd.

'Marwnad Tomas Fychan o'r Pant-glas'.

5845 Nid byd byd heb wybodaeth.

'Marwnad Rhys Tomas o Aber'.

5846 Ni bu farw neb a fwriwyd:
Newidio'i le wna Duw lwyd.

'Marwnad Elisau ap Morys o'r Clenennau'.

5847 Trwm ar iâ yw tramwy'r ôd,
Trymach yw torri amod.

'Marwnad Syr Owain ap Gwilym, Curad Tal-y-llyn'.

5848 Ni all da'r byd, ennyd awr,
Estyn einioes dyn unawr.

5849 Dyn dwl, mae'n meddwl am oes:
Duw a ran hyd yr einioes.

5850 O doeth gwae adwyth gaeaf,
Diau er hyn y daw'r haf.

'Marwnad William ap Wiliam ap Gruffudd o Gwchwillan'.

5851 Y bardd bach uwch beirdd y byd.

'Marwnad Gruffudd Hiraethog'.

5852 Ni welais gam o'th dramwy
Er ys mis nac er ys mwy.

5853 Eryr gwyllt ar war gelltydd,
Nid ymgêl pan ddêl ei ddydd,
A'r pysg a fo 'mysg y môr
A ddwg angau'n ddigyngor.

5854 Ni phery dyn hoff araul
Mwy no rhew ym min yr haul:
Edau'r oes fal hud a red,
Och i'r anap ei chrined.

'Marwnad Siôn ap Huw o Fathafarn'.

5855 A fynno Duw ei fyned,
On'd rhwydd, fal y gwynt, y rhed?

5856 Beth a dâl obeithio dyn?

'Marwnad Wiliam Mostyn o Loddaith'.

5857 Pa ddydd y derfydd pob dyn?
Y dydd a ro Duw iddyn'.

5858 Pridd yw tranc ifanc a hen,
Pridd yw lle prudd a llawen.

'Marwnad Gruffudd Nannau o Nannau'.

5859 Oes fer yw'r byd dybryd, dall,
Amsered am oes arall.

'Marwnad Gruffudd Madrun o Fadrun'.

5860 Duw a rydd pob dewr addwyn,
Fo wna ddydd pan fynno'i ddwyn.

Cf. rhif 5702.

5861 Yn eich hoedl na wnewch hyder,
Nid oes i feilch ond oes fer.

'Marwnad Rhisiart Thelwal o Blas-y-ward'.

5862 Duw nid aeth â'r dyn dethol
Heb hau yr imp ar ei ôl.

'Marwnad Siôn Powys o Gymer'.

5863 O digia rhyw daeogwas
A dal gwg, hir y deil gas;
Os pendefig a ddigia,
Pendefig o'i ddig ydd â.

'Gofyn Cymod Lewys ab Owain ap Meurig o'r Fron-deg'.

5864 Trugarhewch trwy garu hedd,
Tro gwrol yw trugaredd.

5865 Ba ryw faich mwy bâr ei fod
Ond baich a wneid o bechod?

'Gofyn Cymod Wiliam Gruffudd o'r Plas Mawr'.

5866 Byw'n gymwys heb hen gamau
A bair i hil gŵr barhau.
Anllywodraeth a lledrad
A lygra hil gŵr a'i had.

5867 Llid sy flin, medd doethineb,
Llid ni all wellhad i neb.

5868 Mor iawn i gâr gâr arall
Ag i'r llaw gau ar y llall.

'Gofyn Telyn gan Siancyn Gwyn o Lanidloes dros Siôn Trefor o Drefalun'.

5869 Da i genedl, a digynnen,
Gadw un byth o'i gwaed yn ben.

'Diolch am Baun i Domas Tanad o Abertanad'.

5870 Gras Duw a ddwg gwrs da i ddyn.

'Diolch am Sircyn o Bwffledr i Huw Trefor o'r Plas-teg dros Forys ap Robart, ei Ewythr'.

5871 Y llaw a 'stynno yn llawn
A gynnull yn deg uniawn.

5872 Am iechyd, na wna 'machwyn,
Ar Dduw y mae'i roi a'i ddwyn.

'I Robert ap Morys o Alltygadair pan Oedd Glaf'.

5873 Ni all dyn wellhau d'einioes,
Ond Duw, 'r Hwn i ti a'i rhoes.

5874 Prudd fydd ym marwerydd môr
Y llong a gollo'i hangor;
Gwlad â'n brudd heb glod na bri
Pan weddwo heb ben iddi.

'Galw Ifan Llwyd o Fodidris Adref o Loegr'.

5875 Eryr trwm ar war y traeth
A gâr lle bo'i fagwraeth.

5876 Noeth bychan a gwan y genir—dyn byw,
Dyna beth a welir;
A gwan a noeth, gwn yn wir,
A diddim y diweddir.

'Ystyriaeth Bywyd'.

5877 Oriau, amserau y sydd,—diamau,
Yn mynd ymaith beunydd;
Einioes y dyn, nos a dydd,
Yn ddiorfod a dderfydd.

'Ystyriaeth Bywyd'.

5878 Gwrda pur â geirda pell
A'i allu sy'n mynd wellwell.

'Gofyn Nifer o Gesig gan Chwe Gŵr o Bowys dros Ŵr o Eifionydd'.

ROBERT WILLIAM(S)
1744–1815

5879 Llyfr doeth yn gyfoeth i gyd,—
wych lwyddiant,
A chleddyf yr Ysbryd,
A gair Duw nef yw hefyd,
Beibl i bawb o bobl y byd.

CM Archives (N.L.W.), Bala College MS. 772.

ABEL FFOWCS WILLIAMS
1901–

5880 Am ras y diymryson
Y daw ein byd yn y bôn.

'Cwpledi Epigramatig', *Awen Meirion* (1961).

5881 Ei gyfaill yn gwbl gyfiawn,
Ei elyn heb nodyn iawn.

5882 At y teg na chwanega:
Mae gormod yn dwyno da.

'Cwpledi', *Taliesin*, cyf. 6, diddyddiad.

5883 Myn cyfraith berffaith y bach
I oleuni droi'n lanach.

'Epigramau', *Pigion y Faner* (Gol. Gwilym R. Jones) (diddyddiad).

5884 Gall byd a'i ferw ein chwerwi:
Mae'r sur yn ein natur ni.

5885 Mor atgas poeri'r caswir;
Heb ras nid oes was i wir.

5886 Llong fach o'i gollwng i fôr
A ŵyr rym galwad dramor.

5887 Aflwydd yw clefyd diflas,
Ond gwaeth meddyginiaeth gas.

5888 Cu a dewr—debyced ŷnt!
Un blodyn dwbwl ydynt.

'Rhai Briwsion o'r Gwirionedd', *O Ben Draw'r Byd* (1979).

5889 Y gwael gan lu a goelir
A drwg i'w golwg y gwir.

'Rhyfedd ond Gwir'.

ALUN R. WILLIAMS
1910–1976

5890 Lle bo cyw, lle bo cawell,
Nid yw mam yn mynd ymhell.

Cyfansoddiadau a Beirniadaethau Eisteddfod Genedlaethol Cymru, Dyffryn Clwyd 1973 (Gol. T. M. Bassett); dan y ffugenw 'Pompren' yng nghystadleuaeth y 'Deg o Epigramau ar fesur cwpledi cywydd'.

5891 Y ci a ad ddiadell,
Peri gwae y mae ymhell.

D. J. WILLIAMS
1885–1970

5892 Anodd yw bod yn gymedrol lle bo cas neu gariad.

A. E. a Chymru (1929).

5893 Un o'r gorchestion pennaf y dichon bod meidrol ymgyrraedd ato yw ceisio llunio cyfundrefn wladol a fo'n gyfrwng i genedl fynegi ei chymeriad ei hun drwyddi—cyfundrefn i fod yn deml weledig i enaid cenedl drigo ynddi.

5894 O deimlad a serch wedi eu disgyblu y ceir y ddoethineb uchaf—doethineb y proffwyd, doethineb y fam, doethineb Duw.

5895 Nid oes le i orthrymydd ond lle y bo gwendid.

5896 Drwy weithio o'r gwaelod i fyny y codir dynoliaeth bob amser. Ni wnaeth y sawl a geisiodd ei chodi oddi uchod erioed ond sathru yn drymach arni o dan draed.

5897 Y mae paganiaeth fyw, os mynner, yn llawer nes i'r nefoedd na chrefydd farw.

5898 Y mae Cymru'n hŷn na'r Ymerodraeth Brydeinig, a bydd byw'n hir ar ei hôl hefyd.

5899 Y mae a fynno addysg â chymeriad ac â bywyd dyn a chenedl, os oes a fynno hi â rhywbeth o gwbl. Gwneud dynion yw amcan addysg, ac nid gwneud arian.

5900 Gobaith cenedl yw ei gwareiddiad gwledig wedi ei sefydlu ar ddiwylliant a diwydiant cyfuwch â'i gilydd o ran datblygiad.

5901 Gelyn i'r gymdeithas yw'r unigolyn, onid yw'n un â hi.

5902 Ni ddaw neb yn ddinesydd o un hen ardal wledig oni aned, o leiaf, ei dad-cu yno.

'Y Tri Llwyth', *Hen Wynebau* (1934).

5903 Y mae'r mwyafrif ohonom mor hunan-ganolog, ac mor brysur gyda'n mân betheuach bob dydd, fel nad ydym yn medru adnabod ein gilydd ond trwy ddrych benthyg yr artist.

Barddoniaeth a Beirniadaethau Eisteddfod Genedlaethol Caerdydd 1938 (Goln. W. J. Gruffydd a G. J. Williams); beirniadaeth ar gystadleuaeth y Nofel.

5904 Yr unig beth o wir bwys i Gymru yw—a yw hi o wir bwys iddi hi ei hun?

'Y Ddau Genedlaetholdeb yng Nghymru', *Y Llenor*, cyf. XXIII, rhifau 3 a 4, Hydref–Gaeaf 1944.

5905 O fyw am bedwar can mlynedd ar arlwy estron collodd y bobl eu hiechyd a'u blas at ymborth naturiol eu gwlad hwy eu hunain.

5906 Y mae cenedlaetholdeb yn rym ysbrydol aruthrol, er da, neu er drwg.

5907 Y mae i draddodiad le hanfodol ymhob dim o bwys dynol: mewn crefydd, mewn llenyddiaeth, mewn celfyddyd; ond wrth ei gyfyngu yn rhy hir a chaeth o fewn yr un rhigol gall ladd yr ysbryd a mygu datblygiad.

Cyfansoddiadau a Beirniadaethau Eisteddfod Genedlaethol 1949 (Dolgellau) (Gol. John Lloyd); beirniadaeth ar gystadleuaeth y Nofel.

5908 Fe ddylai llenyddiaeth fod gyfled â bywyd.

Cyfansoddiadau a Beirniadaethau Eisteddfod Genedlaethol 1950 (Caerffili) (Gol. T. J. Morgan); beirniadaeth ar gystadleuaeth y Stori Fer Ddigri.

5909 Ni ellir llenyddiaeth fawr heb naws o hiwmor mawr, a rhoi i'r gair ei ystyr ehangaf, sef math o dragwyddol fwrlwm gobaith yng nghalon dyn, rhyw Ddiddanydd Arall sy'n tewi cri ocheneidiau, ac sy'n gweld rhwysg y byd fel plantos yn bwhwman.

5910 Mae'r ffin rhwng barddoniaeth fawr a rhyddiaith fawr yn denau iawn. Ac, yn sicr, nid y mydr, neu absenoldeb mydr, yw defnydd y ffin honno; ond rhywbeth llawer mwy anghyffwrdd.

Cyfansoddiadau a Beirniadaethau Eisteddfod Genedlaethol 1951 (Llanrwst) (Gol. William Morris); beirniadaeth ar gystadleuaeth y Fedal Ryddiaith.

5911 Mae yn yr iaith Gymraeg ddefnyddiau crai mor barhaol at law'r gwir grefftwr ag oedd yng nghwarrau mynor Groeg a'r Eidal gynt.

5912 Ni all awdwr, mwy na'r Creawdwr, greu ei wryw a'i fenyw ond o bridd ei ddaear ei hun.

'Rhagair', *Hen Dŷ Fferm* (1953).

5913 I mi, dyma fro y bröydd, y godidocaf ohonynt oll. Dysgais ei charu, mi gredaf, cyn dysgu cerdded. Ni theithiais y darn yma o wlad erioed—o Fwlch Cae Melwas i Fwlch Cefn Sarth ac o Graig Dwrch i'r Darren Fowr—heb deimlo rhyw gynnwrf rhyfedd yn cerdded fy natur—cynnwrf megis un yn teimlo penllanw ei etifeddiaeth ddaearol ac ysbrydol yn dygyfor ei enaid. Dyma wlad fy nhadau mewn gwirionedd. Fe'm meddiannwyd i ganddi, ac, yn ôl y gynneddf syml a roddwyd i mi, fe'i meddiannwyd hithau gennyf innau.

5914 Os gellir dweud fod hawl ddwyfol ar ddim daearol yn bod, o gwbl, yn y byd yma, yna, yn sicr, y mae'r hawl hon ar dir Cymru yn eiddo cenedl y Cymry—ac nid yn eiddo'r un estron, gan nad pwy fo hwnnw.

5915 Ni leddir iaith na chenedl byth ond gan ei phobl ei hun.

5916 Anhepgor cyntaf yr hunan-gofiannydd yw cof da. Yr ail yw'r hunan-hyder talog hwnnw a bair i ddyn gredu fod yr hyn sydd o ddiddordeb iddo ef yn rhwym o fod o ddiddordeb i bawb arall, hefyd. A'r trydydd yw dewrder, didwylledd, neu ynteu ryw fath o symlrwydd cynhenid a'i gwna hi'n hawdd iddo wisgo'i galon ar ei lawes.

5917 Ni phery'r celwydd gorau ond dros nos.

5918 Gorau po hwyaf y bo pob plentyn cyn dechrau ar gaethiwed hir yr ysgol. Nid oes ysgol na choleg hafal i gartref da.

Yn Chwech ar Hugain Oed (1959).

5919 Fe'm ganed i yn freiniol yn genedlaetholwr Cymreig, gan na allaf gofio unrhyw adeg yn fy hanes pryd nad oedd yr enw 'Cymru' neu 'Wales' yn golygu rhywbeth arbennig a chyfrin i mi; a thrwy fy oes ni laciodd ei gyfaredd arnaf.

5920 Megis yn hanes yr Iddew gynt mae hynny o grefydd sydd gennyf yn rhwym mewn modd annatod wrth fy nghenedl fy hun, a'i thraddodiadau Cristionogol yn rhan o'm henaid innau.

5921 Ni wn i, yn bersonol, am deyrngarwch i'r un ddinasyddiaeth arall, ond i ddinasyddiaeth fawr y ddynoliaeth gyfan.

5922 A fu gan genedl erioed gymaint athrylith i wyngalchu parwydydd ei hanes mor hyfryd wyn â'r genedl Seisnig?

5923 Nid oes dim mwy masw nag arwriaeth ddirprwyol.

5924 Wrth hunan-gofianna'n weddol onest y mae'r sawl a fedd ryw dipyn o'r ysfa greadigol yn fynych yn ymwybodol ei fod wrth hynny yn gwneud arwerthiant cyhoeddus o adnoddau crai ei greadigaethau posibl yn y dyfodol.

5925 Nac ysgrifenned neb call ei hunan-gofiant hyd nes ei bod hi'n hen bryd iddo feddwl o ddifrif am wneud ei ewyllys a'i destament olaf.

5926 Y bobl fwyaf cofiadwy yn ddiau yw'r rheini na allent, wrth natur, fod yn neb byth ond hwy eu hunain. Mae'r efelychwyr yn diflannu fel defnynnau yn niwl y confensiynau cyffredin.

5927 Llwfrdra moesol yw'r peth mwyaf pwdr a pharlysol ddiffrwyth mewn bod. Ni ŵyr am anrhydedd; ni ŵyr am arwriaeth o unrhyw fath. Ni ŵyr am ddim ond hunan-les, esmwythyd, a diogelwch croen yr unigolyn—dofrwydd diantur meddwl ac ysbryd, yr hyn yw marwolaeth yr enaid mewn dyn a chenedl.

5928 Nid oes arwr gan y sinic ond ei hunan bach.

5929 Un genedl sydd yng Nghymru, er o waed cymysg fel pob cenedl arall, a holl elfennau ei thynged a'i hanes, er cyn bod hanes, wedi eu cyd-wau yn un patrwm lliwgar, annatod. Nid yw'r gwahaniaethau ond rhannau o ogoniant yr amrywiaeth hwnnw sy'n cyfoethogi'r cyfan.

5930 Poced frest Lloegr ydyw Cymru.

5931 Mud yw'r doeth yng nghwmni'i ddoethach.

'Y Capten a'r Genhadaeth Dramor', *Detholiad o Storïau'r Tir* (1966).

5932 Nid yw wylo i ormodedd am a fu, er dagrau pethau, yn help i ennill brwydr.

'Arwyddocâd Ymgeisiaeth Waldo Williams', *Y Gaseg Ddu a Gweithiau Eraill* (Gol. J. Gwyn Griffiths) (1970).

5933 Mae'r gwir wladweinydd mor brin â'r gwir fardd.

5934 Allwedd ddiogelaf pob cyfrinach yw cariad.

'Sir Gaerfyrddin—ar Ddiwrnod Garw'.

5935 Nid oes wladgarwch didwyll oni fo'i wraidd mewn brogarwch.

5936 O'r ysbryd y mae cenedligrwydd yn ogystal â chrefydd.

'Cenedligrwydd a Chrefydd'.

5937 Teimlad yw bywyd—angerdd symudol y cread ac ewyllys sanctaidd yn ei gyfeirio.

5938 Angen dyn yw cyfle Duw.

5939 Rhaid i'r genedl ei gwneuthur ei hun yn un â'r amcan dwyfol a fu'n llunio'r cenhedloedd yn genhedloedd ac nid yn locustiaid, dyweder, a chysegru ei ffydd yn yr amcan hwnnw â'i holl galon ac â'i holl nerth gan wneuthur ei chenedligrwydd yn grefydd a'i chrefydd yn genedligrwydd.

5940 Y mae ffydd heddiw'n ofergoel yfory ac yn chwedloniaeth y dydd wedyn.

5941 Cenedligrwydd yw ffydd freiniol dyn yng ngwerth traddodiadau ei orffennol. Crefydd yw ei ffydd freiniol yn Nuw ac yn etifeddiaeth tragwyddoldeb i'w enaid.

5942 Y dewraf ym mhob rhyfel yw'r pellaf o bob cad, ond cad y gweiddi.

'Y Gagendor'.

5943 Pobl wedi colli'r weledigaeth sy'n llunio rhyfel, a phobl â'r weledigaeth ganddynt, yn anad neb, a ddinistrir ganddo.

5944 Twyllir y tlawd â'r us a nithir oddi ar rawn y cyfoethog.

5945 Y mae'r sawl a all chwerthin wrth weld ei galon ei hun yn gwaedu yn feistr ar nefoedd ac uffern.

5946 Eiddo'r ychydig yw'r weledigaeth; eiddo'r lliaws yw'r gyfundrefn.

5947 Yn ei fywyd cudd y mae nerth neu wendid dyn bob amser, ac felly cenedl.

5948 Ni ormesir ond y dewr ei ysbryd: fe ysgwyd y gwasaidd ormes ymaith drwy ysgwyd ei gynffon.

5949 Yr unig wir arwriaeth yw arwriaeth ffydd wedi ei thymheru â chariad.

5950 Mae ysbryd cenedl a orchfygwyd drwy drais mor anfarwol ag ysbryd rhyddid yng nghalon dyn.

'Y Tri Hyn'.

5951 Mae gwerth mewn cenadwri ffyddiog, hyd yn oed petai'n un gyfeiliornus.

D. T. WILLIAMS
1914–

5952 Â pawb yn hwyr neu'n hwyrach
O ŵydd y byd i'r bedd bach.

Y Flodeugerdd o Epigramau Cynganeddol (Gol. Alan Llwyd) (1985).

5953 I obaith nid oes wybod;
Pe gwyddai ni byddai'n bod.

EDWARD WILLIAMS (IOLO MORGANWG)
1747–1826

5954 Dysgeidiaeth yw corff barddoniaeth, ac awen yw'r enaid.

Cyfrinach Beirdd Ynys Prydain (1829).

5955 Diben cerdd yw gwellhau deall, helaethu gwybodaeth, gwellhau myfyrdod ac Athrylith, a llawenhau'r galon a'r meddwl yn ddibech feddylfryd.

5956 Duw fy Nêr, tyner wyt Ti;—hynaws Dad
Nos a dydd i'n porthi:
Bob awr dy fawr glodfori,
Boed yn waith ein bywyd ni.

'Clod i Dduw', *Pigion Englynion fy Ngwlad* (Gol. John Thomas (Eifionydd)) (1881).

ELISEUS WILLIAMS (EIFION WYN)
1867–1926

5957 Ein Tad, cofia'r morwr,
Rhwng cyfnos a gwawr;
Mae'i long ef mor fychan,
A'th fôr Di mor fawr.

'Ora Pro Nobis', *Telynegion Maes a Môr* (1906).

5958 Boed lon dy lys,
Boed lawn dy wledd;
A chofia flys
Yr hwn na fedd.

'"Nadolig Llawen"'.

5959 Wyt Ionawr yn oer,
A'th farrug yn wyn,
A pha beth a wnaethost
I ddŵr y llyn?

'Ionawr'.

5960 Gwn ei ddyfod, fis y mêl,
Gyda'i firi yn yr helyg,
Gyda'i flodau fel y barrug;
Gwyn fy myd bob tro y dêl.

'Mai'.

5961 Croeso Medi, fis fy serch,
Mis y porffor ar y ffriddoedd.

'Medi'.

5962 Os yw Duw yn caru dynion,
Nid yw dyn yn caru dyn.

'Rhagfyr'.

5963 Mae'n werth troi'n alltud ambell dro,
A mynd o Gymru fach ymhell,
Er mwyn cael dod i Gymru'n ôl,
A medru caru Cymru'n well.

'Y Llanw'.

5964 Gwisg genhinen yn dy gap,
A gwisg hi yn dy galon.

'Os Wyt Gymro'.

5965 Ardaloedd ar eu deulin!—beth yw hyn?
Gobaith oes ddilychwin;
Eneidiau'n troi: Duw yn trin
Agoriad calon gwerin.

'Cymru'r Diwygiad'.

5966 Cymru fach i mi—
Bro y llus a'r llynnoedd,
Corlan y mynyddoedd,
Hawdd ei charu hi.

'"Paradwys y Bardd"'.

5967 Cymru fach i mi—
Cartre crwth a thelyn,
Cysegr salm ac emyn,
Porth y nef yw hi.

5968 Crwydro am oes lle y mynno ei hun,
A marw lle mynno Duw.

'Y Sipsiwn', *Caniadau'r Allt* (Gol. Harri Edwards) (1927).

5969 Pam, Arglwydd, y gwnaethost Gwm Pennant mor dlws,
A bywyd hen fugail mor fyr?

'Cwm Pennant'.

5970 O fannau Epynt i fannau Llŷn,
Mynnwn gael siarad ein hiaith ein hun.

'"Eu Hiaith a Gadwant"'.

5971 Wedi i haul Awst ei hulio,
Gwaedgoch ei brig—degwch bro.

'Y Gerddinen', *O Drum i Draeth* (Gol. Harri Edwards) (1929).

5972 Hed hebog fel dart heibio—a'i wgus
Lygaid yn tanbeidio;
Drwy y drain y dyry dro:
Nid oes gân lle disgynno.

'Yr Hebog'.

5973 Tlws eu tw, liaws tawel,—gemau teg
Gwmwd haul ac awel;
Crog glychau'r creigle uchel,
Fflur y main, ffiolau'r mêl.

'Blodau'r Grug'.

5974 Gwell rhyfel nag i elyn
Herio deddf a mathru dyn.

'Y Gwir Anrhydeddus D. Lloyd George'.

5975 Fel gwiber, adre rywdro
Y daw'r gair drwg ar ei dro.

'"Gwell Tewi na Dywedyd Drwg"'.

5976 Delyn hoff! Ein cenedl ni—gâr ei thant,
Gwyrth o hud yw iddi;
Tant ei chân, tant ei chyni,
A thant aeth â'i henaid hi.

'"Tant y Delyn"'.

5977 Dŷ f'hendaid llwyd ei fondo,—a'i glydwch
O grefft gwledig ddwylo:
Ceid byw diddan dan ei do,
A'r heniaith oedd bêr yno.

'"Tŷ To Gwellt"'.

5978 Cadw dy ddôr yn agored—
Gŵr fo hael, rhagor a fed.

'Cyfarchiadau Nadolig'.

5979 Goch y gwin, wyt degwch gwedd;—ton y gwaed,
Ystaen gwg a chamwedd;
Morwynol fflam rhianedd—
Swyn y byw, rhosyn y bedd.

'Gwrid'.

5980 Fore oes rhy fyr ei hyd,—saib felys
Heb ofalon bywyd;
Is ei enfys o wynfyd
Yfwn beth o wingafn byd.

'Bore, Nawn a Hwyrddydd Bywyd'.

5981 Rhan henwr yn ei annedd
Yw gorffen byw ger ffin bedd.

5982 Ni bu wybod heb aberth:
Trwy daerni'r enillir nerth.

'Myfyrdod'.

5983 Ni chêl wyneb neb yn hir
Oferedd a fyfyrir.

5984 Ni wna eilun o olud—
Na, mae drain dan emau drud.

'Y Bugail'.

5985 Onid dewis bris pob braint
Ddwyfol yw dioddefaint?

'Y Merthyr'.

5986 Os dibris ei waed obry,
Mae i ferthyr frodyr fry.

E. LLWYD WILLIAMS
1906—1960

5987 Newydd o hyd yw'r hen addewidion.

Cyfansoddiadau a Beirniadaethau Eisteddfod Genedlaethol Cymru, Bae Colwyn 1947 (Gol. William Morris); dan y ffugenw 'Brynach' yng nghystadleuaeth yr awdl.

5988 Ni ddylai, ni ddaw eilwaith
I law neb ail-lunio'i waith.

'Ar Garreg Fedd', *Tir Hela* (diddyddiad).

GORONWY WYN WILLIAMS
1912—1984

5989 Dena yr hen hen o hyd,
A'r ifanc ifanc hefyd.

'Ar y Prom', *Cyfansoddiadau a Beirniadaethau Eisteddfod Genedlaethol Cymru Y Rhyl 1953* (Gol. D. M. Ellis); cf. rhif 2318 a rhif 5171.

GRIFFITH WILLIAMS
(GUTYN PERIS)
1769—1838

5990 Rhaid dychwel i'r isel rych;
Ar oedran ofer edrych:
Llawer yw y llu a roed
Yn y ceufedd o'n cyfoed.

'Cywydd Annerch Gwilym Peris', *Corph y Gaingc* (1810).

GRIFFITH JOHN WILLIAMS
1892—1963

5991 Oni ddygir Cymru i gysylltiad â diwylliant y Cyfandir, oni ŵyr yr hyn y mae'r byd mawr tu hwnt i ororau Cymru a Lloegr yn ei feddwl, ofer yw inni obeithio am adfywiad llenyddol.

'Cyfres y Werin', *Y Llenor,* cyf. I, rhif 1, Gwanwyn 1922.

5992 Pan êl y naill genedl i efelychu'r llall, pethau isaf a gwaethaf y genedl honno a efelychir gan amlaf.

5993 O bydd yr artist yn ddidwyll, ac yn ffyddlon iddo ef ei hun fel artist, ni all ei waith fod yn anfoesol.

5994 Od yw'n rhaid geni dyn yn fardd, y mae'n llawn mor wir y dylid ei eni'n feirniad.

'Adolygu Llyfrau', *Y Llenor,* cyf. II, rhif 2, Haf 1923.

HUW LLEWELYN WILLIAMS
1904—1979

5995 Byr yw clod fel barrug glas
Yn yr heulwen ar riwlas.

'Epigramau', *Llygadau Heulog* (Gol. Derwyn Jones) (1979).

5996 Nid oes un yn dewis hau
Onid arwyd ei erwau.

5997 Y brawd a gafwyd yn brin
Oedd haelaf ar ei ddeulin.

5998 Gwell nag aur, gwell nag arian
I dlawd yw cydwybod lân.

5999 Buan y dirwyn bywyd
I ben ar bellen y byd.

6000 Hir y cofir y cyfiawn
A'r gŵyr fu drugarog iawn.

6001 Yr iaith sy'n haeddu'n mawrhad
A drysorwn drwy'i siarad.

6002 Wrth fras ford tyr y tordyn
Ei fedd â'i ddannedd ei hun.

Cf. 'A glutton digs his grave with his teeth'.

6003 Er brad pob llwfrddyn unawr
Dal i fyw mae'r genedl fawr.

6004 Yr un sy'n edifarhau
A ŵyr gymodi orau.

6005 Boed ef angel neu elyn,
Ewyllys da yw lles dyn.

IFOR WILLIAMS
1881–1965

6006 Ces fy ngeni yn hen lanc, ag atal
dweud ar fy enaid.

'Y Pethau Hyn a Garaf', *Meddwn I* (1946).

J. J. WILLIAMS
1869–1954

6007 Cân i gyd yw'r byd lle bo
Dau enaid wedi uno.

'Y Lloer', *Y Lloer a Cherddi Eraill* (1936).

6008 Maes o law daw y diwedd,
A daw'r byd i amdo'r bedd;
Duw fy Iôr ag amnaid fyn
Y faith yrfa i'w therfyn.

6009 Daw'r ŷd aur rywdro i dw
O droi'r aradr i'r erw.

'Aredig'.

6010 Gwrid y rhos ar frigau'r drain,—
dail y coed
O liw cefn yr elain;
Mieri yn aur mirain,
A'r perthi'n goelcerthi cain.

'Lliwiau'r Hydref'.

6011 Duw ei Hun roes adenydd—Ei draserch
Drosom ym mhob tywydd;
O law'r Tad bob toriad dydd
Daeth i ni fendith newydd.

'"Bob Bore y Deuant . . ."'

6012 Er rhoi i'w dwyll liwiau'r dydd
Satan yw mewn siwt newydd.

'Ymrithio'.

6013 Gweld deryn gwyllt, gweld derwen gam,
—gweld mawn,
A gweld môr yn wenfflam;
Gweled brwyn ar dwyn dinam,
A gweled mwg aelwyd mam.

'Yn yr Hen Gartref'.

6014 Yr anwr a ymgreinia—ar ei dor,
Pe'r dyhiryn penna',
Gaiff yn rhwydd swydd nas haedda,
Ond swydd nid oes i ddyn da.

'Swydd'.

6015 O huodledd y dadlau,—ac o sŵn
Casineb cynhennau
Awn i ryw bur, dyner bau—
Pell o gyrraedd pwyllgorau.

'Pe Gallwn'.

6016 Dim môr, a dim myharen,—dim afon,
Dim mefus na mawnen;
Aberthwn aur byrth y nen
Am weld eira Moel Darren.

'Hiraeth'.

6017 O daw atat gardotyn—ar yr Ŵyl,
Dyro ran o'th grystyn;
O droi'n frawd i dlawd ei lun
Cei fwynhad cyfiawn wedyn.

'Cyfarchiad Nadolig'.

6018 Is y glyn, a'u gwancus gledd—yn mallu
Dan y meillion irwedd,
Mae dewrion yn mud orwedd,
A'r ych a bawr uwch eu bedd.

'Ceiriog'.

6019 Bachan bidir yw Dai.

'Dai'.

6020 O dan y môr a'i donnau
Mae llawer dinas dlos
Fu'n gwrando ar y clychau
Yn canu gyda'r nos;
Trwy ofer esgeulustod
Y gwyliwr ar y tŵr,
Aeth clychau Cantre'r Gwaelod
O'r golwg dan y dŵr.

'Clychau Cantre'r Gwaelod'.

JOHN WILLIAMS (GLANMOR)
1811–1891

6021 Ar gwrel yn rhagori,—dewisach
Wyd, Iesu, na'r lili:
Hawddgarach, tecach wyt Ti,
Glanach na haul goleuni.

'Hawddgarwch Crist', *Pigion Englynion fy Ngwlad* (Gol. John Thomas (Eifionydd)) (1881).

JOHN WILLIAMS (IOAN MADOG) 1812–1878

6022 Y Duw dirfawr, diderfyn,—bu ryfedd
Ei brofi gan adyn:
Un fu'n llunio tafod dyn
Yn fud o flaen pryfedyn!

'Y Gwaredwr', *Gwaith Barddonol Ioan Madog* (Gol. Thomas Jones (Cynhaearn)) (1881).

6023 Pob cur a dolur drwy'r daith—a wellheir
Yn llaw'r Meddyg perffaith;
Gwaed y groes a gwyd y graith
Na welir moni eilwaith.

6024 Gwae a gofid gogyfer
Pob dyn sydd—pawb dan y sêr.

'Pan yn Glaf'.

6025 Rhoi delw'r bedd ar deulu'r byd
Mae un oedfa mewn adfyd.

6026 Caf fendith wrth wneud cyfiawnder.

'Cyfiawnder', *Blodau'r Gynghanedd* (Gol. Richard Griffith (Carneddog)) (1920).

JOHN WILLIAMS (IOAN DEUDRAETH)

6027 Mae siarad bob amserau—â rhai doeth
Yn rhoi dysg i'n pennau,
Ond â dynion gweigion, gau,
Tewi siarad sy orau.

'Y Doeth a'r Annoeth', *Blodau'r Gynghanedd* (Gol. Richard Griffith (Carneddog)) (1920).

JOHN WILLIAMS (JOHN WILLIAMS BRYNSIENCYN) 1854–1921

6028 Yr amcan uchaf yw perffeithio y dyn. Ni fuasai y pechadur yn werth ei achub, oni bai fod y dyn yn werth ei berffeithio.

Gemau Brynsiencyn: Eiddo y Parch. John Williams, D.D. (Gol. Owen Pritchard) (1950).

6029 I gyrraedd calon rhaid i wirionedd ddyfod o'r galon.

6030 Y mae naws meddwl yn bwysicach na nerth meddwl, oblegid bryd y meddwl ac nid grym y meddwl sy'n penderfynu ansawdd y cymeriad.

6031 Ni wneir byth mo galon y byd yn lân wrth olchi ei wyneb.

6032 Nid blynyddoedd sydd yn gwneud dyn, ond gweledìad; nid hyd dy ddyddiau yw mesur dy ddynoliaeth, ond ehangder dy orwelion.

6033 Medr mwy o ddyn fynd i weithred nag i air.

6034 Nid oes modd i ddyn gyflawni campwaith mewn unrhyw gylch heb ei anghofio ei hun.

6035 Po ddyfnaf y loes dyfnaf fydd y gorfoledd.

6036 Y mae yr un weithred ag sydd yn achub dyn yn gogoneddu Duw.

6037 Gweithred a gymer le mewn eiliad yw achub pechadur, ond gwaith a gymer amser a thragwyddoldeb i'w gyflawni yw perffeithio dyn.

6038 Gwisg gwirionedd yw credo. Diwyg egwyddor yw athrawiaeth. Y mae'r wisg yn fynych yn heneiddio, ond y gwirionedd yn aros yr un.

6039 Y dystiolaeth uchaf bob amser yw yr un ddistaw.

6040 Arwydd o amherffeithrwydd yw ansefydlogrwydd. Y mae'r perffaith o angenrheidrwydd yn sefydlog a chadarn.

6041 Nid y gwneuthur a benderfyna ansawdd cymeriad, ond tymer ysbryd dyn wrth wneuthur.

6042 Yn y Duw-ddyn disgynnodd Duwdod ar hyd grisiau dynoliaeth, ac fe esgynnodd dynoliaeth ar hyd ysgol y Duwdod.

6043 Posibilrwydd mawr wedi ei andwyo ydyw'r elfen ddyfnaf mewn trueni.

6044 Y mae pum munud o gariad at Iesu Grist yn anfesurol fwy a chryfach nag oes o garu holl wrthrychau'r ddaear.

6045 Gellir bod yn fyw am bedwar ugain mlynedd heb fyw am bum munud. Dyddiau a fesur einioes; gweithredoedd ac egwyddorion—carictor—a fesur fywyd.

6046 Y mae pob darganfyddwr mawr yn ddatguddiwr mawr.

6047 Y mae gwir alar yn sylfaen i wir lawenydd.

JOHN OWEN WILLIAMS (PEDROG) 1853—1932

6048 Mor wych yw edrych adref
I dŷ y Tad ato Ef.

'Y Gwaredwr', *Y Geninen*, cyf. XXIV, rhif 3, Gorffennaf 1906.

6049 I'r teg ros rhoir tŷ grisial—i fagu
Pendefigaeth feddal;
I'r grug dewr y graig a dâl—
Noeth weriniaeth yr anial.

'Gwlad y Bryniau', *Cofnodion a Chyfansoddiadau Eisteddfod Genedlaethol 1909 (Llundain)* (Gol. E. Vincent Evans); dan y ffugenw 'Arthur Wynn'. Y teitl cyffredinol a roddir i'r englyn yw 'Y Rhosyn a'r Grug'.

6050 Dal i'w enaid ail einioes
Wna'r dyn a gred yn y Groes.

'Credu yn y Groes', *Blodau'r Gynghanedd* (Gol. Richard Griffith (Carneddog)) (1920).

6051 Na chyffyrddwch â pharddu.

'Byw'n Bur'.

6052 Lle rhydd ffwdan drwstan dro
Rhydd diwydrwydd y deudro.

'Diwydrwydd'.

JOHN RICHARD WILLIAMS (TRYFANWY) 1867—1924

6053 Nid yw'r gaea'n dragywydd,—daw yr haf
Wedi'r holl ystormydd;
Nac ofnwn, rhodiwn yn rhydd:
Yn llaw Duw mae'n holl dywydd.

'Gwynebu'r Gauaf', *Cymru*, cyf. XIII, rhif 75, 1897.

6054 A beth mor hoff â choffa
Camre teg cymeriad da?

'"Coffadwriaeth y Cyfiawn Sydd Fendigedig"', *Blodau'r Gynghanedd* (Gol. Richard Griffith (Carneddog)) (1920).

6055 Gwyliwch ei drem, y gwalch drwg.

'Y Dyn Ffals'.

MORRIS WILLIAMS (NICANDER) 1809—1874

6056 Oherwydd mai gohirio—mae yr Iôn
Am ei ras cyn taro,
Llymdostach, trymach y tro,
Poen dialedd, pan delo.

'"Hwyr yr Erys Duw cyn Taro,—Llwyr y Dial pan y Delo"', *Pigion Englynion fy Ngwlad* (Gol. John Thomas (Eifionydd)) (1881).

6057 Euro f'aur, mawr oferedd,—neu gannu
Y gwyn eira ceinwedd:
Paentio gardd haf, wychaf wedd,
Neu gywreinio gwirionedd.

'Y Ddiareb, "To Paint the Lily," yn Shakespeare'.

OWEN WILLIAMS (OWAIN GWYRFAI) 1790–1874

6058 Cael llonydd mewn cell unig—yn fy nydd
Yw fy nef arbennig;
Byw yn dda, heb neb yn ddig,
Na noddi dim anniddig.

[Ar ei garreg fedd] *Gemau Gwyrfai: sef Gweithiau Barddonol a Rhyddiaethol y Diweddar Owen Williams o'r Waenfawr* (Gol. Thomas Williams) (1904).

6059 Cofier, i hen ac ifanc,
Mai rhybudd trwm yw'r bedd tranc.

'"Hunfa," ar Fedd Robert Williams, Clock Maker, sef Mab Owen Williams o'r Waenfawr—1848'.

6060 Rhodiais ddoe mewn anrhydedd,—
a heddiw
Fe'm huddwyd i'r dyfnfedd;
Ddoe yn gawr, heddiw'n gorwedd,
Ddoe'n y byd, heddiw'n y bedd.

'Ar Fedd Thomas Evan Lloyd, o Gilgerain, a Laddwyd drwy Godwm o Ugain Llath yn Chwarel Braich y Cafn, Mai 9, 1843, yn 38 Mlwydd Oed'.

R. BRYN WILLIAMS 1902–1981

6061 Ofer dal mewn hualau
Druain wŷr dan estron iau.

'Caerllion-ar-Wysg', *Y Tir Pell* (1972).

6062 Utgorn dy wynt gerwin, dig,
Taer heno o'r tir unig,
Mae'n galw, a'm hannog eilwaith
Yn ôl i bell anial baith.

'Patagonia'.

6063 Lle bo ing fe ddaw gwell byd,
Doniau gwâr dyn a'i gweryd.

6064 Er rhoi'r gwâr mewn carcharau,—
nid distaw
Mo'r tystion mewn rhwymau:
Llys na theyrn eu llais ni thau,
Llefarant drwy'r holl furiau.

'Arwyr'.

RICHARD WILLIAMS (GWYDDERIG) 1842–1917

6065 Hen hosan a'i choes yn eisiau,—ei brig
Heb erioed ei ddechre,
A'i throed heb bwyth o'r ede:
Hynny yw 'Dim', onid e?

'Dim', *Detholion o Waith Gwydderig* (Gol. J. Lloyd Thomas) (1959).

6066 Benyw yw bob ŵy wyneb.

'I 'Easter Egg' Cywrain yn America (a gynhwysai ben dynes, a pha fodd bynnag y delid ef, byddai'r pen yn edrych arnom)' [llinell enwog oherwydd ei bod yn darllen yr un fath tuag yn ôl].

6067 Tŷ i hyrddod diurddas—guro cyrn,
Agor ceg ddibwrpas;
Tŷ cnoi a thrin cethin, cas,
A llawr dyrnu lloi'r deyrnas.

'Tŷ'r Cyffredin, 1911'.

ROBERT WILLIAMS (ROBERT AB GWILYM DDU) 1766–1850

6068 Dros fai, nas haeddai, mae'n syn—
ei weled
Yn nwylaw Rhufeinddyn,
A'i brofi gan wael bryfyn,
A barnu Duw ger bron dyn.

'Crist ger bron Pilat', *Gardd Eifion* (1841).

6069 Paham y gwneir cam â'r cymod,—
neu'r Iawn
A'i rinwedd dros bechod?
Dywedwch faint y Duwdod,
Yr un faint yw'r Iawn i fod.

'Yr Iawn'.

6070 O dir gwae, yn dragywydd,
Angau'r groes a'n rhoes yn rhydd.

'"Yn y Dydd y Bwytai o hono"'.

6071 Pan fych mewn poen afiechyd,—a phoethion
Effeithiau dy glefyd,
Cofia Grist yn dy dristyd,
A chwerw boen Iachawr y byd.

'Cyngor i Fod yn Ddyoddefgar'.

6072 Mae'r gwaed a redodd ar y groes
O oes i oes i'w gofio;
Rhy fyr yw tragwyddoldeb llawn
I ddweud yn iawn amdano.

'Y Gwaed'.

6073 'Mhen oesoedd rif y tywod mân
Ni bydd y gân ond dechrau;
Rhyw newydd wyrth o'i angau drud
A ddaw o hyd i'r golau.

6074 Dyma ben ar bob aberth,
A dyma waed mwy ei werth.

'Swydd y Lefiaid'.

6075 Angau arfog, miniog, mawr,
Ar ei gadfarch ergydfawr,
Wele yma carlamodd,
A'i rym ar egni a rodd;
Torrodd i lawr, drwy fawr feth,
Ein diddig, unig eneth.

'Am Jane Elizabeth Williams unig ferch ac Etifeddes R. ab Gwilym Ddu, yr hon a fu farw o'r Darfodedigaeth, Tach. 3, 1834, yn ddwy flwydd ar bymtheg oed'.

6076 Ymholais, crwydrais mewn cri;—och alar!
Hir chwiliais amdani;
Chwilio'r celloedd oedd eiddi,
A chwilio heb ei chael hi.

6077 Dirwyn mae'r cnawd i orwedd,
Nesnes i fynwes ei fedd.

'Coffadwriaeth am Mr. J. Jones, Gweinidog y Bedyddwyr yn Ramoth . . .'.

6078 Sidan glân yw gwisg anwir;
Bratiau yw gwregysau gwir.

'Cyflafan y Gwir'.

6079 Anwiredd aeth yn eirwir,
Traws a gau y troes y gwir.

6080 Er enwog fawrhau anwir,
Cryfach, rhagorach y gwir.

6081 Da, gwyddost, ydyw goddef
A gwir ddwyn ei gerydd Ef.

'Dafydd Thomas (Dafydd Ddu Eryri)'.

6082 Llawn drigain, gywrain, a'u gwarant,—heb ludd,
O'm blwyddau hedasant;
Fel y niwl o afael nant
Y dison ymadawsant.

'Englynion Moesol a Diniwaid'.

6083 Ni werthir yn ei wrthol
Ddoe i neb, ni ddaw yn ôl.

6084 Blino wrth rodio'r ydwyf,
Llusgo ar ôl, llesgáu'r wyf.

6085 Myned sydd raid i minnau—drwy wendid
I'r undaith â'm tadau;
Mae 'mlinion, hwyrion oriau,
A'm nos hir yn ymnesáu.

6086 Gwylia reddf anhygoel rith,
Mae us gwan ymysg gwenith.

'I'w Argraffu uwch ben Drws Capel'.

6087 Mal blodeuyn gwyn teg wawr—yn gwywo
Dan y gawod bwysfawr,
Nid yw einioes ond unawr,
Na dyn i barhau ond awr.

'Profiad dan Wendid Iechyd'.

6088 Gwyfyn i'w ebargofi—ydyw dyn,
Hyd ei daith ond gwegi:
Nid oes braidd einioes inni;
Awr yw'n hoes—na wariwn hi!

6089 Er cwyno lawer canwaith—a gweled
Twyll y galon ddiffaith,
Ni fyn Duw o fewn y daith
Droi neb i dir anobaith.

'Ateb gan R. ab Gwilym Ddu' [i englyn a luniwyd gan Dewi Wyn yn ei glefyd].

6090 O âr y ddaear yn ddiau—ni gawn
Eginyn a blodau;
Er hyn, ein hedyn i'w hau
Ollyngir yn llaw angau.

'Beddergryff'.

6091 Yr Iôn, pan ddelo'r ennyd,—ar ddiwedd
O'r ddaear a'n cyfyd:
Bydd dorau beddau y byd
Ar un gair yn agoryd.

6092 Pob hedyn a fyn Efe—o'r dulawr
A'r dylif i'w frawdle:
Cywir gesglir o'r gysgle
Lychyn at lychyn i'w le.

6093 Y cariad oedd er cyn creu dyn
Erioed heb un dechreuad,
Sydd yn dragwyddol i barhau,
A'i ddyddiau heb ddiweddiad.

'Cariad Crist', *Cymru*, cyf. III, rhif 14, Medi 15, 1892.

ROBERT WILLIAMS (TREBOR MAI)
1830—1877

6094 Distaw dir yr hir orwedd,
I beidio â byw, ydyw bedd:
Hen wely rhwym dynol-ryw
Ar 'nos Sadwrn' oes ydyw;
Poblog ac ysbeiliog bau,
Cynhwysydd y cynoesau.

'Y Bedd', *Gwaith Barddonol Trebor Mai* (Gol. Isaac Foulkes) (1883).

6095 Ni fu hwylfa i eilfyd
Heibio i'r bedd i neb o'r byd;
Ac ymlaen un can mlynedd
Ninnau, bawb, fydd yn y bedd.

6096 I'w fedd anrhydedd fyddo;—sidanwellt,
Ymestynnwch drosto;
Awelon, dowch i wylo
I'r fan wael, er ei fwyn o.

'Cof a Hiraeth: am W. Hughes, Ysw., Meddyg, Llanrwst'.

6097 Siôn byw'n rhad, Siôn heb anrhydedd—yn y byd,
Siôn heb bwyll ddigonedd:
Ond Siôn a'r Aelod Senedd
Yr un faint yn yr hen fedd.

'Beth am Siôn?'

6098 Rhoed o'u crud y cariadau—tyner hyn
Tan yr oer briddellau
Cyn i bechod â'i nodau
Roddi ei ôl ar y ddau.

'Dau Febyn'.

6099 E bery'i enw a'i bur rinwedd
Fwy yn y byd na'i faen bedd.

'John Jones, Tŷ Hen, Penllyn'.

6100 Arafa, mae goreuferch—is dy droed,
Astud wraig, lawn traserch;
Tafl dithau rosynnau serch,
Ddarllenydd, ar ei llannerch.

'Fy Nghyfnither'.

6101 Ym mhob llên ac awen gu
Sir Fôn sy ar i fyny.

'Anerchiad i Gyfarfod Llenyddol Porthaethwy'.

6102 E doddir dy aur didduw,
Ânt ar dân wrth gownter Duw.

'Ail Rybownd' [o'r ddadl ddirwestol].

6103 Bendith ar iaith fy mabandod,—iaith fwyn,
Iaith fy holl gydnabod;
Mae'n iaith dda, mae'n iaith i ddod
I'r nefoedd ar 'y nhafod.

'Yr Iaith Gymraeg'.

ROBERT ARTHUR WILLIAMS (BERW)
1854—1926

6104 Lle na bo bywiol obaith
Gwn na cheir egni ychwaith.

'Gobaith', *Y Geninen*, cyf. IV, rhif 4, Hydref 1886.

6105 I'r enaid yn nhir annuw
Beth a dâl fel gobaith Duw?

6106 Hyn fydd hedd diwedd y daith:
Adnabod Duw yn obaith.

6107 Anfoddog y canfyddaf—y rhai sydd,
Er eu siom, yn olaf;
Dan nych oes, undyn ni chaf
Flinodd ar fod yn flaenaf.

'Yr Awydd i Flaenori', *Ceinion y Gynghanedd*, Owen Griffith Owen (Alafon) (1915).

RHYDWEN WILLIAMS
1916–

6108 Ystyriaf y mesurau traddodiadol yn fendith ac yn felltith. Hwy a roes ddisgleirdeb i'n llên; hwy a roes ddirywiad. Disgleirdeb Dafydd ap; dirywiad ap Dafydd.

Cerddi Cadwgan (1953).

6109 Nid dig yw'r goedwig i gyd.

'Y Llewpart', *Barddoniaeth Rhydwen Williams* (1965).

6110 Bendigedig fyddo Duw, 'rwy'n mynd yn hen!
Henaint sydd hardd. Heneiddio sydd dda.

'Alcestis'.

6111 Mae 'na gariad i'w gael
Nad yw'n ddigonol,
Onid yw, doed a ddelo,
Yn gariad gormodol.

6112 Cariad mwy creulon
Na phoen a phangau,
Sy'n dechrau'n angerdd
A diweddu'n angau.

'Kitch'.

T. ARFON WILLIAMS
1935–

6113 Heno datgelwyd i minnau paham
Y mae pen y bryniau
Oll yn oll yn llawenhau:
Mae'r achos yn fy mreichiau.

'Ymson Mair', *Englynion Arfon* (1978).

6114 Y baban na fu'i lanach a anwyd
Yn Ionor yn holliach
A lorir fel hen gleiriach
O eisiau bwyd ym Mis Bach.

'Adduned Blwyddyn Newydd'.

6115 Er cryfed, praffed y pren
Fe'i holltir gan y fellten.

'Y Meddwl Chwim'.

6116 Mae'n wir na chaf faith areithiau i'w dweud,
Ond Awdur yr Oesau
Ddyry i mi'n Ei ddramâu
Ran fechan rhwng cromfachau.

'Mis Bach'.

6117 Yn enw Cariad, paid â'i gadel yn hagr
I wgu'n y gornel;
Dwy owns neu lai o dinsel
Wna'r wrach ddu'n briodferch ddel.

'Y Goeden Nadolig'.

6118 Y gwir yw, â'r pren fu'n gry'
Yn wan 'rôl ymganghennu.

'Taid'.

6119 Ar ruthr fyth wrth yrru ei fen, â'r bardd
I'r berth yn dindraphen;
Nid heb ambell linell wen
Tragwyddol heol awen!

'Barddoni'; cf. rhif 5612.

6120 Er na ellir un hyllach
Hwch nid hyll i berchyll bach.

Cyfansoddiadau a Beirniadaethau Eisteddfod Genedlaethol Cymru, Maldwyn a'i Chyffiniau 1981 (Gol. T. E. Bassett); dan y ffugenw 'Senex' yn y gystadleuaeth 'Deg o Epigramau Gwreiddiol'.

6121 Yn ddi-fai, er rhoi'n ddi-feth i ddynion
Feddiannau yn doreth,
Mae'r Un fu'n llunio popeth
Yn y baw yn ddim o beth.

'Y Baban', *Annus Mirabilis a Cherddi Eraill* (1984).

6122 Digrif yw'r godidowgrwydd honnaf i,
Cans pan fyn yr Arglwydd
Dynnu'r wisg mae'n gweld yn rhwydd
Hagrwch fy nghyntefigrwydd.

'Fel yr Wyf'.

6123 Â mi yn gwarchod mwyach ail hanner
Can mlynedd cyfrinach
Dau, 'rwyf i, y fodrwy fach,
Yn denau—ond yn dynnach.

'Priodas Aur'.

THOMAS WILLIAMS (THOMAS WILLIAMS BETHESDA'R FRO) 1761–1844

6124 Y gŵr ar ffynnon Jacob eisteddodd gynt i lawr,
Dramwyodd trwy Samaria, mae'n tramwy yma'n awr;
'Roedd syched arno yno am dan eu hachub hwy,
Mae syched arno eto am achub llawer mwy.

'Hymn XXXI: Ffynon Jacob', *Dyfroedd Bethesda; yn Ddwy Ran* (1824).

6125 Adenydd fel c'lomen pe cawn,
Ehedwn a chrwydrwn ymhell;
I gopa bryn Nebo mi awn,
I olwg ardaloedd sydd well;
Â'm llygaid tu arall i'r dŵr,
Mi dreuliwn fy hoedel i ben,
Mewn hiraeth am weled y Gŵr
Fu â'i ddwylo dan hoelion ar bren.

'Hymn CVI: Nebo'.

THOMAS WILLIAMS (BRYNFAB) 1848–1927

6126 Nid yw adfyd byd heb wên,
Na'i nos hir heb un seren.

'Llawenydd', *Y Geninen*, argraffiad arbennig, Awst 1891.

6127 O! wlad fach, cofleidiaf hi,—angoraf
Long fy nghariad wrthi:
Boed i foroedd byd ferwi,
Nefoedd o'i mewn fydd i mi.

'Gwlad y Bryniau', *Y Geninen*, cyf. XXVII, rhif 1, Ionawr 1910; cambriodolir i Berw yn *Mil o Ddyfyniadau Cymraeg*.

WALDO WILLIAMS 1904–1971

6128 Mae e'n dechrau sôn am Ddiwylliant—
Rhedwch ar ôl y dryll
Neu'r geiriau nesaf a ddaw o'i geg
Fydd "y golled i Gymru os cyll . . ."
Mae popeth modern yn wrth-Gymreig,
Mae popeth poblogaidd yn hyll,
Ond, hyd angau, Diwylliant, Diwylliant,
Diwylliant. . . Diwylliant. . . Di-wyll. . .

'Yr Uch-Gymro', *Y Ford Gron*, cyf. I, rhif 1, Tachwedd 1930.

6129 'Rwyf yma o dan bwys piano,
'Offeryn cerdd' yw'r gair amdano,
A byddai byw yn llai o glefyd
Pe bai'n 'offeryn cerdded' hefyd.

'Wrth Helpu i Gario Piano'.

6130 'Rwy'n caru meddwl heno
Fod pobun hyd y fro
Yn clywed y glaw yn pitran-patran
Ar hyd y to.

'Pitran-Patran', *Cerddi'r Plant* (E. Llwyd Williams a Waldo Williams) (1936).

6131 Nemor byth ni bydd dyn mor gyfan â'r pryd y cano'n dda.

Cyfansoddiadau a Beirniadaethau Eisteddfod Genedlaethol 1949 (Dolgellau) (Gol. John Lloyd); beirniadaeth ar gystadleuaeth y Ddychangerdd.

6132 Un o hanfodion gwiwdeb mewn llenyddiaeth yw cydymdeimlo'r crëwr â'i greadigaeth.

6133 Dewrder o dan dynerwch
Duw ni ludd i'r dynol lwch.

'Tŷ Ddewi', *Dail Pren* (1956).

6134 Daw dyn i'w gariad o dan Ei goron.

6135 O boen ei ddiwedd nebun ni ddianc.

6136 Daw'r un haul wedi'r niwloedd, a buan
Y daw'r adar cân wedi'r drycinoedd.

6137 O! Gymru'r gweundir gwrm a'r garn,
Magwrfa annibyniaeth barn,
Saif dy gadernid uwch y sarn
O oes i oes.

'Ar Weun Cas' Mael'.

6138 Pwy sydd, ynghanol y rhwysg a'r rhemp?
Pwy sydd yn sefyll ac yn cynnwys?
Tyst pob tyst, cof pob cof, hoedl pob hoedl,
Tawel ostegwr helbul hunan.

'Mewn Dau Gae'.

6139 Daw'r Brenin Alltud a'r brwyn yn hollti.

6140 Gaeaf ni bydd tragyfyth:
Daw'r wennol yn ôl i'w nyth.

'Daw'r Wennol yn Ôl i'w Nyth'.

6141 Fy Nghymru, a bro brawdoliaeth, fy nghri, fy nghrefydd,
Unig falm i fyd, ei chenhadaeth, ei her,
Perl yr anfeidrol awr yn wystl gan amser,
Gobaith yr yrfa faith ar y drofa fer.

'Preseli'.

6142 Cadwn y mur rhag y bwystfil, cadwn y ffynnon rhag y baw.

6143 Yr un yw baich gwerin byd,
Un hawlfraint ac un delfryd.

'Y Tŵr a'r Graig'.

6144 Oer angen ni ddôi rhyngom
Na rhwyg yr hen ragor rhôm
Pe baem yn deulu, pob un,
Pawb yn ymgeledd pobun.

6145 Mae'r gwych yn gorthrymu'r gwan.

6146 Gostwng a fydd ar gastell,
A daw cwymp ciwdodau caeth,
A hydref ymerodraeth.

6147 Gwyn eu byd tu hwnt i glyw
Tangnefeddwyr, plant i Dduw.

'Y Tangnefeddwyr'.

6148 Cennad dyn yw bod yn frawd,
Golud Duw yw'r anwel fyd.

6149 Awydd creu, amynedd crefft.

'Yn y Tŷ'.

6150 Yn y tŷ mae Gwlad.

6151 Nid oes yng ngwreiddyn Bod un wywedigaeth.

Di-deitl.

6152 Beth yw byw? Cael neuadd fawr
Rhwng cyfyng furiau.
Beth yw adnabod? Cael un gwraidd
Dan y canghennau.

'Pa Beth yw Dyn?'.

6153 Beth yw trefnu teyrnas? Crefft
Sydd eto'n cropian.
A'i harfogi? Rhoi'r cyllyll
Yn llaw'r baban.

6154 Beth yw bod yn genedl? Dawn
Yn nwfn y galon.
Beth yw gwladgarwch? Cadw tŷ
Mewn cwmwl tystion.

6155 Daw dydd y bydd mawr y rhai bychain,
Daw dydd ni bydd mwy y rhai mawr.

'Plentyn y Ddaear'.

6156 Nid oes sôn am yr Eiliad
Yn llyfr un ysgolhaig.

'Yr Eiliad'.

6157 Un funud fach cyn elo'r haul o'r wybren,
Un funud fwyn cyn delo'r hwyr i'w hynt,
I gofio am y pethau anghofiedig
Ar goll yn awr yn llwch yr amser gynt.

'Cofio'.

6158 A geiriau bach hen ieithoedd diflanedig,
Hoyw yng ngenau dynion oeddynt hwy,
A thlws i'r clust ym mharabl plant bychain,
Ond tafod neb ni eilw arnynt mwy.

6159 Mae rhwydwaith dirgel Duw
Yn cydio pob dyn byw;
Cymod a chyflawn we
Myfi, Tydi, Efe.

'Brawdoliaeth'.

6160 Pa werth na thry yn wawd
Pan laddo dyn ei frawd?

6161 Cans bydd cyffroi'r cof, ogof a egyr.
Bydd cynnal nerth a bydd canlyn Arthur.
Bydd hawlio'r tŷ, bydd ail-alw'r towyr,
Bydd arddel tref-tad yr adeiladwyr.
A'n henfoes yn wahanfur—lle bu rhwyll
Bydd cynnull ein pwyll, bydd cynllunio pur.

'Bydd Ateb'.

6162 Lloegr yw hi, ni all greu hedd.

6163 Un yw craidd cred a gwych adnabod.

'Wedi'r Canrifoedd Mudan'.

6164 Mawr ac ardderchog fyddai y rhain yn eich chwedl,
Gymry, pe baech chwi'n genedl.

6165 Ynof mae Cymru'n un.

'Cymru'n Un'.

6166 Gobaith fo'n meistr: rhoed Amser inni'n was.

6167 Disglair yw eu coronau yn llewych llysoedd.

'Yr Heniaith'.

6168 Mae'n rhaid inni hawlio'r preswyl heb holi'r pris.

'Cymru a Chymraeg'.

6169 Pa eisiau dim hapusach
Na byd yr aderyn bach?

'Byd yr Aderyn Bach'.

6170 Aeth ymherodr y dodrefn.
Â'm byd i gyd ar ei gefn.

'Portread—Waldo Williams', *Y Faner*, Mai 15, 1958.

6171 Golau dieithr gwlad awen.

'Awen Euros ac Awen Pennar', *Lleufer*, cyf. XVII, rhif 4, Gaeaf 1961.

6172 Mae'r holl iaith os marw yw Llwyd?
Nid yw brawddeg ond breuddwyd.

'Llwyd', *Beirdd Penfro* (Gol. W. Rhys Nicholas) (1961).

6173 Duw glân, Tad y goleuni,
Dyro'n ôl Dy wawr i ni.
Dy galon yw D'ogoniant,
E dardd serch yn Dy wraidd sant.
Uwch ein clai Dy serch a'n clwm,
Iach y cydi uwch codwm.
Trig ynom trwy'r gwahanu
A thro ein taith i'r un Tŷ.

6174 Llosgi'r berth, y berth lle bu
Disgleirwaith *England's Glory*.

[Am losgi'r Ysgol Fomio ym Mhenyberth] 'Cywydd Mawl D. J. (Adlais o'r Ysgol Haf)', *Y Ddraig Goch*, Tachwedd 3, 1964.

6175 Paragraffwaith poer Gruffydd—sy'n addas
I weinyddiaeth danwydd:
Llawer gwell ganddo fo fydd
Y Bwrdd Nwy na'r beirdd newydd.

'Beirniadaeth W. J. Gruffydd (ar gerddi Bobi Jones yng nghystadleuaeth Cyngor y Celfyddydau, Gŵyl Brydain. Roedd W. J. Gruffydd newydd gyfieithu llyfryn dros y Bwrdd Nwy)', *Englynion Digri* (Gol. Bethan Llewelyn) (1966).

6176 I mewn heb sôn am enaid—i glywed
Y glewion wroniaid.
O Dduw! Tydi a ddywaid
Ai tri ydi'r blydi Blaid?

'Cyfarfod Gwan y Blaid'.

6177 Hi wnaeth o'm hawen, ennyd,
Aderyn bach uwch drain byd.

'Linda', dyfynnir yn *Waldo* (Gol. James Nicholas) (1977).

6178 Os credwn mai tadolaeth Duw sydd uchaf yn y nefoedd pa fodd yr amheuir mai brawdoliaeth dyn sydd ddyfnaf ar ddaear?

'Brenhiniaeth a Brawdoliaeth'.

6179 Lle mae brenhiniaeth yn rhannu'r byd rhwng ei chyfryngau y mae brawdoliaeth yn ei uno â'i hysbryd.

6180 Wyf weithiau yn wyllt ac yn wallus,
Fe'm ganed yn ffŵl, mi wn.
'Does dim rhaid i'r doeth a'r deallus
Ddarllen y Llyfr hwn.

'Odlau Idwaldo, sef Ambell Donc gan Waldo Williams ac Ambell Dinc gan Idwal Jones' (anghyhoeddedig); dyfynnir yn 'Casglu Gweithiau Waldo Williams', B. G. Owens, *Cyfres y Meistri 2: Waldo Williams* (Gol. Robert Rhys) (1981).

6181 Na fentrer i bellter byd
A chael nad oes dychwelyd.

Y Flodeugerdd o Epigramau Cynganeddol (Gol. Alan Llwyd) (1985).

WATKIN HEZEKIAH WILLIAMS (WATCYN WYN) 1844—1905

6182 'Rwy'n gweld o bell y dydd yn dod,
Bydd pob cyfandir is y rhod
Yn eiddo Iesu mawr;
A holl ynysoedd maith y môr
Yn cyd-ddyrchafu mawl yr Iôr
Dros wyneb daear lawr.

Rhif 614, *Y Caniedydd Cynulleidfaol* (1895).

6183 Mae teg oleuni blaen y wawr
O wlad i wlad yn dweud yn awr
Fod bore ddydd gerllaw;
Mae pen y bryniau'n llawenhau
Wrth weld yr haul yn agosáu
A'r nos yn cilio draw.

6184 Awdur pob cariad ydyw
Duw y Cariad: ei Dad yw.

'Duw Cariad Yw', *Blodau'r Gynghanedd* (Gol. Richard Griffith (Carneddog)) (1920).

6185 Amser Duw nis mesur dyn
Â'i law wan a'i fyr linyn.

'Amser'.

W. D. WILLIAMS 1900—1985

6186 O Dad, yn deulu dedwydd—y deuwn
Â diolch o'r newydd,
Cans o'th law y daw bob dydd
Ein lluniaeth a'n llawenydd.

'Wrth Fwrdd Bwyd', *The Oxford Book of Welsh Verse* (Gol. Thomas Parry) (1962).

WILLIAM WILLIAMS (PANTYCELYN/ WILLIAMS PANTYCELYN/ Y PÊR GANIEDYDD) 1717—1791

6187 Ffordd newydd wnaed gan Iesu Grist
I basio heibio i uffern drist
Wedi ei phalmantu ganddo fe,
O ganol byd i ganol ne'.

Aleluia, neu Gascliad o Hymnau (argraffiad 1749).

6188 'Rwy'n boddi mewn rhyfeddod, anfeidrol yw dy rym;
'Dyw'r byd ac oll sydd ynddo o flaen dy olwg ddim;
Fath fyd o dân enynnaist a'i gadw'n fyw bob cam,
O oes i oes heb ddiffodd y fath anfeidrol fflam.

Golwg ar Deyrnas Crist, neu Grist yn bob Peth, ac ymhob Peth (1756).

6189 Fy nuw, uwchlaw fy neall yw gwaith dy ddwylaw i gyd:
Rhyfeddod annherfynol sydd ynddynt oll ynghyd.

6190 Pe meddwn ddawn angylion, a harddwch seintiau fry,
Y cariad, sêl, doethineb gan y cerubiaid sy,
Pe meddwn holl berffeithrwydd y dynion gorau gaed,
Casáwn fy hun yn ffiaidd, mi syrthiwn wrth dy draed.

6191 Edrychwch ar bob gronyn o'r ddaear faith i'r ne',
Mor gadarn ac mor drefnus mae'r cyfan yn ei le;
Mae natur gref mewn terfysg yn gwthio yma a thraw;
Mae pob peth yn ei drefn, mae'r gadwyn yn ei law.

6192 Yr hyn i un sydd wenwyn, a lleiddiad byr, di-ball,
Sydd feddyginiaeth ryfedd ac ymborth iach i'r llall;
Yr hyn sydd yn amheuthun a melys iawn ei flas
I'r llall sydd frwnt a drewllyd, a ffiaidd iawn a chas.

6193 Fy Iesu yw mêr y Bibl: 'does bennod nad yw'n sôn
O bell, neu ynteu o agos, am groeshoeliedig O'n;
Fe oedd y testamentwr, a'i dest'ment ef ei hun
Yw'r cyntaf a'r diweddaf, er iachawdwriaeth dyn.

6194 Dwy anian mewn un Person.

6195 Rhoi cannwyll fach i losgi i gynorthwyo'r haul
Yw haeddiant dyn a'i roddi at haeddiant Adda'r ail.

6196 Pe rhoesai o santeiddrwydd i ni ryw drysor mawr,
Ni phar'sai pa faint bynnag ond llai na munud awr;
Mae hyd a lled a dyfnder perffeithrwydd nef ei hun
Yn brin yn abl dala i'r distryw wnaiff y dyn.

6197 Mae'n llawer gwell na'r bywyd, mae'n llawer gwell na'r nef,
Cans ef ei hun yw'r bywyd, a'r nefoedd sy ynddo ef.

6198 'Nôl y talentau gawsant y bernir pawb i gyd.

6199 Nid yw y mur ond tenau a gwan
Rhwng yma ac Anfarwoldeb,
A'r naid yn fyr o'r byd a'i bla
I foroedd tragwyddoldeb.
'Dyw'r gagendor ddim yn rhagor
Nag yw'r anadl, 'dyw e nemawr!
Amser terfyn yw munudyn,
Cy'd â thrawiad yr amrentyn,
Ac wrth ddechrau'r siwrnai faith
Ar ben y daith yr ydym.

'Angau', *Rhai Hymnau a Chaniadau Duwiol ar Amryw Ystyrjaethau* (1757).

6200 Megis llestr hen a drylliog
Ydyw'r byd ar fôr tymhestlog;
Pleser braf yw edrych arno,
Ond peryglus iawn fod ynddo.

'Twyll y Byd'.

6201 O am nerth i dreulio 'nyddiau
Yng nghynteddoedd tŷ fy nhad.

Caniadau, (Y rhai sydd ar y Mor o Wydr yn gymmysgedig a Than, ac wedi cael y Maes ar y Bwystfil, . . .) i Frenhin y Saint . . . (1762).

6202 Pam y caiff bwystfilod rheibus
Dorri'r egin mân i lawr,
Pam caiff blodau peraidd ieuainc
Fethu gan y sychder mawr?

6203 Disgwyl pethau gwych i ddyfod,
Croes i hynny maent yn dod.

6204 Dyn dieithr ydwyf yma,
Draw mae 'ngenedigol wlad.

6205 Mae fy nyddiau'n hir i'w rhifo,
Ac nid ŷnt i'w cyfri ddim;
Maent yn dianc beunydd arnaf,
Fel yr awel denau, lym;
Darfod, darfod
Mae fy oes bob munud awr.

6206 Ffarwél bleserau o bob rhyw,
Ffarwél i'r cyfan ond fy Nuw.

6207 Mi dafla' maich oddi ar fy ngwar
Wrth deimlo dwyfol loes;
Euogrwydd fel mynyddau'r byd
Dry'n ganu wrth dy groes.

Argraffiad 1764.

6208 Dechrau canu, dechrau canmawl.

Ffarwel Weledig, Groesaw Anweledig Bethau: neu Rhai Hymnau o Fawl i Dduw a'r Oen (1763).

6209 Gwyn a gwridog yw fy Arglwydd,
Gwyn a gwridog yw ei wedd.

6210 Gwaed y groes sy'n codi i fyny
'Reiddil yn goncwerwr mawr.

6211 Llwch wyf fi, o'r llwch y deuthum,
Pryf yw 'mrawd, y ddae'r yw mam,
Eto'r wyf fi'n 'mofyn teyrnas
Ddisigledig, bur, ddi-nam.

6212 Yn y rhyfel mi arhosa',
Yn y rhyfel mae fy lle.

6213 Fe redodd y llyfr hwn allan o'm hysbryd fel dwfr o ffynnon, neu we'r pryf copyn o'i fol ei hun.

'Rhagymadrodd yr Awdwr', *Bywyd a Marwolaeth Theomemphus, o'i Enedigaeth i'w Fedd* (1764).

6214 Po nesa'r êl i uffern bechadur gwael ei lun
Can cymaint dengys cariad fy Nuw yn natur dyn.

6215 Mae'n rhaid dy gael di'n syml, heb gennyt ddim ond Duw,
Heb eilun, heb un pleser, heb degan o un rhyw,
A byw os wyt mewn pechod, a phe bai hwnnw ond un,
Ti dorraist bob gorchymyn o eiddo Duw'n gytûn.

6216 Mae cnawd yn help i enaid, a hynny sicr yw:
Y lle bo cnawd yn methu y metha addoliad Duw.

6217 Cydwybod dda yw crefydd, gonestrwydd ym mhob man,
Amddiffyn y rhai gweddwon a chynorthwyo'r gwan.

6218 Anrhydedd, parch a chyfoeth, esmwythdra, dysg a dawn
Heb ras sy'n erlid Iesu o fore hyd brynhawn.

6219 Mae caru yn un â chredu, ac y mae caru'n ras
Sydd yn ffieiddio'n wastad holl gangau pechod cas.

6220 Mae sêl heb ddim gwybodaeth, er ymddangosiad mawr,
Yn torri ei pherchennog yn ddrylliau mân i lawr;
Mae gwres heb weld goleuni, er cymaint yw ei rym,
Yn 'sbeilio mil o bobl heb adael iddynt ddim.

6221 Mae amser yn lladd nwydau, fe ddatrys amser lid,
Ac fe dynera amser y galon g'leta' i gyd.

6222 Mae'n hundeb yn ysbrydol, mae'n henaid ni heb ball,
Yn llechu, yn cartrefu, fel un o fewn i'r llall;

'Run gras o'n mewn sy'n gweithio, 'run elfen, a'r un fai,
'Run pryd 'rŷm yn galaru, 'run pryd yn llawenhau.

[Am ei gariad at Philomela].

6223 Gras bach pan fo dysgeidiaeth a 'mddengys yn ras llawn.

6224 Yn Constant fawr inople ei drigfan ef y sydd.

6225 Mae Duw yn gwneud defnydd o'r dynion gwaela' at orchwylion mawrion yn fynych.

Rhagymadrodd *Ffarwel Weledig, Groesaw Anweledig Bethau: neu Rai Hymnau o Fawl i Dduw a'r Oen*, yr Ail Ran (1766).

6226 Iesu, Iesu, 'rwyt ti'n ddigon,
'Rwyt ti'n llawer mwy na'r byd:
Mwy trysorau sy'n dy enw
Na thrysorau'r India i gyd.
Oll yn gyfan,
Ddaeth i'm meddiant gyda'm Duw.

6227 Y mae gwedd dy wyneb grasol
Yn rhagori lawer iawn
Ar bob peth a welodd llygad
Ar hyd wyneb daear lawn:
Rhosyn Saron,
Ti yw tegwch nef y nef.

6228 Boed fy nghalon i ti'n deml,
Boed fy ysbryd i ti'n nyth,
Ac o fewn y drigfa yma
Aros, Iesu, aros byth.

6229 Awr o dy gymdeithas felys,
Awr o weld dy wyneb-pryd,
Sy'n rhagori fil o weithiau
Ar bleserau gwag y byd;
Mi ro'r cwbl
Am gwmpeini pur fy Nuw.

6230 'Does gyffelyb iddo ef
Ar y ddaear, yn y nef;
Trech ei allu, trech ei ras
Na dyfnderau calon gas.

6231 Nid oes nac ewyllys Duw na hynawsedd dynion a ddiffydd dân cenfigen y lle dechreuo ennyn.

Crocodil, Afon yr Aipht (1767).

6232 Nid yw Duw yn cofio beiau ei rai edifeiriol, ond eu claddu a'u boddi yn eigion y môr.

6233 Lle bo cariad o mewn ni all digofaint ennyn yn hawdd, ac os ennyn, ni hir barhâ.

6234 Awydd santaidd yw ceisio blaenori mewn gras a santeiddrwydd, ond awydd pechadurus yw trachwantu rhagori ar eraill mewn mawrhydi a gogoniant daearol.

6235 Llawenydd pur, digymysg, mwynhad di-dranc, di-drai
Yw gwledd dragwyddol hyfryd y cadwedigol rai.

Hanes Bywyd a Marwolaeth Tri o Wyr o Sodom a'r Aipht (1768).

6236 Anweledig, 'rwy'n dy garu.

Ffarwel Weledig, Groesaw Anweledig Bethau: neu, Rai Hymnau o Fawl i Dduw a'r Oen, y Drydedd Ran (1769).

6237 Iesu, nid oes terfyn arnat,
Mae cyflawnder mawr dy ras
Yn fwy helaeth, yn fwy dwfwn
Ganwaith nag yw 'mhechod cas.

Gloria in Excelsis: neu Hymnau o Fawl i Dduw a'r Oen, y Rhan Gyntaf (1771).

6238 N'ad y gwyntoedd cryf dychrynllyd,
Gwyntoedd oer y gogledd draw,
Ddwyn i'm hysbryd gwan trafferthus
Ofnau am ryw ddrygau ddaw:
Tro'r awelon
Oera' eu rhyw yn nefol hin.

6239 Cudd fy meiau rhag y werin,
Cudd hwy rhag cyfiawnder ne'.

6240 Rho fy nwydau fel cantorion
Oll yn chwarae eu bysedd cun,
Ar y delyn sydd yn seinio
Enw Iesu mawr ei hun;
Neb ond Iesu
Fo'n ddifyrrwch ddydd a nos.

6241 Gwna ddistawrwydd ar ganiadau
Cras, afrywiog, hen y byd;
Diffodd dân cynddeiriog natur
Sydd yn difa gras o hyd,
Fel y gallwyf
Glywed pur ganiadau'r nef.

6242 O llefara, addfwyn Iesu,
Mae dy eiriau fel y gwin,
Oll yn dwyn i mewn dangnefedd
Ag sy o anfeidrol rin;
Mae holl leisiau'r greadigaeth,
Holl ddeniadau cnawd a byd,
Wrth dy lais hyfrytaf tawel
Yn distewi a mynd yn fud.

6243 Gad im glywed sŵn dy eiriau,
Awdurdodol eiriau'r nef,
Oddi mewn yn creu hyfrydwch
Nad oes mo'i gyffelyb ef.

6244 Iesu, difyrrwch f'enaid drud
Yw edrych ar dy wedd.

Gloria in Excelsis: neu Hymnau o Fawl i Dduw a'r Oen, yr Ail Ran (1772).

6245 'Rwy'n edrych dros y bryniau pell
Amdanat bob yr awr;
Tyrd, fy anwylyd, mae'n hwyrhau,
A'm haul bron mynd i lawr.

6246 O anghrediniaeth fawr ei grym,
Ti roddaist i mi glwy.

6247 Pererin wyf mewn anial dir
Yn crwydro yma a thraw,
Ac yn rhyw ddisgwyl bob yr awr
Fod tŷ fy nhad gerllaw.

6248 Mi wyra' weithiau ar y dde,
Ac ar yr aswy law;
Am hynny arwain, gam a cham,
Fi i'r baradwys draw.

6249 Wel, dacw'r hyfryd fan
Mewn golwg gan fy ffydd,
Ac fel mae'r gwyntoedd yn cryfhau,
Mae e'n nesáu bob dydd.

6250 Pan 'roedd Cymru gynt yn gorwedd
Mewn rhyw dywyll farwol hun,
Heb na phresbyter na 'ffeiriad,
Nac un esgob yn ddi-hun.

Marwnad er Coffadwriaeth am Mr. Howel Harries . . . (1773).

6251 Dyma'r bore fyth mi gofia',
Clywais innau lais y nef;
Daliwyd fi wrth wŷs oddi uchod
Gan ei sŵn dychrynllyd ef.

6252 Mae dolur un fel dolur y llall; a gwynfyd a llawenydd un yn wynfyd a llawenydd i'r llall. Fel hyn yr ydym yn helpu ein gilydd, yn tosturio wrth ein gilydd, yn maddau ac yn cuddio gwendidau ein gilydd, yn amddiffyn ein gilydd, a gwneud y naill y llall yn fwy parchedig o flaen y byd.

[Am gariad o fewn priodas] *Ductor Nuptiarum: neu, Cyfarwyddwr Priodas* (1777).

6253 Asgwrn o ŵr yw gwraig, ac nid ond un asgwrn; rhan fechan ohono ef. Nid o'i ben y cymerwyd hi, fel na byddai gwraig gogyfuwch ag ef; ac nid o'i droed, fel na byddai i ŵr wneud gormod o gaethforwyn o'i wraig, a'i diystyru; ond o asen tan ei fron, i ddangos bod gŵr i garu ei wraig, a'i chymryd fel y rhan fwyaf annwyl ohono ei hunan.

WILLIAM WILLIAMS (WILLIAMS O'R WERN) 1781–1840

6254 Ni fyddai calon rasol yn annedwydd yn uffern, ac ni fyddai calon ddrwg yn ddedwydd yn y nefoedd.

Dyfynnir yn 'Williams o'r Wern', *Rhyddweithiau Hiraethog* (1872).

WILLIAM WILLIAMS (CALEDFRYN) 1801–1869

6255 Nid oes nemawr ddyn mor ddideimlad nad effeithia barddoniaeth arno.

Drych Barddonol; neu Draethawd ar Farddoniaeth: ac Hefyd, yr Awdl Fuddugol ar Ddrylliad y Rothsay Castle (1839).

6256 Y mae modd dynwared prydyddiaeth, ond nid oes ond y gwir fardd a all roi bywyd yn ei waith.

6257 Dawn y cysegr yw y ddawn farddonawl, ac at wasanaeth dwyfol, rhinweddol a moesol y dylid ei chyflwyno.

6258 Ymroliodd drwy'r môr heli,—ac eilchwyl
Golchai yntau drosti;
Ail ydoedd, yn ei ch'ledi,
I flewyn llesg o flaen lli.

'Awdl ar Ddrylliad y Rothsay Castle, gerllaw Beaumaris, Awst 17, 1831'.

6259 Nid yw pob peth a blethir
O'r un waed â'r awen wir.

'Awenydd'.

6260 *Meddwl,* mewn gwirionedd, yw barddoniaeth, ac nid yw y pethau neilltuol sydd yng ngwisg pob iaith ond pethau a gollir drwy gyfieithiad.

Grammadeg Cymreig (1851).

6261 Â hon y ceisiodd enwi—ei angen
A'i ing yn ei floesgni;
Ei sŵn wrth ei seinio hi
Wirionodd ei rieni.

[Am blentyn o Gymro yn dechrau siarad] 'Awdl ar Wladgarwch', *Caniadau Caledfryn* (1856).

6262 Llawer un fu'n gwella'r oes
Â'u doniau hyd eu heinioes.

6263 Ni welir mewn un alwad
Ŵr o les heb garu'i wlad.

6264 Mawryga gwir Gymreigydd—iaith ei fam,
Mae wrth ei fodd beunydd;
Pa wlad wedi'r siarad sydd
Mor lân â Chymru lonydd?

'Cymru, Cymro, Cymraeg'.

6265 Mor dawel y mae'r diwedd—i'r golwg;
Mor gul ydyw'r annedd;
Rhedlif y mawr huodledd
Synnai y byd sy'n y bedd.

'Y Diweddar Barch. John Elias'.

6266 Nid oes dim barddoniaeth yn symudiadau dynion yn eu gorchwylion cyffredin.

'Pa Beth Yw Barddoniaeth?'

6267 Gellir galw barddoniaeth yn wirionedd wedi ei ysbrydoli gan deimlad, ac wedi ei anadlu i ffurfiau o harddwch ac arucheledd.

WILLIAM WILLIAMS (GWILYM CYFEILIOG) 1801–1876

6268 Nid yw golud ond gwaeledd,—nid yw'r byd,
Er ei barch, ond gwagedd:
Dan sêr 'does ond oferedd,
Oes o boen i aros bedd.

'I'r Bedd', *Caniadau Cyfeiliog* (1878).

WILLIAM CRWYS WILLIAMS (CRWYS) 1875–1968

6269 Mynegiant o fywyd cenedl yw ei llenyddiaeth.

'Y Llenor yng Nghymru', *Y Geninen,* cyf. XXXI, rhif 4, Hydref 1913.

6270 Y garddwr yw y bardd; y gwenyn a ddaw i dynnu mêl o lwyni'r gân yw'r werin; ond y llysieuydd yn deall deddfau ac egwyddorion gardd yr Awen yw'r llenor.

6271 Hil y gewynnau tynion,
Hi biau'r wenwlad a'i bri,
Gwerin y graith, bonedd pob gwaith,
A pherthyn i honno 'rwyf fi.

'Gwerin Cymru', *Cerddi Crwys* (1920).

6272 Nid yw'r felin heno'n malu
Yn Nhrefin ym min y môr,
Trodd y merlyn olaf adre
Dan ei bwn o drothwy'r ddôr.

'Melin Trefin'.

6273 Segur faen sy'n gwylio'r fangre
Yn y curlaw mawr a'r gwynt,
Dilythyren garreg goffa
O'r amseroedd difyr gynt;
Ond 'does yma neb yn malu,
Namyn amser swrth a'r hin
Wrthi'n chwalu ac yn malu,
Malu'r felin yn Nhrefin.

6274 'Rwy'n caru pob erw o hen Gymru wen,
Ei chreigiau a'i rhosydd di-raen,
Pob mynydd â choron o rug ar ei ben,
Pob cilfach a cheunant a gwaun,
Ac nid oes a geisiwn
Na dim a ddymunwn
Ond bwthyn bach tawel rhwng cyrrau fy mro,
A beddrod i huno yn rhywle'n ei gro.

'Rwy'n caru, 'rwy'n siarad iaith beraidd fy ngwlad,
Iaith fwynaf yr hen Ynys hon,
Iaith aelwyd a themel, iaith 'mam a fy nhad,
Iaith calon, boed leddf neu boed lon;
Mae'r emyn a'r alaw,
A'r weddi fach ddistaw,
Yn dweud mai'r Gymraeg yw iaith galar a gwledd,
Iaith carreg fy aelwyd, iaith carreg fy medd.

'Caru Cymru'.

6275 Duw gadwo fy ngwerin, hen werin y graith.

6276 'Rwy'n caru arferion a gwyliau'r fro lân,
Hen gartre'r Eisteddfod a'i bri,
Cynefin Efengyl a Chrefydd a Chân,
A Seion y gwledydd yw hi;
Ei bethel a'i bwthyn,
Ei thalent a'i thelyn
Yw harddwch y frodir anwylaf a gaed;
Nid Cymru fydd Cymru a'i choron dan draed.

6277 Dyna nhw'r gwerinaidd lu.

'Y "Border" Bach'.

6278 Hen estron gwyllt o ddant y llew
Â dirmyg lond ei wên:
Sut gwyddai'r hen droseddwr hyf
Fod mam yn mynd yn hen?

6279 Pentwr arall; yna gorffwys
Ennyd ar yn ail;
Hydref eto, a bydd yntau
Gyda'r dail.

'Dysgub y Dail', *Cerddi Newydd Crwys* (1924).

WILLIAM WILLIAMS (EINION)
1846–1913

6280 Y da heui di drwy'r daith,
Fe dâl i'w fedi eilwaith.

'Ansicrwydd Einioes', *Y Geninen*, cyf. XXVIII, rhif 4, Hydref 1910.

IEUAN WYN
1949–

6281 Y fro a wadwyd yw'r fro ddelfrydol.

'Abercuog', *Barddas*, rhif 5, Chwefror 1977.

6282 Clymau gwarchod traddodiad—yn cynnal
Cenedl rhag dilead;
Dolennau ein cydlyniad,
Hen feini prawf ein parhad.

'Y Pethe', *Y Flodeugerdd Englynion*.

6283 Gofid yw colli gafael—ar ddaear
O ddewis ymadael,
Ond â'n gwlad yn ein gadael
'Does hid na gofid i'w gael.

'Yr Alltud', *Barddas*, rhif 89, Medi 1984; dan enw Tîm Ymryson Eryri, ond lluniwyd yr englyn gan Ieuan Wyn.

6284 Mae i dir ei rym di-wad,
Mae i'w linach ymlyniad.
Erys i'w dras drwy ei hiaith,—
Cyfannedd i'r cof uniaith.

'Cynefin', *Barddas*, rhif 106, Chwefror 1986.

6285 Mae ardal wedi mordaith a'i hantur
Lle bu plentyn unwaith;
Wedi'r aml droi ymaith
Mae hen dir ym mhen y daith.

6286 Dyfod heb adnabod neb
I roi enw i'r wyneb,
A'm pwn yw y gwyddwn gynt
Hanes pob un ohonynt.

6287 Wyneb clai sydd i bob clod; anrhydedd
Fel ôl troed ar dywod:
Nid oes o'n heinioes ddinod
Ond y dŵr yn mynd a dod.

'Y Cwmwl', *Barddas*, rhif 113, Medi 1986.

ELLIS WYNNE
1671–1734

6288 A ddarlleno, ystyried;
A ystyrio, cofied;
A gofio, gwnaed;
A wnêl, parhaed.

'At y Darllenydd', *Gweledigaetheu y Bardd Cwsc* (1703).

6289 Ar ryw brynhawngwaith teg o ha' hir felyn tesog.

'Gweledigaeth Cwrs y Byd'.

6290 Cymerais hynt i ben un o fynyddoedd Cymru, a chyda mi 'sbienddrych i helpu 'ngolwg egwan, i weled pell yn agos, a phethau bychain yn fawr.

6291 Yn lle'r hen dylwyth 'lusengar, daionus, gwladaidd gynt, nid oes rŵan yn cadw meddiant ond y modryb dylluan hurt, neu frain rheibus, neu biod brithfeilchion, neu'r cyffelyb, i ddatgan campau y perchenogion presennol.

6292 Gwelwn aml goegen gorniog fel llong ar lawn hwyl, yn rhodio megis mewn ffrâm, a chryn siop pedler o'i chwmpas, ac wrth ei chlustiau werth tyddyn da o berlau.

6293 Llawer ysgogyn rhygyngog a allai ridyllio ffa wrth wynt ei gynffon.

6294 Y Wal Ddiadlam y gelwir hon, canys pan ddeler unwaith trwyddi, yn iach fyth ddychwelyd.

'Gweledigaeth Angeu yn ei Frenhinllys Isa'.

6295 Chwi 'sgolheigion a gwŷr llys
Sy'n deall megis duwiau,
A rowch chi 'mysg eich dysg a'ch dawn
Ryw gyngor iawn rhag Angau?

'Ar y Dôn a elwir *Leaveland*, neu *Gadel y Tîr*'.

6296 Draw wylofain croch, ac aruthrol gri'n eu hateb, ac mae udfa cŵn yn bêr fiwsig flasus wrth y lleisiau yma.

'Gweledigaeth Uffern'.

6297 Palff o sgweier a chanddo drolyn mawr o femrwn, sef ei gart achau, ac yno'n datgan o ba sawl un o'r pymthegllwyth Gwynedd y tarddasai ef.

6298 Gwae finnau! Ai nid unlliw pob gwaed? Ai nid yr un ffordd rhwng y trwnc a'r baw y daethoch chwi i gyd allan?

6299 Felly o ymdaeru i ymdaro, o eiriau i arfau.

6300 Cewch weled y llafurwr diwyd yn troi'n llefarwr diofal ysmala.

YMRYSONAU BEIRDD

6301 Nid y cledd ond y weddi,—a'i harddwch,
A rydd urddas arni;
Mae nodded tu mewn iddi
I'r Gymraeg rhag ei marw hi.

'Gorsedd y Beirdd', *Awen Aberteifi* (1961): Tîm Aberteifi.

6302 Y gêr tan rwd seguryd—a'r taw hir
Lle bu'r taro diwyd;
A wêl fwth ac efail fud
A wêl fedd hen gelfyddyd.

'Yr Efail'.

6303 Difyr adeg brwdfrydedd—a giliodd,
Daeth argoelion llesgedd;
Pan fo'n flin ar fin ei fedd
Gŵr hen a gâr ei annedd.

'Henoed'.

6304 Hen le plaen, annwyl y plwy'—
heb wres hwyl,
Lle bu'r saint yn tramwy;
Oer weithian ei lwyd drothwy:
Man y mawl heb amen mwy.

'Hen Gapel'.

6305 Gwlad heb gardod na thlodi,—
ei heniaith
Yn ogoniant ynddi;
Gwŷr rhyddion yn gaer iddi,
A Duw Iôr ei hangor hi.

'Cymru Fydd', *Awen Arfon* (1962): Tîm Sir Gaernarfon.

6306 O! ddewr lywydd ar lewion,—adwythig
Fu'r dwthwn ger Irfon;
Er colli'r maes i'r Saeson
Erys ei her i'r oes hon.

'Llewelyn ein Llyw Olaf'.

6307 Hen faner y baneri—heb goron
A heb geriach arni;
Chwifiwn hon a chofiwn hi,
Luman cenedl, mewn cyni.

'Baner y Ddraig'.

6308 Tlodi balch a wyngalchwyd—yn fodern,
A gwyn fyd a gollwyd:
Er graen lliw mae'r gorau'n llwyd,
Gwŷr Eingl sydd dan y gronglwyd.

'Tŷ Haf', *Y Flodeugerdd Englynion* (Gol. Alan Llwyd) (1978): Tîm Powys.

6309 I Lyn Tryweryn y trof,—ei weled
A dry'n alar ynof;
Y trais ddaw'n gynnwrf trosof,
Y cam nad â fyth o'm cof.

'Tryweryn': Tîm Meirion.

6310 O'n heinioes nid oes un dydd
Yn darfod pryd y derfydd.

Ymryson Barddas, *Barddas*, rhif 6, Mawrth 1977: Tîm Pencaenewydd.

6311 Ni chymell gwŷr sy'n cellwair
Lawer o goel ar eu gair.

Rhif 8, Mai 1977: Tîm Nant Conwy.

6312 A boer yn wyneb y byd
A yf ei chwerwder hefyd.

Rhif 10, Gorffennaf/Awst 1977: Tîm Bethesda.

6313 Y gŵr na fyn seguryd
Biau'r aur sydd yn yr ŷd.

Rhif 21, Gorffennaf/Awst 1978: Tîm Gogledd Ceredigion.

6314 Un llaw yn cydio'n y llall,
Hyn a ddaw â chyd-ddeall.

Tîm Gogledd Ceredigion.

6315 Â llaw un yn gwasgu'r llall,
Mae dau yng nghwlwm deall.

Tîm Banc Siôn Cwilt.

6316 Mae angen awen o hyd
Yn enfys uwch ein blinfyd.

Rhif 27, Chwefror 1979: Tîm Dinbych.

6317 I fam, mae pob ennyd fer
Yn baradwys neu'n bryder.

Rhif 28, Mawrth 1979: Tîm Nant Conwy.

6318 Canllaw i fardd yw'r awen
Ar droadau llwybrau llên.

Rhif 31, Mehefin 1979: Tîm Llangernyw.

6319 Onid gwarth gwybod y gwir
Ac er hyn garu anwir?

Rhif 32, Gorffennaf/Awst 1979: Tîm Nant Conwy.

6320 Os difeius dy fywyd,—dy buredd
Yw dy berygl hefyd;
Mae brycheuyn mewn munud
Yn difetha'r gwyndra i gyd.

6321 Pan y'n gwenir gan hiraeth
Ni all byd symud y saeth.

Rhif 35, Tachwedd 1979.

6322 Gwell ffrind yn nyddiau blinder
Na gŵr hallt yn tywallt her.

Rhif 38, Chwefror 1980: Tîm Y Bala.

6323 Prin iawn y gwelir pren iach
O'i ddyfod o wraidd afiach.

Rhif 42, Mehefin 1980.

6324 Mae'r pwl lleiaf o afiaith
Yn rhoi croen ar lawer craith.

Rhif 43, Gorffennaf/Awst 1980: Tîm Gorllewin Morgannwg.

6325 Doe ein hil fu'n ei dynhau—i'n huno
Yn genedl drwy'r oesau;
Gwae'r sarhad ar y tadau
Ddod awr ddi-hid ei ryddhau.

'Cwlwm', *Pigion Talwrn y Beirdd* (Gol. Gerallt Lloyd Owen) (1981): Tîm Bro Ddyfi.

6326 Daw rhin a brad yr hen bren
Eilwaith ar liw y ddeilen.

'Mam': Tîm Y Bala.

6327 Na ddywed air yng ngŵydd dyn
A'i wadu mewn munudyn.

'Cwpledi': Eilir Rowlands, Sarnau.

6328 Cofied o, a luchio laid,
Arno dychwelir dyrnaid.

William Lloyd Davies, Penrhosgarnedd.

6329 O'r gwyll, er cur y golled,
Daw gras i nerthu dy gred.

Wyn Owens, Yr Wyddgrug.

6330 Wedi awr ei gadeirio
Ni fedd gwlad feirniad fel fo.

Meirion Hughes, Caernarfon.

6331 Eiliad yw mesuriad sill,
A'n heinioes—dim ond pennill.

Berwyn Roberts, Dinbych.

6332 Y mae pawb i bawb sy'n bod
Yn wahanol, a hynod.

Aled Lloyd Davies, Yr Wyddgrug.

6333 O farw dyn, fe â'r doniau
I we yr hil i barhau.

Gareth Owen, Llanuwchllyn.

6334 Gorau gair yw gair i gall,
Goreuro yw gair arall.

Desmond Healy, Llanelwy.

6335 Beiau'n lleng sydd i'r iengoed;
Ni fu i'r hen fai erioed.

Llŷr Evans, Abertawe.

6336 Ofer i bawb fara'r byd
A byw heb fara'r bywyd.

Gwilym Fychan, Bro Ddyfi.

6337 I angerdd chwim ieuengoed
Mae rheswm yn drwm ei droed.

D. O. Jones, Nanconwy.

6338 O wylltio'n fflam daw amarch;
A gyll ei ben a gyll barch.

Elwyn Edwards, Y Bala.

6339 Gwell na bod mewn dinodedd
Un awr fawr a buan fedd.

D. J. Jones, Mynytho.

6340 Onid gwir fod aelwyd gwas
Yn pylu gwychder palas?

Gwynlliw Jones, Bro Tryweryn.

6341 Yn ei dro fe ddaw y drwg
A'i gywilydd i'r golwg.

Gwilym Fychan, Bro Ddyfi.

6342 Hawdd i'r dyn sy'n arddwr da
Yw eistedd i loddesta.

Gareth Owen, Llanuwchllyn.

6343 Ystyr nid oes i dristyd—y byw hwn,
A thra bo'r cyfanfyd
A'i bwn yn gwestiwn i gyd
Ofer dyfalu hefyd.

'Cyfrinach', *Pigion Talwrn y Beirdd 2* (Gol. Gerallt Lloyd Owen) (1984): Tîm Bro Tryweryn.

6344 Mi a welais am eiliad—yn ei sglein
Ar bwys clwyd y farchnad
Gyda'i lliain nain fy nhad
Yn ei chwyro â chariad.

'Dresel': Tîm Crannog.

6345 Pa les hau addysg i'n plant
A'i fedi mewn difodiant?

'Cwpledi': Huw Edwards, Dolgellau.

6346 Er breued ydyw edau
Â'n ddur ar ôl pwyth neu ddau.

Meirion Hughes, Glannau Llyfnwy.

6347 Dewr yw'r un a dyr ei wallt
A'r arwyr yn rhai hirwallt.

John Davies, Caerfyrddin.

6348 Eofn yw cam ifanc ŵr;
Amynedd yw cam henwr.

Wyn James, Crannog.

6349 O'i anfodd y dysg ynfyd
Nad ar ras mae troedio rhyd.

Berwyn Roberts, Dinbych.

6350 Beunydd i'm holl drybini
Mi af â mam hefo mi.

Gwynfor ab Ifor, Dyffryn Ogwen.

6351 Y rhai sy gaeth i'r oes gynt,
Troedwyr difenter ydynt.

Llion Jones, Abergele.

6352 Ym mhob heldrin, y dinam
Sydd bob gafael yn cael cam.

'Cwpledi', *Pigion Talwrn y Beirdd 3* (Gol. Gerallt Lloyd Owen) (1986): Machraeth, Leinws.

6353 I'r doeth, rhaid gorffen heno;
I'r annoeth trannoeth wna'r tro.

Gwilym Fychan, Bro Ddyfi.

6354 I'n hiaith gael byw ar glyw gwlad
Trysorer trwy ei siarad.

Carroll Hughes, Bro Dysynni.

6355 I ŵr di-waith maith yw mis;
I'r dyfal byr yw deufis.

Robert Williams, Penrhosgarnedd.

6356 Na farna'n ôl y golwg:—ni bu gwên
Heb gael ambell gilwg,
Na del heb y diolwg,
Na da erioed heb y drwg.

'Talwrn y Beirdd', Mawrth 22, 1987: Berwyn Roberts, Dinbych.

6357 'Roedd y deuddeg yn cega—
braidd o gylch
Bwrdd y gwin a'r bara,
Wedyn gwelodd Un yn dda
I dalu'r ddyled ola'.

'Ffrae mewn Caffi', *Barddas*, rhif 127, Tachwedd 1987.

MYNEGAI I FFUGENWAU AC ENWAU BARDDOL

Afanwy: Henry Harries
Alafon: Owen Griffith Owen
Alun Cilie: Alun J. Jones
Alltud Glyn Maelor: John Robert Jones
Aneirin ap Talfan: Aneirin Talfan Davies
Anthropos: Robert David Rowland

Bardd Horeb: Evan Thomas
Bardd Nantglyn: Robert Davies
Berw: Robert Arthur Williams
Bethel: Thomas Davies
Brutus: David Owen
Brynfab: Thomas Williams

Cadvan: John Cadvan Davies
Caledfryn: William Williams
Cawrdaf: William Ellis Jones
Ceiriog: John Ceiriog Hughes
Cerngoch: John Jenkins
Cledlyn: D. Cledlyn Davies
Clwydfardd: David Griffith
Crwys: William Crwys Williams
Cybi: Robert Evans
Cynan: Albert Evans-Jones
Cynddelw: Robert Ellis

Dafis Castellhywel: David Davis
Dafydd Ddu Eryri: David Thomas
Dafydd Ionawr: David Richards
Dafydd Llwyd o Fathafarn: Dafydd Llwyd ap Llywelyn ap Gruffudd
Daniel Ddu o Geredigion: Daniel Evans
Daniel Medi: Daniel Medi Jones
Daniel Wyn o Ddyfed: D. J. Davies
Derwenog: James Roberts
Dewi Arfon: David Hugh Jones
Dewi Callestr: David Jones
Dewi Dinorwig: David Price
Dewi Emrys: D. Emrys James
Dewi Fwnwr: David Jones
Dewi Glan Dulas: David William Morris
Dewi Havhesp: David Roberts
Dewi Hefin: David Thomas
Dewi Mawrth: David Jones
Dewi o'r Glyn: Dewi Phillips
Dewi Teifi: Dewi Morgan
Dewi Wyn o Eifion: David Owen
Dewi Wyn o Esyllt: Thomas Essile Davies (neu David)
Dofwy: Richard Jones
Dyfed: Evan Rees
Dyfnallt: J. Dyfnallt Owen

Eben Fardd: Ebenezer Thomas
Ehedydd Iâl: William Jones
Eifionydd: John Thomas
Eifion Wyn: Eliseus Williams
Einion: William Williams
Elfed: H. Elvet Lewis
Elfyn: Robert Owen Hughes
Elidir Sais: William Hughes Jones
Elis o'r Nant: Ellis Pierce
Elis Wyn o Wyrfai: Ellis Roberts
Elphin: Robert Arthur Griffith
Emlyn Aman: Emlyn Oswald Evans
Emrys: William Ambrose
Eos Ceiriog: Huw Morys
Eos Iâl: Dafydd Hughes
Eryron Gwyllt Walia: Robert Owen
Eurig: T. Eurig Davies

Gethin: Owen Gethin Jones
Glanmor: John Williams
Glan Pherath: Thomas Hughes
Glasfryn: Edward Jones
Glasgoed: Owen Hughes
Goronwy Ddu o Fôn: Goronwy Owen
Graienyn: William Jones
Gurnos: Evan Jones
Gutyn Peris: Griffith Williams
Gwalchmai: Richard Parry
Gwallter Mechain: Walter Davies
Gwenallt: David James Jones
Gwili: John Jenkins
Gwilym Berw: William Lewis
Gwilym Callestr: William Edwards
Gwilym Ceiri: William Roberts
Gwilym Ceri: G. Ceri Jones
Gwilym Cowlyd: William John Roberts
Gwilym Cyfeiliog: William Williams
Gwilym Deudraeth: William Thomas Edwards
Gwilym Eryri: William Roberts
Gwilym Hiraethog: William Rees
Gwilym Lerpwl: William Griffiths
Gwydderig: Richard Williams
Gwyndaf: Griffith Davies
Gwyndaf: E. Gwyndaf Evans
Gwyrosydd: Daniel James
Gyfelog: J. Roger Owen

Hedd Wyn: Ellis Humphrey Evans
Huw Myfyr: Hugh Jones
Hywel Dafi: Hywel ap Dafydd ab Ieuan ap Rhys

Idris Fychan: John Jones
Ieuan ap Iago: Evan James
Ieuan Brydydd Hir: Evan Evans
Ieuan Glan Geirionydd: Evan Evans
Ioan Anwyl: John Anwyl
Ioan Brothen: John Jones
Ioan Deudraeth: John Williams
Ioan Emlyn: John Emlyn Jones
Ioan Machreth/Machraith: John Jones
Ioan Madog: John Williams
Iolo Caernarfon: John John Roberts
Iolo Morganwg: Edward Williams
Isfoel: David Jones
Islwyn: William Thomas

Jac Glan-y-Gors: John Jones
John Eilian: J. T. Jones

Llew Llwyfo: Lewis William Lewis
Llwyd o'r Bryn: Robert Lloyd
Llywelyn Ddu o Fôn: Lewis Morris

Mafonwy: Thomas Mafonwy Davies
Matthews Ewenni: Edward Matthews
Meirionfab: Richard Davies
Meurig Ebrill: Morris Davies
Moelwyn: John Griffith Moelwyn Hughes
Monallt: J. H. Roberts
Mordaf: Thomas Mordaf Pierce
Morus Cyfannedd: Morris Jones
Myfyr Hefin: David Bowen
Mynyddog: Richard Davies

Nathan Wyn: Jonathan Rees
Nicander: Morris Williams
Niclas y Glais: T. E. Nicholas
Non Con Quill: J. Cynddylan Jones

Owain Aran: Owain A. Roberts
Owain Gwyrfai: Owen Williams

Pantycelyn: William Williams
Pedr Brothen: Peter M. Roberts
Pedr Fardd: Peter Jones
Pedrog: John Owen Williams
Prydydd y Moch: Llywarch ap Llywelyn
Pyll Glan Conwy: John Jones

Robert ab Gwilym Ddu: Robert Williams
Robin Ddu Eryri: Robert Parry
Robin/Robyn Ddu o Feirion: Robert Edwards
Rolant o Fôn: Rowland Jones
Rosier Cyffin: Roger Cyffin

Rhuddfryn: Hugh Morris

Sarnicol: Thomas Jacob Thomas
Siôn Dafydd Las: John Davies
Siôn Ifan: John Evans
S. R.: Samuel Roberts

Taliesin o Eifion: Thomas Jones
Tanymarian: Edward (Jones) Stephen
Tegai: Hugh Hughes
Tegid: John Jones
Tegidon: John Phillips
Tegla: E. Tegla Davies
Telynog: Thomas Evans
Tomos Glyn Cothi: Thomas Evans
Trebor Mai: Robert Williams
Tryfanwy: John Richard Williams
Tudno: Thomas Tudno Jones
Twm o'r Nant: Thomas Edwards

Watcyn Fardd: Watkin John Jones
Watcyn Wyn: Watkin Hezekiah Williams
Wil Ifan: William Evans
Williams o'r Wern: William Williams
Wil Ysgeifiog: William Edwards

Y Pêr Ganiedydd: Williams Williams
Yr Hen Ficer: Rhys Prichard

MYNEGAI

A

B

C

CH

D

E

F

FF

G

H

I

J

K

L

LL

M

N

O

P

R

RH

S

T

TH

V

U

W

Y